深刻解读世界股神的投资思想 系统总结股市超人的投资方法

股神投资有学问

德群◎编著

北京联合出版公司
Beijing United Publishing Co.,Ltd.

图书在版编目（CIP）数据

股神投资有学问 / 德群编著 . — 北京：北京联合出版公司，2015.8
ISBN 978-7-5502-5668-2

Ⅰ . ①股… Ⅱ . ①德… Ⅲ . ①股票投资—基本知识Ⅳ . ① F830.91

中国版本图书馆 CIP 数据核字（2015）第 165223 号

股神投资有学问

编　　著：德　群
责任编辑：王　巍
封面设计：中英智业
责任校对：飘　雪
美术编辑：刘　佳

出　　版：北京联合出版公司
地　　址：北京市西城区德外大街 83 号楼 9 层　　100088
经　　销：新华书店
印　　刷：北京德富泰印务有限公司
开　　本：720 毫米 ×1040 毫米　　1/16　　印张：26　　字数：625 千字
版　　次：2015 年 10 月第 1 版　　2015 年 10 月第 1 次印刷
书　　号：ISBN 978-7-5502-5668-2
定　　价：59.00 元

前 言
PREFACE

中国有句古话说："取法其上，得乎其中；取法其中，得乎其下。"我们要想在投资上取得卓越的业绩，最好的办法就是学习最伟大的投资大师的策略。毫无疑问，巴菲特就是一位最值得我们效法的大师。

巴菲特在投资发展史上可谓独占鳌头，被喻为"当代最伟大的投资者"、"华尔街股神"，他创造了从100美元起家到至今获利470亿美元财富的投资神话。2000年初，美国《财富》杂志评出20世纪的八大投资大师，而巴菲特名列榜首，成为名副其实的最伟大的投资者。巴菲特从1965年接手伯克希尔公司至2007年的42年间，经历过股市崩盘、高通货膨胀、银行利率降低等险恶情况，但伯克希尔公司从未出现过亏损年度，这是绝无仅有的奇迹。而且，伯克希尔公司每股的净值由当初的19美元增长到2007年的50498美元，年复合增长率约为22%。2008年，"次贷危机"爆发前夕，伯克希尔公司留存了近400亿美元的现金，并持有近300亿美元的国债，所以在危机到来时，巴菲特才能出手阔绰，当一个个投资人都在惶惶不安中度日如年，他却"在别人恐惧的时候贪婪"，手持大量现金勇敢地在华尔街抄底，通过一系列卓有成效的重大举措在危机中守住了财富，避免了像百年投行雷曼、美林的神话相继破灭的命运。到2010年，"股神"巴菲特仍以净资产470亿美元位列福布斯排行榜第三名。

或许有人认为，巴菲特能在股票投资上取得如此巨大的成就，背后一定有一套非常人所能掌握的高深莫测的学问，而巴菲特本人一定是一位智商超群的天才人物。事实并非如此。古人云，大道至简。巴菲特告诉我们，真正伟大的投资成功之道，只需要很少的几个原则就可以，非常简单，却非常有效，不需要高智商，不需要高等数学，更不需要高学历，任何一个小学毕业的普通投资者都能掌握，都能应用。巴菲特曾说："我从来没发现高等数学在投资中有什么作用，只要懂小学算术就足够了。如果高等数学是必需的，我就得回去送报纸了。""要想成功地进行投资，你不需要懂得什么专业投资理论。事实上大家最好对这些东西一无所知。""投资并非智力竞赛，智商高的人未必能击败智商低的人。"他发现学校里讲的许多专业理论往往在实践中是行不通的，掌握的知识越多反而越有害。复杂的问题有时候却可以用最简单的方式来寻求解答，这正是巴菲特投资哲学的独特魅力。身处风云变幻的股市中，最需要保持的是那一份绝对的理性，最值得依赖的判断工具仍是那一些很平凡、质朴的经营常识。事实上，巴菲特的投资理论简单、易学、实用。

本书系统、全面地总结了巴菲特的投资思想和方法，并具体实录了巴菲特主要的投资案例。全书分为两篇。上篇主要介绍巴菲特的投资理念。在这部分中，读者将会看到巴菲特价值投资理论的全貌，包括他的集中投资策略、如何挑选企业股票、如何管理公司、如何做交易、如何读财报以及如何规避股市中的风险。随后实录的巴菲特投资成功案例也会对读者大有裨益。巴菲特曾用一句话概括他的价值投资理论的精髓："我们寻找的是一个具有持续竞争优势并且由一群既能干又全心全意为股东服务的人来管理的企业。当发现具备这些特征的企业而且我们又能以合理的价格购买时，我们几乎不可能出错。"广发证券曾对美国主要的16种投资策略进行研究，结果是，能够在熊市中赚钱的就是巴菲特的价值成长投资，而在牛市中能够超越指数4倍的也是巴菲特的价值成长投资。

巴菲特每年写给股东的信向来为人激赏，这也正是本书下篇的主要内容。他在信中像长者一样娓娓道来，把他的投资理念浸透在字里行间，启人心智；对过往一年投资得失的评价，轻松自然，没有丝毫的做作和夸张的表情；就像拉家常一样，谈他是如何挑选经理、评估投资目标、设立止损点的……这些信就像一面面镜子，折射出许多耐人寻味的东西。细读他的信，读者会被他推心置腹的交流深深打动。经常读他的信，不仅能收获投资的智慧，还会被他的人格魅力所感染，从而使自身的格局得到提升。巴菲特在给股东信中所写的关于资本管理的思考，以及如何经营价值永续成长企业的这些经营管理理念，通过伯克希尔公司的经营轨迹，都有清楚的呈现。阅读这些信件，相信你会拥有足够的勇气和自我期许：无须掠夺、竞争，只要通过良好的投资决策，就可以擘划宽广的投资版图，成为成功的投资者，实现自己的财富梦想。

当然，不是每个人都能像巴菲特那样积累470亿美元的巨额财富，也不是每个人都能像巴菲特那样进行交易。学习巴菲特的意义在于，巴菲特为人们提供了一种方法、一种思维和一种态度，最重要的是一种境界，这种境界就是在年轻的时候想明白了很多事情，然后用一生的岁月去坚守。你越是在年轻的时候想明白这些事情，可能以后积累的财富就越多。那些成功的投资家会随着时间流逝最终淡出我们的视野，但他们的投资原则是永恒的，我们所要做的就是学习这些原则并付诸实践，并忍受长时间的孤独寂寞，经过种种巨大的折腾，最终达到超凡脱俗的人生境界！

目录
CONTENTS

下篇　　巴菲特告诉股东们：关于管理和财富

上 篇

跟"股神"巴菲特学投资

第一章　巴菲特的价值投资理论

第一节　价值投资，黄金量尺

价值投资本质：寻找价值与价格的差异

一般来说，采用价值投资法的投资者会用买下整个企业的审慎态度来下单买股票。他在买股票的时候，好比要买下街角的杂货店一样，会询问很多问题：这家店的财务状况怎样？是否存在很多负债？交易价格是否包括了土地和建筑物？未来能否有稳定、强劲的资金收入？能够有怎样的投资回报率？这家店的业务和业绩增长的潜力怎样？如果对以上的问题都有满意的答案，并能以低于未来价值的价格把这家店买入，那么就得到了一个价值投资的标的。

1984年，巴菲特在哥伦比亚大学纪念格雷厄姆与多德合著的《证券分析》出版50周年的庆祝活动中发表演讲时指出，人们在投资领域会发现绝大多数的"掷硬币赢家"都来自于一个极小的智力部落，他称之为"格雷厄姆与多德部落"，这个特殊的智力部落存在着许多持续战胜市场的投资大赢家，这种非常集中的现象绝非"巧合"二字可以解释。"来自'格雷厄姆与多德部落'的投资者共同拥有的智力核心是：寻找企业整体的价值与代表该企业一小部分权益的股票市场价格之间的差异，实质上，他们是在利用两者之间的差异。"

价格和价值之间的关系适用于股票、债券、房地产、艺术品、货币、贵金属，甚至整个美国的经济——事实上所有资产的价值波动都取决于买卖双方对该资产的估价。一旦你理解了这一对应关系，你就具有了超越大多数个人投资者的优势，因为投资者们常常忽略价格与价值之间的差异。

从20世纪20年代中期到1999年，道氏工业指数以年50%的复利率（按保留红利计息）增长。而同一时期，30种道氏工业指数公司的收入增长率为47%。但是，从账面上看，这些公司的价值年增长率为46%。两个增长率如此一致并非偶然。

从长期来看，公司股票的市场价值不可能远超其内在价值的增长率。当然，技术进步能够改善公司的效率并能导致短时期内价值的飞越。但是竞争与商业循环的特性决定了公司销售、收入与股票价值之间存在着直接的联系。在繁荣时期，由于公司更好地利用了经济规模效益和固定资产设施，其收益增长可能超越公司的销售增长；而在衰退时期，由于固定成本过高，其公司收益也比销售量下降得更快（此即意味着公司的效率不高）。

但是，在实际操作中，股价似乎远远超过了公司的实际价值或者说预期增长率。实际上，这种现象不可能持续下去，股价与公司价值之间出现的断裂必须得到弥补。

如果理性的投资者拥有充分的信息，股票价格将会长期维持在公司的内在价值水平附近。然而在过热的市场下，当投资者似乎愿意为一只股票支付所有家当的时候，市场价格将被迫偏离其真实价值。华尔街便开始接受这只股票被高估这一非一般性的高增长率，同时忽略了其他长期稳定的趋势。

当把市场运动的趋势放在整个经济背景中去考察时，价格与价值之间的差异就显得极为重要了。投资者绝不能购买那些价格高于公司长期增长率水平的股票，或者说，他们应当对那些价格上涨的幅度超过公司价值增加的幅度的股票敬而远之。尽管精确估计公司的真实价值十分困难，但用以估价的证据仍然能够得到。例如，假若股票价格在某一时期内增长了50%，而同时期公司收入只有10%的增长率，那么股票价值很可能被高估，从而注定只能提供微薄的回报。相反，股票价格下跌而公司收入上升，那么应当仔细地审视收购该股票的机会。如果股票价格直线下降，而价格收入比低于公司预期的增长率，这种现象或许就可以看做是买入的信号，股票价格最终会回归其价值。如果投资人利用价格和价值的差异，在价值被低估时买入股票，那么他将会从中获利。

价值投资基石：安全边际

安全边际是对投资者自身能力的有限性、股票市场波动的巨大的不确定性以及公司发展的不确定性的一种预防和扣除。有了较大的安全边际，即使我们对公司价值的评估有一定的误差，市场价格在较长的时期内也会仍低于价值，公司发展就是暂时受到挫折，也不会妨碍我们的投资资本的安全性，并能保证我们取得最低限度的满意报酬率。

格雷厄姆曾告诉巴菲特两个最重要的投资规则：

第一条规则：永远不要亏损。

第二条规则：永远不要忘记第一条。

巴菲特始终遵循着导师的教诲，坚持"安全边际"的原则，这是巴菲特永不亏损的投资秘诀，也是成功投资的基石。格雷厄姆说："安全边际的概念可以被用来作为试金石，以助于区别投资操作与投机操作。"根据安全边际进行的价值投资，风险更低但收益更高。

寻找真正的安全边际可以由数据、理性的推理和很多实际经验得到证明。在正常条件下，为投资而购买的普通股，其安全边际大大超出了现行债券利率的预期获利能力。

如果忽视安全边际，即使你买入非常优秀的企业的股票，如果买入价格过高，也很难盈利。

即便是对于最好的公司，你也有可能买价过高。买价过高的风险经常会出现，而且实际上现在对于所有股票，包括那些竞争优势未必长期持续的公司股票，这种买价过高的风险已经相当大了。投资者需要清醒地认识到，在一个过热的市场中买入股票，即便是一家特别优秀的公司的股票，可能也要等待很长的一段时间后，公司所能实现的价值才能增长到与投资者支付的股价相当的水平。

安全边际是投资中最为重要的，它能够：

（1）降低投资风险。

（2）降低预测失误的风险。

投资者在买入价格上，如果留有足够的安全边际，不仅能降低因为预测失误而引起的投资风险，而且在预测基本正确的情况下，还可以降低买入成本，在保证本金安全的前提下获取稳定的投资回报。

根据安全边际进行价值投资的投资报酬与风险不成正比而成反比，风险越低往往报酬越高。

在价值投资法中，如果你以60美分买进1美元的纸币，其风险大于以40美分买进1美元的纸币，但后者报酬的期望值却比前者高，以价值为导向的投资组合，其报酬的潜力越高，风险越低。

在1973年，《华盛顿邮报》公司的总市值为8000万美元，你可以将其资产卖给十位买家中的任何一位，而且价格不低于4亿美元，甚至还会更高。该公司拥有《华盛顿邮报》、《新闻周刊》以及几家重要的电视台，这些资产目前的价值为20亿美元，因此愿意支付4亿美元的买家并非疯子。现在如果股价继续下跌，该企业的市值就会从8000万美元跌到4000万美元。更低的价格意味着更大的风险，事实上，如果你能够买进好几只价值严重低估的股票，如果你精通于公司估值，那么以8000万美元买入价值4亿美元的资产，尤其是分别以800万美元的价格买进10种价值4000万美元的资产，基本上是毫无风险的。因为你无法直接管理4亿美元的资产，所以你希望能够找到诚实且有能力的管理者，这并不困难。同时你必须具有相应的知识，使你能够大致准确地评估企业的内在价值，但是你不需要很精确地评估数值，这就使你拥有了一个安全边际。你不必试图以8000万美元的价格购买价值8300万美元的企业，但你必须让自己拥有很大的安全边际。

在买入价格上坚持留有一个安全边际。如果计算出一只普通股的价值仅仅略高于它的价格，那么就没有必要对其买入产生兴趣。相信这种"安全边际"原则——格雷厄姆尤其强调这一点——是投资成功的基石。

价值投资的三角：投资人、市场、公司

要想成功地进行投资，你不需要懂得有多大市场、现代投资组合理论等，你只需要知道如何评估企业的价值以及如何思考市场的价格就够了。

巴菲特说："评估一家企业的价值，部分是艺术，部分是科学。"价值投资者需要评估企业价值、思考市场价格。关于价值投资，作为一般投资者，并不一定要学习那些空洞的理论，只需学习公司估值与正确看待市场波动。

巴菲特认为投资者在学习公司估价与正确看待市场波动的同时，必须培养合适的性格，然后用心思考那些你真正下工夫就能充分了解的企业。如果你具有合适的性格，你的股票投资就会做得很好。

成功的投资生涯不需要天才般的智商、非比寻常的经济眼光或是内幕消息，所需要的只是在做出投资决策时的正确思维模式，以及有能力避免情绪破坏理性的思考，你的投资业绩将取决于你倾注在投资中的努力与知识，以及在你的投资生涯中股票市场所展现的愚蠢程度。市场的表现越是愚蠢，善于捕捉机会的投资者的胜率就越大。

综合巴菲特关于价值投资的论述，我们将其总结归纳为价值投资成功的金三角：

（1）培养理性自制的性格。

（2）正确看待市场波动。

（3）合理评估公司价值。

以下我们分三方面来论述价值投资成功的金三角：

1.如何分析自己，培养理性自制的性格

巴菲特强调投资成功的前提是理性的思维与自制的性格：

投资必须是理性的，如果你不能理解它，就不要做。

巴菲特的合作伙伴查理·芒格在斯坦福法学院的演讲中说："在投资中情商远比智商更为重要。做投资你不必是一个天才，但你必须具备合适的性格。"

股票投资者只强调对公司财务数据的数学分析，并不能保证其成功，否则会计师和数学家就是世界上最富有的人了。但过于迷信属于投资艺术的灵感，也很危险，否则艺术大师、诗人、气功大师全都是投资大师了。

投资者在对公司的历史进行分析时，需要保持理性；对公司未来进行预测时需要敏感和直觉。但由于历史分析和未来预测都是由投资人作出的，而投资人在分析预测的过程中面对尽管很多却并不完整的历史信息，以及数量很少、准确性很差的未来预测信息时，每一次投资决策在某种程度上都是一种结果不确定的博弈。投资人的长期业绩取决于一系列的博弈。所以，投资人必须像职业棋手那样具有良好的性格，从而提高决策的稳定性，否则像赌徒那样狂赌，一次重大失误就足以致命。

2.如何分析市场

态度对市场波动有很大的作用，是因为股票市场的影响力实在是太巨大了，投资者要保持理性的决策是一件非常困难的事情。

正如巴菲特所说："一个投资者必须既具备良好的公司分析能力，同时又必须把他的思想和行为同在市场中肆虐的极易传染的情绪隔绝开来，才有可能取得成功。在我自己与市场情绪保持隔绝的努力中，我发现将格雷厄姆的'市场先生'的故事牢记在心是非常有用的。"

在市场波动的巨大心理影响下，保持理性，是对市场波动有正确的态度和看法的前提。

投资大师们用其一生的投资经验为我们提出了正确看待市场波动的成功经验：

格雷厄姆和巴菲特的忠告："市场先生"是仆人而非向导。

巴菲特与林奇的警告：股市永远无法准确预测。

巴菲特与林奇投资成功的基本原则：要逆向投资而不是跟随市场。

投资大师对有效市场理论的共同批判：有效市场理论荒唐透顶。

3.如何评估公司价值

投资者首先要对公司价值进行评估，确定自己准备买入的企业股票的价值是多少，然后跟股票的市场价格进行比较。投资者发现符合其选股标准的目标企业后，不管股价高低随意买入其股票并不能保证他获得利润。公司股票的市场价格如大大低于其对应的内在价值（更准确的应该是"真实价值"或"合理价值"），将会为价值投资人提供很大的安全边际和较大的利润空间。

因此，价值评估是价值投资的前提、基础和核心。巴菲特在伯克希尔公司1992年的年报中说："内在价值是一个非常重要的概念，它为评估投资和企业的相对吸引力提供了唯一的逻辑手段。"

因为股票的价值是公司整体价值的一部分，所以对于股东来说，不考虑股票交易的股票其内在价值评估与公司价值评估其实是完全相同的。价值投资人在进行价值分析时，对于上市公司和自己完全拥有的私有企业的价值评估方法是完全一样的。格雷厄姆指出："典型的普通股投资者是企业家，对他而言，用和估价自己的私人企业同样的方法来估价任何其他上市公司似乎是理所当然的做法"。价值投资人买入上市公司的股票，实质上相当于拥有一家私有企业的部分股权。在买入股票之前，首先要对这家上市公司的私有企业的市场价值进行评估。

股市中的价值规律

股票的价格本质上是由其内在价值决定的。越是成熟的股市，越是注重股票的内在价值。股票的价值越高，相对的股票价格就越大。股票的市场价格会受到供求关系的影响，而围绕价值作上下波动。在一个健康的股市中，股价围绕价值波动的幅度都不大。股票的价格会随着企业的发展而变化，所以这是一个动态的平衡。一般来说，最多两年内可预期的股企效益增长，可列入动态价值考量的范畴中，相对的股价可以高一些。尽管市场短期波动中经常使价格偏离价值，但从长期来说市场偏离价值的股票市场价格具有向价值回归的趋势。

希格尔说："政治或经济危机可以导致股票偏离其长期的发展方向，但是市场体系的活力能让它们重新返回长期的趋势。或许这就是股票投资收益率为什么能够超越在过去两个世纪中影响全世界的政治、经济和社会的异常变化而保持稳定性的原因。

价值投资之所以能够持续地战胜市场，根本原因就在于其对价值规律的合理利用。投资者利用短期内价格与价值的偏离，以低价买入目标股票，形成理想的安全边际，利用长期内价格向价值的回归，以更高的价格卖出自己以前低价买入的股票，从而获取巨大的投资利润。

格雷厄姆在《证券分析》中指出："当证券分析家在寻找那些价值被低估或高估的证券时，他们就更关心市场价格了。因为此时他的最终判断很大程度上必须根据证券的市场价格来作出。这种分析工作有以下两个前提：第一，市场价格经常偏离证券的实际价值；第二，当发生这种偏离时，市场中会出现自我纠正的趋势。"

格雷厄姆认为，内在价值是影响股票市场价格的两大重要因素之一，另一个因素即投机因素，价值因素与投机因素的交互作用使股票市场价格围绕股票的内在价值不停地波动，价值因素只能部分地影响市场价格。价值因素是由公司经营的客观因素决定的，并不能直接被市场或交易者发现，这需要通过大量的分析才能在一定程度上近似地确定，通过投资者的感觉和决定，间接地影响市场价格。由于价值规律的作用，市场价格经常偏离其内在价值。

分析格雷厄姆关于价值投资的论述，我们会发现，格雷厄姆价值投资的基本思想是对股票市场价值规律的合理利用。

格雷厄姆将价值投资成功的根本原因归于股票价格波动形成的投资机会："从根本上讲，价格波动对真正的投资者有一个重要意义：当价格大幅下跌后，提供给投资者低价买入的机会；当价格大幅上涨后，提供给投资者高价卖出的机会。"

股市总是特别偏爱投资于估值过低股票的投资者。首先，股市几乎在任何时候都会生成大量的真正估值过低的股票以供投资者选择。然后，在其被忽视且朝投资者所期望的价值相反运行相当长时间以检验他的坚定性之后，在大多数情况下，市场总会将其价格提高到和其代表的价值相符的水平。投资者利用市场中的价值规律来获取最终利润。

200多年的股市历史表明，受价值规律的影响，股票价格会围绕股票价值上下波动，不过股票市场的波动更加激烈。这是因为：

（1）金融证券的价格受一些影响深远但又变幻莫测的因素支配。格雷厄姆形象地把这种影响证券价格波动的非人力因素称为"市场先生"。"市场先生"每天都现身来买卖金融资产，他是一个奇怪的家伙，他根据各种各样难以预料的情绪波动，使价格落在他所愿意成交的位置上。

（2）尽管金融资产的市场价格涨落不定，但许多资产具有相对稳定的基础经济价值。训练有素且勤勉的投资者能够精确合理地衡量这一基础经济价值。证券的内在价值与当前的交易价格通常是不对等的。

（3）在证券的市场价格明显低于计算所得的内在价值时购买证券，最终必将产生超额的回报。理论上价值和价格之间的差距约等于基础价值的1/2，而且至少不低于基础价值的1/3。最终的收益可能更大，而且更重要的是非常安全。

作为投资者必须明白的一点是，有些优秀的公司，因为受众人所爱，所以本益比不会很低。因此，对于投资者来说，只要一家公司一直都在快速而又稳定地成长，那么30~40倍的本益比也未必过分。

因此，投资者在分析优秀公司时，应该翻查有史以来有关公司的本益比资料，然后在股市低迷的时候，看看这家公司的本益比是不是已经跌入前所未有的境地。

价值投资能持续战胜市场

作为投资者，在投资中，你付出的是价格，而得到的是价值，不需要考虑那些单个股票的价格周期及整个市场的波动。市场周期绝不是影响投资者选择股票的重要因素，当股价处在高位时，你更难以发现那些被市场低估的股票，因为此时大多数股票价格偏高；而当市场处在低迷时，你的选择余地会更多，因为此时大多数企业价值被低估，你就有了更多的选择。

巴菲特说："每个价值投资的投资业绩都来自于利用企业股票市场价格与其内在价值之间的差异。"价值投资以高收益和低风险持续战胜市场。

从格雷厄姆1934年出版《证券分析》一书提出价值投资以后，70多年来，证券市场不断发展壮大，已经发生了巨大的变化，那么，价值投资在这70年期间一直有效吗？答案是：有效，而且非常有效，甚至可以说价值投资是唯一能够持续战胜市场的投资策略。

价值投资的实践也证明，基于安全边际的价值投资能够取得超出市场平均水平的投资业绩，而且这种超额收益并非来自于高风险，相反，价值投资策略的相对风险更小。

巴菲特关于价值投资的收益更高、风险更低的说法，根据一些财务指标与股票价格的比率分析（价格与收益比、价格与账面值比、价格与现金流量比等）表明，投资于低市盈率、低股价股利收入比率、低股价现金流比率股票，能够取得超额的投资利润。这些指标尽管并不能直接表示安全边际的大小，但可以间接证明比率较低的公司股票相对于比率较高的公司股票可能被低估，所以，相对而言具有较大的安全边际。因此，这为普通投资者采用价值投资策略提供了更多的依据。

价值投资者利用价格与价值的偏离，以低价买入目标股票，以更高的价格卖出自己以前低价买入的股票。那么，价值投资原理为什么有效呢？也就是说，股票市场中价格与价值为什么会这样波动呢？在股票市场中，价格为什么会经常偏离价值，而且在价格偏离价值后，经过相当长的时间后，价格会向价值回归呢？这是所有价值投资人都必须思考的最重要的问题。因为认识市场的波动规律，对于投资人战胜市场具有非常重大的意义。

实际上，价值投资能持续战胜市场的关键在于股市波动，合理利用价值规律。巴菲特回忆在为格雷厄姆—纽曼公司工作时，他问他的老板格雷厄姆：当一家股票的价值被市场低估时，作为投资者如何才能确定它最终将升值呢？格雷厄姆只是耸耸肩，回答说："市场最终总是会这么做的……从短期来看，市场是一台投票机；但从长期来看，它是一台称重机。"

在当今社会，价值投资越来越引起人们的关注，但真正这样做的人并不多。因为价值投资的概念虽然不难懂，但人们却很难真正这样实践，因为它与人性中的某些惯性作用是相抵触的。投资者习惯了"旅鼠式"的行动，如果让他们脱离原有的群体，是非常不容易的。就像巴菲特所指出的那样："在我进入投资领域三十多年的亲身经历中，还没有发现运用价值投资原则的趋势。看来，人性中总是有某种不良成分，它喜欢将简单的事情复杂化。"

对投资者来说，重要的不是理解别人的投资理念，而是懂得在实践中如何运用它。

作为普通投资者，在买入价格上留有足够的安全边际，不仅能降低因为预测失误而引起的投资风险，而且在预测基本正确的情况下，还可以降低买入成本，在保证本金安全的前提下获取稳定的投资回报。

影响价值投资的五个因素

价值投资人买入上市公司的股票，实质上相当于拥有了一家私有企业的部分股权。

在买入股票之前，首先要对这家上市公司的私有企业市场价值进行评估。要想成功地进行投资，你不需要懂得有多大市场、现代投资组合理论等，你只需要知道如何评估企业的价值以及如何思考市场价格就够了。

价值投资是相对风险投资而言的，是基于围绕价值轴心的价格波动，而产生低买高卖的投资行为，以及追求长远价值预期和价值实现，而分享资产长期增值的利益，并非短期炒作。

传统或狭义的价值投资，主要指对潜力产业、热门行业的直接实业投资，比如：20世纪80年代初期，商品经济开始活跃，直接投资消费品加工厂和发展贸易成为热点；90年代初期，内地住房体制改革，众多的直接投资开发，带动了房地产业的兴旺；进入2000年，全球经济快速发展，形成了能源瓶颈，石油、煤炭、电力等能源产业成为投资热点，等等。而广义的价值投资不仅包括直接的实业投资行为，而且还包括对相关资产的间接投资，即对相关产业上市资产或上市公司的投资。由于长期以来人们对"价值投资"的漠视和误解，往往把上市资产的投资或股票市场投资也理解为高风险投资。一个成熟的股票市场的基石和内涵，就在于其价值资产。

价值投资不仅是一个正确的投资理念，更是一种正确的投资方法和技巧。人们之所以谈股色变，视股市为高风险场所，根本原因还在于法制不健全、管理与监控的效率缺失、公司治理的薄弱和经济周期与市场的波动对资产价值和投资者心理产生的影响。而价值投资的重点，就是广义概念的证券市场之价值掘金。

价值投资是基于对上市公司所处的市场环境、行业地位和内在价值等基本方面的全面认真的分析，并通过一定的价值分析模型，将上市资产的内在价值量化，确定合理的价格表达，并通过与市场现行价格的比较，来挖掘出被市场严重低估价值的股票或资产，以适时地进行有效投资的过程。简单来说：就是寻求股票价值回归，根据上市公司的发展前景、盈利能力和历史表现推估投资股票的价格，进行低买高卖的获利操作，或长期持有，分享资产增值利益。

被誉为证券分析之父的本杰明·格雷厄姆在所著《证券分析》一书中指出："价值投资是基于详尽地分析，资本的安全和满意的回报有保障地操作。不符合这一标准的操作就是投机。"格雷厄姆还提出："决定普通股价值的基本因素是股息率及其历史纪录、盈利能力和资产负债等因素。"

价值投资大师巴菲特是价值投资理论的实践者，他更注重公司的成长和长期利益，并愿意为此付出合理的价格。巴菲特将格雷厄姆的价值理念概括为："用0.5美元的价格，买入价值1美元的物品。"格雷厄姆揭示了价值投资的核心，巴菲特则用自己的实践告诉我们如何进行投资。2003年巴菲特在香港证券市场以1.6港元的均价投资了"中国石油"股票，按现价约9港元算他已获利上百亿，这就是最好的例证。根据《证券分析》一书所阐述的原理，上市公司股票价值主要由五大因素构成：

（1）分红派息比例。合理的分红派息比例，反映了公司良好的现金流状况和业务前景，亦是优质蓝筹股票的重要标志。优质资产的派息率应持续、稳定，且高于银行同期存款利率，企业发展与股东利益并重，如：汇丰银行为4.37%，和黄为2.38%，中移动为2.49%，电信盈科达为7.5%。分红派息率过低，说明公司业务缺乏竞争力，股东利益没有保障，股票无吸引力。分红派息率不稳定，且突然派息过高，反映了公司缺乏长远打算，或业务前景不明朗。

（2）盈利能力。它反映公司整体经营状况和每股获利能力。主要指标是公司的边际利润率、净利润和每股的盈利水平，该指标越高越好。有价值的公司，盈利能力应是持续、稳定地增长，且每年盈利增长率高于本地生产总值的增长率。

（3）资产价值。它主要以上市公司的资产净值衡量（净资产=总资产－负债），它是资产总值中剔除负债的剩余部分，是资产的核心价值，可反映公司资产的营运能力和负债结构。合理的负债比例，体现了公司较好的资产结构和营运效率；较高的资产负债比例，反映了公司存在较大的财务风险和经营风险。

（4）市盈率（P/E值）。指普通股每股市价同每股盈利的比例。影响市盈率的因素是多方面的，有公司盈利水平、股价、行业吸引力、市场竞争力和市场成熟度等。每股盈利高，反映市场投资的盈利回报就高（市盈率或每股当年盈利/每股股价）；若市场相对规范和成熟，则市盈率表现相对真实客观，即股价对资产价值的表达相对合理，反之则为非理性表达，泡沫较大。同时，市盈率也反映市场对公司的认同度，若公司业务具有行业垄断、经济专利和较强的竞争力，则市场吸引力较高，可支撑相对较高的市盈率，即股价表达较高。如：截至2006年3月底，汇丰市盈率为12.25倍，中移动市盈率为15.68倍。

（5）安全边际。股票价格低于资产内在价值的差距称为"安全边际"。内在价值指公司在生命周期中可产生现金流的折现值。短期资产价值，通常以资产净值衡量。买股票时，若股价大幅低于每股的资产净值，则认为风险较低；若低于计算所得的资产内在价值较多，则安全边际较大，当股价上涨，可获超额回报，扩大投资收益，并可避免市场短期波动所产生的风险。

①股票年度回报率=（当年股息+年底收市价－年初收市价）/年初收市价×100%

②个股回报率=（获派股息+股票估出收入－股票购入成本）/股票购入成本×100%

价值投资着眼于公司长远利益的增长和生命周期的持续，从而进行长期投资，以获得股东权益的增值。股东权益的增值，来源于经营利润的增长，长期而言，股票价格的增长，应反映公司价值前景和经营利润；短期看，股票价格会受各种因素（如：利率、汇率、通货膨胀率、税制、国际收支、储蓄结构、能源价格、政治外交和突发性重大事件）的影响而波动。

第二节　评估一只股票的价值

股本收益率高的公司

公司的股本收益率走势和未来盈利走势之间存在着某种相关的关系。如果年度股本收益率上升，盈利率也应该同样上升。如果股本收益率的走势稳定，那么盈利率的走势就很可能会同样稳定，并且具有更高的可预见性。

作为投资者，如果你能估计公司未来的股本收益率，那么你就可以估计股本价值在年度间的增长。并且，如果你能估计股本价值的增长，你就能合理地预测取得每年年终股本价值所需的盈利水平。

巴菲特说："当股价走到了相对于其盈利增长以及股本收益率具有吸引力的水平时，才应当购买。"这是取得成功的一个要诀。

作为一个股票持有者，应该把注意力集中在具有高水平股本收益率的公司上，因为股票业绩指标直接关系到你的钱包。你应该主要关心投资收益，或者从股票中获得的现金流。你得到过股息吗？股票价格上升了吗？你的总收益率是多少？

投资收益在对公司进行分析时发挥着一个重要作用，它把股票价格和股票价值置于一个恰当的关系之中。许多投资者都把注意力集中在公司的过去及预测的盈利增长上。即使顶尖的分析师们一般也非常关注盈亏底线的增长，把其作为衡量成功的标准。然而，一个公司使投资者的资本获得高收益的能力，对于长期增长同样是至关重要的。

在某些方面，投资收益是衡量公司表现的一个更加重要的尺度，因为公司可以借助众多的手段来改变它们的会计利润。

股票投资者的收益包括股息支付加上投资者在股票持有期内所经历的股票价格的上升部分（减去下降部分）。市场只关注股票持有者的年收益，通常用收入或者损失的百分比来表示，并且通常以日历纪年为基准期来计算收益。股票持有者的收益指的是年收益，等于股息与股票价格净变化的和除以股票的初始价格：

股票持有者收益率=（股息+股票价格变动）/股票初始价格

例如，如果一只股票的年初价格是100美元，随后的一年中发放1美元的股息，年终股票价格是109美元，其持有者的收益率就等于（1+9）/100=10%。这个计算并不复杂。

股票市场可能因为宏观经济问题而出现下降，诸如较高的利率、较低的盈利预测、通货膨胀或紧缩恐慌、地缘政治情况，比如中东关系恶化、俄罗斯货币危机或者卡斯特罗的健康好转等。这种市场的下跌力量可能会推动你的股票一起下跌，公司管理层对股票价格的反向运动也无能为力。所以即便公司的运营和盈利前景都非常良好，但股票持有者的收益率也可能是负数。

相反，在公司的运营非常普通或者糟糕的时候，股票持有者的收益率可能非常好。股票市场可能因为某种积极的经济事件而上扬，比如：一次大罢工事件的妥善解决或者减少了通货膨胀的恐慌。糟糕的公司运营状况可能会使公司进入被收购的候选名单，股票价格的上升可能是对这个公司的股票收购要约的结果。例如，1997年，所罗门兄弟公司在交易中遭受了严重损失，导致旅游者集团旗下的史密斯—巴尼公司以远高于当时市价的溢价水平收购了所罗门公司。

当一家公司取得了高水平的股本收益率时，表明它在运用股东们提供的资产时富有效率。因此，公司就会以很快的速度提高股本价值，由此也使股价获得了一个同样快速地增长。

股本收益有没有一个标准呢？

标准普尔500指数代表的公司的股票收益，在20世纪的大部分时间里，平均水平在10%~15%之间，然而到90年代却急剧增长。到90年代末，公司的股东收益超过了20%。考虑到这是500家公司的平均水平，20%的水平确实是一个惊人的速度。在90年代，许多技术公司的股本收益都持续超过了30%。许多生产消费品的公司，如可口可乐、菲利浦·莫里斯，以及某些制药公司，如华纳·兰伯特（Wamer Lambert）、艾博特实验室，还有默克公司，它们的股本收益都超过了30%。由于公司为股东持有的股票（或者账面价值）创造了如此高的收益，投资者们愿意为其股票支付一个相对于账面价值来说很高的溢价。在20世纪的大部分时间里，股票价格一般为股本价值的1~2倍，而这些公司的平均股票价格到1999年后期却超过了股本价值的6倍。

但是1999年之前，巴菲特开始质疑公司能否以超过20%的速度持续地提高股本收益。他认为如果他们不能做到，股价就不应该达到6倍于股东价值的水平。历史证实了巴菲特的判断。在90年代，美国公司不再慷慨地分派红利，而是越来越多地保留了当年的盈利。此外，美国经济似乎只能维持一个3%~4%的年增长率，在这些条件下，公司无限期地保持一个20%的股本收益的增长速度几乎是不可能的，必须达到一个超过20%的年盈利的增长速度，才能使股本收益以20%的速度增长——这是不可能的，除非经济增长速度每年远远超过10%。

但巴菲特也确信，公司能够创造并维持高水平的股本收益率是可遇而不可求的，这样的事情实在是太少了。因为当公司的规模扩大时，维持高水平的股本收益率是极其困难的事情。事实上，许多最大的、最有希望的美国公司——其中包括通用电气、微软、沃尔玛以及思科系统，由于规模扩大，几年来股本收益率一直在稳定下降。这些公司发现当股本价值仅为10亿美元时，赚取足够的利润使股本收益率记录达到30%是很容易的事情。现在，比如说，当股本达到100亿或者200亿美元时，公司要维持一个30%的股本收益率是极其困难的。

利用“总体盈余”法进行估算

每股盈余是指税后利润与发行在外的普通股数的比率，反映普通股股东所持股份中每股应分享的利润。显然，这一比率越高越好，比率越高，每一股可得的利润就越多，股东投资收益就越好；反之就越差。其计算公式如下：每股盈余=税后纯益－特别股股利发行在外的普通股股数。每股盈余弥补了股东仅知道每股所获得的股利而不了解盈利的全面情况的这一不足。同时，这一指标也直接关系到股票价格的升跌。

巴菲特说："在这个巨大的交易舞台中，我们的任务就是寻找这类企业：它的盈利状况可以使每一美元的留存收益至少能转化为一美元的市场价值。"每位投资者的目标就是建立可以在未来很多年还能产生总体盈余最高的投资组合。

当巴菲特考虑准备进行一项新的投资时，他会先与已经拥有了的投资进行比较，看新的投资是否会表现得更好。伯克希尔公司已经拥有一个完备的评估体系来衡量新投资案，因为它过去已经积累了许多不错的投资案可供比较。对于普通投资者来说，最好的评估指标就是自己已经拥有的投资案。如果新投资案的未来潜在表现还不如你已经拥有的那一个好，就表明它还没有达到你的投资门槛，以此方法可以有99%的把握检验出你目前所看到的投资案的价值。为了了解公司股票的投资价值，巴菲特经常利用"总体盈余"法进行估算。

伯克希尔公司的总体盈余是该公司及其转投资公司营运盈余的总和，加上投资股票巨大的保留盈余，以及该公司在保留盈余没有派发股息的情形下必须付出的税金预提部分。许多年来，伯克希尔公司的保留盈余来自于惊人的股票投资报酬，包括可口可乐、联邦房屋贷款公司、吉列剃须刀公司、《华盛顿邮报》以及其他不错的公司。到1997年，公司保留了惊人的数额盈余。不过根据现在一般的会计原则，伯克希尔公司还不能在损益表中公布其每股保留盈余。尽管如此，巴菲特指出，保留盈余还是有其明显的衡量价值的。

总体盈余法为价值投资者检验投资组合提供了一个指标。

从1965年巴菲特领导伯克希尔公司以来，该公司的总体盈余一直与公司的股票价格同步增长。但是有的时候盈余会比价格先反映出来，尤其是当格雷厄姆口中的"市场先生"表现得较为低迷的时候。同样，有时价格又比盈余先反映出来。但是无论如何，彼此的关联性必须经过一个较长的时期才会得到应有的反映。巴菲特说："这种方式会迫使投资人思考标的公司的长期远景，而不只是炒作短线题材，如此操作，成绩才会有大进步。"

作为一般投资者，在对未来的盈余状况进行评估时，应当首先研究过去。许多投资实践表明，一个公司增长的历史记录是其未来走向的最可靠的指示器。这种思路可以帮助你了解你所研究的对象，它是一个像默克那样的稳定增长的公司，还是一个像英科那样的高负债的周期性增长的公司。

可是，在数千家上市公司中，仅有一小部分实现了这样的稳定程度。其中包括艾博特实验室、默克公司、菲利浦·莫里斯、麦当劳、可口可乐、埃默森电气、自动数据处理以及沃尔格林公司。如果你绘制了这些公司多年来的利润增长图表，你就会发现一个几乎连续的趋势——无论在经济走强还是走弱时期，利润都在按一个稳定的比率增长着。能在相当长的时期内保持这样稳定水平的公司极有可能在将来做得同样好。

投资者们经常会犯这样的错误：他们对公司增长水平的推断超越了公司真实的增长率，并且他们假定一家公司能够突然地与过去一刀两断。实际上，你应当预期到一个相反的结果：或早或晚，公司的总体盈余最终会降下来，因为寻找新的市场、不断扩大销售，会变得更加困难。

利用现金流量进行评估

自由现金流量贴现模型是理论上最严密、实践中最完善的公司价值评估模型，它完全适用于持续竞争的优秀企业。

巴菲特说："内在价值是一个非常重要的概念，它为评估投资和企业的相对吸引力提供了唯一的逻辑手段。内在价值的定义很简单，它是一家企业在其余下的寿命中可以产生的现金流量的贴现值。"没有准确的价值评估，巴菲特也无法确定应该以什么价格买入股票才划算。他认为现金流量是进行价值评估的最好方法。

要进行准确的价值评估，必须做好以下三种正确的选择：选择正确的估值模型——现金流量贴现模型；选择正确的现金流量定义和贴现率标准；选择正确的公司未来长期现金流量的预测方法。

1.选择正确的估值模型——现金流量贴现模型

准确进行价值评估的第一步是选择正确的估值模型。巴菲特认为，唯一正确的内在价值评估模型是1942年约翰·伯尔·威廉姆斯提出的现金流量贴现模型：

"在写于50年前的《投资价值理论》中，约翰·伯尔·威廉姆斯提出了价值计算的数学公式，这里我们将其精练为：今天任何股票、债券或公司的价值，取决于在资产的整个剩余使用寿命期间预期能够产生的、以适当的利率贴现的现金流入和流出。请注意这个公式对股票和债券来说完全相同。尽管如此，但两者之间有一个非常重要的，也是很难对付的差别：债券有一个息票（coupon）和到期日，从而可以确定未来现金流。而对于股票投资，投资分析师则必须自己估计未来的'息票'。另外，管理人员的能力和水平对于债券'息票'的影响甚少，主要是在管理人员如此无能或不诚实以至于暂停支付债券利息的时候才有影响。与债券相反，股份公司管理人员的能力对股权的'息票'有巨大的影响。"

其实，关于股票的价值评估方法有很多种，那么，巴菲特为什么认为现金流量贴现模型是唯一正确的估值模型呢？

只有现金流量贴现模型，才能比较准确地评估具有持续竞争优势的企业的内在价值。

而且它是最严密、最完善的估值模型。这是因为：

（1）该模型是在对构成公司价值的业务的各个组成部分创造的价值进行评估的基础上计算公司的权益价值。这样可以使投资者明确和全面了解公司价值的来源、每项业务的情况及价值创造的能力。

（2）公司自由现金流量的多少反映了竞争优势水平的高低，产生自由现金流量的期限与竞争优势持续期相一致，资本成本的高低也反映了竞争中投资风险的高低。

（3）该模型非常精密，能处理大多数复杂的情况。

（4）该模型与多数公司熟悉的资本预算的编制过程相一致，计算也比较简单，易于操作。

2.选择正确的现金流量定义和贴现率标准

准确进行价值评估的第二步是选择正确的现金流量定义和贴现率标准。

巴菲特认为："今天任何股票、债券或公司的价值，取决于在资产的整个剩余使用寿命期间预期能够产生的，以适当的利率贴现的现金流入和流出。"也许你会因此认为巴菲特使用的内在价值评估模型与我们在财务管理课程中学习的现金流量贴现模型完全相同。实际上二者具有根本的不同。

巴菲特认为通常采用的"现金流量等于报告收益减去非现金费用"的定义并不完全正确，因为这忽略了企业用于维护长期竞争地位的资本性支出。

巴菲特并没有采用加权平均资本作为贴现率，而采用长期国债利率，这是因为他选择的企业具有长期持续竞争的优势。

3.选择正确的公司未来长期现金流量的预测方法

可以肯定的是，投资人要得出一个证据充分的正确结论，需要对公司的经营情况有大致的了解，并且需要具备独立思考的能力。但是，投资者既不需要具备什么出众的天才，也不需要具备超人的直觉。很多时候，即使是最聪明的投资人都没有办法提出确凿的证据，即使是在最宽松的假设下仍是如此，这种不确定性在考察新成立的企业或是快速变化的产业时经常发生。在这种非常不确定的情况下，任何规模的投资都属于投机。

正是基于这些原因，巴菲特认为，防止估计未来现金流量出错有两个保守却可行的办法：能力圈原则与安全边际原则。"尽管用来评估股票价值的公式并不复杂，但分析师，即使是经验丰富且聪明智慧的分析师在估计未来现金流时也很容易出错。在伯克希尔，我们采用两种方法来对付这个问题。第一，我们努力固守于我们相信我们可以了解的公司。这意味着他们的业务本身通常具有相当简单且稳定的特点，如果企业很复杂而产业环境也不断在变化，那么，我们就实在是没有足够的聪明才智去预测其未来现金流量了，碰巧的是，这个缺点一点也不会让我们感到困扰。对于大多数投资者而言，重要的不是他们到底知道什么，而是他们真正明白自己到底不知道什么。只要能够尽量避免犯重大的错误，那么投资人只需要做很少的几件正确的事情就足以保证盈利了。第二，亦是同等重要的，我们强调在我们的买入价格上留有安全边际。如果我们计算出一只普通股的价值仅仅略高于它的价格，那么，我们不会对其买入产生兴趣。"

总的说来，利用现金流量进行评估是股票价值评估中非常重要的参数，其选择是否恰当将对评估结果和投资判断产生巨大的影响。巴菲特之所以认为利用现金流量评估是简单有效的，这是因为：

（1）巴菲特把一切股票投资都放在与债券收益的相互关系之中来看待。如果他在股票上无法得到超过债券的潜在收益率，那么，他会选择购买债券。因此，他的公司定价的第一层筛选方法就是设定一个门槛收益率，即公司权益投资收益率必须能够达到政府债券的收益率。

（2）巴菲特并没有浪费精力试图去为他研究的股票分别设定一个合适的、唯一的贴现率。每个企业的贴现率（资本成本）是动态的，它们随着利率、利润估计、股票的稳定性以及公司财务结构的变化而不断变动。对一只股票的定价结果，与其做出分析时的各种条件紧密相关。但是两天之后，可能会出现新的情况，迫使一个分析家改变贴现率，并对公司做出不同的定价。为了避免不断地修改模型，巴菲特总是很严格地保持他的定价参数的一致性。

（3）如果一个企业没有任何商业风险，那么，他的未来盈利就是完全可以预测的。在巴菲特眼里，可口可乐、吉列等优秀公司的股票就如同政府债券一样毫无风险，因此，应该采用一个与国债利率相同的贴现率。

运用概率估值

用概率来思考，不管是主观概率还是客观概率，都使投资者对所要购入的股票进行清醒和理智地思索。

巴菲特说："用亏损概率乘以可能亏损的数量，再用收益概率乘以可能收益的数量，最后用后者减去前者。这就是我们一直试图运用的方法。"

在投资中，概率的运用提高了预测的准确性，降低了投资的风险。

如果我们说股票市场是一个无定律的世界，那么此话就过于简单了。在这个世界上成千上万的力量结合在一起，才产生出了各种股票价格，这些力量随时都处于变动状态，任何一股力量对股票价格都会产生影响，而没有任何一股力量是可以被准确地预测出来的。投资人的工作就是正确评估各种股票价格变化的可能性，判断股票价格变化带来的损失与收益，并从中选择最具有投资价值的股票。

不管投资者自己是否意识到了，几乎所有的投资决策都是概率的运用。巴菲特的投资决策也应用了概率论，并巧妙地加进了自己的理解。

巴菲特说："先把可能损失的概率乘以可能损失的量，再把可能获利的概率乘以可能获利的量，然后两者比较。虽然这种方法并不完美，但我们尽力而为。"

要把概率理论应用到实际的投资当中去，还需要对数字计算的方法有更深刻的理解。

掷硬币猜中头像一面的概率为1/2，这意味着什么呢？或者说掷骰子单数出现的概率为1/2，这又是什么意思呢？如果一个盒子里装有70个绿色大理石球，30个蓝色大理石球，为什么蓝色大理石球被捡出的概率为3/10。上面所有的例子在概率发生事件中均被称为频率分析，它是基于平均数的法则。

如果一件不确定事件被重复无数次，事件发生的频数就会被反映在概率中。如果我们掷硬币10万次，预计出现的头像次数是5万次。注意并不是"它将等于5万次"。按无限量大的原理只有当这个行为被重复无数次时，它的相对频数与概率才趋向于相等。从理论上讲，我们知道投掷硬币得到"头像"这一面的概率是1/2，但我们永远不能说两面出现的概率相等，除非硬币被掷无数次。

澄清投资与概率论之间联系的一个有用例证是风险套购的做法。

根据《杰出投资家文摘》的报道，巴菲特对风险套购的看法与斯坦福商学院的学生的看法是相同的。巴菲特解释道："我已经做了40年的风险套购，我的老板格雷厄姆在我之前也做了30年。"风险套购从纯粹意义上讲，不过是从两地不同市场所报的证券差价中套利的做法。比方说，同种商品和货币在全世界不同的市场上报价，如果两地市场对同种商品的报价不同，你可以在这个市场上买入，在另一个市场上卖出，并将这其中的差额部分装入自己的腰包。

风险套购已成为目前金融领域普遍采用的做法，它也包括对已宣布购并的企业进行套购。但巴菲特说："我的职责是分析这些（已宣布购并）事件实际发生的概率，并计算损益比率。"

巴菲特经常运用主观概率的方法来解释自己的决策过程。他说："如果我认为这个事件有90%的可能性发生，它的上扬幅度就是3美元，同时它就有10%的可能性不发生，它下挫的幅度是9美元。用预期收益的27美元减去预期亏损的9美元就得出18美元（3×90%-9×10%=18）的数学预期收益。"

接下来，巴菲特认为必须考虑时间跨度，并将这笔投资的收益与其他可行的投资回报相比较。如果你以每股27美元的价格购买阿伯特公司的股票，按照巴菲特的计算，潜在收益率为66%（18美元除以27美元）。如果交易有望在6个月内实现，那么投资的年收益率就是132%。巴菲特将会把这个风险套购收益率同其他风险投资收益率进行比较。

通常，风险套购会隐含着潜在损失。巴菲特承认："拿套利作为例子，其实我们就算在获利率非常确定的购并交易案中亏损也无所谓，但是我们不愿意随便抓住一些预期损失概率很大的投资机会。为此，我们希望计算出预期的获利概率，从而能真正成为决定是否投资此标的的唯一依据。"

由以上我们可以看出，巴菲特在风险套利的概率评估上是相当主观的。风险套利并无实际获利频率可言，因为每一次交易都不同，每一种情况都需要做出不同的独立评估。但即使如此，理性的数学计算仍能显示出风险套利交易的获利期望值的高低。

从以上我们可以总结出如何在投资中运用概率论：

（1）计算概率。

（2）根据新的信息调整概率。

（3）随着概率的上升，投资数量也应加大。

（4）只有当成功的几率完全对你有利时才投资。

不管投资者自己是否意识到了，几乎所有的投资决策都是概率的应用。为了成功地应用概率原理，关键的一步是要将历史数据与最近可得的数据相结合。

但是，也有投资者认为，巴菲特的投资战略之所以有效是因为他有这个能力，而对那些没有这种数学能力的一般投资者，这个战略就无效。实际上这是不对的。实施巴菲特的投资战略并不需要投资者学习高深的数学。《杰出投资家文摘》报道在南加州大学所做的演讲中，蒙格解释道："这是简单的代数问题，学起来并不难。难的是在你的日常生活中几乎每天都应用它。费马·帕斯卡定理与世界的运转方式是完全协调的。它是基本的事实，所以我们必须掌握这一技巧。"

那么，我们在投资中努力学习概率论是否值得呢？答案是肯定的。因为巴菲特的成功就与其概率计算能力有密切的联系。假如投资者也能学会从概率的角度思考问题，那么就会踏上获利之路，并能从自身的经验中吸取教训。

股价对价值的背离总会过去

投资者在投资过程中需要注意的是，无论股价怎么波动，你需要真正关心的是投资目标的内在价值。即使在股价处于高位的时候，只要在股价大大低于其内在价值的情况下，仍然可以进行投资；相反，如果股价处于低位，但是股价已经高于其内在价值，那么这仍然是不值得投资的。

在股市中，最常见的就是股价的波动。有时候面对的明明是一家很好的公司，但是股价却一直在价格的低位盘旋，导致很多投资者忍痛割爱，止损出局。事实上，巴菲特对这种情况的看法是：股价的波动是一件好事。因为股价的背离只是一种短暂的表现形式，从长期的角度来看，股价是不可能背离其内在价值的。

举个例子来说，巴菲特投资水果织机公司的时候，就是在该公司宣布破产的时候，当时伯克希尔公司是以差不多面额一半的价格买入了该公司的债券和银行的债券。要知道，这起破产案是十分特殊的，因为该公司虽然已宣布破产保护，可是即便是这个时候，它也没有停止支付有担保债券的利息，这样就使得伯克希尔公司每年依然能够得到15%的收益。到了2001年的时候，伯克希尔公司仍然拥有该公司10%的有担保债权。不难看出，巴菲特的做法和普通的投资者的做法是有很大区别的。当时以本金面额50%买入后，即使在70%左右进行回收，这笔投资也已经获得了40%的获利回报，如果再加上每年的15%左右的利息回报，伯克希尔公司获得的回报就已经相当可观了。

另外，一个更加典型的案例是，从2000年年末开始，巴菲特就陆续购进了Finova公司的债权。其实当时这家财务金融公司已经发生了一些问题，流通在外的美元债券价格高达110亿美元，已经下跌到面额的2/3左右，伯克希尔公司就在这个价格买入了其中约13%的债权。巴菲特选择该公司的理由是，该公司凶多吉少、难逃破产命运。但即使如此，该公司的净资产仍然摆在那里。伯克希尔公司从中回收的资金也会超过2/3面额的水平。即使该公司发生了最坏的状况，仍然是可以获利的。

当然，与普通投资者的投资行为不同的是，由于伯克希尔公司总是动不动地就去取得被收购公司的控股权，所以，相比之下，普通投资者并不具备如巴菲特的话语权，这最终会影响到投资收益回报的高低。

有人问格雷厄姆是什么力量使价格最终回归于价值呢？格雷厄姆回答说："这正是我们行业的一个神秘之处，对我和其他任何人而言，也一样神奇。但我们从经验上知道，最终市场会使股价回归于价值。"

股票市场和商品市场一样，同样遵循价值规律，股价短期波动很剧烈，经常偏离其价值，但是价格围绕价值波动，从长期来看，股价最终会回归于价值。巴菲特说："股价波动是根本无法预测的。"其实他说的是短期波动。从长期来看，股价波动完全可以预测，因为股价对价值的背离总会过去，最终会回归于价值。

实质价值才是可靠的获利

对于投资者来说，投资赚钱可以靠两个途径来实现：其中之一是企业实质价值的增长，再有就是"市场先生"上蹿下跳给出的非理性价格。对于前者，无疑是确定而稳定的，投资者一定要保证吃到的是这一块蛋糕，但后者也是不可缺少的一部分。因为它不仅能在购买时提供安全边际，同时也能在适当的时候奖励投资者一块蛋糕顶端的奶油。

1991年巴菲特在致股东的信里写道："查理和我一起对盈利作出了设定，以15%作为每年公司实质价值增长的目标，这也就是说，如果在未来十年内，公司要达到这个目标，则其账面净值至少增加22亿美元。我们真的很需要祝福。请大家祝我们好运吧！"

"1991年，我们经历了账面数字超额增长，但是这是一种不太可能再发生的现象，我们受惠于可口可乐与吉列本益比的大幅上涨，只这两家公司对我们的贡献就是我们在去年21亿美元净值成长中的16亿美元。"

"在当今世界，可口可乐与吉列可以说是最好的两家公司，在未来几年我们预期它们的获利仍然会以惊人的速度保持增长，而我们持股的价值也将会以等比例的程度增加。然而另一方面是，去年这两家公司股价上涨的幅度远高于其本身获利增长的幅度，所以说去年我们是两面得利：其中一方面是靠公司绝佳的获利能力，另一方面则是市场对于公司股票的重新评价。当然我们同样认为，我们这样的调整是经得起考验的，但这种情况并不太可能每年都发生，展望未来，我们只可能靠前面第一点来获益。"

巴菲特一向都强调企业的实际价值而绝不是表面上看到的资产，他注重资产的盈利能力，比如，1987年，著名的鲍得温联公司在宣布破产后其账面的价值净值有4亿美元，但是另外一家公司Belridge石油在1979年用36亿美元的高价卖给壳牌石油时，其账面的价值才不到2亿美元。

1991年伯克希尔的净值增长了21亿美元，与上年相比增加了39.6%。伴随着伯克希尔的不断成长，世界上所存在的可以大幅影响公司表现的机会也就越来越少了。然而当巴菲特操作的资金只有2 000万美元的时候，一项获利100万美元的案子就可以使他的年报酬率增加5%。但当时他却要有3.7亿美元的获利（如果要是以税前计算的话需要5.5亿美元），才能达到相同的效果，然而要一口气赚3.7亿美元比起一次赚100万美元的难度可是大得多了。

找出价格与价值的差异

在实际操作中，股价似乎远远超过了公司的实际价值或者说预期增长率。实际上，这种现象不可能持续下去，股价与公司价值之间出现的断裂必须得到弥补。如果理性的投资者拥有充分的信息，那么股票价格将会长期维持在公司的内在价值水平附近。然而在过热的市场下，当投资者似乎愿意为一只股票支付所有家当的时候，市场价格将被迫偏离真实价值。

在股市中，如果没有找到价格与价值的差异，你就无法确定以什么价位买入股票才合适。

内在价值是一家企业在其存续期间可以产生的现金流量的贴现值。但是内在价值的计算并非如此简单。正如我们定义的那样，内在价值是估计值，而不是精确值，而且它还是在利率变化或者对未来现金流的预测修正时必须相应改变的估计值。此外，如果两个人根据完全相同的一组事实进行估值，那么几乎总是不可避免地得出至少是略有不同的内在价值的估计值。

正如巴菲特所说："价值评估，既是艺术，又是科学。"

巴菲特承认："我们只是对于估计一小部分股票的内在价值还有点自信，但这也只限于一个价值区间，而绝非那些貌似精确实为谬误的数字。"

投资者要做的就是寻找企业整体的价值与代表该企业一小部分权益的股票市场价格之间的差异，实质上，他们是在利用两者之间的差异。

巴菲特认为，投资者要想科学地评估一个企业的内在价值，为自己的投资做出正确的判断提供依据，就必须注意以下几个方面：

1.现金流量贴现模型

巴菲特认为，唯一正确的内在价值评估模型是1942年约翰·伯尔·威廉斯提出的现金流量贴现模型理论。

2.正确的现金流量预测

巴菲特曾经告诫投资者："投资者应该明白会计上的每股收益只是判断企业内在价值的起点，而非终点。"在许多企业里，尤其是在那些有高资产利润比的企业里，通货膨胀使部分或全部利润徒有虚名。如果公司想维持其经济地位，就不能把这些"利润"作为股利派发。否则，企业就会在维持销量的能力、长期竞争地位和财务实力等一个或多个方面失去商业竞争的根基。因此，只有当投资者了解自由现金流时，会计上的利润在估值中才有意义。巴菲特指出，按照会计准则计算的现金流量并不能反映真实的长期自由现金流量，所有者收益才是计算自由现金流量的正确方法。所有者收益，包括报告收益，加上折旧费用、折耗费用、摊销费用和某些其他非现金费用，减去企业为维护其长期竞争地位和单位产量而用于厂房和设备的年平均资本性支出，等等。巴菲特提出的所有者收益，与现金流量表中根据会计准则计算的现金流量最大的不同是，它包括了企业为维护长期竞争优势地位的资本性支出。巴菲特提醒投资者，会计师的工作是记录，而不是估值，估值是投资者和经理人的工作。"会计数据当然是企业的语言，而且为任何评估企业价值并跟踪其发展的人提供了巨大的帮助。没有这些数字，查理和我就会迷失方向。对我们来说，它们永远是对我们自己的企业和其他企业进行估值的出发点，但是经理人和所有者要记住，会计数据仅仅有助于经营思考，而永远不能代替经营思考。"

3.合适的贴现率

确定了公司未来的现金流量之后，接下来就是要选用相应的贴现率。让很多人感到惊奇的是，巴菲特所选用的贴现率，就是美国政府长期国债的利率或到期收益率，这是任何人都可以获得的无风险收益率。一些投资理论家认为，对股权现金流量进行贴现的贴现率，应该是无风险收益率(长期国债利率)加上股权投资风险补偿，这样才能反映公司未来现金流量的不确定性。但巴菲特从来不进行风险补偿，因为他尽量避免涉及风险。首先，巴菲特不购买有较高债务水平的公司股票，这样就明显减少了与之关联的财务风险。其次，巴菲特集中考虑利润稳定并且可预计的公司，这样，经营方面的风险即使不能完全消除，也可以大大减少。对此，他表示："我非常强调确定性。如果你这么做了，那么风险因子的问题就与你毫不相关了。只有在你不了解自己所做的事情的时候，才会有风险。"如果说公司的内在价值就是未来现金流量的贴现，那么恰当的贴现率究竟应该是多少呢？巴菲特选择了最简单的解决办法："无风险利率是多少？我们认为应以美国的长期国债利率为准。"基于以下三个方面的理由，巴菲特的选择是非常有效的：第一个方面，巴菲特把一切股票投资都放在与债券收益的相互关系之中。如果他在股票上无法得到超过债券的潜在收益率，那么他就会选择购买债券。因此，他的公司定价的第一层筛选方法就是，设定一个门坎收益率，即公司的权益投资收益率必须能够达到政府债券的收益率。第二个方面，巴菲特并没有花费过多的精力为他所研究的股票分别设定一个合适的、唯一的贴现率。每个企业的贴现率都是动态的，它们随着利率、利润估计、股票的稳定性以及公司财务结构的变化而不断变动。对一只股票的定价结果，与其做出分析时的各种条件密切相关。两天之后，可能就会出现新的情况，迫使一个分析家改变贴现率，并对公司做出不同的定价。为了避免不断地修改模型，巴菲特总是很严格地保持他的定价参数的一致性。第三个方面，如果一个企业没有任何商业风险，那么它的未来盈利就是完全可以预测的。在巴菲特眼里，可口可乐、吉列等优秀公司的股票就如同政府债券一样没有风险，所以应该采用一个与国债利率相同的贴现率。

4.经济商誉

事实上，根据债券价值评估模型进行企业股权价值评估时，企业的有形资产相当于债券的本金，未来的现金流量相当于债券的利息。和债券一样，本金在总价值中占的比例越大，受未来通货膨胀的影响就越大。现金流量越大，公司的价值越高。持续竞争优势越突出的企业，有形资产在价值创造中的作用越小，企业声誉、技术等无形资产的作用越大，超额回报率越高，经济商誉也就越庞大。因此，巴菲特最喜欢选择的企业一般都拥有巨大的无形资产，而对有形资产需求相对较小，能够产生远远超过产业平均水平的投资回报率。简而言之，巴菲特最喜欢的优秀企业的内在价值只有一小部分是有形资产，而其余大部分都是无形资产创造的超额盈利能力。

从长期来看，价格与价值之间存在着完美的对应关系。任何资产的价格最终都能找到其真实的内在价值基础。

一些重要的价值评估指标

当经理们想要向你解释清楚企业的实际情况时，可以通过会计报表的规定来进行。但不幸的是，当他们想弄虚作假时，起码在一些行业，同样也能通过报表的规定来进行。如果你不能辨认出其中的差别，那么你就不必在资产管理行业中混下去了。

巴菲特说："会计师的工作是记录，而不是估值。估值是投资者和经理人的工作。"

相对价值评估方法和基于资产的评估方法都不适用于持续竞争优势企业的价值评估。

在对股票进行价值评估时，我们也可以利用其他重要的价值评估指标：基于资产的价值评估方法和相对价值评估方法。

基于资产的价值评估方法是根据公司资产的价值来确定公司股票的价值。常用的评估方法有账面价值调整法、清算价值法、重置成本法。

1.账面价值调整法

最为简单直接的资产价值分析方法是根据公司提供的资产负债表中的账面价值进行估算。但账面价值法的一个明显的缺点是：资产负债表中的资产和负债的账面价值很有可能不等于它们的市场价值。

（1）通货膨胀使得一项资产当前的市场价值并不等于其历史成本价值减去折旧；

（2）技术进步使得某些资产在其折旧期满或报废之前就过时贬值了；

（3）由于公司形成的组织能力对各项资产有效地合理组合，公司多种资产组合的整体价值会超过各项单独资产价值之和，而这种组织能力的价值在公司账面上并没有反映。

因此，在进行资产价值分析时，需要对账面价值进行调整，以反映公司资产的市场价值。常用的调整方法有清算价值法、重置成本法。

2.清算价值法

清算价值法认为，公司价值等于公司对所有资产进行清算并偿还所有负债后的剩余价值。清算价值与公司作为持续经营实体的经营价值往往相差很大。如果公司处于衰退产业，公司盈利能力大幅度下滑，这时公司清算价值可能会大大高于公司经营价值。如果公司处于成长产业，公司盈利能力不断提高，这时公司清算价值可能会大大低于公司经营价值。

实际上，对于有活跃的二手市场的相应资产，清算变卖价格就等于二手市场价格。但大多数资产并没有相应的二手市场，只能由评估师进行估算，但估算并不容易。同时，清算价值法也忽略了组织能力，而且只有在破产等少数情况下，公司才会花费大量的时间和精力进行估算清算变卖价值。

3.重置成本法

重置成本法是最常用的资产价值评估方法。将一项资产的盈利能力与其遥远的历史成本相联系很难，但与其当前的重置成本相联系却很容易。

确定重置成本的一种简单的、主要针对通货膨胀进行调整的方法，是选用一种价格指数，将资产购置年份的价值换算为当前的价值。但价格指数法并没有反映资产的过时贬值与资产价格的变化，所以更好的方法是：对资产进行逐项调整，同时反映通货膨胀和过时贬值这两个因素的影响，以确定各项资产真正的当前重置成本。

重置成本法的最大不足是忽略了组织能力。公司存在的根本原因是运用组织能力，按照一定的方式组合资产和人员，使公司整体的价值超过各项资产单独价值的总和。但重置成本法无论如何完美，也只能反映各项资产单独价值的总和，但忽略了公司组织能力的价值。

除了以上的基于资产的价值评估方法外，我们也可以利用相对价值评估方法。

相对价值评估方法是根据公司与其他"相似"公司进行比较来评估公司的价值。一般的方法是对公司的重要财务指标进行比较，常用的指标是市盈率、市净率、市销率等。

1.市盈率

市盈率是指股票市价与公司每股收益的比率，常用的是股票市价与公司未来一年每股收益的比率。

使用市盈率最简单的办法就是把它和一个基准进行比较，例如同行业中的其他公司、整个市场或者同一公司的不同时间点。一家公司以比它的同行低的市盈率交易可能是值得买的，但是记住，即使相同行业的公司也可能有不同的资本结构、风险水平和增长率，所有这些都影响市盈率。所以在其他因素相同的情况下，一个成长迅速、负债较少和再投资需求较低的公司，即便市盈率较高，也是值得投资的。

你也可以把一只股票的市盈率与整个市场的平均市盈率比较。你正在调查研究的公司也许比市场的平均水平增长更快（或者更慢），也许它更有风险（或者风险更低）。大体上，把一家公司的市盈率和同行业的公司或者与市场比较是有价值的，但是这些不是你可以依赖的最后决定买入或者卖出的方法。

把一只股票现在的市盈率和它的历史市盈率比较也是有用的，尤其对那些比较稳定的、业务没有经历大的变化的公司来说更是如此。如果你看到一家稳定的公司以大致相同的速度成长，同时和过去有大致一样的预期，但是它以一个比长期平均水平低的市盈率交易，你就可以开始关注它了。它有可能是风险水平或者业务前景发生了变化，这是导致低市盈率的正当理由，也可能是市场以一个非理性的低水平给股票标价导致的低市盈率。

市盈率的优点是相对于现金流来说，会计盈利能更好地取代销售收入的会计意义，而且它比账面价值更接近市场的数据。此外，每股盈利数据是相当容易取得的，从任何财务数据中都可以得到，所以市盈率是一个容易计算的比率。

市盈率也有一个很大的缺点，例如，市盈率20是好还是坏，难以回答，使用市盈率只能在一个相对基础上，这意味着你的分析可能被你使用的基准扭曲。

所以，我们要在一个绝对水平上考察市盈率。是什么导致一家公司更高的市盈率？因为风险、成长性和资本需求是决定一只股票市盈率的基础，具有较高的成长性的公司应该有一个更高的市盈率，高风险的公司应当有一个较低的市盈率，有更高资本需求的公司应当有一个较低的市盈率。

2.市净率

市净率是指公司股票价格与每股平均权益账面价值的比率。这种投资理念认为固定的盈利或者现金流是短暂的，我们真正能指望的是公司当前有形资产的价值。巴菲特的导师格雷厄姆就是用账面价值和市净率对股票进行估值的著名的倡导者。

尽管市净率在今天还有某些效用，但是现在，很多公司通过无形资产创造价值，比如程序、品牌和数据库，这些资产的大部分不是立刻计入账面价值的。特别是对于服务性企业来说，市净率没有任何意义。例如，如果你用市净率去给eBay公司估值，你将无法按照极少的账面价值去评估公司的市场垄断地位，因为无形资产是导致该公司如此成功的最大的因素。市净率也可能导致你对一家像3M公司这样的制造业企业进行错误估值，因为3M公司的价值大部分都来源于它的品牌和创新的产品，而不是来自工厂的规模和存货的质量。

因此，当你考察市净率的时候，要知道它与净资产收益率相关。一家相对于同行或市场市净率低且有高净资产收益率的公司可能是一个潜在的便宜货，但是在你单独使用市净率给股票估值之前，还要做某些深度地挖掘工作。

但是，市净率在给金融性服务公司估值时是很好用的，因为大多数金融性公司的资产负债表上都有大量的流动性资产。金融性公司的好处是账面价值的资产是以市场价标价的，换句话说，就是它们每个季度都按照市场价格重新估值，这就意味着账面价值与实际价值相当接近。（相反，一家工厂或者一块土地记录在资产负债表上的价值是公司支付的价格，这与资产的现值有很大的不同。）

只要你确信公司的资产负债表上没有巨额的不良贷款，市净率就是一个筛选价值被低估的金融股的可靠路径。要牢牢记住金融类公司股票低于账面价值交易（市净率低于10）常常预示公司正在经历某种麻烦，所以在你投资之前要仔细研究这家公司的账面价值有多可靠。

3.市销率

市销率是用现在的股票价格除以每股的销售收入。市销率反映的销售收入比财务报表中的盈利更真实，因为公司使用的会计伎俩通常是想方设法推高利润。（公司可能使用会计伎俩推高销售收入，但如果使用频繁就容易被发现。）另外，销售收入不像利润那样不稳定，一次性的费用可能临时性压低利润，对处于经济周期底线的公司，一年到另一年中利润的这种变化可能非常显著。

通过把当前市销率与历史市销率比较，变化较小的销售收入使市销率在相对利润变化较大的公司进行快速估值方面变得更有价值。对于含金量不一的利润指标的评估，市盈率不能给我们很多帮助。但是在相同的时间段，销售收入没有如此多的变化，市销率就派上用场了。

市销率有一个大的缺点，那就是销售收入的价值可能很小也可能很大，这取决于公司的盈利能力。如果一家公司披露有数十亿美元的销售收入，但每一笔交易都亏损，我们盯住股票的市销率就会比较困难，因为我们对公司将产生什么水平的收益并没有概念。这是每天使用销售收入作为市场价值的代替的缺陷。

一些零售商是典型的毛利率较低的公司，也就是说它们只把每一美元的销售收入中一个很小的比例转化成利润，市销率很低。例如，一家一般水平的杂货店在2003年中期的市销率大约是0.4，然而一个平均水平的医疗器材公司的市销率大约在43。造成这种巨大差别的原因不是杂货店毫无价值，而是因为一般水平的杂货店只有25%的销售净利率，而一般水平的医疗器材公司的销售净利率在11%左右。一家杂货店的市销率如果达到10，那一定是被可笑地高估了，但一家医疗器材制造商有同样的市销率将被认为是一只绝对便宜的股票。

尽管市销率在你研究一家利润变化较大的公司时可能是有用的，因为你可以比较当前市销率和历史市销率，但它不是你能够依赖的指标。尤其不要比较不同行业公司的市销率数据，除非这两个行业有水平非常相似的盈利能力。

总之，资产价值评估方法和相对价值评估方法都不适用于持续竞争的优势企业，这是因为：持续竞争的优势企业的根本特征是，以较少的资产创造更多的价值，其资产价值往往大大低于公司作为持续经营实体的经营价值；另外，持续竞争的优势企业除了账面上反映的有形资产外，其品牌、声誉、管理能力、销售网络、核心技术等重要的无形资产根本不在账面上反映，所以也很难根据重置成本或清算价值进行评估。

第三节　时间的价值：复利

复利是投资成功的必备利器

复利是投资者成功的必备利器。短暂的追涨杀跌难成大气候，正如古语所言："先胖不算胖，后胖压塌炕。"世界上众多成功的投资者，莫不借助于长期稳定的复利的投资手段。在中国20年的股市历史上，股价的大趋势一直是呈上升趋势的，也不乏一些收益率长期稳定的优质企业。如果你能坚持长期投资，利用复利的力量，那么你现在的资产已经足够让你骄傲了。

巴菲特认为投资最大的收益是"时间复利"。1989年，巴菲特认为可口可乐公司的股票价格被低估，因此他将伯克希尔公司25%的资金投到了可口可乐的股票中，并从那时起一直持续至今，该项投资从最初的10亿美元已经飙升到了今天的80亿美元。1965~2006年的42年间，巴菲特旗下的伯克希尔公司年均增长率为21.4%，累计增长361156%，同期标准普尔500指数成分股公司的年均增长率仅有10.4%，累计增幅为6479%。

所谓复利也称利上加利，是指一笔存款或投资获得回报之后，再连本带利进行新一轮投资的方法。复利的计算是对本金及其产生的利息一并计算，也就是利上有利。本利和的计算公式是：投资终值=P×（1+i）n，其中P为原始投入本金，而i为投资工具年回报率，n则是指投资期限长短。

有一个古老的故事，说的是印第安人要想买回曼哈顿市，到2000年1月1日，他们得支付2.5万亿美元。而这个价格正是1626年他们出售时的24美元价格以每年7%的复利计算的价格。时间仍然流逝，到了第二年，曼哈顿的理论估值达到了头一年的7倍，即175万亿美元。到第三年，估值将再次高出187万亿美元。然后第四年，200万亿美元，如此等等。在投资过程中，没有任何因素比时间更具有影响力了。时间比税收、通货膨胀及股票在选择方法上的欠缺对个人财产的影响更为深远，要知道，社会事件扩大了那些关键因素的作用。

在股市中，如果投资者以20%的收益率进行投资，初始投资为10万元，来看一下他的盈利情况：

年份	资金额（万元）	累计收益率
1	12	0.2
2	14.4	0.44
3	17.28	0.728
4	20.73	1.07
5	24.88	1.488
6	29.8	1.98
7	35.83	2.58
8	42.99	3.29
9	51.99	4.15
10	61.9	5.19
11	74.3	6.43
12	89.16	7.91

年份	资金额（万元）	累计收益率
13	106.99	9.69
14	123.39	11.8
15	154	14.4
16	184.8	17.48

上面我们计算了该项投资16年的收益情况，可以算出这16年的年平均收益率为109%。拿中国股市的投资者来说，有很多人都是在1993年进入股市的，到2009年正好是16个年头了。如果你的初始投资为10万元以下，到2009年也已经超过了100万元。假如你现在只有35岁的话，还有43年到巴菲特的年龄，仍然按照目前的收益率，从184万开始算的话，你43年后的收益就会是相当可观的。

再假如，你的初始投资为10万元的话，你的年收益率是30%，持有16年后，你的收益为678.4万元。假如再投资40年就是2450.3亿元，按照目前的汇率1∶7计算，你就会拥有350亿美元。假如40年后汇率变为12的话，你就会拥有1225.15亿美元的财富。那时候你比现在的巴菲特还要年轻3岁，你应该很满足了吧！

但问题在于很少有人有这个耐心，你要坚持投资56年，这期间绝大多数投资者肯定会做很多其他的事，比如消费、犯错误。此外寻找长期收益率30%的企业也是一件很困难的事。

也许有人会质疑，短线投机的复利力量不是更大吗？答案是肯定的，前提是你的短期投机的次数要足够的少，失败的损失要足够的小，但是市场是很难预期的，而短线却恰恰依赖于精确地判断每天的行情，我们只能靠企业的成长获得可靠的收益，忽略中间的过程，只重视结果。所以短线客大部分都是不能赚钱的，而价值投资者却往往领先这些短线投机者。

因此，我们注意到，复利的关键是时间。投资越久，复利的影响就越大。而且，越早开始投资，你从复利的效果中赚得就越多。所以，只要拥有耐心、勤勉的投资努力，任何人都能够走上亿万富翁之路。对于一个刚工作的年轻人，从现在开始每年节省下来几千块钱，放在比较稳健的长线股里，在复利的作用下，就能使个人在退休时轻松积累超过100万元的财富。时间在复利方式计算下的力量能够确保他仅靠储蓄就能够在65岁或者70岁时获得相当数量的财富。如果他能够每年多投入几千元，那么退休时的财产积累将会更多。如果通过个人的财富管理能够多获得几个百分点的收益率，那么最终他的财富将成倍地增加。

长期投资获利的根源是复利

作为一个投资大师，巴菲特不但注意到了复利的神奇效用，同时他也在投资中创造了更为惊人的复利。之所以这么说是因为自从巴菲特1965年开始管理伯克希尔公司至2006年，41年来伯克希尔公司复利净资产收益率为22.5%。也就是说巴菲特把每1万美元都增值到了2593.85万美元。伯克希尔的副总裁芒格感叹到："如果既能理解复利的威力，又能理解获得复利的艰难，就等于抓住了理解许多事情的精髓。"

2007年巴菲特在致股东的信里写道："如果投资者希望在21世纪的股市中获得10%的年收益率，其中2%来自分红，8%来自股价的上涨，那么你就必须期待道指在2100年的时候能够达到24000000点（目前的道指是13000点）。如果你的财务顾问能够向你保证每年两位数字的收益率的话，那么你就应该当心那些油嘴滑舌的所谓的专家的论断了。一旦你被他们的美好愿望欺骗的时候，就是他们填满自己腰包的时候了。"

有三句话是这样描述复利的，第一句是："复利堪称世界第八大奇迹，其威力甚至超过原子弹"；第二句是："复利是人类最伟大的发明"；第三句是："复利是宇宙最强大的力量"。这三句话的意思是差不多的，都表示了同一个意思来突出复利的力量。

巴菲特的每项投资所需求的是最大的年复利税后回报率，他认为借助复利的累进才是真正获得财富的秘诀。

下表所显示的是10万美元分别在10年、20年和30年期间，以5%、10%、15%及20%的收益率，在不考虑税负循环复利累进的情况下，该笔钱循环复利所能累进的价值。

收益率（%）	5	10	15	20
累进价值（美元）10年	162889	259374	404555	619173
累进价值（美元）20年	256329	672749	1636653	3833759
累进价值（美元）30年	432194	1744940	6621177	23737631

由上表可以看出，仅仅是5%和10%的差异，对投资人的整体获益就会有惊人的影响。你的10万美元，以每年10%的获利率经用免税的复利累进计算，10年后将会价值259374美元，若将获利率提高到20%，那么10万美元在10年后将增加到619173美元。20年后，则变成3833759美元，但是以10万美元，以免税的年获利率20%累进计算，持续30年，其价值会增长到23737631美元，这是一个相当可观的获利。

巴菲特寻找的，便是那些可能在最长的时间获得年复利回报率最高的公司。在伯克希尔的41年间，巴菲特一直能够以23.8%的平均年复利回报率来增加公司的净值。

在长期投资中，没有任何因素比时间更具有影响力了。随着时间的延续，复利将发挥巨大的作用，为投资者实现巨额的税后收益。

复利的力量得益于两个因素：时间的长短和回报率的高低。两个因素的不同，使复利带来的价值增值也有很大不同：时间的长短将对最终的价值数量产生巨大的影响，时间越长，复利产生的价值增值越多；回报率对最终的价值数量有巨大的杠杆作用，回报率的微小差异将使长期价值产生巨大的差异。以6%的年回报率计算，最初的1美元经过30年后将增值为5.74美元。以10%的年回报率计算，最初的1美元经过同样的30年后将增值为17.45美元。4%的微小回报率的差异，却使最终价值的差异高达3倍。

投资具有长期持续竞争的卓越企业，投资者所需要做的只是长期持有，耐心等待股价随着公司的成长而上涨。具有持续竞争优势的企业具有超额的价值创造能力，其内在价值将持续稳定地增加，相应的，其股价也将逐步上升，复利的力量最终将为投资者带来巨大的财富。

持有时间决定着收入的概率

事实上，1个月的持有策略的交易成功率还不到50%。这一概率也许能够让你成为赌城中的大赢家，但是在股市中却注定要失败。因为如果你全部的短期投资中只有一半能够盈利，那么你很可能由于佣金和交易费用的原因损失自己的全部资金。短期投机交易就失去了它身上的光环。人们已经完全明白骰子只能用于娱乐，你永远也不会通过掷骰子来赚钱。然而依靠时间，却能大大提高你的获利概率，为什么不这么做呢？

巴菲特说："如果你在一笔交易中挣了125美元，然后支付了50美元的佣金，你的净收入就只有75美元。然而如果你损失了125美元，那么你的净损失就达到175美元。"

从上面这个现象可以看出，如果投资者想通过短期的交易获得8%的收益率的话，必须要有三次成功的交易才能弥补上一次的失败交易。意思就是说，短期投资者必须保证75%的交易是成功的，才不至于损失，可见这个概率就变得很小了。因为股票市场是完全随机无法预测的，就像掷硬币游戏出现正面和反面的概率是一样的，下一桩股票交易的价格上升还是下降的概率也几乎完全一样。从长期来看，任何人在这样的游戏中都只有50%的概率能够盈利。

假如你有10万元的初始资金，如果你在一年之内交易了100次，按50%的概率来算，其中有一半每笔获利500元，那么意味着另一半每笔遭受500元的损失。按这样的情况到年终的时候，你的盈利就会为零。假如再把你每笔交易（买卖）的佣金费用（50元）算进去的话，那么年终你的资金实际上是损失了1万元。即使你的这100次交易有60%都是盈利的，你还是处于亏损的边缘。假如你想获得10%的收益的话，这就要求你70%的交易都是能够盈利的。如果你再有点野心要达到年收益率到20%的收益的话，你必须要有80%的交易都保证盈利才可以。

巴菲特十分嫌恶短期交易。对他而言，这种浪费资金的行为通常只会使投资者获得较少的收益。更有甚者，这种行为会引起股票定价上严重的不一致性，从而导致投资者不理性的行为并滋生投资者对股市的片面理解。"只有理性的股东才能形成稳定的、理性的股价。"1988年他在给基金股东的一封信中这样写道。从整体的角度去看，股市交易就像是经济体系的一个巨大的抽水机，它将资金从生产领域抽出并投入金融领域。

巴菲特曾经半开玩笑地说，美国政府应该对持有股票不超过一年的资本交易征收100%的税。"我们大多数的投资应当持有多年，投资决策应当取决于公司在此期间内的收益，而不是公司股价每天的波动。"20多年前他曾对《奥马哈世界先驱报》说，"就像当拥有一家公司却过分关注公司股价的短期波动一样，我认为在认购股票时只注意到公司近期的收益一样不可思议。"

巴菲特曾说："考虑到我们庞大的资金规模，我和查理还没有聪明到通过频繁买进卖出来取得非凡投资业绩的程度。我们也并不认为其他人能够像蜜蜂一样从一朵花飞到另一朵花来取得长期的投资成功。我认为，把这种频繁交易的机构称为投资者，就如同把经常体验一夜情的人称为浪漫主义者一样荒谬。"

巴菲特采取长期持有的另一个重要原因，是尽可能减少缴纳资本利得税，使税后长期收益最大化。几乎所有的投资者都要缴纳资本利得税，但资本利得税只有在你出售股票并且卖出的价格超过你过去买入的价格时才需要缴纳。因此，是否缴纳资本利得税对于投资者来说是可以选择的。投资者既可以选择卖出股票并对获得利润部分缴纳资本利得税，也可以选择不卖出股票从而不缴税。由于存在资本税收，所以投资者在投资中需要将税收考虑在成本之内，追求税后收益的最大化。

投资者要为股票周转率支付更多的佣金

股票的换手并不能给投资者创造任何经济价值，它的贡献就是给股票的代理行业带来巨额的收益。如果投资者持有股票的时间能够持续多年，那么公司的收益必将远远超过股票交易佣金的数量。然而如果股票的周转率过高，并且将这个趋势一年一年地延续下去的话，社会中持有股票的好处将会被忽视，更多的资金将从生产领域中抽取出来并注入交易的领域，从而取代了将它们重新注入能够获得盈利领域的机会。为了支付1元的收入必须支付的交易成本将远远超过1元。

巴菲特曾说："一个成功的传教士不在于他的教堂中每周座位的上座率，而在于听他传教的人的持久性。我们的目标是使我们的股东合伙人从公司业绩中获利。要记住，人们常常忽视的致命危险，即是从总体上看投资者不可能产生超过公司收益的回报。"

从总体上来看，短期交易不仅影响着个人的投资业绩，同时还阻碍着整个经济的发展。原因很简单，因为那些本可以更好地用于提高生产力的货币被浪费在了频繁的交易及其所导致的交易成本上了，那是从财政领域里抽取货币并最终导致货币的错误配置。

1998年，加州大学戴维斯分校的财政学教授特伦斯·奥丁和布拉德·巴伯，进一步证明了频繁的交易将导致收益的降低。他们详细分析了到1996年12月为止6年内的7.8万项交易。有趣的是，奥丁和巴伯发现投资者们的平均收益率都达到了标准普尔500指数的增长速度。在6年之内，投资者的年收益率达到17.7%，略超出了市场17.1%的增长速度。然而扣除佣金之后，投资者的净收益率为15.6%，比市场增长速度整整低了1.5个百分点。随着交易次数的增加，交易的年收益率还会进一步降低。

1999年，苹果公司每天的平均换手率已经超过了7次，这样导致的结果就是，它的股份的持有时间低于50天。1999年，苹果公司的股份交易超过13亿，但实际上该公司却只有1.75亿股份。苹果公司的股票交易，由个人及机构股东支付了4.5亿美元的佣金和交易差价，但实际上年净收益只有3.85亿美元。

2000年初，大众软件公司股份的平均换手时间为92天。假设每股是0.06美元的佣金和1/8点的交易差价的情况下，那么综合交易成本就达到了每年1.91亿美元，但是实际上公司的年收益只有6200万美元。投资者为美国在线支付的总代理费用为18亿美元，实际上美国在线的年收益都没有超过7亿美元。

至2000年2月，雅虎公司的全部股份是以每年10.8次的转手速度在股市中交易的，这说明在市场中，该公司的股票是每33天就全部转手一次的。雅虎的3.98亿股份在一年中的交易次数相当于43亿的股份交易。如果假设投资者在买卖股票时需要支付0.125美元的差价及0.06美元的佣金，按这个来计算的话，43亿股份交易的总交易成本就是7.96亿美元，这即投资者必须要支付的交易差价和交易佣金。但事实上，雅虎公司一年的总收入还不超过1.55亿美元。这就意味着，投资者是在用5美元的交易成本来换取他们对公司1美元的收入。

到目前为止，除巴菲特以外，几乎没有任何投资者对股市上的高换手率表示过担忧。他说："我们的目标是使我们的股东合伙人从公司的业绩中获利。"股票价值在于公司的业绩而不是股票的换手率。无论每天的交易量是1000股还是1000万股，只要公司的收入有15%的年增长速度，公司的股票价格就注定会持续增长。

累进效应与复利效益的秘密

"时间创造金钱，金钱创造自由"，想要通过投资致富，争取获得财务自由的投资人，越早进行投资理财，就越能创造出高成长的风筝曲线。如果正确运用投资回报较高的投资工具，发挥出复利的最大效益，你就会拥有让自己都吃惊的收益。

要了解巴菲特，复利的累进概念是极其重要的。这个观念很容易理解，但是在投资理论中，由于种种原因，这个概念经常被轻描淡写。巴菲特认为，复利累进理论是至高无上的。

1962年，在巴菲特的合伙公司的年报中，他推算出了西班牙女王如果不支持哥伦布航海，而将3万美元以复利进行投资的话，结果会是多么令人惊讶！他写道：

根据不完全资料，我估算伊莎贝拉最初给哥伦布的财政支援大约为3万美元。这是确保合理地成功地利用探险资金所需的最低数量。如果不考虑发现新大陆所带来的精神上的成就感，需要指出的是……整个事件所带来的后果并不仅仅是另一个IBM。经粗略地估计，最初投资的3万美元以年4%的复利计算，到现在值2万亿美元。

巴菲特说："复利有点像从山上滚雪球，开始时雪球很小，但是当往下滚的时间足够长，而且雪球粘得适当紧，最后雪球会变得很大很大。"

在长期投资中，没有任何因素比时间更具有影响力了。随着时间的延续，复利的力量将会发挥巨大的作用，为投资者实现巨额的税后收益。

复利这块神奇的石头能够把铅变成金子，金钱是会增值的，钱能生钱，钱能生更多的钱。

如果你新设一家公司，只发行100股，每股10美元，公司净资产1000美元。一年后，公司的利润是200美元，净资产收益率为20%。然后，将这些利润再投入公司，这时第一年年底公司的净资产为1200美元。第二年公司的净资产收益率仍为20%，这样到第二年年底，公司的净资产为1420美元。如此运作79年，那么1000美元的原始投资最终将变成1.8亿美元的净资产。

股神巴菲特也曾对10%与20%的复利收益率造成的巨大收益差别进行了分析："1000美元的投资，收益率为10%，45年后将增值到72800美元；而同样的1000美元，在收益率为20%时，经过同样的45年将增值到3675252美元。上述两个数字的差别让我感到非常惊奇，这么巨大的差别，足以激起任何一个人的好奇心。"请注意，自从巴菲特1965年开始管理伯克希尔公司至今（2006年），41年来伯克希尔公司的复利净资产收益率为22%，也就是说巴菲特把每1万美元都增值到了2593.85万美元。

第四节　买入并长期持有投资理论

集中股力，长线投资

集中投资是获得超额收益的良好途径，分散投资在分散风险的同时也会分散收益。凡是不敢于重仓持有的股票，无外乎是对要购买的标的没有胜算的把握，但这并不能作为我们买股票的理由。因为，如果我们对要购买的企业没有把握，哪怕是一股，也不可以买入，正所谓只做最有把握的行情，只买最有把握的股票。

巴菲特说："我认为投资者应尽可能少地进行股票交易。一旦选中优秀的公司大笔买入之后，就要长期持有。"巴菲特在四十多年的投资中，只拥有十几只的投资股票，就使他赚取了大量财富。他认为投资人应该很少交易股票，一旦选中优秀的公司而决定买入之后，就要大笔买入并长期持有。

巴菲特把选股比喻成射击大象。我们投资人所要选择的，是一只很大的大象。大象虽然不是常常出现，而且也跑得不是很快，但如果你等到它出现时才来找枪把，可就来不及了。所以为了等待和及时抓住这个机会，我们任何时刻都要把上了子弹的枪准备好。这就像投资人任何时候都要准备好现金等待大好机会的来临一样。

巴菲特本身的投资，次数的确是很少的，但一旦投资了，就会很大笔。从他所有的投资实践中，我们就可以看到。巴菲特堪称是不受市场短期波动起伏影响的具有极好心理素质的典范，他很少在意股票价格的一时波动。他建议每个投资人都给自己一张卡片，上面只允许自己打12个小洞，而每次买入一种股票时，就必须打一个洞，打完12个，就不能再买股，只能持股。这样会使投资人转变成真正优秀的公司的长远投资人。

作为一般投资者，需要耐心地持有他们手中的投资组合，不被别人的短线获利所诱惑。

有很多股民手上持有的股票品种很多，甚至有一些散户就是喜欢买多种股票，这里尝试一些，那里买入一些，名下股票种类多得不胜枚举，等到最佳企业廉价购入的机会到来时，手上的资金反而所剩无几。这就像打猎时，大象一直不出现，使人失去了耐心，就连松鼠、兔子等小动物也照射不误，结果，等到大象出现时，子弹已经所剩无几了。

事实上，投资组合越分散，股价变动的激烈性在对账单上的反应就越不明显。对于大多数投资人来说，分散投资的方法的确很安全，因为所有的波动都被分散投资抵消了。但事情的另外一面是，获利曲线相对平坦而乏善可陈。所以分散投资的方法虽然不会引起客户太大的情绪反应，但永远只能获得较为一般的利润。具体来说，我们进行集中投资、长期持股，可以从以下几方面着手：

（1）选择10到15家未来能获利增长并能延续过去良好表现的绩优股；

（2）分配投资资金时，要将大部分资金集中投资于未来能够高速增长的企业；

（3）只要股票市场不持续恶化，至少5年保持投资组合不变，可能的话，越久越好。同时做好充分的心理准备，不被股票价格的短期波动所左右。

但是，值得长期持有的公司必须是优秀的公司，并且只有在这些优秀的公司一直保持优秀之前我们看中的状况，我们才能继续持有它们。

记住，随便买，只会使你的盈利不多。因为，这使你在股市偏低和偏高时，都有定期买入的现象。想想看，为什么巴菲特今天手上拿着总值近400亿美元的现金而还未投资！

我们不要一直手痒而想要这里尝试一些、那里买一点，如果希望能够碰运气的话，反而是集中精力寻找几家非常优秀的公司更好一些，这样，我们就能够确保自己不随便投入资金买入自己不值得投资的公司的股票。

长期投资能减少摩擦成本

对于投资者而言，现实的问题是由于摩擦成本的存在，股东获得的收益肯定要小于公司的资金积累。如果这种摩擦成本呈现越来越高的趋势，那么势必会导致投资者未来的收益水平的降低，当然也会更低于该上市公司的收益水平。在交易大厅中，总会有一群伶牙俐齿的家伙，百般劝说每一个投资者去卖掉某只股票，同时买入另一只股票。你需要知道的是，他们只是意图获得更多的手续费用，因为随着你交易次数的不断增加，这些伶牙俐齿的家伙就会从中获取越来越多的佣金。

巴菲特说："事实上，摩擦成本是存在的，这样导致股东获得的收益肯定要比公司的收益要少。我个人的看法是：如果这些成本越来越高，就会导致股东们未来的收益水平要远远低于他们的历史的收益水平。"

巴菲特认为，摩擦成本可以消减股东的收益，从而使股东的未来收益要低于他们预期的水平。所以他支持的是，如果投资者不准备10年持有某只股票的话，频繁地买进卖出会大大增加股票投资的摩擦成本，从而变相降低投资回报率。

一个真正称得上长期投资的例子是，道琼斯工业指数从1899年12月31日的66点上涨到1999年12月31日的11497点，这整整100年间上涨了173倍，看起来升幅非常大，其实原因很简单，那就是20世纪美国的企业经营得非常出色。投资者只要凭借企业繁荣的东风，躺在那里持股不动，就可以赚得盆满钵满了。

巴菲特说，绝大多数投资者都没能赚到这样大的投资回报，这不能怪别人，只能怪自己。因为正是投资者受到了一系列伤害，才在相当大的程度上减少了本该属于他们的投资回报。

巴菲特这里所指的一系列伤害，主要是指股票投资中的频繁地买进卖出。他说，这可以从一个最基本的事实来理解：在大多数情况下，投资者所能得到的投资回报应该和企业在这期间内所能获得的收益同步。

也就是说，如果投资者100%拥有这家公司，而该公司在这10年间的积累增长了10倍，那么毫无疑问，这10倍资金积累都是这位投资者的。同样的道理，如果有1万名股东拥有该上市公司，那么这笔资金积累就应该是这1万名股东按照持股比例进行分配的。

然而现实是，这1万名股东中有的赚到了平均数，有的超过平均数，有的甚至还造成了亏损。投资者A通过聪明的买入卖出，能够得到比B更多的投资收益，但总体来看，这些A们和B们的盈亏是相等的。当股市上涨时，所有投资者都觉得自己赚钱了，但其中有一个投资者要抛出该股票，必定需要得到其他投资者的接盘才能实现交易。所以，如果不考虑摩擦成本的话，他们的盈亏是相等的。

现在的问题是，由于摩擦成本的存在，股东获得的收益肯定要小于公司的资金积累。巴菲特的看法是，这种摩擦成本有越来越高的趋势，相比而言，投资者未来的收益水平要远远低于过去的收益水平，当然更要低于该上市公司总的收益水平了。

巴菲特在伯克希尔公司2005年的年报中，以美国人最容易理解的一个故事对此进行了解释。他说："你可以想象一下，如果美国所有的上市公司都被某一个家庭拥有，并且这种情形将永远持续下去，姑且称之为Gotrocks。这个家庭在把投资所得分红纳税后，将会由于这些公司所获得的利润越来越多而变得越来越富有。就目前而言，美国所有上市公司的年利润大约为7000亿美元，也就是说，这个家庭每年都有差不多7000亿美元的收入。当然，其中必须有一部分要用于生活开支，但这个家庭每年的积蓄还是会以稳定复利不断增长的。并且，在这个Gotrocks大家庭里，所有人的财富都会以同样的速度增长，一切都显得协调有序。"

长期投资有利于实行三不主义

中国投资者对长期持股特别反感，因为长期持有某只股票以后，放在那里几年股价反而越来越低。实际上，这并不是长期投资的错，而是你没有根据内在价值选股的原因，或是因为你当初买入的价格太高了。巴菲特给投资者的建议是，长期投资必须要耐得住寂寞，这就像出差到一个小镇上住在小旅馆里什么娱乐都没有，只能躺着睡觉一样。尤其不要去看大盘、不相信技术分析、不去预测股市，这些做法都对长期投资没有好处。

1992年，沃伦·巴菲特在致股东的信里写道："我们很喜欢买股票，不过对于卖股票则要另当别论了。仅从这点来看，我们的步伐就像是一个旅行家发现自己身处仅有一个小旅馆的小镇上，房间里没有电视，面对漫漫无聊的长夜，突然间他发现桌上有一本名为《在本小镇可以做的事》的书。这令他很兴奋，于是他翻开了这本书，但是书里却只有短短的一句话：'那就是你现在在做的这件事。'"

巴菲特讲上面这个小故事是想说，这位旅行家依然没有其他任何事情可以做，但是它的实际用意是，投资者一旦买入了某只股票，一定要多看少动，只做价值投资，实行三不主义，即不去看大盘、不相信技术分析、不去做预测。不要以为这种做法只适合于美国股市，事实上，在中国的股市也同样适用。

例如，中国一位著名的投资者，开始的时候也和大多数人一样，依据技术分析炒股。每天的任务就是坐在电脑前看技术图形，但是最后的结果却令人很失望。他在1999年开始研究巴菲特，并且努力实践巴菲特的长期投资、价值投资理念对自己的行动计划进行指导，把稳赚不赔作为最重要的原则。从1999年开始到2007年大牛市之前的熊市中，他依然每年取得了30%以上的投资收益率。如果只从表面的数据上来看，这样的业绩已经超过巴菲特了。

实行"三不主义"的主要理由是什么呢？究其原因，对于长期的投资者来说，这三样东西会动摇你的长期投资理念，不但对你没有帮助，反而会有害，最终会使你无法获得长期的丰厚的回报率。

那么，如何对长期投资做出预测呢，巴菲特是怎么实现的呢？拿中国读者最容易理解的一个例子来说：假如手机出现了，这时候巴菲特就会考虑是不是要卖掉手中原来持有的传呼机公司的股票；如果现在的消费者都买数码相机，没人再去买原来的那种胶卷相机了，这时候他就会考虑是不是要卖掉手中原来拥有的胶卷相机公司的股票。如果手中原来就没有这样的股票，那么今后就更不会去碰它了。

对于中国投资者来说，要做出投资的长期预测只需要做到对世界经济和中国经济以及行业发展有个大致的判断就够了。理所当然，只是依靠这样的预测，还是对买入哪只股票无法做出准确的预测，投资者要做的主要功课就是对某只股票的内在价值进行判断。当该股票的内在价值大大高于其股价时，大胆买入这样的股票并长期持有，就一定会获得丰厚的回报。

长期投资能推迟并减少纳税

长期投资有助于推迟纳税，并且还能合理避税。不要小看这仅一点点的差异，可对于投资者来说所得到的回报却是有天壤之别的。不过需要指出的是，由于我国目前还没有把股票投资所得纳入个人所得税的征税范围，这一点有很大不同。所以投资者在考虑长期投资时，可以适当不考虑该因素。

1989年沃伦·巴菲特在致股东的信里写道："假如我们拥有一家年赚1000万美元的公司10%的股权，那我们需要按照比例将分得的100万美元中的部分支付给当地州政府与联邦所得税，其中包含约14万美元的股利税负（我们大部分的股利税率为14%）；至少35万美元的资本利得税，假如这100万没有进行分配，而后我们又要对公司进行处分（我们适用的税率约在35%左右，但有时也可能接近40%）。当然，只要我们对该项投资不进行处分，这笔税负虽然可以一直递延下去，但最后我们还是需要支付这笔税金的。事实上，政府可以说是分享我们利润的主要合伙人之一，只是投资股票要分两次，而投资事业则只能分一次。"

巴菲特上面这段话其实解释了为什么从经济实质而言，他更倾向于长期投资。因为长期投资会有助于推迟并减少纳税。这也是长期投资给投资者带来的好处之一。

如果伯克希尔公司只有1万美元的投资，此外它每年所能获得的投资报酬率为1倍。在这种情况下，假如伯克希尔公司每年都会将股票卖出去，但是因为卖出股票要交纳34%的所得税，这样重复了19年以后，在这20年间伯克希尔公司一共需要给美国国库上交13000万美元的税金，而自己则可以得到25250万美元。表面上看起来这是一项不错的投资，但假如你在这20年间一直持股不动，也就是什么事情都不做，最终的投资回报却可以高达1048576万美元。在扣除34%的税金即356516美元的所得税后，自己可以得到692060美元。这个数字对于前者来说就是倍数的关系，大概你都会为这个差距而感到惊讶了。

如果你仔细研究一下上面的案例就会发现，长期投资无论是对个人投资者还是对政府而言，都是双赢局面。正如上面的例子所述，如果伯克希尔公司在这20年间一直保持持股不动，在伯克希尔公司的投资回报率大大提高的同时，政府从中收取的所得税也比前者要高得多。但是不一样的是，政府需要等到20年结束后，伯克希尔公司出售该股票时，才能将这笔税金悉数入库。

巴菲特坦言道，需要强调的是，伯克希尔公司的长期投资理念不仅仅是因为这种简单的数字逻辑。与此同时，它们对与上市公司双方之间建立起来的商业合作关系，会更加珍惜，这也会成为一个重要因素。更不用说，这种长期投资的前提是该股票本身就值得长期拥有。

长期投资有助于战胜机构主力

投资者要按照价值投资的标准来对股票进行选择，这样，股票的数量已经不多了，更何况需要你耐得住寂寞。手中握有大量现金，遇到股市低迷时，不到真正物有所值之时绝不轻易出手，这些都会决定买到内在价值高于股价的投资品种。机构主力需要定期接受业绩的考核，虽然它们也整天吵着价值投资和长期投资，但是他们不会真正的付诸行动。相反，个人投资者是不需要人为地设置这些障碍的，他们完全可以和机构主力比耐力。

1988年巴菲特在给股东的信里说："我们希望能够吸引那些有远见的投资者，因为在他们买入股票后，他们抱着与我们永远同在而不是订有卖出价格的时间表的打算。我们对于有的公司的CEO，希望自己公司的股份交易量越多越好的行为，十分不理解，这意味着公司的股东组合会变来变去。比如在其他组织像学校、俱乐部、教堂等社会机构中，没有哪位主持人会希望自己的组织成员离开（然而偏偏有的营业员就是要靠着说服成员离开组织来维生。）你大概也听说过有人劝你'反正最近基督教也没有什么搞头，那下礼拜大家改信佛教好了'。"

巴菲特认为，长期投资是投资者想战胜机构主力的唯一办法。因为长期投资可以比耐性，你拖得起，机构主力可拖不起。如果要比快进快出，你未必是它们的对手。要知道，在中国股市中，个人投资者是很惧怕机构主力的，有些个人投资者甚至唯机构主力马首是瞻，千方百计打听的小道消息也主要是机构主力什么时间进货、出货了，是哪家机构主力？这有点像龟兔赛跑的寓言故事。在股票投资中，兔子属于消息灵通、动作迅速的机构主力，而那些面广量大的个人投资者则是一只只小乌龟了。乌龟如果想要在短时间内和兔子比速度，结果不言自明；可是如果要和兔子比耐力，最终结果是不一样的。最起码，乌龟的寿命要大大长于兔子。当兔子一命呜呼之后，乌龟依然可以在那里慢慢地匍匐着前进，这就是它最大的寿命优势。

以巴菲特的一项投资为例，2002年2月21日，纳斯达克指数已经跌到1349点时，巴菲特仍然坚持相信："尽管股市已经跌了3年，普通股票已经大大增加了投资的吸引力，但我们仍然认为，即使值得我们产生中等兴趣的可投资股票也是寥寥无几了。"接下来，巴菲特不是逐步买入股票，而是一再坚持股票。到2003年年末时他手里拥有的现金已经高达360亿美元。

对于巴菲特来说，无论是买入股票还是卖出股票，他都有极大的耐心与机构主力进行比拼，虽然伯克希尔公司本身就是一家规模庞大的机构主力。拥有这样的耐心，只需要一些时间，就能在内在价值的顶部买到自己心仪的股票，然后在内在价值的底部卖出手中的股票，这个差价就已经很惊人了。

当然，我们还应该注意，长线投资绝不是不分青红皂白，随便抓只股票就长线投资。有些投资者认为长线投资就是在股价低时买进，然后长线持有，就一定能获利。其实，股票的质地是非常重要的，如果对个股的基本面没有充分地分析研究，不管个股是否具有上升潜力，随便抓只股票就长线投资，那么极有可能没有收获，甚至是负收益。

长线投资不能不闻不问。有些投资者认为长线投资就像银行存款一样，买了股票之后不闻不问，指望闭着眼发大财。这简直无异于掩耳盗铃。

长线投资要有具体的操作计划方案。这些方案的制订，有利于投资者贯彻投资思维，坚持持股信心，并最终取得长线投资的成功。但是，市场中的环境因素是不断发展变化的，我们要根据股价涨升的趋势，及时地调整方案和目标，让方案和目标为自己服务，而不能被方案和目标束缚住手脚。

长线投资终究还是需要卖出的。投资者不要忘记长线投资的根本目的是获利，当股价的上升势头受到阻碍，或市场的整体趋势转弱，或当上市公司的发展速度减缓，逐渐失去原有的投资价值时，投资者应当果断地调整投资组合，建仓卖出。

挖掘值得长线投资的不动股

作为一般投资人，只要我们沿着这个路径，就都能像巴菲特那样，从所有朝阳行业中找到具有"不动股"潜质的股票，不再依赖股评家荐股而相信自己，这也许是未来炒股的新视角。

1996年巴菲特在致股东的信里写道："当然，股东持有股份的时间越长，伯克希尔的表现与该公司的投资经验就会越来越接近，他买进或是卖出股份的股票价格相对于实质价值折价或是溢价的影响程度，也会越来越小。这正是我们希望能够吸引长期投资者加入的原因之一。总的来说，从这个角度来看，我们做的是相当成功的，伯克希尔公司大概是在美国大企业中拥有最多具有长期投资观点股东的公司。"

他选择投资标的物时，从来不会把自己当做市场分析师，而是把自己视为企业经营者。巴菲特选择股票前，会预先做许多充分的功课，了解这家股票公司的产品、财务状况、未来的成长性，乃至潜在的竞争对手。他总是通过了解企业的基本状况来挖掘值得投资的"不动股"。

事实上，我们也要学习巴菲特挖掘值得投资的"不动股"的方式，事先做好功课，站在一个较高的视角，提供一种选股思路。我们要发掘的值得长线投资的"不动股"是价值被低估的股票，它可以是以下几种类型中的一种：

1.知识产权和行业垄断型

这类企业发明的专利能得到保护，且有不断创新的能力，譬如美国的微软等企业。我们以艾利森的Oracle股票为例，1986年3月12日上市时是每股15美元，而今拆细后每股市值是6000多美元，15年前买入一动不动的话，今天就是一个百万富翁。可以想象，国内的以中文母语为平台的软件开发企业，牵手微软的上市公司，15年后将是什么模样？

2.不可复制和模仿型

世界上最赚钱且无形资产最高的，不是高科技企业，而是碳酸水加糖，可口可乐百年不衰之谜就在于那个秘而不宣的配方。而国内同样是卖水起家的娃哈哈，其无形资产就达几百亿。倘若我们生产民族饮料的上市公司，能够走出国门，前景将是多么广阔？而为可口可乐提供聚酯瓶的企业，生命周期会短吗？

3.资源不可再生型

譬如像驰宏锌诸、江西铜业、宝钛股份、云南锡业等，其因资源短缺，而促使产品价格将长期向上。

4.现代农业型

中国有广袤的耕地，有耕地就需要种子，像袁隆平研究出的一样的优良种子公司一定会果实遍地。同时，人天天要吃肉，要吃肉就得养猪，要养猪就得有饲料，像希望集团等饲料企业，就充满了"希望"。

5.金融、保险、证券业型

譬如已经上市和即将上市的多家银行，平安保险、中国人寿、控股国华人寿的天茂集团和以中信证券为代表的证券公司，其成长性都既稳定又持久。

6.变废为宝的清洁能源环保型

垃圾遍地都是，能让垃圾变成黄金，将会使投入和产出形成多大的落差？譬如以垃圾发电的凯迪电力、深南电力等。此外，以风电、光伏为代表的清洁能源，像湘电股份、天威保变、江苏阳光、赣能股份等，是未来发展的方向。

7.传媒教育业型

传媒教育业因进入门槛高，垄断性强而值得长线投资，譬如新华传媒、华闻传媒、歌华有线等，因大股东注入新的资产，将重获新生。

8.投资基金型

投资基金以其专家理财的优势持有大量的优质股票，净值成倍增长，具有高出银行利率数十倍的分红能力，是风险最小、长线投资回报极高的品种之一。

9.公用事业能源物流交通型

譬如机场、港口、集装箱、能源、供水、路桥等企业，此类企业因行业风险较小，一次投资大，持续成长周期长，而适合稳健型长期投资。

10.以中药为原料的生物工程型

中国已经上市的公司中，有的已经研制出抗癌药物和抑制艾滋病毒的药物，一旦形成市场规模和打入国际市场，其价值将超过美国辉瑞公司的万艾可。譬如有的股价还十分低廉的医药公司，已经生产出抗癌药"红宝太圣"。目前有一家业绩平平的医药上市公司独家生产的赛斯平和环孢素，是人体器官移植者终身必服的药物。中国有数十万人等待着器官移植，一旦这个市场被打开，其前景将十分惊人。

11.国际名牌型

譬如已经走向世界的格力电器、联想集团、青岛啤酒等，随着国际市场份额的扩大，企业将永葆青春活力。

12.地产行业型

人民币升值使地产业成为最大的受益者，该行业的龙头像万科、保利地产以及举办奥运和世博会的北京、上海的地产公司都值得长线投资。

巴菲特长期持有的股票类型

股票投资是一种风险较大的投资，其风险的存在让你不得不考虑投入资金的安全性。股票投资风险来源于企业、股票市场和购买力三个方面，而投入资金的安全与否首先取决于企业的经营状况。在考察这些情况的时候，股票投资者要坚持投资活动的自主性，独立思考，自主判断，靠自己提醒自己，安全第一。正如巴菲特所说："现在避免麻烦比以后摆脱麻烦容易得多。"

巴菲特说："我认为投资者应尽可能少地进行股票交易。一旦选中优秀公司大笔买入之后，就要长期持有。"

巴菲特认为，投资不是一种短期的行为，它需要的是长期持股，但是并不是每种股票都值得你长期持有。实际上，为巴菲特所认同的股票也不过几种，主要有：

1.能持续获利的股票

巴菲特判断股票持有还是卖出的主要标准是公司是否具有持续获利的能力，而不是其价格的上涨或者下跌。他所认为的持续获利的能力，可以根据报告中的一些项目进行综合分析。具体的公式为：营业利润+主要被投公司的留存收益—留存收益分配时应缴纳的税款，这样经过汇总后就能够得出该公司的实际盈利。

这样的方式将会迫使投资人思考企业真正的长期远景而不是短期的股价表现，这种长期的思考角度有助于改善其投资绩效。无可否认，就长期而言，投资决策的计分板还是股票市值，但股价将取决于公司未来的获利能力。投资就像打棒球一样，要想得分，大家必须将注意力集中在球场上，而不是紧盯着计分板。如果企业的获利能力短期内发生暂时性变化，但并不影响其长期的获利能力，投资者应继续长期持有。但如果公司的长期获利能力发生根本性变化，投资者就应毫无迟疑地卖出。除了公司的盈利能力以外，其他因素如宏观经济、利率、分析师评级等，都无关紧要。

2.安全的股票

不管将资金购买何种股票，如果没有安全系数的保障，非但得不到预期的收益，还会有赔本的可能。

巴菲特的重点在于试图寻找到那些在通常情况下未来10年或者15年、20年后的企业经营情况是可以预测的企业，因为这些企业具有安全性。

事实上，安全的企业经常是那些现在的经营方式与5年前甚至10年前几乎完全相同的企业。当然，管理层决不能因此过于自满。企业总是有机会进一步改善服务、产品线、生产技术等，这些机会一定要好好把握。但是，一家公司如果经常发生重大变化，就可能因此经常遭受重大失误。

在1977~1986年间，《财富》杂志统计1000家世界500强企业中只有25家能够连续10年平均股东权益报酬率达到20%，且没有1年低于15%。

对于中国投资者，在选择长期投资目标的时候，也可以按照巴菲特的方法对股票进行选择。通常情况下这样的股票都有两个显著的特点：

（1）其中的大企业只使用相对于其利息支付能力来说很小的财务杠杆，真正的好企业并不需要借款。

（2）除了一家企业是高科技企业和其他几家是制药企业之外，绝大多数企业的业务一般都非常普通，它们大都出售的还是与10年前基本上完全相同的且并非特别引人注目的产品。

第二章 巴菲特的集中投资策略

第一节 最高规则聚集于市场之中

让"市场先生"为你所用

在今天看来，"市场先生"的寓言已经过时了，但是目前市场上仍然有大多数职业选手和学术人士在谈论有效的市场、动态套期保值和估值。他们对这些事情相当地感兴趣，是因为裹着神秘面纱的投资技巧显然对投资建议提供者有利。然而对于那些喜欢听取投资建议的投资者来说，市场秘籍的价值却是另外一回事。对一家企业进行良好的判断，将思想和行为同围绕在市场中的极易传染的情绪隔绝开来，就会让一个投资者成功。务必记住的准则是："市场先生"是为你服务的，不要把他当成你的向导。

股市由几千万股民构成，在这场竞局中，自己账户之外的每一个人都是自己的对手。面对如此众多的对手，自己未免拔剑四顾心茫然，故必须对股市竞局的局面进行简化，把多方竞局简化为少数的几方。

股神沃伦·巴菲特曾经举过一个市场先生的例子：设想你在与一个叫"市场先生"的人进行股票交易，每天"市场先生"一定会提出一个他乐意购买你的股票或将他的股票卖给你的价格。"市场先生"的情绪很不稳定，因此，在有些日子"市场先生"很快活，只看到眼前美好的景象，这时他就会报出很高的价格。其他日子，"市场先生"却相当懊丧，只看到眼前的困难，报出的价格很低。另外"市场先生"还有一个可爱的特点，就是他不介意被人冷落，如果他所说的话被人忽略了，他明天还会回来同时提出他的新报价。"市场先生"对我们有用的是他口袋中的报价，而不是他的智慧。如果"市场先生"看起来不太正常，你就可以忽视他或者利用他这个弱点，但是如果你完全被他控制，后果将不堪设想。

虽然沃伦·巴菲特是以投资著称于世的，但他实际上是一个深谙股市博弈之道的人，他很清晰地阐述了按博弈观点考虑问题的思路。他的模型把股市竞局简化到了最简单的程度——一场他和"市场先生"两个人之间的博弈。局面非常简单，巴菲特要想赢，就要想办法让"市场先生"输。那么巴菲特是怎样令"市场先生"输掉的呢？他先摸透了"市场先生"的脾气，他知道"市场先生"的情绪不稳定，他会在情绪的左右下做出很多错误的事，这种错误是可以预期的，它必然会发生，因为这是由"市场先生"的性格所决定的。巴菲特在一边冷静地看着"市场先生"的表演，等着他犯错误，由于他知道"市场先生"一定会犯错误，所以他很有耐心地等待着，就像我们知道天气变好后飞机就会起飞，于是我们可以一边看书一边喝着咖啡在机场耐心地等待一样。所以，巴菲特战胜"市场先生"靠的是洞悉"市场先生"的性格弱点。所谓"市场先生"，就是除自己之外，所有股民的总和。巴菲特洞悉了"市场先生"的弱点，其实也就是洞悉了股民群体的弱点。

在巴菲特面前，"市场先生"就像个蹩脚的滑稽演员，徒劳地使出一个又一个噱头，却引不起观众的笑声，帽子举在空中不仅没有收到钱，反倒连帽子也被一块抢走了。但"市场先生"决非蹩脚的演员，他的这些表演并非无的放矢，其实这正是他战胜对手的手段。"市场先生"战胜对手的办法是感染。因为巴菲特过于冷静，所以"市场先生"的表演在他面前无效，反倒在表演过程中把弱点暴露给了他。但对别的股民来说，"市场先生"的这一手是非常厉害的，多数人都会不自觉地受到它的感染而变得比"市场先生"更情绪化。这样一来，主动权就跑到了"市场先生"手里，输家就不再是"市场先生"了。这就是"市场先生"的策略。

"市场先生"的策略是有一定冒险性的，因为要想感染别人，自己首先必须被感染，要想让别人疯狂起来，自己首先必须疯狂起来，这是一切感染力的作用规律，所以"市场先生"的表现必然是情绪化的。那些受到感染而情绪化操作的人就被"市场先生"战胜了。反之，如果不被他感染，则他为了感染你而做的一切努力都是一些愚蠢行为，正可以被你利用。打一个比喻："市场先生"之于投资人正如魔之考验修行人一样，被它所动则败，任它千般变化不为所动则它能奈我何。

"市场先生"的弱点是很明显的，每个人都可以很容易地利用这一点来战胜他。但另一方面，"市场先生"正是市场中所有股民行为的平均值，他性格不稳定是因为市场中很多股民的行为更为情绪化，更为不稳定。"市场先生"会不厌其烦地使出各种手段，直至找到足够多的牺牲者为止，所以大多数人都将成为"市场先生"的牺牲者，能战胜"市场先生"的永远只有少数人。只有那些极为冷静，在"市场先生"的反复诱骗下不为所动的人，才能利用"市场先生"的弱点战胜他。那些不幸受到"市场先生"的感染而情绪更不稳定的人，就会反过来被"市场先生"所战胜。所以，股民战胜"市场先生"的本钱是理智和冷静，"市场先生"战胜股民的本钱是人们内心深处的非理性。"市场先生"的策略是设法诱导出这种非理性，诱导的办法就是用自己的情绪感染别人的情绪，用自己的非理性行为诱导出别人更大的非理性行为。如不成功就反复诱导，直到有足够多的人着道为止。

以上讨论对指导操作是很有启发意义的。首先，"市场先生"要想让你发疯，自己必须先发疯。由于"市场先生"想战胜你，所以他必然会先发疯，否则他就无法战胜你。所以"市场先生"的发疯是可以预期的，耐心地等待，必然可以等到。只要能保持冷静，不跟着他发疯，就必然可以战胜他。

其次，和"市场先生"交易重要的不是看他所出的价格，而是要注意他的情绪，看着他的情绪进行买卖。当"市场先生"的情绪不好时就买入，当"市场先生"的情绪好时就卖给他，而不用管"市场先生"的报价到底是多少。考虑"市场先生"报价的意义也仅仅是为了通过价钱从另一个角度来观察"市场先生"的情绪，当他报价过低时说明他的情绪不好，当他报价过高时说明他处于乐观状态。如果能有一把客观的尺度来判断"市场先生"的报价是否过低或过高，则这种方法就可以使用，否则如果没有这种客观尺度，那么看"市场先生"的报价是没有意义的，不能从中引申出对"市场先生"的情绪的判断。巴菲特的方法是掌握了一套判断股票价值的方法，从而有了一个客观的尺度来判断"市场先生"的报价是否过高或过低。股票技术分析方法则是直接通过交易情况来判断"市场先生"的情绪。不管是用基本面分析还是用技术分析，正确地判断"市场先生"的情绪的前提都是自己必须保持冷静。

按这种思路，巴菲特赢了"市场先生"，赢的依据在于"市场先生"的情绪不稳定，而巴菲特掌握了判断"市场先生"的情绪的方法，赢得明明白白。

反其道而行，战胜市场

反向操作并不是单纯地机械式的逆势而为，为反对而反对比盲目跟风的风险更大。股票市场对于公司股价判断正确与否的概率几乎是一样的，因此投资人唯一能与市场大众反向操作的状况应为：股票市场对于事件的心理反应似乎已到了疯狂的极致；对于公司财务资料的分析大家都错了。尤其需要注意的是，当缺乏足够的论据支持自己的反向操作观点时，千万不要与市场对立。

1988年巴菲特在致股东的信里说："当看到1988年很丰硕的套利成果后，你可能会认为我们应该继续努力以获得更丰厚的回报，但实际上我们采取的态度就是继续观望。

"然而，我们决定在长期期权方面上的投资要大幅提高的理由是：目前的现金水位已经下降，如果你经常读我们的年报，那么我们的决定并不是基于短期股市的表现，我们更注重的是对个别企业的长期的经济展望，我们从来没有并且以后也不会对短期股市、利率或企业活动做任何评论。"

巴菲特认为，反其道而行，即反向投资策略，是我们回避市场风险，保证投资获利的关键。

所谓反向投资策略，就是当大多数人不投资时，投资；当大多数人都急于投资时，卖出。反向策略的观念非常简单，只要能做到"人弃我取，人舍我予"就好了。但要实践反向策略，必须克服人性的弱点，要能做到不从众，能够独立判断，忍耐寂寞，才能制胜。大部分投资人都是在周遭亲友一致认同的情况下，才开始投资；而炒股高手正好相反，在知道大部分亲友都担心恐惧时，才开始考虑投资。反向策略者相信当大众对未来的看法趋于一致时，大部分时候是错的，同时反转的力量会很大。

反向投资策略为何如此有效？理由很简单，如果市场中大多数的人都看好价格会继续上涨，此时进场投资的人及资金早已因为一致看好而大量买进，所以价格通常因大量买超而产生超涨的景象。又由于该进场的人与资金都已经在市场内了，于是市场外能推动价格上涨的资金所剩无几，且市场中的每个人皆准备伺机卖出，导致整个证券市场的潜在供给大于需求，因此只要有任何不利的因素出现，价格就会急速下跌。反之，如果市场中大多数人都认为价格会继续下跌，此时该卖的人早已因为一致看坏而大量卖出，所以价格通常因大量卖超而产生超跌现象。又由于该卖的人都已经不在市场内了，于是市场内想卖出的浮动筹码已少之又少，所以卖压很少，且市场外的每个人皆准备逢低买进，导致整个证券市场潜在的需求大于供给，因此只要有任何有利的因素出现，价格就会急速上涨。

那么我们该如何衡量大多数人的判断思维呢？一般说来，如果股市处于上升的高速阶段，此时几乎每人的股票账户上都赚得盘满钵溢，大多数股民都会兴高采烈，忘乎所以。此时的媒体、股评人更加激动，大肆渲染多头市场的发展趋势，为股民描绘一个又一个创新高的点位。外场的资金也经不起诱惑而积极加入炒股大军，大有全民炒股的态势。这时就可以判断大多数人的思维处于什么态势。如果用反向投资策略，此时更要做到"众人皆醉我独醒，众人皆炒我走人"。如果股市处于下跌的高速阶段，此时几乎每人的股票账户上昨天还是赚得盘满钵溢，转瞬之间就烟消云散，严重套牢了，大多数股民垂头丧气，万念俱灰。此时的媒体、股评人更加悲观，大肆渲染空头市场可怕的发展趋势，为股民描绘一个又一个创新低的点位。证券营业部门口的自行车也明显减少。入场的资金和盈利的资金纷纷撤离，大有全民空仓的态势。这时就可以判断大多数人的思维处于什么态势。如果运用反向投资策略，此时就要做到"众人皆醉我独醒，众人皆空我做多"。

例如，1996年10月到12月初，1997年2月到5月，沪深股市开始猛涨，当时几乎每人的股票账户上都赚得盘满钵溢，有人甚至提出"不怕套，套不怕，怕不套"的多头口号。管理层当时接连发了十几个利空政策，但是大多数股民不听，结果后来套得很惨。2001年6月14日，沪指创新高2245点后，媒体、股评人更加激动，大肆渲染多头市场的发展趋势，为股民描绘一个又一个创新高的点位，2500点，3000点……大多数股民处于多头思维中。这时如果用反向投资策略，就要"众人皆炒我走人"，不玩了。

又如：2001年7月后，股市处于下跌的高速阶段，此时严重套牢的大多数股民垂头丧气，万念俱灰。而媒体、股评人更加悲观，大肆渲染空头市场可怕的创新低的点位，有人甚至提出沪指要跌到800点、400点。资金纷纷撤离观望。这时就可以判断大多数人的思维处于空头悲观态势。如果用反向投资策略指导行动，就应在适当时机入市，完全可以在2001年10月、2002年6月和2006年打一个漂亮的反弹仗和反转仗。

正确掌握市场的价值规律

短期内的股价波动对价值投资者来说毫无意义，因为价值规律告诉我们，价格总有一天是会向其价值回归的。这种价值回归具有相对滞后性，正便于投资者从容决策。

巴菲特说："最近10年来，实在很难找得到能够同时符合我们关于价格与价值比较的标准的权益投资目标。尽管我们发现什么事都不做，才是最困难的一件事，但我们还是尽量避免降格以求。"

巴菲特认为，"市场先生"在报出股票交易价格时，最终是遵循价值规律的。道理很简单：价值规律是商品经济的基本规律，而股市是商品经济的产物，所以理所当然要遵循价值规律。

价值规律的基本原理是：商品的价值是由生产商品的社会必要劳动时间决定的，商品交换要根据商品的价值量来进行。

价值规律的表现形式是：在商品交换的过程中，受供求关系影响，价格围绕价值上下波动。从短期看，价格经常背离价值；从长期看，价格一定会向价值回归。

当1929年美国股市面临市场崩盘的威胁时，美国国会特地请来了一些专家召开意见听证会。巴菲特的老师格雷厄姆作为当时华尔街上最著名的投资大师，也参加了这次听证会。

会上，美国参议院银行业的委员会主席问格雷厄姆，假如存在这样一种情形：你发现某种商品的价值达30美元，而现在你只要用10美元就能买得到；并且又假如你已经买下了一些这样的商品，那么显而易见，这种商品的价值只有当得到别人认可时，也就是说，只有当有人愿意以30美元的价格从你的手里买回去时，你才能实现其中的利润。把这个例子用在股票上，你有什么办法能够使一种廉价的股票最终发现自己的价值呢？

格雷厄姆回答说："这个问题正是我们这个行业的神秘之处。但经验告诉我们，市场最终会使股价达到它的价值。也就是说，目前这只价格很低的股票，将来总有一天会实现它的价值。"

格雷厄姆认为，影响股票价格有两个最重要的因素：一是企业的内在价值，二是市场投机。正是这两者交互作用，才使得股价围绕着企业的内在价值上下波动。也就是说，价值因素只能在一定程度上影响股票价格，股票价格偏离内在价值的事情是经常发生的，也是丝毫不奇怪的。

读者是否还记得，1969年巴菲特认为当时的美国股市已经处于高度投机状态，真正的市场价值分析原理在投资分析和决策中所起的作用越来越小，于是解散了合伙企业巴菲特有限公司，并且对公司资产进行了彻底清算，对公司持有的伯克希尔股票按投资比例进行了分配。

遵照格雷厄姆的教诲，巴菲特和他的合作伙伴芒格，把衡量伯克希尔公司可流通股票价值大小的标准，确定为在一个相当长的时期内的股票价格表现，而不是看每天甚至每年的股票价格变化。

因为他们相信，股市可能会在一段时期内忽视企业的成功，但最终一定会用股价来反映这种成功。只要公司的内在价值以令人满意的速度增长，那么，公司的成功究竟在什么时候被市场普遍认可，就不是一件非常重要的事了。

相反，这种市场共识相对滞后，对投资者来说很可能是一件好事——它会带来许多好机会，让你以很便宜的价格买到更多的好股票。

不要顾虑经济形势和股价跌涨

巴菲特说，在通常的投资咨询会上，经济学家们会作出对宏观经济的描述，然后以此为基础展开咨询活动。在他看来，那样做是毫无道理的。并且，假设艾伦·格林斯潘和罗伯特·鲁宾两位重量级人物，一个在他左边，一个在他右边，悄悄告诉他未来12个月他们的每一步举措，他也是无动于衷的，而且也不会影响到他购买公务飞机公司或者通用再保险公司的股票，或者他做的任何事情。

与大多数投资者不同的是，巴菲特从不浪费时间和精力去分析经济形势，也从不担心股票价格的涨跌。他告诫投资者："不要浪费你的时间和精力去分析什么经济形势，去看每日股票的涨跌，你花的时间越多，你就越容易陷入思维的混乱并难以自拔。"

在佛罗里达大学演讲时，就有学生要求巴菲特谈谈目前的经济形势和利率以及将来的走向，巴菲特直截了当地回答："我不关心宏观的经济形势。"巴菲特认为：在投资领域，你最希望做到的应该是搞清楚那些重要的，并且是可以搞懂的东西。对那些既不重要，又难以搞懂的东西，你忘了它们就对了。你所讲的，可能是重要的，但是难以拎清。

巴菲特认为人们无需徒劳无功地花费时间担心股票市场的价格，同样的，他们也无需担心经济形势。如果你发现自己正在讨论或思考经济是否稳定地增长，或是否正走向萧条，利率是否会上扬或下跌，是否有通货膨胀或通货紧缩，慢点！让你自己喘一口气。巴菲特原本就认为经济有通货膨胀的倾向，除此之外，他并不浪费时间或精力去分析经济形势。

一般说来，投资人都习惯于以一个经济上的假设作为起点，然后在这完美的设计里巧妙地选择股票来配合它。巴菲特认为这个想法是愚蠢的。首先，没有人能够真正具备准确预测经济形势和股票市场的能力。其次，如果投资者选择的股票会在某一特定的经济环境里获益，投资者就不可避免地会面临变动与投机。不管投资者是否能正确预知经济形势，其投资组合都将视下一波经济景气如何而决定其报酬。

巴菲特比较喜欢购买那种在任何经济形势中都有机会获益的企业股票。当然，整个经济力量可以影响毛利率，但就整体而言，不管经济是否景气，巴菲特的股票都会得到不错的收益。选择并拥有有能力在任何经济环境中获利的企业，时间将被更聪明地运用；而不定期地短期持有股票，只有在正确预测经济景气时，才会获利。

一般来说，经济形势和股票市场的形势不一定同步，有时候甚至是反向的。有时候经济形势很好，而市场却很萧条；而当经济依然萧条的时候，股票市场却走出了一波好行情。比如，大萧条时期，1932年7月8日道琼斯指数跌至历史的最低点41点，直到弗兰克林·罗斯福在1933年3月上任前，经济状况依然持续恶化，不过当时股市却涨了30%。再回到第二次世界大战的初期，美军在欧洲和太平洋战场的情况很糟，1942年4月股市再次跌至谷底，这时离盟军扭转战局还很远。再比如，20世纪80年代初，通货膨胀加剧、经济急速下滑，但却是购买股票的最佳时机。

巴菲特提醒投资者在投资时要谨慎，不能轻率地进行投资，不能只做股市中的投票机。

拿可口可乐与吉列公司的股票为例。从1991年到1993年，可口可乐与吉列每股的获利的增加幅度分别为38%和37%，但是对比当时同期的股票市价却只有11%和6%。也就是说，巴菲特选择的这两家股票的价值已经超越了当期股票市场的表现。当时，华尔街对可口可乐品牌有很深的疑虑，他们都对这两只股票存在怀疑的态度。但是等到数年以后，情况发生了逆转，可口可乐和吉列的股价发生了报复性的暴涨，并且远远超过了每股盈余的增长。

这个案例就是投资市场上所谓的"投票机"和"体重计"的写照。正如不同的投资者有不同的风险承受能力一样，这关键并不在于追求最高的投资报酬率，而是发现最适合自己的投资品种。从短期来看股市是一个投票机，但是，从长期来看，股市确实是一个称重机。无论你投资哪类品种，都不能仅仅依靠市场上的"时尚风向标"、"人气指数"，还需要进行"量体裁衣"，打造有把握的投资目标。

在巴菲特的办公室里，并没有股票行情终端机之类的东西，但他的投资业绩并没有因此而失色。巴菲特表示，如果投资者打算拥有一家杰出的企业的股份并长期持有，但又去注意每一日股市的变动，是不合逻辑的。最后投资者将会惊讶地发现，不去持续注意市场的变化，自己的投资组合反而变得更有价值。

市场与预测是两码事，市场是在变化的，而预测是固定不变的，预测的固定不变只会给分析市场的人以错觉感。所以，下次当你被诱惑相信你已最终找到一种可实现利润而且可以被重复使用的格局时，当你被市场的不可预测性惊得目瞪口呆时，记住巴菲特说的话："面对两种不愉快的事实吧：未来是永不明朗的；而且在股市上要达到令人愉快的共识，代价是巨大的。不确定性是长期价值购买者的朋友。"

有效利用市场无效，战胜市场

巴菲特说："如果股票市场总是有效的，我只能沿街乞讨。"所以我们无须理会股票的涨跌，对待股票价格波动的正确态度，是所有成功的股票投资者的试金石。我们要做的只是两门功课，一门是如何评估企业的价值，另一门是如何思考市场价格。其他的信息就不是我们所要关心的。

巴菲特在1988年致股东的信里写道："在过去的63年里，大盘整体的投资报酬大概只有10%。这指的就是最初投入1000美元，63年后就可以获得405000美元；但是如果能够得到的投资报酬率为20%（这个回报率是伯克希尔以及巴菲特的老师格雷厄姆的公司的长期投资业绩），现在就能变成970000美元。

不管它们已经对多少学生产生了误导，市场效率理论还是继续在各大企业管理名校中被列为投资课程的重要理论之一。

当然，那些已经被骗的投资专家在接受市场无效率理论后，对于我们以及其他格雷厄姆的追随者实在有很大的帮助。因为不管在哪项竞赛中，不管是投资、心智还是在体能方面，要是遇到对手被告知思考和尝试都是徒劳的，对于我们来说，都是占尽了优势。"

按照无效市场理论，除非靠机遇，否则几乎没有任何个人或团体能取得超出市场的业绩，任何人或团体更不可能持续保持这种超出寻常的业绩。然而股神巴菲特，麦哲伦基金经理人彼得·林奇，价值投资之父格雷厄姆等投资大师以他们的骄人业绩证明了超出市场业绩是可能的，这对于有效市场理论无异于当头棒击。有效市场理论受到了重大挑战，大量实证研究表明股票市场并不像有效市场理论声称的那样总是能够形成均衡预期收益，实际上市场经常是无效的。

关于市场的无效，还有这样一则小故事：两位信奉有效市场理论的经济学教授在芝加哥大学散步，忽然看到前方有一张像是10美元的钞票，其中一位教授正打算去拾取，另一位拦住他说："别费劲了，如果它真的是10美元，早就被人捡走了，怎么会还在那里呢?"就在他俩争论时,一位叫花子冲过来捡起钞票,跑到旁边的麦当劳买了一个大汉堡和一大杯可口可乐,边吃边看着两位还在争论的教授。

对市场是有效的还是无效的理解,直接影响到你的投资策略。如果你相信市场有效,那你就认为,股票的价格总是反映了所有相关的信息,你的操作手法就是追涨杀跌,所以你无须了解公司的基本面,因为基本面反映在股价上,你只要进行技术分析就可以了。

如果你认为市场是无效的,那你就可以不理会大盘的涨跌,抛开技术分析,只要公司的价值和股票的价格相一致,就是你极佳的买入点,然而,决定买进卖出的不是股票价格的波动,而是公司经营业绩的好坏。

事实表明有效市场理论是存在很大的缺陷的,因为有几点原因:一是投资者不可能总是理智的。按照有效市场理论,投资者使用所有可得信息在市场上定出理智的价位。然而大量行为心理学的研究表明投资者并不拥有理智期望值。二是投资者对信息的分析不正确。他们总是依赖捷径来决定股价,而不是依赖最基本的体现公司内在价值的方法。三是业绩衡量杠杆强调短期业绩,这使得从长远角度击败市场的可能性不复存在。

正是由于以上原因,巴菲特、费舍、林奇这些投资大师以自己多年的投资经验告诫我们,要走出有效市场理论的误区,正确认识市场的无效性,回归价值投资策略。只有这样,才能规避市场风险,长期持续战胜市场。

如何从通货膨胀中获利

投资者应该清楚的是,对于具有长期发展规律的商业企业来说,有形资产越小,无形资产越大,越是能够抗拒这种通货膨胀的状况。

巴菲特善于选择那些可以用较小的净有形资产却能创造较高获利的公司,正因具备这样的优势,即使受到通货膨胀的影响,市场上仍允许时思公司拥有较高的本益比。通货膨胀虽然会给许多企业带来伤害,但是那些具备消费独占性的公司却不会受到损害,相反,还能从中受益。

1983年巴菲特在致股东的信里写道:"多年以来,传统积累的经验告诉我们,我们拥有的资源和设备厂房等有形资产的企业对于抵抗通货膨胀来说是比较有优势的,但事实上却并非如此,拥有丰富资产的企业往往没有很高的报酬率,有时甚至低到因通货膨胀引起的需要增加的额外的投资都不够,更不用说,把企业的继续成长和分配盈余分给股东或是其他购并新企业了。

"但是,对于部分拥有无形资产多于有形资产的企业来说,通货膨胀一旦发生,便会积累出让人吃惊的财富。对于这类公司来说,商誉的获利能力大大地增加了,然后再动用盈余进行大举购并。从通讯行业来看,这种现象是很明显的。这样的企业并不需要投入过多的有形资产,企业可以一直处于成长的状态。在通货膨胀来临的年代,商誉就像是天上掉下来的大礼物一样。"

巴菲特讲的这段话是对"商誉"的辅助性的解读,同时他的企业帝国也是在他的这种思想下进行收购进来的,这也是他私房薪水的来源。

1972年，巴菲特买下了一家普通的糖果公司时思，当时该公司仅依靠着800万美元的净资产就能每年获得200万美元的盈余。但是如果假设另外一家普通的公司，同样每年能够赚得200万美元的利润的话，这就必须需要靠1800万美元的净资产来创造出这个数字。然而，这家公司的净资产报酬率却只有11%。

如果这样的公司要出售的话，最大的可能就是以价值1800万美元的净资产的价值将该公司卖掉，但是巴菲特做出的决定却是支付2500万美元去买下具有同样获利能力的时思。他这样做的原因是什么呢？难道他不会亏损吗？

巴菲特是将通货膨胀的因素考虑进去了，设想一下，如果物价暴涨一倍的话，如果这两家企业都要在通货膨胀的情况下赚到400万美元以维持原来的获利能力的话，这也许并不是困难的事，只要在维持现有销售数量的情况下，将价格提高一倍，只要毛利率维持不变，那么获利能力自然会增加。所以现在大家应该知道巴菲特为什么选择时思了吧？因为时思的净资产价值只有区区800万美元，所以只要再投入800万美元就可以应对通货膨胀了，而对于其他一般的企业而言，需要的投入则可能必须超过两倍，也就是需要差不多1800万美元的资金才可以达到。

历史数据并不能说明未来的市场发展

巴菲特说："让我再重申一遍：对我而言，未来永远是不明白的。"一个人可以"预言"股市的趋势，就好像一个人能够预测一只鸟飞离树梢时它将从哪飞走一样，但那是一种猜测而非一种分析。既然巴菲特认定股市趋势无规律、不可测，那么他当然不相信技术分析具有什么科学性了。他说："我们一直觉得股市预测的唯一价值在于让算命先生从中渔利。"

1998年巴菲特在佛罗里达大学商学院演讲时说："用你重要的东西去冒险赢得对你并不重要的东西，简直是不可理喻的，即使你成功的概率达到100：1或是1000：1。假如你给我一把枪，枪里面有1000个甚至100万个位置，然后你告诉我里面只有一发子弹，你问我多少钱才可能让我拉动扳机？而事实上，我是根本不会去那么做的。你可以下赌注，就算我赢了，那些钱对于我来说也是没有任何意义的；如果我输了，结果还是很显然的。对于这样的游戏我是没有一点兴趣的。

"我不能理解的是，16个这么高智商的能人来玩这样一个游戏，这简直是不可理喻的一种行为。从某种程度上而言，他们的决定基本上都依靠于一些事情。他们都拥有所罗门兄弟公司的强大背景，他们所说的一个六或七西格玛的事件，是很难给他们造成伤害的。这属于他们的失误，历史是不会告诉你将来某一个金融事件发生的概率的。"

在这个问题上，巴菲特的见解是，历史的统计规律对未来的预测是没有任何帮助的。有人迷信历史总是会重复的，其实历史不重复的时候是很多的，而且即使重复也不知道它是从什么时候开始的，频率是否频繁。

那么，巴菲特自己心中的标准又是什么呢？他在1993年致股东的信里说："1919年，可口可乐公开上市的股票价格为40美元，直到1920年，当时市场对可口可乐的前景还十分不看好，这就导致了可口可乐的股价下跌到19.5美元。然而，1993年底，如果能够将当时收到的股利再重复投资下去的话，那么当初的股票的价值就会变成210万美元。正如格雷厄姆说过的那样，从短期来看，市场只是一个投票的机器，这不需要投资人具备智能或是情绪来控制，只要你有资金就可以办到；但是从长期来看，股市却是一个称重计，它能够衡量出哪只股票具有可投资的价值。"

第二节 被华尔街忽视但最有效的集中投资

精心选股，集中投资

怎样才能做到集中投资？问题的关键是投资者要把购买该股票当做是全部收购该企业一样来看待。工夫要花在对该公司的考察以及内在价值的评估上，而不是频繁进出。

1984年巴菲特在给股东的信中说："以我们的财务实力，我们可以买下少数一大笔我们想要买的并且价格合理的股票。比尔·罗斯形容过度分散投资的麻烦：如果你拥有40位妻妾，你一定没有办法对每一个女人都认识透彻。从长期来看，我们集中持股的策略最终会显示出它的优势，虽然多少会受到规模太大的拖累，就算在某一年度表现得特别糟，至少还能够庆幸我们投入的资金比大家要多。"

他认为多元化是针对无知的一种保护。它不仅不会降低你的投资风险，反而会分摊你的投资利润，集中投资反而可以帮助我们集中收益。

当然，集中投资的前提是精心选股。一般说来，应集中投资于下述三种股票：

1.集中投资于最优秀的公司

"作为投资者，我们都想投资于那些业务清晰易懂、业绩持续优异、由能力非凡并且为股东着想的管理层来经营的优秀公司。这种目标公司并不能充分保证我们投资盈利：我们不仅要在合理的价格上买入，而且我们买入的公司的未来业绩还要与我们的估计相符。但是，这种投资方法——寻找超级明星——给我们提供了走向真正成功的唯一机会。"

"如果你是一位学有专长的投资者，能够了解企业的经济状况，并能够发现5~10家具有长期竞争优势的价格合理的公司，那么传统的分散投资对你来说就毫无意义，那样做反而会损害你的投资成果并增加投资风险。我们不明白的是，为什么那些分散投资的信奉者会选择一些在他喜欢的公司中名列前20位的公司来进行投资，而不是很简单地只投资于他最喜欢的公司——他最了解、风险最小并且利润潜力最大的公司。"

"其实作为投资者，我们的收益来自于一群由企业经理人组成的超级团队的努力，他们管理的公司虽然经营着十分普通的业务，但是却取得了非同寻常的业绩，我们集中投资所要寻求的就是这类优秀的公司。"

2.集中投资于你熟悉的公司

投资者为了真正规避风险，在投资时必须遵循一个能力圈原则。你并不需要成为一个通晓每一家或者许多家公司的专家，你只需要能够评估在你能力圈范围之内的几家公司就足够了。能力圈的大小并不重要，重要的是你要很清楚自己能力圈的边界。

作为一名投资者，你的目标应当仅仅是以理性的价格买入你很容易就能够了解其业务的一家公司的部分股权，而且你可以确定在从现在开始的5年、10年、20年内，这家公司的收益实际上肯定可以大幅度增长。在相当长的时间里，你会发现仅仅有几家公司符合这些标准，所以，一旦你看到一家符合以上标准的公司，你就应当买进相当数量的股票。

我们的策略是集中投资。我们应尽量避免当我们只是对企业或其股价略有兴趣时，这种股票买一点、那种股票买一点的分散投资做法。当我们确信这家公司的股票具有投资吸引力时，我们同时也相信这只股票值得大规模投资。

"只有很少的公司是我们非常确信值得长期投资的。因此，当我们找到这样的公司时，我们就应该持有相当大的份额，集中投资。"

"当我们认为我们已经认真研究而且可以在有吸引力的价位上买入时，以我们的财务实力，我们能够在这少数几只股票上大规模投资。长期来说，我们集中持股的政策肯定会产生卓越的投资回报，尽管多少会受到伯克希尔公司规模太大的拖累。"

3.集中投资于风险最小的公司

巴菲特之所以采用集中投资策略，是因为集中投资于投资者非常了解的优秀企业股票，投资风险远远小于分散投资于许多投资者根本不太了解的企业股票。

"在股票投资中，我们期望每一笔投资都能够有理想的回报，因此我们将资金集中投资在少数几家财务稳健、具有强大竞争优势，并由能力非凡、诚实可信的经理人所管理的公司股票上。如果我们以合理的价格买进这类公司，投资损失发生的概率通常非常小，在我们管理伯克希尔公司股票投资的38年间（扣除通用再保与政府雇员保险公司的投资），股票投资获利与投资亏损的比例大约为100∶1。"

集中投资，快而准

在某种程度上，集中投资是对投资不确定性的一种回避，使投资尽量具有确定性后再投资，这在客观上存在一定难度。集中投资具有将更大比例甚至全部比例的资金筹码投资于高概率的收益品种上的特点。在集中投资前，精密仔细地分析研究和把握是必需的。在投资的过程中个人投资者需要做到富有耐心、客观地、仔细地分析以应对股市不可预测的风险。

巴菲特认为既然集中投资是市场赋予个人投资者的一个优势，那么个人投资者更应该利用这个优势。事实上，集中投资这种方法尽管是一种快而准的投资方式，但长期被市场投资者所忽略。我们身边的不少个人投资者，10万元资金拥有5只以上股票的人不在少数，而这些人绝大部分是赔钱的。其实在现在的市场规模和流动性中，就算是1000万的资金拥有一只股票也未尝不可，作为个人投资者更多要做的是投资背后的工夫。

美国投资大师林奇在《战胜华尔街》中就表达过类似的观点："在众多的股票中找到几个十年不遇的大赢家才是你真正需要做的。如果你有10只股票，其中3只是大赢家，一两只赔钱，余下6~7只表现一般，你就能赚大钱。如果你能找到几个翻3倍的赢家，你就不会缺钱花，不管你同时选了多少赔钱的股票。如果你懂得如何了解公司的发展状况，你就会把更多的钱投入到成功的公司中去。你也不需要经常把钱翻3倍，只需一生中抓住几次翻3倍的机会，就会建立相当可观的财富。假若你开始投资时用1万美元，然后有5次机会翻3倍，你就可以得到240万美元；如果有10次翻3倍的机会，你的钱就变成了5.9亿美元。"

巴菲特说："不要把鸡蛋放在一个篮子里，这种做法是错误的，投资应该像马克·吐温那样，把所有鸡蛋放在同一个篮子里，然后小心地看好这个篮子。我们的投资集中在少数几家杰出的公司上。我们是集中投资者。"选股不在多，而在于精。我们常说"精选"，就意味着少选，精在于少，而不在于多。巴菲特告诉我们，选择越少，反而越好。

巴菲特认为，我们在选股时态度要非常慎重，标准要非常严格，把选择的数量限制在少数股票上，这样反而更容易做出正确的投资决策，更容易取得较好的投资业绩。1977~2004年这27年间，巴菲特研究分析了美国上市的1万多只股票，却只选了22只，1年多才选1只，而其中重仓股只有7只，4年左右才选出一只重仓股。巴菲特按照严格标准选出这7只股票，做出投资决策反而很容易，其中包括可口可乐、吉列、华盛顿邮报，这些都是我们非常熟悉、众所周知的好公司。

在巴菲特的股票投资中，他选的7只超级明星股，只投资了40多亿美元，就赚了280多亿美元，占了他股票投资总盈利的9成左右。可见，1只优质股胜过100只甚至1000只垃圾股。

巴菲特说："对于每一笔投资，你都应该有勇气和信心将你净资产的10%以上投入此股。"可见，巴菲特认为同时持有10只股票就够了。巴菲特的投资业绩远远超过市场的平均水平也正得益于此。事实上，很多年份巴菲特重仓持有的股票不到10只。他集中投资的股票数目平均只有8.4只左右，而这几只股票的市值占整个投资组合的比重平均为91.54%。

对中小股民来说，集中投资是一种快而准的投资方式。因为个人投资相对于机构投资者在集中投资上更有优势。机构投资者即便再集中，政策确定、回避风险和其他基金的竞争不可能使其资金过分地集中在几只股票上，个人的特征也决定了进行集中投资是快而准的。

集中投资，关注长期收益率

持续的"一夜情"，注定只能产生两个结果，患上艾滋病或者严重的心理疾病，绝没有人靠它能获得长久的幸福。投资也是一样，假如你一年要买卖股票几十次，除非你比巴菲特和凯恩斯都聪明。投资者最忌讳的是游击战术，打一枪换一个地方的投资者，只能算是投机者。事实上，没有几个投机者能不败下阵来。为了不在股市血本无归，我们需要进行集中投资。

巴菲特说："我们宁愿要波浪起伏的15%的回报率，也不要四平八稳的12%的回报率。"

上面虽然只是巴菲特简短的一句话，但是实际上他强调的就是集中投资的重要性，采用集中的持续竞争优势价值策略就有了一定的竞争优势。既然集中投资既能降低风险，又能提高回报，那么短期的业绩波动大些又何妨？国外许多价值投资大师都以他们出众的投资业绩以及大量实证证明了集中投资可以取得较高的长期收益率。

以凯恩斯管理的切斯特基金为例来说，在1928~1945年的18年间，年平均投资回报率以标准差计算的波动率为29.2%，相当于英国股市波动率12.4%的2.8倍，但其18年中年平均回报率为13.2%，而英国股市年平均回报率只有0.5%。

又如，查理·芒格管理其合伙公司时，将投资仅集中于少数几只证券上，其投资波动率非常巨大。在1962~1975年的14年间，年平均投资回报率以标准差计算的波动率为33%，接近于同期道琼斯工业平均指数波动率18.5%的2倍。其14年间的平均回报率相当于道琼斯工业平均指数平均回报率6.4%的4倍，达到24.3%。

再如，比尔·罗纳管理的红杉基金采用高度集中的投资策略，每年平均拥有6~10家公司的股票，这些股票约占总投资的90%以上，其投资波动率非常巨大。在1972~1997年的26年间，年平均投资回报率以标准差计算的波动率为20.6%，高于同期标准普尔500指数波动率16.4%的4个百分点。但其14年的年平均回报率为19.6%，超过标准普尔500指数年平均回报率14.5%。1987~1996年，巴菲特管理的伯克希尔公司的主要股票的投资平均年收益率为29.4%，比同期标准普尔500指数平均年收益率18.9%高出5.5%。

如果巴菲特没有将大部分资金集中在可口可乐等几只股票上，而是将资金平均分配在每只股票上，那么同等加权平均收益率将为27%，比集中投资29.4%的收益率要降低2.4%，其相对于标准普尔500指数的优势减少了近44%。如果巴菲特不进行集中投资，而采用流行的分散投资策略，持有包括50种股票在内的多元化股票组合，那么即便假设伯克希尔公司持有的每种股票占2%权重，其分散投资的加权收益率也仅有20.1%。

还有，股神巴菲特管理的伯克希尔公司在过去的41年（至2006年）来，也就是巴菲特从1965年接手之后，伯克希尔公司每股净值由当初的19美元增长到现在的50498美元。二战后，美国主要股票的年均收益率在10%左右，巴菲特却达到了22.2%的水平。由于伯克希尔公司以上收益中同时包括了股票投资、债券投资和企业购并等，所以并不能直接反映巴菲特股票投资的真实的收益水平。

准确评估风险，发挥集中投资的威力

采取集中投资战略是防止我们陷入传统的分散投资教条。许多人可能会因此说这种策略一定比组合投资战略的风险大。这个观点并不是十分正确的。投资者应该相信，这种集中投资策略使投资者在买入股票前既要进一步提高考察公司经营状况时的审慎程度，又要提高对公司经济特征满意程度的要求标准，因而更可能降低投资风险。在阐明这种观点时，我们可以将风险定义为损失或损害的可能性。

巴菲特在1996年伯克希尔公司的年报中讲道："我们坚信，计算机模型预测的精确性也不过是臆断和毫无根据的猜测。事实上，这种模型很有可能会诱使决策者做出完全错误的决定。在保险和投资领域，我们曾经目睹过很多类似原因造成的灾难性结果。所谓的'组合保险'在1987年市场崩溃期间带来的破坏性结果，让一些笃信计算机预测的人们大跌眼镜，到那时，他们才真正意识到，真应该把这些计算机扔到窗外。"

巴菲特认为确定风险不是通过价格波动，而是通过公司的价值变动。所谓风险是指价值损失的可能性而不是价格的相对波动性。集中投资于被市场低估的优秀公司比分散投资于一般公司更能够降低真正的投资风险。

据《中国证券报》报道，2006年12月，深圳万科的有限售条件的股份可以在二级市场上进行交易，这个消息对于万科最大的个人股东王先生来说是一个里程碑式的好消息。他所持有的万科公司的股票可以上市流通了。

其实，王先生当初持有万科股票，是基于对公司管理层的信任，1988年12月末，万科正式向社会发行股票，由于一家外商的临时变卦，在紧急时刻王先生投资400万元认购了360万股。在公司发展的快速扩张时期，他也积极参与项目的判断并给出了自己的建议。

基于对万科公司的了解和信任，王先生开始集中投资于万科公司的资料显示，1988年持有万科股票360万股，1992年王先生持有万科股票370.76万股，以后通过送股和配股以及二级市场的增持，1993年拥有503.29万股，1995年的股数为767万股，2004年为3767.94万股，2006年为5827.63万股。前后18年，王先生总共用400万元集中持有了万科的5827.63万股非流通股，这些股的回报率达到了176倍。2007年3月，回报率更是达到了300倍左右。

可以说，深圳万科的个人投资者王先生通过集中长期持有万科公司的股票获得了巨大的收益。由此看来，集中投资虽不能让我们在短期内获得暴利。但是从长期来看，其所带来的总回报率是远远超过市场的平均水平的。所以，集中投资需要我们有长远的眼光，关注长期的收益率，而不要过分迷恋于短期的收益。

在赢的概率最高时下大赌注

不是每个投资者都可以准确地计算出自己的概率，也并不是让每个投资者都努力成为桥牌高手。虽然巴菲特借助打桥牌来计算成功的概率并不合适每个人，但是我们可以从中学习他的这种思维模式，时刻保持对股市全局的审视。先判断什么是理性的事情，然后再权衡输与赢的比率。

巴菲特说："集中投资要求我们集中资本投资于少数优秀的股票。在应用中最关键的环节是估计赢的概率及决策集中投资的比例，其秘诀就是在赢的概率最高时下大赌注。"

巴菲特所谓的赢的概率，其实是对所投资的企业价值评估的准确概率，而估值的准确性又取决于对企业未来长期的持续竞争优势进行预测的准确概率。

估计成功的概率与我们在数学中学习的概率计算有很大的不同。传统的概率计算以大量的统计数据为基础，根据大量重复性试验中事件发生的频率进行概率计算。但是，我们投资的企业永远面临着与过去不同的竞争环境、竞争对手及竞争对手的竞争手段，甚至我们投资的企业自身都在不断地变动之中，一切都是不确定的，一切也都是不可重复的。所以，我们根本无法计算企业竞争成功的频率分布，也根本无法估计成功的概率是多少。

但是为了保证投资获利，我们又必须估计成功的概率。一个有些类似的例子是足球彩票竞猜。每一次曼联队面临的对手可能都是不同的球队，即使是相同的球队，其队员和教练也可能有了许多变化，曼联队自身的队员及其状态也有许多变化，同时双方队员当天比赛的状态和过去绝不会完全相同，队员之间的配合也会和过去有很大的不同。那么，曼联队今天会输还是会赢呢？不管我们有多么庞大的历史数据库，也根本找不到与今天比赛完全相同的、完全可重复的历史比赛数据来进行概率估计。由此，我们唯一可做的便是进行主观的概率估计。

虽然主观评估赢的概率没有固定的模式可依据，但我们可以借鉴股神巴菲特的成功经验——他是用打桥牌的方法来估计成功概率的。

巴菲特一星期大约打12小时的桥牌。他经常说："如果一个监狱的房间里有3个会打桥牌的人的话，我不介意永远坐牢。"他的牌友霍兰评价巴菲特的牌技非常出色："如果巴菲特有足够的时间打桥牌的话，他将会成为全美国最优秀的桥牌选手之一。"其实打桥牌与股票投资的策略有很多相似之处。巴菲特认为："打牌的方法与投资策略是很相似的，因为你要尽可能多的收集信息，接下来，随着事态的发展，在原来信息的基础上，不断添加新的信息。不论什么事情，只要根据当时你所有的信息，你认为自己有可能成功的机会，就去做它。但是，当你获得新的信息后，你应该随时调整你的行为方式或你的做事方法。"

在伟大的桥牌选手与伟大的证券分析师之间，都具有非常敏锐的直觉和判断能力，他们都在计算着胜算的概率。他们都是基于一些无形的、难以捉摸的因素做出决策。巴菲特谈到桥牌时说："这是锻炼大脑的最好方式。因为每隔10分钟，你就得重新审视一下局势……在股票市场上的决策不是基于市场上的局势，而是基于你认为理性的事情上……桥牌就好像是在权衡赢的或损失的概率。你每时每刻都在做着这种计算。"

确定集中投资的目标企业

对于投资者而言，你的投资目标应该仅仅是用合理的价格去购买一些业务容易被你理解的公司。你同样要确定在以后的5年、10年，甚至20年内，这家公司的收益肯定能够有大幅度的增长。在相当长的时间内，你就会知道只有少数几家公司符合你的这些要求，所以一旦你看到符合你的标准的公司，你就应该毫不犹豫地大量持有该公司的股票。

巴菲特认为必须集中投资于投资人能力圈范围之内、业务简单且稳定、未来的现金流能够可靠地预测的优秀企业："我们努力固守于我们相信我们可以了解的公司。这意味着他们本身通常具有相当简单且稳定的特点，如果企业很复杂而产业环境也不断在变化，那么我们实在是没有足够的聪明才智去预测其未来的现金流量，然而实际的情况是，这个缺点一点也不会让我们感到困扰。对于大多数投资者而言，重要的不是他到底了解什么，而是他真正明白自己到底不知道什么。只要能够尽量避免犯重大的错误，投资人只需要做很少的几件正确的事情就足可以保证盈利了。"

只拥有很小部分的一颗希望之星（the Hope diamond，世界上最大的深蓝色钻石，重达45.5克拉），也远远胜过100%拥有一颗人造的莱茵石（rhine stone）。谁都会很容易地看出我们拥有的公司的确是罕见的珍贵宝石。然而幸运的是，尽管我们只限于能够拥有这类优秀企业的少数股份，但却相应拥有了一个不断增长的投资组合。

多元化是针对无知的一种保护

普通投资者也许会认为集中投资是把风险也集中起来了。相反的是，这种集中投资的方法可以大大地降低风险。只要投资者在买进这类股票的股份之前，加强本身对企业的认知和竞争能力的了解程度，那么你就是将风险大大降低了，它的成效远远小于你应用的多元化投资策略。

1993年巴菲特在致股东的信中说："查理和我在很早之前就明白了一个道理，在一个人的投资活动中，做出上百个小一点的投资决策并不是一件很容易的事，这样的念头随着伯克希尔的资金规模的日益扩大而更加明显。事实上在投资的世界里，对公司的成效有很大幅度的影响，因此我们对自己的要求只是在少数的情况下够聪明就好了，而不是要每回都非常聪明。我们现在的要求只是出现一次令人满意的投机机会。"

巴菲特上述的这段话，无疑显示出了他对集中投资的赞同。他认为，"多元化主要是针对无知的一种保护。对于知道他们正在做什么的投资者而言，多元化是一件很没有意义的事。""巴菲特不能同时投资50或70种企业，那属于诺亚方舟式的老式投资法，如果那样的话你最后会像是开了一家动物园。巴菲特喜欢把适当的资金分配于少数几家企业。"少数几只股票将会占组合的很大比重。

巴菲特深感不活跃是理智且聪明的行为。只要能够顺利实施你的投资计划，运用这种投资策略的投资者通常会发现，你的投资组合的很大比重是由少数几家公司的股票所占据的。这些投资者的投资回报类似于一个人买下一群极具潜力的大学明星篮球队员20%的未来权益，其中有一小部分的球员也许可以进到NBA殿堂打球，那么投资人从他们身上获取的收益很快将会在所有球员收入分成总和中占有绝大部分的比重。要是有人仅仅因为最成功的股票投资在组合中所占比重太大就建议他把那部分最成功的投资卖掉，这就像是有人仅仅因为迈克尔·乔丹对球队来说实在是太重要就建议公牛队把乔丹卖出一样愚蠢。

巴菲特持有的股票组合类型有哪些公司

投资者需要小心谨慎地把资金分配在想要投资的标的，以达到降低风险的目的。正如巴菲特所说，如果一个人在一生中，被限定只能做出十种投资的决策，那么出错的次数一定比较少，因为此时他更会审慎地考虑各项投资后，才作出决策。少而精的组合绝对是有着非常大的优势的，这也验证了费舍的那句"少就是多"的名言。

巴菲特一直将自己的投资策略归纳为集中投资，他只在精选的几只股票上投资金。"选择少数几种可以长期产生高于平均效益的股票，将你大部分的资本集中在这些股票上，不管股市短期跌升，坚持持股，稳中求胜"，表达的就是巴菲特的集中投资思想。可以说，集中投资策略是巴菲特取得巨大成功的最大原因之一。

让我们看看巴菲特的投资组合（如下图）：

公司	持股量（股数）	持股比例（%）	市值（美元）
美国运通	151610700	11.8%	73.12
可口可乐	200000000	8.2%	101.5
吉利	96000000	9.5%	35.26
H&Bblock	14610900	8.2%	8.09
HCA	15476500	3.1%	6.65
M&Tbank	6708760	5.6%	6.59
穆迪	24000000	16.1%	14.53
中石油	2338961000	1.3%	13.4
华盛顿邮报	17277651	8.1%	13.67
富国银行	56448380	3.3%	33.24
其他	–	–	–

尽管这个投资组合的市值高达400多亿美元，但是他持有的主要个股却只有10家公司。

其中美国运通、可口可乐、吉列是巴菲特持有的股票中比较热门的股票，也是巴菲特精选的几只最优秀的股票。巴菲特曾经买入中石油的股票23亿多股，据有关资料报道，他已经抛售了相当一部分。

同巴菲特一样，许多价值投资大师都采用集中投资策略，将其大部分资金集中投资在少数几只优秀的企业的股票上，正是这少数几只股票为其带来了最多的投资利润。这正好与80：20的原则相吻合：80%的投资利润来自于20%的股票。

集中投资的两大主要优势

投资者在集中投资的过程中，一定要知道集中投资的优势所在。当然在上面的分析中还没有把交易费用考虑进去，如果考虑交易费用，那么投资越分散，交易成本越大，战胜市场的概率就越小。相反投资越集中，交易成本越小，战胜市场的概率就越大。

1991年巴菲特在致股东的信里写道："我认为最近几件事显示出许多躺着赚钱的有钱人遭到了攻击，因为他们好像没做什么事就使得自己的财富暴涨起来，然而过去那些积极活跃的有钱人像那些房地产大亨、企业购并家和石油钻探大亨等，却只能看着自己的财产一点一滴地缩水。"

在巴菲特眼中，最为优化的投资政策为集中投资，他用他几十年的投资经验也验证了这一点。这种方式似乎有着异乎寻常的魅力，可以受到他如此长久的垂爱。它到底有什么其他策略不可比拟的优势？头脑中的疑惑仍需要进一步解决。

优势一：持股越少，风险越小

巴菲特认为，风险和投资者的投资时间也有关系。他解释说，如果你今天买下一只股票，希望明天把它卖出去，那么你就步入了风险交易。预测股价在短期内攀升或下跌的概率就如同预测抛出的硬币的正反面的概率一样，你将会损失一半的机会。如果你把自己的投资时间延长到几年，你的交易转变成风险交易的可能性就会大大下降。当然，你购买的必须是优势股。

例如，如果你今天早上购买了可口可乐的股票，明天早上要把它卖出去，那么它就是一笔风险非常大的交易。但是，如果你今天早上购买了可口可乐的股票，然后持有10年，这样，就把风险降到了零。

很多投资者为了规避投资风险，往往把资金分散在不同的股票上。与投资大师不同的是，他们根本不理解风险的本质，他们不相信赚钱的同时避开风险是有可能的。更为重要的是，尽管分散化是一种让风险最小化的方法，但它也有一个令人遗憾的副作用，即利润会最小化。

优势二：持股越少，获利越多

由于大多数投资者根据现代投资组合理论选择分散投资策略，采用集中投资的持续竞争优势的价值策略就具有一定的竞争优势。

巴菲特自从1965年接手伯克希尔公司后，伯克希尔公司每股的净值由当初的19美元长到现在的50498美元，年复合成长率约为22.2%。巴菲特之所以能够在投资领域保持持续的获利，其中最大的愿景就在于他在获胜概率最大的股票上集中投入了最多的资金。

控制股票持有数量的标准

在我们的投资操作中，"对投资略知一二"的投资者，最好将注意力集中在几家公司上。

信奉传统的投资理念实际上只会增加投资风险，减少收益率。投资者如果能够清楚地了解公司的经济状况，投资于少数几家你最了解，而且价格很合理、利润潜力很大的公司，将获得更多的投资收益。从目前的投资环境来看，从市场上挖掘到5~10家具备长期竞争能力的企业，进行长期投资，是投资者最佳的投资组合。

巴菲特说："集中投资于投资者非常了解的优秀公司的股票，投资风险远远小于分散投资于许多投资者根本不太了解的公司的股票。"

巴菲特一直以来都坚持将自己的资金集中投资在几家杰出的公司上，他强调如果你对投资略知一二并能了解企业的经营状况，那么选5~10家价格合理且具长期竞争优势的公司就足够了。传统意义上的多元化投资对你就毫无意义了。要简单回答"到底买多少只股票才算是集中持股"的问题，按巴菲特学派的人来说，其答案就是持股最多不超过15只。大家都知道，巴菲特是倡导并实践集中投资的领军人物。20世纪60年代，他还在经营巴菲特合伙公司的时候，就将公司40%的投资金额共计1300万美元用于购买美国运通5%的股票，持有两年之后卖出持股，获得了2000万美元的利润。在1988~1989年期间，巴菲特拿出其麾下的伯克希尔·哈萨威公司大约1/4的资产，总计投资了10亿2千万美元，购买了可口可乐7%的股票，开始了他在投资史上的一段佳话。巴菲特认为，只有投资人不了解他们自己在做什么的时候，广泛分散的投资策略才可以得到回报。

对于中小投资者来说，集中投资于一只股票意义更大。资金少于100万的投资者，最好不要搞分散投资。如果投资者账户中只有几万元，但买了20只股票，每只股票只买几百股，结果由于太分散，导致收益亏损。更主要的是，这么多股票，一个普通投资者根本照顾不过来。一个人的精力是有限的，用同样的时间和精力研究3家公司和研究20家公司，其深度肯定是不一样的。如果投资者介入太多的股票，势必对上市公司一知半解，而且在统计成本、设计组合时都会搞得很复杂。一般的投资者购买3~4只股票就完全可以了。在投资时，如果通过对公司的分析，确实认为这只股票在一定的时期具有投资价值并能够带来较大的投资收益，那么筹码可以适当向这只股票集中。

第三节　聚焦新经济下的新方法

购买公司而不是买股票

巴菲特教会我们：购买股票的时候，不要把太多注意力放在股价的涨跌波动中，而应该多关注股票的内在价值。当股票价格低于其内在价值且在安全边际区域内时，就是购买的好时机。

1982年巴菲特在致股东的信里写道："虽然我们对于买进股份的方式感到满意，但真正会令我们雀跃的还是以合理的价格100%地买下一家优良的企业。"

虽然巴菲特不能够把自己欣赏的企业100%买下来，但是他在购买股票的时候，无论是购买1%的股份还是10%的股份，他都以购买整个企业的标准来衡量这个企业是否值得购买。巴菲特认为，购买股票并不是单纯地看这只股票的价格和最近一段时间的涨跌，而是要以购买整个公司的心态去购买股票。

我们很多投资者经常根据股票价格来判断股票的好坏。当股票的价格是3元时，就认为是一只垃圾股，疯狂抛出；而当它涨到23元时，就认为它是一只优质股，蜂拥买入，其实这是投资的大忌。巴菲特说过："投资股票很简单。你所需要做的，就是要以低于其内在价值的价格买入，同时确信这家企业拥有最正直和最能干的管理层。然后，你永远持有这些股票就可以了。"

巴菲特购买可口可乐就是一个典型的例子。1988年，可口可乐股票价格暴跌，巴菲特并没有被下跌的价格吓倒，经过仔细分析，他发觉可口可乐是个未来发展前景很好的公司，其内在价值远高于当时的股价。于是，巴菲特1988年买入可口可乐股票5.93亿美元，1989年大幅增持近一倍，总投资增至10.23亿美元。1994年继续增持，总投资达到12.99亿美元，此后持股一直稳定不变。2009年第二季度末巴菲特持有的可口可乐股票市值100亿美元，为第一大重仓股，占组合的近20%。2008年可口可乐稀释每股收益2.49美元，每股现金分红1.52美元，与巴菲特平均6.50美元的买入价格相比，每年投资收益率38.3%，红利收益率23.38%。此外像巴菲特购买的吉列、华盛顿邮报等股票，从购买那天起，巴菲特也一直持有到现在，而且巴菲特说他希望和这些股票白头偕老。

在巴菲特看来，我们买进一家公司的股票实质上就是买入了这家公司的部分所有权。而决定股票是否值得投资的是分析这家公司的内在价值和我们为购买这份所有权而支付的价格。一家优秀的公司不会因为股价的下跌而变得平庸，相反，这是一个让你低成本获得公司所有权的机会；同样的道理，一家平庸的公司也不会因为股价的上涨而变得优秀。我们要想投资成功就要尽可能地去买进那些优秀的公司的股票，即使公司的股票短期让你被套牢，但长期终会带给你丰厚的回报。

不要混淆投资与投机的差别

投机行为浪费时间和精力，又没有任何可靠的胜算，也许选择长期投资更合适。如果你已经选择好长期投资的企业，那么就不必被短期的价格波动所迷惑，只要多坚持一段时间，你就会发现自己的选择是英明的。

1998年巴菲特在佛罗里达大学商学院演讲时说："我们想看到的是，当你买了一个公司后，你会乐于永久地持有这个公司。同样的道理，当投资者购买伯克希尔的股票时，我希望他们可以一辈子持有它。我不想说，这是唯一的购买股票的方式，但是我希望是这样的一群人加入伯克希尔。"

股票市场通常具有较高的流动性，很多投资者根据股价上涨或下跌的幅度来买卖股票。但在巴菲特看来，股票是不应该长期流动的。令巴菲特感到庆幸的是，伯克希尔股票大概是全美国流动性最低的，每年大概只有1%左右的人会抛掉股票，很难说他们是不是受到了巴菲特的影响。巴菲特以长期投资而闻名世界。只要他认为一家企业具有很强的价值增值能力，就会进行长期投资。即使这些企业的价值增值能力在短期内没有得到体现，也不会影响其长期持有的态度。

一般股市所说的投资是指买入后持有较长时间的长期投资。投资者看重的是企业的内在价值。通常长期投资者都会选择那些在未来10年或20年间有较强发展前景的企业，在企业股价因为某些原因被股市低估时买入，然后长期持有。长期投资者一般不太在乎短期的股价波动，更在乎的是股票的未来价值。巴菲特就是长期投资的忠实拥护者。

投机其实也是投资，指的是利用不对称信息和时机在市场交易中获利的行为，主要指甘于承担风险，在市场上以获取差价收益为目的的交易。投机行为将注意力主要放在价格的变化上，很少考虑交易品种的实际价值。其手法多为低买高卖、快进快出。

巴菲特认为，投机是不可取的。对个人投资者来说，投机的风险太大。由于投机强调的是低买高卖，所以投资者很容易浪费时间和精力去分析经济形势，去看每日股票的涨跌。投资者花的时间越多，就越容易陷入思想的混乱并难以自拔。在巴菲特看来，股票市场短期而言只是一个被投资者操纵的投票机器，而投资者的投资行为又都是非理性的，所以根本没法预测。而股票市场长期而言又是一个公平的天平，如果投资者购买的企业有潜力，那么长期来看企业价值必然会体现在股票价格上。所以巴菲特认为最好的方法就是以低于企业内在价值的价格买入，同时确信这家企业拥有最诚实能干的管理层。然后，永远持有这些股票就可以了。

我们还以可口可乐股票为例。在这几十年里，可口可乐股票价格每天都在波动。如果今天可口可乐股价是20美元，你觉得它明天会涨，就购买了很多股票，可是第二天股价反而下跌了。如果你是做短期投机的，那么你就亏了，股价短期的波动没有任何人能预测到。如果你是长期投资可口可乐股票的，那么一定赚翻了。因为从1987年底到2009年8月31日，可口可乐从3.21美元上涨到了48.77美元。

需要注意的商业准则三大特征

成功的投资行为取决于对公司基本面的了解状况，而不是所谓的股市风云。在实际的投资中，要尽可能多地了解公司的经营状况，考虑公司的盈利模式、经营方针和发展前景。

巴菲特在1994年致股东的信里写道："对于坊间一般投资人士与商业人士相当迷信对政治与经济的预测，我们仍将持视而不见的态度。在以后的30年里，一定还会有一连串令人震惊的事件发生，我们不应该妄想要预测它或是从中获利。如果我们能够像过去那样找到优良的企业，长期而言外在的意外对我们的影响实属有限。"

巴菲特认为，股票是抽象的事物，他不以市场理论、总体经济概念或各产业领域的趋势等方式去思考。相反，他认为投资行为只和该企业实际的经营状况有关。在巴菲特看来，如果人们的投资行为只是基于一些表面的观点，而完全不了解企业的实际经营状况，那么投资者很容易被企业出现的一点小问题而吓到。就像在2008年的金融海啸中，很多优秀的公司因为整体环境不好暂时遇到了一些问题，很多投资者就匆忙抛售股票。这种行为造成的结果十之八九是亏损。而巴菲特从来不会这么做，他总是将注意力集中在尽可能地收集他有意收购的企业的相关资料上。

在巴菲特看来，分析一个企业是否值得投资，主要是考虑企业的以下三个方面：

1.该企业是否简单易于了解

巴菲特认为，一项投资行为是否能够取得成功，与投资人对自己所投资对象的了解程度有密切关系。因为这样的了解，可以分辨出哪些投资人是以企业的发展走势作为选股依据的，哪些投资者只是带着希望一夜暴富的投机心态投资的。

在巴菲特的投资生涯中，他一直拥有许多领域的企业：加油站、农场开垦、纺织、连锁性的大型零售、银行、保险、广告、铝业、水泥、报社、食品、饮料、烟草和电视等。无论巴菲特是拥有企业的控制权，还是只拥有该企业的部分股票，有一点是相同的：他总是明确地掌握着那些企业的运作状况。巴菲特只在他了解的范围内选择企业，他从不轻易涉足不擅长的领域。

巴菲特选择投资华盛顿邮报，就在于他对报业的深刻了解。巴菲特的祖父曾经拥有《克明郡民主党报》，他的祖母在报社帮忙并在家里的印刷厂做排字工作，他的父亲在内布拉斯加州大学读书的时候曾编辑《内布拉斯加人日报》，而巴菲特自己也曾是《林肯日报》的营业主任。后来巴菲特还买下了《奥马哈太阳报》，拥有它让巴菲特学到了一些报纸的经营方式。正因为他对报业深刻的了解，所以他才敢于购买华盛顿邮报股票。

2.该企业的经营方针是否足够稳定

巴菲特向来不愿意碰触复杂的企业。对于那些因面临难题而苦恼或者因为先前经营计划失败而打算彻底改变经营方针的企业，他也敬而远之。巴菲特认为，重大的变革和高额回报率是没有交集的，通常只有那些长期以来都持续提供同样商品和服务的企业，才能够拥有较高的回报率。

巴菲特曾经告诉伯克希尔的股东，他第一次和华盛顿邮报公司打交道，是在他13岁的时候，当时他做送报生，专门送《华盛顿邮报》和《时代先锋报》。显然巴菲特非常了解报纸的悠久历史，也能够随时了解报业的发展状况。巴菲特根据他本身的经验和公司成功的历史判断，华盛顿邮报拥有一贯优良的营运历史，未来一定会有卓越的表现。

3.该企业是否拥有良好的长期发展前景

巴菲特曾经说过，他所喜欢的企业，一定具有他所能了解的、持续长久的经济优势。在巴菲特看来，经济市场是由一小群有特许权的团体和一个较大的商品型企业团体所组成的。后者中大多数都是不值得投资的，而前者中大多数都是可以投资的。

巴菲特收购美国广播公司的股票，看中的就是该公司良好的发展前景。广播公司和广播网都有高于产业平均值的前景。在相同的因素下，它们可以像报纸一样打出很多经济上的商誉。广播电台建立起来以后，投资和营运所需要的资金并不多，而且根本没有存货投资。电影和电视节目的购置费用，可以在广告收入进账之后再支付。广播公司的投资回报都会高于产业的平均值，而且赚取的现金也都超过了企业营运所需的费用。广播公司的风险主要包括政府的规范、不断更新进步的技术和瞬息万变的广告经费。政府有权拒绝公司广播执照更新的申请，但这种情况很少见。而无限电视网的节目在市场上占据着非常大的份额，不需担心技术和广告的经费问题。由此巴菲特断定，美国广播公司具有非常美好的发展前景。

高级经理人必备的三种重要品质

在分析投资哪家企业时，一定要认真观察企业管理层的品质。只有选择了优秀的企业管理层，才能选到优秀的企业。

1995年，巴菲特在致股东的信里写道："零售业的经营相当不易，在我个人的投资生涯中，我看过许多零售业曾经拥有极高的成长率与股东权益报酬率，但是到最后突然间表现急速下滑，很多甚至被迫以倒闭关门收场。比起一般制造业或服务业，这种刹那间的永恒在零售业屡见不鲜。对零售业来说，要是用人不当的话，就等于买了一张准备倒闭关门的门票。"

巴菲特的这番感慨是在他刚刚收购RC威利家具店——犹他州最大家具店之后发出的。1954年，当比尔从其岳父手中接下RC威利家具店时，其公司的年营业额只有25万美元。从这个基础开始，比尔在其兄弟谢尔登的协助之下，将公司的营业额一举提升到了1995年的2.57亿美元，拥有犹他州超过50%以上的市场占有率。

巴菲特曾经说过，凡是伯克希尔所收购的公司，都必须有值得他赞赏和信赖的管理人员。巴菲特主要考虑管理层的以下几个方面：

1.管理层是否理智

分配公司的资本是最重要的经营行为。因为资本的分配最终将决定股东股权的价值。根据巴菲特的观点，如何决定处理公司的盈余，转投资或者是分股利给股东是一个牵涉理性与逻辑思考的课题。

巴菲特认为，对于不断增加的过剩现金，而管理者却无法创造平均水准以上的转投资回报率，那么唯一合理而且负责任的做法就是将盈余返还给股东。因此，管理者这时候应该提高股利或者买回股票。

一般来说，管理者会认为回报率过低只是暂时的情况，因此会选择继续投资。如果股东们一直忽略这个问题，那么现金将逐渐被闲置，股价也会下跌。一个经济回报率低、现金过剩、股价偏低的公司将会引来入侵者，而这将是丧失经营权的开始。如果这时候选择收购其他成长中的企业，巴菲特认为也会存在很大的风险。因为整合并管理新的企业很容易犯错，这些错误对股东来讲就是付出高昂的代价。

如果企业主管积极地投入股市买回自己公司的股票，就表示他们以股东的利益为第一优先，而不是只想草率扩展公司的架构。这样的立场会带给市场利多的信息，并吸引另外一批投资人，他们正寻找能够增加股东财富的绩优公司作为投资目标。

2.管理层对股民是否坦诚

巴菲特极为看重那些完整且翔实报告公司运营状况的管理人员，尤其尊敬那些不会凭借一般公认的会计原则，隐瞒公司营运状况的管理者。他们把成功分享给他人，同时也勇于承认错误，并且永远向股东保持坦诚的态度。

因为财务会计标准只要求以产业类别分类的方式公布商业信息。有一些管理者利用这些最低标准，把公司所有的商业活动都归类为同一个产业类别，借此迷惑投资人，使得他们无法掌握有关自身利益的个别商业心态。

他赞许那些勇于公开讨论失败的企业主管。根据巴菲特的说法，大多数年度报告都是虚假的。每个公司多少都会犯下一些大小不等的错误。他认为，大多数管理者所提出的报告都过于乐观，而不据实以报。这或许可以照顾他们自己的短期利益，但长此以往，每个人都会受害。

3.管理层是否能够拒绝机构跟风做法

一次巴菲特在对圣母大学的学生演讲时，他展示了一份列有37家投资失败的银行机构的名册。他解释说，尽管纽约股票市场的交易量成长了15倍，但这些结构还是失败了。这些机构的主管都拥有非常高的智商，而且努力工作，对于成功更是有强烈的欲望。他们为什么会得到这样的结果呢？是因为同业之间不经大脑的仿效行为。

巴菲特认为，就好像旅鼠盲目的行动一样，企业的管理者会自然而然地模仿其他管理人员的行为，不管那些行为是多么愚蠢、多么违反理性。他承认，以前在学校他一直认为，企业界那些经验丰富的管理者都是诚实而聪明的，而且懂得做出理性的商业决策。等真正踏进了企业界，他才知道，一旦盲从在法人机构开始发酵，理性通常会大打折扣。

财务准则必须保持的四项关键性要素

在从事投资活动中，不要将每股盈余作为是否投资的指标，而要重视股东权益收益率、保留盈余等数据，最好再通过各方面的渠道多了解一些有关公司的运营状况的新闻。

1979年巴菲特在致股东的信里写道："我们不认为应该对每股盈余给予关注，因为虽然1979年我们可运用的资金又增加了不少，但运营的业绩反而不如前一年。所以我们判断一家公司经营好坏的主要依据，取决于其股东权益回报率，而非每股盈余的成长与否。"

巴菲特用来评估经营效益的财务手段，都是以典型的巴菲特原理为基础的。巴菲特的财务准则与大多数投资者的不同，因为他自始至终都是站在一个企业家的角度来分析的，这也是他成功最关键的因素。他不看重企业每年的经营业绩，而更看重四五年的平均业绩。因为他觉得企业创造效益的时间，通常不太可能与地球绕太阳一圈的时间正好吻合。巴菲特一直遵循以下几个财务准则来评估企业价值。

1.重视股东权益回报率，而不是每股收益

很多股票分析师都喜欢通过分析每股盈余来评估企业年度业绩。他们觉得如果今年的每股收益比去年增长了一定的百分比，那么企业今年的经营业绩就达到了令人满意的程度。而巴菲特认为，每股收益就像一个烟幕弹。他认为对公司经营业绩最根本的衡量标准，是在没有不合理的财务杠杆和会计操纵下取得较高的股东权益回报率。

股东权益回报率的重要性在于它可以让我们预估企业把盈余再投资的成效。巴菲特认为，成熟的企业都有机会把盈余的大部分以高回报率再投资。这样虽然本年度每股收益减少了，但是真正的回报率上升了。例如股东权益回报率20%的企业，不但可以提供高于一般股票或债券一倍的收益，也可以经由再投资，让我们有机会得到源源不断的20%的报酬。巴菲特的大部分投资，都具备这一财务特点。美国运通的股东权益回报率是23%，吉列超过35%，可口可乐更高达55%。这些公司的回报率仍在持续上升。

2.重视股东收益而非现金流量

巴菲特认为，投资者应该明白，会计上的每股盈余都只是评估企业经济价值的起点，而不是终点。巴菲特曾经说过，并不是所有的盈余都代表相同的意义。例如那些必须依赖高资产才能实现获利的企业，必须向通货膨胀付出代价，所以它们的盈余通常都如海市蜃楼般虚幻。因此，会计盈余只有分析师估计现金流量的时候才会用到。

而现金流量也不是度量价值的完美工具。现金流量只适合于用来衡量那些最初需投入大量资金，随后只有小幅支出的企业。像制造业需要不断地支出资金，就不太适合用现金流量来评估。

在巴菲特看来，真正的股东盈余没有精确的计算方法，它是指企业的净所得加上折旧、耗损、分期偿还的费用，减去资本支出以及其他额外所需的营运资本。我们只能粗略估计股东盈余。尽管如此，巴菲特还是觉得宁愿对的迷迷糊糊，也不要错的明明白白。

3.重视运营成本

在巴菲特的投资经验里，运营成本是非常值得关注的。他很讨厌那些不断增加支出的经营管理者。每当一些公司宣布要进行大量开支削减时，巴菲特总是很无奈的叹息，觉得这些公司还是不明白运营成本对股东的意义。他觉得真正优秀的企业管理者应该像每天呼吸一样随时削减运营成本。

当卡尔·理查德在1983年接手富国银行时，富国银行正处于管理混乱的时候，但是卡尔·理查德富国银行作为一个实力很强的公司，能从银行的管理混乱状态中崛起，他有决心带领银行走出混乱的局面。他认为一家银行要成为卓越的关键不在于时髦的新战略，而在于必须清除100多年来管理不严、成本过高的旧传统。

4.保留盈余转化率

巴菲特曾经说过："在这个竞争激烈的市场，我们的工作就是，挑选出那些有潜力的公司，它们的每一美元保留盈余，都能转化成至少一美元的市值。"巴菲特觉得，保留盈余就像股价一样，短期波动不随企业价值波动，但长期变化轨迹和企业的实际价值基本吻合。如果企业不能将保留盈余做有效地运用，那么长期下来企业的股票必然在股市中无法有令人满意的成绩。同样，如果企业能够运用保留盈余创造高于一般水平的回报，那么这种成功也会反映在股市上，推动股价上涨。

公司市场准则中的两条相关成本方针

选择投资的企业时，要认真分析企业的内在价值，并且选择合适的时机购买。在最佳的购买时机还未出现前，请耐心等待。连股神巴菲特都需要等可口可乐那么多年，我们有什么好着急的呢？

巴菲特在1997年致股东的信里写道："虽然我们从来不愿尝试去预测股市的动向，不过我们却试着评估其合理价位。记得在去年股东会时，道琼斯指数约为7071点，长期公债的利率为6.89%。查理和我就曾公开表示，如果符合以下两个条件，则股市并未被高估：一是利率维持不变或继续下滑；二是美国企业继续维持现有的高股东权益报酬率。"

价值投资哲学并没有什么秘密而言，唯一的核心就是评估企业价值。巴菲特认为，评估一个企业的价值，就是先预测企业未来几年的现金流量，用一个合适的贴现率进行贴现，可以计算出企业的内在价值。然后再判断目前的股票价格是否在一个适合投资的安全边际区域内。

1.评估企业价值

巴菲特认为，企业的价值是企业未来存续期间的净现金流之和，根据合理的利息率折算成的限制。巴菲特说他寻找的企业的未来现金收益必须是可以预测的。如果企业是简单易于理解的，那么他一定可以计算出企业的未来现金收益。如果他没有信心预测企业的未来现金流，那么他就不会尝试估算公司的价值。巴菲特曾经说过："微软公司是一家强劲的公司，可是他不知道如何去估算微软的未来现金收益，所以他无法预测该公司的长期收益潜力。"

1988年巴菲特第一次购买可口可乐股票时，可口可乐股票价格是其收益的15倍，巴菲特支付了账面价值的5倍来购买这家收益率仅为6.6%的企业。当别人问他可口可乐公司价值何在时，他说价值和价格无关，这是由可口可乐公司未来存续期间可能产生的所有者收益总额，即根据适当的利率折现决定的。果不其然，在接下来的20多年里可口可乐股票为巴菲特赚进了巨额利润。

2.以合理价格购买

巴菲特的投资目标是寻找收益高于一般水平的公司，在其价格低于内在价值时购买公司的股票。格雷厄姆教会了巴菲特只在股票价格与价值间的差额代表安全边际时购买。这点很重要，至今仍是巴菲特的投资原则。

从童年开始，巴菲特就一直关注着可口可乐。当年他花了25美分从祖父的杂货店里买了6杯可乐，从此他就开始观察可口可乐公司的发展，但是他一直没有购买可口可乐股票。直到1988年6月，可口可乐公司的股价跌到每股约10美元，巴菲特才认为投资的时机到了。巴菲特在接下来10个月的时间内以10.23亿美元购买了9340万股股票。1991年可口可乐股票就升值到37.43亿美元，1997年年底巴菲特持有可口可乐股票市值上涨到133亿美元，10年赚了10倍。仅其一只股票就为巴菲特赚取了100亿美元，这是巴菲特最传奇、最成功的股票投资案例。

树懒式的投资模式

当你选择到合适的企业后，不要被短期的股价所迷惑。如果你是在一个较低价格时购买到优秀企业的股票，那么就不要希望明天就能获得利润，我们应该看远一点，3年、5年、10年之后，回头看看，也许你会发现原来钱是那么容易赚。

巴菲特1996年在伯克希尔的年度报告里写道："无所作为像明智的行为一样推动着我们……我们和大多数的公司的经理都不会因为预测联邦储备局的折扣利率发生小小的变动，或者因为华尔街某位专家对市场的观点发生变化，就幻想着对高盈利的下属公司进行疯狂的交易。那为什么我们在优秀的公司中持有少数的股份，我们的行动就不一样了呢？"

在巴菲特的投资生涯中，他买入过数十只股票，但其中只有少数股票持有时间较短，大部分持有期限都长达数年甚至几十年，如可口可乐、富国银行、华盛顿邮报、吉列等企业的股票，自买入后巴菲特就一直持有着。

巴菲特说："树懒天生特有的懒散正代表着我们的投资模式：990年我们对于6只主要持股中的5只股票没有买入也没有卖出1股。唯一的例外是富国银行这家拥有超一流的管理、很高的回报率的银行企业，我们将持股比例增加到接近于10%，这是联邦储备委员会允许的最高持股比例。"这种类似树懒的长期投资方法，除了为巴菲特带来了以高于平均水平的速率增加资金外，还为巴菲特带来了两个重要的好处：

1.降低交易成本

我们不妨算一个账，按巴菲特的底线，某只股票持股8年，买进卖出手续费是1.5%。如果在这8年中，每个月换股一次，支出1.5%的费用，一年12个月则支出费用18%，8年不算复利，静态支出也将达到144%！不算不知道，一算吓一跳，魔鬼往往存在于细节之中。

在我国，沪深两个交易所在对交易收取手续费一项中，都设最低收费标准均为5元。因此，投资者在日常交易中，要考虑一个交易成本问题。例如，如果某投资者以4.20元买入深市某股100股，那么手续费为$420 \times 3‰ = 1.26$（元），加上印花税$420 \times 2‰ = 0.84$（元），共$1.26 + 0.84 = 2.10$（元），按最低收费标准，不足5元按5元收取。

由此可见，频繁交易不是什么好事，只会增加交易成本。

2.增加税后收益

几乎所有的投资者都要缴纳资本利得税。但资本利得税只有在出售股票并且卖出的价格超过你过去买入的价格时才需要缴纳。因此，资本利得税也是交易成本之一。

巴菲特投资指数基金的三点建议

对于投资者而言，对任何行业和企业都一无所知，但对整体经济前景却又有很大信心，并且愿意长期投资，这时，投资者最好应该进行广泛的分散投资。这类投资人应该分散持有大量不同行业的公司股份，并且进行分期分批购买。比如可以通过定期投资指数基金，这样往往能够决胜于市场。

2008年5月，巴菲特在伯克希尔股东大会上说："我会把所有的钱都投资到一个低成本的追踪标准普尔500指数的指数基金，然后继续努力工作。"

在这次的股东大会中，有人问巴菲特，如果现在他30来岁，在没有什么经济来源，只能靠一份全日制的工作来谋生，并且没有时间去分析投资，但是有足够的储蓄去维持一年半的生活开支，那么要攒的第一个100万应该怎么投资并且应该有什么样的投资资产种类和配置比例？巴菲特做出了上面的回答。在1996年致股东信中，巴菲特就说过："大部分投资者，包括机构投资者和个人投资者，早晚会发现，最好的投资股票方法是购买管理费很低的指数基金。"

对于指数基金投资，巴菲特有三个具体操作建议：

1.选择成本更低的指数基金

和那些由基金经理进行主动选股构建投资组合的共同基金不同，指数基金被动追踪股票指数，基本上投资于大部分甚至所有股票，目标就是为了实现相当于市场平均水平的收益率，不用研究选股，因此管理成本明显低于那些主动型共同基金。指数基金的管理费越低，成本优势越大，净收益率越高。但是，假如基金投资者的投资每年要被管理费等吃掉2%，那么你的投资收益率要赶上或者超过指数型基金将会是十分困难的事。中小投资者更需要安静地坐下来，通过持有指数基金轻松进行投资，时间过得越久，自然积累的财富就会越多。

2.长期投资指数基金

个人投资者在把握股市波动时机方面的历史记录很差，他们过分热衷于跟踪股价最新涨跌，结果反而更容易在错误的时机进出，造成经常性的高买低卖。在选择买卖指数基金时，投资人需要记住的一点是，过于兴奋与过高成本都是大忌。投资者需要正确的判断和坚定的意志。

在2008年巴菲特用100万美元打赌：长期投资一只标准普尔500指数基金未来10年内的收益将会"跑赢"普罗蒂杰公司精心选择的5只对冲基金。他的理论依据就是，在20世纪的时候美国的经济保持持续增长的速度为128倍，道琼斯工业指数从66点上升到11497点，上涨173倍。即使是过去的44年中，标准普尔500指数在75%的年份都是上涨的。

3.定期投资指数基金

对于个人投资者而言，最佳的投资选择就是买入一只低成本的指数基金，并在一段时间里持续定期买入。这样你将会买入一个非常好的投资品种，事实上你买入一只指数基金就相当于同时买入了所有的行业。假如，你坚持长期持续定期买入指数基金，你可能不会买在最低点，但你同样也不会买在最高点。

第三章　巴菲特教你选择企业

第一节　选择企业的基本准则

选择有竞争优势的企业

有些投资者在寻找投资目标时，往往只关注股价是否便宜。巴菲特告诉我们，选择企业时应关注企业业务经营状况，要选择那些具有竞争优势的企业进行投资。以一般的价格买入一家非同一般的好公司要比用非同一般的好价格买下一家一般的公司好得多。

巴菲特说："对于投资者来说，关键不是确定某个产业对社会的影响力有多大，或者这个产业将会增长多少，而是要确定任何所选择的一家企业的竞争优势，而且更重要的是确定这种优势的持续性。"

具有突出竞争优势的企业，具有超出产业水平的超额盈利能力，长期来说，能够创造远远高于一般企业的价值增值。

巴菲特始终遵循他的导师格雷厄姆的教导："我认为迄今为止最优秀的投资著作是本杰明·格雷厄姆的《聪明的投资者》，他在最后一章的最后一部分的开头写道：'当投资最接近于企业经营时才是最明智的。'"

巴菲特认为，股票并非一个抽象的概念，投资人买入了股票，不管数量多少，决定股票价值的不是市场，也不是宏观经济，而是公司业务本身的经营情况。巴菲特说："在投资中，我们把自己看成是公司分析师，而不是市场分析师，也不是宏观经济分析师，甚至也不是证券分析师……最终，我们的经济命运将取决于我们所拥有的公司的经济命运，无论我们的所有权是部分的还是全部的。"

巴菲特将他的投资成功归功于他的商业思维。他说："我是一个比较好的投资者，因为我同时是一个企业家。我是一个比较好的企业家，因为我同时是一个投资者。"

巴菲特总是集中精力尽可能多地了解公司业务经营情况，他认为公司业务分析的关键在于竞争优势：

（1）企业的业务是否长期稳定，过去是否一直具有竞争优势？

（2）企业的业务是否具有经济特许权，现在是否具有强大的竞争优势？

（3）企业现在的强大竞争优势是否能够长期持续保持？

由于巴菲特是长期投资，所以他非常重视企业是否具有良好的长期发展前景。而企业的长期发展前景是由许多不确定的因素决定的，分析起来相当困难。巴菲特为了提高对企业长期发展前景的准确性，在选择投资目标时严格要求公司有着长期稳定的经营历史，这样他才能够据此分析公司是否具有良好的发展前景，未来是否同样能够继续长期稳定经营，继续为股东创造更多的价值。

巴菲特认为公司应该保持业绩的稳定性，在原有的业务上做大做强，才是使竞争优势长期持续的根本所在，因此巴菲特最喜欢投资的是那些不太可能发生重大变化的公司。

同时，巴菲特在长期的投资中深刻地认识到经济特许权是企业持续取得超额利润的关键所在。

巴菲特在伯克希尔1993年的年报中对可口可乐的持续竞争优势表示惊叹："我实在很难找到一家能与可口可乐的规模相匹敌的公司，也很难找到一家公司像可口可乐那样10年来只销售一种固定不变的产品。尽管50多年来，可口可乐公司的产品种类有所扩大，但这句话仍然非常贴切。就长期而言，可口可乐与吉列所面临的产业风险，要比任何电脑公司或是通讯公司小得多，可口可乐占全世界饮料销售量的44%，吉列的剃须刀市场则有60%的占有率（以销售额计）。更重要的是，可口可乐与吉列近年来也确实在继续增加它们的产品全球市场的占有率，品牌的巨大吸引力、产品的出众特质与销售渠道的强大实力，使得它们拥有超强的竞争力，就像是在它们的经济城堡周围形成了一条条护城河。相比之下，一般的公司每天都在没有任何保障的情况下浴血奋战。"

因此，巴菲特认为可口可乐是一个竞争优势持续"注定必然如此"的典型优秀企业。

巴菲特将竞争优势壁垒比喻为保护企业经济城堡的护城河，强大的竞争优势如同宽大的护城河保护着企业的超额盈利能力。

我们喜欢拥有这样的城堡："有很宽的护城河，河里游满了很多鲨鱼和鳄鱼，足以抵挡外来的闯入者——有成千上万的竞争者想夺走我们的市场。我们认为所谓的护城河是不可能跨越的，并且每一年我们都让我们的管理者进一步加宽我们的护城河，即使这样做不能提高当年的盈利。我们认为我们所拥有的企业都有着又宽又大的护城河。"

选择盈利高的企业

一家优秀的企业应该可以不借助债务资本，而仅用股权资本来获得不错的盈利水平。优秀企业的投资决策，会产生令人满意的业绩，即使没有贷款的帮助也一样。如果公司是通过大量的贷款来获得利润的，那么该公司的获利能力就值得怀疑。

巴菲特说："我想买入企业的标准之一是其有持续稳定的盈利能力。"

在他看来，一个公司的权益资本收益率与股东收益率是衡量公司盈利能力最重要的指标。

投资分析家通常用每股税后利润（又称为每股收益）来评价企业的经营业绩。上年度每股收益提高了吗？高到令人满意的程度了吗？巴菲特认为，这只是个烟幕。因为大多数企业都保留上年度盈利的一部分用来增加股权资本，所以没有理由对每股收益感到兴奋。如果一家公司在每股收益增长10%，那就没有任何意义。在巴菲特看来，这与把钱存到储蓄账户上，并让利息以复利方式累计增长是完全一样的。

"对经营管理获利状况最重要的量度，是已投入股权资本的收益状况，而不是每股收益。"巴菲特更愿意使用权益资本收益率——经营利润对股东的比例来评价一家公司的经营业绩。

采用权益资本收益率时，需作某些调整。首先，有价证券应该按投资成本而不是市场价格来估计。因为股票市场价格会极大地影响一家公司权益资本收益率。例如，如果一年中股价戏剧性地上升，那么公司的净资产价值就会增加，即使公司经营业绩的确非常优秀，但与这么大的股权市值相除，权益资本收益率也将急剧减小。相反，股价下跌会减少股东收益，从而会使平庸的盈利状况看起来比实际好得多。

其次，投资人也应控制任何非经常项目对公司利润的影响。巴菲特将所有资本性的收入和损失及其他会增减利润的特殊项目全部排除在外，集中考察公司的经营利润，他想知道，管理层利用现有资本通过经营能产生多少利润。他说，这是评判公司获利能力的最好指标。

巴菲特认为，衡量一家公司盈利能力的另一最佳指标是股东收益率。

高水平的权益投资收益率必然会导致公司股东权益的高速增长，相应也会导致公司内在价值及股价的稳定增长。长期投资于具有高水平权益投资收益率的优秀公司，正是巴菲特获得巨大投资成功的重要秘诀之一。

一般说来，管理层用来实现盈利的资本包括两部分：一部分是股东原来投入的历史资本，另一部分是由于未分配利润形成的留存收益。这两部分资本是公司实现盈利创造价值的基础。如果说公司当前的市值反映了股东历史投入资本所创造的价值，那么公司未来市值的增长主要反映了留存收益创造的价值增长。否则管理层利用股东的留存收益不但不会创造价值，而且会毁灭价值。

事实上，分析留存收益的盈利能力并不容易，需要注意的是必须根据不同时期的具体情况具体分析，不能仅仅计算总体收益率。

很多情况下，在判断是否应当留存收益时，股东们不应当仅仅将最近几年总的增量收益与总的增量资本相比较，因为这种关系可能由于公司核心业务的增长而扭曲。在通货膨胀时期，核心业务具有非凡竞争优势的公司，在那项业务中仅投入一小部分增量资产就可以产生很高的回报率。但是，除非公司销售量正处于巨大的增长中，否则出色的业绩肯定可以产生大量多余的现金。即使一家公司把绝大部分资金投入到回报率低的业务中，公司留存资产的总体收益情况仍然可能相当出色，因为投入到核心业务中的那部分留存收益创造了超常的回报。许多股东权益回报率和总体增量资产回报率持续表现良好的股份公司，实际上是将大部分的留存收益投入到毫无吸引力的，甚至是灾难性的项目之中。公司强大的核心业务年复一年地持续增长，掩盖了其他资本配置领域里一再重复的错误。犯下错误的经理们总是不断报告他们从最新的失败中吸取的教训，然后，再去寻找下一个新的教训。

因此，对于投资者来说，重要的是要看重企业的盈利能力。企业将来的盈利能力是投资人投资是否成功的关键所在。

选择价格合理的企业

是不是投资世界上最好的企业就一定会有最好的回报呢？巴菲特给了否定的回答，因为投资成功的一个必要前提是要在有吸引力的价位买入。

何谓有吸引力？就是股票的价格与我们计算的价值相比有足够大的安全空间。也就是说我们应当在企业的价值被市场低估的时候买入。这看似是小孩子都明白的道理，但在贪婪和恐慌面前，一切都会变得很复杂。巴菲特之所以能成为"股神"，正是源于他无比坚定的执行力，永远把安全空间放在第一位。

巴菲特说："投资人只应该买进股价低于净值2/3的股票。"利用股市中价格和价值的背离，以合理的价格买入，然后在股价上涨后卖出，从而获取超额利润。

巴菲特认为，在购买任何股票前，投资者都要关注企业的市场价格与其内在价值，以保证在理想的价格上买进。不过他也认为，确定企业内在价值并不是一件容易的事情。内在价值的概念既严格又富于弹性，我们并没有一个人能够得出企业内在价值的公式，关键是你得懂这个企业。在巴菲特看来，如果一家企业的经营业绩出众，即使它在短期内被市场忽略了，但它的价值最终会随之上涨的。

投资者在寻找到具有持续竞争优势的企业后，买入其股票并不能保证他获得利润。他应该首先对公司内在价值进行评估，确定自己准备买入的企业股票的价值是多少，然后将该价值与股票市场价格进行比较。巴菲特称为"用40美分购买价值1美元的股票"。

格雷厄姆曾说："最聪明的投资方式就是把自己当成持股公司的老板。"这是有史以来关于投资理财最为重要的一句话。试想一下，是不是大多数投资者正是由于没有将自己看成是企业的主人，而只是将它看成了短期获利的工具呢？所以，人们对企业的关心程度是不够的，甚至常常在对其并没有充分了解的时候就匆匆下手。如果我们能将自己看成是企业的主人，情况则会大不相同。我们会关心它，包括它的过去、现在与未来，它的成绩与失误，它的优势与劣势，明白了这些，我们对企业的价值到底有多少也会做到心中有数。这样也有助于我们确定该企业股票的合理价格。

使用自己的投资系统是巴菲特的一个天性。他不再需要有意识地思考每一个行动步骤。

例如，巴菲特经常谈到根据长期国债的当前利率将估算出的企业未来收益折现以判断企业现值的方法。但他真是这样做的吗？根据他的合伙人查理·芒格所说，事实并非如此。芒格曾在伯克希尔公司的一次年会上说："我从没见他这么做过。"这是因为巴菲特的行动是下意识的。

当他看到一家他了解的企业时，凭借数十年的分析企业价值的经验，他的潜意识会生成一幅精神图像，展现出这家公司在10到20年后的样子。他可以简单地比较两幅图像，也就是这家公司今天的状况和未来的可能状况，然后立刻作出是否购买这家企业股票的决策。

当超市里的一名购物者看到他最喜欢的肥皂正以5折出售时，他不需要做复杂的计算就知道这是划算的价格。巴菲特同样不需复杂的计算就能知道一家公司的售价是否划算。对他来说，一个投资对象是不是便宜货是显而易见的。

当巴菲特于1988年购买可口可乐的股票时，这家公司的每股收益是36美分。这些收益产生于1.07美元的每股净资产，因此可口可乐的净资产回报率是33.6%。而且，它的净资产回报率在过去的几年中一直保持在这个水平。假设可口可乐的净资产回报率和分红率均保持不变，那么在10年内，它的每股收益将增长到2.13美元。

在巴菲特购买可口可乐的股票时，该股的市盈率在10.7~13.2之间。按这个倍数估算，可口可乐的股价将在未来10年内达到22~28美元。

巴菲特的目标投资收益率是15%。他的平均买价是每股5.22美元，按15%的年回报率计算，可口可乐的股价应该在10年后上涨到21.18美元。

巴菲特购买的是一家企业的股份。如果企业本身是健康的，股市的波动不算什么，可口可乐的收益不会受到影响，而且仍会增长。事实上，巴菲特可以估算出，可口可乐在此后10年中的每股分红累计将达5美元左右。

结果，在1998年年末，可口可乐的市盈率达到了46.5美元，股价为6.07元。巴菲特的平均买价是5.22美元，所以他的年复利率是28.9%。这还不包括分红。

即使你决定要像巴菲特那样做一个理性的投资者，可是你并不知道一个企业的股票到底值多少钱。巴菲特认为，要解决这个问题，一半靠科学的分析，一半靠天赋。他说："你应当具备企业如何经营的知识，也要懂得企业的语言（即知道如何看懂那些财务报表），对于投资的某种沉迷，以及适中的品格特性，这可是比智商高低更为重要的因素，因为他将增进你独立思考的能力，使你能够避免不时在投资市场上传染的形形色色的大面积的歇斯底里。"

选择有经济特许权的企业

许多投资者所犯的错误是认为企业股票的价格及其涨落取决于其与竞争对于竞争的情况。用简单的话说，就是取决于它的经济特许权。但请记住，我们买的不是股票，而是企业。作为企业买主，我们必须认识到有许多力量影响着股票价格——这些力量往往与企业的实力及其经济特许权有关。

巴菲特说："经济特许权是企业持续取得超额利润的关键。"

与没有经济特许权的企业相比，拥有经济特许权的企业被淘汰的可能性要小得多。长期的盈利预测也比较容易作出。

巴菲特认为，一个出色的企业应该具有其他竞争者所不具有的某种特质，即"经济特许权"。那些具有经济特许权的企业在市场上有着一种特别的能力，其他企业就不能挤进这一领域与你竞争，更不可能与你展开价格战，分享你的利润。巴菲特曾经将企业的经济特许权价值描述为一条环绕企业城堡的护城河。这些特权给企业加装了一道安全防护网，使其在多变的商业世界里多了一份保障。

根据巴菲特的观点，整个经济世界可划分为两个团体：有特许经营权的企业形成的小团体和一群普通的商业企业组成的大团体。后者中的大部分企业的股票是不值得购买的。巴菲特把特许经营定义为：一家公司提供的产品或服务有市场需求甚至是强烈的需求，并且没有比较接近的替代产品，没有受到政府的价格管制。这些特许经营型企业有规则地提高它们的产品或者是服务的价格，却不必担心失去市场份额。特许经营型企业甚至可以在需求平稳、生产能力未充分利用的情况下提价。这种定价的灵活性是特许经营的一个重要特性，它使得投资可以得到超乎寻常的回报。特许经营企业另一个明显的特点是拥有大量的经济信誉，可以更有效地抵抗通货膨胀带来的负面影响。

相反，普通的商业企业所提供的产品或者服务与竞争对手往往大同小异或者雷同。几年前，普通的商品包括油料、汽油、化学品、小麦、铜、木材和橘汁。如今，计算机、汽车、空运服务、银行服务和保险业也都成了典型的日用商品。尽管有巨大的广告预算，它们的产品或者服务仍然与竞争对手没有实际意义上的区别。

具有经济特许权是出色企业的特点，与没有经济特许权的企业相比，它今后20年的情况更容易预测。从踏入投资行业开始，巴菲特便对这种具有特许权的公司有着极为浓厚的兴趣。在他看来，在普通企业遭遇危机的时刻，那些具有经济特许权企业虽然也可能受到影响，但它们的经济特许权的地位却是不可动摇的。而且在这样的时刻，股价一般都会下跌，这正是买入的大好时机。

就像可口可乐公司，它拥有全世界所有公司中价值最高的经济特许权。"如果你给我1000亿美元用以交换可口可乐这种饮料在世界上的特许权，我会把钱还给你，并对你说：'这不可能。'"

对企业所有者来说，经济特许权意味着很难遇到竞争。虽然可口可乐比一般饮料贵，但喜欢可口可乐的人不会在乎。你无法通过降价与可口可乐竞争，这也是经济特许权存在的一个表现。人们很难与易趣竞争，因为它拥有世界上最大的网上拍卖市场。人们之所以很难与吉列竞争，是因为它拥有大量忠实的客户。迪士尼、箭牌糖果公司也是如此。

经济特许权并不限于热爱一种产品。虽然许多人对微软公司不满，却依旧使用视窗软件，因为大量软件需要依赖它运行，一定程度上可以说是被迫使用。虽然人们也许不满于附近的沃尔玛超市给邻居的百货店带来的遭遇，却仍然在沃尔玛购买小百货，因为那里的小百货便宜得让他们无法拒绝。沃尔玛具有价格特许权。

特许经营通常会形成盈利优势。优势之一表现在可以自由涨价从而获得较高的盈利率。另一点则是在经济不景气时，比较容易生存下来并保持活力。巴菲特认为，持有一家即使犯了错误，利润仍能超过平均水平的企业的股票是值得的。"特许经营企业可以容忍管理失误，无能的管理者可能会减少它的盈利能力，但不会造成致命的损失。"

拥有特许权的企业更加引人注目的一点在于，它们能够与通货膨胀保持同步。换言之，成本上涨时，它们能够提价。即使可口可乐、吉列剃须刀或者星巴克的大杯咖啡今天的价格比昨天要贵，人们也仍然会购买这些商品。

如果你理解了所谓经济特许权类型的企业，你便不难从众多的股票中把它们找出来。如果你恰好以一个合适的价格买进此股票，并长期持有它的话，那你的投资几乎是零风险。

选择超级明星经理人管理的企业

投资者在选择投资目标时，也应该注重一个企业的优秀的经理人，因为优秀的经理人更注重公司长期保持专业化的经营，只有专业化的经营才能使公司盈利能力更高。此外从合作者的角度来看，大家都愿意并喜欢与尊敬的人一起共事，因为这可以使良好的结果出现的机会最大化，并且保证一个良好的合作过程。

巴菲特说："在进行控股收购和股票买入时，我们要像购买目标公司，不仅需要该公司的业务优秀，还要有非凡出众、聪明能干并且受人敬爱的管理者。"

以巴菲特多年的投资经验来看，他只选择那些他喜欢、信任和敬佩的经理人管理的优秀企业，他觉得这样才有机会获得良好的投资回报，巴菲特把这称为与伟人一起才能成就伟业。

在1989年巴菲特公开宣布他已持有可口可乐公司6.3%的股份。当被问到为什么没有更早地持有该公司的股票时，巴菲特回答是因为过去他对可口可乐的长期发展前景缺乏信心。至于为什么后来又买进可口可乐公司的股票，巴菲特给出的解释是他看到了可口可乐公司在20世纪80年代在罗伯托·郭思达和唐·基奥领导下所发生的巨大变化。并且自1962年起一直担任公司总裁的保罗·奥斯汀1971年被任命为董事长，之后可口可乐公司就开始了大规模地进行多元化经营，比如投资于众多与可乐无关的项目，包括水净化、白酒、养虾、塑料、农场等。

巴菲特认为这些举措是在浪费宝贵的资金。在股东的压力下，奥斯汀被迫辞职，1981年可口可乐公司第一位外籍总裁罗伯托·郭思达上任。罗伯托上任后全力以赴转向美国可乐市场上与百事可乐的竞争。1985年，可口可乐放弃了已使用100多年的老配方，推出了新的可乐配方。这一惊人的失误付出了惊人的代价。在无数可口可乐忠诚消费者的压力下，老配方不得不又恢复了。罗伯托渐渐放弃了与可乐无关的业务。从1984~1987年，即巴菲特投资前，可口可乐在全世界的销量增加了34%，每加仑边际利润也从22%上升到27%，国外的总利润从6.66亿美元涨到了几十亿美元。报告中更吸引人的是重新调整后的公司本身。1984年可口可乐公司的国外利润只勉强占总利润的一半多一点（52%），到1987年，它的利润的3/4来自于美国本土以外。在罗伯托的领导下，可口可乐公司的巨大变化吸引了巴菲特的注意。

罗伯托·郭思达拥有非常难得的天赋，将市场销售与公司财务两方面的高超技巧整合在一起，不但使公司产品销售增长最大化，而且也使这种增长带给股东最大化的回报。

1997年罗伯托·郭思达在被诊断出肺癌的消息对外公布后不到两个月便不幸去世。罗伯托显示出卓越且清晰的战略远见，他总是将公司目标定位于促进可口可乐股东价值不断增长上，罗伯托很清楚他要将公司引向何方、如何到达目的地、为什么这是适合所有股东的最佳路径。同样重要的是他对于达成以上目标有着强烈的渴望。

选择具有超级资本配置能力的企业

投资者需要注意的是能够体现管理层高超的资本配置能力的一个重要标志就是，管理层在公司股价过低时大量进行股份的收购，但是需要注意的是，管理与业务相比，业务是公司发展的根本所在，优秀的鼓励能够为优秀的公司锦上添花。所以在应用这个原则时，不能忽视掉公司的业务。

巴菲特说："企业经理的最重要的工作是资本配置。一旦管理者作出资本配置的决策，那么最为重要的就是，其行为的基本准则就是促进每股的内在价值的增长，从而避免每股的内在价值的降低。"

巴菲特认为资本配置对企业和投资管理都是至关重要的，管理层最重要的能力就是资本配置的能力。资本配置的能力主要体现在管理层能否正确地把大量的资本投资于未来长期推动股东价值增长的最大化的项目上，可以这么说，资本配置上的远见在某种程度上决定了公司未来发展的远景。

比如在可口可乐每年的年报中，管理层都会一再重申："管理的基本目标是使股东价值最大化。"罗伯托·郭思达在公司"80年代的经营战略"中指出："未来10年内我们要继续对股东负责，使他们的投资增值。为了给我们的股东创造高于平均水平的投资收益，我们必须找到条件合适、回报率超过通货膨胀率的项目。"

公司的经营战略则强调使公司长期现金流最大化。为实现这一目标，可口可乐公司采取的是集中投资高收益的软饮料企业，并不断降低成本的经营战略。这一战略的成功直接表现为公司现金流增长、权益资本收益率提高和股东收益增加。为实现这一宗旨，可口可乐公司通过增加权益资本收益率和利润率来提高红利水平，同时减少红利支付率。

在20世纪80年代，可口可乐公司支付给股东的红利平均每年增长10%，而红利支付率却由65%降至40%。这样一来，可口可乐公司可以把更多的未分配利润用于再投资，以使公司保持一定的增长率。净现金流的增长使可口可乐公司有能力增加现金红利并回购股票。1984年，公司第一次采取股票回购行动，回购了600万股。

从这以后，公司每年都要回购股票。1992年7月，可口可乐公司再次宣布：从现在起到2000年，公司将回购1亿股，相当于公司流通股份总数的7.6%。罗伯特·郭思达自信，由于公司强大的盈利能力，完全可以做到这一点。从1984~1996年的12年间，可口可乐总共动用了53亿美元，回购了4.14亿股，相当于1984年初公司流通股份的25%。如果按1993年12月31日的收盘价计算，回购的这些股票价值185亿美元。巴菲特对可口可乐回购股份之举大加赞赏。

消费垄断企业是优先选择的投资对象

布鲁伯格认为，企业便利的地理位置、彬彬有礼的雇员、周到的售后服务、令人满意的产品品质等因素令消费者信赖，从而产生一种心理状态——商誉意识。消费者的商誉意识带来了消费垄断。而商誉意识虽然只是一种消费心理状态，但作为一种无形资产却具有巨大的潜在价值。它常常驱使消费者对某些商品产生一种信任，只购买某几种甚至某种商品。这样就会给企业带来更高的利润增长、良好的业绩等，此类公司的股票自然会受到追加，股价也会随之上涨。这类公司即使在经济不景气的情况下也会有突出的表现。

巴菲特说："对于投资来说，关键不是确定某个产业对社会的影响力有多大，或者这个产业将会增长多少，而是要确定任何所选择的一家企业的竞争优势，而且更重要的是确定这种优势的持续性。那些所提供的产品或服务周围具有很宽的护城河的企业能为投资者带来满意的回报。"

2000年4月，在伯克希尔公司股东大会上，巴菲特在回答一个关于哈佛商学院的迈克尔·波特的问题时说："我对波特非常了解，我很明白我们的想法是相似的。他在书中写到，长期的可持续竞争优势是任何企业经营的核心，而这一点与我们所想的完全相同。这正是投资的关键所在。理解这一点的最佳途径是研究分析那些已经取得长期的可持续竞争优势的企业。问问你自己，为什么在吉列公司称霸的剃须刀行业根本没有新的进入者。"

巴菲特把市场上的众多公司分成两大类：第一类是投资者应该选购的"消费垄断"的公司；第二类是投资者应该尽量避免的"产品公司"。

有些公司在消费者脑海里已经建立起了一种"与众不同"的形象，无论对手在产品质量上如何与这些公司一样，都无法阻止消费者去钟情这些公司。对于这类公司，巴菲特称之为"消费垄断"的公司。巴菲特一直都认为可口可乐是世界上最佳的"消费垄断"公司的例子，这可以通过世界最大的百货连锁公司沃尔玛在美国和英国的消费市场里的情况得到证明。

通过调查发现，消费者在不看品牌的情形下，的确是无法认出哪一杯汽水是可口可乐、百事可乐，哪一杯又是沃尔玛的自有品牌。结果，沃尔玛公司就毅然推出它的可乐品牌，放在几千家的分店外面，和可口可乐、百事可乐的自动售卖机摆在一起卖。自有品牌饮料不但占据最接近入口的优势，而且售价也只是百事可乐和可口可乐的一半。但结果呢？沃尔玛的自制饮料不敌这两个世界名牌汽水的市场占有率，而只是抢占了其他无名品牌汽水的市场而已。

"消费垄断"的威力可以让人忽略产品本身的质量高低，也能够吸引顾客以高一倍的价格购买。尽管在市场上，这些公司并没有垄断，因为还有很多的竞争者来争生意，但在消费者群体的脑海里，它们早已是"垄断型"的公司了。

巴菲特在要买下一家公司股份时，常常先这么问自己："如果我投资几十亿美元开办新公司和这家公司竞争，而且又可以聘请全国最佳经理人，我能够打进它的市场吗？如果不能，这家公司的确不错。"这么问还不行，巴菲特会问自己更深一层次的问题："如果我要投资几十亿美元，请来全国最佳经理人，而且又宁可亏钱争市场的话，我能够打进它的市场吗？"如果答案还是不能的话，这就是一家很优秀的公司，非常值得投资。

这一点，从巴菲特所持有的股票上就可以看出。他持有的每一只股票几乎都是家喻户晓的全球著名企业，其中可口可乐为全球最大的饮料公司；吉列剃须刀则占有全球60%便利剃须刀市场；美国运通银行的运通卡与旅行支票则是跨国旅行的必备工具；富国银行拥有加州最多的商业不动产市场并位居美国十大银行之列；联邦住宅贷款抵押公司则是美国两大住宅贷款业者之一；迪士尼在购并大都会/美国广播公司之后，已成为全球第一大传播与娱乐公司；麦当劳亦为全球第一大快餐业者；华盛顿邮报则是美国最受尊敬的报社之一，获利能力又远高于同行业。

分析此等企业的共同特点，在于每一家企业均具有强劲的市场利基，也就是巴菲特所说的"特许权"，而与一般的"大宗商品"不同。巴菲特对此种特许权的浅显定义，是消费者在一家商店买不到某种商品(例如可口可乐或吉列剃须刀)，虽然有其他类似竞争产品，但消费者仍然会到别家寻找此种产品。而且此种产品优势在可预见的未来都很难改变，这就是他"长期投资"，甚至"永久投资"的基本面因素。

与"消费垄断"的公司相反的是"产品公司"。这类公司生产的产品是那些消费者很难区分竞争者的产品。这些公司的特点是每个竞争者为了争取生意，都必须从产品价格和产品形象两方面竞争，两者对公司收益都不利。这些公司为了吸引顾客，都会拼命打广告，希望能在顾客脑海里建立起和其他竞争者不同的形象，但往往都是白费心思，白白增加成本而已。"产品公司"在市场好时，收益已不算多，一旦遇上经济不景气，大家竞相降价求存，就会导致人人都面临亏钱的困境。"产品公司"是投资者应该尽量避免的公司，这些公司即生产大麦、石油、钢材、铜、电脑配件、民航服务、银行服务等产品的公司。

第二节　公司管理层优秀的8个标准

寻找优秀的管理层很关键

一般来说，如果你选对了人，就能选对企业，所以投资者要多关注企业的管理层品质。

1986年巴菲特致股东信里说："我和芒格平时通常只有两个工作。其中一个就是邀请优秀的经理人来管理我们的子公司。这项工作对我们来说并不太难。因为在我们收购一家公司时，通常该公司原本的经理人就早已在这个行业充分显现出他们的才能了，我们所要做的其实很简单，就是不要妨碍他们就好了。这是非常重要的一点。这就好比我的工作是组织一支高尔夫球队。如果尼克劳斯或阿诺帕玛在这支球队里，我确实不必费心教他们如何挥杆。"

巴菲特认为，一个优秀的企业必然需要拥有一个优秀的企业管理层。如何为企业寻找优秀的管理层非常关键，最好的方法就是在购并企业时直接把企业的管理层留下来。

巴菲特在购并企业时非常注重该企业管理层是否足够优秀。如果企业的管理层不够优秀，那么一般来说企业的经营业绩就不会多么出色，就不足以吸引巴菲特的投资目光；如果管理层很优秀，又愿意留下来继续经营企业，巴菲特就会很乐意地购并企业；如果管理层很优秀，但不愿意继续留下来工作，那么十有八九巴菲特就会放弃这项购并。

通常，一家公司被其他公司收购后，收购公司都会找新的经理人来掌管这家公司，但伯克希尔公司是个特例。伯克希尔公司每年都会在自己的年报上刊登一小块公司收购广告。在这简短的收购标准中，其中有一条就是公司要具备优秀的管理层，而且伯克希尔公司还郑重声明，伯克希尔公司无法提供这样的公司管理层。只要公司不具有优秀的管理层，伯克希尔公司就不会讨论任何收购事宜。相反，如果公司具备这样的优秀管理层，那么伯克希尔公司将会为这些优秀的公司和经理人提供一个非常理想的归属。伯克希尔公司会给予这些经理人广阔的施展舞台，不会干涉他们的经营，只会在他们需要协助时给予他们一定的支持。

著名管理学家柯林斯在撰写两本企业管理相关书籍时作了很多的采访和研究，最后他惊奇地发现，对于企业所有者来说，最大的问题并不是企业的战略问题，而是企业的管理层问题。企业管理层的能力和品质，在很大程度上决定着该企业的发展走向和竞争优势。一旦企业能够找到优秀的管理层，那么该企业的发展前途就不可限量。

上市公司对各种资源进行计划、组织、实施和控制以达到其既定目标，公司董事长和公司高层领导班子的能力十分重要。

1.高层的竞争意识

公司的高级管理层只有具有了强烈的竞争意识，才能永不满足、锐意进取，积极推动公司迈向长足发展。管理层是否具有强烈竞争意识，关键是看管理层群体是否充满活力，要看其是否具有一种强烈的从事管理工作的欲望，群体中每个人是否有影响他人的欲望，是否有与下属人员共同努力取得成果的欲望。

2.高层的专业能力

股民所关注的专业能力是公司管理层的整体专业能力，而不是一两个人，而且管理层知识结构要合理，管理、销售、财务等方面都不能偏废。

3.高层的沟通协调能力

领导的艺术很大程度上在于沟通协调。融洽的关系是协同作战的前提条件。这种沟通不仅仅局限于公司内部，也包括公司外部的各种顾客、供应商、政府部门、社团的沟通等。

股谚有云："选股要选董事长。"此话不无道理。一家公司的成败，公司领导人要负70%的责任。

公司管理层影响着公司内在价值

企业的管理层对企业的长期发展有重大影响。在选择投资企业时，投资者一定要记得观察企业的管理层状况如何。只有选对了管理层，投资的回报才会更丰厚。

1987年巴菲特在致股东信中说："伯克希尔公司旗下的世界百科全书、科比吸尘器公司、斯科特·费策公司等都是拉尔夫一个人领导的，要知道，拉尔夫一个人就担任19个企业的首席执行官。即使如此，伯克希尔公司在1986年收购斯科特·费策公司后的业绩表现就出乎预料，1987年的业绩表现更是再上一层楼，税前利润提高了10%，可是成本却大大降低。"

在巴菲特看来，投资债券和投资股票是不一样的。当然，股票、债券的内在价值，都取决于所预测的公司未来一些年的自由现金流经过一个适当的利率折现后所得到的期望值。但是，股票和债券还是有差别的。债券有债票与到期日，我们可以清楚计算出投资债券的收入，但是股票没有固定的到期日和价格。投资者只能够自己根据企业的经营业绩去估计自己投资股票的收入。由此可见，因为债券的债息和公司的业绩没太大关系，所以管理层的好坏对于公司债券的影响非常有限；而股票的分红和公司的业绩关系非常密切，所以管理层的好坏对于公司股票的影响非常大。

在巴菲特的投资生涯中，他非常看重公司管理层的品质。因为他知道公司管理层的品质将会对公司的长期竞争优势产生莫大的影响，从而影响公司的内在价值。巴菲特曾经说过，优秀的管理层就是一块无价之宝。在收购公司的过程中，如果公司管理层足够优秀，也愿意留下来继续工作，那么他会愿意用比较昂贵的价格收购这个公司；如果优秀的管理层不愿意留下来工作或者公司的管理层不太出色，那么即便公司出再低的价格，他也不太愿意收购。

在巴菲特心中，斯科特公司的总裁拉尔夫就是一位非常优秀的管理者。1987年世界百科全书推出了新版本，这次新版本的改动很多。全套书籍中的彩色照片从原来的14000幅增加到24000幅，重新编写的文章超过6000篇，参与编写的作者多达840位。从1982年到1987年，世界百科全书在美国地区的销售量每年都创新高，在其他国家的销售量也有大幅度增加。世界百科全书的销售量比其他所有同类型的书籍的销售量多得多。把企业交给这样优秀的经理人来管理，企业的内在价值自然就会上升了。

有很优秀的资金配置能力

资本如何配置对企业的发展至关重要，而资本配置主要取决于企业管理层的决定。

1983年巴菲特在致股东的信中说："我们希望不要重复犯下资金配置错误导致我们投入逊色的产业，同时也对于那些认为只要投入大量资本支出便能改善盈利状况的建议不予理会。打牌似的管理行为并非我们的投资风格。我们宁可整体的结果逊色一点也不愿意花大把银子处理它。"

巴菲特认为考察企业的管理层是否优秀，首先就要考虑管理层的资本配置能力。因为从长远来看，资金分配决定了股东投资的价值。如何分配公司盈利——继续投资还是分配给股东的决策是一个逻辑和理性问题。

巴菲特认为，真正优秀的管理层，可以充分发挥高超的资本配置能力，能够把企业充裕的资金投入到具有高回报率的项目中，从而促使企业内在价值增长，股东权益增加；而那些缺乏资本配置能力的管理层，经常把企业充裕的资金投入到一些毫无起色的项目中，不仅损害了股东的权益，甚至还会降低企业的内在价值，影响企业的长期发展。

很多股票专家认为，股票市场通常会高估公司短期收益，而低估长期盈利水平。所以他们觉得公司如果削减资本支出和研究开发费用，将会实现短期利益最大化，从而推动股价不断上涨。但巴菲特并不赞同这样的观点。他觉得，只有将资金用于资本支出和研究开发，才能够提升公司产品的优势，从而巩固公司的长期竞争优势，提高公司的长期盈利水平。一旦公司的长期盈利水平提高了，企业的内在价值就会提高，而股票市场虽然短期是一架投票的机器，但长期却是一架非常公平的天平，所以股票价格自然也会上涨，而这种上涨是实实在在的，和那种短期上涨是不一样的。股价的短期上涨，说穿了其实就是股市泡沫。

事实证明巴菲特的观点是正确的。1985年，美国几位金融专家通过研究投资活动和股价变动规律发现，对于美国股市中的大多数工业类股票而言，每当上市公司发布增加有计划的资本性支出公告后，股价就会大幅度上涨；相反，每当上市公司发布减少有计划的资本性支出公告后，股价就会大幅度下跌。另一项针对几百家上市公司的战略性资本支出与投资决策的权威性调查也发现，在美国股票市场中，只要上市公司发布兼并、增加研究开发费用、开发新产品、增加资本性支出公告，公司的股价通常都会有显著上涨。

巴菲特在投资的过程中，也发现了一种奇怪的现象：很多企业的管理层也都非常聪明能干，但是在资金配置方面却喜欢跟风行动。一旦同行有什么新的政策或者投资方案，他们也会很快采取类似的政策和投资方案。如果投资者看过倒闭的投资银行名单，就会发现，尽管纽约股票交易所的规模比过去增加了15倍，可是这张名单上的银行规模仍然有37家。而这些银行倒闭的原因并不是因为它们的管理层不够优秀，事实上他们非常聪明能干，可是他们却犯了一个非常低级的错误，那就是他们盲目地跟风同行公司的业务。结果，一家投资银行倒了，其他家也跟着倒下了。

能够帮助企业渡过难关

管理层是否优秀，在企业陷入困境时体现得更为明显。越是优秀的管理层，越能够让企业起死回生，峰回路转。投资者就应该寻找具有这种优秀经理人的企业。

1987年巴菲特在致股东信里写道："接下来是一点记忆回顾。大部分伯克希尔公司的大股东是在1969年清算巴菲特合伙事业时取得本公司股份的。这些合伙的伙伴可能还记得当初在1962年，我们控股的登普斯特农用机具制造公司经营出现了很多问题。就像现在一样，当我解决不了问题的时候我就会去找芒格，芒格向我推荐了一位他在加州的朋友哈里。一星期后，他就来到内布拉斯加州来管理登普斯特公司，很快很多问题立刻得到了解决。"

巴菲特认为，优秀的管理层对企业来说不可或缺，无论企业优秀与否，每个企业都有可能陷入困境。很多时候只有这些优秀的管理层才让企业死里逃生，渡过难关。

在巴菲特的伯克希尔王国中，存在着很多优秀的管理层。巴菲特觉得，如果企业的资质很好，那么由普通的管理层管理企业一段时间，也不会发生什么大问题。就像巴菲特说的，如果让他那憨厚的表弟去管理可口可乐一段时间，可口可乐公司也不会发生什么大问题，最多就是业务轻微下滑，根本不会伤害到可口可乐的根基。但是，一旦企业遇到问题，这时候优秀的管理层就显得非常重要。只有优秀的管理层才能够带领企业克服困难，重拾活力，而这是普通管理层无法做到的。

哈里就是一位巴菲特认为非常优秀的经理人。1962年，巴菲特控股的登普斯特农用机具制造公司经营出现重大问题。在芒格的力荐下，巴菲特邀请哈里来管理登普斯特公司，结果哈里很快就带领公司走出了困境，迈上了正轨。1986年，伯克希尔旗下的K & W公司也遇到了经营的难题。K & W公司是一家专门生产自动机具的小公司。以前这家公司的经营业绩都还不错，可是，在1985~1986年间经营突然发生了状况，当时的公司管理层放弃生产一直销售良好的产品，盲目追求依照实力却达不到的产品。看到K &

W公司陷入这样的困境，负责监督K＆W的芒格又一次找到哈里，聘任哈里为该公司的CEO。哈里的表现依然那么出色。很快K＆W公司的经营问题就解决了。1987年，K＆W的盈利水平就创下新高，净利润比1986年增长了3倍，而且产品库存和应收账款也少了20%，不但一举摆脱了原来的困境，还使K＆W公司的发展更上一层楼。看到哈里如此出色的表现，巴菲特幽默地说，如果伯克希尔公司在今后的10年或20年中也遇到了同样的经营问题，不用说大家也知道他会打电话找谁了。巴菲特的话很显然就是找哈里这个能帮企业渡过难关的优秀经理人。

能够成为企业的一部分

如果在投资的过程中，你碰到哪家企业的管理层对企业倾注心血，鞠躬尽瘁，几乎都把企业当做自己所有的一样认真管理，那么你可以选择投资这家企业，他会把为股东赚钱当作为自己赚钱一样尽心尽力的。

1982年巴菲特在给股东的信里说道："今年我们有两位明星经理人退休了，分别是国家产险公司65岁的菲尔利舍和美联社零售公司79岁的罗斯纳。这两个人的优异表现让伯克希尔公司变得更为富有。国家产险公司是支持伯克希尔公司发展的中流砥柱。菲尔利舍和继承他职位的林沃特都是该公司成功的主要推手。在1967年将美联社零售公司以现金卖给多元化零售公司后，罗斯纳原本仅承诺做到当年年底，如今他又继续做了15年，依然表现得非常杰出。菲尔利舍和罗斯纳两人都为伯克希尔鞠躬尽瘁，他们对待公司的热忱和尽责就仿佛在管理他们自己拥有的公司一样，根本无须制定很多额外的规则来约束他们。"

巴菲特本身就是一个把企业当作自己100%拥有的企业来对待的经理人。虽然巴菲特是伯克希尔公司的大股东，但伯克希尔公司并不是巴菲特一个人的，而是属于伯克希尔所有股东的。但巴菲特总是认真做好每一次投资，从不因为自己手中握有大量伯克希尔公司的现金就随意投资。巴菲特认为，股东的每一分钱都是很重要的。每投资一分钱，就必须赚回一定的利润，利润至少不能低于企业的平均增长率，这样才能对得起公司所有的股东。巴菲特说，他管理伯克希尔公司的长远目标，就是要实现公司每股内在价值的增长率达到最高，为股东们谋取最高的回报。

因为巴菲特在寻找投资企业时，通常只会投资于那些管理层非常优秀的企业。所以伯克希尔公司旗下有太多像菲尔利舍和罗斯纳这样把别人的企业当做自己100%拥有的企业来管理。

内布拉斯加家具店的B夫人是巴菲特非常崇拜的一个人。当内布拉斯加家具店被伯克希尔公司收购时，布朗金太太已经90岁了，但她并没有马上回家休息，相反地，她仍然担任公司的负责人，每周七天都待在商店，其中销售地毯更是她的专长。她一个人的业绩便足以打败所有其他零售业者。当地的报纸曾形容她每天工作完便回家吃饭睡觉，每晚等不到天亮便急着要回店里上班。她一天所决定的事情可能比一家大公司总裁一年内决定的事还多。她并不缺钱，当时伯克希尔公司收购内布拉斯加家具店时付给了她一大笔钱。她这么费心费神，只是因为她把这个家具店当成是自己100%拥有的，希望这个家具店的发展越来越好。

可以把回购股票看做是风向标

除了那些恶意回购股票的交易外，一般来说，我们可以把回购股票当做是衡量企业股票物有所值的风向标。如果某个企业开始回购股票，那么你就可以选择投资该企业。

1984年巴菲特在致股东信里写道："如同去年我报告过的，1983年GEICO宣布实施库藏股买回自家股票。我们签署协议同意GEICO自我们手中买回等比例的股份，最后我们卖给GEICO 35万股，并收到2100万美元的现金。而同时我们在GEICO的持股比例则维持不变。"

巴菲特认为，一个优秀的企业要有一个优秀的管理层很重要。可是要衡量一个企业的管理层是否优秀，这并不容易。巴菲特觉得投资者可以把回购股票当做管理层优秀的一个标志。

在巴菲特看来，公司管理层对自己的公司经营情况最了解。如果企业管理层觉得现在的股票价格低于其内在价值，那么公司管理层回购股票是非常正确的做法。这样做至少有两点好处：第一，管理层选择回购股票，这充分体现了管理层更重视的是股东的权益，而不是盲目地扩张公司的架构。这样的立场使得原有的股东与有兴趣的投资人将对公司的前景更具信心，股价就会上涨，从而与其内在价值更为接近；第二，公司回购股票的行为，让投资者明白，公司股票的内在价值是超过它现有的价格的，这对于继续持股的投资者来说是非常有利的。

1984年，伯克希尔公司的三大投资公司政府雇员保险公司、通用食品公司和华盛顿邮报公司都回购了大量股票。从这次回购的过程中，伯克希尔公司通过出售一定份额的股票获得了很多现金。但事实上，伯克希尔公司所持有的股份比例却还是和原来一样。例如伯克希尔公司就出售了35万股股票给政府雇员保险公司，获得了2100万美元的现金。但是由于政府雇员保险公司回购股票后在外流通的股票变少了，所以伯克希尔公司在政府雇员保险公司的持股比例依然没有改变。

巴菲特对于这种回购股票的做法非常赞同。在巴菲特看来，如果一家公司拥有良好的经营业绩、很小的财务杠杆、持续的竞争优势，但是股票价格远远低于其内在价值时，保护股东权益的最好方法就是回购股票。

巴菲特认为股票回购的回报是双重的。如果股票的市场价格低于其内在价值，那么回购股票就有良好的商业意义。例如，某公司股票市价为50美元，内在价值却是100美元。那么管理层每次回购时，就等于花费1美元而得到2美元的内在价值。这样的交易对余下的股东来说，其收益非常高。

巴菲特进一步认为，公司经理们在市场上积极回购股票时，是在表示他们以股东利益最大化为准则，而不是不计较效益盲目扩展公司资产与业务。这种立场向市场发出了利好信号，从而吸引其他正在股市上寻找管理优秀且可以增加股东财富的公司的投资者。此时，股东通常可以得到两项回报——第一项是最初公开的市场上的购买，紧接着是因投资人的追捧而造成的股价上扬。

当然了，不是所有的回购股票行为都是好事情。近年来有一些公司管理层为了自己的私人利益，和某些公司的大股东私下进行回购股票的交易。通常他们都把回购股票的价格定得过高，这样被回购股票的股东可以从中获利，而企业管理层也将暗中获得一部分好处，最终损害了那些毫不知情的股东权益。

评估企业管理者的两项硬指标

投资者在考察企业的管理层是否优秀时，一定要把重点放在管理层的管理才能和人格品质上。只有两者兼备的管理层，才能为股东带来更多的回报。

巴菲特在1984年的信里写道："很多人常常问我，B夫人经营到底有什么诀窍。其实她的诀窍也没什么特别的，就是她和她的整个家族对事业抱的热忱与干劲，会让富兰克林与贺拉旭·阿尔杰看起来像辍学生。踏踏实实去实施她所决定要做的事情。能够抵御外部对公司竞争力没有帮助的诱惑。拥有高尚的人格。我们对B夫人家族的人格信任可从以下收购过程中反映出来：在没有找会计师查核，没有对存货进行盘点，没有核对应收账款或固定资产的情况下我们就交给了她一张5500万美元的支票，而她给我们的只是一句口头承诺。"

优秀的管理者可以把平庸的公司变成伟大的公司，而糟糕的管理者可以把伟大的公司变成平庸的公司。企业的管理层是否优秀，我们通常从公司的业绩和管理层的品质这两个方面来衡量。

1.公司的业绩

公司业绩的高低，能够在一定程度上反映出公司管理层的管理才能。一方面，优秀的公司管理层能够给股东创造更大的收益回报；另一方面，更大的收益回报又只有在优秀的公司管理层身上才能实现。

B夫人和她的家族都是优秀的经理人，而这也体现在内布拉斯加家具店的经营业绩上。在金融危机严重的2008年，内布拉斯加家具店在奥马哈和堪萨斯城的店的销售额不仅没有减少，反而还分别增加了6%和8%，两个店的销售额双双达到大约4亿美元。巴菲特在2008年年报里说，这些非凡的业绩主要归功于其优秀的经理人。

2.管理层的品质

巴菲特认为，一个优秀的管理层，不仅要具有非凡的管理才能，更重要的是要有优秀的人格品质。

B夫人就是一个具有优秀品质的人。她人格高尚，对朋友真诚以待，对事业充满激情，对生活满怀热忱。1984年5月是一个特殊的日子，这一天B夫人获得了纽约大学的荣誉博士学位，而在此之前获得如此殊荣的有埃克森石油公司总裁、花旗银行总裁、IBM公司总裁等企业精英。也许你会以为B夫人是名校商学院毕业的，其实不然。B夫人从来没有真正上过学，所以从这一点上看，B夫人一点也不逊于这些国际知名公司大总裁。而令巴菲特庆幸的是，B夫人的儿子们也遗传到了她的优良品质。

好的董事会能够控制经营风险

投资者在寻找投资公司时，如果发现某家公司的董事会能够满足下面的5个方面，则表明该公司能很好地控制经营风险，那么投资于该公司就不失为一个明智的选择。

2004年巴菲特在致股东的信里写道："伯克希尔公司的董事会堪称典范。每位董事至少有400万美元以上身家在伯克希尔公司。而且董事会里没有任何股份是靠认股权或赠与取得的。董事们领取的酬劳相较于自身的年所得都极其有限。"

巴菲特认为，一个企业正常的运转，固然离不开优秀的企业管理层，但企业拥有一个优秀的董事会也是非常必要的。因为优秀的董事会能够控制企业的经营风险，最大限度维护股东的权益。

那么如何衡量企业的董事会是否优秀呢？巴菲特认为，应该主要从以下几个方面考虑：

1.董事会的独立性

投资者可以读一读股东委托书，看看董事会外部成员和内部成员的比例是多少，究竟有多少外部董事实际上是独立的。董事会的大部分成员不应该与公司有任何形式的关系，他们与公司的唯一关系就是他们担任董事职务时应该为公司提供的服务。如果发现他们之间存在任何商业上的关系，例如房地产交易、法律费用或者咨询合同，那就意味着这个董事并不是真正独立的。

2.董事会的参与程度

通常情况下，一年至少应该开4次会，多一些更好。标准普尔500大企业在2000年每个企业平均召开8次会议。各种委员会召开会议的次数应该不少于全体董事召开会议的次数，尤其是审计委员会召开会议的次数。董事会成员参加会议的次数比例应该达到90%。在委托书中，必须列出参加定期会议的次数比例少于75%的董事名单。如果这些董事没有达到这个要求，那就证明他们对公司并没有投入多少关注。

3.董事会的规模

通常情况下，董事会成员人数一般应该为5~15人。董事会规模过大将难以控制，而规模过小则使公司不能得到多方的观点和所需的技巧。在网络公司大潮中，许多新兴公司（如雅虎）董事会只有6~8个成员，并且和管理层有不同程度的联系。我们从大多数网络公司的表现能看出来，这些公司的董事会规模受到了误导。

4.董事会的薪酬

投资者考察董事会的好坏时，需关注董事会的薪酬是否真的和公司的业绩表现挂钩。大多数公司的所谓"绩效目标"是由董事会的专门委员会制定的，这个委员会在CEO利益可能受损时会重新修改规定。例如，在2001年，可口可乐公司董事会把CEO道格拉斯·达特5年内每年15%的盈利增长目标降到了11%。对这样的变化你可以自己来判断，毕竟，如果业绩目标不能实现就不能激发CEO的激情，你也可以问为什么董事会不能在第一次就设定一个更现实一点的目标。不管怎样，目标改变了，但潜在的报酬还原地不动，它是一个负面的信号，因为它表明当业绩下滑的时候，董事会不愿意使用减少CEO的奖金数目来作为惩罚。此外，为完成一个收购计划而奖励公司董事会也需引起我们的注意。支付大量的奖金仅仅为了一个已经成为过去的交易，它只会鼓励管理层草率做出更多的交易。

5.董事会的年度选举

一般来说，整个董事会一年进行一次选举，对投资者是最有利的。但是大约60%的公司董事会采用的却是董事交错任期制，通常这意味着每年改选1/3的董事，每位董事任期有3年。在恶意收购的时代，这使公司能够防止收购公司突然替换公司全部董事会成员，但是这也意味着股东对代表他们权益的董事缺乏有效的控制。投资者最好挑选那些每年都进行董事会选举的公司。

第三节　什么行业最值得投资

投资易于了解的行业

投资人财务上的成功，和他对自己所投资对象的了解程度成正比，以这样的了解，可以区别以企业走向作为选股依据的投资人，和那些带着一夜暴富的投机心态，整天抢进抢出，却占了绝大多数的投资人。

巴菲特说："既然我们在30年前并没有预见计算机行业会出现如今的情况，而且大多数投资者和公司经理也没有预见到。那么，为什么我现在非得认为我可以预言其他快速发展的公司的将来？我们反而要专注于那些易于了解的行业。"

通过把自己的投资范围限制在少数几个易于了解的行业，一个聪明伶俐、见多识广的人就可以比较精确地判断这些风险。

多年来，巴菲特只专注于那些易于了解的行业，所以他对伯克希尔所投资的企业一直有高度的了解。他建议投资人，在竞争优势圈内选股，如果一个企业的技术太复杂，超出了自己的了解范围，最好不要投资。

有人认为巴菲特只在他了解的范围内选择企业，使得自己没有机会接触如科技等具有极高投资潜力的产业。巴菲特却坚持，投资的成功与否并非取决于你了解的有多少，而在于你能否老老实实地承认自己所不知道的东西。他认为，投资人并不需要做对很多事情，重要的是不能犯重大的过错。在巴菲特的经验里，以一些平凡的方法就能够得到平均以上的投资成果，关键是你要把一些平凡的事做得不平凡。

从巴菲特的投资中，我们很容易便看出他的这种做法。他对网络科技股总是避而远之。相反，他青睐那些传统意义上的、为他所了解的盈利前景较为明朗的企业，如保险、食品、消费品、电器、广告传媒及金融业。

巴菲特多年来一直拥有的企业有以下一些：加油站、农场开垦公司、纺织厂、连锁性的大型零售商、银行、保险公司、广告公司、铝业及水泥公司、报社、油田和矿产开采公司、食品、饮料、烟草公司以及无线和有线电视公司。有些企业他拥有控股权，有些企业他只是拥有部分的股票。无论哪一种情形，巴菲特总是明确地掌握这些企业运作的状况。他了解所有伯克希尔持股公司的年收入、开销、现金流量、劳资关系、定价弹性和资本分配等情况。

巴菲特对可口可乐十分热衷，主要的原因之一是它的业务非常简单，易于了解。

巴菲特基于对保险业的深刻了解，投巨额购买GEICO的股票。一年后，巴菲特卖掉手上的CEICO股票，赚得50%的利润。

巴菲特表示："让我们想象你已经离开了10年，现在你想进行一个投资，你知道的就是你目前了解的一切，而且当你走的时候你也不能够改变什么，这时你会怎么想？当然企业必须要简单而且容易了解，公司必须在过去几年中表现出许多企业的平稳性，而且长期的前景也必须是看好的。"

投资者应把自己的投资范围限制在少数几个易于了解的行业，盲目投资不了解的行业是不明智的。一个理性而见多识广的投资者应当可以比较精确地判断这样做的风险。

有些投资垃圾债券的投资者看好垃圾债券发行公司的前景，认为这些公司的经理有着给投资者以良好回报的想法。可事实上，这些垃圾债券的经营者却通常有另外的意图。他们就像吸毒者，不是把精力放在寻找治愈其满身债务的良方上，而是把精力放在寻找另一次毒品注射上。债券的追捧者们当时都相信大崩溃不会发生，他们甚至天真地认为，因为巨大的债务将使管理人员前所未有地关注绩效管理，正像人们期望一把镶嵌在轿车方向盘上的匕首也许可以使司机非常警觉，但如果轿车遭遇不好的路况，哪怕是最小的坑洞，也会产生致命的事故。而事实上公司运营的道路上到处都是坑洞，所以那种要求司机躲避所有坑洞的计划注定会遭遇彻底的失败。

作为普通投资者，我们完全不必受指数短期波动的影响，可以选择容易了解的行业和公司，从行业景气度趋势、企业成长趋势和股价运行趋势三者中去寻找共振的股票，长期持有。

为了减少精力消耗，投资者可以只考虑比较熟悉或者容易了解的行业，前者例如电力设备，后者例如采矿业、房地产；难了解的行业即使前景好也不参与，例如医药、化工材料。

这些较容易了解的行业及公司有着相同的特征：基本面优良、盈利情况良好及稳定的分红，除此之外还有高速、机场、汽车等低市盈率行业里也都有黄金可挖，投资者在未来的操作中可多加关注，相反对于一些高深莫测的概念，利润就留给别人吧。

生意不熟不做

投资能不能成功，并不在于你能够评估出内在价值的公司股票数量的多少，而在于你是不是冒险投资那些你没有能力评估出内在价值的公司股票。做自己没有能力做的事，只会失败；买自己没有把握的公司股票，只会失败。

巴菲特说："我们没有涉足高科技企业，是因为我们缺乏涉足这个领域的能力。我们宁愿与那些我们了解的公司打交道。"要去那些我们了解的有明显优势的领域施展本领，不要去那些我们没有优势只有劣势的领域参与竞争。

中国有句古话叫："生意不熟不做。"巴菲特有一个习惯，不熟的股票不做，巴菲特的这种理念也许可以解释他为什么一直对高科技股不感兴趣的原因吧！

正是因为巴菲特坚持"不熟不做"的观点，多年来他对科技企业避之唯恐不及，并成功地避开了2000年年初网络股泡沫等一系列投资陷阱。

巴菲特曾说他对分析科技公司并不在行。当股市处于对高科技尤其是网络公司股票狂热的时候，巴菲特在伯克希尔公司股东大会上被别人问是否会考虑投资于高科技公司。他回答："这也许很不幸，但答案是不。我很崇拜安迪·格鲁夫和比尔·盖茨，我也希望能通过投资于他们将这种崇拜转化为行动。但当涉及微软和英特尔股票，我不知道10年后世界会是什么样子。我不想玩这种别人拥有优势的游戏。我可以用所有的时间思考下一年的科技发展，但不会成为分析这类企业的专家，第100位、第1000位、第10000位专家都轮不上我。许多人都会分析科技公司，但我不行。"

查理·芒格也认同巴菲特的这种观点，他说："我们没有涉及高科技企业，是因为我们缺乏涉及这个领域的能力。传统行业股票的优势在于我们很了解它们，而其他股票我们不了解，所以，我们宁愿与那些我们了解的公司打交道。"

巴菲特说："如果我们的原理应用到科技股票上，也会有效，但我们不知道该如何去做。如果我们损失了你的钱，我们会在下一年挣回来，并向你解释我们如何做到了这一点。我确信比尔·盖茨也在应用同样的原理。他理解科技的方式和我理解可口可乐公司与吉列公司的方式一样。所以，我们的原理对于任何高科技企业都是有效的，只不过我们本身不是能够把原理应用到这些高科技企业的人而已。如果我们在自己画的能力圈里找不到能够做的事，我们将会选择等待，而不是扩大我们的能力圈。"

巴菲特避开科技企业还有一个原因是，很难预测这些变化很快的高技术领域或新兴行业的未来发展。巴菲特说："我可以理性地预期投资可口可乐公司的现金流量。但是谁能够准确预期十大网络公司未来25年里的现金流量呢？对于网络企业，我知道自己不太了解，一旦我们不能了解，我们就不会随便投资。显然，许多在高技术领域或新兴行业的公司，按百分比计算的成长性会比注定必然如此的公司要发展得快得多。但是，我宁愿得到一个可以确定会实现的好结果，也不愿意追求一个只是有可能会实现的伟大结果。"

事实上，巴菲特对科技股也不是抱着一味排斥的态度。作为一个理性的投资家，他不会因为企业的名称或是产品与高技术有关便将其排斥在考虑之外。无论是哪一种类型的股票，他所考虑的核心都没有变化。1999年，巴菲特决定投资美国第一数据公司。当时整个业界都十分诧异于巴菲特的改变，以为他要大举进军科技股。巴菲特为什么会选择投资美国第一数据公司呢？是因为它符合巴菲特的投资标准。

第一数据公司位于美国亚特兰大，它提供信用卡支付处理及电子商务线上交易系统服务。正努力在线上交易中推广使用信用卡支付，并一直和雅虎、戴尔等著名高技术公司有密切的业务往来。与当时其他正在亏本运营的网络公司不同的是，第一数据公司已经有了很大的销售额与利润，这些是引起巴菲特兴趣的最大原因。

巴菲特一方面宣称自己对科技股不感兴趣，另一方面还是购买了科技公司的股票，这是否有矛盾呢？事实上这两方面并不矛盾，如果我们能将问题看得更为深入一些，就不难明白，巴菲特选择投资第一数据公司，更重要的一点是因为它已具备了能长期维持竞争优势和盈利的能力，符合巴菲特的传统投资理念。

在巴菲特看来，能够发现并长期拥有一家好企业，比在华尔街上的短期套利行为更有价值。他绝不会为了能够在短期内通过捕捉或制造某种投资热点而获利。巴菲特所看重的，正是企业及其产品、服务和管理上的特点能否满足自己的要求。一般说来，巴菲特对下列两种企业情有独钟：

第一，能够提供重复性服务的传播事业，也是企业必须利用的说服消费者购买其产品的工具。无论是大企业还是小企业，它们都必须让消费者认识自己的产品与服务，所以它们不得不花去高额的广告费以求能打开销路。所以，那些提供这类服务的行业势必从中获得高额的营业额及利润。

第二，能够提供一般大众与企业持续需要的重复消费的企业。巴菲特投资的华盛顿邮报、中国石油等，无疑都符合他的这一原则。

在当今知识经济浪潮的冲击下，巴菲特终于对网络信息这种新的生活方式认同了，实际上，他的认同不是对他一直坚守的投资理念的抛弃，而是一种创新的升华。

投资并不是一项神秘的事业，它散发着巨大魅力，让许多人乐此不疲为之忙碌。可是，在投资这个领域，成功的人永远少于失败的人。究其原因，是因为有太多的人是靠着自己头脑中的想象与金钱打交道。从巴菲特的投资行为中，我们也可以得到启发：在做任何一项投资之前，都要仔细调研，在自己没有了解透、想明白之前，不要仓促作决定，以免给自己造成更大损失。

寻找长期稳定产业

投资者对这类产业进行选择时，应该关注产业的两大方面：一是考察该产业的吸引力，主要表现在产业平均盈利能力上；二是考察该产业的稳定性，产业稳定性主要表现在产业结构变化的程度上。

巴菲特在寻找新的投资目标之前，总是会首先考虑增加原有股票的投资的头寸，只有在新的投资企业非常具有吸引力时才愿意买入。

巴菲特投资美国运通的历史可以追溯到很早以前了，在1963年11月22日，该公司的股票从消息传出前的60美元/股，降低到后来的56.5美元/股，到1964年年初的时候，股价已经跌到了35美元/股。而巴菲特决定买入的时候就是在1964年。在那年巴菲特将他的合伙公司的40%的资产，大约1300万美元买入了5%的美国运通的股票。接着，在后来的两年时间里，美国运通的股价上升了3倍。在5年的时间内股价上涨了5倍，股价从35美元/股上涨到189美元/股，在1991年巴菲特对外宣称他将持有该股票长达4年，所以他投资美国运通的收益率至少在4倍以上。

巴菲特在伯克希尔1994年的年报中对他投资美国运通的历史说，他认为正是对该公司的长期了解才会大笔增持该公司的股票，看来这是很明智的投资行为。

事实上，在选择长期稳定的产业需要考虑该产业的外部环境，外部环境通常可分为两大类：一是宏观环境，它是由自然、人口、社会、经济、技术、政治、法律等因素组成的；二是产业竞争环境，是由产业内部的竞争对手、供应商、买方、替代品生产厂商、潜在进入者等构成的。宏观环境一般并不直接影响企业的经营，而是通过产业环境间接影响，因此产业竞争环境对企业竞争优势的获得和维持具有最直接、最大的影响力。

产业结构强烈地影响着企业竞争优势的确立及其可持续性。产业之间的竞争不断将某个产业投资资本收益率降低到投资资本要求的最低平均收益率水平。当某个产业收益率低于投资资本要求的最低收益率水平时，投资者无法长期接受而退出该产业，转移投入到其他收益率较高的产业，使该产业竞争减弱而收益率水平上升。当某个产业收益率水平持续高于最低收益率水平时，将会吸引新的投资资本进入，使该产业内竞争加剧而收益率下降。在实践中，一些产业由于其独特的产业结构，拥有较高的进入壁垒而长期保持超出其他产业平均盈利水平的高收益率。即使投资于这些具有超额收益率的产业中一般的企业，如具有垄断性质的报纸、广告业、电视业等，也会有较高的回报。而投资于收益率水平很低的产业，即使是最优秀的产业，如钢铁、石化，也只能有较低的回报。

寻找具有竞争优势的产业

产业结构通常影响产业内部所有的企业，这种影响力来源于产业内部的基础经济结构，不是单个企业能改变的。如果一个产业的产业结构能够持续保持较高的吸引力，同时持续形成较高的进入壁垒，那么该产业中的企业就具有保持持续竞争优势的良好环境条件。

产业结构分析有助于我们在股票投资中寻找到盈利平均水平较高的长期稳定产业，在这些产业中更容易找到盈利水平高、竞争优势持续时期长的优秀企业。

1994年，巴菲特与一些学生谈了进行公司分析的基本方法："一段时间内，我会选择某一个行业，对其中6~7家的企业进行仔细研究。我不会听从任何关于这个行业的陈词滥调，我努力通过自己的独立思考来找出答案……比如我挑选的是一家保险公司或一家纸业公司，我会让自己沉浸于想象当中：如果我刚刚继承了这家公司，而且它将是我们家庭永远持有的唯一财产。那么，我将如何管理这家公司？我应该考虑哪些因素的影响？我需要担心什么？谁是我的竞争对手？谁是我的客户？我将走出办公室与客户谈话。我从这些谈话中会发现，我这家企业与其他企业相比，具有哪些优势与劣势？如果你进行了这样的分析，你可能会比管理层更深刻了解这家公司。"

巴菲特在产业选择中重点关注两大方面：一是产业吸引力，主要表现在产业平均盈利能力上；二是产业稳定性，主要表现在产业结构变化程度上。

1.产业吸引力

巴菲特的投资经验表明，产业吸引力是股票投资中产业选择的首要标准。巴菲特以其曾经投资的百货零售业与电视传媒业进行了产业吸引力比较：虽然许多零售商曾经一度拥有令人吃惊的成长率和超乎寻常的股东权益报酬率，但是零售业是竞争激烈的行业，这些零售商必须时时保持比同行更加聪明，否则突然间的业绩急速下滑就会使得他们不得不宣告破产；相比较而言，作为电视传媒业的地方电视台即使由水平很差的人来经营管理，仍然可以好好地经营几十年，如果交由懂得电视台经营管理的人来管理，其报酬将会非常高，其根本原因在于不同产业因特性不同而具有不同的吸引力。

2.产业稳定性

巴菲特投资策略的最大特点是持股经常达几年甚至十几年之久，之所以如此，是因为他坚信他所投资的企业和产业在未来有很强的稳定性。

巴菲特的产业分析经验表明，主业长期稳定的企业往往盈利能力最强，而企业的主业之所以长期稳定，根本原因在于其产业具有长期稳定性。而那些经常发生重大变化的产业，如高科技产业和新兴产业等，巴菲特则从不投资。

在那些竞争作用力强的产业，如钢铁、造纸、石化等，没有一个企业能获取超出平均水平的较高投资收益率。而在那些竞争作用力相对较弱的产业，如报纸、电视台、广告、美容化妆、珠宝等，企业普遍能够获取很高的收益率。

巴菲特的产业选择经验表明，决定产业长期稳定性的产业演变对于投资分析非常重要，在这里主要采用波特提出的产业演变基本分析框架。产业演变将导致产业吸引力及产业平均投资回报率发生重大变化，相应企业对于产业演变的战略反应是否适当将导致企业竞争优势发生较大变化。

顺风行业更值得投资

对于我国的投资者而言，仍然有很多行业还没有专门的信息披露途径。这就需要投资者在实际操作中做到多方面搜索信息，并特别需要时刻关注政策的动向，并采用定量定性相结合的分析方法，对行业状况做到恰如其分的把握。在了解一个行业的景气指数后，同时还要配合个股的实际情况进行综合分析，这样的准确度会更高。

巴菲特在1977年致股东的信里写道："保险这个行业从总体上来看，表现还是不错的，但事实上其情况也并不全然是这样的。在过去的10年中，我们也犯过一些错误，不管是在产品还是在人员上面。虽然小错不断，但是大体上还是可以获得令人满意的成绩。从某一程度上来看，这个行业与纺织业却正好相反，管理层已经相当的优秀了，但却只能获得相当微薄的利润。各位管理阶层需要一再学到的是，选择一个顺风的行业而不是逆风行业的重要性。"

巴菲特这段话再次提醒投资者，在选择投资目标时对于行业的经济特征的甄别是多么的重要。早在1967年的时候，伯克希尔用860万美元的价格购并了国家的产险和国家海火险公司以后，当年它们的保费收入就已经达到了大约2200万美元，一直到1977年，累积的年保费的总收入已经达到了1.51亿美元。可见选对一个行业它的盈利空间是非常大的。

1977年，由于巴菲特没有深刻认识到美国纺织业大势已去，因此进入1978年，纺织业仍然令巴菲特头疼。这一年巴菲特给股东的信中对纺织业发表了如下看法："纺织业的现况正如教科书所述那样，充分地说明了资本密集但产品无重大差异化的生产者注定将只能赚取微薄的报酬，除非提供供给吃紧或真正短缺的产品。只要市场产能过剩，产品价格就会随直接营运成本而非投入资金作变动。不幸的是这样的情况正是目前纺织业的常态，所以我们只能期望获取稍微合理的投资报酬。我们希望以后不要再介入这类产业面临困境的企业。"

在这一段无可奈何的言语中，巴菲特进一步加深了对自己在纺织业上所遇到困难的严重程度的深刻看法。由于加深了对纺织业的了解，巴菲特1978年提出一个振聋发聩的观点："除非供给吃紧造成供不应求，否则资本密集但产品无重大差异化的生产者注定将只能赚取微薄的报酬。"

1980年巴菲特基本结束了他在纺织业的无谓努力并向股东认错。在1980年给股东的信中，他说："去年我们缩减在纺织业的规模，虽然不愿意但却不得不结束。除了少数设备转移到New Bedford外，其余连同房地产均处理掉了。你们的董事长由于无法早点面对事实而犯了重大的错误，而在New Bedford也淘汰了约1/3的织布机，这些生产线不具投资效益，就产业循环而言甚至会产生损失。"

巴菲特透过自己不成功的投资实践，用最通俗的语言提炼出一个观点：对于投资最重要的是选择顺风的产业，而不是逆风的产业。

此外，任何一个产业不是绝对地永远顺风，也不是从来就逆风。在它的兴起阶段，在它的成长阶段，它必然是一种顺风的状态。当它达到兴盛的顶点，当它不再是社会发展的领头羊和主导产业，它必然会走向衰落，这时它就是一个逆风产业。在逆风产业中不可能有好的投资回报，就连股神巴菲特都没有在逆风产业中成功，我们普通投资者就更不要尝试在逆风产业中投资。我们应该尽量把自己的资金配置到那些代表社会经济发展方向的新型行业中去。这就是巴菲特1977年年报给我们提供的最大的启示。

选准行业"领头羊"

在股市中，某一行业的"领头羊"的强劲走势不仅能带动该板块走出良好行情，而且能带动大盘上涨，让及时追涨的投资者获取丰厚的收益。

1998年巴菲特在佛罗里达大学商学院的演讲时说："麦当劳在海外的处境会比美国国内要更好一点，随着时间的推移，这个生意就会变得越来越难做。因为人们已经不再愿意每天都吃麦当劳了，然而喝可乐的人仍然还是大有人在，今天你喝5罐，明天可能再喝5罐。因此快餐业的处境要艰难得多。但是假如你一定要投资快餐业的话，在世界的范围内来看这个行业还是规模巨大的，如果你要从中选择一家的话，你会选择麦当劳，因为它有着很好的定位。它对于小孩子来说仍然是美味，尽管对于成年人来说它并不是最好吃的。最近，麦当劳用降价的策略进入了促销的领域，而不是产品本身的吸引力引起的销量的增加。"

可以看出巴菲特总是选择投资某一行业里的标杆性企业，他认为在股市中，某一行业的"领头羊"的强劲走势不仅能带动该板块走出良好行情，而且能带动大盘上涨，让及时追涨的投资者获取丰厚的收益。它们的成长性更是不会令人失望的。

投资者在选择股票时，有个最简单的绝招，那就是选择行业的"领头羊"。抓住"领头羊"有以下几方面的优势：

（1）在主升浪当中，"领头羊"一般说是上涨最早、力度最大、幅度最大、回调最少的股票，属于最强势。

（2）在反弹浪当中，"领头羊"一般也是如此。例如某一天华新水泥（600801）的表现，就说明了这一点。其他水泥股只是跟风，包括福建水泥、冀东水泥等。并且，华新水泥还在涨停板上，而他们已经展开盘中回落，并且上涨不过2%~3%。

（3）从力度和涨幅看，一旦"领头羊"启动，还是应该跟风"领头羊"而不是"从属股"。追涨从属股，不如追涨涨幅已经略大的"领头羊"来得安全。涨幅略大的，反而比涨幅小的安全。

（4）在从属股上跟风，容易吃套。从属股往往是涨幅还没有多大，获利还没有多少，就已经滞涨和下跌了，直到最后连累"领头羊"也出货。

由于"领头羊"具有先板块启动而起，后板块回落而落的特性，所以，它的安全系数和可操作性均远高于跟风股，至于收益更是跟风股望尘莫及的。征战股市，选择"领头羊"，实现收益的最大化。投资者在进行操作时要谨记以下两点：

（1）大胆追高。

大牛市"领头羊"一旦步入主升段，就是一大段出人意料的、持续大幅上升的单边市，很少也很难有逢低吸纳的机会，主力是不会故意给机会让你逢低买入的，所以只有追高才能买入第一"领头羊"。这里准确判断它是大牛市第一"领头羊"及已经进入主升段，是十分重要的技术。如果判断错误，会有很大风险。

（2）大胆持股。

主升段的升幅是十分巨大的，利润也是十分丰厚的。但是要赚到这一暴利，就一定要持久持股，否则像当年不少的投资者买深发展，赚两三成就跑掉了，白白错失了后市高出几倍的利润。当然这里也是有条件的：未见到阶段性顶部。一旦有见顶的迹象，就必须迅速离场。

选择具有核心竞争力的产业

投资者在选择持续竞争优势的企业时应该注意两个方面：其一是分析企业是否具有真正的竞争优势；其二是分析企业竞争优势能否长期持续保持。

巴菲特认为选择投资对象的关键是分析企业的竞争优势及其可持续性，他一再强调投资人应该去寻找和发现具有持续竞争优势的企业，这类企业应该是投资的首选目标。

实际上，要确定任何所选择的一家企业的竞争优势，更重要的是确定这种优势的持续性。

巴菲特选择富国银行的原因只是认为它是一家非常优秀的上市公司，拥有最好的管理模式，股票的价格水平也处在合理的水平上。他在分析这家银行时，认为该银行是全能型的以客户为导向的银行，该银行的交叉销售模式能够为利润创造出巨大的价值。并且该银行很注重对风险的控制，尤其是风险的分散方面做得很好，它拥有80个业务的单元，对客户一生中可能产生的各种金融要求提供合适的产品，这样就会把业务的风险分散化了。

同时他分析出富国银行在20多年来显示出了颇为强大的竞争优势，20年来的每股盈利从1984年的0.84美元增长到了2004年的1.86美元，增长了10.40倍，这给股东权益的复合回报率达到了23%。

巴菲特之所以强调要投资于具有持续竞争优势企业，是因为对于长期投资来说，股价最终取决于公司内在价值，而具有持续竞争优势的企业的经济命运要远远优于那些一般企业，能够持续创造更大的价值增值，从而为股东带来更大的财富增值。

第四章　巴菲特教你读财报

第一节　损益表项的8条信息

好企业的销售成本越少越好

只有把销售成本降到最低，才能够把销售利润升到最高。投资者要远离那些销售成本过高的公司，选择那些销售成本比较低的公司。尽管产品销售成本就其数字本身并不能告诉我们公司是否具有持久的竞争力优势，但它却可以告诉我们公司的毛利润大小。

损益表（单位：百万美元）

收入	10000
－ 销售成本	3000
毛利率	7000

巴菲特在分析公司是否具有持久竞争优势时，总是从公司的损益表入手，因为损益表可以让投资者了解该企业在一段时期内的经营状况。一般企业会在每个季度末或者年末披露这些信息。

在研究那些优质企业时，巴菲特发现，通过分析企业的损益表就能够看出这个企业是否能够创造利润，是否具有持久竞争力。企业能否盈利仅仅是一方面，还应该分析该企业获得利润的方式，它是否需要大量研发以保持竞争力，是否需要通过财富杠杆以获取利润。通过从损益表中挖掘的这些信息，可以判断出这个企业的经济增长原动力。因为对于巴菲特来说，利润的来源比利润本身更有意义。

在损益表中，总收入下面一行指的就是销售成本，也被称为收入成本。销售成本可以是一个公司其销售产品的进货成本，也可以是制造此产品的材料成本和劳动力成本。

巴菲特在1985年的信中说："在新闻事业方面一样很难增加发行量，虽然广告量略增，但主要来自夹报部分，报纸版面上的广告却减少了。前者的利润远比后者低，且竞争较激烈，所幸去年成本控制得当使得家庭用户订阅数颇好。"

巴菲特认为，要想成为一个优秀的企业，首先需要做到的就是节约成本，尤其是销售成本。因为每个企业时时刻刻都在销售产品，销售成本在整个企业中所占的比重非常大。

所谓销售成本，是指已销售产品的生产成本或已提供劳务的劳务成本以及其他销售的业务成本。销售成本包括主营业务成本和其他业务支出两部分，其中，主营业务成本是企业销售商品产品、半成品以及提供工业性劳务等业务所形成的成本；其他业务支出是企业销售材料、出租包装物、出租固定资产等业务所形成的成本。

S公司是我国铅酸蓄电池行业经营规模最大的企业之一。S公司注册资本是1.3亿元，总资产约13亿元，年营业额近20亿元。但是随着S公司销售额的迅速增长，其一直沿用的销售模式和业务流程使得销售成本一直居高不下，主要体现在该公司设立销售分支机构太多，而且机构设置不太合理，浪费了很多资金。此外，该公司规定销售人员有权利报销差旅费、话费等销售费用，很多销售人员就大肆铺张浪费，一点都不节约。虽然该公司的营业额增长很快，但是净利润增长率幅度很低，甚至在行业竞争激烈时还出现过只见销量增长不见利润增长的局面。而造成这样的局面最主要的原因就是该公司的销售成本过高。

作为美国第三大汽车公司的克莱斯勒有限责任公司，由沃尔特·克莱斯勒创建于1925年。它曾经一度超过福特，成为美国第二大汽车公司。2009年4月30日，克莱斯勒公司宣布破产。克莱斯勒竟成为第一个轰然倒下的汽车业巨头，其罪魁祸首并非金融危机，而是销售成本过高。美国汽车的销售网络从50年前就开始建立，那时的公路网络没有现在这样发达，30公里的路对很多人来说是很长的距离，汽车公司不得不在很短的距离内就建立一个特许经销店，以满足汽车消费者的需求。而现在，公路已经建设得四通八达，以往建立的经销网点就显得太密集，管理成本太高了。2006年，克莱斯勒在美国的经销商有3749家，总销售量为214万辆，平均每家卖出570辆汽车；而丰田在美国的经销站只有1224家，总销售量为205万辆，平均每家卖出1675辆汽车，是克莱斯勒的近3倍。过于密集的销售网点使克莱斯勒产品的销售成本大大提高，而这直接造成两种后果：一方面使产品的价格难以在市场上形成有力的竞争；另一方面也使得公司用于研发的资金比例少于丰田等日本竞争对手。最终高昂的销售成本把克莱斯勒逼到了破产。

长期盈利的关键指标是毛利润/毛利率

企业的毛利润是企业的运营收入之根本，只有毛利率高的企业才有可能拥有高的净利润。投资者在观察企业是否有持续竞争优势时，可以参考企业的毛利率。

巴菲特在1999年为《财富》杂志撰文指出："根据去年的财报，全国最大的家具零售商Levitz自夸其产品价格比当地所有传统家具店便宜很多，该公司的毛利率高达44.4%，也就是说消费者每付100美元所买的商品，公司的成本只要55.6美元。而内布拉斯加家具店的毛利润只有前者的一半。"

显然巴菲特认为，在考察一个公司是否具有持续竞争优势时，毛利润和毛利率是两个关键的指标。

毛利润是指总收入减去产品所消耗的原材料成本和制造产品所需要的其他成本。它不包括销售费用和一般管理费用、折旧费用和利息支出等。例如一件产品的售价为50元，原材料成本和制造产品的成本总和为30元，则该产品的毛利润为20元。毛利率指的是毛利与营业收入的百分比，用公式表示为：毛利率＝毛利润/营业收入×100%。

巴菲特认为，毛利率在一定程度上可以反映企业的持续竞争优势如何。如果企业具有持续的竞争优势，其毛利率就处在较高的水平。如果企业缺乏持续竞争优势，其毛利率就处于较低的水平。

如果企业具有持续的竞争优势，企业就可以对其产品或服务自由定价，让售价远远高于其产品或服务本身的成本，就能够获得较高的毛利率。例如可口可乐公司的毛利率为60%左右，箭牌公司的毛利率为51%，债券评级公司的毛利率为73%，柏灵顿北方圣太菲铁路运输公司的毛利率为61%。

如果企业缺乏持续竞争的优势，企业就只能够根据产品或服务的成本来定价，赚取微薄的利润。如果同行采取降价策略，企业也必须跟着降价，这样才能够保持市场份额，毛利率就更低了。很多缺乏持续竞争优势的企业的毛利率都很低。例如通用汽车制造公司的毛利率为21%，美国航空公司的毛利率为14%，美国钢铁公司的毛利率为17%，固特异轮胎公司的毛利率为20%左右。

巴菲特认为，如果一个公司的毛利率在40%以上，那么该公司大都具有某种持续竞争优势。如果一个公司的毛利率在40%以下，那么该公司大都处于高度竞争的行业。如果某一个行业的平均毛利率低于20%，那么该行业一定存在着过度竞争。例如航空业、汽车业、轮胎业都是过度竞争的行业。

毛利率指标检验并非万无一失，它只是一个早期检验指标，一些陷入困境的公司也可能具备持久竞争优势。因此，巴菲特特别强调"持久性"这个词，出于稳妥考虑，我们应该查找公司在过去10年的年毛利率，以确保其具有"持续性"。巴菲特知道在寻找稳定竞争优势的公司时，必须注意持续性这一前提。

毛利率较高的公司也有可能会误入歧途，并且丧失其长期竞争优势，一是过高的研究费用，其次是过高的销售和管理费用，还有就是过高的债务利息支出。这三种费用中的任何一种过高，都有可能削弱企业的长期经济原动力。很多高毛利率的企业，将大量的毛利润投入在研发、销售和一般管理上，使得净利润减少很多。另外，有些企业的高额利息支出也吞噬了一部分毛利润。

特别关注营业费用

巴菲特认为，企业在运营的过程中都会产生营业费用。营业费用的多少直接影响企业的长期经营业绩。

损益表（单位：百万美元）

毛利润		7000
− 营业费用	销售费用及一般管理费用	2100
	研发费	1000
	折旧费	700
营业利润		3200

巴菲特在1989年致股东的信中说："如果你没有到过那里，你一定无法想象有珠宝

店像波珊那样，销量非常大，在那里你可以看到各式各样、各种价格的种类，而它的营业费用开销大概只有一般同类型珠宝店的1/3。对于费用的严格控制，加上优异的采购能力，使得它所销售的珠宝比其他珠宝店价格便宜很多，而便宜的价格又总能吸引更多的顾客上门，良性循环的结果使得该店在旺季的单日人流量高达4000人。"

营业费用是指企业在销售商品过程中发生的各项费用以及为销售本企业商品而专设的销售机构（含销售网点、售后服务网点等）的经营费用。商品流通企业在购买商品过程中发生的进货费用也包括在营业费用之中。营业费用一般包括以下五个方面的内容：

（1）产品自销费用：包括应由本企业负担的包装费、运输费、装卸费、保险费。

（2）产品促销费用：为了扩大本企业商品的销售而发生的促销费用，如展览费、广告费、经营租赁费（为扩大销售而租用的柜台、设备等的费用，不包括融资租赁费）、销售服务费用（提供售后服务等的费用）。

（3）销售部门的费用：一般指为销售本企业商品而专设的销售机构（含销售网点、售后服务网点等）的职工工资及福利费、类似工资性质的费用、业务费等经营费用。但企业内部销售部门属于行政管理部门，所发生的经费开支，不包括在营业费用中，而是列入管理费用。

（4）委托代销费用：主要指企业委托其他单位代销按代销合同规定支付的委托代销手续费。

（5）商品流通企业的进货费用：指商品流通企业在进货过程中发生的运输费、装卸费、包装费、保险费、运输途中的合理损耗和入库前的挑选整理费等。

营业费用过高，就会在很大程度上影响企业的整体效益。例如2005年江中药业的主营业务收入为9.8亿元，毛利润为6.3亿元，毛利率高达64.58%。按理说这样的毛利率相当高，企业的整体效益应该很好。但是由于投入了大量资金在电视广告和渠道建设上，江中药业的营业费用高达4.1亿元，占到毛利润的65%。一旦销售业绩下滑，江中药业很有可能会负荷不了这么高的营业费用，出现资金缺口。从这一点上看江中未来的发展前景很有可能受制于营业费用过高的风险。

衡量销售费用及一般管理费用的高低

在公司的运营过程中，销售费用和一般管理费用不容轻视。投资者一定要远离那些总是需要高额销售费用和一般管理费用的公司，努力寻找具有低销售费用和一般管理费用的公司。一般来说，这类费用所占的比例越低，公司的投资回报率就会越高。

巴菲特在1983年致股东们的信中说："我们面临的另一个问题，如上表中可看到的是我们实际售出的糖果磅数停滞不前，其实这也是这个行业普遍遇到的困难，只是过去我们的表现明显胜于同行，现在却一样凄惨。过去四年来我们平均每家分店卖出的糖果数事实上无多大变化，尽管分店数有所增加，但销售费用也同样增加。"

巴菲特认为，一个真正伟大的企业，其销售费用和一般管理费用都是非常少的。只有懂得严格控制销售费用和一般管理费用的企业，才能在激烈的市场竞争中出类拔萃。

所谓销售费用，是指企业在销售产品、自制半成品和提供劳务等过程中发生的费用，包括由企业负担的包装费、运输费、广告费、装卸费、保险费、委托代销手续费、展览费、租赁费（不含融资租赁费）和销售服务费、销售部门人员工资、职工福利费、差旅费、办公费、折旧费、修理费、物料消耗、低值易耗品摊销以及其他经费等。所谓一般管理费用包括管理人员薪金、广告费用、差旅费、诉讼费、佣金等。

对于销售费用和一般管理费用这类费用，有人觉得没有多少，不必太计较。其实不然，像可口可乐这样的大公司，这类费用每年都高达数十亿美元，它们对整个公司的运营影响非常大。另外不同的行业不同的公司所占的比例也不尽相同。可口可乐公司每年的销售费用和一般管理费用占当年毛利润的比例几乎一直保持在59%，宝洁公司这项比例大约为61%，而穆迪公司的这项比例仅为25%。

巴菲特认为，公司的销售费用及一般管理费用越少越好。尤其在利润下滑时期，更需要好好控制这类费用，要不然公司可能就会面临倒闭或破产的危险。福特公司最近5年内每年花在销售和一般管理上的费用占到当期毛利润比例的89%~780%之间，这是一个多么庞大的比例啊！虽然当期福特公司利润下滑，毛利润减少也是一方面原因，但是在销售额减少的情况下还能保持这么高的费用比例，充分说明福特公司的管理机构和销售方式不太合理。如果福特公司就这么继续下去，而不努力减少这类费用的话，公司的利润就会慢慢被吞噬，福特公司就会一直亏损，直至破产或者倒闭。

巴菲特在寻找投资的公司时，他都会挑选销售费用和一般管理费用比较低的公司。在巴菲特看来，如果一家公司能够将销售费用和一般管理费用的比例控制在30%以下，那这就是一家值得投资的公司。例如巴菲特收购的波珊珠宝公司和内布拉斯加家具店就都是销售费用和一般管理费用非常低的公司。但这样的公司毕竟是少数，很多具有持续竞争优秀的公司其比例也在30%~80%之间。此外，如果一家公司这类费用的比例超过80%，那么投资者几乎就可以不用考虑投资这个企业了。如果某一个行业这类费用的平均比例超过80%，那么投资者几乎可以放弃这一行业了。确实有些行业是这样的，例如航空业。

巴菲特知道，即使是销售费用及一般管理花费保持较低水平的公司，它的长期经营前景也可能被其高昂的研发费用、高资本开支和大量债务所破坏。无论股票价格如何，他都对这类公司避而远之，因为他知道，它们的内在长期经济实力如此脆弱，即使股价较低，也不能使投资者扭转终生平庸的结局。

远离那些研究和开发费用高的公司

一般来说，那些必须花费大量资金在研发部门的企业长期经营风险比较大，因为它们的未来发展前景都压在技术或者专利上。一旦发生什么技术灾难，它们很有可能一蹶不振。所以投资者在投资时要尽量避开这些需要巨额研发费用的企业。巴菲特的原则是：那些必须花费巨额研发开支的公司都有在竞争优势上的缺陷，这使得他们将长期经营前景置于风险中，投资他们并不保险。

巴菲特认为，一个企业要想长远发展，就必须具有持续的竞争优势。但巴菲特比较喜欢像可口可乐公司这样的产品和几十年前一样的企业，却不喜欢那些不断依靠专利权或者技术领先而推出新产品来维持竞争优势的企业。

在巴菲特看来，这些依靠专利权或者会依靠技术领先而维持竞争优势的企业，并没有拥有真正持续的竞争优势。例如很多制药公司依靠专利权来维持竞争优势。一旦过了专利权的保护期限，这些制药公司的竞争优势就消失了，而很多高科技公司依靠技术的暂时领先而在业界取得了主导地位。一旦其他公司也研发出了同样的技术，这些公司的竞争优势也会马上消失。为了维持竞争优势，这些公司必须花费大量的资金和精力在研发新技术和新产品上，从而导致它们的净利润减少。

英特尔公司就是一个典型的例子。英特尔公司的优势就在于其半导体芯片技术。几乎80%的电脑上都安装着英特尔的处理器芯片。因为领先的半导体芯片技术，英特尔几乎独霸了处理器芯片市场。既然英特尔占据着这么大的市场份额，一般来说英特尔的经营利润应该非常突出。可是英特尔的经营利润也仅为平均水平。而导致净利润降低的原因并不是英特尔公司的销售费用和一般管理费用，这类费用在英特尔的毛利润中所占的比例很低。对于英特尔来说，最大的开支就是研发费用，正是这巨额的研发费用拉低了英特尔的盈利水平。我们可以肯定，英特尔的产品绝对在10年内也不会落伍。但是英特尔还是需要把30%的毛利润用于技术的研发。因为一旦它停止研发，其他同行业的公司就会迎头赶上，甚至超越英特尔的技术，这样英特尔就失去了它的竞争优势。

默克公司是世界制药企业的领先者，总部设于美国新泽西州，是一家享誉国际的制药企业。默克公司每年花在研发新药上的费用大约为毛利润的29%。而且由于不断研发新产品，就需要不断重新设计和升级其产品销售计划，以至于每年默克公司需要花费毛利润的49%在销售费用和一般管理费用上。这两者加起来就占毛利润的78%了。更糟糕的是，如果默克公司放弃研发新药物，当它的专利权过期时，它的竞争优势也就随之消失了。

和这些依靠专利或技术领先而获得竞争优势的企业相比，巴菲特更喜欢那些不需要经常进行产品研发的企业。穆迪公司就是巴菲特喜欢的这种类型的企业。巴菲特一直长期持有着该公司股票。穆迪公司是一家债券评级公司，它的销售费用及一般管理费用很低，只占毛利润的25%，而且它没有研发费用。这就是巴菲特心动的理由。

不要忽视折旧费用

我们不难看出，折旧费对公司的经营业绩的影响还是很大的。在观察要投资的公司时，一定要仔细分析折旧费用这一项。企业的折旧费用所占比例越小，我们投资的风险就越低。

2007年巴菲特在致股东信中说："当我们在1996年收购飞行安全公司时，该公司的税前营运利润为1.11亿美元，固定资产净投资额为5.7亿美元。我们收购这家公司以来，该公司的折旧费用为9.23亿美元，但资本支出总额达到16.35亿美元，其中多数支出用于让模拟器跟上机型的不断发展。"

巴菲特认为，在考察企业是否具有持续竞争优势的时候，一定要重视厂房、机械设备等的折旧费。

折旧费是厂房和机械设备等在企业运营过程中发生的损耗在企业账目上的体现。一般来说，一项资产某年的折旧费用就是该资产被用在当年的生产经营活动中产生收益的那部分资产份额。其实也就是该资产对当期收益的一个成本分配。

我们可以用一个例子来说明折旧费。假设某公司购买了一台芯片生产机。该生产机价值100万美元，使用年限为10年。由于这台生产机的使用年限是10年，根据规定，某公司不可以把这100万美元的开支全部计入购买该设备的当期成本，而只能把购买成本按照10年的期限进行划分，每年计入一部分折旧费。我们最常用的方法就是每年在这台生产机上计提10万美元的折旧费。

这台芯片生产机被购买后，在资产负债表上将体现为100万美元的现金流出和100万美元的工厂和设备资产的增加。在未来的10年里，在损益表中每年都会有一笔10万美元折旧费的开支，而在资产负债表中工厂和设备资产每年都将减少10万美元。

这里有一个重点需要我们注意，那就是这100万美元的购买费用，并没有在当年全部计入购买成本，而是在未来10年里分摊计入的。也就是说，在未来10年里该公司可以使用该设备，不需要什么投入，每年的利润中有10万美元被当做折旧费了，向国家税务局上报的利润总额比实际总额减少了。有些人自作聪明，把这些折旧费又返回到利润总额中，并制定了一个新的利润指标，即息税折旧摊销前利润。如果把折旧费返回到利润中，企业可用现金就多了，就有能力偿还更多的负债，也就可以为杠杆式收购提供融资。

巴菲特认为，折旧费本身是一种真实存在的开支，因此不论用什么方式计算利润，都必须把折旧费包括进去。巴菲特觉得息税折旧摊销前利润这个指标的出现，有点故意迷惑投资者的意味。这个指标让投资者觉得公司的利润很高，却忽略了生产机的磨损成本。这样的后果就是企业用虚假的利润获得了很高的财务杠杆，背负很多债务。当生产机报废的时候，企业很有可能已经无法拿出钱来买新的设备了。

一般来说，越是具有持续竞争优势的企业，其折旧费所占毛利润的比例越低，例如可口可乐公司的折旧费用大约占毛利润的6%，箭牌公司的折旧费用大约为7%，宝洁公司的折旧费用大约为8%。相反，越是缺乏竞争优势的企业，其折旧费所占毛利润的比例越高。例如通用汽车的折旧费用大约占毛利润的22%~57%，差距之大，令人咋舌。

利息支出越少越好

和同行业的其他公司相比，那些利息支出占营业收入比例最低的公司，往往是最具有持续竞争优势的。对于投资者来说，获得丰厚回报的唯一方法就是投资于这些具有持续竞争优势的公司。

巴菲特在1995年致股东的信里写道："去年我用了很大篇幅来讨论美国航空，这家公司今年的表现稍显好转，但依然面临着很多问题。令我们庆幸的是，当初签订的特别股投资协议对我们有利。虽然从1994年起本来应该支付我们的特别股股息就已跳票，但是它欠我们的股息每年还是以5%的基放利率加计利息。可惜不幸的是这是一家信誉不好的公司。"

巴菲特认为，对于大多数制造业和零售企业来说，想要得到丰厚的利润，利息支出越少越好。利息支出过多，会直接吞噬公司的净利润，直接损害到企业所有者的利益。尽管有些公司赚取的利息可能比其支付的利息要多，如银行，但对于大多数制造商和零售企业而言，利息支出远远大于其利息所得。

利息支出指的是公司在当期为债务所支付的利息。由于它与公司的生产和销售过程没有直接联系，所以它被称为财务成本，而不是运营成本。利息支出通常可以反映公司负债的多少。负债越多的公司，其利息支出越多。

巴菲特发现，利息支出比例可以当做衡量同一行业内公司的竞争优势。通常利息支出越少的公司，其经营状况越好。像在航空业，西南航空公司一直处于盈利状态，其利息支出为营业收入的9%；而濒临破产的联合航空公司，其利息支出占营业收入的61%；而另一个经营困难的美国航空公司（巴菲特在1995年致股东函里提到的信誉不好的公司），其利息支出占营业收入的比例竟然高达92%。

在寻找投资目标时，巴菲特发现，越是具有持续竞争优势的公司，其利息支出所占营业收入的比例反而越小。像可口可乐公司每年的利息支出仅占营业收入的8%；箭牌公司的利息支出仅占7%；波珊珠宝公司没有负债，利息支出为零。

很多人觉得运用财务杠杆是谋求公司长远发展的必经之路，即使付出较多利息也是在所难免的。但巴菲特不这么觉得。他认为，如果利息支出比例过高，就很有可能导致一个公司的破产或者倒闭。贝尔斯登银行就是一个例子。2006年，贝尔斯登银行的资产负债表显示该年利息支出占营业收入的70%，但到了2007年年末，其利息支出已经高达营业收入的230%。即便贝尔斯登把公司所有的营业收入都用来支付利息，也不足以填补这么大的缺口。最终这个曾经辉煌一时，股价高达170美元的银行在2008年被摩根银行以每股10美元的价格收购。还有个特别典型的例子：美国有家电视台使用很高的财务杠杆，每年需要支付的利息高达其年平均利润的5倍。也就是说，排除电视台运营需要花费的人工、资金和服务等一切成本，那家电视台营运5年才能够支付1年的利息。试想想，如果企业走到了这步田地，除了倒闭还能有什么办法呢？

当然，不同行业的利息支出通常是不一样的，不同行业间的差别甚大。例如消费品行业的公司利息支出比例在10%~30%之间；而在银行业，富国银行的利息支出为营业收入的30%，而这却是美国排名前5名的银行中比例最低的；还有轮胎制造业，是个资本密集型的行业，竞争又很激烈，这个行业的公司通常需要将其营业收入的40%~70%用于利息支出。

计算经营指标时不可忽视非经常性损益

投资者在考察企业的经营状况时，一定要排除非经常性项目这些偶然性事件的收益或损失，然后再来计算各种经营指标。毕竟，这样的收益或损失不可能每年都发生。

巴菲特在2007年致股东的信中说："2004年依持股比例，伯克希尔公司可分配到的盈余高达12.2亿美元，这个数字称得上合理，虽然吉列与富国银行因为选择权成本隐含不计而被高估，但同时可口可乐却也提列了一笔非经常性的损失。"

巴菲特认为，在考察公司的盈利能力时，不仅要看公司的利润金额，而且要看公司的利润结构，即哪些利润是可以持续获得的，而哪些利润是偶然获得的。无论用什么指标衡量企业是否具有持续竞争优势，我们都应该排除非经常性项目的影响。只有排除偶然事件的影响，我们才能够进行更准确的判断。

非经常性损益是指公司发生的与生产经营无直接关系，以及虽与生产经营相关，但由于其性质、金额或发生频率，影响了真实、公允地评价公司当期经营成果和获利能力的各项收入或支出。非经常性损益包括资产置换损益、资产处置损益、委托投资损益、各种形式的政府补贴或税收优惠债务重组损益、比较财务报表中会计政策变更对以前期间净利润的追溯调整数等。

例如，某公司有一个价值100万美元的设备，设备使用期限为10年，每年计提10万美元作为折旧费用。今年是使用该设备的第5年，设备的账面价值为50万美元。因为某些原因公司现在要出售这个设备。如果这个设备以70万美元出售，这个设备出售产生的20万美元收益将被记录在出售资产收益（损失）这个项目中。如果这个设备以40万美元出售，这个设备出售产生的10万美元的亏损也将被记录在出售资产收益（损失）这个项目中。由于公司并不会经常出售生产设备、厂房等，这里出售资产产生的收益或损失都只是偶然性事件。因此这里出售资产收益（损失）这个项目就属于非经常性损益。

我们在考察公司的经营业绩时，必须剔除非经常性收益或损失，才能得知公司每年真正都可以持续的盈利水平。因为如果公司发生非经常性收益，公司利润表中所反映的当期净利润就高于经常性活动产生的净利润，这样计算出来的净资产收益率和每股收益等盈利指标就会比实际情况偏大；如果公司发生非经常性损失，公司利润表中所反映的当期净利润就低于经常性活动产生的净利润，这样计算出来的净资产收益率和每股收益等盈利指标就会比实际情况偏小。

例如，某家公司2008年的净利润为200万美元，净资产为2000万美元，那么这家公司2008年的实际净资产收益率为10%。如果该公司2008年非经常性项目收入100万美元，那么账面上的总利润为300万美元，我们计算出来的净资产收益率为15%；如果该公司2008年非经常性项目损失100万美元，那么账面上的总利润为100万美元，我们计算出来的净资产收益率为5%。

在判断某项损益是否为非经常性损益时，应该考虑该项损益的性质、金额或发生频率的大小。

（1）判断某项损益的性质，应主要分析产生该项损益的事项或业务是否为公司持续经营所必需，是否为公司发生的特殊业务。从公司所处的经营环境看，特殊性的事项或业务具有高度的反常性，而且与企业正常典型的活动明显的不相关或仅仅偶然相关。如果产生某项损益的事项或业务是公司持续经营不可或缺的，则该项损益就不能作为非经常性损益来处理。比如，公司为了保证设备的正常运转，每隔几年要对设备进行一次大修理，因而不是公司的特殊业务，所发生的大修理费用就是公司为维持正常的生产经营能力所必须发生的费用，由此而产生的损益也就应该是公司的经常性损益。

（2）判断某项损益是否为非经常性损益时，还应该考虑损益金额的大小。根据会计中的重要性原则，对于一些金额较小的非经常性损益即使将其视为经常性损益，也不会对投资者的投资决策分析产生实质性的影响。因此，对于一些明显可归于非经常性项目，但金额较小的损益，为了简化起见，在一般情况下可以将其视为经常性损益处理。但是，如果这些损益对公司的主要财务指标将会产生实质性的影响时，仍然将其视为经常性损益就不恰当了。

（3）除了考虑损益的性质和金额外，还必须考虑其发生的频率。产生非经常性损益的事项或业务应该是公司发生的偶发性事项或业务，也就是公司在可以预见的将来不能合理预计是否会发生的业务。正是因为这些事项或业务发生的偶然性，由此而产生的损益就应该归属于公司的非经常性损益。比如，公司于本年度获得了当地政府给予的一次性财政补助300万美元，使公司避免了出现亏损的不利局面，但公司对于以后年度能否继续获得此类补助则无法进行合理的预计。因此，本年获得的300万美元一次性财政补助就应该作为非经常性损益处理。

由于这些损益都是偶然事件，所以相关数字一般会突然出现在损益表的最后几行。巴菲特认为，把这些排除在外，无论用哪种利润指标都能准确判断公司是否具有持续竞争优势。

税前利润和税后利润的差别会很大。

当一家公司吹嘘它的利润有多么高时，投资者一定要搞清楚它说的是税前利润还是税后利润。因为税前利润和税后利润的差别实在是太大了。千万不要低估所得税的影响力。

巴菲特1999年在致股东的信里写道："为了要更真实地反映伯克希尔公司实际的经营状况，我们运用了完整透视盈余的观念，这个数字总共包含前段所提到的账列盈余，加上主要被投资公司的保留盈余，按一般公认会计原则未反应在我们公司账上的盈余，扣除这些盈余分配给我们时估计可能要缴的所得税。"

巴菲特认为，净利润是衡量企业经营业绩的重要指标。但有一点，投资者一定要注意，那就是所得税对净利润的影响。

企业所得税是对企业生产经营所得和其他所得征收的一种税。企业所得税的轻重、多寡，直接影响税后净利润的形成，关系到企业的切身利益。无论在哪个国家，企业都要为它们的收入缴纳所得税。每个国家规定缴纳所得税的标准不太相同。目前，在美国公司需缴纳的所得税金额大概为其税前利润的35%，在中国公司需缴纳的所得税金额大概为其税前利润的25%。

企业所得税对企业的发展有着至关重要的影响。根据国家的税收政策，不同的行业不同的地方企业税收有很大差别。在我国，一般企业的所得税金额为税前利润的25%，但国家重点扶持的高新技术企业的所得税金额仅为税前利润的15%。假设有两家公司每年的税前利润都是1000万元，一家为普通行业，一家为高新技术行业。那么它们缴纳的企业所得税分别为250万元和150万元，这之间相差了高达100万元。另外，国家还规定了一些免税政策。例如国家规定经国务院批准的高新技术产业开发区内新办的高新技术企业自投产年度起，免征所得税2年。企业在最初建立的几年里，处于发展阶段，通常都会需要很多资金投入，而这省下来的税款正好可以弥补资金的缺口，对企业的发展起了很大的促进作用。

巴菲特认为，投资者在投资时一定要注意区别税前利润和税后利润。税前利润是指在缴纳所得税前的利润，就是企业的营业收入扣除成本费用以及流转税后的利润。税后利润就是在税前利润基础上缴纳了所得税后的利润。

有一年巴菲特买入了价值1.39亿美元的华盛顿公共电力供应系统的免税债券，该债券每年支付巴菲特2270万美元的免税利息。在巴菲特看来，这2270万美元的收益相当于

4500万美元的税前利润。如果他要在市场上购买一家每年赚4500万美元税前利润的企业，那么他必须花费2.5~3亿美元。这么看来，这1.39亿美元的免税债券还是非常划算的，而且相对风险也比较小。

税后利润即是一个公司的净利润，是企业在某一会计期间缴纳所得税后的净经营成果。这个指标意味着公司在缴纳所得税后最终赚了多少钱。净利润多，企业的经营效益就好；净利润少，企业的经营效益就差。

巴菲特通常对一个公司一年内的净利润毫无兴趣，他认为，公司的净利润若有持续增长的态势，则这个公司就有可持续的竞争优势。此外，净利润率也是巴菲特持续关注的另一指标。净利润率是公司净利润与公司主营业务收入之间的比值。

巴菲特发现，那些具有持续竞争优势的公司，其报告净利润占总收入的比例会明显高于它们的竞争对手。巴菲特说，倘若要在一家收入100亿美元、净利润为20亿美元的公司和一家收入1000亿美元但仅赚50亿美元的公司之间进行选择的话，他宁愿选择前者。因为前者的净利润率是20%，而后者的净利润率只有5%。可见，单独的净利润收入基本不能反映公司的经营业绩状况，但是利润率却能反映出很多公司与其他公司之间的业绩对比状况。

第二节　资产负债表项的11条重要信息

没有负债的才是真正的好企业

"好公司是不需要借钱的。"虽然我们不能绝对地从一个公司的负债率来判定公司的好坏，但如果一个公司能够在极低的负债率下还拥有比较亮眼的成绩，那么这个公司是值得我们好好考虑的。

1987年巴菲特在致股东的信里写道："《财富》杂志里列出的500强企业都有一个共同点：它们运用的财务杠杆非常小，这和他们雄厚的支付能力相比显得非常微不足道。这充分证明了我的观点：一家真正好的公司是不需要借钱的。而且在这些优秀企业中，除了有少数几家是高科技公司和制药公司外，大多数公司的产业都非常普通，目前它们销售的产品和10年前并无两样。"

巴菲特认为，一家优秀的企业必然能够产生持续充沛的自由现金流。企业靠这些自由现金流就应该能够维持企业运营。一家优秀的企业是不需要负债的。巴菲特觉得，投资者在选择投资目标时，一定要选择那些负债率低的公司。公司负债率越高，投资风险就越大。另外，投资者也要尽量选择那些业务简单的公司。像上文提到的那些优秀企业中，大多数都还在销售着10年前的产品。

在巴菲特看来，能够每年创造高额利润的上市企业，其经营方式大多与10年前没什么差别。巴菲特投资或收购的公司大多都是这种类型的。伯克希尔公司旗下的子公司每年都在创造着优异的业绩，可是都从事着非常普通的业务。为什么普通的业务都能够做得如此成功？巴菲特认为，这些子公司优秀的管理层把普通的业务做的不再普通。他们总是想方设法保护企业本身的价值，通过一系列措施来巩固原有的优势。他们总是努力控制不必要的成本，在原有产品的基础上不断尝试研发新产品来迎合更多的顾客的需求。正因为他们充分利用现有产业的地位或者致力于在某个品牌上努力，所以他们创造了高额利润，产生了源源不断的自由现金流，具有极低的负债率。

1987年伯克希尔公司本公司在1987年的净值增加了46400万美元，较前一年增加了19.5%。而水牛城报纸、费区海默西服、寇比吸尘器、内布拉斯加家具、史考特飞兹集团、时思糖果公司与世界百科全书公司这七家公司在1987年的税前利润高达18000万美元。如果单独看这个利润，你会觉得没有什么了不起。但如果你知道他们是利用多少资金就达到这么好的业绩时，你就会对他们佩服得五体投地了。这七家公司的负债比例都非常地低。1986年的利息费用一共只有200万美元，所以合计税前获利17800万美元。若把这七家公司视作是一个公司，则税后净利润约为1亿美元。股东权益投资报酬率将高达57%。这是一个非常令人惊艳的成绩。即使在那些财务杠杆很高的公司，你也找不到这么高的股东权益投资报酬率。在全美五百大制造业与五百大服务业中，只有六家公司过去十年的股东权益报酬率超过30%，最高的一家也不过只有40.2%。正是由于这些公司极低的负债率，才使得他们的业绩如此诱人。

现金和现金等价物是公司的安全保障

巴菲特认为，自由现金流是否充沛，是衡量一家企业是否属于"伟大"的主要标志之一。而这个观点是他在对自己的经验教训进行总结的基础上得到的。在他看来，自由现金流比成长性更重要。

巴菲特在伯克希尔公司2007年致股东的一封信中说："伯克希尔公司所寻找的投资项目，就是那些在稳定行业中具有长期竞争优势的企业。如果这些企业具有迅速成长性当然更好，可是如果没有这种成长性，只要能产生自由客观的现金流，也是非常值得的。因为伯克希尔公司可以把从中获得的自由现金流重新投入到其他领域。"

巴菲特认为，投资者购买的股票其自由现金流要持续充沛，这是考察该股票是否值得投资的很重要的一个方面。一家真正伟大的企业，自由现金流必须充沛是其前提条件之一。

现金是可由企业任意支配使用的纸币、硬币。现金在资产负债表中并入货币资金，列作流动资产，但具有专门用途的现金只能作为基金或投资项目列为非流动资产。现金等价物是指企业持有的期限短、流动性强、易于变化为已知金额的现金、价值变动风险很小的投资。一般是指从购买之日起，3个月到期的债券投资。现金等价物是指短期且具高度流动性之短期投资，变现容易且交易成本低，因此可一同视为现金。

如果一个上市公司在短期内面临经营问题时，一些短视的投资者会因此抛售公司股票，从而压低股价。但巴菲特不会这么做，他通常会去查看公司囤积的现金或有价证券总额，由此来判断这家公司是否具有足够的财务实力去解决当前的经营困境。

如果我们一家公司持有大量现金和有价证券，并且几乎没有什么债务的话，那么这家公司会很顺利度过这段艰难时期。而一旦现金短缺或者没什么现金等价物的话，即使公司经理人再有能耐，也不可能挽回公司倒闭的局面。由此可见，现金和现金等价物是一个公司最安全的保障。

从2008年的全球金融危机来看，那些拥有大规模现金的公司在金融危机中可采取的应对策略也更灵活一些。一家咨询公司的高级战略分析师说道，如果一家公司拥有足够的资金，那么这家公司在当前的市场环境中将占有极大的有利位置。当前，许多优质资产的价格已经跌到了谷底，更为重要的是，这些公司都有意接受来自投资者的报价。

对公司而言，通常有三种途径可以产生大量现金。首先，它可以向公众发行出售新的债券或者股票，所融得的资金在使用之前会形成大量的库存金；其次，公司也可以通过出售部分现有业务或其他资产，出售获得的资金在公司发现；再次，公司一直保持着运营收益的现金流入大于运营成本的现金流出，也会产生一部分现金收入。如果一家公司能通过这三种方式持续地运营带来大量的现金积累，就会引起巴菲特的注意，因为这类公司往往具有持续性竞争优势。

巴菲特眼里的优秀公司原型就是伯克希尔公司旗下的国际飞安公司（FSI）。伯克希尔公司1996年收购该公司时，它的税前利润还只有1.11亿美元，固定资产净投资5.7亿美元。而在伯克希尔公司收购该公司后的10年间，该公司资产折旧9.23亿美元，资本投入16.35亿美元，其中绝大部分都是用来配套那些飞行模拟器的。2007年该公司税前利润为2.7亿美元，比1996年增加了1.59亿美元，不过与时思糖果公司相比还是逊色多了。

巴菲特眼里的糟糕公司，是那种成长速度很快，可是却需要大量资本投入才能维持其原有发展速度、利润很少甚至根本就不赚钱的企业。美国航空公司就具有这种公司的典型性，从第一架飞机诞生的时候开始，就决定了航空公司需要源源不断地投入资金，有时候根本就不创造利润。

债务比率过高意味着高风险

负债经营对于企业来说犹如"带刺的玫瑰"。如果玫瑰上有非常多的刺，你怎么能够确信自己就能小心地不被刺扎到呢？最好的方法就是，尽量选择没有刺或者非常少刺的企业，这样我们的胜算才会大一些。

巴菲特认为，一个好的企业并不需要很高的负债率。如果一个企业拥有很高的负债率，企业面临的风险就比较大，就像一辆不安全的车驶过一条坑坑洼洼的路一样，处处充满了危机。投资者在购买股票时一定要尽量避开负债率很高的企业。

很多人信奉现在的负债经营理论。他们认为，负债经营不但可以有效地降低企业的加权平均资金成本，还可以通过财务杠杆，为企业带来更高的权益资本的收益率。但巴菲特认为，负债经营并不是很稳妥的经营方式。巴菲特认为，只要是好公司或是好的投资决策，即使不靠财务杠杆，最后也一定能够得到令人满意的结果。如果为了一点额外的报酬，就将企业机密信息暴露在不必要的风险下是非常愚蠢的。

坦帕湾地方电视台的购并案就是一个负债过高的典型案例。由于举债过高，坦帕湾地方电视台一年所需要支付的利息甚至超过它全年的营业收入。换句话说，即便该电视台没有任何人工、设备、服务等成本费用，这家电视台一年下来依然是亏损的。如此下来，坦帕湾地方电视台似乎也就只有破产一条路可走了。

1997年八佰伴国际集团宣布破产。闻名于日本乃至世界的八佰伴集团发展历史曲折艰辛，充满传奇，它的创始人阿信之子——和田一夫，将八佰伴从一个乡村菜店开始，一步步发展为日本零售业的巨头。在全盛期，八佰伴拥有员工近3万人，在世界上16个国家和地区拥有450家超市和百货店，年销售额达5000多亿日元。八佰伴破产，正值亚洲国家和地区受金融风暴冲击，经济向下调整时期，虽然有种种外部不利因素导致八佰伴经营的失败。然而主要的原因却是八佰伴扩张速度过快，负债过高。据香港八佰伴的年报资料，在1988年八佰伴应付贸易欠账只有300多万元，不足1%的营业额。但到1997年，八佰伴拖欠的应付贸易账，已增至近5.5亿港元，相当于营业额的13.5%，总负债更高达10.24亿港元。最终八佰伴不堪重负，无奈以破产结尾。

负债率依行业的不同而不同

不同行业的企业负债率是不同的。即使在同一个行业里，不同时期的负债率也会有所不同。在观察一个企业的负债率的时候，一定要拿它和同时期同行业的其他企业的负债率进行比较，这才是比较合理的。

巴菲特在1990年的信里说："现金就是现金，不论它是靠经营媒体得来的，还是靠钢铁工厂得来的，都没有什么两样。但在过去，同样是1元的利润，我们大家都会看重媒体事业，因为我们觉得不需要股东再投入资金媒体事业就会继续成长，而钢铁业就不行。不过现在大家对于媒体事业的看法也渐渐变为后者了。"

巴菲特认为，虽然好的企业负债率都比较低，但不能把不同行业的企业放在一起比较负债率。我们不能把媒体业和钢铁业放在一起来比较负债率。不同行业的负债率高低完全不一样。

在过去，投资者都认为电视、新闻、杂志等媒体行业是值得投资的好行业。因为在过去媒体行业一般不需要负债经营，它们能够完全不依靠外来资金投入就可以一直以每年6%的增长速度发展，而且也不需要很多运营资金。可是最近几年，媒体行业的发展开始慢慢发生变化，而且在未来的日子里会发生更剧烈的变化。

巴菲特认为，媒体企业账面上的利润其实就相当于企业的自有资金。如果企业能够每年都增加6%的现金流，我们以10%的折现率把这种现金流进行折现，那么100万美元的税后净利润就相当于一次性投入2500万美元所得到的收益。但如果企业不能每年都增加6%的现金流，那么企业每年就必须保留一部分利润资金用于追加投入。显而易见，如果企业每年都可以提供6%的现金流增长率，企业不仅不需要负债，还有闲散资金可以支配；但是如果企业无法稳定提供6%的现金流增长率，那么该企业为了补充流动资金，就必然要负债。由于行业周期性经济不景气，很多媒体行业的企业都陷入了负债的困境。不少企业因为前期负债率过高，导致实际盈利水平大幅度降低。甚至有的企业每年的营业收入还不足以偿还当年利息。

巴菲特在媒体行业有着很多投资。例如水牛城日报公司、华盛顿邮报公司、美国广播公司等都是伯克希尔公司旗下的子公司。虽然整个媒体行业利润下降不少，但由于美国广播公司和华盛顿邮报公司两家企业的负债率都很低，公司账面上的现金余额就足以偿还所有债务，所以它们轻松地渡过了行业经济危机。

在巴菲特看来，有些企业的经理人明知企业无法承担过重负荷，还一直借很多债，这是非常不负责任的行为。巴菲特从来不允许他旗下的那些子公司这样做。即使是"霹雳猫"保险业务的损失理赔上限金额很大，"霹雳猫"保险公司的负债率也是很低的。

负债率高低与会计准则有关

不同的会计准则能够把同一份数据计算出相差甚远的结果。所以在分析要投资的企业时，一定要尽量了解该公司使用的是哪个会计准则。如果该公司有下属公司，那么一定要注意该公司报表中是不是把所有子公司的所有数据都包含在内了。

巴菲特在2003年写给股东的信里说："受限的投票权使得我们没法将美中能源的财务状况以非常精确的方式列入财务报表。按照会计原则我们只能按投资比例列出该公司的投资金额及损益，而没办法把该公司所有的资产负债和盈利损益都纳入伯克希尔公司财务报表。也许在将来的某一天，会计法则会发生重大改变或者公共事业持股公司法案被取消，到那时我们就可以把美中能源所有的财务数据都列入伯克希尔公司的财务报表里，当然，也包括美中能源的融资负债的情况。"

巴菲特认为，在考察公司的负债率有多高的时候，不仅要注意财务报表中的账面数字，还要了解该企业适用的会计准则。对于相同的账面数据，根据不同的会计准则也许就会计算出两个截然不同的企业负债率。

就拿巴菲特所在的伯克希尔公司为例，如果我们单从伯克希尔公司的报表数据来考察伯克希尔公司的负债率，得出的结论就不是很准确的。因为美中能源控股公司是伯克希尔公司投资的公司。通过美中能源公司，伯克希尔公司拥有着英国第三大电力公司约克夏电力公司、北方电力公司、美国爱荷华州美中能源公司、肯特河及北方天然气管道输送线等很多公共事业公司的股份。一般来说，这些公用事业股份的营业收入、经营利润、负债率等财务状况都应该反映在伯克希尔公司的报表中。但是受美国的公共事业持股公司法案限定，能够反映在伯克希尔公司报表里的数据只是这些公共事业实际数据很小的一部分。

美中能源公司的负债率相对来说是高了一些。但这并不意味着巴菲特也开始青睐负债率高的公司了。其实不然，巴菲特在2005年伯克希尔年报中提到，伯克希尔公司一般不会负债，只有在三种特殊情况下才会考虑负债：第一种情况是需要利用回购协议来作为某种短期投资策略；第二种情况是为了更清晰地了解风险特征的带息应收账款组合而借债；第三种情况是即使一些负债数据显示在伯克希尔公司报表中，但实际负债和伯克希尔公司毫不相干。

巴菲特之所以愿意容忍美中能源公司相对较高的负债率，一方面来说，目前美中能源公司的负债规模也没有很大。即便是在最严峻的经济形势下，其多元化且稳定的公用事业营运也可以累计足够的利润来偿还所有的债务。另一方面，美中能源公司的债务向来就不是伯克希尔公司的责任，现在不是，以后也不会是。再者说，美中能源最大的债主就是伯克希尔公司，即使出现了最糟糕的状况，美中能源也不必担心像其他企业一样被别人追债。

并不是所有的负债都是必要的

在选择投资的公司时，如果从财务报表中发现公司是因为成本过高而导致了高负债率，那么你一定要慎重对待它。毕竟，不懂得节约成本的企业，如何能够生产出质优价廉的商品？如果没有质优价廉的商品，如何能够为股东赚取丰厚的回报？

巴菲特在1998年给股东的信里写道："当一架飞机被用来当私人飞机使用时，存有一个很大的争议问题就是这私人飞机不是由现在的客户买单，而是由其后代子孙买单的。这也是当我最敬爱的爱丽丝阿姨在40年前询问我是否应该买一件貂皮大衣时，我这么回答道：'阿姨，你花的不是自己的钱，而是你的继承人的钱。'"

当一架飞机被专门买来给某人使用时，很多人都非常清楚，维护飞机的巨额开支不是由现在的企业负担，而是由他们的子孙来负担的。在巴菲特看来，这种行为造成了很大的浪费，而这种浪费必将会影响企业的业绩并且终会转嫁到后来的经营者身上。不论是个人还是企业，很多花费是可以省略的。如果一家企业能够很好地节约成本，省去不必要的开支，那么该企业一定会降低负债率，而且也会拥有更好的业绩。

我们以坐飞机为例。巴菲特认为，一些人花那么多钱买一架飞机，一年却用不了几次，还得花很多钱来保养它，与其这样，不如花较少的钱在企业主管飞行公司EJA购买部分飞机使用权Netjets。这样既节省了开支，又可以享受到非常舒适的服务。

巴菲特以前也曾购买过一架"猎鹰20"飞机，作为伯克希尔公司的专机。但巴菲特觉得飞机常常停着却依然需要维护它，非常浪费钱财，而且每次只能享受这一型号的飞机，有时候会产生厌倦。直到接触了Netjets，巴菲特的烦恼终于消失了。巴菲特第一次接触Netjets，是由伯克希尔公司旗下的H.H.Brown鞋业的经理人弗兰克介绍的。弗兰克常常使用EJA公司提供的Netjets服务，而且觉得相当满意，于是弗兰克就介绍负责人Rich和巴菲特认识。结果Rich只花了15分钟的时间就说服巴菲特买下1/4的霍克1000型飞机的所有权（也就是每年200小时）。从此之后，巴菲特就爱上了Netjets。巴菲特和他的家人都开始享受Netjets服务。然后巴菲特就向EJA抛出了橄榄枝。很快，巴菲特就和EJA达成了一笔高达7.25亿美元的交易，其中现金与股票各半。

EJA目前已是这个行业里规模最大的企业，拥有超过1000位的客户以及163架的飞机，飞机种类包括波音、湾流、Falcon、Cessna和雷神等。在巴菲特看来，购买飞机部分使用权真的是一件非常划算的买卖。一个客户如果同时拥有三种类型的飞机各1/16的所有权，他就可以拥有一年使用该飞机50个小时的飞行权，三架飞机合计150个小时。而这个客户只需要花费一笔数量不多的钱。想想看，拥有一群飞机却只需要不足一架飞机1/10的价钱，这是多么诱人的事情，难怪连巴菲特都对它爱不释手。

零息债券是一把双刃刀

零息债券是个有用的金融工具，既可以为企业节税，也可以为投资者带来收益。但是投资风险也是存在的。在购买零息债券时，一定要时刻提防不能按期付现。仔细观察该企业的信誉如何，不要被企业的表象所欺骗。

1989年巴菲特在致股东信里写道："去年9月，伯克希尔公司发行了9亿美元的零息可转换次顺位债券，目前已在纽约证券交易所挂牌交易，由所罗门公司负责本次的债券承销工作，所罗门为我们提供了宝贵的建议与完美无缺的执行结果。大部分的债券都需要按时支付利息，通常是每半年一次，但是零息债券却不须要马上支付利息，而是在投资人购买债券时，以一定的折价把利息预先扣除。而实际利率则取决于发行的债券价格、发行时间和到期面值。"

巴菲特认为，零息债券就是一把双刃剑。它可以救人，也可以伤人。企业在发行零息债券的时候一定要小心谨慎，努力让零息债券成为自己的帮手而不是敌人。

我们可以以上文中提到的伯克希尔公司发行的零息债券为例，这个债券是这样的：它是面额1万美元，15年期限，可以申请转换为伯克希尔公司的股票。每张债券的发行价格是4431美元，如果转换为伯克希尔公司股票后，包含15%的溢价在内的话，可以转换为9815美元，而这个价格要比伯克希尔公司当时的股票价格高出大约15%。同时伯克希尔公司有权在1992年9月28日以后加计利息（5.5%的年利率）赎回这些债券，而债券持有人也有权在1994年至1999年的9月28日要求公司加计利息买回其所持有的债券。

就税负的观点而言，虽然伯克希尔没有马上支付利息，但每年仍可享受5.5%利息支出的所得税扣抵。由于减少了税负支出，所以就现金流量的角度而言，伯克希尔每年还有现金净流入，这是零息债券带给伯克希尔的一个好处，当然也存在一些不可知的变数。因为很难精确计算出这次发行真正的资金成本，但不管怎样，应该都低于5.5%。不得不说，这是一种非常好的节税方式。

但是，并不是所有的零息债券都能够为企业和投资者双方带来好处。要了解这一点，我们需要先大概了解美国的债券发行史。

第二次世界大战期间，美国发行了一种零息债券。这种债券的面额最小的只有18.75美元，买下10年后可以从美国政府那里得到25美元，年投资报酬率大约为2.9%，这在当时是相当不错的回报率。但是这种国家信誉担保的债券面额较小，不太适合于机构投资者购买。于是一些善于投机的银行家想出了一些所谓的妙计。他们把标准的政府债券分拆成普通投资者和机构投资者想要的零息债券。例如他们将20年期每半年付息的债券，分拆成40张到期日分别为半年到20年不等的零息债券，然后再把到期日相同的债券拼起来对外出售。这样所有购买这种债券的投资者就可以非常清楚能够获得的回报率。

可是什么事情都具有两面性。这种零息债券有个突出的缺点就是在债券到期日之前发行企业不必付出任何资金，谁也不清楚发行企业是否真正有实力可以支付这些债券。甚至有些企业还会拆东墙补西墙，通过发行其他债券来支付将要到期的债券。除非企业经营出现重大问题，整个财务状况被曝光，投资者才能够真正了解企业是否有支付的实力。

银根紧缩时的投资机会更多

作为普通投资者，我们要向巴菲特学习，保守经营我们的投资事业。不管遇到多么吸引人的投资机会，也不要把自己的全部资本都用来投资，更不要借钱投资，毕竟股市的风险是时刻存在的。

巴菲特曾说："这项融资案的主要承销商Donaldson自始至终都在提供给我们一流的

服务。而不像大部分的公司，伯克希尔并不会为了一些特定的短期资金需求而去融资，我们借钱是因为当我们觉得在一定期间内将有许多好的投资机会出现，最佳的投资机会大多是出现在市场银根最紧的时候，那时候你一定希望拥有充沛的资金。"

巴菲特认为，不能单纯地从企业的负债率高低来判定企业的好坏。企业为什么负债也是一个值得投资者注意的地方。就像上文提到的一样，伯克希尔公司的负债原因和其他公司是不一样的。其他公司是为了弥补短期的资金需求而融资负债，而伯克希尔公司是为了抓住即将到来的投资机会。在巴菲特看来，当银根最紧的时候就是投资的最佳时机。想要抓住投资的好机会，就要提前准备好充沛的资金。如果投资机会来临了却没有现成的资金，那就只能望洋兴叹了。尽管伯克希尔公司拥有大量现金，但伯克希尔公司依然很少负债。巴菲特说伯克希尔公司即使真的要负债，也会比较保守，就算放弃一些非常诱人的投资机会，也不愿意过度融资。

巴菲特在寻找投资机会的时候，也偏好那些产生现金流而非消耗现金流的企业。在巴菲特看来，投资这样的企业有两个优势：第一个优势是这样的企业产生的大量现金流可以上交给伯克希尔公司，巴菲特可以用这些现金流再进行其他投资；第二个优势是当这些企业碰到好的项目时，即使需要负债经营，也不用担心，源源不断的现金流能够确保企业安全无虞。

固定资产越少越好

投资者在选择投资的企业时，尽量选择生产那些不需要持续更新产品的企业，例如口香糖。这样的企业就不需要投入太多资金在更新生产厂房和机械设备上，相对地就可以为股东们创造出更多的利润，让投资者得到更多的回报。

1980年巴菲特在致股东信里写道："伯克希尔公司并不会像很多公司一样为了一些短期资金缺口而融资。通常只有当我们觉得在接下来的一段时间内将有许多好的投资机会出现时我们才会融资。我们都知道最佳的投资机会大多出现在市场银根最紧的时候，而我们希望那时候能够拥有充足的火力。"

公司的房产、生产厂房和机械设备几乎是每一家企业都必备的。一般来说，公司的房产、生产厂房和机械设备的总价值会作为一项资产列示在公司的资产负债表上。而这项资产的数据是以初始购置成本减去累计折旧后剩余的价值。巴菲特认为，越是优秀的公司，其房产、厂房和机械设备所占的比例越少。

巴菲特在选择投资的公司时，都会注意公司的房产、生产厂房和机械设备在公司资产负债表中所占的比例。在巴菲特看来，那些有持续竞争优势的公司一般不常更新厂房和机械设备。通常只有当原有的厂房和设备已经快报废了，它们才会更换一套新的。而那些不具有持续竞争优势的公司为了迎接时刻存在着的同行的竞争，常常需要在生产设备还没报废之前就更换新的设备，以增强其竞争力。这样看来，反而是没有持续竞争优势的公司比有持续竞争优势的公司花在更新厂房和设备上的钱多很多。长期下来，这笔开支就会为这两个公司带来不同的经营表现。更何况，越是有持续竞争优势的公司越有能力用自有资金购买厂房和设备。而没有持续竞争优势的公司可能会因为要弥补不断更新厂房和设备的资金缺口而被迫负债。一旦负债，就会把公司的一部分收入用来支付利息，公司的净资产收益就会变得更低。

著名口香糖生产商箭牌公司就是一家具有持续竞争优势的公司。箭牌公司的厂房和设备总资产为14亿美元，负债10亿美元。看起来箭牌的公司的债务还挺高的，但是箭牌公司每年能够赚取差不多5亿美元的利润。也就是说，只需要两年时间，箭牌公司就可以把所有负债全部还清。而且，口香糖是一种不需要持续更新的产品。箭牌公司不需要经常更新厂房和生产设备。

和生产口香糖的箭牌公司相比，生产汽车的通用集团就没有那么幸运了。通用汽车厂房和设备总价值大约为560亿美元，负债400亿美元。最近几年通用汽车还一直处于亏损状态。对于通用来说，还清这些债务确实还需要一些时日。汽车又是一个需要经常更新的产品。为了应对全球汽车制造商的激烈竞争，通用必须不断对汽车产品进行升级和更新，相应的，通用就需要对生产线不断进行更新和配置。这是一笔持续不断的隐形投入，为通用的经营又增加了很多负担。

无形资产属于不可测量的资产

企业的无形资产和有形资产一样重要。投资者在挑选投资的企业时，也要多了解一下企业的声誉如何。很显然，靠10元钱有形资产产生1元钱利润和靠1元钱有形资产产生1元钱利润的企业当然是不同的。

1983年巴菲特在致股东信里写道："当一家企业被购并后，会计原则要求购买价格优先分摊到有形可辨认资产的公平价值之上，这些资产的总价值（扣除负债后）通常低于实际交易的价格。这种情况下产生的差额通常会被归类到'净资产公平价值超过收购成本差额'这一会计类别中。这听起来有些拗口，其实这个价值就是'商誉'。"

巴菲特认为，如果企业运用资产所产生的盈余高于市场平均报酬率，其价值通常也会通过净资产价值。这些超额盈余的资本化价值就是商誉。在运行企业股权价值评估时，不仅要评估企业有形资产的价值，也要评估企业的商誉、技术等无形资产的价值。在巴菲特看来，具有持续竞争优势越突出的企业，有形资产在价值创造中的作用越小，企业商誉、技术等无形资产在价值创造中的作用越大，超额回报率越高，经济商誉也就越庞大。

时思公司是美国最著名的巧克力企业，是巴菲特认为具有持续竞争优势的企业。巴菲特常常如此形容时思巧克力的无形资产："假设你去一家商店买时思的巧克力，不巧正好卖完了，售货员推荐你购买一种无品牌的巧克力，你却宁愿再步行几百米去其他商店购买时思巧克力。或者你能够2美元购买1盒无品牌巧克力，而你愿意多花1美元购买1盒时思巧克力。"巴菲特觉得，这就是时思公司的无形价值。

巴菲特在1972年年初以2500万美元购买了时思公司。当时时思公司的账面资产净值约为800万美元。巴菲特多支付的1700万美元就是时思公司的无形资产的价值，但巴菲特依然觉得非常值得。在巴菲特眼里，1972年只有少数几家企业预计会像时思那样持续保持25%的有形资产净值税后收益率，而且这是在保守的会计政策和没有财务杠杆的情况下，并不是存货、应收账款或固定资产的公允市场价值让时思公司产生了如此高的超额回报率，而是时思公司的无形资产。则合格无形资产就是在消费者与产品和雇员的无数次愉快接触的基础上形成的普遍认可的良好商誉。这种商誉使时思的产品对消费者的价值取代产品的成本成为售价的主要决定因素。

巴菲特认为，依据会计原则计算的商誉和公司实际的商誉不能混为一体。时思公司被收购后，每年的会计账目里都会把巴菲特购买商誉的1700万美元分摊作为成本扣减。1982年时思公司仅凭大约2000万美元的有形资产净值产生了1300万美元的税后利润。这种业绩表明，会计商誉却从被收购之日起有规律地减少着的同时，时思公司的商誉在以坚定的步伐增加。

优秀公司很少有长期贷款

长期来看，真正优秀的企业仅有很少的负债或者没有负债。长期贷款对优秀企业来说是没必要的。所以在寻找投资对象时，我们要尽可能地寻找那些少有长期贷款的企业。如果你碰到一个感觉不错的企业，但是却有一些长期贷款，那你一定要考虑一下是不是杠杆公司收购的缘故。

2008年巴菲特接受采访时说道："很显然，如果要投资的话，就要投给一个只有拿到这笔资金才能存活的公司。如果正在运营某公司，并且每天商业票据能满足你的需要，那你就不会在乎到期付款日是43天还是17天，也不会延期偿债，因为短期贷款比长期贷款要划算，而你也很不喜欢为长期贷款付更多的利息。"

所谓长期贷款，指的是贷款期限在5年以上（不含5年）的贷款。巴菲特认为，真正优秀企业是不需要长期贷款的。因为优秀的企业本身就可以产生源源不断的现金流，不需要再投入，就可以维持企业正常的运转。即使它们需要扩大规模或者遇到重大的投资项目，它们也完全有能力自我融资，不需要依靠什么长期贷款。

巴菲特在选择投资对象时，都会非常关注企业有没有负债，负债多少。巴菲特认为，只观察企业当年的负债状况是比较片面的，应该重点观察该企业10年来的负债状况，还有企业还债能力如何。

巴菲特投资的公司大多具有很低的负债率，有的甚至没有负债。巴菲特非常喜欢可口可乐；一方面巴菲特非常喜欢可口可乐公司生产的樱桃可口可乐，另一方面，巴菲特非常喜欢可口可乐公司的低负债率。和同等经营规模的企业相比，可口可乐公司的长期贷款比例真是非常非常地低。而且，可口可乐公司还债能力超强，只需要一个季度就可以把所有的长期贷款偿还完毕。而巴菲特收购的时思糖果公司则没有一点负债。当时，就是时思糖果公司的零负债率深深吸引了巴菲特的目光，才促使这桩收购案在很短的时间内就完成交易。

当然，并不是说所有具有高额长期贷款的公司都不是好公司。巴菲特认为，投资者还需要考虑公司的负债原因。有些公司具有卓越的盈利能力，又具有充沛的现金流，没有负债或者负债很少。这样的公司常常会受到杠杆收购公司的青睐。如果公司被收购成功，公司通常都会背负着巨额债务。巨额债务会随着时间慢慢减少。但在这个过程中，债务会一直存在。我们不能说因为这样的公司有长期贷款，就判定这样的公司不是好公司。

第三节 现金流量表里面的9个秘密

自由现金流充沛的企业才是好企业

　　向巴菲特学习，认真估算每一只股票每年的现金流入和流出状况。虽然这样比较保守，也无法做到非常精确，但只有这样做我们才能够找到真正适合投资的企业。

　　2000年巴菲特在致股东信里写道："扣除税负因素不考虑，我们评估股票和企业的方法并没有两样，从古到今，我们评估所有金融资产的方法就从来没有改变过。这个方法可以追溯到公元前600年的伊索寓言。在伊索寓言里，那不太完整但历久弥新的投资理念就是.两鸟在林不如一鸟在手.。如果进一步弄明白这个理念，就有三个问题需要作答：树林里有多少只鸟？这些鸟什么时候会出现？捕捉一只鸟的成本是多少？如果你能够考虑清楚以上三个问题，那么你就可以知道这个树林最高的价值是多少，以及你可以拥有多少只鸟。当然了，这里的鸟只是比喻，真正实际的标的是金钱。"

　　巴菲特认为，一个企业是否值得投资，要分析该企业的自由现金流是否持续充沛。上市公司就好比"树林"，自由现金流就好比"树林里的小鸟"。而投资者的目标就是以最少的成本在树林里捉到尽可能多的小鸟。只有当你了解树林里一共有多少只小鸟，你才能了解该股票具有多大的投资价值；只有当你了解树林里的小鸟有几只会出现在你面前，什么时候会出现在你面前，你才能了解你能获得多大的投资报酬。除此之外，你还需要考虑你的捕鸟成本。如果你用很高的成本捕捉到了这些小鸟，那么这样的"捕鸟"行为依然是不值得的。其实也就是说，你要把你的投资成本和国债报酬率进行对比，只有当你的投资回报率超过了国债报酬率，你才值得投资该企业。当然了，自由现金流这一投资理念不仅仅适合于股票投资，同样适合于农业、油田、彩票、企业投资等方面。

　　在巴菲特看来，很多股票分析员喜欢用所谓的技术指标来分析股票是否值得投资，例如股利报酬率、成长率、本金收益比等，这样的分析是没有道理的。巴菲特认为，除非这些指标能够为计算企业未来的现金流入流出提供一些线索，否则这些技术指标没有任何意义，甚至还会误导投资者。巴菲特认为，只有自由现金流是投资者能够真真实实拥有的东西。

　　虽然现在股票市场上很流行投机主义，很多人只关心会不会有别人以更高价格把股票从自己手上买走，但这不是他喜欢做的事情。巴菲特觉得就像如果树林里没有鸟，你捕不到鸟一样，如果企业根本不产生自由现金流，投资者怎么能奢求从中获利呢？获利的只可能是那些利用市场泡沫创造出来的泡沫公司而已。只有企业拥有充沛的自由现金流，投资者才能从投资中获得回报。

有雄厚现金实力的企业会越来越好

　　在选择投资企业时，我们要充分考虑企业的自由现金流是否充沛。另外，作为普通投资者，我们也应该尽量保持手中拥有比较充沛的现金。这样不仅可以让我们的生活安稳一些，也可以避免我们碰到合适的投资机会却没有钱进行投资。

1996年巴菲特在致股东信里写道："在'霹雳猫'保险业务中，我们主要有三个竞争优势。首先向我们投保再保险的客户都相信我们的能力。他们知道即使在最糟糕的情况下我们也会履约付款。他们知道如果真的发生什么大灾难，也许金融危机就会接踵而来。到那时可能连一些原本享有盛誉的再保险公司也拿不出钱来。而我们之所以从来不把风险再转嫁出去，因为我们对灾难发生时其他再保险公司的支付能力持保留态度。"

巴菲特之所以对其他再保险公司支付能力持保留态度，是因为巴菲特觉得其他再保险公司的自有资金流都远远比不上伯克希尔公司。巴菲特认为，投资者购买的股票其自由现金流是否持续充沛，这是考察该公司是否值得投资的最重要的一方面。企业只有拥有充沛的自由现金流，才可以在该领域更好地施展身手。

一直以来，巴菲特对保险业都保持着浓厚的兴趣。在巴菲特看来，保险公司可以产生充沛的自由现金流。保险客户支付保费，提供了庞大的经常性的流动现金，保险公司可以把这些现金再加以投资。巴菲特认为，投资保险业，一来可以获得稳健经营的保险公司，二来可以获得投资所需的丰厚资金。

但巴菲特也深刻明白：投资保险业务，拥有充沛的自由现金流是非常重要的。自由现金流持续充沛的上市公司必然具备强大的财务实力，而这种财务实力反过来又会促使该企业承接到实力较小的同行所无法企及的业务，显示出强者更强的"马太效应"来。正因为伯克希尔公司拥有强大无比的自由现金流，接下了许多别人不敢接的大订单，例如一些超大型特殊风险，通常是其他再保险公司无法承担的灾难性风险，如加州大地震，以及其他一些非常特别的保单，使伯克希尔公司成为美国最大的再保险公司。

2003年百事可乐公司举办过一次中奖活动，活动的每位参加者都有机会获得10亿美元的大奖。10亿美元可不是一笔小数目，于是百事可乐公司就想到了找一家保险公司来分散这种风险，而他们最先想到的就是伯克希尔公司。伯克希尔公司独立承担了这次中奖活动的所有风险。2003年9月14日中奖活动正式举行，令伯克希尔公司感到幸运的是10亿美元大奖并未被抽走。如果某位幸运顾客真的抽到了10亿美元大奖，即便是分期付款，伯克希尔公司也要马上掏出数亿美元。放眼望去，能够马上拿出数亿美元现金的公司真没有几家。

巴菲特曾经说过，伯克希尔公司在保险方面的最大优势就是，公司拥有雄厚的现金实力作保证，几乎可以将所有风险独自承担下来，而不像大多数再保险公司，很多风险都还要与其他再保险公司共同承担。这样风险自然小了，但与之相应的是利润也降低了。

自由现金流代表着真金白银

投资者在选择企业时要注意：如果一个企业能够不依靠不断的资金投入和外债支援，光靠运营过程中产生的自由现金流就可以维持现有的发展水平，那么这是一个值得投资的好企业，千万不要错过。

巴菲特用他2.3亿美元的现金流购买了斯科夫·费策公司，在15年时间里就赚取了10.3亿美元的利润。而这10.3亿美元的现金流，又被巴菲特投资到其他企业赚取了几十亿美元的利润。这也许就是为什么巴菲特会坚持认为自由现金流是真金白银的原因吧。

在巴菲特眼里，真正值得投资的好企业就是这样。在企业运转的过程中，企业自身就可以产生充沛的自由现金流，不用靠投资者后续投入，也不用靠企业负债经营，就可以实现稳定发展，甚至推动经营业绩和自由现金流的增长。

很多人经常预测分析宏观经济形势，根据国家政策和经济形势的变化来选择投资的股票。但巴菲特认为，拥有充沛的现金流是他选择企业考虑的重要因素。宏观经济形势并不太影响他作出投资的决定。

巴菲特购买时思糖果就是一个典型的例子。1972年当伯克希尔公司准备购买时思糖果公司的时候，巴菲特就听闻政府要对糖果实施价格管制，但他依然没有改变自己的决定。果不其然，当他购买后不久政府就实施了价格管制。可是巴菲特一点都不后悔。如今回头来看，如果当初伯克希尔公司因为政府实行价格管制而放弃时思糖果公司，那么一个绝好的投资机会就会与他擦肩而过。毕竟当初巴菲特以2500万美元购买的时思糖果公司，现在每年的税前利润高达6000万美元。

1987年，巴菲特在给股东的信中提到：伯克希尔公司投资的7个主要的非金融行业企业，获得高达1.8亿美元的税前收入。就算扣除了所得税和利息，也还有1亿美元的净利润。这些企业的股东权益投资报酬率平均高达57%，远高于账面价值增长率。之所以会出现这样的情形，巴菲特认为这与企业能够产生源源不断的自由现金流是密切相关的。

再比如巴菲特罕见的一次高科技投资案例，看重的也是其充沛的自由现金流。1999年当巴菲特买入TCA电信时，巴菲特觉得其价格已经不太具有诱惑性，但TCA电信每年1亿美元以上的自由现金流成功地吸引了巴菲特的目光。当然对于巴菲特来说，这依然是一次成功的投资。2005年COX电信巨资收购了TCA电信，巴菲特大赚一笔后成功退出。

伟大的公司必须现金流充沛

自由现金流非常重要。在选择投资对象的时候，我们不要被成长率、增长率等数据迷惑，只有充裕的自由现金流才能给予我们投资者真正想要的回报。这是巴菲特用惨痛的教训告诉我们的，我们一定要铭记于心。

巴菲特在2007年致股东信里说："伯克希尔公司一直在努力寻找能够在特定行业中具有长期竞争优势的企业。如果这些企业具有成长性我们自然非常高兴。不过如果没有成长性也没有关系，只要企业能产生源源不断的自由现金流，我们也愿意投资。因为伯克希尔公司可以把从这些企业获得的自由现金流重新投入到其他企业再赚取利润。"

巴菲特认为，现金流就好像企业的血液，那些依靠不断输血的企业必然活不长久，只有血液旺盛的企业才能够活的更久。真正伟大的业务不仅仅能够从有形资产中获得巨大回报，而且不需要依靠后续的投入就能够维持业务的正常运转。因此具有充沛的自由现金流是一家真正伟大的企业必备条件之一。这样企业就可以把获得的利润重新投资赚取更多的利润。

伯克希尔公司就是一个很好的例子。伯克希尔公司的股价之所以能够全球第一，这与伯克希尔公司始终拥有相当比例的现金是分不开的。因为伯克希尔公司具有充沛的自由现金流，所以伯克希尔公司可以在股市低迷时抄底股市，获得更好的投资良机和更高的投资回报率。而伯克希尔公司充沛的现金来源于它控股或者投资的几十家企业。

在巴菲特的心目中，时思糖果公司就是一个伟大的公司。当1972年巴菲特收购时思糖果公司时，由于美国人均消费巧克力量非常低，时思糖果公司所在的盒装巧克力行业发展缓慢，当时时思糖果公司的税前利润还不到500万美元，所以巴菲特花费了2500万美元就把时思糖果公司买下了。在收购的几十年里，巴菲特只在最初的时候投了3200万美元对时思糖果公司进行改造，后来就没有再投入过一分钱。现在时思糖果公司的税前利润已经达到13.5亿美元。而这些利润大部分都上交给了伯克希尔公司，巴菲特用这些资金再继续进行投资。由此可见，时思糖果公司在某个程度上就是伯克希尔公司的取款机，为伯克希尔公司源源不断地输送新鲜的血液。时思糖果的伟大之处就在这里。当大多数企业需要4亿美元的投入才能够实现税前利润从500万美元增长到8200万美元时，时思糖果不仅不需要投资，还为伯克希尔公司提供源源不断的自由现金流。

如果企业成长速度很快，可是却需要大量资本投入才能维持其原有发展速度，在巴菲特眼里就是不值得投资的糟糕公司。美国航空公司就是巴菲特眼中的糟糕公司。巴菲特曾在2008年致股东信中这么评价航空业："自从第一架飞机诞生以来，航空业就需要投入源源不断的资金来维持。很多投资者受到其增长率数据的吸引，不断地将资金投入到这个无底洞中，直至他们对这个行业感到厌恶。"1989年巴菲特购买了美国航空公司绩优股，但没过几年，美国航空公司就陷入了失控的局面，不断亏损，都无法全额支付伯克希尔公司的股利，这伤透了巴菲特的心。

有没有利润上交是不一样的

在分析企业的经营状况时，如果企业是另外一个企业的子公司，那么一定要注意观察该企业有没有把利润上交给母公司。如果该企业把大部分利润上交给母公司后，在账面上还有和同行业公司相同的业绩表现，那么你可以选择投资它。

1997年巴菲特在致股东信里写道："很多人可能无法真正体会到伯克希尔旗下的企业的表现到底有多么出色。从表面看，水牛城日报公司或是斯科特·费策公司的表现和其他同行的获利都不相上下，没有任何突出之处，但是有一点需要大家注意，大部分上市公司为了维持公司的成长，通常都会保留2/3以上的利润，而伯克希尔旗下的大部分子公司却将其所有盈余都交回了母公司。正是他们上交的资金，让伯克希尔得到了更好的发展。"

巴菲特认为，在考察企业的自由现金流时，一定要特别注意该公司有没有向母公司上缴利润。利润上交与否，和企业的经营状况有着很大的关系。如果公司把利润留在企业用于企业自身的发展，这对该公司未来的业绩表现会有累积作用。但是如果子公司把所有利润上交给母公司，这样就使得本该属于这些子公司的未来业绩表现的很大一部分被转移到母公司的业绩表现上。

我们可以用很简单的一个例子来表现二者之间的差别。假设甲、乙两人每个月都能赚取2000元的利润。甲是上班族，每月领2000元工资。乙是个体经营者，每个月卖货物赚取2000元利润。虽然他们赚取的都是2000元，可是乙每个月都需要从利润中拿出1000元用来进货，乙真正可以消费的是1000元。

伯克希尔公司的强劲发展，其中很大一部分的功劳就是其旗下子公司创造的利润。斯科特·费策公司等三家企业在1997年以前的几年中就上交了高达18亿美元利润给伯克希尔公司。正是这些资金，使得伯克希尔公司在适当时机投资了一些优秀企业，得到了很高的投资回报。难怪巴菲特经常说，伯克希尔公司非常感谢下属子公司的经理人。这些经理人创造的成就绝不仅仅是我们在账面上所能看到的业绩，他们创造的实际成绩要比这大很多。

伯克希尔公司的充沛现金流还有一个重大来源，那就是其旗下保险公司上交的浮存金。虽然浮存金不属于公司盈利，却可以随时随地地归伯克希尔公司投资之用。据说巴菲特当时之所以投资保险业，很大原因就是他看好浮存金。目前伯克希尔公司旗下企业有一半都是保险公司，可供伯克希尔公司使用的浮存金也自然不容忽视。1967年伯克希尔公司的保险浮存金仅为2000万美元，而2005年年末已增长到490亿美元。显而易见，巴菲特手中拥有越多保险浮存金，就越有利于伯克希尔公司的发展。

资金分配实质上是最重要的管理行为

在挑选投资的股票时，我们要注意观察企业的盈余资金流向。不同的企业管理层有不同的资金分配方式。运用巴菲特的资金分配法则来衡量你所选择的企业的资金分配是否合理。

巴菲特在1983年致股东的信里写道："我们非常希望可以通过直接拥有会产生现金且具有稳定的高投资报酬率的各种公司来达到上述目标。如果做不到，我们只好退而求其次，让我们的保险子公司在公开市场购并这种公司或者买进这种公司的部分股权。保险公司为此付出的股票价格和投资机会所需要的资金，将会决定伯克希尔年度资金的配置。"

巴菲特这里所提到的目标，指的是股票的内在价值年增长速率，在不低于美国企业的平均水平下尽可能越来越大。而要实现这个目标，在巴菲特看来，只有通过合理的资金分配才能达到上述目标。

如何分配公司的资金，是与公司所处的生命周期密切相关的。在公司发展初期，由于公司要设计和生产新产品以及开拓产品市场，需要大量资金，所以盈利产生的大多数资金自然会被继续投入公司运营中。当公司到了快速增长阶段，一般来说公司很难完全靠盈利的资金来支撑这种快速增长，大多数公司都会通过发行证券或者借贷资金来弥补资金缺口，这时候也不存在资金分配问题。当企业进入成熟期，企业的增长速度变慢，企业盈利资金收入将会高于其运营和发展所需的资金。这时候如何分配资金就是一个难题。

这时候企业管理层有三种选择：一是继续把这些过剩的资金全部用于内部再投资；二是把这些剩余资金投资于其他公司；三是把这些剩余资金以股利形式返还给股东。

巴菲特认为，如果公司把这些资金用于内部的再投资，可以获得高于一般水平的证券回报，那么这时候最明智的选择就是把所有利润全部用来进行再投资；相反，如果再投资的投资报酬率低于一般水平，这时候再进行再投资实际上就是不合算的。如果公司管理层不重视这个现实，还一意孤行地进行内部再投资，用不了多久，公司的现金就会变成无用的资源，公司股价就会下跌。通俗地说，这样的投资越多，效益反而会变得越来越差。

很多公司经理人选择第二种投资方式：投资其他公司。通常这种投资行为就是收购其他公司。但巴菲特认为，这种收购交易大多是以过高的价格达成的，不是很划算。而且在公司整合的过程中还会出现很多意想不到的问题，也容易作出错误的决策，这样付出的代价有些太大了。

巴菲特觉得这时候最好的资金分配方式就是把利润返还给股东。这里有两种方式：一是提高股息，多分红；二是回购股票。巴菲特最赞同回购公司股票这种形式。

现金流不能只看账面数字

巴菲特告诉我们：不要完全信赖企业的会计账目。会计账目并不能完全体现整个企业的经营风貌。同样的道理，我们也不能根据股票的价格来判定股票的好坏，股票价格的高低并不能完全代表股票的价值。

1983年巴菲特在写给股东的信里说："账面数字并不会影响我们投资企业或资金分配的决策。当购并成本相近时，我们更愿意选择那种依据会计原则未显示在账面上的两块钱盈余，而不是那种完全列示在账面上的一块钱盈余。这也是为什么我们常常愿意以更高的价格购买整个企业而不是购买企业的一部分的原因。长期来说，我们更喜欢这些依据会计原则不可列示的盈余能够通过长期资本利得反映在公司账面之上。"

巴菲特认为，自由现金流是衡量企业内在价值的重要指标。但是要观察一个企业产生的自由现金流，不能仅仅看会计账本上的数字。

在巴菲特看来，一个有两元钱盈余却未显示在账面上的企业，比一个账面上有一块钱盈余的企业更具有吸引力。如果这两个企业的购并成本差不多，他更愿意购买那个有两元钱盈余却未显示在账面上的企业，就好像他更喜欢购买整个企业而不是企业的一部分一样。巴菲特觉得，卖家总比买家精明。不论买家花多大精力去了解企业，总不如卖家对企业了解。如果你购买企业的一部分，卖家很有可能会把那些账面上很漂亮但实际经营业绩不太好的那部分卖给你，而把真正赚钱的一部分留给自己。

就像前面提到的水牛城日报公司。如果单从账面数字来观察，我们就会觉得这个公司和同行业内的其他公司的业绩水平相当，没有让人眼睛为之一亮。但是水牛城日报的大部分利润上交给了伯克希尔公司，而不是像其他公司一样留存着为未来作积累。水牛城日报的利润被伯克希尔公司用作再投资产生更高的回报率，可是这并不会在水牛城日报公司的账面上显示。

由于伯克希尔旗下的子公司把大部分利润都交给了伯克希尔公司来进行再投资，而投资的业绩在子公司的账面数字上无法体现出来，巴菲特为了让股东对这些公司有更深层次的了解，就在每年伯克希尔公司的年报中，根据自己的理解来做公司年度业绩报表，用更清晰更透彻的方式来反映旗下子公司中每个主要经营行业的获利情况。

巴菲特觉得，人们不能过于信赖账面数字。如果过于信赖账面数字，有时候人们就会被账面上的乐观数据迷惑，而忘记危险会随时出现。很多保险公司就是这样，对迫在眉睫的损失处理过于乐观，看着账面上的盈利金额洋洋得意，但不知道也许只是一场飓风就可以让整个公司马上破产。和其他人的过度乐观相比，巴菲特总是非常谨慎。像伯克希尔公司旗下的保险公司MedPro公司就提取了非常充足的损失准备金，时刻以稳定安全作为企业发展的前提。

利用政府的自由现金流盈利

一个国家想要保持自己的坚挺势头，就要像企业一样产生源源不断的自由现金流。作为普通投资者的我们，自然无法控制国家货币价值走向，但我们可以像巴菲特一样，利用国家货币的升值或贬值，为自己寻找更多的投资机会。

2007年巴菲特在给股东的信里写道："最近一段时间很多人都在讨论主权财富基金，讨论它们如何大量购买美国公司的股份。其实这并不是外国政府的什么阴谋，而是我们美国自己造成的，事实上，我们贸易平衡很大程度上依赖着在美国的巨额外国投资。既然我们每天都把20亿美元强加给其他国家，那么他们必然要在这里做点什么。既然如此，我们又何必抱怨他们选择股票而不是债券呢。"

所谓主权财富，与私人财富相反，是一种由政府控制支配的、以外币形式持有的公共财富，指的是一个国家政府通过一定的税收与预算分配渠道，以及可再生自然资源收入和国际收支盈余等方式，逐步积累形成的财富。主权财富基金就是由国家专门设立的一个管理主权财富的独立机构，该机构通常独立于中央银行和财政部。毋庸置疑，它代表的是国家政府理财方式。在巴菲特的眼里，国家和企业一样。一个伟大的企业需要充沛的自由现金流，同样，一个伟大的国家也需要充沛的自由现金流。

为什么主权财富购买美国股票的行为是美国自己造成的呢？巴菲特认为，这主要是价格原因，美国人对其他国家的产品的热爱程度，已经超过了对美国本土的产品的热爱程度。这导致的直接后果就是美国每天都向世界上的其他国家输出大约20亿美元。时间久了，流通在国外的美元越来越多，美国的自由现金流就越来越少了。从而相对于世界其他货币来说，美元就越来越贬值了。当然了，什么事情都有两面性。美元一旦贬值，又会降低美国产品的价格，这样相对来说其他国家的产品价格就显得比较高了，于是又有人开始购买美国的产品，从而间接地缓解美国的贸易赤字。总的来说，一方面，美国人大量购买其他国家的廉价产品使得美元大幅度贬值；另一方面，美元大幅度贬值又会降低美国产品价格，相应缓解贸易赤字。巴菲特所在的伯克希尔公司的大部分投资和收益都在美国，这在某个程度上也为美国的自由现金流作出了一定贡献。

但面对美元的贬值，巴菲特也多次表示他将利用这个机会，尽可能从国外市场获得更多的利润。巴菲特在2008年致股东函里提到，伯克希尔公司2007年只拥有巴西货币雷亚尔这一种直接的外汇头寸。在2007年，这是一件很正常的事情，谁也不会奇怪。可是如果在几十年前，谁把美元换成雷亚尔，很多人都会觉得这个人是个疯子。因为在20世纪末，由于多达5个版本的巴西货币，让雷亚尔快变成狂欢节里撒的小纸片了。当货币真实出现像许多国家一样的情况：货币陷入发行、贬值，退出流通的周期性中，富有的巴西人为保护他们的财富，有时将大笔的钱转移到美国。但近些年，由于美元的贬值，雷亚尔相对来说升值很多。2002年雷亚尔对美元的外汇指数为100，2007年年末就已经升到了199，与此同时美元却在步步下跌。就这一种直接外汇头寸，在过去5年中为巴菲特带来了23亿美元的税前收益。

自由现金流有赖于优秀经理人

对于一个企业来说，持续充沛的自由现金流不仅依赖于其所从事的业务，在很大程度上也依赖于企业管理层的英明领导。所以，在选择投资的企业时，关注一下企业经理人的表现，也是非常重要的。

1988年巴菲特在给股东的信里写道："1988年费切海默想要进行一项规模颇大的购并案，查理·芒格和我对他相当有信心，所以我们就马上同意了这项购并案，连相关协议都没看。很少有人能得到我们这样的信任，就连很多世界500强企业的领导者也不能。由于这项购并案会推动公司内部的成长，所以我预计费切海默的营业额会有很大增长。"

巴菲特认为，优秀的企业之所以能产生源源不断的自由现金流，与该企业拥有优秀的经理人密不可分。只有足够优秀的经理人，才能够为企业创造如此佳绩。

20世纪70年代末，巴菲特大量买入政府雇员保险公司的股票。用巴菲特的话来说，他之所以购买该公司股票，主要就是看中了以杰克拜恩为首的公司管理层的能力。巴菲特觉得他们能够带领公司走出困境，实现公司业绩的稳定增长和自由现金流的持续充沛。事实上也幸亏有杰克拜恩。要不是杰克拜恩，政府雇员保险公司能不能走出困境都是个未知数。20世纪70年代初期，该公司管理层管理不善，保险理赔成本被错误低估，使得对外销售保单价格过低，公司做了很多赔钱的生意，差点让公司濒临破产，也使得公司股票价格越来越低。1976年杰克拜恩开始掌管该公司。他临危不惧，马上采取一系列紧急补救措施，最终使得公司幸免于难。正是看到了杰克拜恩的杰出表现，伯克希尔公司于1976年下半年开始大量买入政府雇员保险公司股票，然后持续增持，到1980年年末共投入4570万美元取得该公司33.3%的股权。在接下来的15年中，伯克希尔公司一直持股不动。而由于政府雇员保险公司在此期间进行了股票回购，使得伯克希尔公司的持股份额达到了50%。1995年，巴菲特又以近乎天价的23亿美元的代价买下另一半原来不属于伯克希尔公司的股份。

B夫人是巴菲特特别爱提及的一个经理人。1984年该店业绩达到1.3亿美元，是10年前的3倍，独霸了整个奥马哈地区。1994年，该店年销售额增至2.09亿美元。1998年8月，B夫人去世，时年104岁。她从未上过学，但她创立了一个企业。巴菲特不止一次说过，商学院的学生从B夫人那里几个月能学到的东西比在商学院待几年学的还要多。

第五章 巴菲特教你挑选股票

第一节 宏观经济与股市互为晴雨表

利率变动对股市的影响

对股票市场及股票价格产生影响的种种因素中最敏锐的莫过于金融因素。在金融因素中，利率水准的变动对股市行情的影响又最为直接和迅速。一般来说，利率下降时，股票的价格就上涨；利率上升时，股票的价格就会下跌。因此，利率的高低以及利率同股票市场的关系，也成为股票投资者据以买进和卖出股票的重要依据。

巴菲特说："20世纪可以说是美国经济最为成功的100年，在这期间美国和加拿大的人均国民生产总值都在稳步增长。但由于这期间国家经历了两次世界大战，并且经历了前所未有的经济大萧条，当时美联储的基准借贷利率最高时可达到21%，最低时达到1%，因此我并不十分看重利率这样的浮动因素，不过对于个人来说，利率的增减当然也是很重要的，但是不要忘记的是，无论什么时候你身上的债务也正是你拥有的资产。"

巴菲特认为金融因素极为敏感地影响着股票市场及股票价格。利率水准的变动又是金融因素中最直接和迅速地影响着股市行情的因素。

为什么利率的升降与股价的变化呈上述反向运动的关系呢？主要有三个原因：

（1）利率的上升，不仅会增加公司的借款成本，而且还会使公司难以获得必需的资金，这样，公司就不得不削减生产规模，而生产规模的缩小又势必会减少公司的未来利润。因此，股票价格就会下降。反之，股票价格就会上涨。

（2）利率上升时，投资者据以评估股票价值所在的折现率也会上升，股票价值因此会下降，从而，也会使股票价格相应下降；反之，利率下降时，股票价格就会上升。

（3）利率上升时，一部分资金从投向股市转向银行储蓄和购买债券，从而会减少市场上的股票需求，使股票价格出现下跌。反之，利率下降时，储蓄的获利能力降低，一部分资金就可能回到股市中来，从而扩大对股票的需求，使股票价格上涨。

人们也不能将上述利率与股价运动呈反向变化的一般情况绝对化。在股市发展的历史上，也有一些相对特殊的情形。当形势看好时，股票行情暴涨的时候，利率的调整对股价的控制作用就不会很大。同样，当股市处于暴跌的时候，即使出现利率下降的调整政策，也可能会使股价回升乏力。

例如，利率和股票价格同时上升的情形在美国1978年就曾出现过。当时出现这种异常现象主要有两个原因：一是许多金融机构对美国政府当时维持美元在世界上的地位和控制通货膨胀的能力有一定的疑虑；二是当时股票价格已经下降到极低点，远远偏离了股票的实际价格，从而使大量的外国资金流向了美国股市，引起了股票价格上涨。在香港，1981年也曾出现过同样的情形。当然，这种利率和股票价格同时上升和同时回落的现象至今为止也还是比较少见的。

鉴于利率与股价运动呈反向变化是一种一般情形，投资者就应该密切关注利率的升降，并对利率的走向进行必要的预测，以便抢在利率变动之前，就进行股票买卖。

对于我国的投资者而言，在对利率的升降走向进行预测，应该关注的几项变化包括：一是贷款利率的变化情况。由于贷款的资金是由银行存款来供应的，因此，根据贷款利率的下调可以推测出存款利率必将出现下降。二是市场的景气动向。如果市场过旺，物价上涨，国家就有可能采取措施来提高利率水准，以吸引居民存款的方式来减轻市场压力。相反如果市场疲软，国家就有可能以降低利率水准的方法来推动市场。三是国内利率水准的升降和股市行情的涨跌也会受国际金融市场的利率水准的影响。在一个开放的市场体系中是没有国界的，海外利率水准的升高或降低，一方面对国内的利率水准产生影响，另一方面，也会引致海外资金退出或进入国内股市，拉动股票价格下跌或上扬。

通货膨胀对股市的双重影响

巴菲特对通货膨胀感到担忧，认为它是比任何税收都更具劫掠性的一种税；如果通货膨胀失去控制，你买的国债就是废纸。不过即使在通货膨胀时期，股票可能仍然是所有有限的几种选择中最好的一种。

1979年巴菲特在致股东信里说："我们实际上是存在怀疑的，为什么长期的固定利率的债券仍然能够在商场上存在。当我们确信美元的购买率在变小的时候，这些美元包括政府发行的其他货币在内，都难以再作为长期的商业风向标。与此同时，长期的债券最终也会沦为壁纸，对于拥有2010年或2020年到期债券的持有人来说，他们的处境是很艰难的。

"现在的利率已经反应出了较高的通货膨胀率，这使新发行的债券对投资者有了一些保障，这就导致我们错过债券价格反弹获利的机会，正如我们并不愿意用一个固定的价格预售出自己手中的2010年或2020年的一磅时思糖果或一尺伯克希尔生产的布料一样，我们同时也不会用固定的价格预售出未来40年的金钱使用权。"

巴菲特认为影响股票市场以及股票价格的一个重要宏观经济因素是通货膨胀。这一因素对股票市场的影响比较复杂，它既有刺激股票市场的作用，又有压抑股票市场的作用。通货膨胀主要是由于过多地增加货币供应量造成的。货币供应量与股票价格一般是呈正比关系，即货币供应量增大使股票价格上升，反之，货币供应量缩小则使股票价格下降，但在特殊情况下又有相反的作用。

货币供给量对股票价格的正比关系，有三种表现：

（1）货币供给量增加，一方面可以促进企业生产，扶持物价水平，阻止商品利润的下降；另一方面使得市场对股票的需求增加，促进股票市场的繁荣。

（2）货币供给量增加引起社会商品的价格上涨，股份公司的销售收入及利润相应增加，从而使得以货币形式表现的股利（即股票的名义收益）会有一定幅度的上升，使股票需求增加，从而股票价格也相应上涨。

（3）货币供给量的持续增加引起通货膨胀，通货膨胀带来的往往是虚假的市场繁荣，造成一种企业利润普遍上升的假象，保值意识使人们倾向于将货币投向贵重金属、不动产和短期债券上，股票需求量也会增加，从而使股票价格也相应增加。

由此可见，货币供应量的增减是影响股价升降的重要原因之一。当货币供应量增加时，多余部分的社会购买力就会投入到股市，从而把股价抬高；反之，如果货币供应量少，社会购买力降低，投资就会减少，股市陷入低迷状态，因而股价也必定会受到影响。而另一方面，当通货膨胀达到一定程度，通货膨胀率甚至超过了两位数时，将会推动利率上升，资金从股市中外流，从而使股价下跌。

总之，当通货膨胀对股票市场的刺激作用大时，股票市场的趋势与通货膨胀的趋势一致；而其压抑作用大时，股票市场的趋势与通货膨胀的趋势相反。

举例来说，假设一个投资人的年报酬率为20%（这已是一般人很难达到的成绩了），而当年度的通货膨胀率为12%，其又不幸适用50%的所得税率，则我们会发现该投资人在盈余全数发放的情形下，其实质报酬率可能是负的，因为这20%的股利收入有一半要归公，剩下的10%全部被通货膨胀吃光，不够还要倒贴，这结局可能还不如在通货膨胀温和时投资一家获利平平的公司。

需要指出的是，分析通货膨胀对股票行市的影响，应该区分不同的通货膨胀水平。

一般认为，通货膨胀率很低（如5％以内）时，危害并不大且对股票价格还有推动作用。因为，通货膨胀主要是因为货币供应量增多造成的。货币供应量增多，开始时一般能刺激生产，增加公司利润，从而增加可分派股息。股息的增加会使股票更具吸引力，于是股票价格将上涨。当通货膨胀率较高且持续到一定阶段时，经济发展和物价的前景就不可捉摸，整个经济形势会变得很不稳定。这时，一方面企业的发展会变得飘忽不定，企业利润前景不明，影响新投资注入。另一方面，政府会提高利率水平，从而使股价下降。在这两方面因素的共同作用下，股价水平将显著下降。

对于投资者而言，应该看到通货膨胀的双面影响才能够抓住股价正确的变动方向。

经济政策对股市的影响

虽然货币政策和财政政策对股市的调节起着重要的作用，但是各种费率的改变能够对股民的切身利益起到直接的刺激作用。因为中国的股市还没有完全成熟，由经济政策引发股民心理上的影响也是不容忽视的，所以在经济环境改变的情况下，投资者应该密切关注经济政策对股市产生的影响。

巴菲特在2008年年度股东大会上说："过去的一年是非常奇异的一年，而我们的经济面对的是金融风暴。我认为政府作出了正确的决策，及时的行动。但是政府未来的前景还是困难重重的。因为经济经历过金融风暴，所以没有人可以要求完美的回报。"

巴菲特在描述了他短期的痛苦之后，对长远的前景依然保持着乐观的信心。但实际上在金融风暴发生的这一年对于巴菲特来说是非常艰难的一年，他的巴郡公司的投资价值损失了10%。而他本人的财富也减少了250亿美元（170亿英镑）。巴郡公司在2008年的表现是过去40年以来最差的一年，比如，他在2008年买下了石油公司Conocohillips的大笔股票，而没多久石油价格的暴跌使他损失了30亿美元。虽然面临着这么多的损失和困难，但是巴郡公司和同样在过去一年里损失惨重的其他投资公司相比，还是相对较好的。而巴菲特先生也表示他将会长期持有他所有的投资直到经济回升，也就是说直到他的投资盈利为止。

可见经济环境对股市的影响是极为严重的。但是在这种经济环境下，往往能够得到国家的经济政策的刺激，这样股市的表现就能够有所转变。通常所说的经济政策包括货币政策和财政政策。

1.货币政策对股市的影响

货币政策是政府宏观调控的基本手段之一。由于社会总供给和总需求的平衡与货币供给总量与货币需求总量的平衡相辅相成，因而宏观调控之重点必然立足于货币供给量。货币政策主要针对货币供给量的调节和控制展开，进而实现诸如稳定货币、增加就业、平衡国际收支、发展经济等宏观经济目标。

货币政策对股票市场有着非常大的影响。宽松的货币政策会扩大社会上货币供给总量，对经济发展和证券市场交易有着积极影响。但是货币供应太多又会引起通货膨胀，使企业发展受到影响，使实际投资收益率下降。紧缩的货币政策则相反，它会减少社会上货币供给总量，不利于经济发展，不利于证券市场的活跃和发展。另外，货币政策对人们的心理影响也非常大，这种影响对股市的涨跌又将产生极大的推动作用。

2.财政政策对股市的影响

财政是国家为实现其职能的需要对一部分社会产品进行的分配活动，它体现着国家与其有关各方面发生的经济关系。国家财政资金的来源，主要来自企业的纯收入，其大小取决于物质生产部门以及其他事业的发展状况、经济结构的优化、经济效益的高低以及财政政策的正确与否，财政支出主要用于经济建设、公共事业、教育、国防以及社会福利，国家合理的预算收支及措施会促使股价上涨，重点使用的方向，也会影响到股价。

财政规模和采取的财政方针对股市有着直接影响。假如财政规模扩大，只要国家采取积极的财政方针，股价就会上涨；相反，国家财政规模缩小，或者显示将要紧缩财政的预兆，则投资者会预测未来景气不好而减少投资，因而股价就会下跌。虽然股价反应的程度会依当时的股价水准而有所不同，但投资者可根据财政规模的增减，作为辨认股价转变的根据之一。

财政投资的重点，对企业业绩的好坏，也有很大影响。如果政府采取产业倾斜政策，重点向交通、能源、基础产业投资，则这类产业的股票价格，就会受到影响。财政支出的增减，直接受到影响的是与财政有关的企业，比如与电气通讯、房地产有关的产业。因此，每个投资者应了解财政实施的重点。股价发生变化的时点，通常在政府的预算原则和重点施政还未发表前，或者是在预算公布之后的初始阶段。因此，投资者对国家财政政策的变化，也必须给以密切的关注，关心财政政策变动的初始阶段，适时作出买入和卖出的决策。

汇率变动对股市的影响

1987年美国股票价格暴跌风潮的形成很大程度上是受外汇行情的影响。在当年全球股票价格暴跌风潮来临之前，美国突然公布预算赤字和外贸赤字，并声称要继续调整美元汇率，导致了人们普遍对美国经济和世界经济前景产生了恐慌心理。

投资者需要记住的是，不能基于任何迷信的原因，比如看到某个股票的主力资金是如何地强大或是技术图形是如何地完美，都不应该忽视经济规律。

2004年巴菲特在致股东信里说："截至2003年年底，伯克希尔公司共持有的外汇部分达到了214亿美元，投资组合分散到了12种外币上，在2003年，我说过类似这样的投资还是头一次，在2002年以前，伯克希尔和我都没有买卖过外汇。但是更多的迹象表明，目前我国的贸易政策将为以后几年的汇率上升不断地施加压力。

……

"但是，我们国家如今实行的贸易政策最终会将美元拖垮。美元的价值现在已经出现了大幅的下滑，并且还没有任何好转的迹象。如果政策不对，外汇市场脱序的情况仍然会不断地发生，并且在政治和金融上产生一定的连锁反应，虽然没有人能够保证会有多大层面的影响，但是政治家们不得不看到这个问题的严重性。"

汇率水平是一国宏观经济基本面的反映，而股票市场最能敏感地反映股民与一国综合经济因素之间的信心关系。一般而言，如果一国货币迅速升值，游资进入市场投机，将引发更多资金投入从而带动股价上涨，所以汇率的剧烈变动会给股市带来很大影响。

具体来说，汇率变动对股市的影响主要体现在三个方面。

首先，汇率变动可以改善或限制上市公司的进出口状况，从而影响上市公司的经营业绩和二级市场公司股价的变化，尤其是进出口量大的外贸企业受其影响更大。

其次，汇率变动对国内经济的影响集中体现在物价上，并通过物价、国民收入间接影响国内股市。本币汇率下跌，刺激出口，削弱进口产品的购买力，增加国民收入，物价水平上涨，诱导盈余资金流入股市；反之亦然。

再次，汇率剧烈变动还可以通过资本流动来影响股票价格。一国货币大幅度贬值，意味着投资者在该国的投资预期收益会面临高额的汇兑损失，投资者如果对该国经济前景失去信心，就会抽逃资金来规避风险，从而带动其他资金出逃致使股价下跌；同时，为避免本国货币大幅度贬值，该国政府可能需要提高利率，以留住外资支撑本币汇率。这样一来，公司经营成本会上升，利润就会减少，上市公司股票价格就会下跌。反之，如果高估本国货币的价值，提高本币的对外汇率，可以减少上市公司的生产成本，增加利润，上市公司股价就会上涨；同时也可以较低的价格购买国外企业，加速对外投资，这样上市公司资产价值提高，可以吸引更多的国际投资者购买该国公司股票，促使公司股价提高。

在当代国际贸易迅速发展的潮流中，汇率对一个国家的经济影响越来越大。任何一国的经济在不同程度上都受到汇率变动的影响。

以日本为例，第二次世界大战以后，日本经历了两次大的汇率变动，第一次是1971年12月的"斯密森协议"，日元兑美元的汇率从360日元上涨到306日元，涨幅为18%。第二次是1985年12月的"广场协议"之后，令日元汇率在10年间升值近3倍。"广场协议"后10年间，日元币值平均每年上升5%以上，无异于给国际资本投资日本的股市和楼市一个稳赚不赔的保险：即使投资的资产日元价格没有升值，也可以通过汇率变动获得5%以上的收益。而实际上日本国内由于低利率政策刺激了股市和楼市价格的快速上涨，因此国际资本投资日本股市和房市可以获得双重收益——资产价格的升值和日元的升值。

受日元升值的影响，日本股市逐波上升，出现持续6年的激进繁荣，并且随后一直延续着涨升态势，到1989年底，日经指数平均股价创下了38957.44点的历史高点。整个上升过程，从启动到最后结束，延续了整整17年，涨幅高达19倍。可以说日元的升值，引发并强化了日本股市在20世纪70年代至80年代的历史上最长的一次牛市。但是，随后日本股市便陷入了长期的熊市，直到现在，日本股市还没有真正摆脱熊市的阴影。

随着我国的对外开放不断深入，以及世界贸易的开放程度的不断提高，我国股市受汇率的影响也会越来越显著。

经济周期对股市的影响

一般情况是企业收益有希望增加或由于企业扩大规模而希望增资的景气的时期，资金会大量流入股市。但却出现萧条时期资金不是从股市流走，而是流进股市的情况，尤其在此期间，政府为了促进市场景气而扩大财政支付，公司则因为设备过剩，不会进行新的投资，因而拥有大量的闲置货币资金，一旦这些带有一定的投机性资金流入股市，则股市的买卖和价格上升就与企业收益无关。考虑到各类股票本身的特性，以便在不同的市场情况下作出具体选择才是明智的投资者。

巴菲特说过："在经济上，经济周期的变化非常重要，并且全球经济越来越表现出较强的联动性，如这次金融危机，几乎全球所有的国家都不可避免；货币政策对企业和股市的影响也很大……"

宏观经济周期的变动，或称市场景气的变动，是影响股价变动的最重要的市场因素之一，它对企业营运及股价的影响极大，是股市的大行情。因此经济周期与股价的关联性是投资者不能忽视的。

从历史上出现的经济周期的结果来看，股价在一定的经济周期内都有不同的表现形式。衰退、危机、复苏和繁荣形成了经济周期的四个阶段。一般来说，在经济衰退时期，股票价格会逐渐下跌；到危机时期，股价跌至最低点；而经济复苏开始时，股价又会逐步上升；到繁荣时，股价则上涨至最高点。这种变动的具体原因是，当经济开始衰退之后，企业的产量会随产品滞销、利润相应减少，势必导致股息、红利也不断减少，持股的股东因股票收益不佳而纷纷抛售，使股票价格下跌。当经济衰退已经达到经济危机时，整个经济体系处于瘫痪状况，大量的企业倒闭，股票持有者由于对形势持悲观态度而纷纷卖出手中的股票，从而使整个股市价格大跌，市场处于萧条和混乱之中。经济周期经过最低谷之后又出现缓慢复苏的势头，随着经济结构的调整，商品开始有一定的销售量，企业又能开始给股东分发一些股息红利，股东慢慢觉得持股有利可图，于是纷纷购买，使股价缓缓回升；当经济由复苏达到繁荣阶段时，企业的商品生产能力与产量大增，商品销售状况良好，企业开始大量盈利，股票价格、股息、红利相应增多上涨至最高点。

应当看到，经济周期影响股价变动，但两者的变动周期又不是完全同步的。通常的情况是，不管在经济周期的哪一阶段，股价变动总是比实际的经济周期变动要领先一步。即在经济衰退以前，股价已开始下跌，而在经济复苏之前，股价已经回升；经济周期未步入高峰阶段时，股价已经见顶；经济仍处于衰退期间，股市已开始从谷底回升。这是因为股市股价的涨落包含着投资者对经济走势变动的预期和投资者的心理反应等因素。

根据经济循环周期来进行股票投资的策略选择是：经济衰退期的投资策略以保本为主，投资者在此阶段多采取持有现金（储蓄存款）和短期存款证券等形式，避免经济衰退期的投资损失，以待经济复苏时再适时进入股市；而在经济繁荣期，大部分产业及公司经营状况改善和盈利增加时，即使是不懂股市分析而盲目跟进的散户，往往也能从股票投资中赚钱。

上市公司所属行业对股价的影响

投资者在考虑新投资时，不能投资到那些快要没落和淘汰的"夕阳"行业。投资者在选择股票时，不能被眼前的景象所迷惑，要通过分析和判断企业所属的行业处于哪一时期来决定股票的购买。

1991年巴菲特在致股东信里写道："几年前几乎没有人，包括银行、股东与证券分析师在内，会不看好媒体事业的发展。事实上，报纸、电视与杂志等媒体的行为越来越超越作为特许行业所应该做的事。"

众所周知，巴菲特在行业选择上偏向于两类行业：一类是传播行业，另一类就是大众消费品行业。在1990年的投资报告中，巴菲特曾表示媒体事业的获利能力在衰退，这主要是因为该行业的行业景气指数在下降，但是到了1991年，情况却发生了转变，由于零售业形态开始转变，此外，广告和娱乐事业的多元化，使曾经一度风光的传媒行业的竞争力也受到了严重的侵蚀。

巴菲特认为，股价波动与行业有关。即有些行业的股票是属于投资性的，它的股价波动较小，适合长期投资；有些行业的股票是属于投机性的，它的股价波动较大，适合短期投机。此外，还有稳定性行业和周期性行业之别。

稳定性行业和周期性行业的发展轨迹不同，在股价波动方面的表现也大不一样。例如食品、饮料、药品等行业是最典型的稳定性行业，它们不会因为经济形势大好或经济萧条而发生剧烈变化。如药品，就不会因为经济形势好病人就每天多吃一粒药，或者因为经济萧条每天少吃一粒药。它的业绩增长比较稳定，股价波动也不是很大。

周期性行业在这方面就截然不同。如钢铁、水泥、石化、汽车、银行等行业就受宏观经济形势影响很大，具体到我国就是受宏观调控影响很大，股价变动剧烈，市盈率忽高忽低，最容易让那些以市盈率、净资产来衡量是否值得投资的投资者上当受骗。

从美国道琼斯工业指数也容易看出，美国的大牛股绝大多数出现在制造业、服务业、采掘业三大行业。伯克希尔公司的主要投资项目可口可乐公司、吉列公司等都属于制造业，保险公司、银行业等就属于服务业，埃克森石油公司等属于采掘业。

相反，公用事业类股票中就不容易出大牛股。荷兰股市的发展已有200年历史，从来没有一家公用事业股成为大牛股的。煤气、地铁、高速公路、隧道、电力、桥梁等这些行业虽然具有垄断性，可是价格收费却要受政府管制。此外，由于投资非常庞大，负债率极高，因此不可能获利过多。

相反在制造业，只要你的产品适销对路，尽可以在全球销售，可口可乐就是这样的典型产品。从理论上看，这类产品的规模、销售、利润可以无限扩张，从而带动它的内在价值不断升高，给投资者带来丰厚的利润回报。

不过要注意的是，无论哪个行业中都有表现突出和表现非常糟糕的个股，这是在确定具体个股投资时要考虑的地方。

巴菲特认为，股价波动和具体股票所在的行业有关。行业不同，股价波动规律也不一样，但这不是绝对的。从他的投资习惯看，首先是选择行业，然后才是在这个行业中选择符合自己特定要求的个股。

第二节　选择成长股的7项标准

盈利才是硬道理

上市公司当期盈利质量的高低水平与公司经济价值的变动方向不一定是正相关的关系。公司当期的盈利质量可能比较高，但它的经济价值却正在下降；相反，公司当期的盈利质量可能比较低，但它的经济价值却正在上升。提前发现上市公司盈利质量的变化，对于控制投资风险是至关重要的。

巴菲特说："我想买入企业的标准之一是有持续稳定的盈利能力。"

公司盈利能力最终体现为股东创造的价值，而股东价值的增长最终体现在股票市值的增长。巴菲特在分析盈利能力时，是以长期投资的眼光来作为分析基础的，他强调说："我所看重的是公司的盈利能力，这种盈利能力是我所了解并认为可以保持的。"

巴菲特所选择的公司，它的产品盈利能力在所有上市公司中并不是最高的，但是，它们的产品盈利能力往往是所处行业的竞争对手们可望而不可即的。

巴菲特并不太看重一年的业绩高低，而更关心四五年的长期平均业绩高低，他认为这些长期平均业绩指标更加真实地反映了公司真正的盈利能力。因为，公司盈利并不是像行星围绕太阳运行的时间那样是一成不变的，而是总在不断波动的。

在盈利能力分析中，巴菲特主要关注以下三个方面：

1.公司产品盈利能力。巴菲特主要分析公司产品销售利润率明显高于同行业竞争对手，简单地说，就是公司的产品比竞争对手的更赚钱。

2.公司权益资本盈利能力。巴菲特主要分析公司用股东投入的每1美元资本赚了多少净利润，即我们经常说的净资产收益率，巴菲特非常关注公司为股东赚钱的能力是否比竞争对手更高。

3.公司留存收益盈利能力。这是管理层利用未向股东分配的利润进行投资的回报，代表了管理层运用新增资本实现价值增长的能力。对每1美元的留存收益，公司应该转化成至少1美元的股票市值增长，才能让股东从股市上赚到与未分配利润相当的钱。

公司产品的盈利能力主要体现在公司的销售利润率上。如果管理者无法把销售收入变成销售利润，那么企业生产的产品就没有创造任何价值。

由于巴菲特所投资的公司是那些业务长期稳定的公司，所以这些公司利润率的高低在很大程度上取决于公司的成本管理。巴菲特多年的投资经验表明，成本管理存在"马太效应"，高成本运营的管理者趋向于不断寻找办法增加成本，而低成本经营的管理者却总在寻找办法降低成本。

巴菲特认为，衡量一家公司盈利能力的最佳指标是股东收益率。高水平的权益投资收益率必然会导致公司股东权益的高速增长，相应导致公司内在价值及股价的稳定增长。长期投资于具有高水平权益投资收益率的优秀公司，正是巴菲特获得巨大投资成功的重要秘诀之一。

选择能持续获利的股票

投资者需要注意的是，只要中国经济和股市的未来看好，你就应该坚持长期投资的策略。作为一种中长期投资理财方式，投资者真正需要关注的是股票长期的增长趋势和业绩表现的稳定性，而应对这种特点的操作方式就是长期持有。表现优秀的公司，能在各种市场环境下都能保持长期而稳定的获利能力，好业绩是判断一家公司优劣的重要标准。

巴菲特说："我们喜欢购买企业，我们不喜欢出售，我们希望与企业终生相伴。"

并不是所有买入的股票都要长期持有，具有持续获利能力的股票才值得长期持有。巴菲特判断持有还是卖出的唯一标准是公司具有持续获利能力，而不是其价格上涨或者下跌。

巴菲特曾说："投资股票很简单。你所需要做的，就是以低于其内在价值的价格买入一家大企业的股票，同时确信这家企业拥有最正直和最能干的管理层。然后，你永远持有这些股票就可以了。"

既然是否长期持有股票由持续获利能力决定，那么衡量公司持续获利能力的主要指标是什么呢？

巴菲特认为最佳指标是透明盈利。透明盈利由以下几部分组成：报告营业利润，加上主要被投资公司的留存收益（按一般公认会计原则这部分未反映在我们公司利润里面），然后扣除这些留存收益分配给我们时本应该缴纳的税款。

为计算透明盈利，投资人应该确定投资组合中每只股票相应的可分配收益，然后进行加总。每个投资人的目标，应该是要建立一个投资组合（类似于一家投资公司），这个组合在从现在开始的10年左右将为他带来最高的预计透明盈利。

作为一名投资者，你的目标应当仅仅是以理性的价格买入你很容易就能够了解其业务的一家公司的部分股权，而且你可以确定在从现在开始的5年、10年、20年内，这家公司的收益肯定可以大幅度增长。在相当长的时间里，你会发现只有少数几家公司符合这些标准，所以一旦你看到一家符合以上标准的公司，你就应当买进相当数量的股票。你还必须忍受那些使你偏离以上投资原则的诱惑：如果你不愿意拥有一只股票10年，那就不要考虑拥有它10分钟。把那些获利能力会在未来几年中不断增长的公司股票聚集成一个投资组合，那么，这个组合的市场价值也将会不断增加。

也许有人会问，那我们又如何能发现股票的获利能力呢？巴菲特认为，如果持股时间足够长，公司价值一定会在股价上得到反应。我们的研究也发现，持股时间越长，其与公司价值发现的关联度就越高：

（1）当股票持有3年，其相关性区间为0.131~0.360（相关性0.360表示股票价格的变动有36%是受公司盈余变动的影响）。

（2）当股票持有5年，相关性区间上移至0.574~0.599。

（3）当股票持有10年，相关性区间上升至0.593~0.695。

这些数字反映了一个相当有意义的正相关关系，其结果也在很大程度上支持了巴菲特的观点，即一家公司的股票价格在持有一段足够长的时间后，一定会反映公司基本面的状况。但巴菲特同时指出，一家公司的获利和股价表现的相互影响过程通常不是很均衡，也无法充分预期。也就是说，虽然获利与股价在一段时间里会有较强的相关性，但股票价格何时反映基本面的时机却难以精确掌握。巴菲特表示："就算市场价格在一段时间内都能随时反映企业价值，但仍有可能在其中的任何一年产生大幅度的波动。"

选择安全的股票

1985年巴菲特在致股东信里写道："或许你会认为法人的机构、拥有高薪的职员和经验丰富的专业人员会成为金融市场稳定与理性的力量，那你就大错特错了，那些法人持股比重较大且持续受关注的股票，其股价通常都不合理。"

投资者在进行长线择股时，应选择安全性的股票，这类股票即使股价跌了也无妨，只要耐心等待，股价一定会再上涨的。

巴菲特在进行任何一种投资时，寻找那些他相信从现在开始的10年或20年的时间里肯定拥有巨大竞争力的企业。至于那些迅速变迁的产业，尽管可能会提供巨大的成功机会，但是，他排除了寻找的确定性。

股票投资是一种风险较大的投资，其风险的存在让你不得不首先考虑投入资金的安全性。股票投资风险来源于企业、股票市场和购买力三个方面，投入资金的安全与否首先取决于企业的经营状况。

作为普通投资者，为了确保投资安全，你最好先从不同的角度全面地分析了解企业的情况，尽可能地选择这样一些企业进行投资：基础扎实，资金雄厚，有持久发展趋势；企业规模宏大，经营管理水平先进，产品专利性强，商标知名度高，有较强的生产能力和市场竞争优势；企业资产分配合理，流动资金与流动负债保持合理的比率；盈利率高，有丰富的原料来源和广泛的市场，或者其股票是国家重点发展和政府积极扶植的股票。

以下是投资者需要注意的选择安全股票的技巧：

（1）公司业绩每年增长15%左右，这是我们选择股票的第一要求，要达到这个要求其实并不困难。中国的GDP年增长率每年可以达到9%~10%，而国内很多行业的增长速度远远高于这一水平，例如奶制品行业每年可以增长30%，商业零售业可以增长20%多。

（2）除了看上市公司的历史业绩，一家优秀的公司还应具备：

①优秀的管理层。管理层包括公司的治理结构、管理能力以及管理团队等内容。

②时间足够长的成长或景气周期。这也是我们判断一家公司成长空间有多大的重要因素。

③企业的核心竞争力。核心竞争优势体现在：一是技术；二是管理；三是品牌；四是营销；五是成本控制；六是其他一些因素。

④所处的行业需求稳定增长，而不是暴涨暴跌的行业。

⑤有良好的业绩和分红记录。

⑥估值相对较低。主要考虑公司的成长性是否突出、是否持续，成长预期是否合理。

（3）判断在中国具有投资价值的公司。首先，要与中国的宏观经济发展相呼应，在一个中短期内受益于"十一五"规划；其次，受益于人民币升值，其资本、人力、产品价值都会因此得到提升；再次，重大题材带来投资机会；最后，实质性资产重组。

（4）综合评估这几个方面，把同类型、同行业的公司加以仔细分析，货比三家，最后在一个合理的价位作出投资决策。

发掘高成长性的股票

在投资过程中，投资者要重视具有高成长性的股票。成长股并不是一成不变的，投资者要根据实际情况更换成长股。

1994年巴菲特在致股东信里写道："如果你拥有的是企业中的'天然钻石'，无论股票价格如何波动，无论波动的幅度多大，无论经济景气的循环如何上上下下，长期而言，这类优良企业的价值必定会继续以稳定的速度成长。"

巴菲特认为，投资者在选择股票投资时，一定要尽量发掘具有高成长性的股票。一般来说，高成长性的公司盈利迅速增长，扩张性极强。投资于这类股票往往可以将你的选股风险化为无形，保证投资者获得超额的利润。

美国的"成长投资理论之父"费舍特别崇尚成长股，在他的代表作《怎样选择成长股》中，费舍开宗明义地指出："投资者不论出于何种原因，通过什么方法，当他购买股票时，目标只有一个，寻找成长股。"按照他的解释，假如你用800万美元买下市场价值为1000万美元的公司股票，如果你以当时的市场价格出售，那么，你将获利丰厚。但是，如果公司的经营状况很差，并且你在10年后才出售，那么，你的收益可能在平均水平以下。他说："时间是优秀公司最好的朋友，是平庸公司的敌人。"除非你能帮助清算这个效益很差的公司并从公司的市场价值和购买价格的差价中获利，否则，你的收益将和这家业绩很差的公司一样悲惨。所以，投资者在选股时应研究上市公司的成长性，做到去伪存真，去粗取精，牢记成长是"金"。

一般来说，具有高成长性的企业，通常具有以下三个方面的特点：

1.公司的产品或所提供的服务具有广阔的发展前景

任何一个行业都有一个从成长到衰退的过程，必须抓住当前正处于成长性的行业。进入21世纪，国内的生物工程、电子仪器以及有关高科技产业均属于成长性行业。政府的扶持会使某个行业和地域的企业快速成长。国家扶持企业的措施有多种，如各项税收、物价、银行信贷的优惠政策，赋予直接融资功能、优良资产的注入等。

2.公司有值得投资的利润回报率

从投资者的立场来看，销售只有在增加利润时，才有投资价值。如果一个公司多年的销售增长没有带来相应的利润增长，那么该公司就不是最佳的投资对象。考察利润的第一步是分析测算公司的利润率。投资者可以测算每1元钱的销售能够实现多少经营利润。进行这样的测算，必须以连续多年的数据为基础，不能只考察一个年度。一般而言，那些多年来利润较高的公司其利润总额也较大，他们所在的行业总体上是业绩相当突出，呈现出繁荣景象。低成本运营的公司，在景气年头，利润率也有所增加，但幅度不是很大。

3.企业在新基础上运营，原料市场和产品市场无重大变故

新项目运营的提前发现，可以使投资者及时发现企业的利润增长点，进而使股票投资在较短的时间内获得较大的收益。国内高科技新项目的投产使其利润大增就是明显的例子。原料市场的变化使轮胎得以降低单位产品原材料成本，经济效益大幅度提高。而产品市场的变动给企业成长带来的推动作用更是不可低估。比如铜、铝、锌等资源性产品一旦在全球范围短缺，企业的利润就会直线上升。中国加入世界贸易组织会促进我国产业优势明显的纺织业、轻工业企业的发展，同时给金融、外贸、港口、仓储业带来难得的机遇。

成长股的盈利估计

投资者想要获得丰厚的回报，就应该对企业的盈利水平进行理性分析，不要把自己对这个行业的喜好或者厌恶夹杂在分析过程中。只有理性的评估，投资者才能得到企业真实的内在价值，才能够找到最佳的投资机会。

1995年巴菲特在致股东信里写道："这实在是天价，不过它让我们可以100%拥有一家深具成长潜力的企业，且其竞争优势从1951年到现在一直都保持不变。"

巴菲特认为，投资者在购买股票时，一定要对企业的盈利水平进行评估。只有正确评估企业未来的盈利水平，才能够确定股票的内在价值是多少。只有了解股票的内在价值，投资者才可以确定在什么时候购买股票才是划算的。

公司股票的内在价值实质上就是公司未来5年或者10年内的利润通过一定的利率折现后得到的数额。虽然说起来很简单，但实际操作起来非常困难。因为公司的盈利水平

通常会受到很多因素的影响，所以几乎没有人可以准确预测出公司未来5年或者10年的盈利水平。巴菲特认为，正因为未来充满无限不确定性，为了降低投资的风险，投资者最好选择那些具有稳定性发展的公司。

巴菲特认为，在评估公司的内在价值时，稳定性是一个非常重要的因素。如果一家公司的历史经营业绩很不稳定，那么它未来的发展也可能会很不稳定。如果公司未来的经营业绩不稳定，那么投资的风险就会很高，它的价值就不如目前可预测到的盈利那么高。巴菲特在选择投资公司时，通常会选择那些具有稳定性发展的公司，像美国运通公司、华盛顿邮报、吉列、可口可乐等。这些公司在其发展的历程中大多数年头里都表现出了非常稳定的盈利增长，巴菲特可以对它们的未来作出迅速合理的预测，所以巴菲特才选择投资这些公司。事实证明，巴菲特的投资眼光是没错的。在巴菲特的投资生涯中，这些具有稳定性的公司为巴菲特赚取了丰厚的利润。

有些股票分析家认为，高科技产业是一种创新，应该被给予较高的待遇。但巴菲特认为，人们对行业的期待没有任何价值。无论是什么产业，评估的标准都应该是统一的。所有的资产都应当被同样地估价，从饮料制造商到手机生产商，在评估时都应该被统一对待。无论什么产业最终都只有通过把销售转化为盈利以及盈利增长率来判断。高科技产业也应该用和其他行业的标准来定价。所有企业的内在价值都应该取决于企业未来预期收益的折现值，而不应该根据人们对行业的期待来高估或低估企业的价值。

巴菲特认为，股票的安全边际是非常重要的。因为投资者投资的目标就是通过低于内在价值的价格购买股票从中获利，所以投资者一定要认真分析股票的安全边际。此外，一旦发现了一家符合标准的公司，投资者就应当购买尽可能多的股票，然后长期持有，慢慢等待丰厚的回报。当然在这期间，你要有足够的定力，抵制外界一切使你背离原则的诱惑。

成长性企业的相似性

投资者要投资公司必然选择优秀的公司，这毋庸置疑。但是优秀的标准是什么，很多人都持有不同的观点。在巴菲特看来，优秀的公司都是相似的。

具有持续竞争优势和优秀的管理层。不管哪一个公司，只要具备这两点优势，投资者就可以进行投资。一般来说，投资的风险很小，而且投资的回报率很高。

巴菲特在1994年致股东信里写道："我们的投资组合持续保持集中、简单的风格，真正重要的投资概念通常可以用简单的话语来做说明，我们偏爱具有持续竞争优势并且由才能兼备、以股东利益为导向的经理人所经营的优秀企业。只要它们确实拥有这些特质，而且我们也能够以合理的价格买进，那么投资出错的几率可说是微乎其微。"

巴菲特认为，一家公司想要具有良好的发展前景，就一定要具有持续的竞争优势。而这持续的竞争优势，主要体现在顾客对产品的满意度上。就像可口可乐公司，几十年里销售的产品几乎都一样，在可乐的行业中具有非常高的满意度。在巴菲特看来，如果一家公司经常改变自己的经营产业，那么这家公司很难具有持续的竞争优势。一方面来说，频繁的改变经营方向，就很容易在重大决策上失误。一旦失误，就会给公司造成巨大的创伤；

另一方面，频繁的改变经营方向，公司就比其他先进入该行业的公司起点晚。如果想要超越同类型产品成为该行业主导，那么公司需要付出非比寻常的努力，而且努力了也不一定就会成功，因为其他同行也会努力避免被超越。例如成功的餐厅都有自己的特色，如便利的快餐店、优雅的西餐厅、特别的东方食物等。

这些特色可以吸引爱好该特色的潜在客户群，如果餐厅的服务、菜色和价格都非常好，顾客就会从心里认可这种特色，然后不断地登门用餐，甚至还会为餐厅免费宣传。但有的餐厅不明白这个道理，经常改变自己的特色，一会儿是法国美食、一会儿又是四川菜馆，最终会竹篮打水一场空，既失去了原有的老顾客，也没有招揽到新顾客，很快就在这个餐饮业中跌得粉身碎骨。

企业正常盈利水平

巴菲特在1999年致股东的信写道："在我们看来，企业的盈利水平，和一个国家的国内生产总值（GDP）的增长率有一些关联。据我们估计，目前GDP的年增长率大约为3%，另外还有预计2%的通货膨胀率。虽然我和查理无法保证这2%是否确切，但这是市场上大多数人都认可的。"

企业的盈利水平决定于企业的经营状况。比较有趣的现象是，企业的正常盈利水平和GDP有一些关联。通常来说，企业的正常盈利水平和GDP的增长率是相应的。如果GDP增长，企业的平均盈利水平也会增长，而且增长的幅度和GDP的幅度比较接近。

我们从中国的GDP和中国世界500强企业的数量就能发现GDP和企业发展的关系。

1990年，中国GDP为4100亿美元，位居世界第11位；1998年，中国GDP为9100亿美元，位居世界第7位；2006年，中国GDP为27500亿美元，位列世界第4位；2007年中国GDP为30100亿美元，位居世界第4位；2008年中国GDP为42220亿美元，位居世界第3位。

中国企业在世界500强中的变化是这样的：1989年，中国银行登上世界500强企业排行榜，这是中国产生的第一家世界500强企业。

1999年增加到8家，2000年增加到9家，2003年增加到11家，2004年增加到16家，2005年增加到18家，2006年增加到23家，2007年增加到30家，2008年增加到35家。从第1家到第8家中间经历了漫长的10年，平均每年增长0.8家；而从8家到第35家只用了9年，平均每年增长3家。而2006~2007年间增长的幅度最大，也就体现出中国企业在近几年的发展比较迅猛。通过分析上面的数据，我们可以看到，中国世界500强企业的增长数量与中国GDP的增长刚好成正比。中国世界500强企业数量在世界的排位与GDP的排位也基本相当。当中国GDP跃居世界第三的时候，中国世界500强企业数量也达到了世界第三。

巴菲特认为，既然GDP和企业的正常盈利水平相关，那么投资者在考虑投资企业时，一定要记得先关注一下GDP的增长速度。1999年，美国整个金融市场都在讨论高科技股。一些金融专家或者股票分析师认为，高科技是创新的产品。只要是新的东西，就一定有很广阔的发展前景，应该受到投资者的热捧，但巴菲特的态度截然相反。巴菲特认为，既然美国的整体经济水平并没有因为高科技产业的问世而突飞猛进，那么投资者就应该像对待其他行业一样对待高科技产业，不应该把个人对高科技的期待掺杂到投资评估的过程中。任何企业的股票都应该与其盈利水平相符。

第三节　挑选经营业务容易了解的公司股票

业务是企业发展的根本

企业要发展，业务是根本。具有发展前景的业务是企业的饮水之源。投资者进行投资时，一定要首先观察企业的业务，然后再考虑其他因素。

巴菲特在1989年致股东的信里说："从这里我们又学到了一个教训：只有优秀的马搭配技术高超的骑士才能取得好成绩。如果马不好，再厉害的骑士也没有办法。像伯克希尔纺织公司也是才能兼备的人在管理，但很不幸的是他们面临的是流沙般的困境。如果将这些人放在资质更好一些的公司，我相信他们应该会有更好的表现。"

巴菲特认为，判断一家公司是否优秀，首先要分析的就是公司的业务。只有拥有好的业务，公司才能够有更好的发展。

很多人觉得公司中最重要的就是管理层。他们觉得一家公司只要拥有足够优秀的管理层，就可以转亏为盈，好上加好。以前巴菲特也这么觉得，后来经过伯克希尔纺织公司的教训后，巴菲特开始意识到一家公司最重要的是业务。业务就像赛马场里的马，管理层就像赛马场的骑士。如果想要在赛马场上赢得比赛，先决条件是必须有一匹好马。优秀的马配上技术高超的骑士，能够取得非常优秀的成绩；优秀的马配上技术一般的骑士，也能够取得比较不错的成绩；如果没有一匹好马，再优秀的骑士也无法发挥他们的本领，就像巧妇难为无米之炊一样，最终的结果只可能是成绩不好，而且还坏了骑士的好名声。

巴菲特生平投资的第一个错误就是买下伯克希尔纺织厂。而巴菲特犯错误的主要原因就是当时巴菲特没有把公司的业务看得很重要。其实当时巴菲特已经觉得纺织业是个高度竞争的行业。即便改进机器会促使商品生产率大幅提升，但好处只会落在客户身上，而厂家捞不到一点好处。在经济繁盛的时期，纺织业只能赚取微薄的利润。而在经济衰退期，纺织业就只能够赔钱。虽然巴菲特也任命了非常出色的管理层，可还是无法扭转乾坤。最终因为长期亏损，巴菲特不得已关闭了伯克希尔纺织厂。巴菲特后来这么描述他对伯克希尔纺织厂的投资："首先我所犯的第一个错误，当然就是买下Berk shire Hathaway纺织的控制权，虽然我很清楚纺织这个产业没什么前景，却因为它的价格实在很便宜而受其所引诱。"

巴菲特收购斯科特公司也说明了业务的重要性。1986年，伯克希尔公司收购斯科特公司时，该公司拥有22个不同的业务，主要业务是世界百科全书、寇比吸尘器和空气压缩机，当时账面价值为1.726亿美元。伯克希尔公司花费了3.152亿美元收购了该公司。也就是说伯克希尔公司用1.426亿美元的溢价购买了斯科特的业务价值。后来的事实证明巴菲特的眼光没有错。被伯克希尔收购后，斯科特公司的经营业绩越来越好，原来就很高的股东权益报酬率又有了新的突破，让伯克希尔公司赚取了丰厚的回报。巴菲特后来非常自豪地说，通过支付这些溢价能够收购到一家业务简单易懂、发展前景良好的公司是非常值得的。

不要超越自己的能力圈边界

既然连 "股神" 巴菲特都无法精通所有行业，那么我们普通投资者也不必为了自己无法了解所有行业而沮丧。只要我们坚持只在我们的能力圈范围内投资，我们的投资风险就会更小，获得丰厚回报的可能性就更大。

巴菲特1996年在给股东的信里说："投资者真正需要的是有正确评估所投资企业的能力，并不需要成为每个行业都懂的专家。投资者只需在你自己的能力圈范围内正确评估几只股票就够了。每个人的能力圈有大有小，但大小并不重要，重要的是知道自己的能力圈边界在哪里。"

由于每个人的生活经验和知识能力有限，所以谁也不可能成为每个行业都知晓、每个行业都精通的专家。有些人觉得因为自己不了解所有行业才投资失败，但巴菲特觉得，是否了解所有行业的发展状况并不那么重要，关键在于你要在自己熟悉的能力圈内投资。只要你的投资范围不超越自己的能力圈边界，那么懂不懂其他行业的知识对你的投资一点都没有影响。其实投资者要做的很简单：首先了解自己熟悉哪些行业，确定自己的能力圈范围有多大，然后在能力圈的边界内寻找具有投资价值的企业，在合适时机买入。

业务内容首先要简单易懂

经营业务越简单的企业，越可能具有持续竞争优势。在选择投资企业时，投资者最好先从那些业务简单易懂的企业下手。

1996年巴菲特在致股东的信里写道："作为一名投资者，我们要做的事情很简单，就是以合理的价格买进一些业务简单易懂又能够在5~10年内持续发展的公司股票。经过一段时间，我们就会发现能够符合这样标准的公司并不多。所以一旦你真的碰到这样的公司，那就尽自己所能买最多份额的股票。当然在这期间，你要尽可能避免自己受到外界诱惑而放弃这个准则。如果你不打算持有一家公司股票10年以上，那就最好连10分钟都不要拥有它。当你慢慢找到这种盈余总能积累的投资组合后，你就会发现其市值也会跟着稳定增加。"

巴菲特认为，越是具有持续竞争优势的企业，其经营业务通常都越简单易懂。投资者在选择投资的企业时，最好选择业务简单易懂的企业。他认为，投资者成功与否，与他是否真正了解这项投资的程度成正比。这一观点是区分企业导向和股市导向这两类投资人的一个重要特征。后者仅仅是购买了股票，打一枪换一个地方而已。

巴菲特之所以能够保持对所投资的企业有较高程度的了解，是因为他有意识地把自己的选择限制在他自己的理解力能够达到的范围。巴菲特忠告投资者："一定要在你自己能力允许的范围内投资。"

有人认为，巴菲特给自己设置的这些限制，使他无法投资于那些收益潜力巨大的产业，比如高科技企业。也有很多人会觉得纳闷，简单易懂的业务，人人都能做，怎么还能够产生高额利润呢？在巴菲特看来，非凡的经营业绩，几乎都是通过平凡的事情来获得的，重点是企业如何能够把这些平凡的事情处理得异乎寻常地出色。通俗地说，就是在平凡的事情中实现伟大的成就。像这些优秀的企业，它们几十年来只专注于某一领域，自然就有更多的时间和资金来改善生产技术、服务、生产设备等，它们的产品自然也会变得更加优秀。而且，它们的产品年代越久，就有越多的人了解它们，它们的品牌效应就会越明显。

业务简单易懂是巴菲特对投资企业的要求之一。在巴菲特的投资生涯中，大多都是业务简单易懂又极具持续竞争优势的企业。像可口可乐公司就是一个典型的例子。可口可乐公司的业务非常简单：可口可乐公司采购原料后，制成浓缩液，然后卖给装瓶商。装瓶商再把这种浓缩液和其他成分配合在一起，制成可口可乐饮料卖给零售商。就是这么简单的业务，让可口可乐公司每年赚取了巨额利润。就连遭遇金融危机的2008年，可口可乐公司都获得了高达58.1亿美元的利润。

过于复杂的业务内容只会加重你的风险

如果企业经营的业务过于复杂，企业运营的风险就比较大。而且过于复杂的业务，投资者也不太容易搞明白，所以投资者尽量远离那些经营业务复杂的企业为好。

2008年巴菲特在致股东的信里说："像担保债务凭证这种过于复杂的金融衍生产品，是造成这次金融危机的原因之一。我和芒格曾经说过，这些金融机构将商业操作弄得太复杂了，使得政府监管者和会计准则都无法阻止这些金融机构冒这么大的风险。这种缺乏控制的行为，已经造成了惨重后果，例如贝尔斯登的倒闭，而且很有可能带给金融业更多损失。"

巴菲特认为，企业经营的业务越简单易懂越好，太过复杂的业务容易造成不可预测的风险。

2008年金融危机给全球的金融机构造成了高达3000多亿美元的损失。但巴菲特认为，这样的损失很大程度上也要归咎于金融机构本身。在过去的时间里金融机构发行了很多过于复杂的金融衍生产品。像担保债务凭证这个产品，投资者如果想弄明白其业务内容，就至少需要阅读75万字的报告。这样这些复杂的产品大大增加了金融机构的风险系数。但是由于它们过于复杂，使得政府监管者和会计准则无法监控到这些风险性，才导致了金融危机的全面爆发。

巴菲特说，在伯克希尔公司里，是绝对不允许发生这种事情的。为了避免风险，巴菲特在选择投资企业时，都不会选择特别复杂的业务。巴菲特说，他曾经读过一份金融公司的业务报告。这份报告主要是向政府部门和普通投资者介绍这家金融机构的操作过程，但这份报告多达270页。巴菲特一边阅读，一边把自己认为有疑问的地方列在空白纸上。等看完最后一页，巴菲特发现他竟然列了25页问题。最后他实在失去了耐心，把笔一扔，决定再也不投资这个股票了。巴菲特之所以不碰高科技，也是因为他觉得高科技太复杂了，投资风险太大了。

巴菲特认为，如果某项业务的不确定因素很多，那么该项业务的投资成功率就会很低。如果某项业务只有1个不确定性因素，而这个因素的成功概率高达80%，那么这项业务的投资成功率就是80%；如果这项业务有两个不确定性因素，而每个因素的成功概率都是80%，那么这项业务的投资成功率就是64%；以此类推，不确定性因素越多，这项业务的投资成功率就越低。巴菲特觉得，如果某项业务的投资成功率很低，即使该业务有再高的投资回报率，他也不会进行投资的。

1998年伯克希尔公司打算投资一个锌金属回收项目，项目内容就是将地热发电产生的卤水中的锌提取出来进行回收利用。本来这是巴菲特非常看好的一个项目，利润率很高，项目内容也简单。可是在真正实行的过程中，问题层出不穷，总是一个问题接着另一个问题出现。常常刚解决完这个问题，又有一个新问题跑出来。这令巴菲特非常不满。经过全面的衡量利弊，最终巴菲特觉得投资成功率太低，放弃了这个很赚钱的项目。

你要能了解它的新型业务

一项新型业务，可能是有前途的业务，也有可能是没前途的业务。如果碰到从事新型业务的企业，投资者要在认真了解该新型业务的基础上再决定是否投资。

巴菲特在1998年写给股东的信里说道："在这个产业占据主导地位是一件非常重要的事情。我们遍布全美的机队可以使我们的客户受惠无穷。我们能够提供其他公司无法提供的服务，所以我们也能够大幅度降低飞机停在地面的时间。我们还有一个让客户无法抵抗的诱惑，那就是我们提供的飞机种类非常多，有波音、湾流、Falcon、Cessna和雷神。而我们那两个竞争对手却只能提供自己生产的飞机。通俗地说，Netjets公司就像一位治病的医生，能够根据病人的情况对症下药。而其他两个对手就像卖祖传膏药的江湖郎中，无论病人是什么病况，开的药都是那一贴膏药。"

如果一个企业经营的是过去从来没有过的新型业务，投资者也要认真地去了解它，根据它的价值来判断是否值得投资，而不是根据自己的猜测直接肯定或否定这项投资。

第六章　巴菲特教你做交易

第一节　如何判断买入时机

要懂得无视宏观形势的变化

很多普通投资者在面对一个问题的时候，总是从宏观推向微观，根据这个国家甚至国际经济走势一定能预测出来一些市场方向。但巴菲特说："我不关心宏观的经济形势。在投资领域，你最希望做到的应该是搞清楚那些重要的，并且是可以搞懂的东西。"实际上，有的时候大势好未必对你好，大势不好未必对你不好。

巴菲特1998年在佛罗里达大学商学院的演讲时说："我不关心宏观经济形势。在投资领域里，你最需要做到的是应该弄清楚哪些重要，并且认清可以搞懂的东西。对于那些既不重要也很难懂的东西，把它们忘记就对了，如果你认为你所讲的是重要的，但是很难彻底弄明白。我们从来没有靠对宏观经济的感觉来买或不买任何一家公司。我们根本不去在乎那些读不懂的预估利率、企业利润等，因为那些预估真的无关紧要。"

巴菲特经常逆宏观形势而动，例如他在1972年买了时思糖果，虽然从那以后的不久政府就实施了价格管制，股价也随之狂跌，但是巴菲特仍然继续买进，并不为所动。然而事实证明，这个生意给了他很大的赚头，因为伯克希尔只是花了2500万美元，然而时思糖果现在的税前利润却高达6000万美元。

再比如，在巴菲特眼中，他认为通货膨胀并不是简单的经济现象。关于这一点他是从四个方面来理解的：

（1）从国内看，通货膨胀是过多地增加货币供应造成的。只有当货币的发行量严重超过商品流通中实际货币的需求量，才会形成通货膨胀。由此可以看出，在一定程度上可以说通货膨胀是政府行为的作用结果。如果不对政府的发行行为进行约束，那么通货膨胀就不可能根本消除。而美国政府的开支一直没有严格的限制，这使得要消灭通货膨胀几乎是不可能的。所以巴菲特始终认为通货膨胀从某种程度上讲更是政治现象。

（2）从国际角度看，国与国之间的贸易交流，无论是在古典经济学的理论角度还是现代的西方经济学的理论中，都是无法避免的。只要有国际贸易，那就可能有贸易的顺差和逆差。顺差的情况一般比较好解决，但是一旦形成逆差，国家就可能会利用通货膨胀来抵制这种经济上的压力，而这点也是令巴菲特忧心的。尽管这是政府的对策行为，但却对经济产生了重大的影响。这种形势下采用的通货膨胀这一手段对本国经济的损害也绝对不小。

（3）从投资者角度来看，通货膨胀对投资人的影响是很大的。通货膨胀率的高低就等于手中握有现金的实质价值损失幅度。假设通货膨胀率是25%，实质购买力就减少25%。在此时，巴菲特认为，起码要获得25%的投资报酬率，才能使实质购买力维持不变。

（4）除了以上不好的方面，从另一个角度看，通货膨胀中也存在着机遇。例如伯克希尔在1972年付出约3500万美元买下时思公司，相当于8%的税后回报率，和当年度的政府公债所提供的5.8%回报率相比，时思的税后回报率8%显然不差。巴菲特又正是在通货膨胀中得到了好处。

当然，对于巴菲特来说，通货膨胀肯定不会是个好的合作伙伴。它的复杂多变，对于任何一个投资者来说都是一项艰巨的挑战。虽然它具有两面性的后果，但是没有几个人能在其中获得高额的利润。相比之下，巴菲特更喜欢平稳状态下发展的企业，因为稳定的市场经济状态才能够给他更切实稳定的利益回报。

如果你不能从通货膨胀中获利，你应该寻找其他方法以避开那些会被通货膨胀伤害的公司。通常说来，需要大量的固定资产来维持经营的企业往往会受到通货膨胀的伤害；需要较少的固定资产的企业也会受到通货膨胀的伤害，但伤害的程度要小得多；经济商誉高的企业受到的伤害最小。

判断股票的价格低于企业价值的依据

我们不是天才，也不完美，所以弄清自己所购买的每家企业的安全边际十分重要。如果得不到符合安全边际的价格，我们就不买。安全边界会使你在方法得当时大捞一笔。而当情况不妙时，它又会使你免受损失。

巴菲特在1997年的信里写道："即使，我们从来都试图尝试预测股市的动向，但是我们还是试着去评估股票的合理价位，在去年的股东会上，当时的道指大约为7071点，长期公债的利率为6.89%，查理和我曾经表示，假如能够符合其一利率维持不变或继续下滑，其二美国企业能够继续维持现有高股东的权益报酬率这两个条件的话，则表示股市并未被高估。

"然而，依目前的情况来看，利率确实又在下滑的过程中，这一点算是符合其中一个条件的，但是另一方面，股东的权益报酬率却仍然维持在高档。也就是说，如果这种情况还会持续下去的话，同时利率也能维持现状，则没有理由再去相信股市处于过于被高估的状态；不过从保守的角度来讲，股东权益报酬率维持在现有的水平也是很难达到的。"

巴菲特的主要思想是在价格具有商业价值时买入优质企业。怎样才具有商业价值呢？在巴菲特看来，具有商业价值是指投资能带给你最大的预期年复利收益率和最小的风险。巴菲特在这方面之所以比其他投资经理更胜一筹，原因在于他把自己看成公司所有者，进行的是长期投资，而不像华尔街其他投资专家，关注的是短期投资。

如何发现股票价格低于价值还是高于价值呢？这里，巴菲特运用了他的导师格雷厄姆的"安全边际"法则，即寻找价格与价值之间的差价，差价越大时买入，"安全边际"越大，风险越小。这是巴菲特永不亏损的投资秘诀，也是成功投资的基石。

但是并不是所有的投资者都能理解并且正确利用巴菲特的这种估值方法。举个例子来说，股民小王一直都以价值投资者自称，尤其对"安全边际"法则坚信不疑，他一直都把"内在价值大于价格，就有了安全边际。"这句话挂在嘴边。2007年10月，听了某分析师推荐煤炭股，思考了一下："煤电的价格到了冬天应该还会往上涨，现在的内在价值肯定很高。"于是，68元买入了当时走势红火的西山煤电。由于自信有"安全边际"的保障，小王心中就有底，于是按照巴菲特的教导，在"安全边际"以下就大胆进行了操作。越跌越买，一路补仓，结果却只能眼巴巴迎来了该股32元的"底部"，尽管他一再补仓，现在的平均价位也仍在50元左右，深套其中。

实际上他并没有完全理解"安全边际"的意义，这也是大多投资者常会犯的错误，"安全边际"法则的含义，像购买价廉物美的商品一样，即用比实际价值更便宜的价格买入好股票。

"安全边际"这个概念听起来很高深，其实很简单，就是寻找价格大大低于内在价值的质优价廉的便宜货。买便宜货的道理我们谁都懂，但股票毕竟不同于衣服，普通投资者怎么能认定，它的价格到底是高估了还是低估了？明明价格已经脱离价值了，还以为有"安全边际"，那就糟了。比如有人这样计算南方航空的内在价值，他把南航的每架飞机都拆成零件，然后把价格进行全部的加和，除以总股本后，和股价做个对比，衡量股价是高了还是低了，尽管这种方法有点极端，但是也不失为一个有效的方法。

此外，在你进行"拆飞机"之余，还有几个指标可以用来作为参考。一是市盈率，通常情况下蓝筹股要低于10倍，周期性股票低于5倍的情况下，存在着安全边际。二是每股净资产，这是一个最为稳妥的指标，一旦股价跌破每股净资产，理论上就是"打折"。在中国的A股市场上存不存在这样的打折股呢？巴菲特告诉你：每等一个周期，就肯定会有。事实上，2005年时A股里"打折股"比比皆是。

基于"安全边际"的价值投资策略是指投资者通过公司的内在价值的估算，比较其内在价值与公司股票价格之间的差价，当两者之间的差价达到安全边际时，可选择该公司股票进行投资。

买入点：把你最喜欢的股票放进口袋

投资者需要明白的关键的一点是，当你还没有投资的时候，不要感觉你应该投资的时候到了。一旦对该股票充满了信心的时候，你自然会作出越来越少的买卖决定。不管你购买什么公司的股票，在没有完全掌握公司的情况之前，绝不要轻易地购买，并且对于已经看好的公司，要衡量它合适的买入价位。

巴菲特在1988年的信里写道："以早餐麦片为例来说，它的资产报酬率是汽车保险业的一倍（这也正是为什么家乐氏与通用磨坊的市净率是5倍，然而保险业者的市净率却仅是1倍），麦片公司经常都在调整产品的售价，即便是在生产成本没什么变化的情况下，消费者仍然没有任何抱怨。如果要是换成保险业者，就算只是反映成本稍微调整一下价格，投保的客户就会生气地跳起来。所以如果你识相的话，最好是去卖掉高价的麦片，而不是低价的汽车保险。"

巴菲特有很强的识别力，他能够抵制住在当时看来非常有诱惑力的股票。只有在股价的合理价位，并且具有很好的投资的潜力，他才会购买。但是，巴菲特绝对不允许自己随波逐流地去购买那些只是由于价值被低估才具有投资价值的股票。

1999年初，巴菲特拥有35亿美元的现金和伯克希尔公司的债券。当时他对此感到非常地满足，因为这些财富已经相当于很多小国家国民生产总值的总和了。他的打算是长期持有这些财富，直到发现有值得购买的投资标的时才出手。而与他有鲜明对照的是，大多数投资者有一种心理上的需要，就是想让他们手里的宽松的资金立刻发挥作用。他们并没有耐心去等待所有喜爱的股票的股价下降，而是在没有考察一些公司基本财务状况的前提下，就买进了一些品质比较差的股票，结果可想而知。

巴菲特为了避免这些错误，就会先鉴定那些在几年后他想拥有的所有股票，然后在某个合适时机购买，但是只在这些股票的价格降到非常有吸引力时才会去购买。如果股票的价格没有降到他所希望的价格，那么他就会把注意力转向到合适价位的公司。

具体确定买入点的方法是：

名称	价格（美元）	欲购买价格	点评
美国运通	135	100	不够便宜
阿姆根公司	65	45	太贵了
思科系统公司	130	小于60	下挫风险太大
联邦快递	33	小于40	现在可买入
通用电气	135	135	现在可买入
保洁公司	65	小于85	准备买入

这种分析方法的一个很明显的好处就是强迫你时刻保持警惕。在购买之前，就必须确定这个公司的合理的价值。

好公司出问题时是购买的好时机

对于我们而言，最好的投资机会来自于一家优秀的公司遇到暂时的困难时，当他们需要进行手术治疗时，我们就买入，这是投资者进行长期投资的最好时机。

巴菲特1989年在给股东的信里写道："我们同样面临着一项挑战：就是在有限的世界里，任何高成长的事物都会最终自我毁灭，如果成长的基础比较薄弱，那么这项定律也会被暂时性地打破，但是当基础膨胀到一定程度的时候，高成长就会结束，高成长最后终有一天会被自己所束缚。"

上面这段话，巴菲特明确地指出了无论是多么优秀的公司都不会是一直呈高成长的状态，总有一天这种成长会被打破，然而如果是一个好公司的话，当它出现问题的时候，反而是很好的买入时机。

巴菲特喜欢在一个好公司因受到质疑或误解干扰，而使股价暂挫时进场投资。虽然一个人不能预测股市波动，但几乎所有对股票市场历史略有所知的人都知道，一般而言，在某些特殊的时候，却能够很明显地看出股票价格是过高还是过低了。其诀窍在于，在股市过度狂热时，只有极少的股票价格低于其内在价值的股票可以购买。在股市过度低迷时，可以购买的股票价格低于其内在价值的股票如此之多，以至于投资者因为财力有限而不能充分利用这一良机。市场狂跌是以较大"安全边际"低价买入股票的最好时机。

巴菲特有时会买下一家前景似乎暗淡无光的企业。19世纪60年代末，他在美国运通银行发生"色拉油丑闻"事件后，出资吃下该银行的股份，并于20世纪70年代，他买下了GEICO公司，20世纪90年代初期，买下威尔斯法哥银行。

巴菲特这么做的原因就是，市场上大多充斥着抢短线进出的投资人，而他们为的是眼前的利益。这就是说，如果某公司正处于经营的困境，那么在市场上，这家公司的股价就会下跌。这是投资人进场做长期投资的好时机。巴菲特能够慎思明辨，分清何者为真，何者只是表面上看起来为真，巴菲特将这个特殊的分辨力运用于股市，专门购买不受欢迎的好公司股票。巴菲特喜欢在一个好公司因受到疑云、恐惧或误解干扰，而使股价暂挫时进场投资。

巴菲特在1996年伯克希尔公司股东手册中指出，市场下跌使买入股票的价格降低，所以是好消息。"我们面临的挑战是要像我们现金增长的速度一样不断想出更多的投资主意。因此，股市下跌可能给我们带来许多明显的好处。

首先，它有助于降低我们整体收购企业的价格；其次，低迷的股市使我们下属的保险公司更容易以有吸引力的低价格买入卓越企业的股票，包括在我们已经拥有的份额基础上继续增持；最后，我们已经买入其股票的那些卓越企业，如可口可乐、富国银行，会不断回购公司自身的股票，这意味着，他们公司和我们这些股东会因为他们以更便宜的价格回购而受益。总体而言，伯克希尔公司和它的长期股东们从不断下跌的股票市场价格中获得更大的利益。对伯克希尔公司来说，市场下跌反而是重大利好消息。大多数人是对别人都感兴趣的股票才感兴趣。但没有人对股票感兴趣时，才正是你应该对股票感兴趣的时候。越热门的股票越难赚到钱。只有股市极度低迷，整个经济界普遍悲观时，超级投资回报的投资良机才会出现。"

总而言之，作为一般投资者，如果已经证实某家公司具有营运良好或者消费独占的特性，甚或两者兼具，就可以预期该公司一定可以在经济不景气的状况下生存下去，一旦度过这个时期，将来的营运表现一定比过去更好。经济不景气对那些经营体质脆弱的公司是最难挨的考验，但经营良好的公司，在这场淘汰赛中，一旦情势有所改观，将会展现强者恒强的态势，并扩大原有的市场占有率。

价格具有吸引力时买进

只投资自己了解的股票。当这只股票下跌到"非常有吸引力"的价格时就可以勇敢地买进了。按照这样的投资策略，股价跌得越厉害，你将来的投资回报就越安全。

巴菲特1982年在给股东的信里写道："我们在投资股票时的做法是，只有在能够用合理的价格买到足够吸引人的企业时才是可行性的方式，与此同时也需要温和的股票市场加以配合。对于投资者而言，如果买入的价格过高的话，势必会抵消掉这家企业哪怕是绩优企业未来10年的发展所带来的正面效应。"

巴菲特认为，当股价跌到"非常有吸引力"时，就是买入的好时机。

他在伯克希尔公司1992年年报中，提出了买入股票时怎样认定股价是否合理的标准。他认为"有吸引力的"股价应当具有"充分的安全边际"。也就是说，只有具有"充分的安全边际"的股价，对他来说才是"有吸引力的"。

巴菲特认识到，即使企业的业务易于理解、有持续的盈利能力和由股东利益导向的管理层来领导，并不能保证投资成功，还必须以比较明智的价格购买。其次，企业的行为必须合乎事先的预期。巴菲特认为，投资失误只可能出现于以下三方面：一是支付的价格；二是我们选定的管理层；三是企业未来的盈利能力。而在第三方面的估算错误是最常见的。

巴菲特不仅致力于挑选盈利水平高于平均水平的企业，同样也要求在其市场价格低于内在价值时购买。格雷厄姆曾教导巴菲特牢记安全收益投资准则，即在估算的内在价值超过其市场价格的差额具有较高的安全系数时，才能购买该公司股票。

那么，什么样的买入价格对巴菲特来说"有吸引力"或者"非常有吸引力"呢？他说，绝大多数证券分析师认为是"价值"和"成长"，但实际上，许多人把这两个术语搞混淆了，这就像穿错了衣服一样可笑。

他说，"价值"和"成长"是一对矛盾的投资策略。虽然这两种策略在关键时候相互一致，例如公司成长性总是其内在价值评估的一部分，它对公司内在价值的影响力有时候是正面的，有时候又是负面的；可是在绝大多数时候，这两者之间是对立的。

巴菲特认为，在许多时候"价值"这一术语是多余的——试想，如果股票投资不是为了寻求足以补偿投资成本的行为，那么还有什么能称为"投资"呢？如果买入股票的价格比内在价值高，而投资者希望的只是将来能以更高的价格卖出这只股票，这种行为只能称为投机，而不是投资。这种投机行为虽然不违法，也不能说不道德，但却不可能发财致富。

公司的成长性，只有在新增投资具有诱人的回报率时，才能使投资者获益。例如，上市公司投入1美元，能够使它的长期市场价值增加1美元以上，这时候才会体现出成长性来。否则，就只能称之为缺乏成长性，或者干脆就叫负增长。对于投资者来说，这不但没有回报，而且还会损失利益。

纠缠于"价值"和"成长"等术语是非常枯燥无聊的，为此巴菲特选择了另一条简单的道路，只需掌握两条简单法则：一是只买自己能够了解这家上市公司业务的股票；业务复杂并且不断变化的公司，这种股票就不买；二是在前者基础上，股价必须具有非常有吸引力的安全边际，即相对于公司内在价值来说，这个价格非常之低。

根据后一条法则，巴菲特认为，如果自己要买的股票价格在不断下跌，这应该是一条好消息，因为这会降低自己买入股票的成本。不但如此，股价不断下跌，还会使得伯克希尔公司所拥有的主要投资对象会以更低的价格回购自己发行的股票，从而间接受益。

巴菲特认为，你支付的成本价将直接影响你的投资回报率。比如他将一家具有持续竞争优势公司的股票当做一种股权债券，为之支付的价格越高，初始投资回报率和投资该公司未来10年的利润回报率也就越低。

20世纪80年代末，巴菲特开始以平均每股6.50美元的价格买入可口可乐公司的股票，该公司的每股收益为0.46美元，巴菲特认为这相当于7%的初始回报率。到2007年，可口可乐公司每股收益为2.57美元，巴菲特认为，可口可乐股权债券如今为他每股6.50美元的初始投资支付了每股2.57美元的回报，相当于39.9%的投资回报率。但如果他当初支付可口可乐公司的成本价为每股21美元的话，他的初始投资回报率仅为2.2%。到2007年，这一投资回报率也只能增长到12%，这显然不如39.9%那样更有吸引力。

因此，你为一家具有持续竞争优势的公司所支付的价格越低，那你的长期回报率就越高。一家具有持续竞争优势的公司偶尔也可能会搞砸或做出一些愚蠢的事情，这在短期内将迫使其股价大跌。新可乐案例就是其中之一。巴菲特说过，当一家优质公司面临一个偶然的、可解决的困难时，一个完美的买入契机就从天而降。因为公司所面临的困难也是可以解决的。

第二节　抛售股票，止损是最高原则

牛市的全盛时期卖比买更重要

巴菲特强调要长期持有，如果一些公司一直保持其竞争优势，那你就不要卖出他们任何一家。道理很简单，你持有它们越久，你获得的税后回报率就越多。但在三种情况下，卖出也是有利的选择：第一种情况是当你需要资金投资于一个更优秀的、价格更便宜的公司时；第二种情况是当这个公司看起来将要失去其持续性竞争优势的时候；第三种情况在牛市期间股价远远超过了其长期内在经济价值时。一个简单法则：当我们看到这些优质公司达到40倍甚至更高的市盈率时，就到该卖出的时候了。

1999年巴菲特在《财富》杂志撰文道："美国投资人不要被股市飙涨冲昏了头，因为股市整体水平偏离其内在价值太远了。我预测美国股市不久将大幅下跌，重新向价值回归。"

巴菲特上面这段陈述，提醒了投资者在股市的全盛时期，一定要看清楚市场的状态，不要被市场强烈的投机气氛冲昏了头脑，在大家都热火朝天地沉浸在股价的上涨带来的喜悦的同时，市场的风险已经越来越高了。当市场膨胀到一定状态，出现泡沫时，离泡沫破碎的时候也不远了。一旦股市情形大转，没人能预料会跌到什么地步，而等到股票价值再次调整又要一定时间，并存在潜在的风险。你掌握在手中的相对不是很优秀的股票就根本体现不出它的价值，与其握在手中，不如卖掉它。

1969年，随着20世纪60年代美国股市的狂飙突进，巴菲特解散了合伙人企业。进入1972年时，伯克希尔保险公司的证券组合价值一亿一百万，其中只有1700万投资于股票。

1987年，道琼斯指数是让人大开眼界的2258点，正是牛市的全盛期，巴菲特认为股市是个危险地带，已静静地卖掉了大多数股票。

在2005年致股东信中，巴菲特自责道："从我们最早买进这些股票后，随着市盈率的增加，对这些公司的估值增长超过了它们收益的增长。有时这种分歧相当大，在互联网泡沫时期，市值的增长远远超过了业务的增长。在泡沫期间我对令人头晕目眩的价格啧啧称奇，却没有付诸行动。尽管我当时声称我们有些股票的价格超过了价值，却低估了过度估值的程度——在该行动的时候我却只是夸夸其谈。"

在牛市的全盛时期，股市上的股票价格大都在上涨，此时股票价格偏离价值越来越远。尽管这种状态符合了投资者想要获取利润的心理。但是，股市整体水平就会偏离内在价值越来越远。这样的股市行情，也很容易让人辨认不清公司股票的真正价值，越是涨得快的股票越可能是大家不熟悉的品种。股市不久将下跌，重新向价值回归。在这个时期，大家都会存在跟风的心理。市场的盲目性、求利性就凸显得更加厉害，股票牛市的整个大状态的形成就不可避免。而一旦股市冷却，整个急速降温的市场状态又会对股价产生巨大影响。优秀公司股票价格有时候也不能幸免。这样，投资者的利益必然要受到影响，为了避免造成过大的损失和影响，卖出一部分股票，也是合理的。当股市大盘和个股一涨再涨，潜在的风险也在其酝酿之中了。

理智的投资者一定要和市场保持一定的距离。因为市场是变幻莫测的，若你想靠市场上的股价变化来投资，那将十分冒险。绝对不能人云亦云，尤其是在市场发展到全盛期，股市出现了泡沫时，你的投资必须更加理智。往往这个时候的卖出决定比买入的决定更理智。否则，当你发现买入的是个随时存在风险的不定时炸弹时，那么你的财产也就保不住了。

抓住股市"波峰"的抛出机会

长时间持有一只股票是一件很明智的选择，但是并不是说要无条件地长期持有。比如：当公司内部发生了经营方式的变化或是公司所处行业的发展前景发生了重大变化的时候，都可以改变自己的持股策略，果断地抛售自己的股票。

如果发现一个行业的发展前景没有一开始那么好了，巴菲特一定会毫不犹豫地卖出。因为没有了良好的发展前途，就根本不可能有良好的利润增值空间，那么也就不可能有较高的回报率。

巴菲特曾在谈到投资的时候说道："当人们对一些大环境时间的忧虑达到最高点的时候，事实上也就是我们做成交易的时候。恐惧是追赶潮流者的大敌，却是注重基本面的财经分析者的密友。"

巴菲特上面这段话，清晰地阐释出了股市中每个人都在追求着一个高点，试图把自己的股票卖一个好的价钱，但是往往内心的恐惧会阻碍自己将股票抛在合适的价位，这是需要一定的胆识的，人都有不可避免的恐惧心理，如果投资者能够对股市进行成功的基本面分析的话，把股票卖在一个波峰的时期并不是一件不可能的事。

股市中流传着这样一句话：会买是徒弟，会卖是师傅，要保住胜利果实，应该选准卖出的关键时机。"股神"巴菲特就有一种气魄，该出手的时候绝不含糊。

1987年10月18日清晨，美国财政部长在全国电视节目中一语惊人：如果联邦德国不降低利率以刺激经济扩展，美国将考虑让美元继续下跌。结果，就在第二天，华尔街掀起了一场震惊西方世界的风暴：纽约股票交易所的道琼斯工业平均指数狂跌508点，6个半小时之内，5000亿美元的财富烟消云散！第三天，美国各类报纸上那黑压压的通栏标题压得人喘不过气来：《10月大屠杀》、《血染华尔街》、《黑色星期一》、《道琼斯大崩溃》……华尔街笼罩在阴霾之中。这时，巴菲特在投资人疯狂抛售持股的时候开始出动了，他以极低的价格买进他中意的股票，并以一个理想的价位吃进10多亿美元的可口可乐。不久，股票上涨了，巴菲特见机抛售手中的股票，大赚特赚了一笔。巴菲特总是在关键时刻能够把握住机会卖出他的股票。

任何一种成功的投资策略中都要有一个明确的"抛出时机"。每个人都在为自己的股票寻找一个好的卖出时机，即寻找一个波峰。但是，并不是每个人都能够如愿以偿，这在具体操作的过程中，是需要掌握一定的技巧和方法的。股市的走势呈波浪式前进，正如大海的波浪一样，大市和个股的走势也有底部和顶部之分。因此，你要找到这两个点。当然，如果你能准确分析，找到确切的最顶或最低的点，那是最好不过的事。不过大多数人在绝大多数时间内是不可能做到这点的，就连巴菲特也没有这个把握。所以他总是这样认为，自己不一定能找到极致点，也不需要找到，只要在次高点或次低点就好了。而这两个点是常人都可以把握的。一般，当大市和个股在一段时间里有较大升幅时，就算没有政策的干预或其他重大利空，技术上的调整也是必要的。通常而言，升幅越大，其调整的幅度也就越大。当大市和个股上升到顶部时，及时抛出股票，就可以避免大市和个股见顶回调的风险；而当大市和个股调整比较充分之后入市，风险也就降低了。

所持股票不再符合投资标准时要果断卖出

投资标准不完善或没有自己的投资标准时，投资者显然无法采用退出策略，因为他无法判断一个投资对象是否符合他的标准。另外，他在犯了错误的时候也不会意识到自己的错误。可见，制订投资标准有多重要。

巴菲特说过："我最喜欢持有的一只股票的时间期限是永远，但需要强调的是，我们不会仅仅因为股份已经增值，或因为我们已经持有了很长时间而卖掉它们。"

巴菲特一直都是坚持长期持股的，但事实上他认为只有极少数的股票才值得这样做。经济学家会告诉你买入的绝大多数股票都是为了卖出，否则你永远不可能得到最大的利润回报。同理，在投资股票时，每个投资者也都该清楚这个道理。不然，你买入的应该是不动产，而不是股票。可卖出的时候也需要诀窍，卖什么样的股票，什么时候卖，卖多少，都是你要深思熟虑的问题。巴菲特认为，要卖出，首选就是投资对象不再符合自己的投资标准的股票。

巴菲特在1986年年报中公开声明，希望永久保留三种持股：大都会/ABC公司、GEICO和华盛顿邮报。但在迪士尼收购了ABC之后，迪士尼在网络繁荣中挥金如土，拖了发展的后腿，巴菲特从1998年开始减持，1999年几乎把持有的迪士尼股票都出售了。

巴菲特在2006年的股东大会上说："报纸仍然是很赚钱的，特别是与投入的有形资产相比，但其发展前景与二三十年前相比就不如当时乐观了。读者数量在减少，长期而言会侵蚀报刊行业的效益。我们仍然持有World Book（百科全书出版商），我们曾以每套600元的价格售出了30万套。问题是，随着互联网的发展，不再需要装帧和递送图书，人们就能在网上搜罗获取同样丰富的信息。不是说产品本身不再值此价钱，而是说人们有其他办法了。我看不出有什么事情能够改变这种趋势。"巴菲特认为，报纸和其他媒体行业的本质已经发生改变，但股票价格还没有反映这一点就有点让人担心了。巴菲特很可能会卖出华盛顿邮报和World Book等报刊类公司。

巴菲特在推出时机的把握上主要遵循四个原则。一般他会参考这四项中的一种或几种。一是当投资对象不再符合标准；二是当他预料某个事件发生时，当他做收购套利交易时，收购完成或泡汤的时候就是他退出的时候；三是他的目标得以实现时；四是在他认识到犯了一个错误时。

找到更有吸引力的目标时卖掉原先的股票

在发现现有所持股已经失去原来的吸引力的时候，果断地抛出，寻找下一个足以让你心动的目标。利益最大化的增长是每个投资者都希望的。当你寻找到更有吸引力的公司时，它很可能比原来你所投资的项目更加适合你，而这时，任何人都会倾向于选择有吸引力的一方。

巴菲特说："不管你在一笔投资中投入了多少时间、心血、精力和金钱，如果你没有事先确定退出的策略，一切都可能化为乌有。"

巴菲特上面这段文字，再一次强调了卖出的重要性。我们大家都知道选股和买入时机的重要性，但是往往却忽视退出时机的重要性，无论你选择了多么优秀的一只股票，一旦你发现它不再像开始时那么具有吸引力时，要坚决卖出。

1991年，巴菲特的伯克希尔—哈撒维公司投资近2.5亿美元购买了3127.4万股吉尼斯公司的股票，占吉尼斯公司股份总额的1.6%。当时，吉尼斯公司是全球最大的生产和销售名酒饮料的公司，是英国第四大出口商和第十一大公司。但是对于这只股票，到1994年的时候他就果断地卖掉了，因为它已经没有盈利空间了。

早在2003年4月，正值中国股市低迷徘徊的时期，巴菲特以约每股1.6至1.7港元的价格大举介入中石油H股23.4亿股，这是他所购买的第一只中国股票，也是现有公开资料所能查到的巴菲特购买的唯一一只中国股票。但是令人不解的是，11亿股中石油H股，15元左右几乎全部出尽，而且是在油价创出持续新高和中石油马上就要增发A股的内外利好背景下，"股神"巴菲特的做法就是与众不同。既然巴菲特认为中石油是家好公司，为什么要把股票卖掉呢？首先，石油的价格是重要的依据，因为石油企业的利润主要依赖于油价，如果石油在30美元一桶时，情况很乐观；如果油价到了75美元，不是说它一定就会下跌，但至少情况并没有那么乐观了。巴菲特买入中石油和卖出中石油，一个很重要的原因是油价。当石油价格较低的时候，他认为石油价格将会上升，石油公司自然会从中受益，所以他买入了中石油；而当石油价格很高的时候，他认为油价继续上涨的可能性较小，那么，石油公司的利润再要大幅增长将会很困难，所以选择了卖出股票。

巴菲特不断用他投资时所使用的标准来衡量他已经入股的企业的质量。如果他的一只股票不再符合他的某个投资标准，他就会把它卖掉，并不会考虑其他因素。巴菲特认为，目前中国股市的涨幅已经很大，而人们还在不顾风险争相入市。正因如此，他卖中石油股票时没有丝毫犹豫。

巴菲特在遇到更有吸引力的公司的时候一定会抛出那些相对来说吸引力低的股票。因为只有这样才能将投资优化，用最少的精力挣回最多的钱。要知道投资的目的并不是要买到全部价格在增长的股票，而是要合理配置自己的精力和资源，在自己的能力范围内，得到最大化的回报。当然，有些投资者的做法是倾向于把资金投放在多个公司的股票上，但事实上，这种做法不一定就比投放在几个集中的股票上更明智。过多分散的投资，过多的公司，也就代表过多的风险。

巴菲特设立止损点

作为投资者，每一次买进前要确定三个价位，即买入价、止盈价和止损价。如果这个工作没有做好，严禁任何操作，学习止损并善于止损才是在股市中生存发展的基本前提！

当然，对于投资者来说，止损绝不是目的，但止损理念的彻悟和止损原则的恪守却是投资者通向成功之路的基本保障。

巴菲特说："入市要有50%的亏损准备。"

很多长期投资者也许都会认为，巴菲特一旦买进，就永远持有，都不会卖出，那你就错了。从巴菲特上面一句很简短的话，就可以看出大师对止损的重视程度。所以，像巴菲特这样的大投资家也会止损，在哪里止损？在所投资公司失去成长性时、基本面恶化时，止损！投资的止损不同于投机的止损，投机的止损只相对于价格的变化，而投资的止损是相对于基本面的变化。一份"止损单"是一份买进或卖出股票的交易单，当这些股票达到或超过一个预定价格时要执行。"买股止损单"一般在目前交易价之上被执行，"卖股止损单"一般在低于目前交易价的价格被执行。一旦触发该价位，该止损单就成为市场交易单，表明该投资者将在最有利的价位交易。

比如说，你以40美元的单价买了某公司的100股股票，现在它的价格只有28美元了，对于持有成本为4000美元的股票来说，现在只值2800美元，你损失了1200美元。不管你卖掉股票而改持现金，还是继续持有股票，它都只值2800美元。即使不卖，股价下跌时你还是会受损。你最好还是卖掉它们，回到持有现金的位置，这样可以让你从更客观的角度上思考问题。如果继续持有从而遭受更大损失的话，你将无法清醒地思考问题，总是自欺欺人地对自己说："不会再降价了。"可是，你要知道还有其他许多股票可以选择，通过它们，弥补损失的机会可能要大一些。

大致说来，巴菲特的止损理念主要有如下三个要点：

1.根据自身情况，确定止损依据

通常而言，止损的依据是个股的亏损额，即当某一股票的亏损达到一定程度时，应斩仓出局；但止损的依据也可以是某个投资者的资金市值，这常常是针对投资者的整个股票投资组合来说的。当总的亏损额超过预定数值时，应减少或清仓。

2.确定合适的止损幅度

能否合理地设置止损位，是止损理念的关键所在。这通常需要投资者根据有关技术和投资者的资金状况决定。但在不同的止损依据下，设置止损位考虑的重点也有所区别。

3.意志坚定地执行止损计划

巴菲特认为，止损计划一旦制订，就需要意志坚定地执行，这是止损操作的关键。他强调，在应该止损时绝不要心存侥幸，决不能用各种理由来说服自己放弃或推迟实施止损的计划。当然，止损计划的实施也可以随行情的变化而适当调整，但必须牢记的是，只能在有利的情况下才能调整止损位，即只允许当原投资决策正确，股价已有一定涨幅后，方能随行情的发展逐步调整原定的止损位，在保证既得利益的同时，尽量赚取更多的利润。

个人投资者一定要很明确坚持这样一个原则：每只股票的最大损失要限制在其初始投资额的70%~80%之内。由于投资额较大和通过投资种类多样化降低总体风险，大多数机构投资者在迅速执行止损计划方面缺乏灵活性。对机构来说，很难快速买入卖出股票，但快速买卖股票对它们执行该止损准则来说又是非常必要的。所以对于作为个人投资者的你来说，这是一个相对于机构投资者的极大优势，所以要利用好这一优势。记住，7%或8%是绝对的止损限额。你必须毫不犹豫地卖出那些股票——不要再等几天，去观望之后会发生什么或是期盼股价回升；没有必要等到当日闭市之时再卖出股票。此时除了你的股票下跌7%或8%这一因素，就不会有什么东西去对整个行情产生影响了。

巴菲特在股价过高时操作卖空

作为一个投资者，并非一定要做卖空。大多数投资者专注多头，关注空头的人则少得多。只有少数投资者擅长多头的同时，空头也做得很出色。无论你是否想同时进行多、空投资，都是你个人的选择。即使对股市专家来说，卖空也极具风险；只有能力更高、胆量更大的人才敢尝试。所以，投资者不要仅仅因为股价看上去太高了就去卖空一只正在涨升的股票。那样的话，你可能会变得"一贫如洗"。

巴菲特认为，是否卖空股票，要看投资标的是否具备持久竞争优势，业务是否发生根本变化，以及股价是否够高而定。

在1987年10月股灾之前，巴菲特几乎把手头上的所有股票都卖掉了，只剩下列入永久持股之列的股票，所以遭受的损失较少。巴菲特认为，当有人肯出远高过股票内在价值的价格，他就会卖出股票。当时，整个股票市场已经到达疯狂的地步，人人争着去买股票，因此，他觉得已经有了卖股票的必要。

如果一位投资者有（多头）100股中国石化股票，并卖出（空头）100股，该投资者就是在持仓卖空。该策略经常被称为"完美的避险"。如果中国石化价格下跌，就无损失。相反，如果价格上涨，也无利润。

买入110元100股中国石化：11000元

卖出115元100股中国石化：11500元

如果两个仓位平仓了结，获利500元；如果该股价下跌，利润仍是500元；如果股价上升，两个仓位了结，利润也是500元。持仓卖空可以通过卖掉多头仓位并买回空头仓位来了结，或者用多头股份平仓了结空头股份。实际上用股票了结空头仓位时要求投资者给其经纪人下达一个命令书。如果没有支付股票的交易命令书，一般也就不用支付佣金。

卖掉赔钱股，留下绩优股

不要轻易卖掉绩优股，不能因为股票的上涨就卖掉，好股票涨了还会涨。如果能够以符合商业利益价格的好运气，买进具有持久竞争优势公司的股票，就应该常买不卖。当然，一旦股价够高，出脱持股也绝对是合理之举。作为普通投资者，卖掉正在赔钱的有可能继续下跌的股票是很谨慎的行为，而留下收益显著的股票具有同样的意义，只要它们能够保持基本面的良好。

巴菲特说："当公司的业绩表现不佳时，最好出脱全数持股，转到新的投资机会，即任何时候都要牢记，卖掉赔钱股，留下绩优股。"

这是一个投资者需掌握的最主要的卖出法则之一，一个投资者卖掉正在赔钱的、可能继续下跌的赔钱股而留下收益显著的绩优股，不仅可以最大化自己的收益，同时可以最小化自己的风险。任何股价下跌都是亏损状态，股价下跌让投资人赔钱，损失利润。但是，在什么情况下绩优股会变成赔钱股呢？评判的指标主要有以下几种：

（1）成长率中等的绩优股股价已经上升30%，又没有什么特别的喜讯，投资者就应该及时脱手。

（2）周期股企业如需求下降，存货过多，产品价格下跌，产品成本提高，或开工率接近饱和，新建厂房扩大产能，或国外竞争者进入市场时，投资者就要警惕。

（3）成长股不可能永远成长下去。企业大到一定的规模，其业绩有回归到行业平均数的倾向，此时也需及时卖出。

（4）成长股公司如果过分依赖少数客户，或产品易受经济周期的影响，或高级经理人员加入竞争者公司，投资者也需提高警惕，将股票脱手，另寻更有活力、前景更好的公司。

（5）再生股再生之后就转化为别的股了。

例如克莱斯勒汽车公司股票原来2美元一股，后来长到5美元、10美元、48美元一股。这时股价也许还会上涨，但已到应该卖掉的时候了。因为股价的P／E值已高于利润增长率。假日旅馆股价的P/E值涨到40时就应该卖掉，因为美国不可能每20英里就有一家假日旅馆。雅芳化妆品公司股价的P/E值涨到50时也应脱手，因为不能指望每两个美国家庭主妇就有一个人使用它的香水。

要确定一只股票是否仍然是优胜股，要看价格调整的原因。如果总体市场走弱或"正常的"日常波动导致的股价下跌，该股票可能仍然是只优胜股。然而，如果跌价的原因是长期性的，那就必须要止损或是换股了。长期的原因可能包括销售额下降、税务问题、诉讼、熊市正在出现、更高的利率以及对于未来利润的不利影响。这种情况下已经对长期的收入前景造成了不利的影响，这时就应该果断地卖掉赔钱股。

并非好公司就一定要长期持有

一个简单法则：当你看到这些优质公司达到40倍，甚至更高的市盈率时，就到该卖出的时候了。但是，如果你在疯狂的牛市中卖出了股票，不能马上将这些资金投出去，因为此时市场上所有股票的市盈率都高得惊人。你能做的就是稍稍休息一下，把手上的钱投资国债，然后静静等待下一个熊市的到来。在熊市来临的时候，你会有机会买到一些廉价的、具有持续竞争优势公司的股票。在不远的将来，你将会成为超级富翁。

巴菲特在1996年的信中写道："当然比起那些具有爆发性的高科技或是新创的企业来说，这些被永恒持股的公司的成长力略显得不足，但是与其两鸟在林，不如一鸟在手。

"尽管我和查理一生都在追求着永恒的持股，但是真正能够让我们找到的却很少。因此在找到真命天子之前，旁边或许还有好几个假冒者，虽然这些公司曾经是红极一时，但是却经不起竞争的考验。从另外的角度来看，既然能够被称为永恒的持股，查理和我早就有了心理准备，数量绝对不会超过50家，甚至都不到20家，所以就我们的投资组合来看，除了几家真正合格的公司外，还有另外的几家则极有可能在潜在的候选人的行列。"

巴菲特虽然一直都在宣扬自己的长期投资理论，但是他所描述的好公司并不是我们看到的那样，他的选择条件是极为苛刻的，巴菲特用清仓中石油的举动，证明了一点，并不是所有好公司都值得你长期持有，可能符合要求的只有那么几家。

在2007年年末A股仍处于牛市末期，次贷危机尚未扩大的情况下。伴随中石油将要发行A股的消息刺激，中石油的H股股价从11港元区域进行了快速的拉升，在这个过程中，巴菲特就开始分批地出售中石油的股票，最后清空所有持股均价为13.47港元左右。对于清仓中石油，巴菲特的理由是，在2004年购买中石油的股票时，它的市值约为370亿美元，然而他和查理认为它价值约1000亿美元，所以当中石油市值突破2000亿美元甚至一度膨胀至2750亿美元时，巴菲特在这种情况下当然会选择离场。

当然，在市场的狂热气氛中，中石油H股曾经一度高达20.25港元，市场充斥了一片对巴菲特的嘲笑，尤其是那些以48.62港元天价买入中石油A股的投资者，嘲笑巴菲特"抛早了"无疑有助于加强自己持有中石油的信心。最后的结果却证明了巴菲特才是真正的赢家。尚且不用说股价从48.62港元的高价一直惨跌到A股的12港元左右，即使是H股如今也不过7港元上下，相较巴菲特的清仓价也几近腰斩。

虽然，巴菲特曾经说过，如果你不打算将一只股票持有长达10年以上，那么你就根本不需要买进。但是投资者需要明白的问题是，做好持有10年以上的准备买入一只股票，绝不等于买入后就一定要无条件地持有10年以上。纵然，巴菲特一直强调的是，伟大的企业值得永远拥有。但是投资者往往都觉得这句话在强调"永远拥有"，而没有注意到"伟大的企业"是个极为严格的限定。在挑选伟大的值得永远持有的企业时需要特别注意，曾几何时，巴菲特选择了华盛顿邮报、GEICO保险、可口可乐和大都会ABC这四家企业，但是伴随时间推移又将大都会ABC剔除。可见即使是巴菲特曾经扬言要永远持有的企业，其实还是会根据具体情况随时改变决定。实际上，在看巴菲特整个投资历程中，他离场的时机选择之高妙绝不亚于其入场的水平。早在1969年巴菲特还在担任类似对冲基金的合伙投资企业管理人的时候，当其通过投资获得巨大收益但面对大量蓝筹股的市盈率超过50倍时，依然选择抛售所有股票投资，清盘合伙公司，选择了退休。而在此举动后不久，一次大熊市的来临让此前那些以50倍以上市盈率交易的蓝筹股全部跌至个位数市盈率的估值水平，而巴菲特早已及时地离场。

第三节　持股原则，甩掉暂时得失

长期持有与短期持有的税后复利收益比较

是否缴纳资本利得税对于投资者来说是可以选择的。投资者既可以选择卖出股票并对获得利润部分缴纳资本利得税，也可以选择不卖出股票从而不缴税。由于存在资本税收，所以投资者在投资中需要将税收考虑在成本之内，追求税后收益的最大化。

巴菲特1999年在致股东的信里写道："对于一个投资者来说，一时的暴利并不代表他在长期（数年甚至数十年内）盈利，经常地微利却可以转化成长期的巨大盈利。什么东西能使微利变成巨大的盈利呢？这就是复利。复利的功能到底有多强大呢？决定长期盈利的因素中，再没有比复利更重要的因素了。"

巴菲特的长期合作伙伴芒格感叹道："如果既能理解复利的威力，又能理解获得复利的艰难，就等于抓住了理解许多事情的精髓。"

巴菲特认为，复利是世界上最神奇的事物之一，运用这个神奇的效能使他的投资以可观且富戏剧性的比率增长。

投资具有长期持续竞争优势的卓越企业，投资者所需要做的只是长期持有，耐心等待股价随着公司成长而上涨。具有持续竞争优势的企业具有超额价值的创造能力，其内在价值将持续稳定地不断增加，相应的股价也将逐步上升。在长期投资中，没有任何因素比时间更具有影响力。随着时间的延续，复利的力量将发挥巨大的作用，为投资者实现巨额的税后收益。

复利的力量取决于两个因素：时间的长短和回报率的高低。两个因素的不同使复利带来的价值增值也有很大不同。

（1）时间的长短将对最终的价值数量产生巨大的影响，即时间越长，复利产生的价值增值越多。

（2）回报率对最终的价值数量有巨大的杠杆作用，回报率的微小差异将使长期价值产生巨大的差异。

又例如，以6%为年回报率计算，最初的1美元经过30年后将增值为5.74美元。以10%为年回报率计算，最初的1美元经过同样的30年后将增值为17.45美元。4%的微小回报率差异，却使最终价值差异高达3倍。

巴菲特则对10%与20%的复利收益率造成的巨大收益差别进行了分析："1000美元

的投资，收益率为10%，45年后将增值到72800美元，而同样的1000美元在收益率为20%时经过同样的45年将增值到3675252美元。上述两个数字的差别让我感到非常惊奇，这么巨大的差别，足以激起任何一个人的好奇。"

请注意，自从巴菲特1965年开始管理伯克希尔公司至2000年，伯克希尔复利净资产收益率为22%。也就是说巴菲特把每1万美元都增值到了2593.85万美元。可以看出，巴菲特对复利的运用是多么地熟练。

巴菲特在一封写给合伙人的信中说："手段与目的绝不能混淆，目的只能是税后的复利收益率最大化"。

巴菲特多次强调投资的长期目标是税后复利收益最大化："我们只是持续不断地从不同的投资方式中寻找用数学期望值计算后税后收益最大的方式，且仅限于我们自认为了解的投资方式，我们的标准不是追求短期的账面盈利最大化，我们的目标是追求长期的净资产值最大化。"

巴菲特之所以采取长期持有的一个重要原因，是为了尽可能减少缴纳资本利得税，使税后长期收益最大化。几乎所有的投资者都要缴纳资本利得税。但资本利得税只有在你出售股票并且卖出的价格超过你过去买入的价格时才需要缴纳。

长期持有与短期持有的交易成本比较

总体而言，过分活跃的股票市场无形中损害了理性的资产配置，而且使馅饼收缩变小了。亚当·斯密曾认为，在一个自由市场中的所有并非共同协调的行动，会被一只无形的手，引导经济取得最大的增长；我们的观点是，赌场式的市场以及一触即发的投资管理人员，就像一只看不见的脚绊倒并减缓了经济增长的步伐。

巴菲特说："对于长期持有来说，交易的次数少使交易佣金等交易成本在投资总额中所占的比重很少。而短期持有频繁买进卖出，佣金等交易成本累积起来将在投资总额中占较大的比重，由此会减少投资收益。"

投资者交易次数越多，他所需要支付的佣金也就越多。如果投资者想获得超过市场平均水平的超额收益，他每笔投资的收益都应当比市场平均水平还要高出几个百分点，来弥补在交易中的交易成本。假如你的投资收益，想超过市场平均收益率8%，而预期市场平均收益率为10%，同时，由于每笔投资的佣金和交易费用平均占交易金额的2%以上。那么你每笔投资收益率要达到20%以上。

查尔斯·埃里斯的研究证明了股市中的一个规律：交易次数越频繁，投资收益越少。资金周转率如果超过200%的投资者，除非其每笔交易都高出市场几个百分点以上，否则他不可能达到股市平均收益水平。

1998年，美国西部的加州大学戴维斯分校的教授Terrance Odean和Brad Barber的研究，证明了频繁交易将导致投资收益率水平的大幅降低。他们分析了1990~1996年12月31日6年内，78000个家庭的股票交易记录。这些家庭平均的年收益率达到了17.7%，稍稍高出市场17.1%平均收益率水平。然而扣除佣金后，净投资收益率水平为15.6%，比市场平均水平低1.5%。他们对每年家庭不同投资组合周转率下净收益率进行了比较，发现随着交易次数的增加，收益率将会进一步降低。交易最频繁的20%家庭的年净收益只有

10%，而交易次数最少的家庭年平均收益率则高达18.5%。假设用复利方式计算，经过10年到20年后，这种收益率的微小差别将对投资者的财富造成巨大的差别。从而他们得出的研究结论是：过度自信会导致过度交易。投资组合并不能解释投资收益率的差异，只有频繁交易造成的交易成本增加能够合理解释这些家庭差异很大的投资收益率水平。

1983年，巴菲特在伯克希尔的年报中详细地讨论了股票频繁交易带来的巨额交易成本以及股东财富的惊人损失："股票市场的讽刺之一是强调交易的活跃性。使用"交易性"和"流动性"这种名词的经纪商对那些成交量很大的公司赞不绝口（这些不能填满你口袋的经纪商很有信心能够填满你的耳朵）。但是投资者必须明白，对在赌桌旁负责兑付筹码的人来说的好事，对客户来说未必是好事。一个过度活跃的股票市场其实是企业的窃贼。

例如，请你考虑一家净资产收益率为12%的卓越公司。假设，其股票换手率每年高达100%，每次买入和卖出的手续费为1%（对于低价位公司来说手续费要高得多），股票以账面价值买卖一次股票，那么我们所假设的这家公司股东们总体上要支付公司当年资产净值的2%作为股票交易的成本。这种股票交易活动对企业的盈利毫无意义，而且对股东来说意味着公司盈利的1/6通过交易的"摩擦"成本消耗掉了（而且这个计算还未包括期权交易，它会使摩擦成本更大）。

所有这些交易形成了一场代价相当昂贵的听音乐抢椅子游戏。如果一家政府机构要对公司或者投资者的盈利征16.66%的新增税收，你能想象这会导致公司和投资者的疯狂般的痛苦反应吗？通过市场过度活跃的交易行为，投资者付出的交易成本相当于他们自己对自己征收了这种重税。

"市场日成交量1亿股的（如果把场外交易也算在内，那么这种成交量在今天已经是非常低了）交易日对股东来说不是福音，而是诅咒，就相当于日成交量5 000万股的交易日，股东们因变换坐椅支付高达两倍的手续费。如果日成交量1亿股的状况持续1年，而且每次买进卖出的平均成本是每股15美分，对于投资者来说，坐椅变换税总计约75亿美元，大致相当于财富500强中最大的4家公司埃克森石油公司、通用汽车公司、美孚石油公司和德士古石油公司1982年年利润的利润总和。"

1982年底，这些公司总计有750亿美元的净资产，而且它们的净资产和净利润占整个财富500强的12%以上。在我们前面讲的假设情况中，投资者只是为了满足他们对"突然改变财务立场"的爱好，每年总计要从这些惊人的资产总值中消耗掉这些资产创造的全部利润。而且，每年为坐椅变换的投资建议支付的资产管理费用总计为20亿美元，相当于投资者前五大银行集团，即花旗银行、美洲银行、大通·曼哈顿银行、汉华银行和J.P.摩根银行的全部利润。这些昂贵的过度行为可以决定谁能吃到馅饼，但它们不能做大馅饼。

长期持有亦需要灵活变动

作为一种中长期投资理财方式，投资者真正需要关注的是股票长期的增长趋势和业绩表现的稳定性，而对应这种特点的操作方法就是长期持有。坚持长期投资的理念，才是众多股票投资者应该持有的健康的投资心态。只有具有耐心的人，才有可能在股票投资中获得最大的利益。

巴菲特说："我从不认为长期投资非常困难，你持有一只股票，而且从不卖出，这就是长期投资。我和查理都希望长期持有我们的股票。事实上，我们希望与我们持有的股票白头偕老。我们喜欢购买企业，我们不喜欢出售，我们希望与企业终生相伴。"

我们提倡长期投资的理念，不轻易出脱手中的任何股票，然而这并不是说要死守长线不知变通，一旦股价够高，或是有更好的投资机会出现，抑或当企业的基本面发生变化，我们就应该出脱持股，巴菲特又说："谁说我只做长期投资，战术应按实情灵活调整。"作为备受敬仰的股坛神话，巴菲特的进退之道显得相当灵活机动，值得国内各大投资者借鉴。

1969年巴菲特以至少50倍的本益比〔某种股票普通股每股市价与每股盈利的比率。也称股价收益比率或市价盈利比率，即市盈率。英文用ＰＥＲ表示。其计算公式为：本益比＝股票市价／每股纯利（年）〕把全部股票售出，1973~1974年，这些股票的本益比统统惨跌到个位数。巴菲特退场时向其他投资伙伴宣布，他作为价值投资人，目前却找不到任何有价值的投资标的，巴菲特决定退出战局。股市泡沫已经形成，意味着以价值为导向的投资人也应该退场，此刻是理智尚存的投资人们唯一一个全身而退的绝佳时机，而在1998年，巴菲特第一次将他的持股全部卖掉，在伯克希尔的投资组合中，很多档股票在当时已经暴涨到50倍市价盈利比率的历史新高，更有甚者已经突破了50大关。巴菲特及时地处理掉伯克希尔的大量持股，并用所得钱款买进现金雄厚的保险巨头通用再保险的全部股份，而且最让人叫绝的是本次交易居然完全免税。

巴菲特认为当股票的市价盈利比率从平常的10~25倍涨到40几倍时，股市此时必定出现大规模投机，此刻也是投资者退场之时。

例如可口可乐在1998年的每股盈余为1.42美元，过去十几年来，其获利的成长率一直都保持在12%。换句话说，任何人在1998年用随便哪个价钱买进一股可口可乐，持有至2008年，你将获利24.88美元。再让我们回到1998年，此时你愿意用多少钱买进一股该股票呢？假使当年你以每股市价88美元买进，相当于62倍本益比，你觉得这样划算吗？而另一方面，如果你将这88美元用于投资年利率为6%的公司债券，每年的利息收入是5.28美元，你持有它10年将进账52.8美元，你会做什么样的选择呢？是收益24.88美元的股票，还是获利52.8美元的债券？答案必然是后者！

现在我们再回到1998年，发现当时可口可乐的股价高到离谱，所以当然不该用62倍本益比买进该股，而该选择乘机出脱。巴菲特在1998年出脱可口可乐的部分持股，但他并非以盈余的62倍出售，而是将近市场价值的3倍，以盈余的167倍卖出。这不能不说是巴菲特的明智之举。

20世纪90年代末，股市看涨，伯克希尔持股价值也随之大幅上扬，其中几档股票更创历史新高，如可口可乐的市价盈利比率62倍，华盛顿邮报是24倍，美国运通是20倍，吉列是40倍，以及美国联邦住宅抵押贷款公司是21倍，就连伯克希尔本身的股价也剧烈扬升，1998年每股高达80900美元，相当于账面价值的27倍。换句话说，当时股市对伯克希尔持股组合的评价已经达到这些股票真正市场价值的27倍。巴菲特深感股市末日即将来临，他想要出脱清光手中所有的持股，将价值数10亿美元的伯克希尔股票在市场上进行抛售，必将导致股价狂泄谷底。

于是他想出一个金蝉脱壳的办法，以股权换债券，这样不但能轻松将手中的持股出脱，还能从中狠赚一笔。巴菲特以这种方式出掉手中持股，以躲避股市泡沫风险。实在令人叹为观止，在投资史上实为罕见。

巴菲特常常教导普通投资者：当公司的业绩表现不佳时，最好卖掉全部持有的股票，转移到新的投资机会上。如果投资标的有强大持久的竞争优势，管理阶层也很值得信任，那么你可以继续持有，直到有人用天价向你买时为止。别担心股价的短期波动，因为好公司不在乎。巴菲特特别提醒人们说，持股时须密切注意，业务或外在环境的改变有可能将一家有持久竞争优势的公司改变成一家竞价型公司，更可怕的是好公司可能会被完全拖垮。

由于中国股市历史较短，发展还有待完善，而且国民投机心理比较严重，所以股市中活跃的大部分是短线进出者，希望通过频繁转手以获取暴利，殊不知，短线根本是一场没有胜算的游戏，即便有些股民接受了西方投资界成熟的长线理念，却仍然不理解其精神实质，将其单纯地理解为买进后长捂不放，即便当初买进的理由早已不复存在，公司基本面早已破坏也死守不脱手，这种做法并非真正意义的长线投资，它也根本不会降低你的风险、提高你的收益，而只会起到相反的作用。要想真正贯彻长线投资，我们必须向西方的投资大师学习，长线持有时按实际情况灵活调整战术。

长线持有无须过分关注股价波动

要想真正做到不理会短期股价波动，需要我们克服股价短期波动所带来的心理障碍。有些人天生好运，特别能克服由股票价格短期波动所造成的心理障碍，但这种特质也可以靠后天学习培养出来。其中最重要的一点就是要调整惯有的投资操作观念和方法。如观念和操作方式一时无法调整过来，可以试着在市场行情发生波动时，让自己处变不惊，不要随意抢着入场投资。

巴菲特在1996年致股东的信里说："当然股东持有股份的时间越长，伯克希尔公司本身的表现与伯克希尔的投资经验就会越接近，而他买进或卖出股份时的价格相对实质价值是折价或溢价的影响程度也就越小。"

纵观投资大师的成功实践，我们发现他们成功的最主要因素就是长线持有。而且他们都具备良好的心理素质，就是不过分关注短期股价波动，不追逐市场的短期利益。

"股神"巴菲特堪称是不受市场短期波动起伏影响的具有极好心理素质的典范，这一点我们从他收购内布拉斯加家具店就可见一斑。

由于巴菲特做的都是长期投资，所以短期的市场波动对他根本没有影响。尽管大多数人对于下跌的股价总是难以忍受，巴菲特却是非常自信的。他相信自己比市场更有能力评估一个公司的真正价值。巴菲特指出，如果你做不到这一点，你就没有资格玩这个游戏。他解释说，这就好像打扑克牌，如果你玩了一阵子之后，还看不出这场牌局里的"冤大头"是谁，那么那个"冤大头"就是你。

巴菲特一直牢记其恩师格雷厄姆关于股市的告诫：股票市场并不是一个指标，它只是一个可以让你买卖股票的地方罢了。所以，当巴菲特拥有波珊珠宝、时思糖果公司，以及水牛城日报以后，他完全不在乎每天的成交价格是涨是跌。如果公司本身经营得非常好，这和股市完全没有关系。那么对于可口可乐公司、华盛顿邮报、GEICO以及首都／美国广播公司，情况同样如此。事实上，巴菲特对于他持股公司的营运状况，知道的和他自己的私人公司一样清楚。巴菲特的注意力集中在这些公司的销售、盈余、利润和资本转投资的需求上，每天的股市成交价对他完全不重要。照巴菲特的说法，就算股票市场关闭10年，他也不会在乎——因为这对他的投资不会造成任何影响。

然而要想真正做到不受短期股价波动的影响是很困难的，有的即便是最资深的投资者也会被短期波动所迷惑，而将手中持股卖出，不能耐心长线持有。林奇就曾在别人的劝说下抛出了好几种后来上涨10倍的股票。在《彼得·林奇的成功投资》一书中，林奇曾经写到，在1977年5月开始执掌麦哲伦公司的时候，他就认为华纳通信公司的股票有很大的升值潜力，当时他就用资金的3%购买了每股市价为26美元的华纳公司股票。但是后来因为接到一位长期跟踪华纳公司的分析师关于华纳"大幅偏离"的电话，在6个月以后当华纳公司股票上升到每股38美元的时候，林奇抛出了。在他抛出后，华纳公司的股票价格继续上涨，连续涨到50美元、60美元和70美元，最后涨到180美元以上。林奇还举了投资R玩具公司股票的例子，1978年他买入的时候才1美元1股，1985年则上涨到了25美元，而林奇是以5美元卖出的。

第四节　巴菲特的套利法则

通过购并套利使小利源源不断

对于那些试图在股市中可以稳操胜券的投资者们，只需察看巴菲特始于20世纪20年代惊人的套利记录就足够了。在巴菲特的案例中，很明显，推动其年收益超出一个老练的投资者预期水平的一个至关重要的因素就是购并套利，事情就是这样简单，也是最值得称道的。购并套利的妙处在于可以使投资者的年收益最大化并使你的损失降到最小限度。公司通常会封锁何时达成交易的信息，这对投资者的收益会产生重大影响。

巴菲特在1982年的年度报告里写道："在我看来，格雷厄姆—纽曼公司、巴菲特合伙业务以及伯克希尔连续63年的套利经验表明，有效市场理论是多么的愚蠢，少数几个幸运的例子并不能改变这样的结论，我们不必去发掘那些令人困惑的事实或者挖空心思地去探究有关产品与管理的奥秘——我们只是去做那些一目了然的事情。"

善于套利是巴菲特的一项特殊才能。他认为，如果你有把握在短期套利中获得短差，就可以考虑买入这样的股票。如果每一笔交易对你都有利，就会积少成多，从而使得获利非常可观。他自己就经常用这种手法进行短期套利，并且获利颇丰。

所谓套利，是指巧妙掌握股票投资时效，在买入一种期货合约的同时卖出另一种期货合约。这种期货合约对象，可以是同一种期货品种、不同交割月份（表现为跨期套利），也可以是不同期货市场上的同一种期货（表现为跨市套利），更可以是完全不同的两种期货（表现为跨货套利）。

短期套利的目的，主要是为了提前锁定利润、减小风险，在不同期货交易中，利用做多、做空的价差变动获得投资回报，与绝对价格水平关系并不是很大。

套利的好机会一般出现在公司转手、重整、合并、抽资、对手接收的各关口。在巴菲特有限公司早期，巴菲特每年都以40%的资金用于套利。

1962年美国股市纷纷下跌之时，巴菲特就是通过套利投资度过了这一段最困难的时期。当年道琼斯工业指数下跌7.6%，而巴菲特有限公司的年收益率却高达13.9%。

1915年，巴菲特的恩师杰明·格雷厄姆买入了古根海姆公司的股份，这是一家控股公司，每股价值为69美元。古根海姆拥有4家铜矿公司小部分股份，这4家公司分别是凯尼科特公司、奇诺铜业公司、美国冶炼公司以及雷氏联合公司。古根海姆合计的股份超过了每股76美元。在账面上，一个投资者仅以69美元的价格就获得了价值76美元的资产，这种情况是不可能无限期地保持下去。因为古根海姆的股价至少会涨到76美元，这样就可以稳稳赚到每股7美元的利润。

购并套利的运作，实际上是在试图获得股票的市场价格与交易的市场价格之间的差价。交易价格就是一个公司购并另一个公司时支付的价格。例如，甲公司或许会以每股85美元的价格买入乙公司。如果乙公司每股的市价为80美元，那么一个投资者就可以买入乙的股票，并一直持有到交易完成时再卖给甲公司。这样他就会锁定一个5美元的利润。5美元的利润表示你80美元的投资带来了6.25%的收益。如果B公司的股价跌到80美元以下，潜在的收益就更高。

在这个例子中，5美元的利润意味着12.9%的年收益，如果这项交易恰好在你购买后的6个月内完成。如果交易在4个月内进行，你的年收益将超过20%。这是相当吸引人的。一旦交易结束，从A公司收回了资金，投资者就可以把收入投入到能够产生类似盈利机会的另一笔交易中。

假如，投资者能够在3个月内完成的一系列连续交易中使收益率达到10%，假定投资者把此前的每一笔交易的利润都进行再投资，那么投资者的复利收益在整个年度将达到惊人的46.4%。他告诉他的客户们，他们35%的资金被投入一种股票中，其余的资金投入到某些被低估的股票以及购并套利交易中。

总的看来，巴菲特合伙资产的第二大要素就是购并套利。巴菲特很少告知投资者们他正在操作的套利交易的具体形式，但是他会公开他正在运作的交易规模以及他采取融资的手段进行某些交易。

把握套利交易的原则

大多数套利者每年会参与几十次交易，而巴菲特坚持少而精的原则，只找一些重大财务交易事项进行套利。几十年来，他由此获得的年平均套利收益率高达25%。

巴菲特说："如果每笔交易都对你有利的话，把一连串的套利交易汇集在一起，投资者就可以把收益较低的每笔交易最终变成一个获利丰厚的年收益。"

套利的好机会一般出现在公司转手、重整、合并、抽资、对手接收的各关口。在巴菲特有限公司早期，巴菲特每年都以40%的资金用于套利。

巴菲特最喜欢两种套利手法：一是用中期免税债券替代现金；二是接受长期资金的投资委托。

用中期免税债券替代现金，就是将多余的现金用于套利投资。究其原因在于，免税债券与短期国库券相比，税后收益更高。如果你因为某种原因急需卖出免税债券，这时候就会面临着承担资本损失的风险，而这时候如果通过套利，就能用收益上的获利来弥补这种潜在损失。

接受长期资金投资委托后，往往会遇到没有适合当前长期投资的机会，这时候怎么办呢？采用以中期免税债券替代短期国库券的换券操作手法，会比其他短期投资方式获利更多。几十年的投资经历表明，巴菲特通过这种方式实现的年平均投资回报率高达25%（税前）。

对于套利的交易巴菲特持比较谨慎的态度，但是如果能够把握住套利的交易原则，利用以下6项原则能够实现盈利目标。

（1）投资于"现价"交易而不是"股权交易"，并且只在消息正式公布后才进行交易。

以现金形式50美元进行报价这是应该进行优先考虑的。这时的交易是具有固定的交换比率的。一定要避免有可能使你的最终收益低于原始报价的交易。如果一家股票市值为50美元的公司准备交付1.5份股票，如果到交易结束时股价降到30美元，那么你最终只能得到45美元。

（2）确定出预期收益率的下限。

在每次交易之前，计算出潜在的利润和亏损以及它们各自发生的概率，然后确定出交易需要的时间以及你潜在的年度收益，避免那些低收益的交易。

（3）确保达成最后的交易。

如果交易失败，目标股票的价格就会突然下降。许多因素都能够使交易失败，这些因素包括政府的反垄断干预、决策者们在补偿问题上的争执或者任何一家公司的股东们投票否决了购并计划、收购商的股票价格突然下跌。某些购并，包括那些涉及公用设施或者外国公司的交易，可能要用一年以上的时间才能完成，这就会在相当长的时间内套牢你的资金。

（4）如果你决定介入"股权合并"交易，一定要选择那些具有高护价能力的交易。

在交易活动被宣布之后，购并活动应该能够确保目标股票的价格不至于下降。通常情况下，收购者会根据自身的股票价格提供一个可变动的股份数额。

（5）不要过分地把利润寄托在套利交易上。

盲目地选择一桩交易，在长期内可能只会得到一般水平的收益。你必须养成良好习惯，对所有相关的事实进行仔细的研究。当市场价格与购并价格差距很大时，就表明参与者们正在为交易失败感到忧虑，一些人或许已经获悉了有关交易将无法继续进行的信息。

（6）如果你能够确信交易必然成功的话，不必对用保证金来购买套利股份感到担心。

对于普通的投资者而言，坚持以上6项套利交易原则的话，就会大大降低你在套利交易中的损失。当然还需要特别注意的是，套利的主要风险是，一旦你的交易失败后，如果是借钱进行套利的话，那么这就会增加你的亏损。

像巴菲特一样合并套利

投资者需要明白的是，在投资生涯中可能有着很多种套利的形式，比如合并套利、相关价值的套利、可转换套利、定息套利还有其他很多短期操作的特殊形式的套利。事实上对于某个特定的公司来说，如需要在一宗交易中投入数量规模很大的资金，从而使得一些市场容量小的投资选择就不再适合这些套利策略了。也就是说，投资者应用套利模式赚钱应该首先选择那些市场容量相对较大的公司。

巴菲特在1985年公司年报里说："给某人一条鱼，他只能吃一天；教他去套利，则可享用终生。"

由于一次套利的不成功，巴菲特拥有伯克希尔—哈撒韦公司。因为一次套利的不成功，而使他由股票的交易者转变为该公司的长期投资者。当时该公司正在交易几乎其面值一半的股票，并且通过股权收购的方式定期将股票买回。巴菲特原本购买这家公司股票的目的是等待招标，然后再将这些股票卖出去，这几乎是一个无风险的套利，因为他以低于清算价值的价格买入股票，并且该公司也定期以更高的价格购回股份。这种双边的安全边际就是巴菲特式交易的特征。不管怎样，正是由于"退出"使得巴菲特得以构建一个价值超过1000亿美元的公司。当时该公司的CEO是杰克·斯坦顿，他问巴菲特愿意以何种价格卖出他的份额，巴菲特提出113~118美元／股，这家公司继续其收购行动，并且以111~114美元／股的价格意图与巴菲特一较高下。巴菲特最后还是拒绝了该公司的股权收购，相反的是他买入了更多的股份，并且辞掉了斯坦顿——最后自己担任了CEO和董事会主席的角色。我们只能希望斯坦顿抓紧他可能已经获得的股份。在他的合伙公司创立的早期，巴菲特将他的投资活动分成三份："一般市场"、"疲软市场"和"控制市场"。

"一般市场"的投资依靠的是长期价值投资，股票价值主要取决于面值的折现，同时将一些质量标准也应用其中（1964年的"色拉油丑闻"事件后巴菲特将他大部分的资金投放在美国运通的股票上即为一例）。通常情况下的控制市场就是对一般市场的"促进"（或"降级"，取决于你的观点），这就表示巴菲特买到的股份最终控制了这家公司。这种情况通常发生在"雪茄烟蒂"股票上，巴菲特能够以相对面值很大的折价买入股价被严重低估的股票，他并不反对接管该公司的所有权，因为他可以通过控制清盘来保证他的投资能够获利。他将这种股票称为"雪茄烟蒂"股票，因为如果你在地上发现一个雪茄烟蒂，可能还可以再吸上两口，那就是它的价值。

关于"疲软市场"，巴菲特表示它们是附有时间表的证券，它们产生于公司的经营活动——出售、合并、重组、资产分拆等。在此我们不谈论有关公司发展的谣言或"内部信息"，而是关注公司公开宣称的经营活动。一直要等到能在报纸上或报表上看到这些消息时，才能开始自己的投资决策。风险并不主要取决于市场的整体行为（尽管有时候在某种程度上是相关的），而是那些扰乱市场，使得预期发展不能实现的因素。这些令人不愉快的因素包括反托拉斯法或政府的其他管制行动、股东不赞成、预扣赋税规则等。在许多疲软市场中获利量看上去很少。然而，良好的预测能力加上短期持有就会产生一个可观的年收益率。在这种类型的市场上，我们可以年复一年地获得比一般市场上更稳定的绝对利润。在任何给定的一年中，巴菲特50%或以上的利润都是在这种市场疲软的状况下获得的。

巴菲特相对价值套利

投资者在应用这种方法进行套利时，应该知道这种策略有两种风险，第一种风险是基本风险，这种风险发生在两种证券的股票价值在不可能趋于一致的情况下，比如，在母公司可能破产的情况下，而最终在破产之前将资产分拆中的股票价值作为抵押。对于套利者来说，另外一种风险就是金融风险，即使在两种证券价值都趋于一致的情况下，这样对于最初的套利行为来说很可能就会导致潜在的损失。

巴菲特说："当我们的钱比想法多的时候，我们有时会进入套利领域。"

巴菲特和他的前辈曾经专门研究过另外一种套利——"相对价值"套利，这属于巴菲特"债务重组"策略最为基础的部分。相对价值套利就是预先购买一种资产，到时转换成其他的资产，这样就能够获得较大的价值。

简单的列举一个最为突出的例子就是Palm Computing公司和3Com公司的案例。在3Com决定公开将持有的Palm股票出售时，Palm就从3Com中分离出来了。在第一天的交易中，Palm公司的股价就暴涨，以至于3Com以前所持有的那部分Palm公司股本价值比3Com自身最高的市场价值还要高。这个市场有效地度量出3Com当前不断发展的经营价值小于业已存在30年的能巨大盈利的零经营情况，我们将在后面更加详细地讨论这个例子。

另外一个例子发生在1915年格雷厄姆就职于Newburger，Loeb&Company，他偶然发现下面的相对价值套利公司：古根汉（Guggenheim）开发公司，现在曼哈顿闻名于艺术博物馆的古根汉家族就是靠购买和开发矿产而发家的。古根汉开发公司持有很多家矿业公司的股份。在1915年9月1日，这家公司决定把持有的其他公司的股票分发给它的股东。那天的交易价格是每股68.88美元，所以格雷厄姆算出买一股古根汉开发公司的股票将带来净套利利润7.35美元，他在购买古根汉开发公司股票的同时卖空了相应公司的股票，这样就锁定了利润。

在20世纪20年代，当时杜邦公司资本来源于它在战争时期得来的现金，购得通用汽车公司大部分股票。尽管市场对杜邦公司其他业务大打折扣的同时对3Com公司的业务也不够看好，格雷厄姆仍然通过购买杜邦公司股票卖空通用汽车股票而获得的利差作为资本。虽然格雷厄姆还是看重杜邦公司的股票，但只看重通用汽车那部分，而对该公司持有的其他方面股票作为零价值处理。

封闭式基金套利

任何套利交易都不是完美的，单边头寸的风险，在其对冲投资组合中会有一部分被消除，但仍然会有一部分被保留下来。保留下来的越少，表明套期保值效果越好，投资面临的风险也就越小；相反，如果保留下来的越多，则套期保值效果越差，投资面临的风险也就越大。

2006年巴菲特在给股东的信里说："历史证明，随着时间流逝，几乎所有封闭式基金都会进行折价交易，在最初的时候，这些封闭式基金卖出得到的佣金就是6%，最初的投资者只得到了所投入1元中的94分，假如我能够在X的价位买开放式基金或以1.2X的价位购买封闭式基金，那要让我买封闭基金你得让我相信它的管理者很特别才行，偶尔我会看到封闭式基金很长时间以溢价在交易，但最终它们会回到折价交易。"

巴菲特并不会盲目地采用封闭式基金套利策略，而常常会另辟蹊径。巴菲特在封闭式基金世界里的策略是这样的：

（1）寻找在净资产价值折价的基础上交易的基金；

（2）折价比应有的要大；

（3）寻找使得基金价格趋近于NAV的催化剂。这种催化剂可能是公司管理层的更换，也可能是公司出现的清算，还可以是自己计划接管基金的控制权，并同时引发上面两种可能的发生。

举例来说，在20世纪70年代。巴菲特和芒格开始买进"Fundof Letters"的股份。Fundof Letters始建于歌舞升平的20世纪60年代，正好是当巴菲特由干股市缺乏机会而逐渐缩小投资规模之时。繁荣的经济加上注意力的聚集燃起了投机的火焰。卡尔和他的基金公司在1967年赚到了177%的利润，在1968年则赚了44%的利润，与此同时，标准普尔500指数分别只上升了25%和11%，并在1968年成立了封闭式基金资源资本，以满足公众对这类投机的需求。事实上，他们采取的策略就是简单地保持资金从一个热点流动到另一个热点，投资会往最吸引人的地方运动，这一情况在20世纪90年代晚期又出现了一次，那时所有的钱都向和".com"有关的东西涌去。当戈戈舞类型的投资在70年代土崩瓦解时，卡尔和他的基金信誉扫地，投资者四散逃走。当巴菲特和芒格控制下的蓝带印花票证公司开始积累股份时，曾每股18美元的净资本价值的资源资本被以50%的折价，也就是每股9美元的价格卖掉了。

最后他们拥有了该基金20%的股份，芒格加入了该公司的董事会。在卡尔离开之后，资源资本在乔治·麦可利斯的领导下成为价值投资的避风港。麦可利斯以其对公司估价的方法而著称，这一方法被称作麦可利斯比率。

麦可利斯总收益率＝收益率+增长率

收益率＝（股东权益报酬率×派息比率）／账面价值的价格

增长率＝股东权益报酬率×再投资比率

派息比率＝每股股息／每股盈利

再投资比率＝100%－派息比率

这也就是说，这种方法十分强调在可能的账面价值折价下的股本回报率和稳定的增长率。这是格雷厄姆—多德风格的投资以及巴菲特和芒格经常使用的成长投资的有趣的结合。在1975年，他们的股份翻倍了，巴菲特和芒格开始清算他们的资产。他们之所以这样做并不是因为麦可利斯（在他持有期间曾经获得18%的年收益）的方法，而是出于简化持有的资产的目的。在此期间，巴菲特和芒格开始把他们在伯克希尔公司、多样化零售公司和蓝带印花票证公司合并为伯克希尔—哈撒韦旗下的一个联合公司。

投资者在应用封闭式基金套利时应该注意的是，它主要有两个套利机会：一是封闭式基金到期时会转为开放式基金，投资者可以按净值赎回，所以在实施"封转开"停牌前基金价格会大幅上涨，迅速向净值靠拢；二是大比例分红，折价交易的封闭式基金在分红后，折价率会自然上升，如果要回复到分红前的折价率水平，那么交易价格就必须上升，由此也会带来套利机会。即使在市场中存在大量的套利机会，在应用的时候仍然不能将它作为一种短期的套利工具，应该将其作为一种长期的投资工具，并同时关注两项指标：一项是折价率大的，另一项是净值增长速度快的。

固定收入套利

根据巴菲特的套利经验，可以总结出五条原则：一是投资于"现价"交易而不是"股权交易"，并且只有在消息正式公布后才进行交易；二是确定自己预期收益率的下限；三是设法确保交易能够最终完成；四是一定要选择那些具有高护价能力的交易；五是不要把利润过分寄托在套利交易上。

巴菲特在2002年公司报告里写道："查理和我对于衍生工具以及交易的看法很简单：我们都将视它们为定时炸弹，然而对于那些涉及其中的利益方和整个经济生活都是如此。这些金融工具约定了在未来某个时间金钱的换手，而换手金额则取决于其他一些因素，比如利率、股价或者汇率水平等。"

实际上，对于衍生品和杠杆投资方面的投资巴菲特是不那么感兴趣的，但是也不排除他会通过分配固定收入套利策略涉及这些领域的情况。

在1998年巴菲特通过对冲基金（由马克·伯恩经营），投入了数亿美元。不管是West End Capital Management，还是马克·伯恩的基金他们都会集中在固定收入策略上，然而与此不同的是巴菲特不只是涉足于固定收入套利这一个方面。

在LTCM的那场灾难中，基金中的固定收入套利板块损失严重，然而巴菲特却愿意去购买这个公司的资产。巴菲特发现这个公司是有利可图的，但是最后还是拒绝了，这正是他宁愿承担固定收入的高杠杆风险的原因。甚至在LTCM事件之前，巴菲特也涉及固定收入套利，那时他成为所罗门兄弟公司的主席，并且在不久之前，他们的固定收入部门爆发了一个丑闻，这个丑闻涉及一个为约翰·梅里韦瑟效力的交易者，而约翰·梅里韦瑟后来建立了LTCM。

固定收入套利不仅仅是一种策略，而是通过购买和出售固定收入工具过程中的一系列策略，然后再通过这些策略能够得到一个很少的利益，通常是两个投资之间的收益差。

用一个很简单的例子来说，假如一个公司有一个收益率为6%的公司债券和一个收益率为5%但期限一样的美国政府票据，那么就可以对公司债券做多而对政府票据做空，得到1%的利差。暂时不考虑违约风险，假如利率发生了变化，这两种票据的收益都会存在一定的风险。如果你对公司债券做多并且利率呈上升的趋势，公司债券的票面价值将会下降，如果这种套期保值处理得当，对利率风险进行套期保值，通过对政府债券做空而持有公司债券，这在相对零风险方法中（假定在公司票据上没有违约风险）还是会得到1%的利差。

几种主要固定收入的策略有：

（1）政府和公司之间的票据价差交易。

（2）收益曲线上的赌博：假如投资者对收益曲线的一部分做多而对另外一部分做空，那么收益曲线上升将是一个直接的赌博。

（3）市政与政府之间的票据价差交易。

（4）对于现金和期货交易，相对于实际债券的需求而言，当债券期货的需求处于低迷的情况时，就会存在可开发的空间。

（5）在资产担保证券和其他种类的固定收入工具之间的价差交易，一个资产担保证券的例子就是抵押证券。在固定收入的套利策略中，需要套期保值的风险包括：信用风险、利率风险、外汇交易风险和预付风险。

这样投资者可以看出，固定收益套利的可能收益非常低，因此大量的杠杆交易被广泛运用（10~25倍或者更多）。在交易一种债券和它的期货合约之间的价差时，价差可能是很小的基点（每个基点是万分之一）。假如你采用杠杆比例进行固定收益套利时，就好像其他人都看不到的真空钱币一样，固定收入的套利者在迎面开来压路机的情况下，是不会冒险去拾起那些钱币的。

评估套利条件，慎重地采取行动

大多数套利者可能每年参与50次或更多次的交易，而巴菲特只寻找一些重大的财务交易事项。他对自己只参与公开且较友善的套利交易有所限制。并且拒绝利用股票从事可能会发生接收或绿票讹诈的投机交易。多年来他一直都没有计算过自己的套利成绩，但是巴菲特算出伯克希尔公司平均每年的税后获利率大约是25%。由于套利时常用来取代短期国库券，因此巴菲特的交易欲望常随着伯克希尔现金存量的起伏而变动。他解释说，更重要的是，套利交易使他免于松动自行设定的严厉长期债券投资标准。

巴菲特说："无法分辨榆树和橡树的人，反而能冷静地评估所有的报价。"

在近几年里，大多数套利运作涉及善意或恶意的收购。随着收购狂潮的蔓延，随着反托拉斯的挑战几乎不复存在以及随着买价常常只上不下，套利活动极度繁荣，套利者也收获颇丰。他们不需要特别的才能就能干得很好。

怎样评估套利条件呢？巴菲特认为必须回答以下几个问题：

（1）预期事件发生的概率有多大？

（2）你的现金可允许被套牢多久？

（3）出现更好的事情的可能性有多大——比如一个更有竞争力的购并报价？

（4）如果因为反托拉斯诉讼、财务上的差错等，当预期事件没有发生应如何处理？

为了帮助投资者进一步了解对套利条件的评估，巴菲特讲到了关于伯克希尔如何在阿卡他公司套利的故事。

1981年，阿卡他公司同意将公司卖给一家靠举债收购企业的公司KKR。阿卡他公司当时的经营项目包括森林产业和印刷行业。此外，在1978年，美国政府从阿卡他获取了超过4000公顷的红木林地，以扩大红木国家公园的范围。政府以分期付款的方式付给阿卡他公司9800万美元，并将利息为6%单利的流通在外债券给阿卡他。公司对政府以不合理的低价购买这块土地的行为表示不满，而且6%的单利也太低了。在1981年，阿卡他公司的价值是它本身的业务及政府潜在的投资。KKR建议用每股37美元的价格买入阿卡他公司的股票，再加上政府支付阿卡他公司总金额的2/3。

巴菲特研究分析了KKR购并阿卡他公司的行动。KKR筹措资金的经验是相当成功的，而且如果KKR决定停止购并交易，该公司将会寻找其他的买主。阿卡他公司的董事会都已决定将公司卖掉，但是比较难解决的问题是，被政府强制征收的红木林到底价值多少？

在1981年的秋天，伯克希尔公司用每股33.5美元的价格开始收购阿卡他公司的股份。在1981年11月30日之前，伯克希尔已经收购了40万股，大约占到阿卡他5%的股份。1982年1月，阿卡他和KKR双方签署了正式的契约，与此同时，巴菲特用每股接近38美元的价钱，又增购了25.5万股的阿卡他股票。虽然交易事项很复杂，巴菲特仍愿意以超过KKR每股37美元的价格收购阿卡他的股票，显示出他认为政府对于红木林的补偿支付价值会超过零。

几星期之后，交易开始进行。首先，尽管巴菲特曾经假定KKR当时有筹措资金的困难。当时房地产行业正在暴跌，银行提供贷款也是非常小心的。阿卡他公司的股东会议被延迟到4月。原因是KKR不能安排所有资金的筹措，所以他们提供阿卡他公司每股33.50美元的低价。但是他们拒绝了KKR的提议。直到过了一段时期之后，阿卡他公司接受了其他公司的竞价，用每股37.50美元将公司卖掉，再加上一半潜在的政府诉讼补偿。伯克希尔从2290万美元的阿卡他投资中，得到170万美元的利润，相当于每年15%的回报率，这是令人相当满意的利润。

几年后，伯克希尔公司终于如愿以偿地收到了政府支付给阿卡他公司的分期款。在诉讼期间法官指定了两个委员会，一个负责决定红木林的价值，第二个负责决定适当的利率。1987年1月，第一项决定宣布红木林的价值为2.757亿美元，而非9790万美元。第二项决定宣布适当的利率应该是14%，而不是6%。法院判定政府应该付给阿卡他公司6亿美元。政府继续上诉，最后决定付出5.19亿美元。1988年，伯克希尔公司收到1930万美元，以及阿卡他公司每股29.48美元的额外收入。

这是伯克希尔公司在套利上运作成功的一个案例，一般认为，巴菲特这项投资所得到的利润远比他预期的要好，但实际上在1989年之前，套利前景并不是很好。举债收购引发市场上对资金的需求过剩，造成市场环境的混乱。但是巴菲特在别人眼花的时候，慎重地采取了行动。当UAL的收购行动崩溃瓦解之时，巴菲特正从套利交易中抽身，借助可转换特别股的出现，伯克希尔公司很容易地从套利交易中跳脱出来。

巴菲特规避套利风险的方法

巴菲特说："有哪种笨蛋会对没公告的移转行为进行投资？只要你动脑子想一想，也许你就可以猜得到，那正是华尔街，他们用脑过度，并总是打着如意算盘，他们认为能够从传闻濒临被接收的公司中获得巨大的利益。如果靠听信传言来做事的话，即使可以获得巨额利益，但同时也意味着须冒极大的风险。"

巴菲特保护自己免于风险的方法就是只投资已经公告移转的公司。这听起来很平常，却是最明智的做法。事实上，所谓的套利基本上就是一项掌握时效的投资。因为所赚取数额是固定的，所以握有股票时间的长短就成为税前年回报率的关键。期限愈长，则税前年回报率就愈小，期限愈短，代表税前年回报率愈大。

在1957~1969年间，巴菲特合伙公司时期，巴菲特就曾经提出过，每年套利的投资行为将会为公司带来持续且巨额的利润，并且在市场下挫的年度里，能够为公司提供更大的竞争空间。一旦证券市场走空，股东们和管理部门会开始忧虑公司股票下跌，因此多数倾向于卖出、清算或者进行某部分的重整。如此一来，当市场开始崩盘，投资人的套利机会就开始增多。

当巴菲特处理过近百件套利事件之后，他发现，几乎所有的年回报率都在25%，这样的获利率通常比起年回报率近100%的个案更有利可图。华尔街那群金融家们可能会听从传闻行事，但巴菲特却只会在正式公告出售或合并之后才会着手进行投资。

投资者应该注意的是进行这种类型的投资，是存在一些特定的风险的。其中之一就是先前讨论过的，移转时间可能比预期的还长。其次就是最后的移转失败，一般情况我们会说，这是倒霉到家的事。有千百万个理由会导致公司的移转比预计的时间久，或是终究移转不成。任何理由都足以坏事。

第七章 巴菲特教你如何防范风险

第一节 巴菲特规避风险的10项法则

面对股市，不要想着一夜暴富

对于投资者而言，"避免风险，保住本金"这八个字，说说容易，做起来却不容易。股市有风险，似乎人人皆知，但是，当人们沉醉在大笔赚钱的喜悦之中时，头脑往往会发热，就很容易把"风险"两字丢到一边。世界上"没有只涨不跌的市场，也没有只赚不赔的投资产品"。在成熟度不高，监管不规范，信息不对称，经常暴涨暴跌的中国股票市场，不顾一切，盲目投资无疑是危险行为。

巴菲特说："成功的秘诀有三条：第一，尽量规避风险，保住本金；第二，尽量规避风险，保住本金；第三，坚决牢记第一、第二条。"

实际上，巴菲特这三条秘诀总结起来就是八个字：避免风险，保住本金。巴菲特的名言是他投资股市的经验总结。他从1956年到2004年的48年中，股市的年均收益率也只有26%。由此可见，他的巨额家产也不是一夜暴富得来的。

以中国股市来说，自从2006年股市一路高歌以来，大众亢奋和"羊群效应"越发明显。越来越多的人认为，股市成了一只"金饭碗"，只要投钱进去，"金饭碗"里就能源源不断地生出钱来。左邻右舍相继入市，农民开始炒股，和尚开始操盘，即使平日最保守、最沉着的人也摇摇晃晃地入市了。有人卖房、有人贷款、有人辞职，证券营业部人满为患，系统不堪重负，上班族人心浮动……恐怕没有人不承认，现在的股市泡沫已经令人担忧。可既然大家都知股市泡沫重，为何还如此疯狂？显然，面对股市，我们已经不仅从投资跃入了投机，而且从投机跃入了赌博！

中国股市，从一定角度讲还是一个资金市，源源不断的资金进入，才是行情不断高涨的根本原因。在股市的狂热下，炒股者多会觉得总有后来者，就像掉进传销网络的人，总认为还有大量的下线等着送钱进来。可历史早就证明，没有哪一波大牛市不是以套牢一大批投资者作为最后"祭品"的，这一点，炒股者也"理性"地清楚。前方是巨大的利益引诱，后面是怕成"祭品"的担忧，使贪婪与恐惧这两种人性弱点最充分地体现在了炒股者身上。

中国证监会于2007年5月11日发出通知，要求加强对投资者的教育，防范市场风险。并且特别要求、"告诫"那些抵押房产炒股、拿养老钱炒股的投资者，千万理解并始终牢记：切勿拿关系身家性命的生活必需和必备资金进行冒险投资。可谓良药苦口，正当其时。

遇风险不可测则速退不犹豫

2005年巴菲特在致股东的信里说："为了满足保险客户的需求，在1990年通用再保险设立衍生交易部门，但在2005年我们平仓的合约中有一个期限竟然是100年。很难想象这样的一个合约能够满足哪方面的需求，除非是可能只关心其补偿的一个交易商在他的交易登记簿中有一个长期合约需要对冲的需求。

"设想一下，假如一个或者是更多家企业（麻烦总会迅速扩散）拥有数倍于我们的头寸，想要在一个混乱的市场中进行平仓，并且面临着巨大的广为人知的压力，情况会变成怎样？在这种情形下应该充分关注事前而不是事后。应该是在卡特里娜飓风来临之前，考虑且提高撤离新奥尔良的最佳时机。

"当我们最终将通用再保险的证券交易部门关门大吉之后，对于它的离开我的感觉就像一首乡村歌曲中所写的那样：'我的老婆与我最好的朋友跑了，我想念更多的是我的朋友而不是我的老婆。'"

上面这段话是巴菲特在2005年将通用再保险的平仓合约持后的一段话，可以说巴菲特这项投资是很失败的，他的经验教训就是一旦该项投资遇到不可测的风险时，绝不要恋战。

2004年3月，美国国际集团承认公司对一些账目处理不当，伯克希尔—哈撒韦下属的通用再保险公司曾经与其合作过一笔"不符合规定"的再保险交易，这笔业务应该属于贷款而非保险交易。

通用再保险公司自从1998年被收购以后就一直风波不断，1998年与同属伯克希尔—哈撒韦的国家火险公司为FAI保险公司出售再保险产品，经商定后达成秘密协议：FAI公司在3年内不得寻求保险赔偿。这项规定在很大程度上弱化了该产品转移风险的功能，摇身一变成了短期贷款。FAI公司不久被澳大利亚第二大保险商HIH公司收购，因FAI公司的资产负债表被人为美化，HIH公司利润也随之虚增。澳大利亚监管部门调查后决定，自2004年10月开始禁止通用再保险公司的6位主管在澳大利亚从事保险业活动。澳大利亚监管部门还发现，违规操作的再保险产品来自于通用再保险公司位于爱尔兰首都都柏林的一个团队，而爱尔兰金融服务管理局也开始对通用再保险公司在爱尔兰的经营活动展开调查。

2004年3月，该公司公布的盈利报告显示去年净利润下降10%，由2003年的近82亿美元减至73亿美元。相比美国股市的总体表现，巴菲特在股市上的投资业绩最近几年出现了明显下滑。以标准普尔500指数为例，该指数成分股在2003年和2004年的平均账面净值增长率分别达到28.7%和10.9%，均超过了巴菲特的伯克希尔—哈撒韦公司。与股市投资不景气相对应的是，伯克希尔—哈撒韦公司的现金大量闲置，截至2003年12月，公司的现金存量由2003年的360亿美元升至430亿美元。2003年，伯克希尔决定让通用再保险退出酝酿巨大风险的衍生品业务，当时它有23 218份未平仓合约。2005年初下降为2 890份，2005年底平仓合约减至741份，此举在当年让伯克希尔付出了1.04亿美元的代价。

对于普通的投资者而言，也许在你的投资道路上总会遇到不可测的风险，在这种时候大多数投资者似乎都会抱着一丝希望，但是正是这种渺茫的希望让他们陷得更深。事实上，在这种时候正确的做法就是，无论暂时的斩仓痛苦有多大，坚决退出。如果巴菲特当时不退出，2008年的"次贷危机"爆发后，他也许就退不了了。

特别优先股保护

特别优先股可以给投资者特别的保护，巴菲特在"次贷危机"中，仍然敢于买进通用电气和高盛的股票。这两支股票同样都是特别优先股，这类股票拥有股价上的安全边际，能够合理地利用自己的话语权去建立技术性的安全边际也是一项厉害的投资技术。

1996年巴菲特在致股东的信中写道："当维京亚特兰大航空公司的老板理查德·布兰森，被问到要怎么样才能变成一个百万富翁的时候，他的回答是：'其实也没有什么，你首先需要变成一个亿万富翁，然后再去购买一家航空公司就可以了。'"

在1989年的时候巴菲特以3.58亿美元的价格买了年利率为9.25%的特别股。那时候，他非常喜欢美国航空的总裁埃德·科洛德尼，直到现在仍然没有改变。但是，现在，巴菲特觉得他对于美国航空业的分析研究实在是过于肤浅并且错误百出，他被该公司历年来的获利能力所蒙骗，并且过于相信特别股提供给债券上的保护，以导致他们忽略了最为关键的一点，美国航空公司的营业收入受到了毫无节制的激烈价格战后大幅下降，同时该公司的成本结构却仍然停留在从前管制时代的高档价位上。

从巴菲特上面的这项投资中，能够看出巴特特在当初的投资时买的是特别优先股，那就意味着公司每年要付给伯克希尔9.25%的利息，加之还有一项"惩罚股息"的特别条款，这就意味着如果该公司要延迟支付股息的话，除了需要支付原有欠款外，同时还必须支付5%利率的利息。这就导致了在1994年和1995年伯克希尔都没有收到股息，所以，在此之后美国航空就不得不支付13.25%和14%的利息。在1996年下半年美国航空公司开始转亏为盈的时候，它们果真开始清偿合计4790万美元的欠款。

所谓的优先股是相对于普通股而言的，主要指在利润分红及剩余财产分配的权利方面，优先于普通股。在公司分配盈利时，拥有优先股票的股东比持有普通股票的股东分配在先，而且享受固定数额的股息，即优先股的股息率都是固定的，普通股的红利却不固定，视公司盈利情况而定，利多多分，利少少分，无利不分，上不封顶，下不保底。

以巴菲特2008年50亿美元买入的高盛优先股为例来说明，优先股和债券一样，享有固定的红利（利息）收益，高盛给巴菲特的是10%。意味着，每年高盛要支付5亿美元的固定红利，当然如果以后高盛的分红率更高，巴菲特也只能拿10%，但这已经大大高于国债利率了。除了安全，巴菲特没有放弃可能的暴利机会，同时获得了一个认股权证，5年内可以以每股115美元的价格，认购50亿美元额度之内的高盛股票，当然现在高盛的股价已经大大低于115美元，但是只要5年内高盛股价高过这个价格，巴菲特还可以从认股权中获得超额利润。

由于巴菲特选择的是永久性优先股，意味着不能转成普通股，但是只要不被赎回，就可以永远拿10%的股息。当然，巴菲特也并非绝对安全，如果高盛真的破产的话，他的权利也无法兑现。但是优先股的股东可先于普通股股东分取公司的剩余资产。

等待最佳投资机会

投资是"马拉松竞赛"而非"百米冲刺",比的是耐力而不是爆发力。对于短期无法预测,长期具有高报酬率的投资,最安全的投资策略是:先投资,等待机会再投资。投资人应记住的是,在下降通道中参与投资,风险无形中放大了好多倍,成功率大大降低,所以,请耐心等待重大投资机会的到来。

巴菲特说:"许多投资人的成绩不好,是因为他们像打棒球一样,常常在位置不好的时候挥棒。"

巴菲特说,在他的投资生涯中,曾经至少三次的经验,看到市场有太多的资金流窜,想要用这一大笔资金从事合理的活动似乎是不可能的事情。然而,4年过后,却看到"我一生中最好的投资机会"。

其中一次是发生在1969年,也就是巴菲特结束他首次的投资合伙事业的时候,这个过程值得巴菲特迷们好好去研究,因为对很多中国的巴菲特迷来说,如何挖到第一桶金很重要,目前巴菲特管理几百亿美元的经验,对想获得第一桶金的投资人来说,并没有太大的意义。然后在1998年,当长期资本管理公司这家避险基金公司出现问题的时候,投资界突然出现了绝佳的投资机会。

托伊·科布曾说过:"威廉姆斯等球时间比别人都多,是因为他要等待一个完美的击球机会。这个近乎苛刻的原则可以解释,为什么威廉姆斯取得了在过去70年里无人能取得的佳绩。"巴菲特对威廉姆斯敬佩有加,在好几个场合,他与伯克希尔的股民分享威廉姆斯的近乎苛刻的原则。在《击球的科学》一书中威廉姆斯解释了他的击球技巧。他将棒球场的击球区划分成77块小格子,每块格子只有棒球那么大。巴菲特说:"现在,当球落在.最佳.方格里时,挥棒击球,威廉姆斯知道,这将使他击出最好的成绩;当球落在.最差.方格里时,即击球区的外部低位角落时,挥棒击球只能使他击出较差的成绩。"

威廉姆斯的打击策略如运用到投资上显然极为恰当。巴菲特认为,投资就像面对一系列棒球击球那样,想要有较好的成绩,就必须等待投资标的的最佳机会到来。许多投资人的成绩不好,是因为常常在球位不好的时候挥棒击球。也许投资人并非不能认清一个好球(一家好公司),可事实上就是忍不住乱挥棒才是造成成绩差的主要原因。

那么,我们怎样才能克服这种毛病呢?巴菲特建议投资人要想象自己握着一张只能使用20格的"终身投资决策卡",规定你的一生只能作20次投资抉择,每次挥棒后此卡就被剪掉一格,剩下的投资机会也就越来越少,如此,你才可能慎选每一次的投资时机。对又低又偏外角的球尽量不要挥棒,威廉姆斯就是宁愿冒着被三振出局的风险去等待最佳打点时机的到来。投资者是否能从威廉姆斯的等待最佳打点时机中获得启迪呢?巴菲特说:"与威廉姆斯不同,我们不会因放弃落在击球区以外的三个坏球而被淘汰出局。"

运用安全边际实现买价零风险

理性投资者是没有理由抱怨股市的反常的,因为其反常中蕴含着机会和最终利润。

从根本上讲，价格波动对真正的投资者只有一个重要的意义：当价格大幅下跌后，提供给投资者低价买入的机会；当价格大幅上涨后，提供给投资者高价卖出的机会……测试其证券价格过低还是过高的最基本的方法是，拿其价格和其所属企业整体的价值进行比较。

巴菲特说："……我们强调在我们的买入价格上留有安全边际。如果我们计算出一只普通股的价值仅仅略高于它的价格，那么我们不会对买入产生兴趣。我们相信这种'安全边际'原则——本·格雷厄姆尤其强调这一点——是成功的基石。"

上面的这段话不仅揭示出了安全边际的实质内涵，即股票的内在价值和股票的市场价格之间的差距。而且强调了在分析股票价值时运用"安全边际"可以帮我们真正实现买价零风险。

"安全边际"是价值投资的核心。尽管公司股票的市场价格涨落不定，但许多公司具有相对稳定的内在价值。高明的投资者能够精确合理地衡量这一内在价值。股票的内在价值与当前交易价格通常是不相等的。基于"安全边际"的价值投资策略是指投资者通过公司的内在价值的估算，比较其内在价值与公司股票价格之间的差价，当两者之间的差价（即安全边际）达到某一程度时就可选择该公司股票进行投资。

美国运通银行属于全球历史悠久、实力强大的银行之一。它在1981年的时候开始推出旅行支票，它可以解决人们旅行时带大量现金的不便。在1958年它又推出了信用卡业务，开始引导了一场信用卡取代现金的革命。截至1963年，美国运通卡已经发行1000多万张，这家银行当时在美国的地位就像中国工商银行在中国的地位一样强大。但美国运通后来出现了问题。联合公司是一家很大的公司，运用据称是色拉油的货物仓库存单作为抵押，从美国运通进行贷款。但是当联合公司宣布破产后，清算时债权人想从美国运通收回这笔抵押的货物资产。美国运通在1963年11月的调查时发现，这批油罐是色拉油海水的混合物，由于这次重大诈骗，使美国运通的损失估计高达1.5亿美元。如果债权人索赔的话，可能会导致美国运通资不抵债。这个消息导致华尔街一窝蜂地疯狂抛售美国运通的股票。1964年年初，在短短一个多月，美国运通的股票价格就从60美元大跌到35美元，跌幅高达40%。

在这期间巴菲特专门走访了奥马哈的餐馆、银行、旅行社、超级市场和药店，但是他发现人们结账时仍旧用美国运通的旅行支票和信用卡。他得出的结论是这场丑闻不会打垮美国运通公司，它的旅行支票和信用卡仍然在全世界通行。巴菲特认为，它这次遭遇巨额诈骗，只是一次暂时性损失而已，从长期来看，任何因素都不可能动摇美国运通的市场优势地位。1964年，巴菲特决定大笔买入，他将自己管理的40%的资金全部买入美国运通公司的股票。不久诈骗犯被抓住并被起诉，美国运通与联合公司达成和解，双方继续正常经营。在后来的两年时间里美国运通的股价上涨了3倍，在后来的5年的时间里股价上涨了5倍。

巴菲特神奇的"15%法则"

毫无疑问，如果投资者以正确的价格来购买正确的股票，获得15%的年复合收益率是可能的。相反，如果你购买了业绩很好的股票却获得较差的收益率也是很可能的，因为你选择了错误的价格。大多数投资者没有意识到价格和收益是相关联的：价格越高，潜在的收益率就越低，反之亦然。

1989年巴菲特在给股东的信里写道："我们还面临另一项挑战：在有限的世界里，任何高成长的事物终将自我毁灭，若是成长的基础相对较小，则这项定律偶尔会被暂时打破，但是当基础膨胀到一定程度时，好戏就会结束，高成长终有一天会被自己所束缚。"

上面这段话表示了巴菲特在有限世界里的理性，他是不会相信无限增长的。从20世纪70年代就开始写"致股东函"，每隔两三年他都会非常诚恳的表示动辄20%~30%的增长都是不可能长期持续的。巴菲特在购买一家公司的股票之前，他要确保这只股票在长期内至少获得15%的年复合收益率。为了确定一只股票能否给他带来15%的年复合收益率，巴菲特尽可能地来估计这只股票在10年后将在何种价位交易，并且在测算公司的盈利增长率和平均市盈率的基础上，与目前的现价进行比较。如果将来的价格加上可预期的红利，不能实现15%的年复合收益率，巴菲特就倾向于放弃它。

例如在2000年4月，你能够以每股89美元的价格购买可口可乐的股票，并假设你的投资长期能够获得不低于15%的年复合收益率。那么，当10年之后，可口可乐的股票大致可以卖到每股337美元的价格，才能使你达到预期目标。关键是假如你决定以每股89美元的价格购买，那么你就要确定可口可乐的股票能否给你带来15%的年复合收益率。这需要你衡量四项指标：其一，可口可乐的现行每股收益水平；其二，可口可乐的利润增长率；其三，可口可乐股票交易的平均市盈率；其四，公司的红利分派率。只要你掌握了这些数据，你就可以计算出这家公司股票的潜在收益率。仍然以可口可乐为例，可口可乐股票的成交价为89美元，连续12个月的每股收益为1.30美元，分析师们正在预期收益水平将会有一个14.5%的年增长率，再假定一个40%的红利分派率。如果可口可乐能够实现预期的收益增长，截止到2009年每股收益将为5.03美元。如果用可口可乐的平均市盈率22乘以5.03美元就能够得到一个可能的股票价格，即每股110.77美元，加上预期11.80美元的红利，最后你就可以获得122.57美元的总收益。数据具有很强大的可信度，10年后可口可乐股票，必须达到每股337美元（不包括红利）才能够产生一个15%的年复合收益率。然而数据显示，那时可口可乐的价位每股110.77美元，再加上11.8美元的预期红利，总收益为每股122.57美元，这就意味着将会有3.3%的年复合收益率。如果要达到15%的年复合收益率，可口可乐目前的价格只能达到每股30.30美元，而不是1998年中期的89美元。所以巴菲特不肯把赌注下在可口可乐股票上，即使在1999年和2000年早期可口可乐股票一直在下跌。

购买垃圾债券大获全胜

在高收益率的垃圾债券市场中投资，投资技巧和投资股市是相似的，两者都需要衡量价格与价值的关系。并且都需要在上百个投资对象中寻找数量很少的、回报风险比率较有吸引力的品种。虽然巴菲特也承认垃圾债券市场所涉及的企业更为冷僻，但是一旦作出正确的决策它却能够给你带来高额的回报率。

2003年巴菲特在致股东的信里写道："低价格最常见的起因是悲观主义，有时是四处弥漫的，有时是一家公司或一个行业所特有的。我们要在这样一种环境下开展业务，不是因为我们喜欢悲观主义，而是因为我们喜欢它造成的价格。乐观主义才是理性投资者的大敌。"

巴菲特总是唱着与华尔街不同的调调，每当提到巴菲特，很多人总是把他和华尔街联系起来，并渴望从他那取到真经，然而事实上，巴菲特与华尔街机构（更不要说一般的散户）对股市的理解是完全不同的。

巴菲特很坦诚地表示他喜欢股票下跌，并且越低越好。其实，这就是以交易为目标的华尔街思维和以企业投资为目标的伯克希尔理念根本不同的所在。

在2002年，巴菲特在投资上出了一些奇招，开始对一些垃圾债券进行了投资，从结果来看，他在这方面的投资获得了5倍的收益，截止到2002年年底，这个部分的资金已经增加到了83亿美元。伯克希尔的投资组合中，以往投资在固定收益证券所占比例远远低于其他保险公司。在1993年，伯克希尔投资组合中的17%投资在包括债券和优先股在内的固定收益证券中，然而大多数的其他保险公司这个比例要在60%~80%之间。他对垃圾债券的态度很谨慎，他认为这个新的投资工具是"冒牌的堕落的天使"，因为在发行之前它们就是垃圾。

直到20世纪80年代末90年代初垃圾债券市场崩溃时，巴菲特说："金融界的天空因为衰败公司的尸体而变得阴暗。"

在1989~1990年两年间，巴菲特以低于债券面值的价格购买了RJR纳比斯柯公司4.4亿美元的垃圾债券。1988年，KKR公司凭借银行贷款和发行垃圾债券成功地以250亿美元价格收购RJR纳比斯柯公司，这在当时看来是一项十分轰动的"大交易"。但由于后来垃圾债券的市场崩溃，殃及到RJR垃圾债券。巴菲特却认为投资该债券能够获得14.4%的收益，并且这种低落的价格还提供了潜在的资本收益。直到1991年，RJR公司宣布将按债券的票面价值赎回大部分垃圾债券。这一公告促使其债券价格上涨了34%，巴菲特从这项投资中获得1.5亿美元的资本收入。

巴菲特说："购买垃圾债券证明是利润很高的一项业务。虽然普通股在跌了3年以后价格已经很吸引人，但是我们还是觉得很少有股票能够吸引我们。"巴菲特2003年在给投资者的信中写到他将关闭其公司的衍生品业务，因为他觉得金融衍生品是"定时炸弹"，很难评估价值。

随市场环境的变化而变化

巴菲特无论是偶然还是经过深思熟虑都应该被看做是历史上最机敏的市场调节者之一。他所拥有的感觉到市场存在很大危险的能力，或者是当别人认为危险时他却看到了投资机会。

巴菲特说："如果任何一个人准备去做任何一件愚蠢的事的时候，市场在那里只是作为一个参考值而存在，当我们投资于股票的时候，我们也是在投资商业。"

任何时期的任何行情，最大的投资机遇和最大的投资风险一定是来自于价值标准的变化！同样的青菜，在春夏秋冬有不同价格，因为它在不同时期所体现的价值不一样，人们衡量它的价值标准也不一样,价格自然会不同。更主要的是,青菜的价值与肉食的价值是不一样的,因此,其所对应的市场价格也是截然不同的。

这样的例子同样也发生和反映在股市中。例如,同样的汽车股,在2004年行业最景气时,人们给予它的估值标准可以达到25倍左右的市盈率,而在2005年行业景气度回落的时候,人们给予它的市盈率估值标准一下子降到了10倍左右。到目前为止,也只在15倍左右。这样的例子也曾同样发生在钢铁股和石化股里。

为什么说价值标准变化给行情带来的投资机会和风险是最大的呢?很明显,同样的股票在业绩没变化的情形下,市盈率标准从25倍降低到10倍,意味着这只股票的价格要跌去60%;反之,如果某一类股票的估值标准从10倍市盈率提升到20倍市盈率,则意味着这只股票的上涨空间将达到100%。

股票G天威,该股有超过60%的主营收入是来自于电站设备。因此,从2003年到2005年上半年的两年半时间内,人们以比较合理的电站设备类估值标准,给予它20倍左右的市盈率定位。但从2005年下半年起,该公司介入了太阳能产业,按照国际市场的估值标准,人们对它的估值标准从20倍市盈率迅速提升到了45~60倍,从而打开了该股超过300%的上涨空间。人们的价值标准会随时间的推移以及社会发展的变化而变化,所以,每当行情新主流热点形成的时候,一定是这个主流热点所对应的行业或公司内部发生了变化,更重要的是,人们对它的认识和评判标准发生了变化!

同时,随着社会经济的不断发展、体制改革的逐渐深入以及对外开放的日益扩大,我国股票市场所面临的客观环境也出现了一些变化,主要表现在以下几个方面:

1.股份全流通,股票市场的本色得以恢复

2005年5月份开始启动的股权分置改革,让占总股份2/3以上的非流通股逐渐实现自由流通,证券市场的基本功能有了发挥的基础和条件。股份全流通在相当程度上把控股股东、上市公司管理层和广大中小股东的利益紧密结合在一起,使控股股东和上市公司管理层不再漠视公司股票的市场表现。股份全流通使我国证券市场恢复了本色,成为真正意义上的证券市场,今后彻底走向市场化和国际化完全可以预期。

2.整体上市已成趋势,国家战略资产越来越多地转入可流通状态

股改以后,股票市场出现了一股整体上市的风潮。从国家、企业和投资者三个角度看,这种风潮都具积极意义。整体上市的一个必然的结果是,越来越多的国家战略资产将从原来的高度控制状态逐步变成可市场化流通状态。这种状态一方面可以使国家战略资产通过市场化的方式进行价值重估,另一方面又意味着其控制权将具有很大的流动性和不确定性。对于国有资产管理者来说,这是一个全新的课题。

3.国际资本进出我国的规模日益扩大,社会经济影响不断增强

伴随对外开放的不断深入,国际资本进出我国的规模日益扩大,目前已成为一支不可忽视的力量。"蒙牛"的迅猛崛起和"乐百氏"的彻底陨落背后,都可以看到国际资本的强大身影。这一正一反两方面的事例提醒我们:对于国际资本,我们在表示热烈欢迎的同时,还应该保持应有的谨慎。至于那些缺乏约束、流动性极强且来去诡秘的国际游资,我们除了保持谨慎外,还需要给予高度的警惕。

4.虚拟经济对实体经济的反作用力越来越强

我国股票市场总市值与GDP的比例随着市场规模的不断扩大和股价指数的快速上升而明显提高：2005年上半年，该比例还不到18%，而现在已经接近90%了。股改前由于2/3以上的股份不能流通，所以股票总市值存在很大程度上的失真，而股改以后，非流通股逐渐转为可流通，总市值也就变得真实可靠起来。以证券市场为核心的虚拟经济，一方面反映并最终决定于实体经济，另一方面又可以对实体经济存在一定程度上的影响和反作用力。这种影响和反作用力随着我国证券市场总市值以及其与GDP比例的不断增长而日益增强。

面对上述新的环境，使得股票机会与风险的标准也产生了变化，作为投资者，我们只有及时适应这个变化，才能有效识别机会与风险。

可以冒险但是也要有赢的把握

股市中有一句话说得很好，就是"收益总是伴随着风险"。有时候投资者对投资的品种有十足的信心和把握，但是大多数情况下是不确定的，如果因为损失的可能存在就不进行投资的话，恐怕你也会错失很多获利的机会。所以对于投资者来说，适当的冒险也是投资所必需的，但前提是你得计算好自己的获胜概率。

1997年巴菲特在致股东的信里写道："有时我们同样也不能为我们的资金找到最理想的去处——即为找到经营良好、价码合理的企业，这时我们会选择将资金投入一些期间较短但品质还不错的投资品种上，虽然我们也很清楚这样的做法可能无法像我们买进好公司那样稳健地获利，甚至在少数情况下会出现赔钱的可能，不过从总体情况来说，我们相信这些投资品种赚钱的概率还是远高于赔钱的概率的，然而最大的问题是它的获利能够在什么时候出现。

"当然，在这种情况下，不留有现金而是去投资零息债券也是存在风险的，这种基于总体经济分析的前提下的投资绝对不敢保证100%能够成功，不过查理和我也绝不会轻易放弃这样的投资机会，而是绝对会运用我们最佳的判断能力，大家可不是请我们来闲着没事干，当我们认为我们有赢的把握时，我们就会毫不犹豫地去做一些有别于惯常投资的行为。"

从上面这段话你是否也能够看出，巴菲特也并非总是能够找到令自己极为满意的投资机会的，这也是普通投资者会遇到的难题，但是比闲置资金更好的选择就是选择一些胜算颇大的投资品种，也许它确实存在一些风险，但毕竟在这种情况下，损失是小概率事件。

比如，在1997年巴菲特就不同于往常地参与了三起非针对企业股权的投资：

第一项是1400万桶的原油期货合约，这是他在1994~1995年间所建立4570万桶原油的剩余仓位，当初他之所以建立这些仓位，主要出于当时的石油期货价位有些被低估的考虑下作出的决定。

第二项是白银，在1997年他一次性买进总共1.112亿盎司的白银。假如按照当时的市价计算，总共贡献1997年9740万美元的税前利益，因为之前巴菲特都在对贵金属的基本面进行追踪，只是之前没有买进动作。直到最近这几年，银条的存货突然大幅下滑，然而对于一般人较为关注的通货膨胀预期则不在巴菲特计算价值的范围之内。

最后一项投资是美国的零息债券，他用46亿美元的账面价值摊销长期的美国零息债券，这些债券不支付利息，而是以折价发行的方式回馈给债券持有人，也因此这类债券的价格会

因市场利率变动而大幅波动。如果利率下跌，投资人就可能因此大赚一笔，由于1997年的利润出现了大幅度的下滑，所以只是在1997年，伯克希尔未实现的利益就已经高达5.98亿美元。

独立承担风险最牢靠

2001年巴菲特在致股东信里说："当保险业者在衡量自身再保险的安排是否健全时，他们必须谨慎小心地对整个连环所有参与者的抗压性进行试探，并深切地思考万——件大灾难在非常困难的经济状况下发生时该如何自处。毕竟只有在退潮时，你才能够发现到底是谁在裸泳。在伯克希尔我们将自留所有的风险，独立承担绝不依赖他人，不论世上发生什么问题，我们的支票保证永远都能够兑现。"

上面是巴菲特对自己的投资者的承诺，在巴菲特的这种管理理念下，又有哪个投资者不愿意买入这样的企业股票呢？巴菲特赞同：对于每个投资者而言，都在经营着自己的财产，在对待自己的理财过程中，也要学会自担风险，要在保证自己的风险承担范围内进行投资。这才是安全的做法。

以一个简单的例子来说，自从"9·11"事件发生之后，通用再保险就变得异常忙碌起来，它承接了全部自留在公司账上的保单，这主要包括：南美洲炼油厂损失超过10亿美元以上的5.78亿美元意外险；数家国际航空公司10亿美元恐怖分子攻击事件不得撤销第三责任险；北海原油平台5亿英镑恐怖分子攻击及恶意破坏的产物意外险以及超过6亿英镑以上业者自留或再保险损失；芝加哥西尔斯大楼恐怖分子攻击事件超过5亿美元以上的损失等。然而，作为预防措施，通用再保险也不再接下位于同一个大都会的办公及住宅大楼大量的意外险。通用再保险的问题并没有成为伯克希尔的大危机，根本原因就是伯克希尔一直在账面上保持着大量现金，所以只是损失了一点钱却没有伤筋动骨。如果依赖负债或担保等方式经营，伯克希尔这次则很可能就全军覆没了。

投资者建立家庭财务模型时亦要参考巴菲特的上述做法，投资股票的钱一定要是"闲钱"，不等着用，不要考虑让别人为你的风险埋单，那会是一个很危险的做法，更不用说借债投资甚至是短贷长投的做法了。

第二节　巴菲特提醒你的投资误区

警惕投资多元化陷阱

对于普通投资者而言，经常出现与巴菲特截然相反的景象：用区区数十万甚至数万元的资金，却分散到了十几二十家公司的股票，此外这些公司种类特别多，从高速公路

到白酒，从房地产到化工……但是，真正了解这些公司的投资者又有几个呢？投资者很容易陷入多元化的陷阱，没能分散掉风险，反而造成了资金的损失。

1998年巴菲特在佛罗里达大学商学院演讲时说："假如你认为值得去拥有部分美国股票，那就去买指数基金。那是你应该作出的选择，假如你想着对企业作出评估。一旦你决定进入对企业作评估的领域，就做好要花时间、花精力把事情做好的准备。我认为不管从什么角度来说，投资多元化都是犯了大错。

假如做到真正懂生意，你懂的生意可能不会超过6个。假如你真的懂6个生意，那就是你所需要的所有多元化，我保证你会因此而赚大钱。如果，你决定把钱放在第7个生意上，而不是去投资最好的生意，那肯定是个错误的决定。因为第7个好的生意而赚钱的概率是很小的，但是因为最棒的生意而发财的概率却很大。我认为，对任何一个拥有常规资金量的人而言，如果他们真的懂得所投的生意，6个已经绰绰有余了。"

巴菲特素来都是反对"分散投资"的，他所推崇的投资理念就是："把鸡蛋放在一个篮子里，并看好这个篮子。"纵然，巴菲特的"篮子"十分的庞大，已经不可能用个位数的股票数去装满他的篮子，但是他始终坚持长期持有，甚至宣称在他一生都不会卖出4家股票，当然后来他卖出了一家。

在1965年，巴菲特35岁的时候，收购了伯克希尔—哈撒韦的濒临破产的纺织企业，但是到了1994年底该公司已经发展成拥有230亿美元资产的投资王国，该公司由一家纺纱厂变成了巴菲特庞大的金融集团，发展到今天它继续成长为资产高达1350亿美元的"巨无霸"。从最后的分析来看，伯克希尔—哈撒韦公司的股票市值在30年间上涨了2000倍，而标准普尔500指数内的股票平均仅上涨了约50倍。

巴菲特为什么投资业绩这么突出，一个重要原因就是他从来不分散投资，根本不会随便乱七八糟地买一堆质地平平的股票。他只集中投资于少数好公司的股票。此外，巴菲特还把自己的投资精力用在作出少数重大投资决策上。

巴菲特说："在与商学院的学生交谈时，我总是说，当他们离开学校后可以做一张印有20个洞的卡片。每次做一项投资决策时，就在上面打一个洞。那些打洞较少的人将会更加富有。原因在于，如果你为大的想法而节省的话，你将永远不会打完所有20个洞。"

大多数人的公司价值分析能力很可能没有巴菲特那样杰出，所以我们集中投资组合中的股票数目不妨稍多一些，但10~20只股票也足够了。一定要记住巴菲特的忠告：越集中投资，业绩越好；越分散投资，业绩越差。

研究股票而不是主力动向

对于投资者而言，只要能够坚持自己的投资理念，由主力机构造成的市场波动，反而能够使真正的投资人获得更好的机会去贯彻实施他们明智的投资行动。投资者只要在股市波动的情况下，不要因为财务或者心理的作用下在不恰当的时机卖出，投资者的重点应当放在股票身上，而不是判断主力机构有没有进入该股票、接下来是不是会拉升该股票。

1987年巴菲特在致股东的信里写道："1987年的美国股市表现是相当令人满意的，可是到最后股指仍然没有上升多少，道琼斯工业指数在一年内上涨了2.3%。回顾这一年的情况来看，股票的指数就像过山车一样，在10月份之前是一路窜高的，之后就突然收敛下来。"

巴菲特分析这种情况说：市场之所以这么动荡，原因就在于市场上存在一些所谓的专业主力机构，他们掌握着数以万计的资金，然而这些主力机构的主要精力并不是去研究上市公司的下一步发展状况，而是把主要的精力用在研究同行下一步如何操作的动向上。

巴菲特说，有这么多的闲散资金掌握在主力机构的手中，股票市场不动荡是不可能的事，因此散户投资者常常抱怨说，自己一点机会都没有，因为市场完全由这些机构控制了，研究他们才是研究了市场的动向。但是巴菲特认为这种观点是相当错误的，因为不管你有多少资金，在股市面前都是平等的，反而在市场越是波动的情况下，对于理性投资者来说就越是有利的，用巴菲特老朋友许洛斯的操作情况为例来说：早在50多年前，当时有一个圣路易斯家属希望巴菲特为他们推荐几位既诚实又能干的投资经理人，当时巴菲特给他们推荐的唯一人选就是许洛斯。

许洛斯没有接受过大学商学院的教育，甚至从来没有读过相关专业，但是从1956年到2006年间他却一直掌管着一个十分成功的投资合伙企业。他的投资原则就是一定要让投资合伙人赚到钱，否则自己不向他们收取一分钱。那么看一下许洛斯到底是怎么操作股票的呢？

许洛斯一直都不曾聘请秘书、会计或其他人员，他的仅有的一个员工就是他的儿子爱德文，一位大学艺术硕士。许洛斯和儿子从来不相信内幕消息，甚至连公开消息也很少关心，他完全采用在与本杰明·格雷厄姆共事时的一些统计方法，归纳起来就是简简单单的一句话："努力买便宜的股票。"因为按照他们的投资原则，现代投资组合理论、技术分析、总体经济学派及其他复杂的运算方法，这一切都是多余的。然而值得注意的是，在许洛斯长达47年的投资生涯中，他所选中的大多数都是冷门的股票，但是这些股票的业绩表现却大大超过了同期标准普尔500指数。

"价值投资"的误区

价值投资知易行难，并非只是找到优秀企业难，做到长期持有难，更难的是对于企业价值及价值变动方向、变动速度、幅度等相对确定性评估与价格关系、股市自身规律等基础上建立的投资决策体系。对于投资者而言，你如果能清晰地知道你为何买、为何卖、为何持有、为何换股，背后都有足够清晰的理由，每一次操作都知道你将赚的是什么钱，那么你已经入了价值投资的门。

巴菲特在1985年致股东的信里写道："1985年在出售证券收益时金额达到4.88亿美元，这其中的大部分都源于我们出售通用食品的股票，从1980年开始我们就开始持有这些股票，我们买进这些股票是以远低于合理的每股企业价值的价格购买的，经过年复一年后，该公司的管理层大大提升了该公司的价值，一直到去年的秋天，当该公司提出购并的要求后，其整体的价值在一夕之间显现出来了。"

巴菲特解释价值的增长也是需要一个过程的，出售股票就像大学生的毕业典礼一样，经过4年所学的只是在一朝被正式的认可，但是实际上当天你可能还没有一点长进。巴菲特经常将一只股票持有长达10年之久，在这期间其价值在稳定增长，但是其全部的账面利益却都反应在出售的那一年。所以按照价值投资进行选择的时候并不是一朝一夕能够分辨的出的。

1999年巴菲特拒绝投资市盈率过高的高科技股票，结果导致了他10年来最大的投资失误，其投资基金回报率远远低于股市指数的年平均增幅。什么时候该做趋势的朋友？什么时候该与大众为"敌"？这的确是个难题。我们经常看到媒体寻找价值被"严重低估"的股票，关于"低估"的标准，已经不再是"价格低于每股净资产"了。一个人必须对关于成长股价值的计算持怀疑的态度，而不可以完全相信。

投资者要避免步入价值投资的几大误区：

（1）价值投资就是长期持有。长期持有，其本身不是目的，长期持有是为了等待低估的价格回归价值，是为了等待企业价值成长，从而带动价格的上涨，这才是本。但如果股票价格当前就已远高于企业价值，即使是对于价值仍能不断成长的企业，继续持有也失去了意义，因为即使未来数年内企业通过成长，价值能达到或超越现在的价格，也无非是通过时间让价值去追赶上价格，而价格继续上涨已无任何确定性。相反，大多数的情形是股价会以大幅下跌的形式来直接找价值，因为股票出现严重高估往往是市场疯狂的牛市末期，市场的长期有效性就会发生作用，通过市场的自身调节来实现价值的回归，同时调节又往往是矫枉过正的，使市场进入低估的另一个市场无效状态。

（2）把买入优秀企业等同于价值投资，这是严重的本末倒置。企业价值成长是为了带动价格的成长，但如果价格已经透支了多年企业的成长，那么价值成长也很难为价格继续上涨创造正作用了；而优秀企业又仅是企业价值成长的一个保障而已，优秀企业也会有成长期和成熟期，不够优秀的企业也并非不能高速成长。

因此，买入优秀企业可能是价值投资，买入成长的不够优秀的企业也可能是价值投资，买入低估的不成长企业同样可能是价值投资。持有企业是价值投资，卖出企业也是价值投资。买入同一个企业也有的是价值投资，有的不是价值投资，即使同时同价买入，又同时同价卖出的也有的是价值投资，有的不是，关键是买卖的动机和理由是什么。价值投资的本质在于你每次操作的理由是否基于企业价值、价格、确定性及安全边际的关系，而非操作本身。

炒股切忌心浮气躁

平常心是战胜心浮气躁以及其他一切的法宝，没有平常心去体悟生活中的一切，即便再成功、再伟大，但最后可能因为自己的贪婪而失败了。平常心就是指对一切都放下，无论发生什么都想得开。因为市场中没有什么是不可能发生的，而一切的发生又都是无序的，无常的。因此急不可耐地想要在市场中实现某个目标，是非常危险而又不切实际的想法。

1998年巴菲特在福罗里达大学商学院演讲时说："我们是从来不去借钱的，即使有保险作为担保。即使在只有1美元的时候，我也不去借钱。借钱能够带来什么不同吗？我只需要凭借我自己的力量，也能够其乐无穷。1万美元、100万美元、1000万美元对于我来说都是一样的。当然，当我遇到类似紧急医疗事件的情况下会有些差别。"

说这话的时候，也许巴菲特正在羡慕着台下的那群大学生的青春。巴菲特对钱的态度决定了他的投资风格和结果。巴菲特这种平和的想法，正是成就了他的成功，可以试想一下，如果雷曼兄弟的高管不是那么疯狂地赌博，他们原本也是可以在华尔街上风光无限，但是结果他们却成为了那么不体面的乞丐。

有人说，一个人做事情要想成功，一定要果断；有人说，一个人做事情要想成功，缺少耐性是不行的；又有人说，要想成大功立大业，没有机会是不行的。虽然这些话用在平时的生活中非常启发人，但如果把这些观点移用到股市里，却不一定正确。固然炒股赚钱与否是由很多因素造成的，但最重要的不是这些因素，而是一个人的心态。能不能在股市中赚到钱改善自己的生活，是每一位散户投资者最关心的问题。但往往抱有此想法的人因为心浮气躁，最后成为离梦想最遥远的人，相反，有着一颗平常心的投资者则"无心插柳柳成阴"。

心浮气躁的投资者总是迫不及待地进场交易，既追高，又杀跌，最终在牛市中只是捡了芝麻，丢了西瓜，甚至可能落得个低吸高抛的下场。

股市的涨跌都非常正常，因为有涨才会有跌，而因为有跌才会有涨，如果你是一个以平常心对待股市的人，那么，股市的涨跌对你而言就是非常无常的，而投资者就一定会轻松视之，并不会因股市的波动起伏而心惊胆战。但如果你是一个本来就喜欢或者本来就不平静的人，那股市的涨跌对你而言一定会非同小可。因为你会密切注意到你的资金是否也随着股市的涨跌而增减，由于你过分专注你的个人资产的变化，你的心态一定就是不稳定的，而你一旦如此，你对股市行情的涨跌就会特别在意，并认为股市只有上涨你的心才是平静的，但遗憾的是，股市至今还在涨，可是，你会认为股市涨得太多了，而原本就"不平常的心"就更加不平常了，甚至你的心出现了"恐慌"或"恐高"，结果就在你把原本不应该抛的股票全部抛了，并自认为股市一定会大跌，股市不会以一去不回头的气势而不断再创新高。

大牛市里每天都有人预言股市要大跌，甚至有些人说，多少天多少天内股市必然狂跌，结果他们看到的是行情不断上涨，并且每天都在创新高，而自己由于过于担心股市下跌早早就抛掉手中的股票。造成这样的结果没有别的因素，更不是因为股市的上涨看跌，而是完全在于自己的心浮气躁。这样投资股票，你有多少钱都会输。所以，应该也只应该这样理解股市：股市与世间的一切都是一样的，也都是无常，因为无常就是会出现不断的变化，加之股市本身就是风险的、投机的市场，所以，更要以平常心来对待，只有真正以平常心对待股市，你才不会因为行情的变化而忐忑不安，也不会因为股市的涨跌而担心资金是否出现盈亏，更不会看到股市的不断上涨而感到害怕。因为，你已经把一切置之度外，平淡视之。炒股最忌心浮气躁，赚钱兴高采烈而亏钱痛苦不堪，因为这些都反映出你是一个不懂控制自己的人，而这样的人又怎么能炒好股票呢？

没有完美制度

投资者们在投资的过程中，通常都会把"制度"看得重于一切。尤其是从现代企业制度理论诞生以来更是如此。但是需要提醒投资者的是，好的管理制度纵然很重要，但是再好的制度都有漏洞，完美的制度是不存在的。

2002年巴菲特在致股东的信里说："在1993年的年报中，我曾经说过董事的另外一项职责：'如果能干的经营阶层过于贪心，他们总是会不时地想要从股东的口袋里捞钱，这就需要董事会适时地出手进行制止并给予相应的警告。'然而可惜的是，自从那以后，尽管经理人掏空口袋的行为司空见惯，但却没有看到谁出面进行制止。

"为什么一向英明并且睿智的董事们会如此惨败呢？其实实质的问题并不在于法律的层面，本来董事会就应该以捍卫股东利益为自己的最高职责，我认为真正的症结在于所谓的'董事会习性'。以一个例子来进行说明，通常情况下，在充满和谐气氛的董事会议上，讨论是否应该撤换CEO这类严肃的话题几乎是不可能的事。同样的道理，董事也不可能笨到会去质疑已经由CEO大力背书的购并案，尤其是当列席的内部幕僚与外部顾问皆一致地支持他英明的决策时，他们若不支持的话，可能早就被赶出去了，最后当薪资报酬委员会（通常布满了支领高薪的顾问）报告将给予CEO大量的认股权时，任何提出保留意见的董事，通常会被视为像是在宴会上打嗝一样失礼。"

对于普通的职业经理人来说不一定会做出利于股东的事，它们往往更多地考虑自己的职位。

巴菲特是在分析"安然事件"以及跟它一起灭亡的安达信会计师事务所的问题时指出以上问题的。在十几年前，安达信事务所出具的意见可以说是业界的金字招牌，在事务所内部，由一群精英组成的专业准则小组（PSG），不管面对来自客户多少的压力，仍坚持财务报表必须诚实编制。为了坚持这项原则，专业准则小组在1992年坚持期权本来就应该列为费用的立场。然而不久之后，专业准则小组在另一群安达信的合伙人的推动下，对此立场做了180度的转变。他们相当清楚，如果这些高额期权成本如实反映在公司账上的话，就很可能被取消，而这些企业的CEO就会拂袖而去。

买贵也是一种买错

对于投资人来说，如果买入一家优秀公司的股票时支付过高的价格，将会对这家绩优企业未来10年所创造的价值产生抵消的效果。投资者应该记住巴菲特投资术中的这个重要的精髓，这比选择一个好公司还重要。

1982年巴菲特在致股东信里写道："在1982年几件大型购并案发生时，我们的反应不是忌妒，相反我们很庆幸我们并不在其中。因为在这些购并案中，在管理当局的冲动下，追逐的刺激过程使得追求者变得盲目，布莱士·帕斯卡（法国著名的数学家、哲学家）的观察非常恰当：它使我想到所有的不幸皆归咎于大家无法安静地待在一个房间内。

"你们的董事长去年也曾数度离开那个房间，且差点成为那场闹剧的主角，现在回想起来，去年我们最大的成就是试图大幅购买那些我们先前已投入许多的公司的股份，但由于某些无法控制的因素却无法执行；假如我们真的成功了，这宗交易必定会耗尽我们所有的时间与精力，但却不一定能够获得回报。如果我们将去年的报告做成图表介绍本公司的发展，你将会发现有两页空白的跨页插图用来描述这宗告吹的交易。

"我们对股票的投资，只有在我们能够以合理的价格买到够吸引人的企业时才可以，同时也需要温和的股票市场配合。对投资人来说，买进的价格太高就会将这家绩优企业未来10年亮丽的发展所带来的效应抵消掉。"

巴菲特经常会在相当长的一段时期内，在股票的市场内保持沉默，尤其是在别人狂欢的时候，巴菲特往往都会被新锐们嘲笑无能、落伍，而这也正是在日后被称道、被崇拜的"股神"时刻。

比如巴菲特出手认购了通用电气30亿美元的优先股，对此巴菲特表示"通用电气公司是美国面向世界的标志性企业。数十年来，他一直是通用电气公司及其领导人的朋友和赞赏者"。但是在这漂亮言论的背后，更为真实的事实是：即使巴菲特赞赏通用电气数十年了，却只是在等待次贷危机发生时，通用电气的股票大幅缩水后才毅然决定出手。回首过去10年通用电气的股价，在2000年科网泡沫中一度高见60.5美元，而这一波牛市中也一度高见42.15美元，但是巴菲特却选择在通用电气迄今几近腰斩，徘徊在20美元接近10年来低位时才出手，显然其有足够的耐心等待好的公司出现好的价格。

回首巴菲特的投资历程，类似这样等待好公司出现好价格的例子可谓是数不胜数。此前提到的富国银行无疑是一个绝佳的范例。

富国银行可以称得上是上一次美国楼市危机S&L危机的受害者。对于一家成立于1852年的老牌银行来说，在20世纪90年代初股价一度曾高达86美元，但在S&L危机中，投资者担心银行会收到房贷市场的拖累而持不信任态度，尤其是担心作为所有加州银行中房地产贷款最多的银行，富国银行能否承受得起巨大的房地产贷款坏账损失。结果，富国银行的股价短期内暴跌，4个月时间里便重挫至41.3美元，而有先见之名的巴菲特早就看好富国银行，并出手以57.89美元的均价买入了大量富国银行的股票，并在此后逐步追加。

没有制定适当的投资策略

巴菲特说："最终，我们的经济命运将取决于我们所拥有的公司的经济命运，无论我们的所有权是部分的还是全部的。"巴菲特说，用简单的一句话来概括就是："以大大低于内在价值的价格，集中投资于优秀企业的股票并长期持有。"

1987年巴菲特在致股东的信里写道："市场有很多所谓的专业投资人士，掌管着大量的资金，就是这些人造成了市场的震荡。他们无视企业的发展方向，反而更注重研究基金经理人的动向。对于他们而言，股票是赌博交易的筹码，类似于大富翁手里的棋子一样。

他们的这种做法已经发挥到了极致，即便形成了投资组合保险，这是1986~1987年已经广为基金经理人所接受的策略。这种策略像投机者的停损单一样，一旦投资组合或是类似与指数期货价格下跌就必须对所持股份进行处分，这种策略势必在股市下跌到一定程度的时候涌出一大堆的卖单。据研究报告显示：有高达600~900亿美元的股票投资在1987年10月中面临一触即发的险境。"

有些投资理论非常的奇怪，但很盛行。1987年的"黑色星期一"股灾，就是在巴菲特抨击的这种在计算机模型的主导下酝酿成灾的。很多投资者在进行股票投资时，没有一个适当的投资策略，也没有一个明确的目标和方向。在目标策略都无法确定的情况下，投资者的投资肯定是中、长、短线不分。由于操作策略不清，这就容易造成许多错误的判断和决定。

长期投资有长期的策略和方法，短期炒作则有其短线的思路和操盘手法，而最常见的错误就是长期的投资计划被短期的震荡所吓跑，原本计划赚50%以上才出局，却经不起5%~10%的小小震荡而匆忙平仓。而原打算短线投机，本来每股只想赚1元钱，却因被套而被迫长期投资，甚至每股深套10元以上，致使手中赚钱的强势股早已抛弃，而手中却全是深套的弱势股。显然，这是风险止损意识和投资报酬观念全无的表现。长此以往，输的几率肯定大于赢的几率。

在中国目前经济条件下，长线投资理念在股市中运用没有错，然而，长线投资也是有条件的，长线投资的时机通常应该选择在一个大的底部区域，并选择成长性良好或有潜在题材的股票，如此才可以放心地做长线投资。例如，1996年1~3月份选择四川长虹作长线投资，当时其股价仅为8元左右，到1997年5月份该股高达66元，大大地超过了同期指数的上涨幅度，从而形成头部，并一路下跌。如1997年5月份买进四川长虹作长线投资，则明显犯了投资错误。

对于投资者而言，选择短线炒作策略的投资者适合挑选近期的强势股，即针对大盘下跌过程中，成交量较大、换手率较高，并且逆势抗跌、不跌反涨的强势股逢低买进，且应快进快出。买进后，有钱赚要走，没钱赚也要止损，是短线的炒作方法。而选择长线操作宜挑选人见人弃、大家都说不行的弱势股，特别是在经过数月甚至数年下跌的长期价格偏低的弱势股逢低买进，且买进后有小钱赚不要轻易出局，稍微吃点套也不要急着割肉，直到涨到很高的同时受到众多投资者注意，且市场媒体对其一片叫好声不断时，则可以进行长线出局了，这就是长线的投资方法。另外，有些投资者也会犯一些不自觉的错误。做长线投资却在使用短线的技术指标，而短线投机反而只看长线技术指标，这就是策略没有正确制定的结果。

钱少就不做长期投资

正确的投资模式永远是正确的，也许你并不是腰缠万贯的投资者，而是像我们一样，都是普通人。钱少，并不是做短线投资的理由。记住一句话："莫以善小而不为。"

1977年巴菲特在致股东信里写道："大家不需要太认真，因为对于我们持股比重较大的投资，通常情况下需要持有一段时间，所以我们投资的结果依靠的是这些被投资公司在这段期间的经营表现，而不是在特定时期的股票价格，正如我们已经买下了一家公司却只是去关心他短期的经营业绩是一件很傻的事，同样的情况，如果购买公司的部分股票，拥有公司的部分所有权，只是去关心短期盈余或者是盈余短暂的变动也是不应该的一件事。"

　　巴菲特比较赞同"莫以善小而不为"。很多投资者以钱少为理由，不停地做短线投资。他们认为，长期投资是大资金才能做的事情，对于小资金来说，只能靠短期的投机来获取投资回报，而投机注定是要亏损的，所以小资金一定是要亏损的。但要是按照这样的话，我们就没必要进入股票市场。事实上，长期投资与资金总量没有任何关系，你的每1个1元钱，都可以进行长期投资。投机或长期投资，从结果上来看，是这样一个关系。投机是有可能在短期内产生暴利的，但在较长时间来看，大部分投机者是一定会跑输市场的。

　　20世纪70年代，那时候巴菲特的资金持有量还比较小，因此股价波动对伯克希尔净值的影响是很大的，但是巴菲特那时候对长期盈余的价值比较关注。在1977年，伯克希尔保险事业投入的资金成本已经从1.346亿美元增长到2.528亿美元，因为投资增加的净收益也从1975年的税前840万美元增长到了1977年1230万美元。1977年年底未实现的资本利得大约7400万美元，1974年伯克希尔刚成立10年的时候，账面上有1700万美元未实现的损失。

　　让我们先来看一个以少的资金长线投资的故事：投资者张某，在1993年买入了1000股万科A，成本在2万元左右。2007年7月，当年买入的万科市值现在是36万元，回报是18倍。证券公司的工作人员说，如果每次万科A的配股和权证都要的话，回报可以达到72倍，也就是接近150万元。为什么没要呢？因为张某当年买入后，就放在那里不管了。即使如此，14年获得18倍的投资回报，年均23%的收益率可以让绝大部分基金经理汗颜。由于张某投资的时间长，所以即使投入的资金很少，他获得的收益也相当可观。

避免陷入长期持股的盲区

　　巴菲特以长期投资而闻名，但他真正长期投资的只是那些创造价值的能力能够长期保持超越产业平均水平的优秀企业。如果这些企业的盈利能力短期发生暂时性变化，并不影响其长期盈利能力，那么，巴菲特将继续长期持有。但如果盈利能力发生根本性变化，他会毫不迟疑地将其卖出。

　　巴菲特支付的手段主要是靠投资，因此并不总是长期持股。他鼓励长期投资，前提是这些企业值得长期投资。他完全不会接受投资风险，只有在确认没有任何风险的前提下才会出手。他认为如果一项投资有风险的话，你要求再高的回报率也是没用的，因为那个风险并不会因此而减低。他只寻找风险几近至零的行业和公司。他在给股东的年度报告中明确说："我不会拿你们所拥有和所需要的资金，冒险去追求你们所没有和不需要的金钱。"

　　有些投资者在被套牢后，索性长期持股，做长期投资，这样做其实是误解了巴菲特的投资理念。因为没有投资这个前提，盲目地长期持股损失可能会更为惨痛。

　　巴菲特鼓励投资人买入股票后长期持有，是在他倡导的两个前提下进行的。

　　其一，所投资的公司必须是优秀公司。全世界各地的基金经理随时都持有近百种（亚洲）、甚至是上千种（美国）股票。显然，这些公司并非全都是优秀公司。这种广泛撒网式的投资法不是成功投资家的投资理念。

而是只有在优秀公司继续保持优秀状况时，我们才可以继续持有它们。这说明了持股不应是永远的，我们要一直不停地观察市场。

其二，就算是一家公司的基本优势还存在着，但如果我们发现还有一家竞争者也同样拥有这个优势，但股价只是它的一半时，则可以卖掉前者而买入后者。巴菲特于1997年卖出大部分麦当劳股票，买入另一家快餐业公司的例子就是明证。虽然巴菲特说这是两个不相干的买卖，他仍然觉得麦当劳是一家很优秀的公司，价格正确时可以买入，但也显示出巴菲特交换行业股的存在。

巴菲特也曾经说，如果我发现可口可乐在白水饮料方面还未有积极发展，因此会写一封信给可口可乐公司总部，希望能做出这种改革。如果这个建议在未来几年内未被接受，而世界人口又渐渐喝矿泉水而不再喝可乐的时候，即使有百年历史的可口可乐股票也应该卖出。

一些投资者认为，巴菲特持有的股票就是值得投资的股票。其实并非如此，伯克希尔作为企业法人税率很高，相当于个人投资者所得税率的两倍多，因此巴菲特所持股票无论价格多高，只要不卖，他就可以避免缴纳高额税金，这对于他和他的公司来说风险相当低。也就是说，与个人投资者相比，如果巴菲特没有在一个高价位卖出股票的话，他放弃的仅仅是65%的差价利润，而个人投资者则放弃了85%的差价利润。因此，如果巴菲特卖出了哪只股票，就表明他对这个公司前景看淡而不得不出手了。然而，通常投资者想要摸清他的投资轨迹并非易事。因此，与其机械地模仿，不如先学习他的思维方法，这样也许更能把握住巴菲特投资理念的精髓。

拒绝旅鼠般地盲目投资

只有独立思考，才能发现市场的错误，避免盲从于市场的错误，进而利用市场的错误，在市场恐慌性抛售时，发现巨大的安全边际，从而既能保证安全，又有机会大赚一笔。如巴菲特所说："关键在于利用市场，而不在于被市场利用。"

巴菲特在别人恐惧的时候贪婪，在别人贪婪时恐惧，而我们大部分人则相反：在别人恐惧时更恐惧，在别人贪婪时更贪婪。要找到股价被严重低估、有足够安全边际的股票，只有清醒的头脑是不行的，还得有巨大的勇气，敢于与众不同，众人皆醉我独醒。因为，人本身是群居性动物，在生活和工作上总是喜欢和群体保持一致。但在投资中，站在大多数人一边，不一定是对的，有时是完全错误的。巴菲特警告：在股市上，如果投资者以旅鼠般的热情跟着市场走，他们最终也会有旅鼠一般的悲惨命运。

旅鼠是一种小型动物，生长在苔原地区，以群体游向大海的举动而闻名世界。在正常时期，春天是旅鼠迁移的季节，它们四处移动，寻找食物和新的住所。然后每隔三四年，就会有奇怪的事情发生。

由于繁殖率高而死亡率低，旅鼠的数量与日俱增。当发展到一定程度，旅鼠开始时是在夜里有些不寻常的举动。不久，他们就开始在白天出来行动了。一旦遇到障碍，它们就愈聚愈多，直到惊慌失措的反映迫使它们强行越过障碍。当这样的行为增强后，旅鼠们便开始向一些它们平时敬而远之的动物挑战，并向大海迁移。虽然有许多旅鼠在半途中饿死，或被其他动物吃掉，但大多数旅鼠还是能够到达海边。他们争先恐后地往大海里游去，直到力竭淹死为止。

股价的大幅度波动，与投资人旅鼠般的盲目行动有直接关系。大多数基金经理没有积极开动脑筋，而是像个傻瓜一样进行决策，他们个人得失心态太明显。如果一个非传统的决策效果不错，他们会被上司拍拍肩膀；但如果这个决策表现很差，他们会跌得很惨。因此，对他们来说，常规的失败是最好的选择。旅鼠的群体形象不佳，但没有任何一对旅鼠受过巨大的压力。

令巴菲特感到非常疑惑的是，有那么多受过良好教育、经验丰富的职业投资家在华尔街工作，但证券市场上却并没有因此而形成更多的逻辑和理智的力量。实际上，机构投资者持有的股票价格波动往往最剧烈。企业经理不能决定股价，他们只能希望通过公布公司的咨询来鼓励投资者理智地行动。巴菲特注意到股价的剧烈波动与机构投资者类似于旅鼠的行为关系更大，而不是与他们持有的公司的业绩有关。巴菲特长期购买及持有的战略与当今机构投资者的目的和看法背道而驰。每当华尔街稍有风吹草动时，机构投资者会迅速调整他们的投资组合。他们的行为主要基于保护他们以免跟不上市场形势，而不是对公司良好内在价值的真正认知。

当你要保证你的投资绝对安全的时候，请一定要牢记巴菲特所说的旅鼠的故事。想一下，你是不是盲从于市场，你是不是买入了一只股价过高的股票，而这只股票的股价根本不具有足够的"安全边际"，追逐这样一个热门股会不会让你面临一个悲惨的命运。要避免的唯一方法是严格遵循巴菲特的"安全边际"原则，在什么时候都要保持安全第一，在买入股票的时候，一定要坚持股价上有充分的"安全边际"，这样你才能保证自己的投资绝对安全。

慎对权威和内部消息

股票市场涨涨跌跌的过程，也是权威和内部消息转变为共同认识的过程，在这个过程中对普通投资人而言，不存在绝对确定的东西。如果你不能获得翔实的内幕的话，就不要去追求内幕信息，不要去寻找你根本掌握不了的确定性。

巴菲特说："投资经纪人会告诉你在未来两个月内如何通过股指期货、期权、股票来赚钱完全是一种不可能的幻想。如果能够实现的话，他们也根本不会告诉投资人，他们自己早就赚饱了。"

与其向那些只关注股市行情而不重视调查研究的经纪人或投资专家寻找投资建议，不如从自己的生活中寻找那些优秀公司的股票。

在股市里，每天都有许多权威人士作不同的分析和预测。有不少投资者总爱看股评，可又不敢相信股评，而实际上还是受到股评的影响。事实上，在股票交易中，巴菲特认为，专家的意见很重要，因为专家经过较长时间研究各家上市公司的财务结构、上游材料供应、下游产品经销、同行竞争能力、世界经济景气影响、国内经济发展情况以及未来各行业发展潜力，在这个基础上作出的分析，往往是比较正确的。根据他们的建议选择投资对象和投资时机，犯错误的机会要小得多。但是对于专家的意见，巴菲特认为投资者还是应该表现出一定的鉴别意识和批判精神。

在铺天盖地的股评中，股评家还常说股市或某只股票有上涨的动力、下跌的压力等，很多投资者信以为真。巴菲特说："我从来没有见过能够预测市场走势的人。"他建议投资人不要相信所谓的专家、股评家。

有时，我们在电视上看到这样的解说："受美联储升息的传言影响，华尔街股市大幅下挫。"以此类推，诸如此类的传言和消息常常影响股市的走势，甚至可能改变股市的走势，使牛市变成熊市。反之亦然，因受某种消息刺激，熊市也可以变成牛市。市场自有其运行的规律，但市场常常显得很脆弱，一个突如其来的消息或是内幕甚或是毫无根据的传言也可以使得它上下震荡。因为股市上很多靠消息投机的投资人，他们的心理其实很脆弱，风声鹤唳，草木皆兵，担心一有风吹草动，将使自己血本无归。

所以相信传言和所谓的内幕消息，都可导致股市的不理性和动荡。这又在某种程度上似乎印证了消息的可靠性和传言的真实性，这是错误的看法。

从长远来看，所谓的消息和传言不能左右股市的运行规律，股市的运行根本上受公司经营业绩的影响，也就是说，企业的经营业绩左右着股市的运行规律。

投资者要把握股市的运行规律就得排除所谓传言和内幕消息的影响，立足于公司的经营业绩和获利能力。市场无论怎么运行，总会有正确反映公司经营业绩的时候，所以立足于公司的内在价值，选择合适的买入价位，然后等待股价上扬，而不在乎股市的短期涨跌，更不要听信所谓的传言和内幕消息。巴菲特常不无自豪地说："就算美联储主席偷偷地告诉我未来两年的货币政策，我也不会改变我的任何一个作为。"这种独立判断而不受消息左右的理性行为在股市上难能可贵，是投资制胜的重要条件。

总之，投资者在投资中应完全纠正相信权威和内部消息的依赖思想。应在自己进行独立分析研究的基础上，与股评观点进行切磋，提高自己的分析能力。请记住林奇的忠告：作为一个投资者，你的优势不在于从华尔街专家那里获取一些所谓的投资建议，而是你已经拥有的一些生活常识。当你投资你所熟悉的公司或行业的时候，利用你的优势，你的投资能够比那些专家更加出色。

对于金钱要有储蓄意识

如果我们能够了解消费的真实成本，我们就比较容易做到理性消费，就能够积累更多的资金，成为和巴菲特一样的储蓄者。

1989年巴菲特在致股东的信里写道："去年夏天我们把3年前价值85万美元的公司专机卖掉，另外又用670万美元买入了一架二手的飞机。大家如果能够想到我先前提到过的细胞复制的数字游戏就会感到非常的惊讶了，假如我们公司的净值以持续相同的速度保持增长的话，然而换飞机的成本也以100%的速度上升，大家就会发现，伯克希尔庞大的净值就会被这架飞机给吃光。"

巴菲特认为，正确认识消费成本是非常重要的。只有正确认识自己的消费成本，投资者才能够成为像巴菲特那样的储蓄者而不是消费者。

巴菲特认为，投资者要意识到，金钱的价值并不仅仅是它本身的价值，我们要认识到金钱的潜在价值。巴菲特生活非常节俭，在巴菲特看来，哪怕多花费1美元，都将给他的长期收益带来巨大的损失。在股市上每失误一次也将会给他的长期收益带来巨大损失。同样的，在价格过高的股票上每投资1美元，也将降低他的收益率，侵蚀他的长期资产的价值。

如何来理解金钱的潜在价值呢？我们可以举个例子。假设你希望购买一辆车，有两种选择：5万美元的宝马汽车或者2.5万美元的丰田汽车。宝马汽车当然能够让车主享受到更高的地位和驾驶乐趣，而丰田或许能够提供更高的实用性和更少的耗油量。你会选择哪一个呢？投资者可能会觉得，不就是相差2.5万美元嘛，也没什么大不了的，很好选择。

但巴菲特认为，2.5万美元的丰田与5万美元的宝马之间的差别不仅仅是2.5万美元，而且还在于它们的机会成本。如果你选择了宝马，你将支付5万美元，比选择丰田多支付了2.5万美元。如果你将这2.5万美元以15%的年收益率进行投资，那么30年后这2.5万美元将会变成165万美元。如果年收益率能够达到20%，那么30年后这2.5万美元就变成了593万美元。如此来看，你是不是就会觉得宝马车比丰田车贵太多了。事实就是这样，消费并不仅仅只是损失了当前的资金，而且还损失了用这些钱进行投资的机会成本。假设年收益率为15%，每次你去电影院花60元看一场电影，意味着你在30年期间内放弃了3972元净资产。

正因为消费成本如此之高，巴菲特平时生活特别简朴。他非常关注家庭消费中有没有浪费，尽管他的钱已经多到可以购买任何他想要的东西，但巴菲特依然觉得，很多产品的价格如果按照复利计息来算，购买成本将会变得非常高，长期下来将会损失很多资金。例如1969年关闭合伙投资基金时，巴菲特当时的资本是2500万美元。如果当时他不是把全部资金进行再投资，而是在奥马哈买一座价值5万美元的房子并花1万美元装修，那么30年间他将会损失将近50亿美元的资产，所以巴菲特还是喜欢简单的生活。他那辆林肯房车当时购买时仅花了1.2万美元，已经开了几十年。

当然，这并不意味着我们要放弃自己的兴趣爱好，变成一个守财奴。我们要消费，但是我们也要对消费的真实成本有足够认识。如果我们能够像巴菲特那样用复合的年收益率来计算消费的成本，我们就会减少一些不必要的开支，变成一个净储蓄者而不是净消费者。

避免陷入分析的沼泽

像巴菲特学习，就是要合理利用已有的数据，提取对我们有用的信息，而不是完全依赖数据来决定我们的投资。

1993年巴菲特在哥伦比亚商学院发表演讲时说道："同理，假定你生活在一个父权结构极为严密的社会，而美国每一个家庭都恰好以父亲马首是瞻。20天之后，你将发现215位赢家是来自于21.5个家庭。若干天真的分析师可能因此认为，成功地猜测钢板投掷的结果，其中具有高度的遗传因素。当然，这实际上不具有任何意义，因为你所拥有的不是215位个别赢家，而只是21.5个随机分布的家庭。"

巴菲特认为，认真分析企业的相关数据对于投资者来说非常重要，但有时也要避免陷入分析的沼泽。

数据在人类的生活中扮演着很重要的角色。缺少了这种数学上精确的数据，我们的生活将会变得比较模糊。如果我们不先用天气模型去分析以前的天气变化数据，我们就无法预测未来天气的变化；如果我们不按照可乐的配方来配制可乐，我们就配不出好喝的可乐；如果我们不制定射击比赛的规则，我们就无法确定谁才是冠军。

巴菲特认为，股票投资从本质上来说，就是一个冒险的游戏。一个投资者想要降低投资的风险，就需要数据的帮助。伯恩斯坦曾经说过："在没有机会和可能性的前提下，应对风险的唯一办法就是求助于上帝和运气。没有数据的支持，冒险完全就是一种莽夫的行为。"

如果没有数据，我们根本无法了解公司的经营状况，我们的投资行为就像掷色子一样充满了随机性。但是我们都不会这么盲目投资的。我们通常都会根据公司提供的数据，了解一下公司的经营业绩，估计一下公司的内在价值，和股票的价格对比一下，计算可能获得的收益，然后综合考虑这些分析出来的数据再进行投资。经过数据分析的好处就是尽可能多地减去了那些不确定因素。例如，通过对某一份材料的数据进行分析，我们发现每当利率下调0.1%，某一公司的销售额就会增长3%，那么我们就得到了一些对投资有利的信息。有了这些信息，我们就比那些缺少这份材料的人更有机会寻找到好的投资机会和预测未来收益。

数据分析是有一定作用的，但是很多人太过沉迷于分析的沼泽。我们经常会看到有些人研究某只股票在过去5年或10年内的价格走势，仔细分析它在成交量上的细微变化和每日的变化，试图从股票的价格变化中推断出股票的价格模型，预测自己的股票收益。

但巴菲特认为，数据分析并不是万能的。它可以替我们排除一些不确定因素，但它却不能为我们总结出股票投资的模型。目前市场上有很多设计出的选股方法，但大多难以付诸实施，被证明是无用的。巴菲特很早就意识到了材料的有限性，于是他根本不看那些股票分析师做出的各种选股资料，也不在电脑里安装股票终端每日查看股票价格，更不愿浪费时间分析股票的价格走势。也许正是由于他没有使用过任何统计数据分析包软件，也不分析股票的价格走势，他的运作才更加成功。

巴菲特前25年所犯下的错误

巴菲特曾经失败过几次，而且无疑将来还会有失败。投资成功并不是绝无错误的同义词。相反，成功来自做对的事情比做错的事情多。采用巴菲特的投资方法并无不妥。这种方法的成功在于尽可能少做错事——这种事情非常多而且复杂（预测市场、经济以及股价），并尽可能把事情做对——这种事情非常少而且简单（为公司确定价值，并以低于公司内在价值的价格购买）。

巴菲特在1989年的信里写道："前25年犯下的第一个错误，就是买下了伯克希尔纺织的控制权，即使清楚地知道纺织这个产业前景并不光明，却因为受到价格及其便宜的引诱而购买。这种投资方法在早期投资中获利颇丰，但在1965年投资伯克希尔后，我就开始发现这并不是个理想的投资模式。

"我的个人经验就是：用合理的价格买下一家好公司比用便宜的价格买下一家普通的公司要强得多。查理·芒格很早就明白这个道理，然而我的反应则比较慢，但是现在当我们在进行投资时，我们不只是选择出最好的公司，与此同时这些公司还需要有好的经理人。

"我曾经说过，当一个绩效卓著的经理人遇到一家恶名昭彰的企业，通常会是后者占上风。但愿我再也没有那么多精力来创造新的例子，我以前的行为就像是梅·惠斯特曾说的：'曾经我是个白雪公主，不过如今我已不再清白。'"

巴菲特上面这段话，总结了他投资前25年的经验。他也犯了不少的错误，比如受到股票价格低廉的诱惑，而忽略了这个公司的资质。当然，如果你把巴菲特认为是"西方不败"的话，你肯定会失望了。实际上，"股神"之所以伟大是因为他能从自己的每一次错误中获得力量，同时不会被一次偶然的成功冲昏头脑。

巴菲特的六大错误投资是：

第一，投资不具长期持久竞争优势的企业。1965年他买下柏克夏海瑟威纺织公司，然而因为来自海外竞争的压力巨大，他于20年后关闭纺织工厂。

第二，投资不景气的产业。巴菲特1989年以35800万美元投资美国航空公司优先股，然而随着航空业景气一路下滑，他的投资也告大减。他为此投资懊恼不已。有一次有人问他对发明飞机的怀特兄弟的看法，他回答应该有人把他们打下来。

第三，以股票代替现金进行投资。1993年巴菲特以42000万美元买下制鞋公司Dexter，不过他是以柏克夏海瑟威公司的股票来代替现金，而随着该公司股价上涨，如今他购买这家制鞋公司的股票价值20亿美元。

第四，太快卖出。1964年巴菲特以1300万美元买下当时陷入丑闻的美国运通5%股权，后来以2000万美元卖出，若他肯坚持到今天，他的美国运通股票价值高达20亿美元。

第五，虽然看到投资价值，却是没有行动。巴菲特承认他虽然看好零售业前景，但是却没有加码投资沃尔玛。他此一错误使得柏克夏海瑟威公司的股东平均一年损失80亿美元。

第六，现金太多。巴菲特的错误都是来自有太多现金。而要克服此问题，巴菲特认为必须耐心等待绝佳的投资机会。

巴菲特曾经经营水牛城日报、美国运通（多元化的全球旅游、财务及网络服务公司）、盖可保险等公司时，他都能成功地"扭亏为盈"，这在普通的投资者看来是一件很了不起的事，然而巴菲特却说，以后不会再去冒险做这种挑战了。

所以，对于普通投资者而言，你需要了解的是：时间是好公司的朋友，然而却是烂公司最大的敌人。以合理的价格买下一家好公司比用便宜的价格买下一家普通的公司要好得多。此外，俗语说得好："好马还要搭配好骑师才能有好成绩。"再好的公司如果遇到一个糟糕的经理人你也不会体会到好公司的好处。在选择公司的时候我们专挑那种一尺的低栏，并且要尽量避免碰到七尺的跳高。

第八章 巴菲特的投资实录

第一节 可口可乐公司

投资13亿美元，盈利70亿美元

可口可乐公司是巴菲特最成功的投资，比他自己想象的还要成功。他于1988~1989年间分批买入可口可乐公司股票2335万股，投资10.23亿美元。1994年继续增持，总投资达到12.99亿美元。2003年年底，巴菲特持有可口可乐公司的股票市值为101.50亿美元，15年间增长了681%。

巴菲特在伯克希尔公司1991年的年报中高兴地说："三年前当我们大笔买入可口可乐股票的时候，伯克希尔公司的净值大约是34亿美元，但是，现在光是我们持有可口可乐公司的股票市值就超过了这个数字。"

可口可乐公司之所以能给巴菲特带来如此大的利润，是由以下几方面的因素决定的。

1.业务简单易懂

可口可乐公司业务非常简单易懂。公司买入原料，制成浓缩液，再销售给装瓶商。由装瓶商把浓缩液与其他成分调配在一起，再将最终制成的可口可乐饮料卖给零售商，包括超市、便利店、自动售货机、酒吧等。

可口可乐公司的名声不仅来自于它的著名产品，还来自于它无与匹敌的全球销售系统。目前70%的销售额和80%的利润来自于国际市场，而且国际市场的增长潜力仍然很大。美国人均可乐年消费量为395瓶，而全球范围内人均可乐消费只有64瓶。这一巨大的差距代表着可口可乐公司在全球饮料市场继续增长的巨大潜力。

2.著名的品牌优势

在全球最著名的5种碳酸饮料中，公司独揽4种品牌：可口可乐、雪碧、芬达、Tab。

其中，可口可乐已经成为全球最被广泛认同、最受尊重的著名品牌。

巴菲特称可口可乐为世界上最有价值的品牌。据评估，可口可乐品牌价值400多亿美元。

可口可乐公司1995年年度报告中宣称："如果我们的公司被彻底摧毁，我们马上就可以凭借我们品牌的力量贷款重建整个公司。"

3.持续竞争优势

可口可乐占了全球软饮料行业一半以上的市场份额。如今可口可乐公司每天向全世界60亿人口出售10亿多罐的可口可乐。

可口可乐软饮料是世界上规模最大的产业之一。软饮料产业发展的巨大前景为可口可乐的高速增长提供了坚实的基础。产业的特点是：大规模生产、高边际利润、高现金流、低资本要求以及高回报率。

4.出众的利润创造能力

1980年，可口可乐公司的税前利润率不足12%，而且这一比率已连续下降了5年，远低于公司1973年18%的水平。格伊祖塔上任的第一年，税前利润率就上升到13.7%。1988年，巴菲特买进可口可乐公司股票时，公司的税前利润率已上升到创纪录的19%。

5.超级内在价值

1988年巴菲特首次买入可口可乐股票时，公司股票的市盈率为15倍，股价与每股现金流比率为12倍，分别比市场平均水平高出30%和50%。巴菲特以5倍于股票账面价值的价格买入。

6.优秀的企业管理者

可口可乐公司的管理者罗伯特·戈耶兹亚塔是个非常难得的天才，将市场销售与公司财务两方面的高超技巧整合在一起，不但使公司产品销售增长最大化，而且也使这种增长带给股东的回报最大化。一般来说，一家消费品公司的CEO，由于个人的倾向或经验所致，往往会在经营管理中过于强调市场或财务中的一方面，忽略了另外一方面。但是，罗伯特·戈耶兹亚塔却能够将两者调和到极致的境界。

在罗伯特·戈耶兹亚塔领导下，可口可乐公司的净收益从1979年的3.91亿美元增长到7.86亿美元，比奥斯汀时期增长了1倍。股权投资收益率从1979年的214%提高到271%。

独一无二的饮料配方

1886年，美国佐治亚州亚特兰大市，一家药店的药剂师约翰·史蒂斯·潘伯顿用古柯叶、可乐果、蔗糖等原料，在自家后院的铜罐里配制出一种咖啡色药水。这种药水味道可口，类似糖浆，喝后有健脑提神的作用。药店的记账员弗兰克·鲁滨孙把这种饮料中的两种成分古柯叶和可乐果组合成了"可口可乐"这个名字。后来在药店使用的商业名片上用手写体设计出流畅优雅的商标，凡是拿到名片的人都可以免费得到一杯可乐，人们开始了解可口可乐。潘伯顿当时绝对没有想到，自己的发明后来居然成为全世界风靡的软饮料。

1891年潘伯顿去世，一位名叫阿萨·坎德勒的药品批发商，以2300美元的低价，买下了可口可乐的配方专利权和所有权，并于次年成立了可口可乐公司。精通营销之道的坎德勒深知广告宣传对产品的促销作用，为此他尝试在各种媒体上做广告。除了报纸杂志、户外广告以外，还通过一些辅助材料如菜单、书签、日历、扑克牌等宣传可口可乐。到1895年，可口可乐已经全国皆知，在美国几乎每一个州都有出售。后来，坎德勒创建了可口可乐的独立装瓶体制，即与装瓶公司签订协议，特许该公司购买可口可乐原液，并生产、装瓶和销售可口可乐饮料。

自从1886年创制出可口可乐配方以来，可口可乐公司在过去120多年里一直对这支营销全球的汽水秘方保密。直到最近几年面临食品安全问题时，可口可乐公司才改变策略，稍微揭开一点神秘面纱，强调饮料配方中没有添加防腐剂，也没有人造味道。原来，可口可乐的配方124年来都没有改变过。法国一家报纸曾打趣道，世界上有三个秘密是为世人所不知的，那就是巴西球星罗纳尔多的体重、英国女王的财富和可口可乐的秘方。

在与合作伙伴的贸易中，可口可乐公司只向合作伙伴提供半成品，获得其生产许可的厂家只能得到将浓缩的原浆配成可口可乐成品的技术和方法，并不能得到原浆的配方。

可口可乐公司的历任领导人都把保护秘方作为首要任务。大约在1923年，可口可乐公司向公众播放了将配方的手书藏在银行保险库中的过程，并表明，如果谁要查询这一秘方必须先提出申请，经由信托公司董事会批准，才能在有相关人员在场的前提下，在指定的时间内打开。而如果你要证实可口可乐公司的其他保密资料，则就变得简单很多。

可口可乐的主要配料是公开的，包括糖、碳酸水、焦糖、磷酸、咖啡因、古柯叶等，但核心技术 "7X" 却从未公开，虽然它只占所有配方的1%。"可口可乐" 的竞争对手数次高薪聘请高级化验师对 "7X" 配方进行破译，但总以失败告终。虽然科研人员通过化验得知可口可乐的最基本配料是水，再加上少量的蔗糖、二氧化碳等，但其他公司按此配制出来的饮料口味却大相径庭。

"7X" 商品的配方由三种关键成分组成，这三种成分分别由公司的3个高级职员掌握，三人的身份被绝对保密。而且，他们只知道自己的配方是什么，三人不允许乘坐同一交通工具外出，以防止发生事故导致秘方失传。而且据传现在全世界只有两个人知道可口可乐糖浆的完整配方，可口可乐公司规定这两个人不能同时外出旅行，如果其中一人死了，另一人就要去找一个 "徒弟"，把配方的秘密传授给他。

由此人们才知道，可口可乐中的极少量 "神秘物质"，才使得可口可乐维系了一个多世纪的荣光，而作为每年销售几百亿箱的全球碳酸饮料龙头，可口可乐的配方早已成为美国大众消费文化的代表。

1916年坎德勒用设计独特、曲线优美的筒裙状瓶子替换了可口可乐原有的直筒瓶子，这种独特的瓶形设计后来也成为可口可乐品牌的独特标志之一。

120年的成长历程

可口可乐是世界上最大的软饮料生产和经销商。公司的软饮料早在1886年就已经问世，迄今畅销120年，遍布全球190多个国家和地区。

可口可乐公司的名声不仅来自于它的著名产品，还来自于它无可匹敌的全球销售系统。可口可乐公司在美国以外的国际市场上的销售额和利润分别占其销售总额的67%和利润总额的81%。可口可乐公司拥有可口可乐企业（美国最大的装瓶商）44%的股份以及可口可乐阿玛提公司52%的股份——该公司是澳大利亚的一家装瓶商，业务遍及澳大利亚、新西兰和东欧。可口可乐公司还持有墨西哥、南美、东南亚、中国大陆、中国香港特别行政区和中国台湾地区等地装瓶公司的股份。1992年，可口可乐公司销售了100多亿箱的饮料。

巴菲特对可口可乐公司非常熟悉，他与可口可乐公司的关系可以追溯到他的童年时代。巴菲特在20世纪80年代买入可口可乐公司之前，已经关注了它52年，才等到可口可乐公司价格下跌形成足够的安全边际，他终于抓住了这绝好的投资机遇。巴菲特1989年大笔买入可口可乐股票后，在当年的年报中兴致勃勃地回顾了自己52年来持续长期关注可口可乐公司的过程：

"我记得大概是在1935年或1936年第一次喝了可口可乐。不过可以确定的是，我从1936年开始以25美分6瓶的价格从巴菲特父子杂货店成批购买可口可乐，然后再以每瓶5美分零卖给周围的邻居们。在我跑来跑去进行这种高利润零售业务的过程中，很自然地就观察到可口可乐对消费者非同寻常的吸引力及其中蕴藏的巨大商机。在随后的52年里，当可口可乐席卷全世界的同时，我也继续观察到可口可乐的这些非凡之处……直到1988年夏天，我的大脑才和我的眼睛建立了联系。一时之间，我对可口可乐的感觉变得既清楚又非常着迷。"

在1989年大规模投资之前，巴菲特认真研究了可口可乐公司100多年的经营历史。

1886年5月8日，约翰·潘伯顿用一只三脚铜壶第一次调制出可口可乐糖浆。潘伯顿第一年就卖出了25加仑，第一年的总销售额为50美元，总成本是73.96美元。1887年，他将发明的"可口可乐糖浆浓缩液"申请了专利。

潘伯顿听从了他的记账员弗兰克·罗宾孙的建议，用"可口可乐"来为他发明的产品命名。在广告中，可口可乐名字用流畅的斯宾塞字体书写，其中两个"C"看起来十分美观。经过100多年，可口可乐的这一标识如今为全世界所熟知，可口可乐饮料已经成为美国人乃至全世界人们生活中不可缺少的一部分。

1891年，亚特兰大商人阿萨·坎德勒用2300美元买下可口可乐公司的经营权。巴菲特在1997年伯克希尔公司股东年会上说："坎德勒基本上只用了2000美元就买下了可口可乐公司，这可能是历史上最精明的一桩买卖。"坎德勒在给可口可乐配制糖浆时，在饮用水里加入了一些自然原料，这就是众所周知的可口可乐"商品7X"配方——这是世界上最令人嫉妒的商业秘密，也是被最严密保护的饮料配方。

1892年可口可乐公司在亚特兰大召开了第一届股东年会，有4位股东出席。当时的年销售额为49676.30美元，资产负债表上的资产额为74898.12美元。经过几年的努力，坎德勒杰出的经商才能使得可口可乐在全美各州的销售量迅速增长。

1894年密西西比州维克斯伯格的一家糖果商人约瑟夫·比登哈恩从亚特兰大用船来运输糖浆，成为第一个生产瓶装可口可乐的商人。

1899年，经过5年多的发展，大规模瓶装生产日益成熟。田纳西州沙塔诺加的约瑟夫·怀特海德和本杰明·托马斯获得了在美国大部分地区销售瓶装可口可乐的特许经营权。

这个合同开启了可口可乐公司独立开创瓶装生产系统的先河，这一系统一直是公司软饮料运作系统的基础。可口可乐将用于软饮料生产的糖浆和浓缩液运送到世界各地的瓶装可乐销售商手中，然后进行灌装后，在销售商所在的地区配送和销售。

1919年，以欧尼斯特·伍德洛夫为首的投资者们用2500万美元买下了这家公司。到1923年，他的儿子罗伯特·伍德洛夫成为这家公司的总裁。罗伯特·伍德洛夫决心让全球各地都有可口可乐，带领公司开展了一系列的展览宣传和促销活动。他60多年的卓越领导使可口可乐公司逐步发展成为全球最强大的软饮料企业。

可口可乐公司通过向外扩张，在加拿大、古巴设立分支机构，于19世纪90年代就迈出了国际化的步伐。在20世纪20年代，可口可乐公司开始向欧洲进军，1928年它首次进入中国。1928年可口可乐公司成为奥林匹克运动会赞助商。当时在一架运送参加奥林匹克运动会的美国代表队到阿姆斯特丹的美国运输机上同时装着1000箱可口可乐饮料。

在1941年，由于美国介入第二次世界大战，伍德洛夫命令："无论是谁，无论花公司多少钱，每个士兵只要花5美分就可以买一瓶可口可乐。"第二次世界大战期间，公司说服美国政府在海外建立了95个灌装厂，名义上是为了提高士气而实际是专门为了扩大市场。马克·彭德格拉丝特在1993年8月15日的《纽约时报》上发表了一篇题为"为了上帝、国家和可口可乐"的文章：一个成功的企业需要一群忠实的消费者。一位士兵在给家里的信中写道："在两栖登陆中最重要的问题是在第一次或第二次潮汛来临时，岸上是否会有可口可乐售卖机。"第二次世界大战结束后，尽管美国军队撤离了，但可口可乐却继续受到当地人的喜爱，成为第一批畅销海外的美国产品之一。在此基础上，可口可乐公司迅速在全球建立了规模庞大的生产销售系统，形成了公司在软饮料业内的巨无霸地位。

可口可乐公司向全球近200个国家约1000家加盟者提供其糖浆和浓缩液。尽管在这200个国家里同时销售其他230多种品牌的饮料，但在大多数国家中，几乎没有什么饮料品牌能够与可口可乐相竞争。世界上一半的碳酸饮料都是由可口可乐公司销售的，这一销量是它的劲敌百事可乐公司的3倍。全世界成千上万的人一天就要喝掉10亿罐的可口可乐，这相当于全球饮料市场日消费量的2%。

在1997年可口可乐公司的年度报告中，可口可乐公司前主席道格拉斯·伊维斯特写道："可口可乐公司的创业者们决不会想到会有今天的成绩，当你读到这份报告的时候，可口可乐公司已经取得了一个里程碑式的发展：公司的可口可乐产品以及其他产品每天的销售已逾10亿罐。第一个价值10亿美元的可口可乐饮料，我们花了22年的时间才卖出，如今，我们1天就能卖出10亿罐饮料。"

一个多世纪以来，世界范围内可口可乐员工们将1盎司的可口可乐糖浆兑入6.5盎司的碳化水，没有哪种产品有这样普及。

巴菲特告诉《福布斯》杂志说，他购买可口可乐的一个主要原因就是，在这个大众口味日趋相同的世界里，可口可乐的股票价格并没有反映出可口可乐国际市场销售额中的增长。

巴菲特买入可口可乐股票后感叹道："当时我看到的是：很明白……世界上最流行的产品为自己建立了一座新的丰碑，它在海外的销量爆炸式地迅速膨胀。"

载入吉尼斯纪录的超级销量

1988年巴菲特开始买入可口可乐公司股票，在此之前可口可乐的经营情况如何呢？

可口可乐公司1987年的年报对前11年的经营情况做了一个很好的回顾，以下我们在扣除非经常性项目损益与所得税调整的影响后加以分析。营业收入每年增长10.6%，10年里增长了2.75倍，营业利润增长了2.58倍。

1981年罗伯托·郭思达上任后公司产品盈利能力大幅度增长，1982~1997年5年间营业利润每年增长12%。

1976~1980年可口可乐公司税前利润率连续下降了5年，1980年可口可乐公司的税前利润率不足12%，远远低于公司1973年18%的水平。1981年罗伯托·郭思达上任的第一年，税前利润率就上升到13.7%。1988年，巴菲特买进可口可乐公司股票时，公司的税前利润率已上升到创纪录的19%。

可口可乐公司每年9亿美元的净利润无疑会吸引新的竞争对手进入软饮料产业，但可口可乐取得如此业绩依靠的是每天高达10亿罐的销售量。公司尽可能降低成本，以低价格保证巨大的销售量，每罐只有半美分的利润，这形成了阻挡其他竞争者的巨大壁垒。

罗伯托·郭思达的目标是到2000年可口可乐公司的销售额要翻一番。罗伯托·郭思达在《可口可乐面向2000年的企业制度：我们90年代的使命》一书中指出：可口可乐公司是唯一具有能给全世界任何地方带来新鲜活力和能量的企业。通过提高公司在东欧、俄罗斯、印度尼西亚、印度、非洲和中国的销量，销售额翻一番的目标完全可以实现。尽管这些国家的人均消费量可能永远赶不上美国（年人均消费296瓶8盎司装可口可乐），但只要销量在这些发展中的国家和地区略有增长，就可以获得可观的利润。目前，世界上有一半人人均可口可乐年消费量不到2瓶，仅在中国、印度尼西亚、印度的机会就足以使可口可乐公司积累进入21世纪的财富。

无法撼动的知名品牌

全世界每一秒钟约有10450人正在享用可口可乐公司所生产的饮料。

在巴西，西姆斯集团装瓶厂为将可口可乐运到偏远地区的销售点，需要用小船，沿亚马孙河流域航行30天才能到达。

日本拥有最多的自动售卖软饮料机，全国共有200万部，其中超过1/3带有可口可乐商标。日本最畅销的非碳酸饮料乔治亚咖啡，就是可口可乐公司的产品。

在哥斯达黎加的阿蜜，一个大市场和一个公共汽车站都是以"可口可乐"命名，该处是原来的可口可乐装瓶厂所在地。如果你坐计程车，告诉司机你要去"可口可乐"，那么司机很可能送你到市场，而非真正的可口可乐装瓶厂。

可口可乐湾在洪都拉斯的科尔特斯港。40多年前以可口可乐为这个海滩命名，因为这个海滩就在一家可口可乐装瓶厂前面。那间可口可乐装瓶厂现今已不复存在，但名字却留给了海滩。

巴西马卡帕装瓶厂位处赤道，因此我们可以在街的一边即南半球买一瓶可口可乐，然后立即到街的另一端即北半球再买一瓶可口可乐。

如果将至今所有出厂的可口可乐，以8盎司可口可乐曲线瓶，将其首尾相连地排列，沿着地球周围的卫星轨道环绕，所形成的距离将花费一个卫星11年10个月又14天内的时间绕行4334圈。

如果可以制造一个大的足以装下所有曾经生产过的可口可乐的超级大瓶子，则这个瓶子的瓶高将会有3.2公里，宽达2.4公里。若有与这个瓶子成同等比例的人，这人将会是一个身高超过27.2公里，体重达到3亿2千万吨的巨人。

如果将曾经出厂的可口可乐以8盎司弧形瓶送给全世界所有的人，则每人将可获得678个瓶子（或42加仑以上）。如果将所有曾经生产的可口可乐，以8盎司曲线瓶装首尾相连排列，它们将会从月球来回1057次。若以每天来回一趟计算，则须花费2年10个月又23天的时间。

如果将所有曾经生产的可口可乐以8盎司曲线瓶头尾相连排列，它们将会从水星通过金星、地球、火星，一直到木星。

如果将曾经生产的所有可口可乐倒进一个平均深度为1.8公尺的游泳池，则这个超级大游泳池的长为35.2公里，宽为12.8公里。这个游泳池将可同时容纳54800万人。

领导可口可乐占领世界的天才经理人

现在世界上有多少人手里拿着可口可乐在畅饮，恐怕是无法数清的。可口可乐这个典型的美国饮料，已成为了美国著名品牌、世界著名品牌，并成为美国文化的象征。

可口可乐总裁甚至多次说过："即使我的工厂被大火毁灭，即使遭遇世界金融风暴，但只要给我留下可口可乐的配方，我还能东山再起，还能重新开始。"的确如此，今天我们之所以能够喝到这样美味可口的饮料，必须感谢一个人———阿萨·坎德勒。

1851年12月30日，阿萨出生在美国佐治亚州一个富裕的家庭里。1870年，他先是在小镇卡特斯维尔的小药店当学徒，两年之后，学徒生涯使他明确了自己要做一个药剂师的愿望。于是在1873年，学徒期满的他踏上了去亚特兰大的路程，当时，阿萨的口袋里仅有1.75美元。一直到晚上9点钟，他来到了桃树街的"大众药房"，药房老板接待了这个看上去疲惫不堪的小伙子，勉强同意留下他试用。

1888年，少时受过伤的阿萨被头痛折磨得很是苦恼，朋友就建议他试试可口可乐。阿萨照办了，头痛果然减轻。后来，他不断饮用可口可乐，偏头痛竟逐渐好转，这使得身为药剂师的阿萨对可口可乐大感兴趣。经过调查，他发现潘伯顿并不善于经营，于是他决定入股。阿萨入股可口可乐之后，觉得潘伯顿和参与生产、销售可口可乐原浆的人都没有做好工作，他不想只接管一项管理不善的事业。要么不干，要么完全控制！1888年8月30日，阿萨·坎德勒付出了最后一笔款子———1000美元，最终拥有了可口可乐的全部股权。

1891年秋季，阿萨把他的可口可乐公司搬到亚特兰大迪凯特街42号的楼上。在推销可口可乐的过程中，他很快意识到，如果只把这种饮料定位于"药用饮料"，它的产品消费者就会局限于"病人群体"，而如果改变促销宣传内容，将其定位于大众化的软饮料，人人都能喝，何愁打不开销路？从此，可口可乐便从一种药用饮料变为人们所熟悉的"清香提神"饮料。

阿萨的促销广告宣传摇身一变，由"神奇健脑液"变成了后来人们熟悉的"清香提神"软饮料的广告词。汽水店、冷饮店是当时城市人最爱光顾的主要场所。夏季生意相当红火，但进入秋冬季节，生意便一落千丈，甚至关门歇业。阿萨看准这个潜力巨大的市场，亲自上门促销，鼓动店主们摆卖可口可乐。

1899年，两名青年律师托马斯和怀特黑德主动恳请与可口可乐公司合作，采用瓶装技术扩大可口可乐饮料的销售。阿萨当即对他们表示："我对这种瓶装业务几乎没有什么信心。"同时，他又表示，如果他们能够作出合格、安全的玻璃瓶，他还是愿意提供充足的原浆及饮料。两位律师使出浑身解数，终于说服阿萨跟他们签订了一份合同：托马斯和怀特黑德自筹资金建立瓶装厂，并保证只灌装可口可乐饮料。作为回报，阿萨则让他俩独享瓶装可口可乐专营权和商标权，并提供充足的饮料。

第二年起，专门灌装可口可乐饮料的瓶装厂陆续在全美各地建成投产。阿萨经营的可口可乐通过瓶装技术，源源不断地销售到美国城乡各地。

阿萨有一句座右铭："今天损失的可口可乐，明天再也补不回来。"从细微处着手，认认真真地做着每一笔生意，并力图把生意做好，这使得许多客户从他那里得到了足够的自尊，感受到了阿萨的自信。因此，所有的客户都乐于和阿萨做生意，也相信阿萨的可口可乐原浆的产品质量。于是，阿萨的客户越来越多，生意也越做越大。

20世纪80年代可口可乐公司在罗伯托·郭思达领导下又发生了巨大变化。

自1962年起一直担任公司总裁的保罗·奥斯汀，1971年被任命为董事长，他开始大规模进行多元化经营，如投资于众多与可乐无关的项目，包括水净化、白酒、养虾、塑料、农场等。事实上20世纪70年代可口可乐公司的股东权益投资收益率仅为可怜的1%。保罗·奥斯汀偏离饮料主业进行多元化的行为加重了可口可乐公司70年代的不景气。同时他刚愎自用，令人难以接近，公司董事会财务委员会主席、91岁的元老小罗伯特·伍德拉夫在民怨沸腾的情形下，要求奥斯汀辞职，并起用罗伯托·郭思达。

20世纪70代末80年代初，在美国南部，观众打开电视时，突然看到了一个很有意思的广告。这则广告是百事可乐新推出的，广告的内容是：给顾客倒两杯可乐，不告诉顾客杯子里盛的是什么可乐，然后让顾客根据口感来判断，谁的口味更好。结果80%的顾客选出来的口味更好的可乐，最后一查全都是百事可乐。

百事可乐广告一经播出很轰动，因为在参加这些测试的顾客中，很多人都是可口可乐的拥趸。但是在这次盲测中，他们觉得百事可乐口感更好，这连他们自己都觉得很不可思议。

百事可乐很快把它推向全国。一瞬间社会舆论一片大哗。百事可乐在美国饮料市场的份额突然从6%猛升至14%，距离可口可乐只有一个百分点。

初上任的郭思达无法忍受这样的情况继续下去，他必须要做出某种改变。要改的就是90多年来一直都没有变过的可口可乐配方。

1985年，可口可乐放弃了已使用100多年的老配方，推出了新的可乐配方。这一惊人的失误付出了惊人的代价。在无数可口可乐忠诚消费者的压力下，老配方不得不又恢复了。

20世纪80年代中期，可口可乐的经营策略发生了改变。郭思达渐渐放弃了与可乐无关的业务。

他最大的功劳是推动可口可乐的全球化高速增长。可口可乐开始加强在巴西、埃及、中国、印度尼西亚、比利时、荷兰和美国的灌装生产。这种策略重心的转变在可口可乐1986年度的报告中明确体现，其封面是三瓶可乐放在世界之巅，里面则表达了公司对未来的热切期望：潜力是无穷的。到处都有人安装可口可乐系统……全世界都有可口可乐，到处都能买，到处都能卖。

报告中的数字表示罗伯托·郭思达的全球化经营策略获得了丰厚的回报。从1984~1987年，即巴菲特投资前，可口可乐在全世界的销量增加了34%，每加仑边际利润也从22%上升到27%，国外的总利润从6.66亿美元涨到了11.10亿美元。

从1886年可口可乐诞生到今天，可口可乐已经走过了123年的历史。可口可乐的历史本身就是近现代企业发展史的浓缩版本。这一百多年来，可口可乐经历了十余任CEO。然而最伟大的CEO，总是出现在最危难的时刻，阿萨坎德、郭思达……他们把危机转成时机，让这种棕色汽水红遍全世界。

1美元留存收益创造9.51美元市值

可口可乐公司在郭思达领导下的财务业绩比奥斯汀时代翻了2~3倍，这导致公司股票市值以更快的速度增长。

1974~1980年的奥斯汀时代，公司市值从31亿美元增长到41亿美元，年均增长率只有5.6%，大大低于标准普尔500指数的平均增长速度。在这6年中，公司每1美元留存收益仅产生1.02美元的市场价值。

郭思达上任后，1980~1987年，可口可乐公司股票市值年均增长19.3%，尽管1987年10月美国股市发生了灾难性崩溃，公司每1美元留存收益产生了4.66美元的回报。

1987~1992年，可口可乐公司股票的市场价值从141亿美元升至541亿美元。在此期间公司盈利71亿美元，其中分红28亿美元，其余42亿美元作为留存收益用于再投资。公司每1美元留存收益创造了9.51美元的市值增长。巴菲特1988~1989年投在可口可乐公司的10.23亿美元到1992年已升值到39.11亿美元。

巴菲特在1992年伯克希尔公司股东年会上说："重要的是，你是否适合经商。"他说的一个最经典的例子，就是你本来可以在1919年用每股40美元的价格买下可口可乐公司的股份，巴菲特说，"一年后的股票价格是19.50美元，由于糖价上涨，你亏损了一半的钱。如果你当初把所有股息再投资的话，今天你的40美元就会变成180万美元（在1998年又变成了500多万美元），这其中经历了经济萧条和战争，还有什么能比投资于一个优秀的企业所带来的回报更高的呢？"

高成长性下的高安全边际

1988年6月，可口可乐公司股票市价约为40美元，巴菲特1988~1989年间分批买入的2335万股，平均买入价格为每股43.81美元左右，总的成本为10.23亿美元。1992年可口可乐股票拆细后为9340万股。1994年略有增持达到1亿股，总的买入成本达到12.99亿美元。

1988年巴菲特首次买入可口可乐股票时，公司股票的市盈率为15倍，股价与每股现金流比率为12倍，分别比市场平均水平高出30%和50%。巴菲特以5倍于股票账面价值的价格买入。

1988年可口可乐公司的股东收益为8.28亿美元，美国30年国债的到期收益率为9%左右。如果用9%去贴现，那么可口可乐公司的内在价值为92亿美元。但巴菲特购买可口可乐公司股票时，它的市场价值已经达到148亿美元，这说明巴菲特对可口可乐公司的出价可能过高。

根据我们前面的计算其价值区间为207~408亿美元。即使按估值区间下限计算，巴菲特买入价格的安全边际也有28.5%。

应该说巴菲特看好的是可口可乐公司非凡的前景，巴菲特买入可口可乐公司股票的最大安全边际来自于未被市场充分认识到的高成长性。

巴菲特以巨资买入可口可乐后，在1988年伯克希尔年报中解释道：

"1988年我们大笔买进联邦家庭贷款抵押公司与可口可乐，我们准备长期持有。事实上当我们持有杰出经理人管理的优秀企业的股票时，我们最喜欢的持有期限是永远。许多投资人在公司表现良好时急着想要卖出股票以兑现盈利，却紧紧抱着那些业绩令人失望的公司股票不放手，我们的做法与他们恰恰相反。彼得·林奇曾恰如其分地形容这种行为是'铲除鲜花却浇灌野草'……我们继续将投资集中在很少几家我们能够完全了解的公司上。只有很少的公司是我们非常确信值得长期投资的公司，因此当我们发现找到这样的公司时，我们就想持有相当大的份额。我们同意马克·韦斯特的观点，好东西当然是多多益善。95.11超级投资回报：持有17年盈利70亿美元，增值5.4倍。"

1989年底，可口可乐股票在伯克希尔公司的普通股投资组合中占35%，这是一个非常高的比重。

至2003年年底巴菲特持有可口可乐的股份毫无变化，只是拆细为2亿股，总买入成本仍为12.99亿美元，巴菲特长期持有可口可乐股票至今已有15年，并且他声称要永远持有下去。

1995年5月1日在伯克希尔公司股东大会上，巴菲特说："我们喜欢相对投资规模而言，有较大的业绩持续增长的可能性并且能够产生高额投资回报的公司股票。例如，上一次我们买入了可口可乐公司股票，当时市盈率约为23倍。根据我们的买入价格以及公司现在的收益情况，将来能够获得大约5倍的投资回报。"

可口可乐是巴菲特投资规模最大，也是利润最多、最成功的投资。2003年年底巴菲特持有可口可乐的股票市值为101.50亿美元，15年间投资增值681%，大大高于巴菲特预计的5倍，总共投资盈利88.51亿美元，占巴菲特所有股票投资盈利300亿美元的1/4以上。

2004年底巴菲特持有可口可乐的股票市值下降为83.28亿美元，15年间投资增值541%，仍高于巴菲特预计的5倍，总共投资盈利70亿美元。巴菲特仍然坚持永远持有可口可乐股票，他坚信可口可乐未来肯定能够持续增长，为他带来稳定的高回报。

第二节　政府雇员保险公司

盈利23亿美元，20年投资增值50倍

政府雇员保险公司吸引人的地方，很可能是他们在利润方面所具有的优势。巴菲特一直持有GEICO股票，并在1996年全部收购GEICO股份。从1976年开始买入到1996年全部收购，巴菲特持有GEICO公司股票长达20年。

1980年底，GEICO股票在伯克希尔公司的普通股投资组合中占20%，这是当时比重最高的一只股票，比第二名华盛顿邮报高近10%。1985年该公司股票占巴菲特投资组合的49%。20年间巴菲特持股毫无变化，持股成本为4571.3万美元。

巴菲特曾经这样感叹："ＧＥＩＣＯ是我投资生涯的初恋。"事实上，他与政府雇员保险公司的关系史至今长达５９年，1951年的时候，巴菲特就曾拜访过政府雇员保险公司。

1996年，政府雇员保险公司面临破产，尽管当时公司市值大幅下跌到仅有７００万美元，但巴菲特认为伯克希尔公司值得支付２３亿美元买下ＧＥＩＣＯ其余４９％的股权。

GEICO是巴菲特最成功的投资之一，在全部收购股份的前一年即1995年，巴菲特用4500多万美元的投资赚了23亿美元，20年间投资增值50倍，平均每年为他赚取1.1亿美元。

美国第四大汽车保险公司

GEICO是美国第四大汽车保险商，主要为政府雇员、军人等谨慎的客户提供汽车、住房、财产、意外伤害保险服务。

政府雇员保险公司创建于1936年，创建人雷奥·古德温是圣·安托尼奥保险公司的保险会计师。古德温的想法是组建一家专门为风险较高的汽车驾驶员提供保险的保险公司，并且直接通过邮寄而不是通过保险代理商来出售保险。因为古德温发现，尽管汽车事故比较频繁，但政府雇员作为一个整体，驾驶汽车出事的概率要比其他人低得多。他还了解到，采用把保险单直接邮寄给驾驶员的方式，可以省掉与保险代理商有关的费用，而这种费用常常花掉保险费的10%~25%。古德温设想，如果以谨慎驾车的人为保险服务对象，并且把直接邮寄保险单节省的代理费用也算在内，就找到了一条保险经营成功之路。

1936年，古德温在沃思堡注册了GEICO，把汽车保单直接邮寄给政府官员及军人们，渐渐地，GEICO将其业务扩展到全国范围内，承保险种包括汽车险和房屋险。

古德温说服支持他想法的沃思堡银行家克莱弗·李尔共同合伙，李尔投资75000美元拥有75%的股份，古德温投资25000美元拥有25%的股份。

1937年，公司从得克萨斯州迁移到政府官员密集的华盛顿特区。公司承保方面的损失逐年下降，1940年开始扭亏为盈，承保业务实现了5000美元的收入，加上其他收入共

计取得了15000美元的净收入，这是以后连续35年盈利的一个开端。

1948年，李尔家族将其持有的75%的股份卖给了格雷厄姆—纽曼公司和一小部分个人投资者，当时公司的价值约为300万美元。后来，格雷厄姆—纽曼公司将其股份分给了它的一些股东，于是公司就变成了公众持股的公司。

1949年，GEICO的利润突破了100万美元，公司由此开始扩大经营规模。1952年，公司将其业务拓展至所有州、县和市政府的雇员。

公司创办人、董事长利奥·古德温于1958年退休，在他的领导下，他创立的向那些强烈厌恶风险的政府雇员直接邮寄销售的保险业务模式获得巨大成功，公司的保费收入从1936年的10.4万美元上升到1957年的3620万美元。

古德温任董事长时邀请罗里莫·戴维孙加入了GEICO的管理层，1958年起戴维孙担任董事长一直到1970年。这期间公司采用新的发展战略，把公司的汽车保险业务对象扩展到管理人员、技术人员及行政人员等同样谨慎驾驶的人。新战略获得了巨大成功，公司在汽车保险的市场份额从当初的15%增长到50%。他领导公司开创了GEICO的黄金时代，从1960年到1970年，保险业管理者对政府雇员保险公司的成功非常惊讶，股东也看到他们的股票价格一路暴涨。公司的保险费收入与盈余比率超过5：1。通常，这项比率不能超过3：1。因为保险业管理者对政府雇员保险公司印象深刻，特准它超过这项保险行业的平均比率。

1970年，戴维孙退休，董事长职位由戴维·克里格继任，诺曼·吉登担任公司总裁兼首席执行官。公司保费收入继续快速增长。1970~1974年，公司的汽车保险单数量年增长率达到110%，而1965~1970年，年平均增长率仅为7%。

1973年，GEICO为了在激烈竞争中进一步扩大市场份额，降低了保险人适宜条件的标准，积极开拓蓝领工人和21岁以下的司机两个客户群体迅速增长。这在相当程度上违背了公司一贯只为谨慎的驾驶员提供保险服务的经营战略，加大了公司的经营风险，原来估计保费支出的假设在满足实际保费支出要求方面出现了严重的不足。在公司业务过度扩张的同时，汽车修理和医疗费用暴涨使公司经营成本快速上升，而且公司费用支出的控制也不如以前严格。

1974年第四季度，GEICO的保险业务开始出现亏损。这一年，公司报告了600万美元的亏损，这是GEICO28年来的首次亏损。

但是到了1975年，由于公司过度扩张、保险索赔大幅上升以及通货膨胀这些因素冲击着其股票与债券投资组合，GEICO亏损高达1.26亿美元，濒临破产。在此紧要关头，巴菲特挺身而出。

1976年股东年会结束后，公司董事会宣布，由旅行者公司43岁的市场部负责人杰克·伯恩担任GEICO的新总裁。

杰克·伯恩受命后不久，即宣布发行7600万股优先股。股东此时已丧失信心，股价跌至每股2美元。在这期间，巴菲特却认为GEICO并未死亡，只是受伤了，它提供的低成本、无代理商的保险经济特许权仍旧完好无损。巴菲特不露声色地购进GEICO的股票。当GEICO接近破产边缘时，巴菲特向该公司投资410万美元，以平均每股3.18美元的价格共购买了1294308股GEICO股票。

在巴菲特的支持下，杰克·伯恩领导公司重振辉煌。截止到2007年，GEICO接受了660万辆私家车的承保业务，拥有450万保单持有人，其中每位汽车保险客户平均每年向这家保险公司支付1200美元。这家公司主要通过直销方式经营，提供一周7天，每天24小时的客户热线服务。

一位GEICO的工作人员说："每周都有1万名驾驶员将自己的汽车保险转至GEICO。"这句话写进了1995年伯克希尔公司的年报。同时，每周都有3万名驾驶员询问有关保险转移事宜，其中大部分人继续留在GEICO，只有比例很小的一部分人将保险转走，这通常是因为他们年纪较大或者已经去世。

巴菲特与政府雇员保险公司的情缘

巴菲特曾经详细回顾了他与政府雇员保险公司的情缘，巴菲特在这期间论证股票可买性的过程和方法值得我们学习。

巴菲特早在1950年在哥伦比亚大学读书时，就注意到他崇拜的老师本·格雷厄姆是GEICO的董事长，这激发了巴菲特对这家公司的好奇心。

巴菲特首次对GEICO保险公司产生投资兴趣时，就阅读了许多资料，在图书馆待到最晚时间才离开，他从BESTS开始阅读了许多保险公司的资料，还阅读了一些相关的书籍和公司年度报告，巴菲特一有机会就与保险业专家以及保险公司经理们进行沟通。

1950~1951年间巴菲特在哥伦比亚商学院读研究生，但他并非想获得一个学位，而是为了能够有机会得到当时在该校任教的本·格雷厄姆的教诲。听格雷厄姆讲课实在是一种美妙的享受，很快就使他开始设法了解一切与他心目中的英雄相关的事情。

巴菲特曾说："首先我翻开《美国名人录》，在有关格雷厄姆的介绍中发现他是GEICO的董事长，当时对我而言，GEICO完全是一家陌生产业的陌生公司。

"旁边的一位图书管理员指点我查阅一下《全美最佳火灾与意外保险公司手册》，我从中查到GEICO总部位于华盛顿特区。于是在1951年1月的某个星期六，我搭乘火车前往位于华盛顿的GEICO总部。令我失望的是总部大门紧锁，我在门上敲了半天，看门人终于出来了。我向这位一脸疑惑的先生问，办公室是否有人可以跟我谈一谈，他说他看见六楼有人在加班。

"就这样我遇到了当时还是董事长助理的罗里莫·戴维孙，后来他成为GEICO的CEO。虽然我唯一的来访背景不过是格雷厄姆的一名学生，可戴维孙还是非常和蔼地和我谈了长达4个小时左右，让我受益匪浅。也许从来没有人能够像我这样幸运，能够接受到如此优秀的半天课程，从中学习到保险行业如何运作以及哪些因素使一家保险公司能够超过同行。正如罗里莫·戴维孙清楚地告诉我的那样，GEICO采用的直销方式，使其相对于通过业内根深蒂固而难以舍弃的传统代理销售方式而言，具有巨大的成本优势。拜访罗里莫·戴维孙之后，从来没有一只股票像GEICO这样让我心潮澎湃。

"从哥伦比亚大学毕业几个月后，我回到奥马哈担任股票推销员，我几乎把推销的重点全部集中在GEICO这一只股票上。我第一笔生意就是把这只股票推荐给总是100%支持我的爱丽丝姑姑，结果顺利成功了。当时我只是一个年仅20岁看起来却像只有17岁的毛头小伙子，因此我推荐的股票总是没有人愿意相信。尽管如此，我仍然毫不气馁，在

1951年给当时的主要财经出版物《商业与金融年鉴》的'我最喜爱的股票'专栏写了一篇内容不长的推荐GEICO的报告，更重要的是我自己也买入了GEICO的股票。

"哎！可惜的是，在1952年我以15259美元的价钱卖出全部GEICO持股，然后将所得资金投入到西方保险证券公司，我见异思迁的部分原因是因为这家公司只有1倍左右的低市盈率让我一见倾心。但过了20年后，当时被我卖出的GEICO股票市值已经高到130万美元，这给了我一个很大的教训，那就是绝不能卖出一家显而易见的卓越公司的股票。

"你可能会觉得不可思议，从1944年开始纳税至今，我保留了所有纳税申报单。检查后我发现在1951年我先后4次买入GEICO股票，最后一次是在9月26日。这样偏执的收藏让我觉得自己很早就有自我陶醉的倾向。可能那时我向一些客户推销GEICO股票被拒之后，决定自己买入这些股票，尽管当时我已将个人50%以上的财产全都押在这只股票上。不管怎样，这一年间我以10282美元的成本累计买入了350股GEICO股票。到了年底，我持有的这些股票市值增长到13125美元，在我个人资产中所占的比重高达65%以上。

"你可以看出，GEICO是我投资生涯的初恋。还有，沿着这些记忆的时光隧道让我想起，我用来买入GEICO股票的资金大部分来自于我做报童递送《华盛顿邮报》所挣的钱，而过了很多年之后，正是通过投资出版《华盛顿邮报》的华盛顿邮报公司，我将1000万美元投资增值到5亿美元。"

在1998年伯克希尔公司的股东年会上，戴维孙派人送来一盘录音带，这盘录音中录有戴维孙当时对年轻的巴菲特所说的话："下次来访前一定要事先预约，而且最好不要在星期六上午来访。"

第一次投资GEICO之后，巴菲特还投资过西方保险公司，并且继续大胆地向他的客户推荐保险公司股票。后来他曾以3倍于收益的价格买下了堪萨斯城人寿保险公司的股票，他还将马塞诸塞州人寿保险公司的股票加入到伯克希尔—哈撒韦公司的证券组合之中。1967年，他又买下了国民保障公司的控股权。

通过一系列对保险公司的投资，巴菲特进一步深入了解了保险公司的运行机制。对巴菲特来说，这些经验比其他任何经验都重要，它帮助巴菲特了解了保险公司是如何赚钱的。对保险业务的深入了解，使巴菲特后来敢于在GEICO因为亏损面临破产的情况买入其股票，获得了很高的投资回报。

所向披靡的低成本竞争优势

巴菲特在伯克希尔1986年的年报中认为GEICO是全球最优秀的保险公司，GEICO之所以能够成功的最重要因素，在于该公司能够将营运成本降到最低的水平，这使它与其他所有汽车保险公司相比如同鹤立鸡群。GEICO的经营记录是全世界保险公司中最好的，甚至比伯克希尔公司的经营记录还要好得多。1986年GEICO公司的承保支出和损失调整支出占保费收入的比例只有23.5%。许多大型保险公司的综合成本率比GEICO要高出15%，即使是Allstate与StateFarm等汽车保险直接销售公司的成本也显著高于GEICO。

在容量巨大的汽车保险市场中，大多数公司由于其销售渠道结构限制了灵活经营，

GEICO却一直以来将自己定位为一个保持低营运成本的公司。GEICO根据其定位进行经营,不但为客户创造非同寻常的价值,同时也为自己赚取了非同寻常的回报。几十年来GEICO一直这样运作,即使20世纪70年代中期发生财务危机,也从未损害GEICO最关键的产业竞争优势。

GEICO的问题与1964年美国运通所暴发的"色拉油丑闻"事件类似。两者是同一类型的公司,都是暂时性地被一个财政危机搞得跌跌撞撞,而这种财政危机并没有摧毁公司非凡出众的内在竞争力。GEICO与美国运通本身的状况也类似,都属于公司整体上仍然拥有非凡的经济特许权,却在局部有一个完全可以处理掉的问题,但这种状况完全不同于那种真正的咸鱼翻身类公司的状况。

巴菲特于1980年完成对GEICO的投资后,在伯克希尔1980年的年报中指出,他之所以在其破产之际大规模投资,是因为他认为尽管公司20世纪70年代遇到很大的财务危机,但GEICO的竞争优势完整无损,并且在新的管理层领导下公司竞争优势能够继续长期持续。

巴菲特在伯克希尔1995年投入巨资23亿美元收购了GEICO其余49%的股权,他在伯克希尔1996年的年报中解释说,他这样做是因为他认为GEICO的成本竞争优势可以永远持续下去。

GEICO持续地吸引优秀的保险客户,并且持续提供让客户满意的服务,当然同时必须合理地进行定价和提取准备,但是该公司成功的最关键因素在于能够保持事实上其他竞争者无法相比的最低经营成本。1995年托尼和他的管理团队将承保损失与营业费用比率进一步降低到保费收入的23.6%,比1994年又降低了1个百分点。

巴菲特曾说:"我们预期会有新的竞争者加入直接销售保险市场,GEICO现在的一些竞争对手也可能将会扩大销售区域。但不管怎样,GEICO目前所形成的规模经济,肯定会进一步加宽保护公司经济堡垒的低成本竞争优势。GEICO将尽最大的努力在拥有很高市场占有率的营业区域继续降低成本。随着公司保单的增长,同时市场占有率也在不断增长,公司预期成本能够进一步地明显降低。GEICO的可持续成本优势正是当初在1951年吸引我投资该公司的根本原因,尽管当时公司市值大幅下跌到仅有700万美元,这也是为什么我认为1995年伯克希尔公司应该支付23亿美元买下GEICO其余49%的股权。"

力挽狂澜的天才经理人杰克·伯恩

20世纪70年代,美国汽车保险业务竞争激烈,为了在竞争中进一步扩大市场份额,政府雇员保险公司管理层开始违背创始人古德温的原则,决定降低保险人适用标准,积极拓展蓝领工人和21岁以下的司机两个客户群体。虽然保单数量和营业收入增长很快,但是,汽车修理和医疗费用的暴涨使公司经营成本快速上升,费用支出控制也大不如前。1974年,公司亏损600万美元,这是自创办28年以来出现的首度亏损。到1975年,公司亏损进一步扩大,达1.26亿美元,濒临破产境地。1976年,公司股票价格由每股61美元跌到2美元。所幸在1976年杰克·伯恩担任CEO并采取激烈的补救行动后,才使公司幸免于难。

基于对杰克和公司基本竞争力的信心，伯克希尔在1976年下半年大量买入GEICO股票，后来又小幅增持。"至1980年底，我们共投资4570万美元，拥有该公司33.3%的股权。但在之后的15年内，我们并没有再增持。不过由于该公司大规模回购股份，使我们的持股比例增加到50%左右。"

GEICO公司首席执行官杰克·伯恩正是巴菲特最欣赏的那种企业经理人。巴菲特在伯克希尔1977年的年报中指出："保险业务的特点使经理人个人的影响力对于公司业绩有很大影响。我们非常幸运拥有一群非常能干的经理人。"巴菲特在伯克希尔1995年的年报中坦陈："在GEICO面临破产之际大规模投资，一方面是对其竞争优势有信心，另一方面是对其担任CEO的杰克·伯恩有信心。"

在杰克·伯恩的领导下，GEICO重新回到公司数十年来获取竞争优势的根本所在：成为最低成本的汽车保险服务提供者。正是杰克·伯恩对公司费用坚定和严格的约束，才使GEICO从危机中重振辉煌。

杰克·伯恩在他上任的头一年关闭了100个办公室，把职员人数从7000人裁减到4000人，保险业务则扩展到新泽西州和马塞诸塞州。他还摒弃了允许保单持有人不提供近期情况就更新投保的计算机系统。同时他发现公司在更新保单时价格定低了，决定公司对这些保单重新定价。尽管40万保单持有人决定不再继续投保，公司保单持有人从270万人降至150万人，公司保险业务量下降，但盈利却大幅度提升。在1976年亏损1.26亿美元之后，1977年盈利5860万美元，杰克·伯恩上任仅1年即扭亏为盈。

杰克·伯恩1986年从GEICO辞职，继任的CEO比尔·辛德领导公司保险业务继续蒸蒸日上。巴菲特在伯克希尔1986年的年报中对比尔·辛德称赞有加。

巴菲特曾回忆道："到了1995年，我们同意以23亿美元买下另一半原来不属于我们的股份，这实在是天价，不过它让我们可以百分之百地拥有一家高成长性的、从1951年至今非凡竞争优势始终不变的非凡出众的优秀企业。另外，GEICO拥有两位非凡出众的经理人，一位是专门负责保险运作的托尼·奈斯利，一位是专门负责投资运作的卢·辛普森。

"52岁的托尼在GEICO任职已有34年了，他是我心目中管理GEICO保险业务的不二人选。他有着精明的头脑、无限的精力、高尚的品格与惊人的专注，如果我们够幸运的话，托尼·奈斯利将再创一个34年的辉煌。卢的投资管理同样出色，从1980~1995年期间，在卢的管理下GEICO的股票投资年平均报酬率高达22.8%，而同期标准普尔500只有15.7%。卢和我们一样采取保守且集中的投资策略。他进入伯克希尔公司董事会对我们来说有相当大的帮助，他的存在，可以确保查理跟我本人万一要是有任何突发不测时，能够有一位非常杰出的专业人士可以立即接手伯克希尔公司的投资管理工作。"

巴菲特这样盛赞这两位经理人："GEICO与同行间的成本差异就是一条保护价值非凡、人人垂涎的商业城堡的护城河，没有人比GEICO公司董事长比尔·辛德更懂得护城河保护城堡的道理。他通过持续降低成本使这条护城河不断加宽，更好地保护企业特许经营权的同时也使其更加强大。1985~1986年间，GEICO公司总成本比率从24.1%降低到23.5%。如果公司能够保持这样低水平的总成本比率，而且能够继续保持客户服务和承保的标准，公司的前途将更加光明。……总而言之，GEICO是一家由非凡的经理人管理的非凡的优秀公司，我们很荣幸能与他们一起合作。"

惊人的行业平均水平，两倍的超高收益率

1976年杰克·伯恩接任GEICO公司新总裁，他重新定位了公司的经营核心准则：成为低成本的保险服务提供者。他采取大量降低成本的措施，并改变定价过低的情况而对产品重新定价，这些措施使公司的盈利能力迅速恢复，他上任仅仅一年后公司在1977年就盈利5860万美元。

1977年由于公司重新定价，一些客户不再续保，导致保险费收入从5.75亿美元跌至4.63亿美元。

但1978年保费收入迅速回升至6.05亿美元，尽管保单数目没有显著的变化，但由于定价策略的改变，利润大幅增长50%。1978年底股东权益为2.23亿美元，权益资本收益率为28%。

1979年保险费收入增长了5%，达到6.35亿美元，费用损失占保险收入比率下降了近2%。由于回购股份，1979年年末流通普通股减少了26%，只有2520万股。扣除投资损益和税收影响，股东权益从2.23亿美元减少到了1.92亿美元，股东权益收益率从1978年的28%上升到了31%。

1982年以来，GEICO的权益资本收益率平均为21.2%，是行业平均盈利水平的两倍。正如巴菲特所预测的那样，GEICO已经迅速东山再起。

1美元留存收益创造3.12美元市值增长

1976年巴菲特开始买入GEICO股票时，该公司已经接近于破产边缘，但是，巴菲特认为，GEICO仍值一大笔钱，因为该公司有保险业务经济特许权。关于处于破产风险下的GEICO的价值，巴菲特是这样分析和思考的：

尽管市场普遍认为GEICO破产风险很大，巴菲特仍坚信该公司能够渡过难关，走上盈利之路。正如巴菲特所料，1976年杰克·伯恩接任GEICO公司新总裁时，公司保费收入为5.76亿美元，亏损2600万美元。他在不断努力使保费收入稳步增加的同时，采取大量降低成本的措施从而使公司的盈利能力迅速恢复。1977~1979年公司的保费收入分别为4.64亿、6.05亿、6.35亿美元，盈利分别为3800万、6200万、6000万美元。

1980年该公司净利润6000万美元，巴菲特按持股比例应分得2000万美元的利润。巴菲特对GEICO的发展前景充满信心，对其内在价值的评估进一步提升，他再次大量买入GEICO股票。

1980~1992年的13年间，GEICO公司共创造了17亿美元的利润，给股东派发了2.8亿美元的红利，保留了14亿美元用于再投资。这期间公司股票从2.96亿美元升值到46亿美元，公司保留的每1美元为股东创造了3.12美元的市值。

GEICO骄人业绩进一步表现在：GEICO公司1980年的每1美元投资上涨到了1992年的27.89美元。按复利计算的年收益率高达29.2%，比同期同行业平均8.9%的收益水平和标准普尔500种股票指数的收益水平高出一大截。

超强盈利能力创造超额价值

巴菲特曾在伯克希尔1980年的年报中对GEICO的内在价值分析如下：

"我们非常高兴以4700万美元买入GEICO股票。如果是通过谈判来购买整个企业的话，要买下一家具有一流经济特征和前景光明、每年盈利能力为2000万美元的类似企业至少需要2亿美元(在一些产业可能需要花费更多)。……在管理界并没有更多的像杰克·伯恩那样的明星经理人，还有什么会比同时拥有杰克·伯恩与GEICO更好的呢？在这一点上，我们对GEICO再满意不过了。非常重要并且非常难以模仿的产业竞争优势，加上在业务经营与资本配置方面拥有高超技巧的能力非凡的管理层，二者的天作之合使GEICO成为投资世界的最佳典范。如你所知，我们的持股成本约4700万美元，1976年的投资占50%，1980年的追加投资占50%。"

根据有关资料，应用现金流量贴现估值模型，大致可以推测巴菲特在1980年进一步大规模投资GEICO股票时估值的基本过程如下：

假设GEICO可以不追加任何资本而能持续保持每年6000万美元的利润，则按当时30年期美国政府债券12%的到期收益率来贴现，GEICO的内在价值将是5亿美元，几乎是它1980年市值的2倍。

如果公司能以2%的实际增长速度或未扣除通货膨胀影响的15%的速度提高其获利能力，则公司的内在价值将增至6.66亿美元，而巴菲特对于该公司的股票投资的价值相应为2.22亿美元，也就是说，1980年GEICO股票的市值还不到其获利能力贴现后的内在价值的一半。

GEICO由于采取直销方式，其保险产品价格承保成本仅为13%左右，然而一般采取代理销售的保险公司的承保成本可能都在30%~35%之间，因此它是一家有着巨大竞争优势的公司。巨大的成本优势为公司带来了巨大的盈利能力。1982年以来，GEICO的权益资本收益率平均为21.2%，是行业平均水平的2倍。这种远远超出同行的超额盈利能力为GEICO创造了远远高于有形资产价值的超额经济价值，因此公司具有巨大的经济商誉。

巨大的安全边际来自GEICO公司的破产风险

1972年，政府雇员保险公司的股票价格上升到历史最高点——每股61美元。到1973年，股价跌了一半。1974年，股价继续下跌至10美元。1975年，当董事会宣布预计出现亏损时，股票再次下跌至7美元。一些股东以欺诈罪起诉公司经理层。而经理层则辩解说，通货膨胀和令人难以容忍的法律费用与医疗成本造成了公司的不幸。但这些理由说服力不强，因为所有保险商都面临这些问题。政府雇员保险公司的问题在于：它从原来只为谨慎的驾驶员提供保险的成功战略走得太远了。而且，它不再控制公司费用支出。随着公司扩展投保司机的名单，原来估计保费支出的假设在满足实际保费支出要求方面出现了灾难性的不足。同时，公司低估保险损失的同时，又增加了固定费用支出。

巴菲特1976年在拜访GEIKO公司管理层后，认为尽管公司濒临破产的边缘，但其竞争优势依然存在。于是他投资了410万美元买入130万股，相当于每股3.18美元。随后该公司发行了7600万美元的可转换优先股，巴菲特投资1941.7万美元买入1969953股可转换优先股，相当于发行总量的25%。由于该公司的迅速扭亏为盈，盈利能力大大提升，巴菲特在1980年又以1890万美元以每股12.8美元的价格买入147万股。到1980年底，巴菲特共持有该公司720万股，全部买入成本为4713.8万美元，这时这些股份的市值已经上升到1.05亿美元，涨幅在1倍以上。该公司一直在回购自己的股票，到1996年伯克希尔公司持有股权比例上升到50%。1996年初，伯克希尔以23亿美元买入了另外50%的股份，将其变为私人公司，不再上市。GEICO是巴菲特伯克希尔投资王国的核心，其庞大的保费收入为巴菲特提供了大量的投资资金来源。

巴菲特投资4700万美元，持有GEICO公司33%的股权。根据他本人最保守的估计公司每年2000万美元的盈利能力至少价值2亿美元，因此他持有33%股权的价值至少为7000万美元，也就是说他投资的安全边际接近40%。

第三节　吉列公司

投资6亿美元，盈利37亿美元

1991年底，巴菲特将吉列公司可转换优先股转换为普通股后，其股票在伯克希尔公司的普通股投资组合中占14.9%，居第3位。

1989年投资6亿美元买入吉列公司可转换优先股，后来全部转换为普通股。到2003年年底的14年间，巴菲特持有吉列的股份毫无变化，只是拆细后为9600万股。

巴菲特在伯克希尔1997年的年报中向股东报告投资吉列股票8年增长了8倍："1997年吉列与第一帝国的普通股股价由于公司业绩优异而大幅上涨，截至年底，当初我们在1989年投入吉列的6亿美元已经增值到48亿美元。"

从1997~2003年年底，吉列公司股票价格不断下跌，2003年年底尽管有所回升，但与1997年相比，巴菲特持有吉列股票的市值从48亿美元下降到35亿美元。尽管如此，巴菲特仍然继续持有。

2004年年底巴菲特持有吉列的股票市值为42.99亿美元，巴菲特投资6亿美元在14年间盈利36.99亿美元，投资收益率高达616.50%。

2005年1月28日吉列因被宝洁购并而使每股股价猛涨5.75美元至51.60美元，这使巴菲特持吉列股总市值冲破了51亿美元。

购并达成后，巴菲特在吉列的9600万股股票将转化为9360万股宝洁股票，相当于宝洁总股份的3%。

巴菲特在一份声明中表示，计划在收购完成后增持宝洁股份，并表示伯克希尔的目标是持有1亿股宝洁股份。

在收购事宜发布后次日——1月29日，巴菲特就开始大量吸入吉列的股票，以确保自己在交易结束后拥有1亿股宝洁股票。仅伯克希尔旗下的GEICO保险公司就在一天内买入300万股吉列股份。

由此可见巴菲特对吉列长期竞争优势的信心不疑，长期持有优秀企业的决心始终不改。

统治剃须刀行业100多年的商业传奇

吉列公司是一个国际性的消费品制造商和经销商，其业务包括生产销售刀片、剃须刀、卫生用品类和化妆品、小型家电用品和口腔保健用品。公司在28个国家和地区设立营运据点，产品销往200多个国家和地区，国外业务在吉列公司的销售额和利润额中占60%以上。

吉列公司的创始人坎普·吉列曾是巴尔的摩瓶盖公司的一名推销员。1895年，吉列萌生了开发一种新刮胡刀的设想。经过几年的敲打，吉列发明了用后丢弃的剃须刀片，很快进入生产阶段。第一副剃须刀（附有20片新刀片）于1903年做广告，该年一共售出51副。但直到1913年，吉列仅卖出168片刀片和51把刀架。一战给吉列刀片带来了机会，战争使吉列刀片成了"军需品"，使那些从未听说过自己动手、天天剃胡须的美国士兵，接受了吉列刀片。战后，士兵又带着它回到了各自的家乡。1917年，吉列刀片创造出1.2亿片销量的市场，市场占有率80%，有44家海外分公司。到1920年，大约有2000万人都在使用吉列的剃刀和刀片。第二次世界大战，吉列公司仍以"劳军"的名义，把数量巨大的剃须刀作为军用品供应美军，使世界上数百上千万男人进入了这一市场。坎普·吉列终于实现了成为巨富的理想。

由此，吉列公司获得战后的巨大发展。1939年，吉列获得世界职业棒球大赛独家广播赞助权，并一直保持到1950年。在以后的年代，吉列的名字频频在赛马、拳击、橄榄球等体育比赛中出现。1962年，公司连续第四次破纪录，销售额达到2.76亿美元，净利润为4500万美元，利润率达16.4%。在《幸福》杂志美国500家最大工业公司的利润率中，吉列公司排在第四位，投资回收率高居首位，达40%。1968年，吉列剃须刀创下了销售1110亿片"天文数字"的历史纪录。

巴菲特在伯克希尔1989年的年报中对当年投资吉列进行说明时指出："投资该公司最主要的原因是吉列拥有一个显而易见的好的核心业务。吉列这家公司的业务正是我们所喜爱的那种类型，查理跟我都熟悉这个产业的状况，因此我们相信可以对这家公司的未来进行合理的预测（如果你还没有试过吉列新推出的感应刀片，赶紧去买一个来试试）。每当我在晚上入睡之前，想到明天早晨会有25亿男人不得不剃须的时候，我的心头会涌起一丝喜悦……吉列刀片已经有100多年的历史。消费者需要不断更新自己的刀片，所以他们对吉列公司产品的消费支出也会不断增加。"

总的来说，巴菲特选择吉列主要基于以下三方面原因：

第一，吉列刀片的市场足够大。软银赛富首席合伙人阎炎说："在商业模式来讲，最重要的一点是商业模式的可扩展性。"

第二，创新是吉列最大的竞争优势，持续创新保证了吉列竞争优势的可持续性。金·吉列于1895年发明了一次性剃须刀片，这是一个划时代的商业发明。新产品的不断推出使吉列得以保持较高利润率。公司调研发现，只要产品好，价格高25%还是35%，顾客并不特别在乎。

第三，吉列是剃须行业中的绝对老大。吉列公司多年来一直统治着全球剃须刀市场，在很多国家，吉列已经成为"剃须刀"的代名词。巴菲特用数字分析了吉列的市场地位："世界上每年剃须刀片消费量为200~210亿片左右。其中30%是吉列生产的，但按销售额计算，吉列在全球刀片销售额中占了60%。"

因为自己也是一个男人，要天天刮胡子，巴菲特用了吉列剃须刀后感叹："在现代人类生活中，一切都在发生变化，剃须同样也可以成为一种享受。"可能同样让巴菲特享受的是，他不断翻新的吉列持股总市值。

比钢硬3倍的刀片技术

吉列的公司文化及其市场战略都是以其卓越的剃须技术为基础的。在其100多年的历史中，吉列开创了许许多多的行业第一：剃须刀架（1946年）、Trac Ⅱ双刀剃须刀（1971年）、Atra旋转头剃须刀（1977年）、Sensor弹簧剃须刀（1990年）以及"锋速3"剃须刀。近几年来，吉列的研发费用基本上是逐年增加，2001年为1.87亿美元，2003年增至2.02亿美元。

1977年，推出了可以旋转的剃须刀。

1989年，又推出了深受消费者欢迎的感应剃须刀，这种剃须刀附加了一个独立刀片。

1997年秋，"锋速3"生产线投产。当时，吉列用胶合板在工厂里建了一堵高大的墙，将"锋速3"生产线与其他生产线分隔开来。生产"锋速3"剃刀的工人必须和公司签订一份严格的保密协议。生产设备中最先进的当属一个长18米多的数据链路控制真空室。在被送进这个真空室前，刚刚打磨过的刀片在一个清洗间里由穿着浴袍浴帽的工人进行彻底清洁。在真空室里，通过高压溅镀工序，刀片被镀上一层碳原子。从设想的提出，到生产出产品，"锋速3"用了将近4年时间。

2004年12月16日，吉列公布了其最新的剃刀——女用Venus Vibrance剃刀，定于2005年春与另一款剃刀Venus Disposable正式上市。

大概许多人都想象不到这种简单产品背后却是如此不简单的故事。吉列公司使用世界上最先进的成像、冶金和设计技术来开发最平常无奇的东西——不锈钢剃须刀片。实际上，把平凡的东西做得不平凡，这也正是吉列能够凭剃须刀这种毫不起眼的小玩意历经百年而不倒的秘密之一。

由于吉列不断创新并加强专利权保护，使公司一直处于市场领导地位直到现在。

巴菲特于1990年4月1日将吉列公司可转换优先股转换为普通股后，他在伯克希尔公司1990年的年报中再次对吉列的产品大加赞扬："《福布斯》杂志在封面故事中对吉列公司大加赞扬，文章主题非常简单：这家公司在剃须刀产业的成功，不是由于其超级营销能力（虽然他们一再展示出这方面的能力），而是来自于其对于品质的无限追求，这种专注使得吉列持续不断地全力以赴推出更新更好的产品，尽管其现有产品已经是市场上的经典。"

吉列在某些国家和地区占有90%的市场份额，如斯堪的纳维亚和墨西哥。在现代人类生活中，一切都在发生变化，剃须刀同样也可以成为一种享受。吉列公司一直在不断创新，努力开发更好的剃须刀，其创新精神还体现在公司的分销能力以及它在消费者心中的地位等方面……"我们知道每天都要剃须,我希望你也是天天如此,每年只要20美元你就可以享受剃须给你带来的舒服体验。现在男人们似乎越来越懒,一旦他们有了这样的体验后,就不会再选择吉列以外的其他品牌了。"

巴菲特敬佩的商业天才

科尔曼·莫克勒和他的管理团队从1976年开始管理吉列公司。他在第一次重要职员与董事联席会议上提出:"以剃刀为中心的经营时代已走到终点,本公司的业务不应再以刀片为唯一事业。"他的话使董事们大为惊讶,难以理解。其实,对公司利益的98%都来自刀片这一点,莫克勒早有疑问和不安,因此,他一上任就大胆改革,想以实行多角经营来维持生存,求得发展和力保王座。而他选中的目标,就是兼营"化妆品"事业,以构成企业的经营多角化,然后推出喷射式罐装的剃须用面霜,扩大宣传和推销。

他指示有关人员,一面进行市场调查,一面收集顾客对本公司的反应,以便决策的客观准确。结果发现大部分顾客本来就以为吉列是剃须刀兼营化妆品的厂商。事实证实了他的选择是正确的。在转变经营方向,继续积极研究剃刀技术,维持公司在市场上的固有占有率的同时,大胆投资积极研究开发化妆品及其他产品。先后推出了口红、泡沫剃须膏、妇女用除臭剂、Adorn喷发剂,以及Thorexin止咳糖浆等,以慎重、稳进来占领市场。莫克勒的这一战略与步骤成功了。1966年,吉列公司化妆品部的营业额高达6000万美元,是1962年度的6倍,占总营业额的18%,可以说初战告捷。以后,在莫克勒这位足智多谋的企业家指挥下,吉列公司又先后开发出各种洗发精、烫发机、吹风机、打火机、原子笔,甚至高级香水、医药品等种类繁多的产品,并成立了相应的研制开发机构。从此,吉列不再是单靠剃刀生存的专业厂商,而是制造以男性用化妆品为主的多角化生产经营的厂家。这一点,就连当初不理解及不支持莫克勒经营方针的人也承认是正确而妥当的。为了占领更大市场,吉列公司在战前已有海外市场的基础上,同样以"多角化经营"为战略重整海外的专业机构。1966年,它在美国以外成立了两个国际事业部:一个是东半球事业部,负责包括欧洲、非洲、中东等地;另一个是西半球事业部,包括加拿大、中南美、太平洋地区。这两个事业部管理32个公司,其中有11个公司在制造吉列产品。吉列公司在这些分公司中掌握有100%的股份。

吉列公司采用全额自行投资的做法,建立海外市场据点,也是它称霸世界市场的另一大特色。它的海外事业,虽然仍以剃须刀和刀片为主,但莫克勒已认识到这点,他说:"海外有极大的化妆品市场等待我们去开发。"自1964年,便向海外推出化妆品,而到1966年底,海外化妆品的营业额,已达到1000万美元,到1980年,剃须刀和刀片的销售额在公司23亿美元总营业额中所占比例还不到35%,难怪他野心勃勃地欲向海外扩发了。吉列公司虽然建立了世界性的剃须刀王国,但它在激烈的竞争中,及时调整战略,改变单一的经营为多角化经营,使剃须刀王国屹立不摇。这正是它成功的关键所在。

世界资源的配置和使用中,吉列公司在市场经营运作中充分显示出活力与竞争优势,集中构想新产品和服务,积极创造需求,努力发展生产制造与经销新模式。可得如下几点启迪:

1. 市场目标差异化

吉列领导世界安全剃刀和刀片的生产制造，其产品在世界200多个国家和地区销售，而公司在每个国家市场目标定位是不同的，在大多数剃刀和刀片市场中公司产品的世界市场份额占据绝对优势，甚至有些国家将公司作为剃刀刀片的象征，目前，公司产品在欧洲市场占据70%的份额，在拉丁美洲市场则占据80%。市场目标的差异化要求公司在不同市场销售不同产品，并采取共同合资经营方式进入国际市场，使其销售额得到大幅度增长。

2. 组织结构细分化

公司重新调整国际经营部，将其分成两组，即吉列北大西洋部和吉列国际部，前者将美国、加拿大及欧洲各国作为一体化经营，其他国家与地区市场经营归于国际部。为更好地使欧洲各国与国内实施经营一体化，吉列北大西洋部具体又分成不同产品组，如剃须刀和刀片组，个人修饰用品组和文具用品组，每组再分为北美分部和欧洲分部。最后，在一个总经理领导下，再细分成五个区域，即北欧、西欧、东南欧、中欧和伊比利亚。

3. 经营决策集中化

吉列的全球经营决策制定系统采取集中制，参照海外部经理提供的信息，其主要经营战略决策由波士顿总部制定，如集中战略目标、价格结构、全球广告等，但其中部分内容由吉列国际部和吉列北大西洋部在其所在地区集中进行经营决策制定。

吉列公司在激烈的竞争中，及时调整战略逐步扩张，难怪有人开玩笑说："吉列公司确实完全掌握了全世界男人的胡子。"

莫克勒接手时吉列公司还只是一家平庸无奇的小公司，经过他15年的努力，吉列已经成为令对手恐惧的大公司。其间吉列公司曾经有4次险些被收购，但莫克勒最终让公司成为华尔街的宠儿。

莫克勒去世后，吉列公司迅速选定了他的继任者，已经在吉列公司工作了22年之久的泽恩成为新任。

泽恩进入吉列公司后不久就被派往Braun AG——吉列公司在德国的子公司。他将这家生产家电的小公司带入了国际舞台，1998年Braun AG的收入达到了10亿美元，这使得泽恩获得了吉列高层的认可。在此之前，泽恩负责吉列公司北美和西欧之外地区的业务，他负责的剃须刀、个人护理产品和文具都是吉列公司的主要产品。

泽恩上任后继续推行了莫克勒努力拓宽吉列产品线的战略，大力推广女士用品，希望在这个美丽新世界能够复制剃须刀的成功。同时吉列还希望利用自己在男士护理用品市场的品牌效应，重新推广男士化妆品。进入男士化妆品市场莫克勒酝酿了很多年，尽管这对当时的吉列来说是一个冒险的举动，但是泽恩还是坚定不移地进行了下去。尽管当时经济并不景气，但泽恩上任后吉列公司还是显示出了稳定的增长。1992年吉列公司上半年的纯收入增长了20%，达到了约2.5亿美元。

持续增长的价值创造能力

巴菲特在1989年7月投资6亿美元买入吉列公司年利率8.75%的10年期强制赎回的可

转换优先股。

1990年底，吉列公司的股东收益为2.75亿美元。1987~1990年，股东收益以每年16%的速度增长。尽管不能根据如此短的历史数据来判断公司长期增长趋势，但巴菲特认为吉列公司与可口可乐一样是一个经济特许权企业。他在伯克希尔公司1991年的年报中指出："可口可乐与吉列公司可说是当今世上最好的两家公司，我们预期在未来几年它们的获利还会以惊人的速度增长。"

1991年初，美国政府30年期债券到期收益率为8.62%，我们更谨慎一些用9%的贴现率。

这里我们同样采用两阶段估值模型。假设在巴菲特买入（1990年）后的10年内吉列公司销售收入以年均15%的速度增长，10年以后再以较低的5%的速度增长，那么以9%的贴现率计算吉列公司的内在价值大约为160亿美元。

如果我们将其未来10年的增长率下调到12%，吉列公司的内在价值大约为126亿美元。

如果我们将其未来10年的增长率下调到10%，吉列公司的内在价值大约为108亿美元。我们将其未来10年的增长率下调到7%，吉列公司的内在价值大约为85亿美元。

从1988~1992年，吉列公司的市场价值增加了93亿美元，市值增长27%。巴菲特在吉列公司的6亿美元投资已升值为7.65亿美元。

1988~1992年，公司盈利共计16亿美元，其中向股东分配红利5.82亿美元，其余10.18亿美元作为留存收益由管理层用以再投资。由于公司管理层的超级管理能力，公司用每1美元留存收益创造了9.21美元的市值增长，这一超凡的业绩充分反映了吉列公司的超级竞争优势和超级管理能力。

超级"安全边际"，低价待遇

巴菲特并非是像通常那样从二级市场购买吉列流通股票的，而是借帮助吉列抵挡恶意收购之机来长期投资的。

1981~1990年整个20世纪80年代，吉列公司股价处于呆滞时期，市盈率一般为15倍左右。由于公司盈利能力稳定，同时债务不多，因此成为80年代购并狂潮中的理想购并目标。

公司管理层先后四次击退了购并接管企图。1988年在与柯尼斯顿公司的争夺中公司不得不以每股45美元的价格回购了1900万股股票。从1986~1988年间，为提高负债率以达到购并者不感兴趣的高负债率水平，公司用15亿美元的债务代替了权益，以至于公司的净资产账户余额一度为负数。

正当吉列身陷华尔街的恶意收购旋涡中而面临财务危机时，巴菲特向吉列董事会提议由伯克希尔公司作为白衣骑士，向吉列提供它急需的权益资本，帮助吉列长期保持独立。

1989年7月，吉列公司给伯克希尔-哈撒韦公司以私募方式发行了价值6亿美元的可转换优先股，用所募集资金偿还了部分债务，从而成功地抵挡住了投机者的恶意收购攻势。

巴菲特买入的可转换优先股的红利收益率为8.75%，巴菲特可以按每股50美元的价格转换为吉列公司普通股（比吉列公司当时的股票价格高出20%）。

1991年4月,巴菲特行使转换权将吉列可转换优先股转换为普通股,这时吉列公司股票总市值为80.3亿美元。

我们将吉列公司市值与前面计算的吉列公司股票的内在价值相比较,可以发现巴菲特将吉列可转换优先股转换为普通股时享有很大的"安全边际"。

假设在巴菲特买入(1990年)后的未来10年内吉列公司销售收入以年均15%的速度增长,吉列公司的内在价值大约为160亿美元。与吉列公司股票总市值80.3亿美元比较,巴菲特买入的"安全边际"为50%。

如果我们将1990年以后未来10年的增长率下调到12%,吉列公司的内在价值大约为108亿美元。与吉列公司股票总市值80.3亿美元比较,巴菲特买入的"安全边际"为20%。

如果我们将1990年以后未来10年的增长率下调到7%,吉列公司的内在价值大约为85亿美元。与吉列公司股票总市值80.3亿美元比较,巴菲特买入的安全边际为6%。

事实上吉列公司1997年的销售收入从1990年的54亿美元增长到了100亿美元,几乎增长了一倍,年均增长率近30%,年复合增长率超过10%。巴菲特1990年6亿美元的吉列公司股票投资,1997年增值为48亿美元,涨幅为7倍。这种惊人的投资收益率的一个重要原因是他购买吉列股票的巨大"安全边际"。

事实上巴菲特在伯克希尔1995年的年报中将对吉列可转换优先股的投资作为一个过于谨慎的错误,他本可以一开始就买入吉列公司的股票而不是可转换优先股,这样他可以多赚6.25亿美元。

"我们持有的优先股中表现最好的是吉列公司,从一开始我就跟各位说过这是一家超一流的优秀公司。不过具有讽刺意味的是,这也是我犯过的最大的投资错误之一,但是这属于那种永远不会反映在财务报表之上的错误。我们在1989年投资6亿美元买入的吉列可转换优先股,可以转换为4800万股吉列的普通股(经过拆细调整后)。然而如果当初我们选择另外一种投资途径,我本来可以用这6亿美元直接买入该公司6000万股普通股。吉列公司当时每股市价为10.5美元,如果我们进行一次附有许多限制条款的大型私募,我绝对会至少以5%左右的折扣买入吉列公司股票。虽然我不能保证必然会如此,但我认为当时如果我们选择直接买入普通股的方式进行投资,该公司的管理层可能会同样高兴,可惜我并没有聪明到这样做的地步。在这两年内我们收到一些额外的优先股股息收入(这是由于优先股与普通股股息的不同),公司尽可能迅速地,也非常正确地赎回了我们持有的优先股。如果当初我在谈判时选择普通股而非优先股的话,截至1995年底我们将可多赚6.25亿美元的利润,当然还要从中再扣除7000万美元的优先股股息。"

第四节　美国运通公司

投资14.7亿美元,盈利70.76亿美元

1991年巴菲特买入美国运通公司3亿美元的可转换优先股。

1994年巴菲特将这部分可转换优先股转换成了1400万股普通股，同年巴菲特又投资4.24亿美元买入1.38亿股普通股。

1995年巴菲特投资6.69亿美元买入2.17亿股普通股，总持股数达到4945.69万股。

1998年巴菲特又小幅增持108万股，总持股数达到5053.69万股。

2000年由于美国运通公司进行股票分割，巴菲特所持股份总数变为15161.07万股。

至2004年底巴菲特所持股份总数为15161.07股，买入成本为14.70亿美元，总市值为85.46亿美元。巴菲特投资11年总盈利70.76亿美元，投资收益率高达4.81倍以上。

125年历史的金融企业

回溯1851年，美国运通在创立之初，其实是一家快递公司，它是由好几家小型快递公司共同组成的快递联盟，口号是"安全、迅速"，牛头犬是它的标志。

1860年，美国爆发南北战争，美国运通全力支持北方军，肩负起联邦军队所需物资的运输，后来还帮助军队在战地印发选票。

1880年，公司规模已经迅速发展壮大，在美国19个州先后设立了4000家分支机构。

1882年，大量现金的运送风险日益增加，于是美国运通开始了汇票承销。汇票业务快速成长，因此和欧洲各大银行往来密切。美国运通除了基金划拨外，更朝着多元化方向发展。但尽管金融业务蒸蒸日上，货物运输依旧是其首要的经营重心。

1891年美国运通推出了旅行支票，开创了一个新的里程碑，也让公司经营发展做出了重大变化，自此从货物运输公司转型为金融服务公司。美国运通承诺，每一张标有面额的支票都可以在许多国家兑换成各种不同币种的现金，更重要的是，一旦旅行支票被窃或遗失，受害人能自动地获得退款。

旅行支票的问世，让观光客可以凭着一张纸就悠游在各国汇率之间。旅行支票的效力高低，其实凭借于开票银行品牌势力的大小，于是，美国运通萌生了进军旅游界的念头，它开始发售火车联票和越洋船票。

1914年，第一次世界大战爆发，15万名美国人投身欧洲战场。美国运通灵机一动，把参战士兵的钱寄到它在欧洲各地的据点，这大大增强了它在某些国家所拥有的品牌影响力——当地商人对美国运通旅行支票的接受度，远高于对本国货币的信任度。美国运通公司充分利用海外广泛的分支机构及其崇高声誉，在旅行支票业务基础上提供旅游代理服务和货币兑换等大量旅游相关业务。当时美国的海外旅游热潮为美国运通公司提供了大量利润。

即使在20世纪30年代的经济大萧条时期，美国运通的声望仍持续上升。当时各大银行纷纷暂停营业，美国运通资产遭到冻结，但它还是继续兑现所有的旅行支票，足见它的品牌信誉比现金更可靠。

当《时代周刊》宣告"无现金的社会"已经到来，一场信用卡取代现金的流通革命即将开始，而美国运通正是这场革命的导航灯。1958年美国运通开发出了最大胆也是最成功的产品——运通卡。公司与许多商家签约，向持卡人收取一定的费用并按照刷卡额的一定百分比给商家一定的折扣。到了1963年，有1000万公众持有美国运通卡，该公司成千上万美元的票据在流通，像货币一样被人毫不迟疑地接受。1970年美国运通收取了

23亿美元的手续费，运通卡使美国步入无现金社会。美国运通多年来也在公众中建立了巨大的声誉。

目前美国运通公司业务主要分为四部分：

（1）旅游及相关服务（TRS），包括发行运通信用卡和运通旅行支票和旅游代理服务，这是公司的核心业务，占公司净收益总额的70%以上，股本率高达28%以上。

（2）财务顾问服务（IDS）主要是向个人客户提供财务计划和投资咨询服务，涉及财务计划、保险和投资产品等，有3600名财务咨询专家，管理资产规模达1060亿美元，是全美最大的资产管理机构，业务收入占美国运通公司总收入的22%。

（3）运通银行，在全世界37个国家和地区设有87家办事处，但运通银行的业务收入只占美国运通公司总收入的5%。

（4）ISC为客户特别是信用卡公司提供处理数据服务。

1963年，美国运通在新泽西州巴约纳的一家仓库的一场非常普通的日常交易中，接收了由当时规模庞大的联合原油精炼公司提供的一批据称是色拉油的罐装货物，仓库给联合公司开出了收据作为这批所谓色拉油的凭证，联合公司用此收据作为抵押来取得贷款。

1963年11月，美国运通发现油罐中只装有少量的色拉油，大部分是海水。美国运通的仓库遭受了巨大的欺骗，其损失估计达1.5亿美元。

美国运通总裁霍华德·克拉克决定承担下这批债务，这意味着母公司将面对各种索赔，而且将包括没有法律依据的索赔，潜在的损失是巨大的。实际上，他说公司已经"资不抵债"。

巴菲特专门走访了奥马哈罗斯的牛排屋、银行和旅行社、超级市场和药店，发现人们仍然用美国运通的旅行者支票来做日常的生意。他根据调查得出的结论与当时公众的普遍观点大相径庭：美国运通并没有走下坡路，美国运通的商标仍是世界上畅行标志之一。

巴菲特认识到美国运通这个名字的特许权价值。特许权意味着独占市场的权力。在全国范围内，它拥有旅行者支票市场80%的份额，还在付费卡上占有主要的市场份额。巴菲特认为，没有任何东西动摇过美国运通的市场优势地位，也不可能有什么能动摇它。

股票市场对这个公司股票的估价却是基于这样一个观点，即它的顾客已经抛弃了它。华尔街的证券商一窝蜂地疯狂抛售。1963年11月22日，公司的股票从消息传出以前的60美元/股跌到了56.5美元/股，到1964年年初，股价跌至每股35美元。

1964年巴菲特将其合伙公司40%的资产，约1300万美元买入美国运通公司5%的股票。

在接下来的两年时间里美国运通的股价上涨了3倍。在5年的时间内股价上涨了5倍，从35美元上涨到189美元。巴菲特告诉《奥马哈世界先驱报》（1991年8月2日）说，他持有这些股票长达4年，因此他投资美国运通的收益率最起码在4倍以上。

巴菲特在伯克希尔1994年的年报中对他投资美国运通的历史，认为正是这种对公司的长期了解使他作出了大笔增持美国运通股票的明智投资决策。

"在寻找新的投资目标之前，我们会先考虑能否增加原有股票投资的头寸。如果一家企业非常具有吸引力而曾经让我们愿意买入，那么这家公司同样值得我们再次择机买入。我们非常愿意继续增持See,s或者Scott Fetzer的股东权益比例，但我们至今无法增持到100%的持股比例。但是在股票市场中，投资人经常有机会可以增持他了解且喜欢的公司股票。去年我们就是这样增持了可口可乐与美国运通的股票。

"我们投资美国运通的历史可以追溯到很早以前了，事实上这也符合我总是根据过去的认识来作出现在的投资决策的模式。……我投资美国运通的历史包含两段插曲，在20世纪60年代中期，这家公司由于.色拉油丑闻.而声名狼藉，股价受到严重打压，我们乘机将巴菲特合伙企业40%的资金投入到这只股票，这是合伙企业所做出的最大一笔投资。我要进一步补充说明一下，我们投资1300万美元买入的股票高达该公司5%的股权比例。目前我们在美国运通的持股比例接近10%，投资成本高达13.6亿美元（美国运通1964年的利润为1250万美元，1994年则高达14亿美元）。

"我对目前在美国运通总利润占1/3的IDS部门的投资可以追溯到更早以前。我在1953年第一次买入IDS股票，当时该部门迅速增长而市盈率只有3倍（在那些日子压弯了枝头的果子唾手可得）。后来我在《华尔街日报》刊登广告以1美元将其股票卖出，我甚至还写了一篇关于这家公司的长篇报告——我写过短的报告吗？

"显然美国运通与IDS（最近已更名为美国运通财务顾问）现在经营的业务已经远远不同于过去，但我还是认为，长期以来非常熟悉一家公司及其产品常常在评估这只股票时很有帮助。"

重振运通的哈维·格鲁伯

1992年罗宾孙辞职后由哈维·格鲁伯接任总裁，在此之前他负责的IDS非常成功。哈维·格鲁伯清醒地认识到运通公司核心竞争力在于美国运通卡，他经常用"特许权"和"品牌价值"等字眼来形容运通卡的优势地位。哈维·格鲁伯决心逐步清理非核心业务，全力恢复并加强运通公司的核心业务旅游及相关服务（TRS）业务的市场占有率与盈利能力。

1992年，哈维·格鲁伯将下属的数据处理部门（IDC）出售。尽管这一业务盈利能力不错，但与公司核心业务及核心客户关系不大。这次出售IDC为运通公司带来了10亿美元的收益。

1993年，哈维·格鲁伯将运通公司下属的波士顿公司以15亿美元转让给梅隆银行。

不久，又将西尔森—雷曼公司一分为二，将原西尔森及其他证券经纪业务出售，然后又在1994年将从事投资银行的雷曼兄弟公司分拆上市。

哈维·格鲁伯一系列大刀阔斧的运作重新让公司回到专业化经营的正轨上。经过重组，清算了运通公司业绩不佳的非核心业务和不良资产，公司集中力量于最核心的业务，专门向富人阶层提供服务，其中旅游相关服务，包括银行卡、支票、旅游代理仍然是公司的核心产品。管理层的目标是把运通卡变为世界上最受尊敬的服务品牌。公司多次强调美国运通卡的品牌价值，甚至将下属的金融服务公司更名为运通金融服务公司。

哈维·格鲁伯清楚地知道，用户希望从美国运通得到的是信贷安全和特权享受。

一旦你购买了美国运通卡，无论你身处世界的哪一个角落，你的权益都将得到保证。多年来，正是这种承诺使美国运通的信用卡和旅行支票业务经久不衰。无论是在国内还是国外，每个用户都能体会到美国运通公司周到、体贴的关怀。据统计，70%的用户在选择信用卡时认为服务质量同价格一样重要。美国运通的用户希望在他们掏出美国运通卡的一刹那就能立即引起饭店接待员的注意，意思是"站在你面前的不是一般人物"。哈维·格鲁伯已竭力使美国运通的白金卡用户在掏出他们的信用卡之后，立即能得到最热情的服务。

在哈维·格鲁伯的领导下，美国运通公司主业旅游相关业务得到显著改善，重组成本与坏账率大幅降低，盈利能力大幅回升。1994年生产成本降低了16亿美元，年营业额高达156亿美元，利润增长了18%，公司的股票也由每股25美元涨至44美元。

高端客户创造高利润

公司旅游相关服务持续增长，主要体现在运通卡发行量持续增加。1990年运通卡发行数量已经高达365万张，银行卡直接消费金额达到1110亿美元，旅行支票销售250亿美元，旅游业务收入达50亿美元。

1993年运通卡消费总额达到1240亿美元，其中企业客户达34亿美元。

1997年发卡量更是比1990年增长了17%，消费额增长了87%。

目前全球500强的企业中70%以上使用运通卡。由于运通卡持有者多为富人和企业，持有人平均每年消费支出几乎是维萨卡和万事达卡平均年消费水平的4倍，而且平均每张运通卡的年消费支出保持持续增长，1998年为6885美元，1999年增长为7758美元，增长了12.67%。

更高的消费对于商家来说意味着更多的利润，这也让运通卡越来越多受到商家青睐。运通卡的覆盖面较广，可以在美国80%的零售商店、86%的加油站和近100%的世界性大旅游和娱乐场所使用。持卡人的高消费与更多的商家使用运通卡，使其平均每张信用卡的盈利水平远远高于维萨卡和万事达卡。

由于金融创新，更多美国人将现金、存款、养老金转为货币市场基金、共同基金。公司财务顾问业务相应大幅增长近一倍，1990年资产管理规模达到1060亿美元，收入平均每年递增20%以上。1997年与1990年相比，资产管理规模增长了4倍，利润以每年20%的速度增长。

高度专业化经营创造高盈利

哈维·格鲁伯对美国运通公司进行了一系列大刀阔斧的重组后，又定下运通公司的财务目标：每股收益每年要提高12%~15%，权益资本收益率要达到18%~20%。

1993年公司净利润为14.78亿美元。1994年5月，美国运通分拆雷曼公司后，运通股东权益缩减到63亿美元。扣除美国运通在FDC持股上的税后利润为4.35亿美元，以及对分拆雷曼公司的影响调整后，1994年净利润为12亿美元，每股净利润为2.51美元，股本收益率为19%。

1997年美国运通净利润增长到了20亿美元，每股净收益增长到了4.2美元，股本收益率提高到了22%。

优秀经理人创造的超额价值

1990年以来，美国运通公司的非现金费用（折旧、摊销）与其用于土地、建筑和设备的资本支出数额相当。根据巴菲特对所有者收益的定义，当折旧、摊销等非现金费用接近资本支出时，所有者收益就近似等于净利润。

在1991年巴菲特投资30亿美元买入其可转换优先股之前，美国运通公司经营历史不稳定，很难断定其股东收益的增长率。

在哈维·格鲁伯接任后对美国运通进行大规模重组，公司进入稳定增长的轨道。公司的价值增长主要来自于哈维·格鲁伯对运通进行专业化重组后，用其高超的管理能力创造的超额价值。

但对于巴菲特而言，由于公司经历了较大的变化，在这种情况下，最好的办法是使用比较保守的增长估计。

"1994年公司的净利润约为14亿美元。哈维·格鲁伯的目标是净利润每年增长12%~15%。为了保守起见，我们的估计要大大低于管理层的预计，假设未来10年美国运通公司净利润每年增长10%，其后的增长率为5%。

"考虑到30年期国债收益率为8%，这已经是一个相当保守的贴现率，为了更加稳妥起见，我们采用10%的贴现率。"

根据计算，运通公司股票的内在价值为434亿美元，即每股87美元。

新的管理层创造新的"安全边际"

罗宾孙收购西尔森—雷曼公司是一个巨大的失败，这家公司经营沉陷亏损泥潭，美国运通公司不得不注入越来越多的资金才能维持经营。罗宾孙在西尔森—雷曼公司前后共投入了40亿美元的巨资，不但没有挽救西尔森—雷曼公司，还连累自身陷入经营困境。罗宾孙不得不求助巴菲特，巴菲特为此购买了3亿美元的美国运通公司可转换优先股，以解决美国运通资金不足的燃眉之急。巴菲特之所以采用可转换优先股方式投资，是因为当时还没有信心成为美国运通公司的普通股股东。

在哈维·格鲁伯接任后进行一系列重组，清算了美国运通公司业绩不佳的非核心业务和不良资产，使公司重新集中于最核心的旅行相关服务业务，公司盈利能力大幅回升。哈维·格鲁伯又定下美国运通公司的财务目标：每股收益每年要提高12%~15%，权益资本收益率要达到18%~20%。新的管理层一系列提升股东价值的活动让巴菲特对美国运通发展前景信心大增。

1994年夏季，巴菲特转换了手中的美国运通公司可转换优先股，不久，他又购进了更多的运通公司普通股。到年末为止，巴菲特以平均每股25美元的价格拥有2700万股美国运通公司普通股。

根据我们前面的价值评估，即使按最保守的估计，巴菲特也是以相当于美国运通公司股票内在价值70%的安全边际买入美国运通公司股票的。

第五节　华盛顿邮报公司

投资0.11亿美元，盈利16.87亿美元

1971年，凯瑟琳·格雷厄姆决定让华盛顿邮报公司股票上市。

华盛顿邮报公司的股票分为A、B两种类型。A种股票股东有权选举公司董事会的主要成员，B种股票股东只能选举董事会的次要成员。凯瑟琳·格雷厄姆持有50%的A种股票，可以有效地控制公司。1971年6月，华盛顿邮报公司发行了1354000股B种股票。

令人吃惊的是，公司上市仅仅两天后，凯瑟琳·格雷厄姆无视白宫的威胁，授权本·布莱德利出版五角大楼文件。

1972年，华盛顿邮报公司股票价格强劲攀升，从1月份的每股24.75美元上升到12月份的38美元。

1973年，尽管报业在不断发展，道琼斯工业指数持续下跌100多点，创造了3年来的历史新低。6月份，美国联邦储备委员会再次提高贴现率，道琼斯工业指数跌破900点。华盛顿邮报公司股票价格也随之下跌，到5月份下跌到每股23美元。

1973年华盛顿邮报公司股权收益率达到19%，其收入增长趋势也很好。但1973年其股价下跌了近50%，因为美国的股市崩溃了，股指大跌20%。巴菲特抓住这一良机，投资1062.8万美元买入461750股B种股票，平均买入价格为每股22.69美元。

巴菲特指出："在1973年，华盛顿邮报公司的总市值为8000万美元，在那时候某一天你可以将其资产卖给十位买家中的任何一位，价格不会低于4亿美元，甚至还能更高。该公司拥有《华盛顿邮报》、《新闻周刊》以及数家在主要市场区域的电视。当时与其相同的资产的价值为20亿美元，因此愿意支付4亿美元的买家并非发疯。"可见巴菲特认为自己是以低于华盛顿邮报股票内在价值1/4的价格买入股票的。

巴菲特在伯克希尔1985年的年报中回顾投资华盛顿邮报公司时指出："1973年中期，我们以不到企业每股商业价值1/4的价格，买入了我们现在所持有的华盛顿邮报全部股份。其实计算股价价值比并不需要非同寻常的洞察力，大多数证券分析师、媒体经纪人、媒体行政人员可能都和我们一样估计到华盛顿邮报的内在商业价值为4~5亿美元，而且每个人每天都能在报纸上看到它的股票市值只有1亿美元。我们的优势更大程度上在于我们的态度：我们已经从本·格雷厄姆那里学到，投资成功的关键是在一家好公司的市场价格相对于其内在商业价值大打折扣时买入其股票。

"1973~1974年间华盛顿邮报的业务经营继续非常良好，内在价值持续增长。尽管如此，1974年年底我们持股的市值却下跌了约25%，我们原始投资成本为1060万美元，这时仅为800万美元，本来在一年前我们觉得已经便宜得可笑的股票现在变得更便宜了，拥有无穷智慧的'市场先生'又将华盛顿邮报的股价相对于其内在价值进一步降低了20%。"

即使按该公司股票内在价值最保守的估算，也会显示出巴菲特是以少于其内在价值一半的价钱买进华盛顿邮报公司股票的，而巴菲特自己认为是以低于其内在价值1/4的价

钱购买的。不管怎么说，他是按华盛顿邮报公司股票内在价值显著的折扣价格买进的。巴菲特充分满足了本·格雷厄姆关于购买企业的准则，即低价购买创造了一个很大的安全边际。

1973年巴菲特持有华盛顿邮报股票461.75万股，1979年拆细为186.86万股，1985年略有减少为172.78万股，然后到2003年年底巴菲特仍然保持持股毫无变化。这是巴菲特持有时间最长的一只股票，长达31年。1977年底，华盛顿邮报公司股票在伯克希尔公司的普通股投资组合中占18.4%，这是一个非常高的比重。在1973年时巴菲特还没有买入GEICO保险股票，当时在投资组合中占的比重可能超过30%以上。

巴菲特在伯克希尔1985年的年报中感叹道："在伯克希尔公司我通过投资华盛顿邮报，将1000万美元变成5亿美元。"1973年巴菲特用1062万美元买入华盛顿邮报公司的股票到2004年底市值增加到16.98亿美元，30年的投资利润为16.87亿美元，投资收益率高达160倍。华盛顿邮报公司股票是巴菲特寻找到的第一只超级明星股，也是回报率最高的一只超级明星股。

美国两大报业之一

《华盛顿邮报》是美国最主要的城市之一——华盛顿最大、最悠久、最具有影响力的报纸。20世纪70年代初通过揭露水门事件，迫使理查德·尼克松总统退职，《华盛顿邮报》获得了国际威望。许多人认为它是继《纽约时报》后美国最有声望的报纸。由于它位于美国首都，尤其擅长于报道美国国内政治动态，而《纽约时报》则在报道国际事务上更加有威望。也有人认为《华盛顿邮报》过分关心政治而忽略了对其他方面的报道。

《华盛顿邮报》拥有世界著名的优秀政治新闻记者，1971年6月在公司发行B种股票仅仅两天后，《华盛顿邮报》在巨大的政治压力下刊登了五角大楼文件并跟踪报道水门事件，直接导致了尼克松总统的辞职。此举充分表现了作为媒体的独立性，使该报获得了崇高的声誉，确立了该报在业内的领袖地位。在很多年之后的1998年初，《华盛顿邮报》第一个报道美国总统克林顿与白宫实习生莱温斯基的性丑闻事件。2004年《华盛顿邮报》获得18项普利策奖。

几十年来，《华盛顿邮报》一直在同《星报》的竞争中努力前进。《华盛顿邮报》公司通过收购《国际先驱论坛报》，已经成为一个非常强大的竞争对手，并且很快超过了《星报》。1981年《星报》被迫停刊，这使得《华盛顿邮报》实际上成为这个世界上最重要的城市之一——美国首都华盛顿的唯一一家处于垄断地位的报纸。按2003年9月30日的数据显示《华盛顿邮报》的日平均发行量为78万份，继《洛杉矶时报》、《纽约时报》、《华尔街日报》和《今日美国》后列第五名。《华盛顿邮报》星期日的发行量大约为110万份。《华盛顿邮报》的零售价格从1981年最初的25美分已经增加到2001年的35美分。

在最近几年里，《华盛顿邮报》已经在利润和股票市场价值方面超过了自己最大的竞争对手《纽约时报》。《华盛顿邮报》公司利润的一半来自于《华盛顿邮报》的发行，除此以外，《新闻周刊》在1995年的经营利润就已经达到了这个数字，到1997年，经营利润达到了3800万美元。

目前公司下属的《新闻周刊》也是与《时代周刊》并驾齐驱的全球最有影响力的杂志之一。《新闻周刊》是一份在纽约出版，在美国和加拿大发行的新闻类周刊。在美国，它仅次于《时代周刊》，当然有时它的广告收入超过了《时代周刊》。在发行量上，它超过了《美国新闻和世界报道》。在这三份期刊中，《新闻周刊》通常被视作观点比《时代周刊》更自由而比《美国新闻和世界报道》更保守。最初《新闻周刊》的英语名字是News Week，由托马斯J.C.马丁于1933年2月17日创立，在这份创刊号的封面上印有有关那周新闻的7张照片。1937年，马尔柯姆·米尔成为该刊主编及总裁，他将刊物的英文名字改成了现在的样子，并加强了该刊文章的可读性，引入了新的署名专栏和国际版面。随着时间的流逝，《新闻周刊》已经发展为一个内容广泛的全方位新闻类杂志，其涵盖范围包括了从突发新闻到深度分析的各种内容。1961年，华盛顿邮报公司将其收归旗下。

根据2003年的统计数据，《新闻周刊》在全球有超过400万的发行量，其中在全美为310万。同时，它还出版日、韩、波兰、俄、西、阿拉伯等多种语言版本，以及一份英语的国际刊物。

巴菲特1973年开始购买股票之前，华盛顿邮报公司就已经有30多年的经营历史。公司从一家几十万美元的小报纸起步，发展成为如今50多亿美元市值的美国传媒企业中的领导者。1931年，《华盛顿邮报》是美国五家主要日报之一。第一期《华盛顿邮报》有4版，每一版面包括7个栏目，采用优质印刷纸印刷。

1933年，华盛顿邮报公司因无力支付新闻纸的费用而被拍卖。金融家百万富翁尤金·梅耶在拍卖会上以82.5万美元的价格购买了这家报社。

当时《华盛顿邮报》的日发行量只有5万份，一年亏损100万美元，是当年华盛顿5份报纸中质量最差、亏本最多、读者最少的一份报纸，谁也没有想到它以后会变成美国的媒体帝国。

在以后的20年中，尤金·梅耶把自己的全部时间、精力和资金都投入到华盛顿邮报，他的追求、执著以及他为此而不断投入的资金，拯救了华盛顿邮报。经历了九年半的亏损之后，华盛顿邮报终于扭亏为盈，1942~1945年累计盈利额达到了24.75万美元。1946年，杜鲁门总统邀请尤金·梅耶担任世界银行的第一任总裁。

1948年，尤金·梅耶正式宣布，把具有投票权的5000股公司股份分别转交给女婿菲利普·格雷厄姆3500股和女儿凯瑟琳·格雷厄姆1500股。菲利普·格雷厄姆毕业于哈佛大学法学院，加入华盛顿邮报公司前担任过《法律评论》的主管。

菲利普·格雷厄姆很快就成为华盛顿邮报公司一个精明强干的领导人。他开始从财务和新闻两个方面着手打造公司。

1954年，菲利普·格雷厄姆收购了《时代先驱报》，从而成为华盛顿唯一的一家晨报。通过这次收购《华盛顿邮报》的发行量增加了两倍，广告收入也出现了大幅度提升，使39岁的菲利普·格雷厄姆成为美国新闻历史上一位重要的人物。他1961年收购了《新闻周刊》，随后购买了两家电视台，后来又收购了伯沃特·莫塞纸业公司——它为公司提供了绝大部分的新闻纸。《华盛顿邮报》公司在格雷厄姆掌门期间，从一家报社转变为一家名声大振的传媒通信公司。

菲利普·格雷厄姆在1957年患上了严重的间歇性抑郁症，1963年8月自杀，年仅48岁。

这样，管理华盛顿邮报公司的责任突然之间就完全落到了凯瑟林·格雷厄姆的肩上，她曾经在报社担任过编辑，但是她对新闻报道和商业经营的经验在当时却非常有限。格雷厄姆夫人出于对华盛顿邮报公司的真挚热爱，勇敢地担起了重任。她说："我可以出售这家报社，我可以找个人替我管理报社，或者我自己去经营，但是实际上我已经别无选择，我只能自己去经营。对于我来说，要放弃我的父亲和丈夫用心血和爱一手建造起来的一切，或者把它交给别人是不可思议的。"

她把《华盛顿邮报》做成全国最出色的报纸，一份以调查性报告、文体风格独特和经营成功而著称的报纸。

巴菲特对报纸出版业务非常了解，这完全在他的能力圈之内。

巴菲特的祖父曾经拥有一家小型报社并自任编辑，他父亲曾经担任过《内布拉斯加日报》的编辑。

巴菲特本人13岁时就是《华盛顿邮报》一名非常勤奋的报童，他一度每天要走5条线路递送500份报纸，主要是投送给公寓大楼内的住户。

通常巴菲特下午5：20出发，坐上开往马塞诸塞大街的公共汽车。聪明的他把春谷区的两条投递《华盛顿邮报》的路线和两条投递《时代先驱者报》的路线结合起来，这个年轻的报童后来又增加了西切斯特公寓大楼的投递工作。

为了能够更好地利用送报机会从顾客那里赚取更多的收入，他想出了一个十分有效的杂志征订的方法。他从被丢弃的杂志中撕下带有征订优惠有效期的广告页，把它们归类，然后在适当的时间请顾客从中选择要续订的刊物。在近4年多的时间里，他同时开发了5条送报路线，总共赚了5000多美元，这是巴菲特投资致富的最初资金来源。

巴菲特对传媒产业非常有兴趣，他和很多高级记者成为亲密的朋友，他曾经说过，如果他没有选择商业的话，很有可能会成为一名记者。

他具有一名记者在编辑和制作方面所具有的一切天分，他对那些价值被低估行业进行的研究，他所具有的敏锐的商业意识，以及一个记者所具有的独特眼光结合为一身。

1969年，巴菲特购买了《奥马哈太阳报》，同时还有一系列周报。在他第一次买《华盛顿邮报》公司股份之前，已经具有了4年报纸运作的亲身经验。经营管理《奥马哈太阳报》使巴菲特认识到了报纸的经济特许权，这是巴菲特投资一系列传媒产业公司股票大获成功的根本。

传统媒体的特许经营权

华盛顿邮报公司拥有报纸、杂志、电视台等大量传媒企业，股票的市场价值总额已经远远超过了50亿美元。

公司一半的营业收入来源于报纸《华盛顿邮报》。

1998年初《华盛顿邮报》第一个报道美国总统克林顿与白宫实习生莱温斯基的性丑闻事件。《华盛顿邮报》获得了18项普利策奖。许多人认为它是继《纽约时报》后美国最有声望的报纸。

公司1/4的收入来源于杂志，主要杂志《新闻周刊》的国内发行量超过300万份，国际发行数量超过70万份。

华盛顿邮报公司还拥有考斯传媒公司28%的股份，考斯传媒公司主要发行《明尼阿波利斯星星论坛》，其他一部分股份已经在1997年出售给麦克兰奇公司。

同时，《华盛顿邮报》与《纽约时报》分别拥有《国际先驱论坛报》一半的股份，这份报纸在巴黎发行，并在世界各地的8个城市同时印刷，主要是转载《华盛顿邮报》和《纽约时报》的报道，报纸在全世界180个国家发行。《国际先驱论坛报》的发行量大约为24万份。

此外，《华盛顿邮报》公司还控制着洛杉矶《华盛顿邮报》新闻社一半的股份，这个新闻社为世界各地50个国家的768家客户提供新闻、专访和评论。

1992年3月，华盛顿邮报公司收购了加瑟斯伯格·加塞特公司80%的股份，这家公司是加塞特报社的母公司，目前在马里兰州发行了39份周刊，这些周刊的综合发行量大约为60万份。

华盛顿邮报公司还在当地的军事基地发行了一系列周报，其中包括在保龄空军基地的《光束》、美国空军学院的《三叉戟》以及沃尔特·里德军事医疗中心的《星条旗》。

在2001年年初，华盛顿邮报公司的加塞特公司，还收购了马里兰州艾尔克顿切萨皮克出版公司的《南方马里兰报》。

公司其他1/4收入主要来源于电视部门。

华盛顿邮报公司目前拥有大约6000名雇员，还拥有6家电视台：底特律的WDIV/TV4电视台、迈阿密/福特劳德代尔堡的WPLG/TVl0电视台（与麦雷迪斯公司交换得到）、奥兰多的WCPX电视台——1998年为了纪念凯瑟林·梅耶·格雷厄姆而更名为WKMG电视台（与麦雷迪斯公司交换了哥伦比亚广播公司之后）和杰克逊维尔的WJXT/TV4电视台。华盛顿邮报公司还在1994年以2.53亿美元的价格收购了休斯敦的KPRC-TV电视台和圣·安东尼奥KSAT-TV电视台。

此外，公司还拥有一个有线电视网，这个有线电视网是1986年以3.5亿美元的价格从资本城公司购入的，当时该有线电视网已经拥有大约36万名用户。巴菲特是所有这些交易的中心人物。华盛顿邮报公司有线电视一台在亚利桑那州的菲尼克斯通过收购，用户已经达到了大约75万名（同时还拥有23.9万名数字有线电视用户）。目前有线电视业务的利润水平远远超过当初收购的水平。

华盛顿邮报公司拥有斯坦利·卡普兰公司（现在被称为卡普兰教育中心），负责为学生提供各种注册资格考试和入学考试，包括目前非常盛行的学习能力考试。

巴菲特对传媒行业非常钟爱，先后投资过联合出版公司、华盛顿邮报公司、大都会／ABC等多家传媒产业公司。巴菲特对传媒行业进行了深入分析，将其产业的基本特征总结为由于经济特许权形成的产业平均高盈利水平。

巴菲特在伯克希尔1984年的年报中分析传媒产业的高盈利特性时感叹道："即使是三流报纸的获利水平也一点不逊色于一流报纸。"

在商业社会中一家占有主导地位的报纸的经济状况是最具有优势的。企业主们通常相信只有努力地推出最好的产品才能取得最好的盈利，但是这种令人信服的理论却让无法令人信服的事实打破，当一流的报纸取得高获利时，三流报纸的获利水平却一点不逊色有时甚至更多一些，只要这两类报纸在当地都占有主导地位。当然产品的品质对于一家报纸取得主导地位非常关键。……一旦主宰当地市场，报纸本身而非市场将会决定这份报纸是好还是坏，不管报纸好坏，都会大赚特赚。但是在大多数行业内却并非如此，质量水平较差的产品，其经营状况也肯定会比较差。但即使是一份水平很差的报纸对一般民众来说仍然具有公告栏的价值。当其他条件相同时，一份烂报纸当然无法像一份一流报纸那样拥有广大的读者，但是一份水平很差的报纸对一般市民却仍然具有很重要的作用而吸引他们的注意力，从而也会吸引广告商们的注意力。

巴菲特认为传媒产业的高盈利来自于其取得市场垄断地位的经济特许权。

事实上，报纸、电视与杂志等传媒企业的特点，越来越类似于普通企业，越来越远离于经济特许权企业。我们简单分析一下经济特许权企业与一般企业的本质不同，不过请记住，很多企业事实上是介于这两者之间，所以也可以将之形容为弱竞争力的经济特许权企业或是强竞争力的一般企业。借由特定的产品或服务，一家公司拥有经济特许权：（1）产品或服务确有需要或需求；（2）被顾客认定为找不到其他类似的替代品；（3）不受价格上的管制。

一家具有以上三个特点的公司，就具有对所提供的产品与服务进行主动提价的能力，从而赚取更高的资本报酬率，更重要的经济特许权比较能够容忍不当的管理，无能的经理人虽然会降低经济特许权的获利能力，但是并不会造成致命的伤害。……与经济特许权企业不同，一般企业会因为管理不善而倒闭。

巴菲特指出："传媒企业过去之所以能一直保持如此优异的表现，并不是因为销售数量上的成长，而主要是绝大多数传媒企业拥有非同一般的定价权力。"

报纸是一种奇妙的行业，它是那种趋向一种自然的有限垄断的少数行业之一。很明显，它与其他广告媒体互相竞争，但与报纸相近的其他文字印刷品是无法与报纸竞争的。你能举出其他像报纸那样的行业吗？没有了。

让总统辞职的凯瑟琳·格雷厄姆

1917年6月16日，凯瑟琳·格雷厄姆出生在美国纽约一个富豪家庭里，父亲尤金·梅厄在美国胡佛总统任内曾担任美国联邦储备委员会主席，在杜鲁门总统任内担任世界银行第一任行长。1933年，在一次破产拍卖会上，梅厄以82.5万美元买下华盛顿邮报公司。

1940年6月，凯瑟琳与菲利普·格雷厄姆结婚。1945年，凯瑟琳的父亲将华盛顿邮报公司大权交给了菲利普·格雷厄姆，甚至把股权的大部分都给了菲利普，而凯瑟琳则在家做全职家庭妇女，养育4个孩子。

后来菲利普患上了严重的精神抑郁症。1963年8月，他在自家农场开枪自杀身亡。当时凯瑟琳已经46岁了，当了许多年的家庭主妇，突然失去丈夫，她根本不知道如何是好。

菲利普·格雷厄姆死后，华盛顿邮报公司的控制权移交给了他的妻子凯瑟琳·格雷厄姆。尽管她没有管理大公司的经验，但她很快就因大胆处理公司难题而引人注目。格雷厄姆夫人的成功很大程度上可以归结为她对华盛顿邮报公司的真挚热爱，她亲眼目睹了父亲和丈夫怎样共同为公司的生存和发展而努力奋斗。她意识到，要想获得成功，公司就需要一位决策者而非保管员。"我很快认识到了事物不是静止不变的，你不得不进行决策。"

她开始向周围那些成功的人士学习，学习新闻的基本业务和经营手段。最为重要的是，她学会了任用比自己更优秀的人才。她最重要的一个决策是上任之后任命本杰明·布莱德利担任总编辑。

布莱德利是一位"现代人"意义上的新闻人，他不喜欢强调新闻的责任感，更讨厌纯粹的资讯，在《新闻周刊》时，他整天督促年轻的记者写出好玩的东西。上任后他将这种风尚带入《华盛顿邮报》，改变了传统老旧的风格。

布莱德利喜欢明星记者制，坚信只有非常优秀的明星们让报纸水准最快地提升。他以非常自由的空间与非常高的薪水从《纽约时报》、《新闻周刊》等处广招贤才，甚至包括3名"普利策新闻奖"得主。凯瑟琳对此全力支持，将编辑部的经费从每年400万美元提高到800万美元，整整翻了一倍！

凯瑟琳立志要让人们用谈论《纽约时报》那样的口气谈论《华盛顿邮报》。一系列的剧变发生在《华盛顿邮报》，尤其是两次重大新闻事件改变了《华盛顿邮报》，也把凯瑟琳推到了事业的顶峰。

1971年，面对如何处理"五角大楼报告"（一份被泄露的国防部研究报告，暴露了政府在越南战争问题上的欺骗行径）的问题，对她来说，这是一个需要作出重大决策的时刻。

《纽约时报》由于发表报告摘录已经招致了法院的禁令，如果《华盛顿邮报》发表这份文件的话，根据《间谍法案》，它有可能遭到起诉，而这会对公司即将进行的上市和将带来丰厚利润的电视许可证构成威胁。

报道还是不报道？这个问题尖锐地摆在凯瑟琳面前，即使菲利普·格雷厄姆说"否"，相信也不会有任何人对此产生异议。

但是这位女报人再一次站出来，说了"是"。她后来回忆，当时她非常紧张害怕，但她吞咽了一下，一连说了三个Go ahead："Go ahead, go ahead, go ahead. Let,s go. Let,s publish！"

对于一生充满不安定感觉并且出于偶然因素而成为CEO的人来说，这是一个非同寻常的决定，"我惊恐不已"和"我吓得发抖"这样的句子不断在她的回忆录中出现。"我的这个决定可能会令整个公司陷入危险。"但她最终得出的结论是，以牺牲公司的灵魂为代价来选择生存保障，将比不能生存更糟糕。于是《华盛顿邮报》发表了这份报告。凯瑟琳就像一个赌徒，倾其所有压在了一篇报道上，她赢了！

最终，《华盛顿邮报》的立场得到最高法院的肯定。从那个时候起，《华盛顿邮报》已经不再是一份小报，人们提起它的时候，那口气就像提起了《纽约时报》。

出版五角大楼文件并追踪报道"水门事件"的调查进展，从而使《华盛顿邮报》获得了不少新闻奖。这些"获奖新闻"给华盛顿邮报公司赢得了极高的声誉，而巴菲特则教会了凯瑟琳如何运转一家成功的企业。

巴菲特第一次结识凯瑟琳·格雷厄姆是在1971年。当时，巴菲特拥有《纽约人》杂志出版公司的股票。听说该杂志可能要卖掉，巴菲特为此询问凯瑟琳是否有兴趣购买。而在此时，华盛顿邮报公司的财务结构正在进行重大改组。

凯瑟琳掌控公司的控制权之前，公司所有有投票权的股票都掌握在她的父母手中。凯瑟琳将其父手中成千上万的有投票权的股票赠给了几百名公司职员，以感谢他们的忠诚服务。她还用自己的股票建立了公司的利润分享计划。利润分享计划和职工个人持股要求公司为其股票维持一个交易市场。这种安排实际上是公司现金的一种非生产性使用。此外家族还面临着高昂的遗产税。

1971年，凯瑟琳决定让华盛顿邮报公司上市，以便缓解公司自身单独维持公司股票内部交易市场的负担和压力，并使家族继承人有能力为他们的财产找到盈利更高的投资方式。

1972年，华盛顿邮报公司股价强劲攀升，从1月份的每股24.75美元上升到12月份的38美元。但是，尽管报业在不断发展，在华尔街上空却笼罩着低迷悲观的情绪。1973年初，道琼斯工业指数开始下滑。到该年春天，下跌了100多点。华盛顿邮报公司股价随之下跌，到5月份，下跌至每股23美元。同一个月里，金价突破100美元一盎司，美国联邦储备银行把贴现率提高到6%，道琼斯指数再次下跌了18个点。6月份，贴现率再次提高，道琼斯工业指数跌破900点。然而，巴菲特此时却镇定自如，仍在购买华盛顿邮报公司股票。

巴菲特在最初购买华盛顿邮报公司股票时，凯瑟琳心有顾忌。一个非家族成员拥有华盛顿邮报公司这么多股票，即使这些股票没有控制权，对她来说也是不安全的。巴菲特想让凯瑟琳确信他的购买纯粹是投资行为。于是他建议凯瑟琳的儿子唐纳德代理自己行使投票权。凯瑟琳立即作出反应，于1974年邀请巴菲特加入董事会，并且很快任命他为董事会财务委员会主席。

巴菲特在华盛顿邮报公司发挥了重要作用。他帮助凯瑟琳度过了20世纪70年代的罢工狂潮，他还教给唐纳德很多商业知识，帮助他理解管理的作用及其对公司股东的责任。

巴菲特提议的最成功的股票回购

巴菲特在伯克希尔1985年的年报中对华盛顿邮报的总裁凯瑟琳·格雷厄姆资本配置能力予以高度赞赏，他认为对华盛顿邮报股票投资巨大收益中的大部分来自于这位女总裁的高超管理能力。

"你们当然知道我们这次对华盛顿邮报公司股票投资的美满结局。华盛顿邮报的总裁凯瑟琳·格雷厄姆用非凡的智慧和勇气，充分利用股价低迷的时机大量回购公司的股份，而且运用高超的管理能力推动公司内在商业价值大幅增长。与此同时投资人开始认识到公司业务非凡出众的竞争优势，从而推动公司股价上升，逐步接近其内在价值。因此我们得到了三大好处：一是公司内在商业价值快速增长；二是每股商业价值由于公司回购股份又进一步快速增长；三是随着股票被低估的幅度逐渐缩小，股价上涨的幅度超越了每股商业价值的增长幅度。

"我们1973年投资1060万美元买入的华盛顿股份，除了1985年根据持股比例在公司回购时卖回给公司的股份外，全部一直持有至今。这些股份年末的市值加上因回购而出售股份所得的收益共计22.1亿美元。

"假若在1973年我们将1060万美元随意投资到6家当时最热门的传媒企业之一，则到今年年底我们持股的市值在4000~6000万美元之间，这将大大超过市场平均收益水平，其根本原因在于传媒企业的非凡出众的经济特征。我们买入华盛顿邮报股票所获得的额外1.6亿美元投资收益，在很大程度上来自于凯瑟琳·格雷厄姆所作出的远胜于其他传媒企业管理者的高超经营决策。尽管她惊人的商业成就大部分并不为人所知，但伯克希尔的所有股东却不能不倍加赞赏。"

华盛顿邮报公司由于其作为传媒行业拥有突出的经济特许权，公司只需少量的有形资产，就能产生巨大的现金流入，而资本支出相对小得多，因此公司每年都会形成大量的自由现金流，远远超过了公司业务经营的资金需求。

如何使用这部分自由现金流，为股东创造更多的价值，是对管理层资本配置能力的考验。

凯瑟琳·格雷厄姆在她的自传《我的历史》一书中说，她和巴菲特的第二次见面是在巴菲特收购华盛顿邮报的股份之后。巴菲特再一次向格雷厄姆表示，绝对不会干涉华盛顿邮报的内部事务，凯瑟林·格雷厄姆邀请巴菲特到华盛顿共进晚餐，并参观一下华盛顿邮报公司。1974年，巴菲特被任命为华盛顿邮报公司的董事，并主持财务委员会的工作。于是，巴菲特成为了她的商业顾问。从此以后，他们之间建立了一种深厚的友谊和相互依赖的利益关系。凯瑟琳·格雷厄姆在《我的历史》中回忆道："我在这些年所采取的措施，巴菲特在财务金融方面提出的建议，以及我们之间的经常性沟通发挥着关键性的作用。"

凯瑟琳·格雷厄姆任总裁期间在以下三个方面体现了高超的资本配置能力：

一是低价回购股票。华盛顿邮报公司是在报业同行中第一个大量回购股票的公司，1975~1991年期间，公司以平均每股60美元的价格回购了43%的流通股。1974年，巴菲特担任华盛顿邮报公司的董事后不久提议回购华盛顿邮报公司的股票。

凯瑟琳·格雷厄姆在《我的历史》中回忆道："我认为最重要的仍然是，他劝说我回购公司股票，这让我们受益匪浅。以前我对此一直将信将疑。虽然回购在今天已经成为司空见惯的事情，但是在20世纪70年代中期，还没有几家公司会采取这样的措施。当时我认为，如果以公司全部的资金购买自己发行在外的股票，那么公司的成长能力将会大受影响。巴菲特为我提供了各个方面的数据，通过这些数字向我说明了这一措施不仅可以从长期为公司带来收益，甚至使公司在短期内也可以从中受益。他反复强调，目前的股票价格如何低于真实价值，回购措施与目前所采取的各种方案相比，如何具有其特殊的优势。他让我逐渐明白了这一点：如果我们回购华盛顿邮报公司1%股票的话，我们就可以以更低的价格拥有更多的股份，于是我认为我们的确有必要这样做。"

二是只进行合理的收购。在伯克希尔公司投资后的25年内，传媒产业发生过很多购并，而华盛顿邮报公司是传媒产业中最经常对购并说"不"的，它的目标企业是有竞争壁垒，不需要过多的资本性支出，而且有合理调价的能力。

令人吃惊的是，在巴菲特的董事会任期中，华盛顿邮报公司几乎没有任何大的购并行动。整整11年中，《华盛顿邮报》公司以合理的价格在华盛顿买下一家报纸的同时又在特伦顿买了一家，使公司报业得到很好的扩张。1986年，从大都会公司手中购买了电缆公司的所有权，这又使大都会公司有能力收购美国广播公司（ABC）。华盛顿邮报公司还是手机产业最早的投资者，但后来又出售了。和从前一样，98%的利润依旧来自于《华盛顿邮报》、《新闻周刊》以及4家电视台，唯一显著的变化是它的盈利能力翻了一番。

巴菲特在伯克希尔1987年的公司年度会议上这样说："在华盛顿邮报公司出售无线电话业务的过程中，我的唯一作用是当初曾经建议公司以现在出售价1/5的价格收购这项业务，这也是他们最后一次征求我的意见。他们对我第一次提出的建议显然并不感兴趣，此后，他们再也没有征求过我的意见。"

三是提高现金红利。1990年，华盛顿邮报公司面对大量现金储备，公司决定把红利从每股1.84美元提高到4.00美元，增长了117%。

高于报业平均水平两倍的利润率

华盛顿邮报公司上市6个月后，凯瑟琳·格雷厄姆为公司确立的第一个目标就是要大幅度提高经营利润率。电视台和《新闻周刊》两个部门的利润持续上升，然而报纸的获利能力却相对增长缓慢。

格雷厄姆夫人发现报纸盈利能力低的主要原因是生产成本过高，尤其是员工工资太高。华盛顿邮报公司买下《时代先驱报》之后，公司利润不断增长。在整个20世纪五六十年代，由于员工工资不断提高，使公司盈利能力不断下滑。

历史上每当工会组织罢工（1949、1958、1966、1968、1969年），管理层都宁愿满足他们的要求，而不愿冒报社倒闭的风险，格雷厄姆夫人决心彻底解决这一问题。

凯瑟琳为了控制成本，采取了一连串降低成本的措施，然而降低员工工资的做法却招来印刷业工会的不满。10月份时，印刷厂以至广告部门工人决定大罢工，罢工者还火烧《华盛顿邮报》印刷厂，导致罢工第一天的报纸无法刊印出版，部分工人还袭击报纸采编人员。在罢工最严重的时候，人们常常可以看到记者、编辑室里杂乱无章，毫无疑问，这对于报界的财务和声誉都是一个沉重的打击。在凯瑟琳的镇定领导下，报社里的记者和编辑没有动摇，继续坚守岗位。然后，凯瑟琳派人自行接洽广告甚至亲自操作印刷机，又用直升机从报馆天台将版样运到邻近州府的印刷厂印刷。4个月后，格雷厄姆夫人宣布公司将雇用非工会会员的印刷工人。经过长达5个月的谈判，工潮终于化解，华盛顿邮报安然渡过难关。

《华盛顿邮报》公司整个20世纪60年代税前经营利润率平均为15%，进入70年代后由于工资过高、罢工等原因不断下降。1973年，公司的税前经营利润率仅为10.8%。由于格雷厄姆夫人采取了一连串降低成本的措施，并和工会合同谈判成功，使公司盈利状况明显改观。1978年，公司税前经营利润率已上升至19.3%，5年半时间增长了80%。

巴菲特进入董事会后，在他的协助下，格雷厄姆进一步降低成本，同时逐渐提高报纸零售价格。几十年来，《华盛顿邮报》一直在同《星报》的竞争中努力前进。邮报通过收购《国际先驱论坛报》，发行规模大大增加。1981年《星报》在激烈竞争下被迫停刊，这使得《华盛顿邮报》实际上成为美国首都华盛顿的唯一一家处于垄断地位的报纸，日平均发行量为76万份，零售价格从1981年最初的25美分增加到2001年的35美分。从1973年开始，公司广告收入每年增长8%，发行收入每年增长10%，营业利润每年增长12%。

1988年，华盛顿邮报公司的税前经营利润率高达31.8%，几乎是报业平均水平16.9%的两倍，而标准普尔工业指数平均水平只有8.6%。虽然公司经营利润率在20世纪90年代初有所下降，但是仍然远远高于标准普尔工业指数平均水平。

1美元留存收益创造1.81美元市值增长

巴菲特的目标是选择这样的公司：留存收益中的每一个美元都至少能转成市场价值中的一美元，这个测试可以用来很快确认这样的公司，即它们的管理人员一直能够最令人满意地对其资本进行分配和投资。如果留存收益投资到公司中去并且创造出高于平均水平的回报，则公司市值将相应会成比例地大幅上升。

从1973年到1992年，华盛顿邮报公司为其股东赚得17.55亿美元。在这些收益中，分给股东2.99亿美元，公司保留了14.56亿美元用于再投资。

1973年，华盛顿邮报公司的总市值只有8000万美元，此后，公司市值开始不断上升，1992年高达27.1亿美元。1973~1992年，公司股票市值增加了26.3亿美元。

在这20年里，华盛顿邮报公司的每1美元留存收益，为其股东创造了1.81美元的市值。

难以置信的超级 "安全边际"

1973年华盛顿邮报公司净利润1330万美元，折旧和摊销370万美元，资本性支出660万美元，则计算可知1973年自由现金流为1040万美元。

1973年美国政府长期债券利率为6.81%，如果我们假设华盛顿邮报公司不再继续增长，1973年自由现金流1040万美元将一直持续下去，则公司内在价值为15272万美元（1040万美元／6.81%），相当于巴菲特买入时公司市值的2倍。由于报纸在其所在的城市内拥有相当的垄断地位，完全可以通过提价的方法来提高盈利，而不用担心失去多年来形成的忠诚客户。如果华盛顿邮报公司有能力提高实际价格3个百分点，则该公司股票的内在价值将接近3.5亿美元。如果公司税前经营利润率从当时的10%提高到15%，该公司股票的内在价值将增加1.35亿美元，那么总价值将达到4.85亿美元。

当时，《华盛顿邮报》作为领头报纸在华盛顿市场中占主导地位，拥有整个华盛顿发行量的66%，但其利润率却只有10%。巴菲特发现其利润率历史平均水平为15%，深信其盈利能力将会有巨大的提高。事实上，在巴菲特的董事会任期中，华盛顿邮报公司几乎没有任何大的扩张行为。1974年公司每1美元销售额的营业利润为10美分，而1985年时，达到19美分，股权回报率也翻了一番。

当时人们普遍认为，即使永远不追加资本，一流的媒体公司收益率也能够达到5%~6%的增长速度，这就意味着媒体公司的收益是无风险的现金流。对一个按5%的速度增长的永续现金流的价值是：

1040万美元/（7%－5%）=5.2亿美元

分析公司的价值，华盛顿邮报公司1972年的有形资产包括房产建筑物、机器设备、存货等，仅有6400万美元，而这些有形资产1972年创造的净利润为1000万美元，1973年为1330万美元。

华盛顿邮报公司出众的经济特许权，为公司创造了巨大的经济商誉，当企业有形资产预期产生的价值远远超过市场收益率时，企业的价值就远远大于净有形资产的价值。这种资本化的超额收益，就是经济商誉。

巴菲特指出，报纸只有很低的资本需求，可以很容易地把销售收入变为利润。即使一家报纸安装了昂贵的计算机辅助印刷设备和新闻电子排版系统，它们也会很快通过较低的固定工资费来支付。

巴菲特认为，一家典型的报纸，即使其价格涨一倍，同时仍可保持90%的读者。《华盛顿邮报》在华盛顿具有市场垄断地位，对于读者、广告商具有非常高的重要性，因此能够相对容易地提高价格，从而产生高于平均水平的投资收益并降低通货膨胀的负面影响。

第六节　美国富国银行

投资4.6亿美元，盈利30亿美元

富国银行是美国最好的银行之一，其股票被巴菲特长期持有，获得了长期的巨额回报。巴菲特在富国银行的投资不是一次性的，而是渐进性质的。

1989年和1990年巴菲特两次共投资2.894亿美元买入富国银行500万股普通股。

1992年和1993年巴菲特又再次投资1.343亿美元买入1791218股普通股。

1996年巴菲特又投资7410万美元买入50.02万股，至此巴菲特共持有富国银行7291418股普通股。后来巴菲特少量减持，2004年又少量增持，至2004年年底共持有56448380股普通股。

投资成本4.63亿美元，总市值35.08亿美元，巴菲特投资15年总盈利30.45亿美元，投资收益率657.67%。

值得一提的是，当时巴菲特选取买入富国银行的时机是在富国银行遭受房地产泡沫破灭危机，股价大幅下跌时购入的，购入的价格在净资产附近，因此，取得了巨大的资本回报。

从四轮马车起家的百年银行

富国银行是美国五大银行之一，最初成立于1852年，由亨利·威尔斯和威廉姆·法高二人创立，主要在加州从事速递服务和银行业务，运送方式是使用四轮马车或通过铁路，运送对象包括旅客、信件、金银和货币。公司的标志是一辆四轮马车，永远象征着可靠与成功。1905年公司将速递业务与银行业务分离，富国银行则专门从事银行业务。

1998年6月8日富国银行与西北公司达成合并协议，合并后仍称为富国银行。合并后富国银行的业务范围包括社区银行、投资和保险、抵押贷款、专门借款、公司贷款、个人贷款和房地产贷款等。富国银行存款的市场份额在美国的17个州都名列前茅，是美国第一的抵押贷款发放者，第一的小企业贷款发放者，拥有全美第一的网上银行服务体系。

目前富国银行位居美国银行第五名，拥有11.7万名员工，资产规模超过2500亿美元，分支机构达到5900家，服务客户超过1900万，业务范围遍及加利福尼亚州等22个州，是加州第二大银行，仅次于合并后的美洲银行，在房地产信贷业务方面则位居首位。

在巴菲特的投资生涯中，他很看重对银行的投资。1969年，伯克希尔—哈撒韦公司购买了伊利诺斯国民银行和信托公司98%的股份，并一直持有到1979年由于《银行控股法》要求伯克希尔放弃对银行的持股。这家银行经营非常优秀，巴菲特在伯克希尔1977年的年报中对其大加赞赏。

1977年伊利诺斯国家银行的资产报酬率约为那些规模最大的银行的3倍。一如既往，它之所以取得如此优异的业绩，一方面是由于给予储户最优惠的利率，另一方面是构造低风险且流动性很高的资产组合。

为了便于自己熟悉所投资的领域，巴菲特从来不忘记向任何请教有关自己所需要的银行知识。在和伊利诺斯国民银行董事长简·阿贝格交往的过程中，他教给了巴菲特许多关于银行业务的重要知识，这些知识教会了他如何判断一家优秀的银行，其中一个最重要的知识是银行业的一个重要盈利来源是降低成本。巴菲特发现，如果银行管理层对发放贷款认真负责并努力削减开支的话，银行业是非常有利可图的。

巴菲特给了伊利诺斯国民银行董事长简·阿贝格很高的评价，一家经营成本一直很高的公司经理人，总是能够想方设法找到各种各样的新办法来增加公司总部的经营成本；而相反一家经营成本一直严格控制的公司经理人，总是能够继续找到新的办法来进一步降低这家公司本来已经远远低于竞争对手的经营成本。在进一步降低成本这方面，没有人比简·阿贝格做得更优异。

可见巴菲特对银行投资是情有独钟的，他不会错过一切能获利的机会，选择富国也将成为他必然的选择。

美国唯一一家获得AAA评级的银行

1993年10月18日的《福布斯》杂志报道巴菲特在接受采访时说："我并不是想在此推销富国银行股票，或者抱有其他目的。我只是觉得富国银行是一家非常优秀的上市公司，拥有最好的管理模式，股票价格也比较合理。在这种情况下进行投资一般可以获得更好的回报。"

富国银行有着璀璨的企业文化。它一直遵循"先人后事"这一原则来开展其业务。

他们在开展业务时，总是先找到优秀的人，然后会针对这个优秀的人，来为其设计业务。富国银行就有为了留住一个优秀的员工，在员工所在的城市开设办事处的事例。给优秀的员工以个性化的舞台，这也是赢得大家青睐的原因之一。

此外，富国银行长期以来一直享有良好的信誉，而且一直都是美国盈利最多、效率最高的银行之一。早在1986~1987年间，富国银行率先向第三世界国家发放贷款。公司在削减股息的同时，增加贷款损失准备金。当时其经营就是银行中最好的，现在仍然是。20世纪所有年份富国银行一直保持盈利，即使是在大萧条时期仍然如此。

富国银行20多年来显示出了强大的持续竞争优势，20年以来每股盈利由1984年的0.84美元增长到2004年的1.86美元，取得了惊人的23%的股东权益复合回报率。那么富国银行采取了什么样的经营运作模式创造出如此辉煌的业绩呢？

第一，富国银行是全能型的以客户为导向的银行。银行的目标是满足客户在财务上的全部需求，帮助他们在财务上取得成功。银行的服务是以客户为中心的，而不是以产品为中心的，这一点贯穿在产品设计、销售和服务中，成为富国的核心理念和发展的动力。

第二，富国的交叉销售模式为利润创造作出了巨大的贡献。富国银行有一个与其他银行不同的地方，它的分支机构都不叫做分行，而叫做商店。这是一种有特殊意义的叫法。富国很注重销售，尤其是交叉销售，它平均可以向一个公司客户推销5.3个金融产品，向个人客户平均推销4.6个产品。这种交叉销售的模式大大提高了富国银行对客户资源的利用能力，实现了效益的最大化。

第三，富国银行很注重对风险的控制，尤其是在风险的分散化上做得很好。富国拥有80个业务单元，分别为客户一生中可能产生的各种金融需求提供合适的产品，这样就把业务的风险分散化了，使其不容易受到经济周期的影响。风险的分散化也是富国银行不良贷款率低的主要原因。

第四，富国十分注重对于渠道的建设，富国的柜台、电话、网络和ATM的建设都十分完备。网络银行是全美最好的，ATM网络是全美第四大的。这些措施能使富国的客户随时随地享受服务。

这四个方面构成了富国银行运作模式的主要特色，成为富国银行能够在20年时间内保持两位数的复合增长的关键。

衡量一家银行经营效率的主要指标是非利息费用占净利息收入的百分比，主要反映银行的营运费用占银行收入的比例。这一指标表明，富国银行的经营效率比全美第一州际银行还要高20%~30%。

银行业为周期性行业，而富国银行却能够一直保持较高的盈利水平，这应该归功于该银行重点发展其擅长的业务的同时持续保持低成本经营。公司在许多经营指标上领先于同业，尤其是低成本和向客户交叉销售中间业务产品的能力使公司的资产收益率远高于同行。1989年富国银行成本收益率为61%，资产收益率为1.26%，这些经营指标在全球银行业都是首屈一指的。

几年前，富国银行的管理层曾经给自己提出过一个很尖锐，但是很令人深思的问题：我们从事的是什么行业？富国银行的管理层提出这个问题是很及时的，富国银行创建于150年前，但作为一个传统意义上的单一银行已经消亡了。随着形势的发展和变化，现在银行业的范围已经变得比传统的银行大7倍，而且还在迅猛发展，富国银行称之为金融服务行业。基于对公司提供产品认识的改变，公司经营模式也进行了重大改变，大力进行产品和服务创新，成为美国金融服务业在混业经营创新方面公认的典范，客户平均拥有4~5个金融产品。尽管这看来只是两个产品的区别，却是十余年来不断探索和发展交叉销售的结果，是富国银行在求生存过程中找到了自己的发展方向。

现在富国银行80%的收入和业务成长来源于交叉销售。交叉销售是指为现有的客户提供更多的产品和服务。富国银行的一个重要目标是达到客户平均拥有8个富国银行产品，也就是说，要占有客户所有金融产品的一半以上。一旦达到这个目标，客户对银行的平均收益贡献将是现在的数倍以上。富国银行交叉销售在执行上还常常借鉴零售业的模式，强调高质量的服务、有效的销售管理和多样方便的产品。

富国银行为了强调这一点，又进行了大胆的变革，他们把所有的网点均改称为商店，并在店面设计上采用了许多零售和超市的概念。有些金融商店的设置还借鉴沃尔玛的做法，派专人迎接客户，为客户介绍新产品。另一个方式是配套销售，即把几种常用且互相关联的产品连在一起销售，既可为客户节省费用，又可以提供统一的月终结算单为客户提供方便。

美国经营最成功的商业银行之一

1989年富国银行已经成为美国公认经营最成功的商业银行之一。公司将优质服务、创新产品、低成本经营结合于一身，在竞争激烈的银行市场形成了独特的经济特许权。

什么是经济特许权呢？投资大师彼得·林奇称之为"壁龛"，它指的是企业竞争优势的根本来源。拥有特许经营权的企业其产品或服务具有以下特征：

第一，产品或服务是客户需要和乐于得到的；

第二，产品或服务鲜有替代品；

第三，产品和服务不受价格管制。

这三个特征决定了企业对于其产品或服务拥有很强的自主定价权，进而能够拥有比其他企业更高的资本回报率。长期而言，任何行业和企业都不能长期取得高于社会平均资本回报率的，过高的资本回报率很容易引来数量众多的竞争对手进入这一领域。只有拥有经济特许权的企业可以例外，经济特许权可以把竞争对手排除在业务领域之外。拥有经济特许权的企业不仅具备良好的盈利能力，同时也有较好的抗风险能力。巴菲特认为经济特许权能够容忍不当的管理，无能的管理人虽然会降低经济特许权的盈利能力，但是不会对企业造成致命的伤害。

此外，公司领先于同业推出崭新的零售业务渠道，引进更多的ATM机，开拓电话银行与在线银行业务，延长了对客户服务的时间，进一步扩大了零售市场份额，同时这些方式的成本也远远低于传统的分支机构经营成本。

公司创新推出了更多的养老金和与股权投资相关的储蓄产品，吸引了更多的储蓄存款。

在商业贷款方面，公司擅长于大公司贷款，尤其是高杠杆贷款和不动产贷款。

与此同时，公司严格控制经营成本，在经营各方面都坚持低成本运作，尤其是控制员工人数，因为员工成本是银行最大的一项非利息支出，在降低成本方面影响重大。

从1984~1989年，富国银行的净利息收入每年增长15%，非利息收入每年增长24%，而非利息支出仅增加了12%。

事实上由于银行业激烈的竞争，很难拥有类似电视报纸等传媒企业的垄断性经济特许权，因此富国银行的经济特许权更多来自于公司成功的低成本管理模式。

优秀的管理人带领富国走得更远

巴菲特在伯克希尔1990年的年报中阐述他投资富国银行时说，他唯一感兴趣的是以合理的价格买进管理非常优秀的富国银行。巴菲特认为一个优秀的企业应当有优秀的领导来带领其发展，他认为卡尔·赖卡德和保罗·黑曾是银行业最优秀的管理人。

"银行企业并非我们所喜欢的持股对象。银行业常见的资产与权益比率为20倍，因此很小比例的资产决策错误就可能造成很大比例的股东权益损失。因此，在许多大型银行里，错误，而不是例外，已经成了家常便饭。其中大多数错误是由于去年我们讨论过的管理错误：随大流的从众习惯，即管理层无意识地模仿同行的行为倾向，无论这样模仿是多么的愚蠢。在他们的贷款行为中，许多银行家以旅鼠般的热情跟着领导走，现在他们正在遭受旅鼠一般的悲惨命运。

"由于20∶1的杠杆会使管理层的优势和劣势对企业的影响力成倍扩大，所以我们对以便宜的价格买进一家管理水平低下的银行的股票毫无兴趣。相反，我们唯一感兴趣的是以合理的价格买进管理非常优秀的银行。"

巴菲特认为富国银行拥有他们在银行业中能够寻找到的最优秀的管理人——卡尔·赖卡德和保罗·黑曾。他们认为：这一对合作伙伴在许多方面可以和另一对超级组合媲美——大都会ABC的汤姆·墨菲和丹·伯克。第一，每一对组合都强于他们两者的力量之和，因为每个人都了解、信任并尊重他的伙伴。第二，两个管理团队都用支付高薪来吸引人才，同时都极力避免形成一个过于庞大的管理总部。第三，两支队伍在盈利屡创新高时能够与在经营重压之下时一样努力降低成本。第四，两者都固守于他们了解的业务，并让他们的能力，而不是他们的自负，确定他们追求的目标。（IBM的托马斯J.沃森爵士也曾遵守同样的规则："我并非天才，只是在某些方面我比较聪明，所以我只在这些方面努力。"）

卡尔·赖卡德决心带领富国银行从过去管理混乱的状态中重新崛起，发展成为一个实力最强大的金融服务企业。他发现成为一家卓越银行的关键不在于什么时髦的新战略，而在于知名度下决心清除100多年来管理不严、成本过高的旧传统："银行业浪费过多，清除这一传统习惯需要严格管理，紧抓不放，而不能靠一时的小聪明。"卡尔·赖卡德在加强管理降低成本时强调："我们并不是在整治大家自己却高高在上，为了做到严格规范管理，我们首先要从领导人的办公室开始着手。"他为此采取了一系列严厉措施，彻底改变了公司管理混乱的局面。

他冻结了公司高级管理人员两年的薪水，尽管公司历史上很多年都是盈利大户。

他关闭了主管专用的餐厅，只配备了一个类似于大学食堂的餐厅。

他关闭了高级管理人员专用的电梯，卖掉了公司的起重机，并且禁止主管办公室里用绿色植物做装饰，因为保养浇水费用过大。

他撤掉了主管办公室供应的免费咖啡，取消了每年赠送给高级管理人员的圣诞树。

他把一摞摞报告扔给那些把报告交给专门的装订人员装订而不愿自己装订的员工们，并大声警告："你们会这样花自己的钱找人装订吗？一个装订人员能给公司带来什么好处？"

他和其他主管一起开会时，往往坐在一把海绵因为破损都露在外面的旧椅子上，他一边听报告，一边摆弄那些露在外面的海绵，许多主管看到这种情况只好把原来想报的支出项目都取消了。

卡尔·赖卡德在加强严格管理的同时，对公司业务进行了重新定位，带领富国银行进行了成功转型。

在他之前，富国银行一直企图模仿花旗银行发展成为一家全球性银行。经过慎重反思，他向公司管理团队提出了一连串重新思考公司定位的问题：我们能比其他任何银行都做得好的是什么？同样重要的是，我们比不过其他银行的是什么？如果我们不能做得更好，那么我们有必要继续做下去吗？

在卡尔·赖卡德的引导下，富国银行管理层逐步认识到他们在全球银行业务上无法超过花旗银行，于是停止了绝大部分的国际业务，把全部精力和资源集中在自己能够做得最好的业务上，像经营企业一样经营银行，把精力集中于美国西部地区。卡尔·赖卡德不断提醒员工坚持不懈地专注于能够做得最好的业务："在美国西部莫德斯托赚的钱比在日本东京赚得更多。"他领导富国银行始终保持专注："我们只是坚定不移地从事我们的工作，并且决心完全专注于做好那些我们能够超过别人的事情，而不是为了满足虚荣心就分散精力去做那些我们并不擅长的事情。"正是通过专注于最擅长的业务，卡尔·赖卡德领导富国银行从一个平庸的花旗银行追随者转变为世界上运营最优秀的银行之一。

此外在客户管理上，富国银行有他们自己的独家绝招。

第一，一个银行要有一些真正领先市场的产品，即所谓"拳头产品"。这些产品是有效地吸引新客户的重要机制。他们可能本身盈利不高，但常常是广泛使用的产品并能成为客户和银行建立关系的基础。拳头产品利用其服务快捷、方便以及低费用或产品高性能等特点来吸引新客户。能够在这方面成功的银行一定要在产品设计、销售渠道、风险评估和操作系统等方面花费大量精力和投资。一个银行一旦在某个产品上领先于其他竞争对手，则一方面可以利用其规模降低成本而更具竞争力，另一方面大量的数据可以使其更有效地增加销售效率和控制风险。这是拳头产品能够长期保持领先的原因所在。比如富国银行的个人房屋贷款是全美第一，产品已达到每天发款10亿美元以上的规模。

第二，顾客一旦通过拳头产品或其他渠道成为客户，银行应不断地分析客户的需求，交叉销售其他高值产品。如上所述，客户成为高值关系客户的关键是购买多项产品并和银行建立起一定程度的信任和依赖关系，所以交叉销售可以说是银行业务的核心。一个银行要在交叉销售上成功，必须要做好三件事。一是服务质量，因为银行不可能所有的产品都是拳头产品，客户愿意把业务从别的银行转过来的关键因素是对现有产品的服务满意。二是要建立一套有效的销售管理系统。交叉销售的关键是把客户和银行的每一次接触都转化为一个销售的机会。要做到这一点，银行要建立牢固的销售文化，设计配套的跨产品销售分析和管理系统，以及制定员工培训和奖罚制度。三是要在产品的设计上以交叉销售和交叉使用为中心不断创新，使购买多项产品的高值关系客户确实得到价格上的优惠和使用上的便利。比如信用卡可以直接从房屋净额贷款中取钱，网上服务可以看到所有产品的结单等。

第三，美国银行一般每年要丢失10%~20%的客户，所以留住优质客户也是发展的关键。留住客户的关键是两件事：首先当然是优秀的服务质量，60%以上的客户离开的主要原因是因为服务质量。其次是交叉销售，客户拥有产品数量越多，对银行依赖越大，流失的可能性越小。换句话说，高值关系客户流失的可能性要比一般客户小得多，这也是为什么高值关系客户对银行贡献高的原因之一。

总之，一个企业能否发展的顺利，能否走向一行业的制高点，和领导的管理以及企业内容的管理密切相关。富国银行的优秀就在于它管理的杰出。

购并高手创造的惊人扩张

卡尔·赖卡德从1983年担任富国银行董事长开始，他和保罗·黑曾全力配合把一个低效率的一般银行转变为盈利能力非凡的一流银行。1990年富国银行的资产收益率高达1.25%，净资产收益率高过20%，资产总规模为560亿美元，成为全美第十大银行。

卡尔·赖卡德和保罗·黑曾像巴菲特欣赏的许多经理一样，具有非常突出的资本配置能力，这主要体现在他们领导富国银行进行了一系列购并，使银行规模大幅度增长，与此同时他们继续成功地控制，继续保持较好的盈利能力。

那么，在卡尔的带领下都进行了哪些购并呢？

1986年富国银行收购了克罗克国民银行。

1988年富国银行收购了加利福尼亚的巴克莱银行。

1994年富国银行利用当时低迷的股票价格，实施了一项激进的股票回购计划，使每股收益从14.8美元在1995年大幅增长到20美元。

1995年10月18日富国银行向其竞争对手第一州际银行发起了敌意购并。经过一番激烈的争斗，最终1996年1月24日富国银行以113亿的股票进行换股来完成了收购，并且合并重组工作于1996年后期按时完成，这是大型银行购并中重组工作完成最快的一次，从此富国银行成为美国西部实力强大的银行之一。

1998年富国银行和位于明尼阿波利斯的西北公司达成购并协议，从而成为美国西部的银行巨头。合并后保罗·黑曾任董事长，合并后仍称为富国银行。近年来富国银行还收购了阿拉斯加国民银行等银行。目前富国银行为美国第五大银行，资产规模超过2500亿美元，分支机构达到5900家，服务客户超过1900万。

从他们购并的公司来看，呈现出了以下几个特征：

1.富国银行购并具有频率高、持续性长的特点

这种高频度、持续性的购并行为，不仅打造了富国银行综合化经营体系，也有效提升了富国银行的经营绩效和社会形象。全面的服务网络体系、快速的成长轨迹、高水准

的金融服务使富国银行赢得了值得信赖的社会形象，富国银行因此成为美国唯一一家被穆迪评级机构评为AAA级的银行。

2.富国银行购并具有规模大的特点

富国银行不仅高频度地实施购并，而且购并交易规模也十分庞大。这种庞大的规模主要是针对自身的规模而言，即富国银行经常上演"蛇吞象"式的购并交易，从而使自身的规模迅速膨胀。

3.富国银行购并具有逆经济周期性

富国银行购并具有逆经济周期性，即富国银行往往选择在经济处于衰退阶段实施重大购并活动。富国银行购并具有逆经济周期性，表明自身的经营具有很强的抗经济周期性，当经济处于下行空间时，只有当富国银行的经营状况好于其他金融机构，富国银行的购并行为才可能具有逆经济周期性。

其实购并并不是一件很轻松的事情，富国银行高级执行副总裁兼财务总监霍华德·阿特金斯说，要正确评估一家收购对象企业，对买家也提出了自我评估的要求。他说："除了目标公司能带来什么回报，我们还花很多时间考虑我们能给目标公司带来什么。"过去，富国银行曾经收购过美国西部和中西部的许多小型银行，以便获得它们的本地客户。同时，这家银行业巨头也将其广泛的产品线提供给通过收购不断扩大的客户源，从而获得了额外的回报——它的交叉销售比例上升到了每位客户5种产品，而在购并之前，这些新增客户只有一两种产品可以选择。

总之，富国这样在发展中不断壮大的企业，取得的每一点进步都需要公司的管理者和员工付出艰辛的努力。但是付出和收获是成正比的，现在富国银行走在了世界的前列，也赢得众多投资者的喜欢。

高盈利能力创造的高价值

银行业价值评估与其他行业有相当大的不同，更加重视通过对资产负债表的分析来判断安全性，其中一个最重要的指标是资本充足率，即资本与风险加权资产的比率。

富国银行股东权益占风险加权资产的比率为5%，股东权益与其他长期负债（包括次级债与优先股等）占风险加权资产的比率为10%，均高于美国联邦储备银行的规定。

巴菲特是银行投资的老手，只有那些盈利能力良好的银行才能吸引他的眼光。那么，富国银行的盈利能力又如何呢？

1990年，富国银行净利润为7.11亿美元，比1989年增长了18%。1991年，因为提取坏账准备金，富国银行净利润仅为0.21亿美元。1992年，收入又增加到2亿美元，但仍远低于两年前的收入水平。但这并非是由于银行的盈利能力持续下降，而是由于1991~1992年美联储的规定，富国银行不得不大量提取贷款损失超额准备金。

巴菲特1990年购买富国银行股票时，该年度这家银行的房地产贷款比例在全美主要银行中最高。由于加利福尼亚的经济衰退继续恶化，富国银行的大部分贷款有可能会发生坏账损失。在联邦储蓄与信贷保险公司破产的阴影下，银行监督机构严格审查了富国银行的贷款组合，他们强迫富国银行于1991年准备13亿美元的坏账准备金，第二年又追加了12亿美元，这自然导致了公司利润大幅下降。

如果我们将目光集中在净利息收入上就会发现这是一家盈利能力非凡的银行。1983年以来，富国银行的净利息收入以15.3%的速度增长。

巴菲特1990年开始购买富国银行股票时，这家银行1989年的盈利为5.74亿美元。

1990年，美国政府30年期债券平均收益率约8.5%，为保守起见，我们将富国银行的贴现率提高为10%。

那么即使未来30年内富国银行年收入不超过5亿美元，它至少也值50亿美元。富国银行的公众股总数共有5200万股，也就是说其每股股票的内在价值最起码接近100美元。

富国银行20年来取得了23%的股东权益复合回报率，每股盈利由1984年的0.84美元增长到2004年的1.86美元。内在价值的增长也相应反映为公司股票市值的增长，公司市值从20年前的不足10亿美元增长到1050亿美元，股价由1984年的1.92美元上升到2004年的62.15美元，是原来的31.37倍。

2009年4月，富国银行预计第一财季净利润将刷新纪录，9日纽约股市三大股指的涨幅均超过3%，道琼斯工业指数上涨近250点。富国银行预计第一财季盈利将达到创纪录的30亿美元，合每股55美分，大大高于市场此前预期的每股23美分。受富国银行利好的财报预测刺激，包括美国银行、摩根大通等在内的银行股全线走高，富国银行涨幅达到31%，摩根大通上涨19.4%，美国银行暴涨37%。投资富国银行依然很走俏。巴菲特也在坐收渔翁之利。

下篇

巴菲特告诉股东们：
关于管理和财富

第一章　巴菲特致股东的信

第一节　公司的管理与财务

最佳的董事会结构

首先我相信最近许多公司的董事们已开始试着把他们的腰杆挺直了。现在的投资人与以前相比，也慢慢地被公司当做真正的拥有人来对待了，但评论专家们却并没有仔细地区别出目前公开上市公司有三种截然不同的经营权与所有权形态。虽然在法律上，董事们应该承担的责任是责无旁贷的，但他们发挥影响力进行改变的程度却有很大的不同。大家通常都把注意力摆放在第　类的案例之上。因为这是目前一般企业的常态，但由于伯克希尔本身是属于第二类，甚至有一天可能会变成第三类，所以在这里我们有必要讨论一下这三者的不同。

首先是第一类，也是目前最普遍的一类。在公司的股权结构中，并没有一个具备掌控能力的大股东。在这种情况下，我相信董事会的行为应该像是公司拥有一个因事未出席的大股东一样，在各种情况下，都要能够确保这位虚拟大股东的长期利益不会受到损害。然而很不幸的是，所谓的长期利益，反而给了董事会很大的弹性操作空间。而假设董事会运作尚称顺畅，不过经营阶层却很平庸甚至差劲时，那么董事会就必须负起责任将经营阶层换掉，就好像一般公司老板会作的决定一样。另外，要是经营阶层能力尚可，只不过过于贪心，不时地想从股东口袋里"捞钱"，那么董事会就必须适时地出手制止并给予警告。

在这种常见的情况下，当个别董事发觉有不合理的现象时，应该试着说服其他董事有关自己的看法。若能够成功，那么董事会就有能力作出适当的决定，但假设要是这位落寞的董事孤掌难鸣，无法获得其他董事的支持，那么他就应该让没能出席的股东知道他的看法。当然很少有董事真的这样做，很多的董事事实上并没有足够的胆识敢做这样大胆的动作，但我却认为这样的举动并没有什么不妥。当然假设问题真的很严重的话，自然而然发出不平之鸣的董事一定会遭到其他不认同看法的董事严重的驳斥，认为反对的董事不要在枝微末节或是非理性的原因上捣乱。

· 对于这类模式的董事会形态，我认为董事的人数不必太多，最好是10个以内。另外，大部分成员应该从外部遴选，并且这些外部董事应该要能够建立起对CEO表现的评核制度，定期聚会时，在CEO不在场的情况下，依据这些原则评断其表现。

对于董事会成员遴选的条件，我认为必须要具备商业经验，并对这项角色有兴趣，同时以股东利益为导向。只是目前大部分被遴选出来的董事，大多是因为他们的社会地位，或只是为了增加董事会成员的多样化，然而这样的做法是错误的。这种错误还会有后遗症，因为董事被任命之后就很难再加以撤销。

第二种类型就像伯克希尔公司一样，具有控制权的大股东本身也是经营阶层。在某些公司，经过特殊的安排，按投票权重的不同将公司的股权分成两类，也会产生这种情况。很明显，在这种情况下，董事会并非所有权人与经营阶层之间的中介了。除非经由劝说，否则董事会很难发挥改变的影响力。因此如果老板经营者本身的能力平庸且不顾他人利益，则董事除了表示反对以外，别无他法。

此时如果公司无法做出改变，且情况演变很严重时，外部董事就应该要辞职了。外部董事的辞职等于是对现有的老板经营阶层投下反对票，同时也凸显出外部董事没有能力纠正经营者缺失的现象。

第三种情况是公司拥有具控制权的大股东，但却不参与公司经营。好时食品与道琼公司等的例子就是现实社会中的这种特殊个案。此时公司能够充分运用外部董事的能力，若是董事们对于经营阶层的能力或品格感到不满意，他们可以直接向大股东反应（当然大股东可能也是董事成员）。这种环境相当适合外部董事的发挥，因为他只需将情况向关心着公司前景的所有权人报告，只要论点理由充分，就可以马上发挥改变的效果。但即便如此，有意见的董事也只是拥有这样的选择权力。若是他对于特定事情的处理结果不满意，还是只能辞职而别无选择。

理论上，第三种情况最能够确保一流的经营阶层存在。因为第二种情况，老板不可能把自己给炒掉；第一种情况，董事们通常很难与表现平庸而又难以驾驭的经理人打交道，除非那些有意见的董事能够获得董事会多数的支持，但这是一件很困难的协调沟通任务，尤其是经营阶层的表现虽然可恨但却"罪不至死"的时候，基本上他们的手脚是被绑的死死的。事实上，面临这种现象时，董事通常会说服自己留下，至少还能有所图。但与此同时，经营阶层却还是同样可以为所欲为。

在第三种情况下，老板本身不必衡量自己的表现，也不必费心去取得多数人的支持。同时他也可以确保所遴选出来的外部董事，将会对董事会的素质有所提升，而这些被选中的董事，也可以确定所提出的建议会真正被听进去，而不是被经营阶层消极抵制，当做是耳边风。若大股东本身够聪明且有自信，那么他就能够找到以股东利益为导向的精英经理人，还有一点更重要的是，他能够随时准备改正自身所犯的错误。

——1993年巴菲特致股东的信

完整而公平的披露

在伯克希尔，所谓翔实的报告，代表着今天如果角色互换，我希望各位能够提供所有我们想要知道的信息。这包含了目前经营的重大信息，以及CEO对于公司长远发展的真正看法，当然，要解释这些信息必须辅以相关的财务资料。

当查理和我一起阅读财务报告时，我们对于人员、工厂或产品的介绍没有多大兴趣。倒是有关扣除折旧摊销税负利息前的盈余的引用更让我们胆战心惊，难道经营阶层真的认为拿牙齿就可以换来大笔的资本支出吗？（美国小孩相信牙齿掉时，只要把牙齿藏在枕头底下，牙仙就会拿钱来换你的牙齿。）对于那些模拟不清的会计原则，我们一向抱持怀疑的态度。因为经营阶层通常都会借此来掩盖一些事实。此外，我们也不想读那些由公关部门或顾问所提供的资料，而是希望能够由CEO亲自来解释实际发生的状况。

对我们来说，翔实的报告代表着我们30万位合伙人可以同时得到相同的信息，至少能够尽可能地做到。因此，我们习惯将季报与年报在星期五收盘后通过网络统一对外公布。如此一来，股东们与所有关心伯克希尔的投资人，都可以及时地得到重要的信息；同时，在星期一开盘之前，也会有足够的时间吸收消化相关的信息。今年我们的季报分别会在5月12日、8月11日及11月10日（均为星期六）公布，至于2001年的年报，则会在3月9日公开。

亚瑟·莱维特目前仍然担任美国证券交易委员会（SEC）的主席，我们要为他所做的工作喝彩——对股份公司"有选择地披露"的行为采取了严厉的措施，尤其最近几年该行为如癌症一般在传播。实际上，对于大股份公司而言，这种"有选择地披露"已经成为"指引"分析师或大股东预期盈利的实际操作标准，并把这个预期盈利用来相当于或者稍稍低于公司真正希望得到的盈利。通过股份公司这种有选择地散布的暗示、眨眼和点头等信号，相对于具有纯粹投资倾向的个人，满脑子投机思想的机构和顾问就得到了一种信息上的优势。这是一种堕落腐败的行为，不幸的是，它既被华尔街所信奉，又被美国的股份公司所信奉。

感谢莱维特主席为投资人所做的努力，美国企业现在才得以被要求公平对待所有的股东与投资人，同时，我们也为这些CEO及公关部门这种被动而非主动的态度感到羞耻。

最后站在这个"肥皂箱"上，我再发表一点个人的看法。那就是查理和我认为，CEO预估公司未来成长率是相当危险且不当的，当然，是指他们通常在分析师与公关部门鼓动下这样做的行为，但他们应该要坚决抗拒，因为这样做通常会惹来许多不必要的麻烦。

CEO自己心中有一个目标不是件坏事，甚至我们认为，如果这些期望能够附带合理的条件，CEO公开发表个人心中的愿景是很好的一件事。但如果一家大公司公开宣称每股盈余长期可以维持15%的年增长率的话，那肯定会招致许多不必要的麻烦。

其原因在于，这种高标准只有在极少数的企业才有可能做得到。让我们做一个简单的测试：根据历史记录，1970年与1980年，在200家盈余最高的公司当中，数数到底有几家在此之后能够继续维持15%的年盈余增长率。你会发现，能够达到这个目标的公司少之又少。我可以跟你打赌，在2000年获利最高的200家公司当中，能够在接下来的20年里，年平均增长率达到15%的公司，绝对不超过10家。

过高的预估不但会渲染没有根据的乐观，麻烦的是此举还会导致CEO行为的腐化。这么多年来，查理和我已经看过很多CEO不专注于本业，而热衷于运用一些非经济的手段来达成他们先前所做的盈余预估。更糟的是，在用尽营运上的各种手段之后，被逼得走投无路的经理人最后还会运用各种会计方法，无所不用其极地做假账。这种会计骗术会产生滚雪球效应：一旦今天你挪用以后的盈余，明天你就会变本加厉地挪用以后的盈余，到最后会从造假演变为贪污（毕竟，用笔偷钱要比用枪抢钱容易得多了）。

对于那些习惯以绚丽的盈余预估吸引投资人的CEO所经营的公司，查理和我总是报以怀疑的态度。或许少数的经理人确实能说到做到，但大部分的经理人，最后都变成无可救药的乐观派，甚至可以说是骗子。不幸的是，投资人实在很难事先分辨出他们到底是在跟哪一种人打交道。

——2001年巴菲特致股东的信

百分之百为客户着想

克里思蒂小姐嫁给了一位考古学家，她曾说"配偶最理想的职业就是考古学家，因为你越老，他就越有兴趣"，事实上，需要多多研究B夫人——这位内布拉斯加家具店高龄94岁的负责人，应该是商学院而非考古学系的学生。

50年以前，B夫人以500块美金创业，到如今内布拉斯加家具店已是全美远近驰名的家具量贩店。但是B夫人还是一样从早到晚，一个礼拜工作七天，掌管着采购、销售与管理。我很确定，她现在正蓄势待发，准备在未来的5~10年内，全力冲刺并再创高峰。正因如此，我也已经说服董事会取消一百岁强迫退休的年龄上限（也该是时候了，随着时光的流逝，我越来越确定这个规定是该修改了）。

去年（1987年）内布拉斯加家具店的销货净额是14000多万美元，较前一年度增长了8%。这是全美独一无二的店，也是全美独一无二的家族。B夫人跟她的三个儿子拥有天生的生意头脑、品格与冲劲，并且分工合作，团结一致。

B夫人家族的杰出表现，不但让身为股东的我们受益良多，内布拉斯加家具店的客户们受惠更大。只要选择内布拉斯加家具店的产品，估计光是1987年就可省下至少3000万美元。换句话说，若客户到别处去买，可能要贵上这么多钱。

去年我接到一封无名氏所写的信，非常有趣："很遗憾看到伯克希尔第二季的盈利下滑，想要提高贵公司的盈利吗？有一个不错的法子，去查查内布拉斯加家具店的产品售价吧，你会发现他们把一两成的获利空间白白奉送给了客户。算算一年14000万的营业额吧，那可是2800万的利润啊，这个数字实在是相当的可观。再看看别家的家具、地毯或是电器用品的价格吧，你就会发现把价格调回来是再合理不过的了。谢谢！一位竞争同行所写。"

展望未来，内布拉斯加家具店在B夫人"价格公道与实在"的座右铭领导下，必将继续茁壮成长。

——1987年巴菲特致股东的信

查克·哈金斯持续地为时思糖果创造了新的辉煌，自从16年前我们买下这家公司，并请他主掌这项事业时，便一直如此。在1987年糖果销售量创下近2500万英镑的新高时，并在最近的连续两年使得单店平均营业额维持不坠。你可能会觉得这没什么了不起，事实上，这已是相当大的改善了，因为过去连续6年，该数字都呈现了下滑的趋势。

虽然1986年的圣诞节特别旺，但1987年的销售记录比1986年还要好。季节因素对时思糖果来说是越来越重要，据统计，去年一整年约有85%的获利是在12月单月所创造的。

糖果店是个很好玩的地方，但对大部分的老板来说就不那么有趣了。据我们所知，这几年来，除了时思赚大钱之外，其他糖果店的经营皆相当惨淡，所以很明显，时思搭的并不是顺风车，这更凸显出它的表现是扎扎实实的。

取得这样的成就当然离不开优秀的产品，这个倒不是问题，因为我们确实拥有。但除此之外，它还需要有着对客户衷心的服务。查克可以说是百分之百地为客户着想，而且他的这种态度直接感染到了公司上下所有的员工。

以下是一个具体的例证：在时思，我们通常会定期增添新的口味，并删除旧的口味，以维持大约一百种组合。去年我们淘汰了14种口味，结果其中有两种让我们的客户无法忘怀，并不断地表达出他们对我们这种举动的不满："愿时思所有作出这种卑鄙决定的相关人士嘴巴流脓长疮；愿你们新的巧克力糖在运送途中融化；愿你们吃到酸掉的糖果；愿你们亏大钱；我们正试图寻求法院强制令的帮助，要求你们恢复供应原有的口味"，总之，最后我们收到好几百封抱怨信。

为此，查克不但重新推出原来的口味，他还将危机化为转机。所有来信的客户都得到了完整而诚实的回复，信上是这样写的："虽然我们做出了错误的决定，但值得庆幸的是，我们最后得以以喜剧收场。"随信还附赠一个特别的小礼物。

过去两年时思糖果仅仅很小幅度地涨价，在今年（1988年）我们仍会继续调涨价格，幅度还算合理，只是截至目前销售状况持续低迷，预计今年公司盈余将难再有继续成长的可能性。

——1987年巴菲特致股东的信

限制一切不必要的支出

眼尖的读者应该会发现，1992年420万美元的营业费用，比起1991年的560万还要少得多。或是各位会以为是我把企业专机——"无可辩解号"给卖掉了，别做梦！除非我退休，否则别想打这架飞机的主意。

其实，公司营业费用的减少主要是由于1991年的费用特别高，以及当时一次性地提列早期19世纪70年代纺织事业与环境相关的费用所致，而现在一切恢复正常，所以我们税后的费用占账面税后盈余的比率不到1%，占年度透视盈余的比率更低于0.5%。在伯克希尔，我们没有法律、人事、公关或是营运企划部门，这同时也代表我们不需要警卫、司机或是跑腿的人，最后除了弗纳以外，我们也没有任何的顾问，巴金森教授一定会喜欢我们的营运模式，我必须说查理还是觉得我们的组织过于庞杂。

在某些公司，营业费用可能占营业利益10%以上，这不但对于盈余有相当的影响，同时对企业价值也有很大的伤害。比起一家总部费用占其盈余的1%的公司来说，投资人可能因为企业总部额外的费用，立即就要遭受9%以上的损失。根据查理跟我这么多年观察的结果，企业总部的高成本与公司的绩效改善之间可以说完全没有关系，事实上，我们认为组织越简单、成本越低的公司，运作起来会比那些拥有庞大官僚组织的公司更有效率的多，就这点而言，我们相当佩服沃尔玛、纽柯、多弗、政府雇员保险与戈尔登西等公司。

——1992年巴菲特致股东的信

2005年11月12日，《华尔街日报》上刊登了一篇讨论伯克希尔与众不同的购并和管理运作的文章，文中皮特宣称："向巴菲特出售我的公司比更新我的驾照还容易。"

纽约的凯西·巴伦·塔姆拉兹读了这篇文章之后，触动了心弦。11月21日，她给我写来一封信，开头这样写道："作为美国商业资讯公司的总裁，我想向你介绍我的公司，因为我认为我的公司符合最近一篇刊登在《华尔街日报》上的文章中详细说明的伯克希尔下属子公司的特征。"

一看完凯西的来信，我马上觉得美国商业资讯与伯克希尔是一对佳偶，我特别喜欢她来信中的倒数第二段："我们严格控制成本，并且限制一切不必要的支出。我们公司没有秘书，也没有管理分层。但我们却会大量投资以取得技术领先和推动业务发展。"

我马上给凯西打了一个电话，伯克希尔与美国商业资讯的控股股东洛里·洛克很快达成了收购协议。洛里·洛克于1961年创建了这家公司，刚刚聘请凯西为CEO。我非常欣赏像洛里·洛克这样的商业成功传奇故事，今年78岁高龄的他已经把公司打造成一家把信息传送到150个国家的25000个客户的优秀企业，与许多其他同样选择将伯克希尔作为他们一生打造的企业的最终归宿的企业家一样，他的商业成功传奇故事是一个好的创意、一个商业天才、一种勤奋刻苦工作的态度完美结合的成功典范。

——2005年巴菲特致股东的信

每一天，通过无数种方式，我们下属每一家企业的竞争地位，要么变得更强，要么变得更弱。如果我们让客户更加愉悦，消除不必要的成本支出，改善我们的产品和服务，我们的竞争力就会变得更强；但如果我们对待客户时显得很冷淡，或者容忍一些不必要的费用成本不断上升，我们的竞争力就会萎缩。对每一天而言，我们对行为的影响难以察觉，但天长日久所累计的影响后果之巨大，却难以估计。

由于这些几乎毫不显眼的行为的后果，导致我们的长期竞争地位得到改善时，我们称这种现象为"加宽护城河"。这些行为对于我们想要打造10年，甚至20年以后的企业至关重要。当然，我们总是想在短期内赚到更多的钱，但当短期与长期目标产生冲突时，"加宽护城河"的行为应该优先加以考虑。如果一个公司管理层作出了糟糕的决策，以实现短期盈利目标，并因此置成本、客户满意度、品牌吸引力于不顾，那么，以后再出色的努力也难以弥补由此造成的损害。当今汽车和航空行业的公司经理人在努力处置其前任留下的问题时，所面临的进退两难的局面就是最好的证明。芒格和我喜欢引用本·富兰克林的名言，"预防为主，治疗为辅"，但有时无论如何治疗，也无法治愈过去的错误。

我们的经理人们十分专注于"加宽护城河"，并且在这方面才华横溢，原因非常简单，因为他们对他们的企业充满热情。在伯克希尔收购以前，他们往往已经管理了这家公司很长时间，伯克希尔进入之后，唯一的作用是使其继续坚持原来的方向。各位股东如果在年度大会上，看到这些为股东们作为杰出贡献的英雄们（其中包括4位女中豪杰），请向他们表示感谢。

——2005年巴菲特致股东的信

用人标准管理

其实，我们一些经理人自己本身就已经相当富有（当然我们希望所有的经理人都如此），但这一点丝毫不影响他们继续为公司效力，他们之所以工作是因为乐在其中，并散发出干劲。毫无疑问，他们都能够站在老板的角度看事情，这是我们对这些经理人最高的评价，而且你会为他们经营事业的各方面成就所着迷。

这种职业病的典型，就像是一位天主教的裁缝省吃俭用了好几年，好不容易存下了一笔钱，可以到梵蒂冈朝圣，当他回来后，教友们特地集会，争相想要了解他对教宗的第一手描述，"赶快告诉我们，教宗到底是个怎么样的人？"只见这位裁逢师淡淡地说："四十四的腰，中等身材。"

查理跟我都知道，只要找到好球员，任何球队经理人都可以做得不错，就像是奥美广告创办人大卫奥美曾说的那样："若我们雇用比我们矮小的人，那么我们会变成一群侏儒；相反，若我们能找到一群比我们更高大的人，我们就是一群巨人。"

这种企业文化也使得查理跟我可以很容易地去扩展伯克希尔的事业版图，我们看过许多企业规定，一个主管只能管辖一定人数的人员，但这规定对我们来说一点意义都没有。当你手下有一群正直又能干的人才，在帮你经营一项他们深具感情的事业时，你大可以同时管理一打以上这样的人，而且还可以有余力打个盹；相反，若他们存心要欺骗你，或是能力不够，或是没有热情时，只要一个就够你操心的了，只要找对人，查理与我甚至可以同时管理比现在多1倍的经理人，这都没有问题。

——1986年巴菲特致股东的信

接下来的是一点记忆回顾，大部分伯克希尔的大股东，是在1969年清算巴菲特合伙事业时取得本公司股份的，这些合伙的伙伴可能还记得当初在1962年时，我曾经在巴菲特合伙事业所投资控制的登普斯特———一家农用机具制造公司，面临着经营上的重大难题。

当时我带着这个无法解决的问题去找查理，就像现在一样，查理建议我去加州找他的一位叫哈里波特的朋友，说该人非常脚踏实地，或许可以帮得上忙。我于当年4月赶去洛杉矶拜访他，一个礼拜后，他就被请到内布拉斯加州来管理登普斯特，此后的问题立刻获得解决。记得在1962年的年报中，我还特地将哈里封为年度风云人物。

24年后，场景搬到伯克希尔另外一家子公司 K & W 公司，一家专门生产自动机具的小公司，过去这家公司做得还不错，不过到了1985～1986年却突然发生状况，由于盲目追求达不到的东西，放弃了现有可以做的产品。负责管理监督 K & W 的查理，知道可以不必通知我，直接找到现年68岁的哈里，任命他为CEO，然后就静待结果出来，事实上也没让他等多久。到了1987年，K & W 的获利就创下了新高，比1986年增长了3倍，由于获利提升，该公司所需的资金也就跟着减少，并且应收账款及存货水准都减少了20%。

所以，要是再往后10年、20年，在我们的被投资的事业又发生问题时，你就知道谁的电话又会响了。

——1987年巴菲特致股东的信

零售业的经营相当不易。在我个人的投资生涯中，我看过许多零售业曾经拥有极高的成长率与股东权益报酬率，但是到最后，突然间表现急速下滑，很多甚至被迫倒闭关门收场。比起一般的制造业或服务业，这种刹那间的永恒，在零售业屡见不鲜。部分的原因是这些零售业者必须时时保持聪明警戒，因为你的竞争对手随时准备复制你的做法，然后超越你，同时消费者绝对不会吝于给予新加入者尝试的机会，在零售业一旦业绩下滑，就会注定失败。

相对于这种必须时时保持警戒的产业，还有一种我称之为"只要聪明一时"的产业。举个例子来说，如果你在很早以前就睿智地买下一家地方电视台，你甚至可以把它交给既懒惰又差劲的亲人来经营，而这项事业却仍然可以好好地经营几十年。当然若是你懂得将汤姆墨菲摆在正确的位置之上，你所获得的将会更加惊人。但对零售业来说，要是用人不当的话，就等于购买了一张准备倒闭关门的门票。

不过今年我们买下的这两家零售业，却很幸运地拥有喜欢面对竞争挑战的经理人，同时他们过去几十年来的表现也相当优异，就像是我们旗下其他事业的经理人，他们都可以独立自主地经营事业，我们希望他们能够觉得，这就好像是在经营自己的事业一样，没错，就是这样，查理跟我绝没有其他的意思。我们尽量避免像校友会常常对足球校队教练所说的那样：不论赢或是打平，我们永远与你站在同一阵线。身为所有权人，我们的基本原则是期望我们自己的行为与我们所要求的旗下经理人的表现一样。

在我们又新增旗下事业的同时，我被问及自己到底可以应付多少个经理人同时向我报告。我的回答相当简单，要是我只管一个经理人，而他是一颗"酸柠檬"，那么管一个人对我来说，实在是太麻烦了；相反，要是我所面对的，都是像我们现在所拥有的经理人那样的话，那么这个数目将没有任何限制。很幸运的是，这回新加入的是比尔跟谢尔顿，而我们也很希望在不久的未来，还能有更多相同水准的经理人加入我们的行列。

——1995年巴菲特致股东的信

选人重在德才兼备

伯克希尔的经营团队在许多方面都与众不同，举个例子来说，这些先生女士大部分都已经相当有钱，靠着自己经营的事业致富，他们之所以愿意继续留在工作岗位上，并不是因为缺钱，或是有任何合约上的限制。事实上，伯克希尔并没有跟他们签订任何契约，他们之所以辛勤工作，完全是因为他们热爱自己的事业。而我之所以用"他们"这个字眼，是因为他们对这些事业完全负责，不需要到奥马哈做演示文稿，也不需要编预算送交总部核准，对于任何开支也没有繁复的规定，我们只是简单地要求他们，就像是经营自己祖传百年的事业一样来对待即可。

查理跟我与这些经理人一直保持互动的模式，这与我们和伯克希尔所有股东保持的互动模式一致，那就是试着尽量站在对方的立场为大家设想。虽然我本人早就可以不必为了经济因素而工作，不过我还是很喜欢现在在伯克希尔所做的这些事，原因很简单，因为这让我很有成就感、可以自由地去做我认为应该做的事，同时，让我每天都有机会与自己欣赏及信赖的人一起共事，所以为什么我们旗下的经理人——那些在各自产业卓然有成的大师，一定要有不同的想法呢？

在与伯克希尔母公司的关系上，我们的经理人通常恪守甘乃迪总统的名言，"不要问国家为你做了什么，问问你为国家做了什么？"以下就是去年一个最明显的例子，关于R.C.威利——犹他州家具业的霸主，伯克希尔是在1995年，从比尔·柴尔德家族买下这家公司的，比尔跟他大部分的经营团队都是摩门教徒，因此，他们的店星期天从来不开张。这样的惯例实在是不适合用在做生意上，因为对大部分的顾客来说，周末正是他们出外血拼的大好时机。尽管如此，比尔还是坚守这项原则，并且将这家店从1954年他接手时的25万美元营业额，一路成长到1999年的3.42亿美元。

比尔认为，R.C.威利应该也能够在犹他州以外的地区成功开拓市场，因此，1997年我们在博伊西设立了一家分店。不过我还是相当怀疑这种星期天不营业的政策，能否在陌生的地区抵抗住每周7天无休息日的对手的强力竞争。当然由于这是比尔负责经营的事业，尽管我对这点持保留的态度，但我还是尊重他的商业判断与宗教信仰。

比尔后来甚至还提出了一个非常特别的提案，那就是他愿意先花900万美元，以私人的名义买下土地，等建筑物盖好，并确定营运良好之后，再以成本价卖回给我们；而要是营运不如预期，那么公司可以不必付出一毛钱。如若这样，他就必须独力承担起产生庞大损失的风险。对此，我告诉比尔，很感谢他的提议，但伯克希尔想要获取投资的报酬，那么它也必须同时承担可能的风险。比尔没有多说什么，只是表示，如果因为个人的宗教信仰而使得公司经营不善，他希望能够独力承担这个苦果。

后来，这家店在去年八月顺利开张，并立即引起了当地不小的轰动，比尔随即就将产权办理过户，另外还包含一些地价已高涨的土地，并收下我们以成本价开出的支票。还有一点必须特别说明，对于两年来陆续投入的资金，比尔婉拒收取任何一毛钱的利息。

从来就没有一家公开发行公司的经理人会这样做，至少我个人没有听说过，所以各位不难想象，能够与这样的经理人共事，让我每天早上上班时都雀跃不已。

——2000年巴菲特致股东的信

我们发现，卖方是否在意公司将来的归属这点其实相当重要，我们喜欢与那些钟爱公司的人往来，而不是那些只斤斤计较出售公司能够得到多少钱的人（当然我们也明白没有人会不爱钱）。

当我们意识到有这样的情形存在时，通常代表了这家公司的重要特质有：诚实的账务、产品的自信、客户的尊重以及一群专心一致的忠实员工。反之亦然，当一家公司的老板只一味地想要将公司卖一个好价钱，但却一点都不关心公司卖掉后的下场时，你马上就会了解为什么他会急着想要卖掉公司。当一家公司的老板表现出一点都不在乎公司死活时，公司的上上下下一定也会受到这种气氛的感染，使得其态度与行事作风跟着在转变。

——2000年巴菲特致股东的信

聪明的投资

查理和我老早以前便明白，要在一个人的投资生涯中，作出上百个小一点的投资决策，是件很辛苦的事。这种想法随着伯克希尔资金规模的扩大而日益明显。放眼投资世界中，可以大幅影响本公司投资成效的机会已越来越少，因此，我们决定只要求自己在少数的时候够聪明就好，而不是每回都要非常的聪明，所以我们现在只要求每年出现一次好的投资主意就可以了（查理提醒我，今年该轮到我了）。

我们采取的这种策略排除了依照普通分散风险的教条，许多学者便会言之凿凿地说我们这种策略比起一般传统的投资风险要高得多，这点我们不敢苟同。我们相信集中持股的做法同样可以大幅降低风险，只要投资人在买进股份之前，能够加强自身对于企业的认知以及对于竞争能力熟悉的程度。在这里我们对风险的定义，与一般字典里的一样，系指损失或受伤的可能性。

然而在学术界，却喜欢对投资的风险给予不同的定义，坚持把它当做是股票价格相对波动的程度，也就是个别投资相较于全体投资波动的幅度。运用数据库与统计方法，这些学者能够计算出一只股票"精确"的贝塔值，代表其过去相对波动的幅度，然后根据这项公式建立一套晦涩难解的投资与资金分配理论，渴望找出可以衡量风险的单一统计值。但他们却忘了一项基本的原则：宁愿大概对，也不要完全错。

在评估风险时，贝塔理论学者根本就不屑于了解这家公司到底是在做什么，他的竞争对手在干吗，或是他们到底借了多少钱来营运，他们甚至不愿意知道公司的名字叫什么，他们在乎的只是这家公司的历史股价。相反，我们很愿意不管这家公司过去的股价，反而希望尽量能够得到有助于我们了解这家公司的资讯。另外在我们买进股份之后，我们一点也不在意这家公司的股份在未来的一两年内是否有交易，就像是我们根本就不需要用持有100%股权的时思糖果或是布朗鞋业的股票报价，来证明我们的权益是否存在，同样，我们也不需要了解所持有的7%可口可乐的每日股票行情。

我们认为投资人应该真正评估的风险，是他们的一项投资在预计持有的期间内所收到的税后收入的加总（也包含出售股份所得），是否能够让他保有原来投资时所拥有的购买力，再加上合理的利率。虽然这样的风险无法做到像工程般的精准，但它足以做出有效的判断。在做评估时主要考虑的因素有下列几点：

（1）这家公司长期竞争能力可以衡量的程度。

（2）这家公司管理阶层发挥公司潜能以及有效运用现金可以衡量的程度。

（3）这家公司管理阶层将企业获得的利益确实回报给股东，而非中饱私囊可以衡量的程度。

（4）买进这家企业的价格。

（5）投资人的净购买力所得，须考虑必须从投资收益总额中扣除税负与通货膨胀等因素的部分。

这些因素对于许多分析师来说，可能是丈二金刚摸不着头脑，因为他们根本无法从现有的数据库中找到这些信息，但是取得这些精确数字的难度高，并不代表他们就不重要或是无法克服，就像是司法正义一样，斯图尔特法官发现他根本无法找到何谓猥亵的标准，不过他还是坚称，只要我一看到就知道是不是。同样地对于投资人来说，不需靠精确的公式或是股价历史，而只需运用不太精确但却有用的方式，就可以看到潜藏在某些投资里的风险。

——1993年巴菲特致股东的信

我们的投资组合还是没有多大变动，我们打盹时赚的钱比起醒着时多很多。

按兵不动对我们来说是一个明智的行为，就像是我们或者其他经理人不可能会因为谣传美联储可能调整贴现利率，或是华尔街那帮土匪大幅改变他们对股市前景的看法，就决定把旗下高获利的金母鸡卖来卖去一样，我们也不会对拥有部分所有权的好公司股票任意出脱。投资上市公司股票的秘诀与取得百分之百的子公司的方法没有什么两样，都是希望能够以合理的价格取得拥有绝佳竞争优势与德才兼备的经理人，因此，大家真正应该关注的是这些特质是否有任何改变。

只要执行得当，运用这种投资策略的投资人到最后会发现，少数几家公司的股份将会占其投资组合的一大部分。这就好像假设一个人买下一群极具潜力的大学明星篮球队员20%的未来权益，其中有一小部分球员可能进到NBA打球，那么投资人会发现，因此从中收取的权利金将会占其收入的绝大部分。

——1996年巴菲特致股东的信

不打没把握的仗

有时我们的资金不一定能够找到最理想的去处——也就是经营良好、价码合理的企业，这时，我们就会将资金投入一些期间较短，但品质不错的投资工具上。虽然我们很明白这样的做法可能无法像我们买进好公司那样稳健的获利，甚至在少数的状况下有可能赔大钱，不过总的来说，我们相信赚钱的概率还是远高于赔钱，唯一的关键在于其获利何时能够实现。

截至年底，我们总共有3项异于往常的投资。首先是1400万桶的原油期货合约，这是我们在1994～1995年间所建立4570万桶原油的剩余部位，预计在1998～1999年陆续到期，目前未实现获利约有1160万美元，而已经结仓的3170万桶原油合约总共为我们贡献了6190万美元的利益。会计原则规定期货合约必须依市场价格评价，因此这些合约所有未实现的损益，皆已反应在我们年度或每季的财务报表上。当初我们之所以会建立这些部位，主要考量当时的石油期货价位有些被低估，至于现在的市场状况，我们则没有任何意见。

至于第二项则是白银，去年我们一口气买进了1.112亿盎司的白银，以目前的市价计算，其在1997年总共贡献了9740万美元的税前利益。从某个角度来说，这仿佛又让我回到了过去，记得在30年前，我因为预期美国政府货币将自由化而买进白银，自此之后，我便一直追踪贵金属的基本面，只是并没有其他的买进动作，直到最近这几年，银条的存货突然大幅下滑，查理跟我得出一个结论，那就是白银的价格应该要稍微向上调整，以维持供给与需求的平衡，至于一般人较注意的通膨预期，则不在我们计算价值的范围之内。

最后一项是46亿美元以账面摊销长期的美国零息债券，这些债券不支付利息，相反，它是以透过折价发行的方式回馈给债券持有人，因此这类债券的价格会因市场利率的变动而大幅波动。如果利率上升，持有零息债券的人可能损失惨重；反之若利率下跌，投资人就可能因此大赚一笔。因为1997年的利率大幅下滑，所以光是1997年，我们的未实现利益就高达5.98亿美元，这些利益已全数反应在公司年底的账上。

当然不把现金好好地摆着，而拿去投资零息债券不是没有风险的，这种基于总体经济分析的投资绝对不敢保证百分之百能够成功，不过查理跟我绝对会运用我们最佳的判断能力，大家可不是请我们来闲着没事干。当我们认为胜算颇大时，我们就会大胆地去做一些异于往常的举动，当然万一不小心突锤时，还请大家多多包涵，就如同克林顿总统一样，我们绝对与各位感同身受，因为曼格家族有90%的资产系于伯克希尔，而巴菲特家族更高达99%。

——1997年巴菲特致股东的信

1999年我们只做了些许的变动，如同先前我曾提到的，去年有几家我们拥有重大投资部位的被投资公司，其经营状况令人不甚满意。尽管如此，我们仍然相信这些公司拥有相当的竞争优势，可协助其继续稳定经营下去。这种能够让长期投资取得不错成果的特点，查理跟我还是有点自信可以分辨得出来，只是有时我们也不敢百分之百保证一定没问题，这也是为什么我们从来不买高科技股票的原因。即使我们不得不承认它们所提供的产品与服务将会改变整个社会，问题是，就算是我们再想破头，也没有能力分辨出在众多的高科技公司中，到底是哪一些公司拥有长远的竞争优势。

不过我必须强调，不懂高科技一点都不会让我感到沮丧，毕竟在这个世界上本来就有很多产业是查理跟我自认没有什么特殊的经验的，举例来说，专利权评估、工厂制程化与地区发展前景等，我们就一窍不通，所以我们也从来不会想要在这些领域妄下评论。

如果说我们有什么能力，那就是我们深知要在具竞争优势的范围内，把事情尽量做好，以及搞明白可能的极限在哪里。而要预测在快速变化产业中经营的公司，其长期的经营前景如何，很明显已超过我们的能力范围。如果有人宣称有能力做类似的预测，且以公司的股价表现作为佐证，则我们一点也不会羡慕，更不会想要去仿效；相反，我们会回过头来坚持我们所了解的东西，如果不幸偏离轨道，那也一定是不小心的，绝非慌张莽撞想要得到合理的解释，还好可以确信的是，伯克希尔永远有机会找到它能力范围内可以做的事。

目前我们拥有的这些好公司的股票价格其实不甚吸引人，从另外一个角度来看，我们认为，它们的本质比起股价表现要好得多，这也是为什么我们并不急着增加持股。尽管如此，我们也没有大幅降低持股部位，如果要在股价令人满意但存在问题的公司与股价有问题但令人满意的公司之间作选择，我们宁愿选择后者。当然真正会引起我们兴趣的，是那种公司令人满意，同时股价也令人满意的标的公司。

——1999年巴菲特致股东的信

特色的管理结构

想要让一家好公司的表现发挥到极致，必须依赖优秀的管理人员和明确的目标方向，值得庆幸的是我们已经有像托尼这样优秀的专业经理人，以及绝对不会动摇的目标。为了确保政府雇员保险公司所有的组织成员都能像托尼一样专注一致，我们需要一套能够搭配的薪资酬劳计划，所以在整个购并案完成之后，我们立刻落实执行。

现在，以托尼为首的几个主要高级经理人所领取的薪资奖励主要看两个指数：自愿性保单的成长，以及常态性保单承保的获利（指留在公司超过一年的保单），此外，我们也将同样的标准运用于每年公司员工的盈余分配计划，所以基本上在政府雇员保险公司的每个人，都知道真正重要的是什么。

政府雇员保险公司这项计划充分说明了伯克希尔薪资奖励的原则，那就是必须要能够达到以下目标：适用于个别公司经营状况；简单明了的规则，如此可以很清楚地加以衡量；与每个参与的员工直接相关。所以很自然的，我们避免给予员工不劳而获的乐透彩，比如说伯克希尔的认股权，其最终的价值可能由极小到极大，但这却不是那些我们想要影响其行为的人员所能够直接控制影响的。在我们的观念中，不合理的薪资奖励办法，不但是浪费股东的钱，同时也会让旗下的经理人分心而产生不当的行为。

每一季，政府雇员保险公司总共9000名的员工，都可以看到根据盈余分配计划所计算出来的结果。1996年他们确实享受到了这项成果，因为根据这项计划所计算出来的数字早已打破了当初规划时的最高上限，就连我也知道要如何解决这个问题，那就是把上限再扩大，到最后，员工总共分配到了年度获利的16.9%，金额将近4000万美元，远高于过去5年平均不到10%的比率。同时，在伯克希尔对于员工辛勤工作的表现，我们绝对不会回以更高的门槛限制，如果政府雇员保险公司的员工继续保持如此优异的表现，我们还会继续提高奖励的上限。

负责管理政府雇员保险公司资金的劳辛普森，同样继续其优异的表现，去年他的投资组合超越了标普500指数整整6.2个百分点。关于劳在政府雇员保险公司的表现，我们再一次将其奖励计划跟其投资绩效绑在一起，不看政府雇员保险公司的承保绩效或整体成绩，而是以过去4年平均的投资绩效为准，对于有些保险公司不分承保部门或投资部门，完全不顾一方优异的表现可能被另一方糟糕的表现所抵消掉的情况，而将其薪资奖励计划完全绑在一起的这种一视同仁的做法感到愚不可及。在伯克希尔，如果你的打击率高达三成五，我可以向你保证绝对不会亏待你，即使其他同队的球员平均打击率只有二成而已，不过很庆幸在政府雇员保险公司，不论是在保险或投资部门，我们都拥有像劳与托尼这类足以列入名人堂的优秀"球员"。

——1996年巴菲特致股东的信

我们的努力得到了那些加入伯克希尔公司的管理者们的巨大支持，这是一个在很多方面都很特别的团队。首先，他们不是出于金钱上的考虑而工作，他们中的许多人以很高的价格把公司出售给我们并亲自管理，因为他们喜欢这样做，而不是需要。他们自然也要求公平待遇，但单纯的金钱绝不是他们辛勤并且创造性地工作的理由。

其次，多少有些相关的是，这些经理人得到了他们想在剩余的工作年限里去从事的理想职业。而在其他公司，重要的经理人热衷于爬到最高位。对于他们来说，今天他们所管理的部门或分支机构只是途中的一站——或者说他们是这样认为的，只要让他们在现在的位置上持续待上5年，他们就会觉得自己是个失败者。

相反，我们的CEO们的成功标准不是是否得到了我提供的工作，而是事业的长期发展。他们决策的出发点是：今天在这里，永远在这里。我认为我们这种独特和难以模仿的管理结构才是伯克希尔真正的优势所在。

——2008年巴菲特致股东的信

雇佣的人好，管理的就少

通常在致股东的报告中，CEO会花大篇幅详细描述过去企业的表现是如何地不当，最后会不可免俗地以感性的语气，来形容其所带领的公司干部实在是公司最珍贵的资产。这种形容有时会让人搞不清楚，那其他的资产到底又算是什么？

经验显示，能够创造盈余新高的企业，其现在做生意的方式，通常与其5年前甚至10年前没有多大的差异。当然管理当局绝对不能够太过自满，因为企业总是有不断的机会可以改善本身的服务、产品线、制造能力等，并且必须要好好把握。不过一家公司若是为了改变而改变，反而可能增加犯错的机会。讲的更深入一点，在一块动荡不安的土地之上，是不太可能建造一座固若金汤的城堡，而具有如此稳定特质的企业，却是持续创造高获利的关键。

不过在伯克希尔，我个人对于管理干部任何的称赞都是很容易让人理解的。首先请看看第7页，显示本公司7个非金融业的主要企业——水牛城报纸、费区海默西服、寇比吸尘器、内布拉斯加家具、思考特费泽集团、时思糖果与世界百科全书的获利状况（以历史成本会计核算），1987年这7家公司在扣除利息与所得税前的年度获利高达18000万美元。

单独的这数字本身，并不足以说明其特殊性，但若你知道他们利用多少资金就达到这项成果时，你就知道他们是如何的了不起了。事实上这些公司的负债比例都非常的低，去年的利息费用总共加起来也不过只有200万美元，所以合计税前获利17800万，而账列的历史投资股本竟只有17500万！

若把这7家公司视作单一个体公司，则税后净利约为1亿美元，股东权益投资报酬率更将高达57%。即使财务杠杆再高，你也很难在一般公司看到这种比率。根据《财星》杂志在1988年出版的投资人手册，在全美500大制造业与500大服务业中，只有6家公司过去10年的股东权益报酬率超过30%，最高的一家也不过只有40.2%。

当然伯克希尔真正从这些公司所赚得的报酬并没有那么高。因为当初买下这些公司时，支付了相当的溢价才取得了这些股份。经过统计我们在这些公司原始投资超过其账列的股权净值的溢价金额约为22200万美元，当然要判断这些公司经理人的绩效，应该是要看他们创造的盈余是靠多少资产所产生的。至于我们用多少钱买下这些公司，与经理人的绩效并无关联，就算你用高于净值6倍的价钱买下一家公司，同样也不会影响该公司的股东权益报酬率。

以上所提数字代表着三项重要的指针：首先，现在这7家企业的真正价值远高于其账面净值，同样也远高于伯克希尔账面的投资成本；第二，因为经营这些事业并不需要太多的资金，所以这些公司利用所赚取的盈余便足以支撑本身业务的发展；第三，这些事业都由非常能干的经理人在经营，像巴金斯家族、和蒙斯、查克哈金斯、史丹利浦西与拉夫舒伊，他们皆兼具才干、精力与品格，将旗下的事业经营得有声有色。

也因此，当初这些明星经理人加入时，我们抱持着极高的期待，事后证明得到的结果远高于预期，我们获得远高于我们所应得的，当然我们很乐意接受这样不公平的对待，我们借用杰克班尼在获得最佳男主角时的感言："我不应该得到这个奖项，但同样我也不应该得到关节炎。"

有这些优秀的专业经理人，在事业的日常营运上，查理·芒格跟我实在是没有什么好费心思的地方。事实上，平心而论我们管的越多，可能只会把事情搞砸。在伯克希尔，我们没有企业会议，也没有年度预算，更没有绩效考核（当然各个企业单位因自身所需，有自己的一套管理办法），但总的来说，我们实在没有什么指导可以告诉巴金斯如何去卖家具，或是指导和蒙斯家族如何去经营制服事业。

我们对于这些所属事业单位最重要的支持就是适时地给予掌声，但这绝对不是在做"烂好人"，相反地，这是长久以来我们深入观察这些企业的经营结果与管理当局的作为所给予的正面肯定。我们两人这些年来看过太多平庸企业的表现，所以我们是真正地珍惜他们这种艺术级的演出，对于1987年旗下子公司整体的表现，我们只能报以热烈的掌声，而且是震耳欲聋的掌声。

——1987年巴菲特致股东的信

评判与提升管理绩效都很重要

我们希望永久地持股资本城/美国广播公司、盖可汽车保险与华盛顿邮报，并且不会作出其他任何改变，同样不变的是，我们对于这些管理阶层无条件的敬仰，不管是资本城/美国广播公司的汤姆墨菲与丹伯克、盖可汽车保险的比尔斯奈德与劳辛普森，还有华盛顿邮报的凯格雷厄姆与迪克西蒙斯。查理跟我对于他们所展现的才能与品格深感敬佩。

他们的表现，就我们最近距离的观察，与许多公司的CEO截然不同。所幸我们能与后者保持适当的距离，有时这些CEO实在是不胜任，却总是能够坐稳其宝座。企业管理最讽刺的就是，不胜任的老板要比不胜任的部属更容易保住其位置。

假设一位秘书在应聘时，被要求1分钟要能够打80个字，但录取之后如若被发现1分钟只能打50个字，很快她就可能会被炒鱿鱼，因为有一个相当客观的标准在那里，其表现如何可以很容易衡量得出来；同样的，一个新进的业务，若是不能马上创造足够业绩，可能立刻就要走路换方案，为了维持纪律，很难允许有例外情形发生。

但是如果一个CEO表现不好，却可以无限期地撑下去，一个原因就是根本没有一套可以衡量其表现的标准存在。就算真的有，也是写得很模糊，或是含混解释过去，即便是错误与过失一再发生也是如此。有太多的公司是在等老板射箭出去后，再到墙上把准心描上去。

另外一个原因也很重要但却很少被提起，那就是老板与员工之间的差别，是老板本身没有一个直接可以衡量判断其表现的上司。业务经理不可能让一颗"老鼠屎"一直留在他那"一锅粥"里，他一定会很快地把它给挑出来，否则可能连他自己都会有问题；同样的一个老板，要是请到一位无能的秘书，也会做出相同的动作。

但CEO的上司，也就是董事会，却很少检视其绩效并为企业表现不佳负责。就算董事会选错了人，而且这个错误还持续存在，那又怎样？即使因为这样使得公司被动接收，但通常交易也会使得被逐出的董事会成员有丰厚的利益（且通常公司越大，甜头越多）。

最后董事会与CEO之间的关系是要能够意气相投的。在董事会议当中，对于CEO表现的批评就好像是在社交场合中打嗝一样不自然，但却没有一位经理人会被禁止不准严格审核打字员的绩效。

以上几点并不是说要一竿子打翻一条船，大部分的CEO或董事会还是相当努力、能

· 256 ·

干的，有一小部分更是特别地杰出。但查理跟我在看过很多失败的例子之后，更加对于我们能够与前面3家公司优秀的经理人共事感到非常幸运，他们热爱他们的事业，想法跟老板一致，并且散发出了他们的才气与品格。

——1988年巴菲特致股东的信

以《水牛城日报》来说，我们平均每24小时会出7个版本，每次内容都会更新。举一个简单的例子就足以让人感到惊奇：光是每天的讣文就会更新7次，也就是说每则新增的讣文会在报纸上连续刊登7个版。

当然一份新闻也必须要有深度的全国与国际性新闻，但一份地区性的报纸也必须及时并广泛地报导社区动态，要把这点做好除了必须要有足够的空间，还必须善于加以有效地运用。

如同往年，去年我们的新闻比率大约是50%。若是我们把这比率砍到一般40%的水准，我们一年约可省下400万美金的新闻成本。但我们从来都不会考虑如此做，就算哪一天我们的获利大幅缩减也是一样。

基本上查理和我都不太相信营业预算，像是"间接费用必须缩减，因为预估营业收入不如以往"之类的说法。如果有一天我们必须降低新闻比率，或是牺牲时思糖果的品质与服务，以提升疲弱不振的获利表现；或者相反地，因为伯克希尔钱太多以致现金花不完，就去聘请经济分析师、公关顾问等各类对公司一点儿帮助都没有的人。这些做法一点道理都没有。我们完全不理解为什么有些公司因为赚钱太多就随意增加一些没有用的人来消化预算，或是因为获利不佳就砍掉一些关键的人事，这种变来变去的方式既不符合人性，也不符合商业原则。我们的目标是不论如何，都要做对伯克希尔的客户与员工有意义的事（你可能会问那公司专机又是怎么一回事？嗯！我想有时一个人总会有忘了原则的时候）。

——1987年巴菲特致股东的信

如何看穿财务造假

给投资人两个衷心的建议：

第一，特别要注意会计账务有问题的公司，如果一家公司迟迟不肯将选择权的成本列为费用，或者对于其退休金精算的假设过于乐观，千万要小心。

当管理当局在人前选择比较软的柿子吃，那么在人后很有可能也是如此，厨房里绝对不可能只有一只蟑螂。

大力鼓吹扣除利息税负及折旧摊销前盈余的观念，更是一项危险的举动。这意思好像说折旧根本就不是费用的一种，因为它并不影响现金的流出，这根本就是一派胡言。确实折旧是一项很不起眼的费用，因为它的现金支出是在取得的资产还未发挥效益之前就预先支付的，然而，现在假设你在年初就预先支付公司员工未来10年的薪资报酬（就好像是支付现金购买一项耐用年限达10年之久的固定资产一样），那么在接下来的9年之间，所有的薪资报酬都将变成一项没有现金支出的费用，会计上会作为预付费用的减项。在这种状况下，不知道还有没有人敢说，后9年所记录的费用只不过是会计上的形式而已呢？

第二，复杂难懂的财务报表附注揭露，通常都暗示着管理当局不值得信赖。如果你根本就看不懂附注揭露或管理当局的说明解释，这通常代表管理当局压根就不想让你搞懂。安隆在某些交易的过程说明，到现在还让我相当困惑。最后要特别小心那些习惯夸大盈余预测及成长预期的公司，企业很少能够在一帆风顺、毫无意外的环境下经营，所以盈余也很难按照当初预计般稳定地成长（那只有券商提供的公开说明书才看得到）。

目前查理跟我不仅不清楚明年我们旗下事业到底能够赚多少钱，我们甚至不知道下一季的数字，所以我们相当怀疑那些常常声称知道未来会如何如何的人。如果他们真的每次都能达到盈余目标，我们反而更怀疑这其中有鬼，那些习惯保证能够达到数字目标的人，总有一天会被迫去假造数字。

——2002年巴菲特致股东的信

通过比较我们的控股公司与那些我们持有少数股权的公司的财务报告中的收益，我们得出了一种有趣的会计讽刺。后者有20多亿美元的市场价值，然而，它们在1987年仅为伯克希尔在报表上产生了1100万美元的税后利润。

会计规则要求我们仅将这些公司派发给我们的股利入账——只不过是名义上的，而不是它们的收益中属于我们的份额。后者在1987年总计大大超过了1亿美元。另一方面，会计规则要求这三种少数股权——由我们的保险公司拥有的置存价值，必须按当前的市场价格记录在我们的资产负载表中。结果是：一般公认会计原则与会计方法允许我们在净值中反映我们部分拥有的企业到目前为止的实际价值，但不允许我们在收入账户中反映它们的根本收益。

在我们的控股公司中，反过来做才对。这时，我们在收入账户中反映出了全部收益，但是永远不能在资产负债表中变动资产的价值——无论企业的价值在我们收购之后有多大的增长。

对这种会计上的精神分裂症，我们的思维方法是，忽略一般公认会计原则数值，而且仅将注意力放在我们的控股企业和非控股企业的未来盈利能力上。用这种方法，我们建立了我们自己的企业价值观念，使企业价值独立于账簿上控股公司的会计价值，也独立于愚蠢的市场有时为我们部分所有的公司设定的价值。这正是我们希望在未来的岁月里，以适度的（最好是过高的）速率增长的企业价值。

——1988年巴菲特致股东的信

建立公司的护城河

当保险公司主管事后补提适当的损失准备，他们通常会解释成"加强"损失准备，以冠上合理的说法，理直气壮地好像是真要在已经健全的财务报表上再多加一层保障。事实上并非如此，这只是修正其以前所犯错误的婉转说法而已（虽然可能是无心的）。在1986年我们特别花了一番工夫在这上面做调整，但只有时间能告诉我们，先前所作的损失准备预测是否正确。尽管在预测损失与产品行销上我们遇到了极大的挑战，但我们仍乐观地预期我们的业务量能够成长，并获取不少利润，只是前进的步伐可能会不太规则，甚至有时还会出现令人不太愉快的结果发生。这是一项变化多端的行业，所以必须更加小心谨慎。

我们时时谨记伍迪艾伦所讲的，一只羊大可以躺在狮子的旁边，但你千万不要妄想好好地睡一觉。在保险业我们拥有的优势是我们的心态与资本，同时在人员素质上也渐入佳境。此外，收的保费加以好好运用，更是我们竞争的最大利器，在这个产业也唯有多方条件的配合，才有机会成功。

由伯克希尔持有41%股权的政府雇员保险公司，在1986年表现相当突出。就整个产业而言，个人险种的承保表现一般来说不如商业险种，但以个人险种为主要业务的政府雇员保险公司，其综合比率却降低到96.9%，同时保费收入亦成长了16%。另外该公司也持续买回自家公司的股份，一年总计下来流通在外的股份减少了5.5%。我们依投资比例所分得的保费收入已超过5亿美元，大约较3年前增加了1倍，政府雇员保险公司的账务是全世界保险公司中最好的，甚至比伯克希尔本身都还要好。政府雇员保险公司之所以能够成功的重要因素，在于该公司从头到脚彻底地精简营运成本，使得它把其他所有车险公司远远抛在脑后。该公司去年的费用损失占保费收入的比例只有23.5%，许多大公司的比例甚至比政府雇员保险公司还要多出15%，即使是好事达保险与国营农场等车险直销业者成本，也比政府雇员保险公司高出许多。

若说政府雇员保险公司是一座价值不菲且众所仰望的商业城堡，那么其与同业间的成本与费用差异就是它的护城河。没有人比比尔——也就是政府雇员保险公司的主席，更懂得如何去保护这座城堡。靠着持续降低成本开支，他不断地将这个护城河加大，使得这城堡更加稳固。过去两年间，政府雇员保险公司创造了23.5%超低成本率。展望未来，这项比率仍将持续下降，若能够同时再兼顾产品品质与客户服务的话，这家公司的前途将无可限量。另外，政府雇员保险公司犹如一飞冲天的火箭，同时由负责投资部门的副主席辛普森点燃第二节燃料仓。比起辛普森于1979年接掌该公司投资部门后的绩效，身为母公司伯克希尔投资主管的我，实在觉得有点汗颜。也因为我们拥有这家公司大部分的股权，使我在向各位报告以下数字时，能够稍微心安理得一些。

必须再次强调的是以上的数字不但是漂亮极了，更由于其稳定成长的态势，辛普森能够不断地找到价值被低估的股票并加以投资，所以风险相对很低，也很少会产生损失。总而言之，政府雇员保险公司是一家由好的经理人经营的好公司，我们很荣幸能与他们一起共事。

——1986年巴菲特致股东的信

纺织业1978年的盈余达到130万美元，较1977年有所改进，但相对于投入的1700万美元资本来说，报酬率还是很低。目前纺织厂房及设备账面的价值远低于未来的重置成本，虽然这些设备都已相当老旧，但大部分的功能与目前同业所采用的全新设备差异并不大。尽管固定资产的投入不须太大，但销售所须负担的应收账款及存货周转资金却是相当沉重的。纺织业的低资产周转率与低毛利无可避免地造成了低落的股东权益报酬率，其可能的改善方式包括产品差异化、使用新设备降低制造成本或妥善运用人力、朝高附加价值的纺织品转型等，我们的管理阶层正致力达到以上目标。当然，真正的问题在于，这也是我们的竞争同行正在努力做的。

纺织业的现况充分地说明了教科书中提到的，资本密集但产品无重大差异化的生产者注定将赚取微薄的报酬。除非供给吃紧或真正短缺，只要市场产能过剩，产品价格就会随直接营运成本而非投入资金作变动，不幸的是这样的情况正是目前纺织业的常态，所以我们只能期望获取稍微合理的投资报酬。

我们希望以后不要再介入这类面临困境的企业，但就像之前曾经提到的，只要该公司为当地非常重要的雇主，管理当局坦诚面对困境并努力解决问题，劳工承认现况并极力配合，并且相对于投入的资金，尚能产生稳定现金收入。只要以上前提存在（我们也相信一定会），我们就会继续支持纺织事业的营运，虽然这样将使得我们被迫放弃其他更有利的资金运用渠道。

——1978年巴菲特致股东的信

市值与价值

历史上，伯克希尔的股票总是按稍低于企业内在价值的价格出售。有了这种价格，购买者就可以肯定（只要他们没有经历过这种折扣的扩大），他们的个人投资经历将至少与企业的财务经历相同。但是，最近这种折扣已经消失，而且时常会出现适度的溢价。

这种折扣的消失意味着，伯克希尔的市场价值比企业价值（它本身在以令人高兴的步伐前进）增长得快。这对任何在出现这种运动时已经持有股票的所有者来说是个好消息，但对新所有者或未来的所有者来说却是个坏消息。如果伯克希尔新所有者的财务经历仅仅能跟上公司未来的财务经历，那么他们付出的任何市场价值大于企业内在价值的溢价就必定会维持下去。

管理人员不可能决定市场价格，尽管他们可以通过公告和经营策略鼓励市场参与者的理性行为。正像你猜到的那样，我自己的偏好是一种持久接近企业价值的市场价格。有了这种关系，所有者就可以在其整个所有期中，精确地与企业同步繁荣。市场价格在企业价值上下的大幅波动，总的来说不会改变所有者的最终收益；最终，投资者获得的必定与企业获得的一样多。但是长期大幅度地低估或高估会导致企业利润在各种不同的所有者中不公平地分配，因为任何特定所有者的投资成效很大程度上取决于他是幸运、精明还是愚蠢。

长久以来，伯克希尔的市场价值与企业价值之间的关系，比其他任何我熟知的公开交易股权的这种关系都更加恒定。这是给你的馈赠。由于你们有理智、兴趣和投资倾向，所以伯克希尔股票的市场价格几乎总是切合实际的。这种不寻常的结果由不寻常的人口统计学得出的一群股东实现了：实际上，我们所有的股东都是个人投资者，而不是机构投资者，再没有哪一家像我们这种大规模的公众持股公司能够同样做到这一点。

40年前，本·格雷厄姆曾讲过一个故事，说明为什么投资专家会有他们的表现：一位正在走向天堂的石油勘探员，在遇到圣·彼得时听到了坏消息。"你有资格在此居住，"圣·彼得说，"但是，你也看到了，为石油大王们保留的院子已经挤得满满的。没办法再把你塞进去。"勘探员想了一会儿问圣·彼得，他是否能对现在的居民说八个字。这看起来对圣·彼得没什么害处，所以彼得答应了。勘探员把手罩在嘴边大声叫嚷，"地狱里发现了石油。"立刻，通向院子的大门打开了，所有的石油大王都涌了出来，朝地狱走去。惊讶之余，圣·彼得邀请勘探员进入院子，勘探员却踌躇了，"不行，"他说，"我想我得跟那些家伙一起去。毕竟，地狱里可能真有石油。"

——1985年伯克希尔公司所有者手册

另外我还必须特别提到一项投资项目，是与最近购买本公司股票的投资人有密切相关的。一直以来，伯克希尔的股票价格约略低于内含价值，维持在这样的水准，投资人可以确定（只要折价的幅度不再继续扩大）其个人的投资经验与该公司本身的表现维持一致。但到了最近，这种折价的状况不再，甚至有时还会发生溢价，折价情况的消失代表着伯克希尔的市值增加的幅度高于内含价值增长的速度（虽然后者的表现也不错），当然这对于在此现象发生前便持有股份的人算是好消息，但对于新进者或即将加入者却是不利的，而若想要使后者的投资经验与公司的表现一致，则这种溢价现象便必须一直维持，然而管理当局无法控制股价。

当然他可对外公布政策与情况，促使市场参与者的行为理性一点，而我个人偏好（可能你也猜得到）即期望公司股价的表现尽量与其企业本身价值接近。唯有维持这种关系，所有公司的股东在其拥有所有权期间皆能与公司共存共荣，股价巨幅的波动并无法使整体的股东受惠，到头来所有股东的获利总和必定与公司的获利一致，但公司的股价长时间偏离内含价值（不管是高估或低估）都将使得企业的获利不平均的分配到各个股东之间，而其结果好坏完全取决于每个股东本身有多幸运、或是聪明、愚笨。长久以来，伯克希尔本身的市场价值与内含价值一直存在着一种稳定的关系，这是在所有我熟悉的上市公司中少见的，这都要归功于所有伯克希尔的股东。因为大家都很理性、专注、以投资为导向，所以伯克希尔的股价一直很合理，这不凡的结果是靠一群不凡的股东来完成，几乎我们所有的股东都是个人而非法人机构，没有一家上市公司能够像我们一样。

——1985年巴菲特致股东的信

世界上最成功的管理模式与最坚固的"城墙"

伯克希尔旗下一直有一大群杰出的经理人为我们打拼着，且其中绝大部分都已经可以不必再为这份薪水工作，但他们依然坚守岗位，38年来还没有任何一位经理人离开伯克希尔跳槽到他处上班。包含查理在内，目前我们共有6位经理人的年龄都超过了75岁，预期4年后还会再增加2名（那就是鲍勃·肖跟我本人，我们现年都是72岁）。我们的观念是"教新狗老把戏的确是很难的事"。伯克希尔的所有经理人都是各自行业的佼佼者，并把公司当作是自己的事业一样在经营。至于我的任务其实相当简单，那就是站在旁边默默地鼓励，尽量不要碍着他们，并好好地运用他们所赚来的大笔资金。

提到管理模式，我个人的偶像是一个叫做埃迪·贝内特的球童。1919年，年仅19岁的埃迪开始了他在芝加哥白袜队的职业生涯，当年白袜队立刻就打进了世界大赛。隔年埃迪跳槽到布鲁克林道奇队，果不其然，又让道奇队赢得世界大赛。之后不久，这位传奇性的人物发现苗头不对，接着转换跑道到纽约扬基队，此举更使得扬基队在1921年赢得了队史上的第一座世界大赛冠军。

自此埃迪仿佛预知接下来会发生什么事，决定安顿下来，果不其然，扬基队在往后的7年间，5度赢得美联的冠军。或许有人会问，这跟管理模式有什么相干？很简单，那就是想要成为一个赢家，就是要与其他赢家一起共事。举例来说，1927年，埃迪因为扬基队赢得世界大赛（当年棒球界传奇人物贝比鲁斯也在阵中）而分到700美元的奖金，这笔钱大约相当于其他球童一整年的收入，结果埃迪总共只工作了4天就拿到手了（因为当年扬基队四连胜横扫对手）。埃迪很清楚地知道，他如何拎球棒并不重要，重要的是他能为球场上最当红的明星拎球棒才是关键，我从埃迪身上学到很多，所以在伯克希尔，我就经常为美国商业大联盟的超级强打者拎球棒。

——2002年巴菲特致股东的信

我们在1972年买下时思糖果，那之后，我们每年都在12月26日，圣诞节后的第一天，涨价。圣诞节期间我们卖了很多糖。今年，我们卖了3000万磅糖，一磅赚2个美元，总共赚了6000万美元。10年后，我们会赚得更多。在那6000万美元里，5500万美元是在圣诞节前3周赚的。耶稣的确是我们的好朋友。这确实是一桩好生意。

如果你们再想想，关于这生意的重要一点是，多数人都不买盒装巧克力来自己消费，他们只是用它来作为生日或节日的馈赠礼品。情人节是每年中最重要的一天；圣诞节是迄今为止最重要的销售季节。女人买糖是为了圣诞节，她们通常在那前后2~3周来买；男人买糖是为了情人节，他们在回家的路上开着车，我们在收音机节目里放广告，"内疚，内疚"，男人们纷纷从高速路上出去，没有一盒巧克力在手，他们是不敢回家的。

情人节是销售最火的一天。你能想象，在情人节那天，时思糖果的价钱已经是11美元一磅了。当然还有别的牌子的糖果是6美元一磅。当你在情人节的时候回家（这些都是关于时思糖果深入人心的一幕幕场景，你的那位接受你的礼品，由衷地感谢你，祝福剩下的一年），递给你的那位（6块钱的糖），说，"亲爱的，今年我买的是廉价货？"这绝不可能行得通！

在某种程度上，有些东西和价格是没关系的，或者说，不是以价格为导向的，这就像迪士尼。迪士尼在全世界卖的是16.95或19.95美元的家庭影像制品。人们，更具体地说，那些当妈妈的对迪士尼有着特殊的感情。在座的每个人在心中对迪士尼都有着一些情愫。如果我说环球影视，它不会唤起你心中的那种特殊情愫；我说20世纪福克斯公司，你也不会有什么反应。但是迪士尼就不同，这一点在全世界都如此。当你的年纪变老的时候，那些（迪士尼的）影像制品，你可以放心让小孩子每天在一边看几个小时。你知道，一个这样的影片，小孩子会看上20遍。当你去音像店时，你会坐在那儿，把十几种片子都看上一遍，然后决定你的孩子会喜欢哪一部？这种可能性很小。别的牌子卖16.95美元，而迪士尼的卖17.95美元，你知道买迪士尼的不会错，所以你就买了。在某些你没有时间的事情上，你不一定非要做高质量的决定。而作为迪士尼而言，就可以因此以更高的价格，卖出多得多的影片。多好的生意！而对其他牌子来讲，日子就不那么好过了。

梦想家们一直努力打造出类似于迪士尼概念的品牌，来同它在世界范围内竞争，取代人们心中对迪士尼的那份特殊情愫。比如，环球影视吧，妈妈们不会在音像店里买他们的片子，而放弃迪士尼的。那是不可能发生的。可口可乐是在全球范围内和喜悦的情绪关联在一起的。不管你花多少钱，你想让全世界的50亿人更喜欢RC可乐，那是做不到的。你可以搞些诡计，做折扣促销，等等，但都是无法得逞的。这就是你要的生意，你要的"城墙"。

第二节 公司的兼并与收购

股权购并要牺牲原有股东利益

未来几年，我们目前的业务总体上应该在经营利润上表现出一定的增长，但仅靠这些业务本身并不能产生令人满意的回报，要想实现这样的理想目标，我们必须进行一些规模较大的购并。已经过去的2005年，我们的大规模购并活动令人鼓舞，我们达成了5项购并协议，其中2项在2005年年内完成，1项在2006年年初完成，其余2项预计也会很快完成。这些购并协议无一涉及伯克希尔发行新股，这一点非常关键却常常被忽略：当一家公司管理层骄傲地宣布以股票收购另一家公司时，作为收购方公司的股东们不得不为此牺牲自身的一部分股东权益。我也做过几次类似的购并交易，当然，伯克希尔的股东们为我的举动付出了相应的代价。

以下逐一讨论我们去年的购并：

2005年6月30日，我们收购了医疗保护保险公司梅德普诺，这是一家位于韦恩堡并有着106年经营历史的医疗事故保险公司。医疗事故保险是一种十分难以承保的险种，一度成为许多保险公司的梦魇之地。然而，梅德普诺却由于以下原因经营良好：首先，梅德普诺将和伯克希尔下属其他保险公司一样，在制度上领先一筹，那就是承保纪律重于其他一切经营目标；其次，作为伯克希尔公司的一个组成部分，梅德普诺拥有远远超过其竞争对手的财务实力，这足以向医生们保证，那些需要很长时间的诉讼案件，绝不会由于他们所投保的保险公司的破产而无法结案；第三，这家公司有一个聪明能干的首席执行官蒂姆·克内西，他本能地和其他伯克希尔经理人一样，遵循着同样的思考模式。

我们的第二起购并是森林之河，已经于2005年8月31日完成。在此之前的7月21日，我收到一份只有2页纸的传真，上面逐一说明了森林之河完全符合我们曾经在年报上披露的收购标准。在此之前，我从未听说过这位年销售额16亿美元的周末旅游汽车制造商，及其所有人兼总经理皮特·列戈。但这份传真却让我十分动心，于是我马上要求对方提供更多的相关数据。第二天早上我就拿到了这些数据，当天上午我就向皮特·列戈提出了收购要约。7月28日，我们俩握手成交。皮特·列戈是一个杰出的企业家，几年之前，他的企业远远比现在小，那时他把企业卖给了一家杠杆收购机构，他们接手后马上对他指手画脚，不久皮特·列戈就离开了公司。此后不久，公司就陷入破产，皮特·列戈重新收回了这家公司。你可以放心，我绝不会干涉皮特·列戈的任何经营行为。

森林之河拥有60家工厂和5400名雇员，在休闲车制造业中持续保持相当的市场份额，同时还将向船舶制造等其他业务拓展。皮特·列戈现年61岁，绝对处于加速前进的状态。请你好好读读年报中所附的刊登在《商务房车》上的一篇文章，你就会明白为什么皮特会和伯克希尔"喜结良缘"。

除了收购新的业务之外，我们继续在进行链接购并，其中一些购并规模不可小看——我们下属的地毯企业，于2005年投资了5亿美元进行两起购并的业务链垂直整合，这将进一步提升其毛利率。XTRA和克莱顿·和蒙斯也进行了价值提升的购并。

与其他购并方不同，伯克希尔根本没有"退出策略"，我们买入只是为了长期持有。不过我们的确有一个进入策略，在美国及国际上寻找能够符合我们的6个标准且价格合理、能够提供合理回报的目标企业，如果你有合适的企业，请给我来电。就像一个充满爱情憧憬的小女生，会在电话旁等候梦中男孩的电话。

——2005年巴菲特致股东的信

现金购并

查理跟我始终相信，应该有一个与现实相接轨的方法，可以同时满足美国财务会计准则委员会想要正确的反应买卖交易实质的看法，以及经理人反对商誉不当摊销的呼声。我认为，首先购并公司应该要以公平市价认购其投资成本，不管是支付现金或是股票。当然在大多数的情况下，公司账上会出现大笔的经济商誉，但我们应该让这项资产继续保留在会计账上，而不是分年摊销。此后若公司的经济商誉真得有减损的情况（这不是没有可能），那么就按一般判断资产价值是否减损的方法去评估。

如果我们提出的方案获得采用，预计将会追溯适用，以使得全美的购并会计处理原则都一致，而不是像现在一样乱象纷呈。可以预见的是，一旦这项方案开始施行，经理人一定会更审慎地处理购并案，小心地评估到底应该使用现金，或是攸关股东长远利益的股票，而不光只是看合并后的会计账面损益而已。

在买下乔登家具的过程中，我们采用能够让伯克希尔股东未来的现金流量极大，而账面盈余最小的方式，为此，伯克希尔决定使用现金买下资产。此举让我们可以在分15年摊提商誉费用时得到租税的抵减，而减税的效益，等于是让公司未来几年的现金流量明显地增加。相比之下，使用股票进行购并就没有这项好处了，一次打销的商誉损失是无法用来抵税的，两者之间的经济实质差异再明显也不过了。

从购并者的经济角度来看，最不划算的交易方式就是以股换股的做法，不但租税上没有任何好处，买方还要付出高额的购并溢价。若买方之后再把这家公司卖掉，即使实际上公司承担庞大的经济损失，卖主还是要负担高额的资本利得税（税率往往高达35%以上）。

不过在伯克希尔我们也曾用过非租税最佳化的方式，主要因为卖方基于某种原因的坚持。当然，基本上我们也认为这样的规划还算合理，但是我们绝对不会因为要让账面数字好看，而牺牲任何的租税利益。

——1999年巴菲特致股东的信

我已经提到过，在收购中我们宁可使用现金，而不是伯克希尔的股票。有关历史记录的研究会告诉你原因：如果你将我们所有仅使用股票的兼并活动汇总（不包括我们兼并两家附属公司：多元零售公司和蓝筹食品代价券公司），就会发现，如果我不进行这些交易，那么我们股东的经济状况会略微糟糕一些。当我发行股票时，这是以你们的钱

· 264 ·

为代价，尽管这样说让我痛心。

我们很清楚一件事——这种成本从未发生。因为不管怎样我们被卖家误导，或者因为他们从那以后未能用勤奋和技巧管理企业。正好相反，在我们商谈交易时，卖家完全是坦率的，而且从那时到现在一直很得力。

相反，我们的问题是，我们拥有许多真正了不起的企业，这意味着卖掉它们的一部分换取某些新东西几乎永远没道理。当我们在兼并中并行发行股票时，我们减少了你在所有我们部分拥有的公司中的所有权，如可口可乐、吉列和美国运通，而且也减少了你在所有我们经营有方的公司中的所有权。来自体育的一个例子将能很好解释我们面对的困难：对一支棒球队来说，获得一名能指望打出0.35的运动员总是件妙事——除非这支球队为达成交易必须卖出0.38的击球手。

由于我们的花名册上满是0.38的击球手，我们已经努力为收购支付现金，而且我们的记录要好得多。从1967年收购国民保险公司开始，随后持续收购其他公司，其中有时思、布法罗新闻、斯考特·费泽公司以及政府雇员保险公司，我们已经用现金得到了许多大公司，它们在我们购买之后表现得惊人出色。这些收购给伯克希尔带来了巨大的价值——实际上，远远超过我们在收购时的预期。

我们相信，对我们来说，几乎不可能将我们目前的企业以及管理层"折价换取更重要的东西"。我们的处境与卡默洛特的莫德雷德相反，格韦纳维亚评论他说："我能对他说的一件事，就是他一定要结好婚。但每个人都在他之上。"结好婚对于伯克希尔来说极其困难。

——1997年巴菲特致股东的信

错误的动机与昂贵的价格

我们的历史显示，我们对于拥有整家公司或仅持有部分股权，并无特殊偏好。事实上，我们将会持续投资大笔资金于其上（我们尽量避免小额投资，因为若一件事一点也不值得去做，那就算是把它做得再好也没有用），而经营保险公司与礼券事业也必须保持流动性。我们购并的决策着重于把实质的经济利益（而非管理版图或会计数字）极大化。长期而言，若管理当局过度注重会计数字而忽略经济实质的话，通常最后两者都顾不好。不管对账面盈余有何影响，我们宁愿以X价格买下一家好公司10%的股权，而非以2X价格买下那家好公司100%的股权。但大部分的公司经营阶层偏好后者，而且对此行为总是找得到借口。对于这种行为，我们归纳出三种动机（通常是心照不宣的）：

（1）领导阶层很少有缺少动物天性的，且时时散发出过动与战斗的意念。相对地，在伯克希尔，即使是购并成功在望，你们管理当局的心跳也不会加快一下。

（2）大部分的公司或企业与其经营阶层，多以"规模"而非"获利"，作为衡量自己或别人的标准（问问那些名列《财富》500大企业的负责人，他们可能从来都不知道，若以获利能力来排的话，他们的公司会落在第几位）。

（3）大部分的经营阶层很明显过度地沉浸于小时候所听到的，一个变成青蛙的王子，因美丽的公主深深一吻而被救的童话故事，并认为只要被他们优异的管理能力一吻，被购并的公司便能脱胎换骨。

　　如此的乐观是必要的，否则公司的股东怎么会甘心以两倍的价钱买下那家好公司，而非以1倍的价格自己从市场上买进。换言之，投资人永远可以以青蛙的价格买到青蛙，而若投资人愿意用双倍的代价资助公主去亲吻青蛙的话，最好保佑奇迹会发生。许多公主依然坚信她们的吻有使青蛙变成王子的魔力，即使在她的后院早已养满了一大堆的青蛙。尽管如此，平心而论，仍然有两种情况的购并是会成功的：

　　第一类是你买到的（不管是有意或无意的）是那种特别能够适应通货膨胀的公司，通常它们又具备了两种特征：一是很容易去调涨价格（即使是当产品需求平缓且产能未充分利用也一样），且不怕会失去市场占有率或销货量；一种是只要增加额外少量的资本支出，便可以使营业额大幅增加（虽然增加的原因大部分是因为通货膨胀而非实际增加产出的缘故）。近十几年来，只要符合以上两种条件（虽然这种情况不多），即使是能力普通的经理人也能使这项购并案圆满成功。

　　第二类是那些经营奇才，他们具有洞悉少数裹着青蛙外衣的王子，并且有能力让它们脱去伪装。我们尤其要向资本城的汤姆·墨菲致敬，他是那种能将购并目标锁定在第一类的公司，而本身具有的管理才能又使他成为第二类的佼佼者。直接或间接的经验使我们体认，要达到像他们那样的成就非常困难（当然也因为如此，近几年来真正成功的个案并不多，且会发现，到头来利用公司资金买回自家股份是最实在的方法）。然而很不幸的是，你的董事长并不属于第二类的人，且尽管已充分体认到，须将重点摆在第一类的公司，但真正命中的概率却是少之又少。我们讲的比做的好听（我们忘了挪亚的叮咛：能预测什么时候下大雨没有用，必须要能建造方舟才算）。我们曾用划算的价钱买下不少青蛙，过去的报告多已提及，但很明显我们的吻表现平平；我们有遇到几个王子级的公司，但是早在我们买下时他们就已是王子了，还好至少我们的吻没让他们变回青蛙，甚至最后我们偶尔也曾成功地以青蛙般的价格买到了部分王子级公司的部分股权。

——1981年巴菲特致股东的信

　　我们必须承认，对于保险事业的股票投资有点过于乐观。当然我们对于股票的偏爱并非毫无限制，在某些情况下，保险公司投资股票一点意义都没有。

　　只有当以下条件都符合时，我们才会想要将保险公司大部分的资金投入到股票投资之上：（1）我们可以了解的行业；（2）具有长期竞争力；（3）由才德兼具的人士所经营；（4）吸引人的价格。我们常常可以找到一些符合前三项条件的投资标的，但最后一项往往让我们止步。举例来说，1971年伯克希尔所有股票的投资成本累计为1070万美元，市价则为1170万美元。市场上确实有不少好股票，只是他们的价格通常也不便宜（讲到这里，我不得不补充，1971年全体退休基金经理人，将可运用资金的122%投资在高价股票之上，甚至还嫌不够。但到了1974年，当股市大幅回档时，他们投资在股票的比例却降到21%的历史新低点）。

——1978年巴菲特致股东的信

合理的股票回购与反收购

　　去年我们几个投资部位较大的被投资公司，只要其价格与价值差异颇大时，都会努力买回自家股份。而对于身为股东的我们而言，有两点好处：

第一点很明显，是一个简单的数学问题，通过买回公司的股票，等于只要花一块钱的代价便能够获得两块钱的价值，所以每股的内含价值可大大地提高，这比花大钱去购并别人的公司的效果要好得多。

第二点较不明显，且没有什么人知道，实际上也很难去衡量，但时间一长其效果越明显，那就是管理当局可通过买回自家的股票，来对外宣示其重视股东权益的心，而非一味地要扩张个人经营事业的版图，因为后者往往不但对股东没有帮助，甚至反而有害股东的利益。如此一来，原有的股东与有兴趣的投资人将会对公司的前景更具信心，从而股价便会向上反应，与其本身的价值更为接近。

相对地，那些整天把维护股东权益的口号挂在嘴边，却对买回自家股票的建议置之不理的人，很难说服大家他不是口是心非的。久而久之，他便会被市场投资人所离弃。

我们对回购的认可，仅限于那些受价格/价值关系支配的回购，并未扩展到"反收购式"的回购——一种我们发现是令人厌恶而且矛盾的惯例。在这些交易中，通过剥削无辜的，且未与之商议的第三方，双方都实现了他们的个人目的。这些玩家是：（1）甚至在股票证书的墨迹未干以前就把他"要钱还是要命"的消息传达给经理们的"股东"勒索者；（2）以任何价格（只要是别人付账）尽快寻求和解的公司内部人士；（3）手中的钱被用来赶走股东们。当尘埃落定的时候，打劫的股东"过客"会大谈"自由企业"，被打劫的管理人员会大谈"公司的最佳利益"，而站在一边的无辜股东只有默默地掏钱付账。

——1984年巴菲特致股东的信

当一家公司的资金超过前述的资金需求时，那些以增长为导向的公司股东，可以考虑买进新事业或是买回公司自家的股份。要是公司的股价远低于其实质的价值，买回股份通常会最有利。在19世纪70年代，投资大众就曾大声呼吁公司的经营阶层采取类似的做法，不过当时却很少有公司响应。那些真正落实的，事后证明大大增进了股东的利益，而为多余资金另找出路的公司则惨不忍睹。确实在19世纪70年代（以及以后断断续续好几年），我们专门锁定那些大量买回自家股份的公司，因为这种举动通常暗示着这是一家公司股价被低估，同时又拥有相当注重股东权益的经营阶层。

不过这种情况已成明日黄花，虽然现在买回自家股份的公司比比皆是，但我们认为大部分的背后都隐含着一个令人鄙夷的动机，那就是为了要拉抬或支撑公司股价。这当然有利于在当时有意出售股份的股东，因为他们能够以不错的价格顺利出场，不管他的背景或出售的动机是什么。不过留下来的股东却因为公司以高于实质价值的价格买回股份而蒙受其害，以1.1美元的价格买进1块钱美钞的生意很明显不划算。

查理跟我承认，我们对于估计股票的实质价值还有点自信，但这也只限于一个价值区间，而绝非一个准确的数字。不过即便如此，我们还是很明显地可以看出许多公司目前以高价买回股份的举动，等于是让卖出股份的股东占尽留下来股东的便宜。当然站在公司的立场来看，大部分的主管对于自家公司有信心也是人之常情，但他们其实比我们更知道公司的一些内情。不管怎样，这些买回的举动总是让我认为压根就不是为了想要增进股东权益，而只不过是经营阶层想要展现自信，或者一窝蜂跟进的心态而已。

有时，有的公司也会为了抵消先前发行低价认股选择权而买回股份，这种买高卖低的策略跟一般投资人无知的做法并无二致，但这种做法绝不像后者一样是无心的，然而这些经营阶层好像相当热衷于这种对于公司明显不利的举动。

当然发放认股选择权与买回股份不见得就没有道理，但这是两码子事，绝不能混为一谈。一家公司要决定买回自家的股份或发行新股，一定要有充分的理由，如果只是因为公司发行的认股权被行使或其他莫名其妙的原因，就要强迫公司以高于实质价值的代价买回股份，实在是没有什么道理。相反，只要公司的股价远低于其合理的价值，则不管公司先前是否发行过多的股份或选择权，都应该积极买回流通在外的股份。

——1999年巴菲特致股东的信

稳定的收购政策

尽管如此，我们还是拥有几项优势。其中最有利的大概就是我们并没有一套策略计划，所以我们就没有必要依照固定的模式（一种几乎注定会以离谱的价钱成交的模式），而是完全以股东本身的利益为优先。在这样的心态之下，我们随时可以客观地将购并案与其他潜在的几十种投资机会做比较，其中也包含经由股票市场买进的部分股权。我们习惯性地做比较，在购并与被动的投资之间比较，这是一味地想要扩张经营版图的经理人绝对做不出来的。

管理大师彼得·杜拉克几年前在接受《时代》杂志的一次专访时，切中要点地提到："让我告诉你一个秘密，促成交易比辛勤工作好，促成交易刺激有趣，而工作却尽是一些龌龊的事。"经营任何事业无可避免的是一大堆繁杂的工作，而促成交易相对的就很性感浪漫，这也是为什么通常交易的发生都没什么道理可循。

在从事购并案时，我们还有一项优势，那就是我们可以提供给卖方，一种背后由众多优秀企业所组成的股份当做对价。当一家公司的老板或家族想要处分绩优的家族产业，同时希望相关的税负能够继续递延下去时，应该会发现伯克希尔的股票是一种相当好的选择。事实上我相信，这样的盘算在我们1985年促成以股份交换的两项购并案中扮演了极关键的角色。

此外，有些卖方也会关心他们的公司是否能够找到一个稳定可靠的美满归宿，可以让其旗下员工有一个良好的工作环境。就这点而言，伯克希尔绝对与众不同，我们旗下事业的经理人拥有绝对的自主权，此外我们的股权结构使得卖方可以相信当我们在购并时，所做出的每一个承诺将会被信守。对我们而言，我们也希望能与真正关心购并后其公司与员工会有怎样结局的老板打交道，就我们的经验而言，这类的卖主通常会比那些一心要把所拥有的公司拍卖掉的人，要让我们少发现许多令人不愉快的意外。

——1995年巴菲特致股东的信

事实上费区海默正是我们想要买的公司类型。它有悠久的历史，有才能的管理人员，且品格高尚，乐于工作，且愿意与我们一起分享公司经营所带来的利益。所以我们很快就决定以4600多万美元买下该公司84%的股权，这与我们当初买下内布拉斯加家具的情况很类似。持有股权的大股东有资金上的需求，原经营家族有意愿继续经营公司并持有部分股权，且希望买下公司股权的股东不要只为了价格便随便将公司股权出让，并确保股权交易完成后，公司的经营形态不受干扰。这两家公司真正是我们所想要投资的类型，而它们也确实适得其所。

说来你可能不敢相信，事实上我与查理甚至根本就从未去过费区海默那位于辛辛那提的企业总部（另外还有，像帮我们经营时思糖果15年之久的查克，也从未去过奥马哈伯克希尔的企业总部），所以说若伯克希尔的成功是建立在不断地视察工厂的话，现在我们可能早就要面临一大堆问题了。因此在从事购并公司时，我们试着去评估该公司的竞争能力、优势与缺点，以及经营阶层的能力与水准。费区海默在各方面都很杰出，而鲍勃与乔治正值60多岁的壮年期（以我们的标准而言），且后继还有加里等3位优秀的子弟继承衣钵。身为购并的最佳典型，该公司只有唯一一个小缺点，那就是它的规模不够大。我们希望下一次有机会能遇到各方面条件都与费区海默一般，且规模至少要有它好几倍大的公司。目前我们对于购并对象年度税后获利的基本门槛已由每年的500万美元，提高到1000万美元。报告完后，最后还是重复一下我们的广告，假若你有一家公司符合以下我们所列的条件，请尽快与我们联络。

（1）巨额交易（每年税后盈余至少有1000万美元）。

（2）持续稳定获利（我们对有远景或具转机的公司没兴趣）。

（3）高股东报酬率（并甚少举债）。

（4）具备管理阶层（我们无法提供）。

（5）简单的企业（若牵涉到太多高科技，我们弄不懂）。

（6）合理的价格（在价格不确定前，我们不希望浪费自己与对方太多时间）。

我们不会进行敌意购并，承诺完全保密，并希望你能尽快答复我们是否感兴趣（通常不超过5分钟）。我们倾向现金交易，除非我们所换得的企业内含价值跟我们付出的一样多，否则绝不考虑发行股份。我们欢迎可能的卖方向那些过去与我们合作过的伙伴打听，对于那些好的公司与好的经营阶层，我们绝对可以提供一个好的归属。

当然我们也持续接到一些不符合我们条件的询问电话，包括新事业、转机股、拍卖案以及最常见的中介案（那些通常会说你们要是能碰一下面，一定会感兴趣之类的）。在此重申，我们对这类型案件一点兴趣都没有。

——1986年巴菲特致股东的信

收购的优势

去年购并案之所以会蜂拥而现，主要有两个原因：

首先，许多经理人跟老板都预见到自己公司的产业即将走下坡。事实上在我们这次买下来的公司当中，确实就有好几家今年的盈余将会较1999年或2000年减少，不过对于这点我们并不介意，因为每个产业都会有景气循环（只有在券商做的投资演示文稿中，盈余才会无止尽地成长）。我们不在乎这短期的波折，真正重要的是长期的结果，当然有些人会比较看重短期的成败，这反而能增加卖方出售的意愿，或降低其他潜在买家的竞争意愿。

其次，能让我们在2000年这么顺的原因，是去年垃圾债券市场状况日益低迷。由于前两年垃圾债券投资人逐渐降低他们的标准，以不合理的价格买进许多资质不佳的公司债，浮滥的结果终究导致大量违约的出现。在这种状况下，习惯靠融资买下企业的投机者（就是习惯印股票换公司的那群人）便很难再借到足够的钱，而且就算能够借到，其成本也不便宜。因此当去年有公司对外求售时，融资购并者的活动力便锐减。因为我们习惯以买下整家公司股权的方式投资，所以我们的评估方式没有太大的改变，这使得我们的竞争力大幅提高。

除了这两项有利于我们的外部因素之外，现在在进行购并时，我们自己本身也拥有另一项优势，那就是伯克希尔通常都是卖方期望指定的买方。虽然这无法保证交易一定能谈成，一方面要看卖方是否能接受我们的报价，另一方面也要看我们喜不喜欢这家公司以及其管理阶层，但无可否认，这确实对交易的进行大有帮助。

另外我们还发现卖方是否在意公司将来的归属其实相当重要，我们喜爱与那些钟爱公司，而不只是斤斤计较出售公司能够得到多少钱的人往来（当然我们也明白没有人会不爱钱）。当我们意识到有这样的情节存在时，通常代表了这家公司拥有相当重要的特质：诚实的账务、产品的自信、客户的尊重以及一群专心一致的忠实员工。反之亦然，当一家公司的老板只一味地想要卖一个好价钱，但却一点都不关心公司卖掉后的下场时，那么你马上就会了解为什么他会急着想要卖公司的原因，尤其当他是靠借钱买下这家时。而当一家公司的老板表现出一点都不在乎公司死活时，公司的上上下下一定也会感染到这种气氛，使得其态度与行事作风跟着转变。

要知道，一家经典企业是由一个企业家终其一生，有时甚至是好几代，以无微不至的用心与优异的才能建立起来的。对于老板来说，接手的人是否能承续过去辉煌的历史是相当重要的一件事。关于这点，查理跟我相当有信心，伯克希尔绝对可以提供给这些企业一个美满的归宿。我们相当重视对于这些企业创办人所做的保证，而伯克希尔的控股结构绝对可以确保我们的承诺顺利落实。当我们告知约翰·贾斯汀他的企业总部仍将留在沃思堡，或保证布里奇家族他们的公司绝不会与其他珠宝公司合并时，我们可是绝对说到做到。

就像是林布兰画作一样珍贵的公司，与其让信托人或不肖的子孙把它拍卖掉，还不如由画家本身选择其最后的归宿。这几年来，我们与有这样认知的人士有过非常多的愉快经验，并让这些感觉一直延续到这些企业上，至于拍卖这玩意儿，就留给别人去做吧。

——2000年巴菲特致股东的信

购并估值问题

在购并交易中，有三种方法可以避免原有股东的股份价值遭到侵蚀：

第一种方法是以合理的价格对合理的价格进行购并（就像是伯克希尔与蓝筹股的合并案一样，试着用对双方都公平的方式进行，大家都收到与其付出一致的企业内含价值；克拉夫特与国立饼干公司的合并案也是如此，但他们是少数例外，不是因为购并者要回避这类交易，而是实际执行有困难）。

第二种方法发生在公司股票市价高于其实际企业内含价值。在这种情况下发行股票，反而会增进原有股东权益。在1965~1969年间许多购并案属于这类，结果与1970年后的购并案完全相反，被购并的公司股东收到膨胀不实的股份（通常借由可疑的会计与哄托的手法）成为该项交易的真正输家。但近年来在大型的公司变得相当少见，有些例外主要是那些具有美丽远景的公司，使得市场暂时以高于其企业内含价值的价格予以评价。

第三种方法是购并者照样进行交易，然后接着从市场买回与因购并所发行的股份数量相同的股票。如此一来，原本以股换股的交易会转变为以现金换股的交易。买回股份本身是一种弥补损失的动作，正常的读者应该能正确地猜到，我们宁愿以买回自家股份的方式直接增进原有股东权益，而不只是修补原先的损失。得分会比弥补失误更令人雀跃，但当失误真的发生了，弥补是很重要的。我们衷心建议，弥补错误地买回自家股份动作，能将一项不好的以股换股交易变为公平的以现金换股交易。

第一个问题是购并所用的语言通常会让事情搞混，且鼓励经理人做出不合理的举动。例如，股权稀释通常须经过仔细试算对账面价值与每股获利能力的影响，而后者尤其受到重视。若计算结果对购并者为负面（即遭到稀释），则马上有人会提出合理解释来说明在未来一定能够改善（实际交易不一定成功，但计划绝对不会有问题，如果老板很明显对于一项购并案保持高度兴趣，那下面的部属与顾问一定能量身定做一套计划，来证明交易价格的合理性），更别提若是试算结果为正面（即反稀释），一定不会有人再有任何意见。对于股权稀释与否的关心实在是有点过度，现在的每股盈余（甚至是未来几年的每股盈余）是企业评价的重要变量，但却不是绝对唯一的。有许多的合并案，即使未遭稀释，购并者本身的权益却马上遭到损害；而有些案子，虽然现在或未来几年的每股盈余遭到稀释，但原有股东的权益却大大提高。真正重要的是一件购并案其企业内含价值是否有遭到稀释（而这需要考量许多项变量），我们坚信从这个角度去判断是绝对必要的（但事实上很难做到）。

第二个问题牵涉到交换的比例。若甲公司宣布要发行股票购并乙公司，通常大家都会把它解读成甲要取得乙或乙要卖给甲，但真正对这件事看得透彻的人，却会直接且贴切的形容为甲卖掉部分股份以取得乙，或乙股东得到部分甲的股份以换取乙全部的财产。在交易中，你给对方的跟对方给你的东西一样重要，即使要经过好一阵子才能知道你所给的是什么。后续不论是出售普通股或发行可转债，以取得交易所需资金或恢复财报实力，皆必须仔细计算以评估原本这项购并案的影响（若企业"怀胎"是企业结合的必然结果，那么在享乐之前便须面对现实）。

管理阶层必须仔细想清楚，他们会不会在像卖部分股权一样的情况下，把100%股权卖掉。若卖掉全部股权的做法不恰当，那么在同一基础下卖掉部分股权就合理吗？管理当局的小错误会慢慢累积成为一项大错误，而非大胜利（拉斯维加斯就是建立在人们从事认为无伤大雅的资本交易所造成的财富移转之上）。

取舍之间的因素考量，在投资公司间可以很容易地计算。假设投资公司甲其市价仅为其真正价值的一半，并打算购并投资公司乙，又假设投资公司甲决定发行相当市值的股份，以换取投资公司乙全部的资产。在这种情况下，等于是投资公司甲以两块钱的内含价值换取一块钱的内含价值，而马上会接到甲公司股东与证管会的异议，强调投资公司合并的公平性，所以这样的交易一定不被允许。然而对制造、服务、金融等公司而言，价值却不像投资公司那么容易计算，但我们也曾见过有些购并案像前面所提案例一样，明显伤害原有股东的权益。如果公司经营阶层能注重公平性，愿意用同样的标准来评估两家企业的话，这样的伤害便绝对不会发生。

最后我们对购并者原有股东因发行稀释股份的祸不单行表示点意见。在这种情况下，第一项打击是购并案本身所造成对内含价值的损害；第二项打击是在购并案后对企业评价的向下修正。因为包括现有与未来可能的股东会，对管理当局这种损害股东权益的行为感到失望，而宁愿把钱交给真正重视股东权益的人手上，如此一来，公司的本益比将向下修正，不管管理当局如何再三强调这种行为只是偶发性，就像是客人在餐厅的汤内发现一只蟑螂，生意马上受到影响，即使你换了厨师也一样。同理可证，最高的本/内含价值比将会给那些不轻易发行股份稀释原有股东权益的经营阶层。

——1982年巴菲特致股东的信

克制扩张冲动

我们旗下这些事业实在是没有什么新的变化可以特别提出报告的，所谓没有消息就是好消息。剧烈的变动通常不会有特别好的绩效，当然这与大部分的投资人认为的刚好相反。大家通常将最高的本益比给予那些擅长画大饼的企业，这些美好的远景会让投资人不顾现实经营情况，而一味幻想未来可能的获利美梦。对于这种爱做梦的投资人来说，任何路边的野花，都会比邻家的女孩有吸引力，不管后者是如何贤惠。

经验显示，能够创造盈余新高的企业，其现在做生意的方式，通常与其5年前甚至10年前没有多大的差异。当然管理层绝对不能够太过自满，因为企业总有不断的机会可以改善本身的服务、产品线、制造能力等，且绝对必须要好好把握。不过一家公司若是为了改变而改变，反而可能增加犯错的机会。讲的更深入一点，在一块动荡不安的土地之上，是不太可能建造一座固若金汤的城堡，而具有这样稳定特质的企业却是持续创造高获利的关键。

先前提到《财星》杂志的研究，可以充分支持我的论点。在1977年到1986年间，总计1000家中只有25家能够达到连续10年平均股东权益报酬率20%，且没有一年低于15%的双重标准，而这些优质企业同时也是股票市场上的宠儿。在所有的25家中，有24家的表现超越标普500指数。

这些财富之星可能让你大开眼界。首先，相对于本身支付利息的能力，他们所运用的财务杠杆极其有限，一家真正好的公司是不需要借钱的；其次，除了有一家是所谓的高科技公司，另外少数几家属于制药业以外，大多数的公司产业相当普通，现在销售的大部分产品或服务与10年前大致相同（虽然数量或是价格，或是两者都有，比以前高很多）。这些公司的记录显示，充分运用现有产业地位，或是专注在单一领导的产品品牌之上，通常是创造企业暴利的不二法门。

事实上我们在伯克希尔的经验正是如此。我们的专业经理人之所以能够缔造优异的成绩，虽然所从事的业务相当平凡，但重点是把它们做到极致。经理人致力于保护企业本身、控制成本，基于现有能力寻找新产品与新市场来巩固既有优势。他们从不受外界诱惑，巨细无遗地专注于企业之上，从而其成绩有目共睹。

——1987年巴菲特致股东的信

在伯克希尔，我们努力避免自己的公司成为商品化的企业。首先我们凭借着自己强大的资金实力，来凸显我们产品的不同。但这种效果实在是有限，尤其在个人险的部分。因为即使是其所投保的保险公司倒闭（事实上这种状况还不少），汽车险或房屋险的购买者仍可获得理赔，在商业险的部分也是如此。当情况好时，许多大企业投保户与保险捐客都不太关心保险业者的财务状况，即使是比较复杂的案件，顶多拖个三五年，最后还是有办法可以解决（眼不见为净的结果，可能会让你的口袋落空）。

不过过一段时间，保户会偶尔想起富兰克林所说的"空沙包很难站的直挺"，并了解寻找一个可靠稳定的保险公司的重要性。这时我们发挥优势的机会就来了。当客户认真想到往后5~10年，若是面对景气不佳同时又碰上金融市场低迷，再保业者倒闭频繁等景象时，而怀疑保险公司是否仍有能力轻松地支付1000万美元理赔金时，那么他可以挑选的保险公司其实是相当有限的。在所有的"沙包"之中，伯克希尔无疑是站得最直挺的一个。

我们第二个方法是试着让我们完全不理会签发保单的数量，在下一个年度我们很愿意一口气签出比前一年多5倍的保单，但是只能签发1/5的保单也无所谓。当然情况若许可，我们希望是越多越好。但我们实在是无法掌握市场价格，若价格不理想，我们就会暂时退出市场少做一点生意。在同业中再没有其他任何一家保险公司有我们如此高的自制力了。

在保险业普遍存在的三种情况（这在其他产业并不多见），使得我们能保持相当的弹性。第一，市场占有率并不绝对等于获利率，不像新闻业或是零售业，最后能够存活的不一定是最肥的那个人；第二，许多的保险类种，其中也包含我们所从事的主要险种，销售通路并非只有唯一管道，所以进入障碍低，今年业绩不多，不代表明年就一定会很少；第三，闲置的产能，在保险业来说主要是在于人力，这部分并不会造成太大的负担，在印刷或是钢铁业来说就不是如此。我们可以在保持慢速前进的同时，随时蓄势待发准备向前冲刺。

——1987年巴菲特致股东的信

找到可能的买主

大多数企业所有者会用他们一生中较好的时光去构建他们的企业。根据构建在无休止重复上的经验，他们加强了自身在贸易、采购、人员选择等方面的技能。这是一个学习的过程，所以在一年中所犯的错误，常常会对未来几年中的能力与成功作出贡献。

与之相反，拥有所有权的经理们只把他们的企业出售一次——常常是在一种有来自各方压力的、受情绪影响的氛围中出售。大多数压力通常来自经纪人，他们在销售完成之后才会得到报酬——无论其结果对买卖双方来说如何，这个决定就财务和个人来说，对所有者是如此重要的事实，可以使出售过程更有而不是少有错误的倾向。而且，一生中只有一次企业出售中犯的错误是不可逆转的。

价格非常重要，但常常不是出售中最关键的一面。你和你的家族有一家与众不同的企业（在你的领域中独此一家，而且任何买家都会认识到这一点），它也是一家随着年月的流逝更有价值的企业。因此如果你决定不是现在出售，那么你也很可能会打算在将来从中赚取更多的钱。有了这个认识，你就可以分配力量，并花费必要的时间挑选你要的买家。

如果你必须决定出售，那么我认为伯克希尔可以提供一些其他买家不能提供的有利条件。实际上所有这些买家都属于下面两类中的一类：

（1）一家位于别的地方但从事你的业务，或是与你的业务相类似的公司。这样一个买家——无论做出什么允诺——通常有许多经理认为自己知道如何运作你的业务部门，而且迟早会提供某种插上一手的"帮助"。如果收购公司的规模大得多，那么它通常会有成群结队的经理，这些年他们被招募来的部分原因，是公司允诺他们将会管理未来被收购的公司。他们有自己的做事方式，而且尽管你的业务记录无疑比他们的强得多，但在某些地方人性会使他们相信他们的运作方法更加高级。你和你的家族很可能有朋友已经把自己的公司出售给了更大的公司，因此我怀疑他们的经历会坚定母公司接管子公司运作的倾向，尤其是在母公司熟悉子公司的行业，或者认为他们熟悉的时候。

（2）计划一旦时机成熟，就把买来的公司再卖给公众或另一家股份公司的金融投机商。他们总是用一大笔借来的钱进行操作，经常地，这些买家的主要贡献是改变会计方法，以使盈利在他们脱手前可以展现在最耀眼的光环之下。由于上升的股票市场以及大量的资金供应，这种交易……正在变得更加频繁。

如果当前所有者的唯一动机是使他们的筹码变现，然后把企业置于脑后——众多卖家属于这一类，那么我刚刚描述的两类买家都会让人满意。但是，如果卖家的企业代表一生的创造性工作，而且形成了他们人格以及存在感中不可分割的一部分，那么两类买家就会有严重的缺陷。

伯克希尔是另一类买家——一个相当不同寻常的买家。我们的收购是要保留子公司的管理人员，我们在母公司中没有，也从未希望有营运人员。所有我们拥有的企业都以不同寻常的程度自主经营。在大多数情况下，我们已经拥有了许多年的重要企业的经理们，从未来过奥哈马，甚至从未相互见过面。如果我们购买一家企业，卖家会继续像他们出售前那样运行公司，我们会适应他们的管理方法，而不是他们适应我们的管理方法。

我们还没有对谁——某个家族、刚招募的MBA等——允诺过有机会经营我们已经从所有权的经理们手中收购来的企业。而且，我们将来也不会这么做。

你们听到过我们以前进行的几次收购。我随信附上一份名单，记载了我们曾从其手中购买过企业的人，而且我请你们核对一下，我们的表现是否与我们的承诺相符。你应当特别有兴趣检查一下那几位手中的企业表现不怎么样的人，以弄清我们在困难的条件下是如何表现的。

任何一个买家都会告诉你，他本人需要你——而且如果他有头脑的话，他的确需要你。但是，大多数买家出于我们上面提到的原因，不能使他们后来的行动与他们先前的承诺相符。我们会信守承诺，这不仅是因为我们有这样的承诺，而且还因为要取得最佳的业务成果我们需要言行一致。

——1990年巴菲特致股东的信

购并的两项基本条件

我们相信实在是很难将我们现在拥有的事业与其经营阶层交换出去，我们现在的处境与卡默洛·莫德里德刚好相反。格温纳维尔说他一定可以找到理想的伴侣，因为世上所有人的条件都比他还要好，但是对伯克希尔来说，要找到足以匹配的伴侣实在是难上加难。

所以大家可以预见的是，在未来查理跟我将会越来越不愿意以发行新股的方式进行购并，要是遇到非如此不可的情况时，也就是被购并者坚持要拿股票的时候，我们也会附带提供一个比较优越的现金价格，以促使更多的股东选择领取现金。

此外，当我们购并已公开发行的公司还会遇到另一项问题，那就是如果我们提供被购并者任何溢价的话，必须要能够符合以下两项条件其中之一：要么就是相对于对方，伯克希尔的股价被高估；要么就是两家公司合并后所赚得的利益高于两家独立营运时的利益。关于这个问题，就过去的经验，伯克希尔的股价很少被高估，相对地以目前的市场状况，实在很难再找到其他股价相对被低估的公司。至于另外一个可能性，也就是所谓的合并综效，通常都很不切实际，我们顶多能期望被购并的事业，在被买下之后的表现跟之前一样好就不错了，因为加入伯克希尔不代表营收就能够自动增加，或成本就能够自动地减少。

其中还有一些以选择权充当薪资酬劳配套措施的公司，在我们买下之后，其账面成本往往会暴增（但并不会影响实际真实的成本），事实上应该说是这些公司过去的获利状况被高估，因为他们所采取的是在我们看来典型的，完全忽略发行选择权潜藏企业成本的不当会计手法。因此，当伯克希尔买下一家有发行选择权的公司时，我们会立刻将之更换成以现金报酬为主，但却与原来认股权同样优惠的奖励计划，如此一来，被购并的这家公司其实际的薪资酬劳成本方能摊开在阳光底下，具体反映公司的获利状况。

伯克希尔购并公开公司所采用的原则也是所有买家必修的学分。买方没有理由以溢价进行购并，除非在以下特殊的情况下：相对于被购并者，其股价被高估；或者是两家原本独立的企业在合并之后，所赚取的利润高于原先的总和。显而易见，买方通常会采取第一个理由，因为很少有公司会公开承认自己的股价被高估。然而贪得无厌的买家，以比印钞票还快的速度来印股票的这群人，最后却不得不默认自己的股价确实被高估，通常他们玩得宛如华尔街版的连锁信游戏。

虽然有些合并案确实可以发挥综合效益，但通常买家所付出的代价过高，且通常成本节省与营收增加的预期效益最后都会成一场空。不过有一点可以确定的是，不管这个购并案多么的不合理，只要老板有强烈的意愿，其内部的同僚与外部的专家顾问都能够提出一份看似合理的评估报告来支持其立场，只有在童话中才有人敢大胆地告诉国王他没有穿衣服。

———1997年巴菲特致股东的信

了解实质价值，对经理人来说，其重要性与投资人一般。当经理人本身在做资金分配的决策时——也包含决定买回股份，必须确定这些举动能够增加公司的实质价值，并尽量避免损害实质价值的举动。这原则看起来理所当然，但是违反情况却屡见不鲜，而只要不当的决策形成，股东的权益立即就会受到伤害。

举例来说，在思考企业合并与购并活动时，许多经理人都会专注于每股盈余是会被稀释或是反稀释（或是在金融机构，则是每股账面价值）。过分强调这点是相当危险的，回到我们先前所举大学教育的例子：假设一位25岁MBA一年级的学生，考虑将他个人未来的经济利益与另一位25岁的工人做结合，他会发现如果尚无谋生能力的他，要是现在与工人做1∶1的合并的话，他往后几年的赚钱能力将会立即大幅提升，但是你想这位MBA会笨到接受这样的提议吗？

谈到企业购并，对于可能的买主来说，只专注于现在的获利情况，却不管潜在的卖方拥有不同的前景、不一样的非营业资产或不同的资本结构，是一件很愚蠢的事。在伯克希尔我们不知拒绝了多少那种虽然会让短期盈余美观，但却可能损及每股实质价值的合并案或投资机会。总之我们的方式乃效法韦恩·格雷兹基的建议，要紧盯小精灵的去向，而不是它现在的位置。结果长期下来，比起运用一般的投资标准方法，我们的股东因此多赚了好几十亿美元。

很遗憾的是，大部分的购并交易案都充满了不公平性，对于被购并方来说，算是得到解脱，购并一方的管理阶层则名利双收，旁边的投资银行家与专业顾问也都能跟着大捞一笔。只不过真正受害的却是购并方背后全体的股东，他们损失惨重，原因在于购并公司最后所得到的实质价值通常远比得到的低，就像是瓦霍维亚公司已退休的领导人约翰·梅德林所说，这种事做太多，就好像是在倒写连锁信一样。

——1994年巴菲特致股东的信

何时该回购自家股份

当股票的价格与价值存在巨大差异的时候，我们投资最大的几家公司都已经进行过大规模的股票回购。作为股东，有两条重要的原因——一个显而易见，而另一个较为敏感而且并不总能得到理解——使我们发觉这样做鼓舞人心而且回报丰厚。显而易见的那个原因涉及基本的算术：以大大低于每股企业内在价值的价格进行的回购，立刻极为有效地增加了这种内在价值。当公司买入他们自己的股票时，他们常常发现很容易用1美元得到2美元现值。公司收购计划几乎从来做不到这一点，而且在大量令人失望的案例中，这些收购计划未能花费1美元得到任何接近于1美元价值的东西。

回购的另一个好处很难精确计算，但随着时间的流逝可能十分重要。当一家公司的市场价值大大低于其企业价值时，管理人员通过回购可以清楚地证明，这是增加股东财富的行动，而不是只会扩大管理人员的领地，但对股东毫无意义的（甚至是有害的）行动。看到这种回购，股东以及潜在的股东就提高了他们对企业未来回报的估计。而这种向上的修正产生了与企业内在价值更加一致的市场价格，这些价格完全是理性的。相比一家掌握在另有目的的自私自利的经理手中的公司，投资者应为一家掌握在证明有以股东为先倾向的经理手中的公司付更多的钱。（说到底，为了成为一家由罗伯特·威斯克控制的公司的少数股东，你们会付多少钱呢）

关键词是"证明"。当回购明显符合所有者的利益时，总是对回购不予理睬的经理暴露了比他对自己动机的了解更多的东西。无论多少次，或者无论他如何雄辩地将诸如

"使股东财富最大化（本季节的宠爱）"这样受公共关系激发的辞藻挂在嘴边，市场都会正确地把他掌控的资产打折。他口是心非——因此，过一段时间，市场也会如此。

——1984年巴菲特致股东的信

现在，回购完全是时兴玩意儿，但经常出于一种未说明的而且在我们看来不光彩的原因：推高或支撑股价。当然，选择今天卖出的股东会从任何买家那里收益，无论他的初衷或者动机是什么。但是，继续的股东就会受到内在价值以上的回购的惩罚。对于那些逗留的人来说，用1.10美元支付1美元的账单可不是好生意。

你应当意识到，在过去的一些时候，我犯过没有进行回购的错误。当时，我对伯克希尔价值的评估过于保守，或者我对资金的其他用途过于热心，因此错失一些良机——尽管在那些时刻伯克希尔的成交量少得以至于我们不能大规模买入，这意味着我们每股价值的增加极小（比方说，按每股内在价值25%的折扣回购公司2%的股票，最多只能产生0.5%的增值——而且在这笔资金能换作以增加价值的方式运用时就更少了）。

我们收到的一些信明确说明，写信的人对内在价值因素毫不关心，相反却要我们鼓吹回购的意图，这样股票就会上涨（或者不再下跌）。如果写信的人明天要卖出，那么他的考虑有道理（对他本人）；但如果他想持有，那么他应当反过来希望股票下跌而且成交量足够大，这样我们就可以大量买入。对于持续持股的股东来说，这是回购计划可以有实际好处的唯一途径。

我们不会回购股票，除非我们相信伯克希尔的股票卖得大大低于保守计算的内在价值。我们也不会尝试谈论股票涨跌（我从未公开或私下里告诉任何人买入或者卖出伯克希尔的股票），相反，我们会给所有的股东（或者潜在的股东）与估价有关的相同信息，如果我们的位置对调，我们也希望获得这些信息。

——1999年巴菲特致股东的信

第三节　公司的会计政策与纳税

企业正常获利水平

我们对于目前大盘的股价表现，与先前对于本身持股投资组合股价的看法一致。我们从来不会想要试图去预估下个月，或下一年度的股市走势，过去不会，现在也不会。不过如同我在附录的文章中指出的，股市投资人现在对于目前持股未来可能的投资报酬实在是显得过于乐观。

我们认为企业获利的增长幅度，与一个国家的国内生产总值（GDP）的增长率成一定关系。我们估计目前GDP的年增率大概只有3%，此外再加上2%预估通货膨胀。当然查理跟我无法对于2%的准确性做任何保证，但这至少是市场上一般的共识。预防通货膨胀的国库券（TIPS）的利率大约也是一般政府公债减2个百分点，当然如果你感觉通货膨胀可能比这个数字还高，你大可以买进TIPS，同时放空政府公债。

而如果公司的获利果真与GDP预估5%的成长走势相当，那么大家在对美国企业进行评价时的预期，就不可能过于乐观。若再加计配发的股利，那么你可以得出的预计股票报酬率，可能远低于大部分投资人过去几年的投资绩效，以及未来几年的投资预期。如果投资人的期望可以变得更实际一点——我相信总有一天他们一定会的，则股市将会进行一波相当大程度的修正，尤其是投机气氛特别浓厚的那些股票。

总有一天，伯克希尔会有机会将大量的资金再度投入股市，这点我们相当有信心，不过就像有首歌的歌词是这样："不知在何处？不知在何时？"当然要是有人想要试着跟你解释为何现今股市会如此的疯狂，请记住另一首歌的歌词："笨蛋总是为不合理的事找理由，而聪明人则避而远之。"

——1999年巴菲特致股东的信

7月份，我们决定关闭我们在纺织事业的营运，到年底之前这项令人不太愉快的工作也大致告一段落。回顾纺织产业的历史深具启发性。当巴菲特合伙事业（当时由我本人担任该合伙事业的执行合伙人）在21年前买下伯克希尔纺织公司的控制权时，公司的账面价值约为2200万美元，全部集中在纺织事业，然而当时由于公司无法赚得与账面价值相称的报酬，其内含价值却远低于此数。事实上，在此之前9年（即伯克希尔与海瑟威两家合并经营期间）的累计总营业收入达5亿多美元，但却发生了1000万美金的亏损。虽然时有获利，但总是在进一步、退两步。

在我们买下该公司的当时，南方的纺织工厂由于不具工会组织，而被公认为较具竞争优势，大部分北方的工厂皆已结束营运。当时，许多人认为我们也应该将该公司清算，然而我们觉得公司若能有一位长期稳定的管理者，营运将可得到改善。所以当时我们马上选中肯·蔡斯接手，有关这点我们倒是做对了。肯与后来接替他的加里合作得非常好，一点也不输给我们其他获利更高的事业经营者。

在1967年初，我们利用纺织事业产生的大量现金进入保险事业，买下国民保险公司，一部分资金来自于盈余，另一部分则来自于减少纺织事业的存货、应收账款与固定资产的投资。事实证明，这次撤退的决策完全正确。尽管由于肯的管理营运大为改善，但纺织事业从未赚到什么钱，即使是在景气高峰的时候。伯克希尔后来持续多元化，使得纺织业的不良对于公司整体的影响越来越轻微。我们之所以继续来经营纺织业的原因，我早在1978年便提过（后来也曾陆续提到）：

（1）该公司为当地非常重要的雇主。

（2）管理当局坦诚面对困境并努力解决问题。

（3）劳工体认困境并极力配合。

（4）尚能产生稳定现金收入。

我后来还说，只要这些情况持续不变（我们也预期不会变），即使有更多更好的投资机会，我们仍会将纺织事业坚持下去。

但事实证明第四点是错的。虽然1979年的获利状况还不错，但之后却耗用了大量的资金，直到1985年中情况变得再明显不过。若我们能够找到合适的买主，即使贱价出售，我们也不愿意看到该事业被清算。但我们清楚这点，别人也更清楚，没有人会有兴趣。

我们不会因为想要将企业的获利数字增加一个百分点，便结束比较不赚钱的事业。但同时我们也觉得只因公司非常赚钱，便无条件去支持一项完全不具前景的投资的做法不太妥当。亚当·史密斯一定不赞同我的第一项看法，而卡尔·马克斯也会反对我的第二项见解，采用中庸之道是唯一能让我感到安心的做法。

——1985年巴菲特致股东的信

负债与资产的平衡艺术

在年度结束后不久，伯克希尔发行了两期的债券，总共的金额是2.5亿美元，到期日皆为2018年并且会从1999年开始慢慢分期由偿债基金赎回，包含发行成本在内，平均的资金成本在10%上下，负责这次发行债券的投资银行就是所罗门，他们提供了绝佳的服务。

尽管我们对于通货膨胀持悲观的看法，我们对于举债的兴趣还是相当有限。虽然可以肯定的是伯克希尔可以靠提高举债来增加投资报酬，即使这样做我们的负债比例还是相当地保守，且就算如此我们很有信心应该可以应付比19世纪30年代经济大萧条更坏的经济环境。

但我们还是不愿意这种大概没有问题的做法，我们要的是百分之百的确定，因此我们坚持一项政策，那就是不管是举债或是其他任何方面。我们希望是能够在最坏的情况下得到合理的结果，而不是预期在乐观的情况下，得到很好的利益。

只要是好公司或是好的投资决策，不靠投资杠杆，最后还是能够得到令人满意的结果，因此我们认为为了一点额外的报酬，将重要的东西（也包含政策制定者与员工福祉）暴露在不必要的风险之下是相当愚蠢且不适当的。

当然我们不会畏惧借贷（我们还不至于认为借钱是万恶不赦的），我们还是愿意在不会损及伯克希尔利益的最坏情况下，进行举债，至于这个限度在哪里，我们就必须评估自己本身的实力。伯克希尔的获利来自于许多不同且扎实的产业，这些产业通常不需要额外大量的投资，负债的部分也相当健全，同时我们还保有大量的流动资产，很明显的，我们大可以承担比现在更高的负债比例。

我们举债政策还有一向特点值得说明，不像其他公司，我们比较希望能够预先准备而不是事后补救。一家公司若能够同时管好资产负债表的两侧，就会有不错的成绩，这代表一方面要能够将资产的报酬率提高，一方面要能够将负债的资金成本降低，若是两边都能碰巧的兼顾那就太好了。不过事实告诉我们，通常情况正好相反，当资金吃紧时，代表负债的成本上升，这正是对外购并的最好时机，因为便宜的资金有时会将竞标的资产飘到天价。我们的结论是，在举债方面的动作，有时应该要跟购置资产方面的动作分开做。

当然何谓吃紧？何谓便宜的资金？很难有一个清楚的分界。我们无法去预测利率的走向，所以我们随时保持开放的心态，随机地在市场还没有那么悲观时借钱，期望之后可以找到合适的购并或投资标的，而通常如同我们先前所提到的，大概是会在债市情况悲观时出现，我们一个基本的原则就是，如果你想要猎捕那种罕见且移动迅速的大象，那么你的枪支就要随时上膛准备。

——1987年巴菲特致股东的信

迷信这些垃圾债券的门徒一再强调不可能发生崩盘的危机，巨额的债务会迫使公司经理人更专注于经营。就像是一位驾驶员开着一辆轮胎上插着一只匕首的破车，大家可以确定这位驾驶员一定会小心翼翼地开车。当然我们绝对相信这位驾驶员一定会相当小心谨慎，但是另外却还有一个变量必须克服，那就是只要车子碰到一个小坑洞，或是一小片雪就可能造成致命的车祸。偏偏在商业的道路上，遍布着各种坑坑洞洞，一个要求必须避开所有坑洞的计划，实在是一个相当危险的计划。

在格雷厄姆《聪明的投资人》的最后一章中，很强烈地驳斥这种"匕首理论"。如果要将稳健的投资浓缩成四字箴言，那就是安全边际。在读到这篇文章的42年后，我仍深深相信这四个字，但没能注意到这个简单原则的投资人，在1990年开始就会慢慢尝到损失的痛苦。

在债务恐慌最高点的时候，资本结构注定导致失败的发生。有些公司的融资杠杆高到即使是再好的企业也无法负担。有一个特别惨、一出生就夭折的案例，就是那个坦帕湾地方电视台的购并案，这个案子一年的利息负担甚至还超过他一整年的营收，也就是说即使所有的人工、节目与服务都不须成本，且营收也能有爆炸性的成长，这家电视台还是会步上倒闭的命运（许多债券都是由现在大多倒闭的储贷机构买进的，所以身为纳税义务人的你，等于间接替这些愚蠢的行为买单）。

——1990年巴菲特致股东的信

控制一家公司的两个优点

在进行取得控制权或是部分股权投资时，我们不但试着去找一家好公司，同时最好是能够拥有品格与才能兼具，且为我们所喜爱的管理者经营。如果是看错了人，在具控制权的情况下，我们还有机会发挥影响力来改变。事实上，这种优势有点不太实际，因为更换管理阶层，就像是结束婚姻关系一样，过程是相当地费时、痛苦且还要看运气。不论如何，我们三家永恒的股权投资在这点是不太可能发生的，有汤姆和丹伯克在资本城/美国广播公司，斯奈德和劳辛普森在政府雇员保险，格瑞尔姆和迪克西蒙斯在华盛顿邮报，我们实在想不出有更好的接替人选。

我必须说明控制一家公司有两个主要的优点。首先，当我们控制一家公司我们便有分配资金与资源的权力。相比之下，若是部分股权投资，则完全没有说话的余地。这点非常重要，因为大部分的公司经营者，并不擅长做资金分配。之所以如此，这并不让人诧异，因为大部分的老板之所以能够成功，大都是靠着他们在行销、生产、工程、行政管理方面的专长。

一旦成为CEO之后，他们马上必须面临许多新的责任与挑战，这包括要作资金分配的决策，这是一项他们以前从未面对、艰巨且重要的任务。打个比方，这就好像是一位深具天分的音乐家，没有安排让他到卡内基音乐厅演奏，却反而任命他为联邦准备理事会主席一般。

CEO缺乏资金分配的能力可不是一件小事。一家公司若是每年保留10%的盈余在公司的话，经过10年后，他所要掌管的资金等于增加了60%。

某些体认到自己缺乏这方面能力的CEO（当然也有很多不这样认为），会转向部属、管理顾问或是投资银行家寻求建议。查理和我通过平时观察这种寻求帮忙，最后的结论是：我们认为大多数的情况并不能解决问题，反而是让问题变得更严重。

　　结果你就会发现，在美国企业一大堆不明智的资本分配决策一再重复地发生（这也是为什么你常常听到组织重整再造的原因）。然而在伯克希尔，我们算是比较幸运，在一家我们不具控制权的股权投资方面，大部分的公司资金运用还算得当，有的甚至还相当地杰出。

　　第二项优点是相对于部分投资，取得控制权的投资能够享有纳税上的优惠。伯克希尔身为一家控股公司，在投资部分股权时，必须吸收相当大的纳税成本。相比之下，持有控制股权的投资则没有这种情况。这种纳税弱势发生在我们身上由来已久，但过去几年的税法修订，使得这种情形更雪上加霜。同样的获利，若发生在我们持有80%以上股权的公司身上，要比其他部分股权投资的效益高出50%以上。

　　不过这种劣势有时可以由另一项优势所抵消掉，有时候股票市场让我们可以以不可思议的价格买到绩优公司部分的股权，远低于协议买下整家公司取得控制权的平均价格。举例来说，我们在1973年以每股5.63美元买下华盛顿邮报的股票。该公司在1987年的每股盈余是10.3美元。同样的，我们分别在1976、1979与1980年以每股6.67美元的平均价格买下政府雇员保险的部分股权，到了去年其每股税后的营业利益是9.01美元。从这些情况看来，"市场先生"实在是一位非常大方的好朋友。

——1987年巴菲特致股东的信

　　在伯克希尔，对于将来会进入哪个产业，我们并没有特定的看法。事实上，我们常在想对于一家大型企业的股东来说，与其追求具有远景的新创事业有时反而有害，所以我们比较偏爱专注于那些我们想要拥有的经济形态，以及我们喜爱一起共事的经理人，剩下的就只看我们有没有足够的运气，找到同时拥有这两项特点的组合了，在德克斯特我们确实找到了。

　　虽然他们拥有商业界的宝石，但我们也相信哈罗德与皮特（他们对于现金都不感兴趣）作了一个正确的决定，将德克斯特的股份转为伯克希尔的股份。他们所做的，实际上等于将一家规模小的好公司的全部权益转成一家大规模好公司的一部分权益，这样的转换并不会产生租税负担，同时还可享有依个人意愿随时进行赠与或变现的好处。如果他们的家族成员有意愿，他们可以依照自己的想法追求不同的目标，而不必像过去那样，所有的资产全部绑在一家私人的企业。

　　此外，哈罗德与皮特也相当了解。在伯克希尔我们言出必行，在可见的未来几十年内，伯克希尔的控制权与文化将不会有所改变，最后同时也是最重要的一点，哈罗德与皮特可以确定将能够继续经营原来的企业，这是他们最喜爱的工作，这点不会因为合并案完成而有任何的改变。在伯克希尔，我们不会鸡婆地去提醒打击率高达四成的强打者应该要如何挥棒。

——1993年巴菲特致股东的信

通胀、税制与投资

　　高通货膨胀率等于是对投入的资本额外课了一次税，如此一来，可能使得大部分的投资变得有点愚蠢。近几年来这个基本门槛，即企业投资所需的最基本的报酬率以使得整件投资报酬为正的底限，可说是日益提高。每个纳"税"人就好像是在一个向下滑的电扶梯上拼命往上跑一样，最后的结果却是愈跑愈往后退。

举例来说，假设一位投资人的年报酬率为20%（这已是一般人很难达到的成绩了），而当年度的通膨为12%，又若其不幸适用50%高所得税级距，则我们会发现该位投资人在盈余全数发放的情形下，其实质报酬率可能是负的。因为这20%的股利收入有一半要归公库，剩下的10%全部被通货膨胀吃光，不够还要倒贴，这结局可能比在通膨温和时投资一家获利平庸的公司还不如。

假设只有外在的所得税负，而无隐性的通货膨胀税负，则不论如何，正的投资报酬永远不会变成负的（即使所得税率高达90%也一样）。但通货膨胀却不管公司账面到底赚不赚钱，只要像是最近这几年的通膨，就会使得大部分公司的实质投资报酬由正转为负，即使有些公司不必缴所得税也是一样。举例来说，如果通货膨胀率达到16%，约有六成的美国企业股东其投资报酬率将变为负值，即使大家都不必缴资本利得与股利所得税也一样。

当然这两者租税是交相存于现实社会中的，因为外在的课税系是按照名目所得，而非实质所得，所以在支付所得税后，股东的实质币值将不增反减。

而以目前的通货膨胀率来看，我们相信对适用中高级距所得税率的投资人而言（除非你是透过退休基金、慈善团体等免税机构来投资），将无法通过投资一般美国企业获得任何实质的资本利得，即使他们把分配到的股利一再重复地投资下去也一样，因为其获利早已被隐藏的通货膨胀与台面上的所得税给吸收殆尽。

而如同去年我们所说的一样，对于这个问题，我们目前无解（明年我们的回答很可能也是如此），通货膨胀对我们股权投资的报酬没有任何一点帮助。

一般认为，编制指数是对抗通膨的一种有效方法，但大部分的企业资本却从未这样做。当然账面每股盈余与股利通常会渐渐增加，若公司把所赚的钱再投资下去，即使是无通膨也是一样。就像是一个勤俭的薪水阶级，只要固定把他所赚薪水中的一半存入银行，就算是从来没有获得加薪，他每年的收入还是会慢慢地增加。

理论上，企业盈余（当然不包括由额外投入的资本所产生的盈余）不必增加任何资金，也能够稳定地随着物价指数持续增加，包含营运资金在内，但只有极少数的公司具有此种能力，而伯克希尔并不在其中。

当然，本公司在盈余再投资以求成长、多元化、茁壮的企业政策下，碰巧也有为股东减轻外在所得税负的效果，那就是只要你不将目前所持有的伯克希尔股份转做其他投资，就不会被课征所得税。但是隐藏的通货膨胀税，却是每天你醒来就必须面对的问题。

——1980年巴菲特致股东的信

获得一家公司100%的股权，而不是一小部分，在伯克希尔的这种偏好背后有着强烈的财务动机，而且它与税收有关。对我们来说，税则使伯克希尔希望拥有一家公司80%或更多的股份，相比于按比例地拥有较少的股份，则更加有利可图。当我们全资拥有的一家公司赚了100万美元的税后利润时，全部金额都是我们的利益。如果这100万美元上交给伯克希尔，我们无须为这笔红利纳税。而如果这笔收益得到了留存，并且我们要为比买入价多出的100万美元出售这家子公司——在伯克希尔这不可能，那么我们也不欠资本利得税。这是因为，我们在出售上的"税赋成本"会包括我们买这家公司的成本，以及该公司之后留存的全部收益。

与这种情形相对照的是，我们在一种可流通证券中拥有的投资。那时，如果我们在一家赚了税后1000万美元利润的公司中拥有10%的股份，那么我们在这笔利润中的100万美元就会受到州税和联邦税的影响：如果这100万美元派发给我们，就要纳税约14万美元（大多数红利税率是14%）；或者如果这100万美元被公司留存，而随后又被我们以资本利得税的形式获得，就要纳税35万美元（我们的资本利得税率通常是35%，尽管有时会达到40%）。不立刻实现这种资本利得，我们可以递延支付这35万美元，但最终我们必须纳这笔税。结果，当我们通过股票投资部分拥有一家公司时，美国政府当了两次我们的"合伙人"，而当我们至少拥有80%时，它只当了一次。

——2000年巴菲特致股东的信

公司税负的分配

在某些情况下，降低公司税的好处完全，或者几乎是完全落到了公司及其股东的身上；在另一些情况下，这种好处全部或者几乎是全部传递给了消费者。决定结果的是股份公司业务特许权的实力，以及从特许权中获得的利润是否受到监管。

例如，如果这种特许权很大，而且税后利润以一种相对精确的方式受到监管，就像对电力公司那样，那么公司税率的变化大部分将会在价格，而不是在利润中反应出来。因此，如果减税，价格通常会迅速降低；如果增税，价格就会上涨，尽管速度不快。

相似的结果也会出现在价格竞争的行业中，这些行业中的公司通常在非常微小的业务特许权下运作。在这种行业中，自由市场以滞后的、无规律的，但通常成效显著的方式"监管着"税后利润。结果，在对付价格竞争的行业时，市场起到了大部分公用事业委员会在对付电力公司时起到的相同作用。因此，在这些行业中，税率变化对价格的最终影响比利润大。

然而，至于那些被赐予强大特许权的不受监管的企业，就是另一个结果了：股份公司及其股东因此是减税的主要受益者。这些公司从减税中获益，在很大程度上就像电力公司从缺乏监管的强制降价中获益一样。

我们的许多企业——全部所有和部分所有的企业——具有这种特许权。结果，降低它们赋税的好处大部分都进入了我们的口袋而不是消费者的口袋。虽然说这些可能是失策的，但否认是不可能的。如果你总想相信别的东西，那么稍许想一想你们这个地区最能干的脑外科医生或律师。既然最高的个人所得税率正在从50%降至28%，你真的指望这些专家（在他或她的专长中的本地"特许权所有人"）会降低收费吗？

更低的税率会使我们的几家营运企业及被投资者受益，但是你们对我们结论的喜悦应当被我们确信的另一件事做出剧烈调整：列入日程的1988年的税率——个人的和公司的——在我们看来完全不切实际。这些税率很可能给华盛顿造成财政问题，这个问题将证明与价格稳定不兼容。因此，我们相信，最终——比方说，在5年之内——要么是更高的税率，要么是更高的通货膨胀率，几乎肯定出现。所以，见到哪一种情况我都不会吃惊。

新法案提高了所有在将来实现的资本收益的税率，包括在法案颁布前存在的未实现收益。在年末，我们的股权投资中有12亿美元的这种未实现收益。新法律对我们资产负债表的影响会滞后，因为公认会计准则中规定，适用于未实现收益的递延应纳税额应当以上一年度的28%的税率，而不是目前34%的税率表示。这项规则有望很快改变。在它有效的时候，大约有7300万美元会从我们的公认会计准则资产净值中消失，然后加到递延税额账户中。

我们的各个保险公司收到的股利和利息收入在新法案下课税更重。第一，所有股份公司从其他国内的股份公司收到的股利的20%需纳税，而旧法案的是15%。第二，对于剩下的80%有一项专门适用于财产/灾害保险公司的变革：如果支付股利的股票是在1986年8月7日以后买入的，那么剩余部分的15%需纳税。第三个变革（又是仅适用于财产/灾害保险公司）涉及免税债券：这些保险公司在1986年8月7日以后买入的债券的利息仅有85%的部分免税。

最后两项变革非常重要。它们意味着，我们从未来几年的投资中获得的收入，将会大大少于在旧法案下我们本可以获得的收入。我最乐观的推测是，单单这些变革将最终把我们保险公司的盈利能力在我们以前的期望上至少降低10%。

没有哪一条规则会改变我们给你们的财务报告中每年的应计税款，但是每一条都显著加快了纳税的进度，也就是从前递延的税额现在被向前挪了，这个变革会大大降低我们企业的盈利能力。用一个类比可以说明这种税赋：如果要求你一过21岁就立刻为你在整个一生中要得到的全部收入纳税，那么你一生的财富以及你的不动产，相比你在死时缴纳的所有这些税款将是一个区区小数。

——1986年巴菲特致股东的信

把税看做无息负债

新的会计原则有可能会要求公司将所有的利得，以现行的税率估算（不管实际可能会是多少），若以34%来计（等于将税率提高6个百分点）。这样的规则可能会大幅增加我们账面递延所得税的数字，并使我们的账面净值减少约7100万美元，由于新提出的规定引发相当大的争议，最后的结果尚难定论，所以目前公司账上尚未做此反应。

大家可以从资产负债表上看到，若是年底我们一口气将所有的有价证券按市价全部出清，则我们要支付的所得税将高达11亿美元。但这11亿元的负债真的就跟15天后要付给厂商的货款一样或是相近吗？很显然并非如此，虽然在财务报表上计算净值的方式都一样，只是很简单地减掉11亿美元。

从另一个角度来看，难道这项估计所得税负债，会因为我们从来没有意愿要把股票卖掉，所以政府课不到所得税，就表示它不具重大的意义吗？答案很显然也不是。

就经济实质而言，这种所得税负债就好像是美国国库借给我们的无息贷款，且到期日由我们自己来决定（当然除非国会把课税时点提早到未实现时）。这种贷款还有一项很奇怪的特点，它只能被用来购买某些特定涨价的股票，而且额度会随市场价格而变动，有时也会因为税率变动而改变。这种递延所得税其实有点类似于资产移转时所要缴纳的交易税，事实上我们在1989年只做了一小部分的变动，总共产生了2.24亿的资本利得，因此发生了7600万美元的交易税。

由于税法运作的方式，如果情况许可的话，我们偏爱李伯大梦式的投资，因为较之疯狂短线进出的方法，它有一个很重要的利基点，让我们举一个很极端的例子来做说明。

假设伯克希尔只有1美元的投资，但它每年可以有一倍的报酬；假设我们将卖掉后所得的资金，用同样的方式再重复19年，结果20年下来，依照34%的税率总共贡献给国库13000美元，而我们自己则可以拿到25250美元。看起来还不错，然而要是我们简单一点，只做一项不变的投资，但是它同样可以每年赚一倍，则最后的金额高达1048576美元，在扣除34%（356500美元）的所得税之后，实得约692000美元。

之所以会有如此大的差异，唯一的理由就是所得税支付的时点。有趣的是政府从后面那种情况所抽的税金还比前者高，当然政府必须等到最后才能拿到这笔税金。必须强调的是，我们并不是因为这种简单的算术就倾向采用长期投资的态度，经常性的变动有可能会使我们的税后报酬高一些，事实上在几年之前，查理跟我就是这样在做的。

——1989年巴菲特致股东的信

伯克希尔是联邦所得税的大付款人。总计，我们将在1993年缴纳3.9亿美元的联邦所得税，其中大约2亿美元归因于营业利润，而另外的1.9亿美元归因于已实现的资本收益。此外，由我们的被投资方缴纳的1993年度联邦所得税，和境外所得税远远超过4亿美元，你们不会在我们的财务报表中看到这个数字，但它无疑是存在的。无论是直接地还是间接地，伯克希尔缴纳的1993年度的联邦所得税大约将占前一年所有美国股份公司缴纳的总和的0.5%。

说到我们自己的股份，查理和我对这些税收绝对毫无怨言。我们知道我们在一个基于市场的经济中工作，相比其他对社会做出相同甚至更大贡献的人的工作，市场对我们的工作做出的报偿慷慨得多。税制应该，也确实补偿了这种不平等，即使如此，我们仍享受了特别优厚的待遇。

如果，伯克希尔是合伙制或"S"股份公司。—两种为企业活动经常采用的结构，那么伯克希尔及其股东合起来就可以缴纳少得多的税。由于种种原因，伯克希尔这样做不可行。但是，伯克希尔的公司形式带来的不利影响已经通过我们的长期投资策略得到了缓和——尽管还远未消除。即使查理和我经营一家免税的机构，我们也会采取买入并持有的策略，我们认为这是最稳健的投资方式，还能平和我们的个性。然而，青睐这种策略的第三个原因是，我们只有在资本利得实现的时候才需纳税。

——1993年巴菲特致股东的信

会计数字是起点而非终点

1988年开始有一项重要的会计原则变动开始适用，展望1990年还会有一项变动。当经济现状没有改变，但会计账面必须将数字搬来搬去，我们一定会花一番工夫讨论一下影响层面。

首先我习惯性地提出拒绝声明。虽然一般公认会计原则确有缺点，但我却必须坦承没有能力重新订出一套新的规则。虽然这套原则确有其先天性的限制，却不必就此废除。CEO大可以，也应该将一般公认会计原则当做是对股东与债权人尽告知义务的开始，而非结束；若他们只是提供阳春的财务报表，却没有附上经营分析所必要的关键信息，部门经理人会发现将会被总经理修理得很惨。同样的母公司的总经理是不是也应该向他的老板，也就是公司股东所有人，报告必要有用的信息。

真正需要的是资料。不管是一般公认、非一般公认或是一般公认以外，可以帮助财务报表使用者了解三个问题：这家公司大概价值多少？它达到未来目标的可能性有多大？在现有条件下，经理人的工作表现如何？

大部分的情况下，简单的财务数字并不能回答以上的问题。商业世界实在很难用一套简单的规则有效地来解释企业的经济实质状况，尤其是像伯克希尔这种由许多各种不同产业组成集团。

更复杂的是许多管理阶层不把一般公认会计原则当做是应该达到的标准，而是应该要克服的阻碍，且大多数的会计师也心甘情愿给予协助。当客户问到二加二等于几，配合的会计师可能会回答："那要看你想要多少？"即使是诚实且正直的管理阶层有时也会超越一般公认会计原则，以使得报表数字更符合他们认为应该有的表现，不管是让损益平滑一点或是某季特别突出，都是还算正直的经营阶层经常运用的做账技巧。

另外还有一些不肖经理人专门利用一般公认会计原则来进行欺骗与贪污。他们很清楚许多投资人与债权人把一般公认会计原则当做圣经朝拜，所以这些骗徒运用丰富的想象力与技巧让交易记录符合一般公认会计原则，但却与实际的经济实质背道而驰。

只要投资人，包含看起来复杂的专业投资机构，迷信稳定向上攀升的盈余数字，我们可以100%确定还会有经理人与拥护者不顾现实，继续滥用一般公认会计原则来满足投资人的需求。多年以来，查理和我看到许多会计诈骗案，鲜少有人因此被惩罚，有的甚至都没有被发现，用笔偷钱比用枪抢劫要来的容易得多。

1988年一般公认会计原则有一个很重大的转变。依新规定伯克希尔必须将子公司与关系企业的资产与损益完全并到母公司的财务报表之上。在过去互助储贷与史考特费兹金融（主要从事世界百科全书与寇比吸尘器分期付款的信用公司），只需一次认列投资损益即可，意思是说：仅将被投资公司净值按投资比例以投资权益显示在伯克希尔的合并资产负债表之上；仅将被投资公司年度损益按投资比例以投资利益显示在伯克希尔的合并损益表之上。但是现在我们必须将被投资公司的资产与负债、营收与费用，放进合并的财务报表之上。

这项转变低估了公司也要报告部门别的信息，企业形态越复杂的公司，其按传统财务报表所加总出来的数字越没有意义，越没有办法让投资人回答前面所提的三个问题。事实上在伯克希尔我们会准备合并数字的唯一原因就是要符合外部规定，查理和我看的则是部门另一套别的信息。

现在我们被要求在财务报表上将更多的数字混在一起，我们现在决定公布更多的补充信息，有助于帮助各位来衡量企业价值与管理层的表现。伯克希尔将责任转移给债权人的能力，我们提到的第三个问题，应该很明确。不管是在看什么样的报表，在这些补充信息中，我们不一定会依照一般公认会计原则，甚至不会以公司来区分。相反的，我们会试着将同性质的企业汇总有助于大家分析，而不是被一大堆信息所淹没，我们的目标是设身处地地为各位设想，给各位我们认为重要的信息。

先前我曾提到在1990年会有另一项会计原则的重大变动，主要与递延所得税有关。

这原则相当地复杂且极具争议性，以至于原定计划于1989年实施延后一年。

当这项原则开始实施后，对我们有几个方面很重要，最重要的一点就是我们必须重新修正旗下保险公司所持有的未实现股票资本利得。其计算递延所得税负债的方式，原先我们在这方面的负债分好几层。对于1986年以前账面未实现利益，大约在12亿美元，系以28%的税率估算；对于1986年之后的账面未实现利益，大约在6亿美元，系以34%的税率估算，1987年起调整税率的差异反应税负的差异。

现在看起来，新的会计原则要求我们从1990年开始必须将所有未实现利益的预估税率定在34%，经估算光这一项做法就会使得我们的年度盈余与净值减少7000多万美元，还不包含其他大大小小的影响。

其实我们不认为这样转变有其必要性。因为对于伯克希尔来说，不管税率是28%或是34%，都不能反映我们公司的实质现况，因为我们从来不考虑出售我们具有庞大未实现利益的股票。

——1988年巴菲特致股东的信

会计措辞

大家应该对保险公司的盈余数字时时保持怀疑的态度（当然也包含我们公司本身，事实证明确是如此）。过去10年来的记录显示，有许多显赫一时的保险公司报告给股东亮丽的盈余数字，最后证明只不过是一场空。在大部分的情况下，这种错误是无心的。我们诡谲多变的司法制度，使得就算是最有良知的保险公司都无法准确预测这类长期保险的最终成本。

但奇怪的是，会计师每年就是有办法为这些管理阶层给的数字背书，并出具无保留的意见表示这些数字允当表达该公司，也就是他们的客户的财务状况。而事实上他们自己深知，过去惨痛的经验告诉他们，这些经过验证的数字与最后可能结算出来的可能会有天壤之别，但却还是仍然使用这种坚定的语言。而从另一方面来说，就算是历史印鉴在前，投资人却还是相当仰赖会计师的意见。对于会计门外汉来说，他根本就不懂得"该财务报表允当表达"所代表的真正含意是什么。

会计师标准无保留意见查核报告的遣词用语在明年将有重大改变，新的用语有相当的改进，但还是很难充分说明产物意外险公司在查核时所受到的限制。如果一个人想要描述一件事情的真相，我们认为，给产物意外险公司股东的标准无保留意见报告中应这样写："我们仰赖管理当局提供的损失准备与损失费用来调整产生财务报表，而这些估计数字事实上影响公司盈余与财务状况甚巨。受限于损失准备的提列先天信息的不足与我们必须提出的意见，我们完全无法对这些数字的正确性表达看法，等等。"

假若有人对这种完全不正确的财务报表提出诉讼官司（事实上就有），会计师一定会在法庭上做类似的辩解。那么他们为什么不一开始就坦白地说明他们真实的角色与所受的限制呢？

我们想要强调的是，我们并不是怪罪会计师没有办法准确地评估损失准备（当然这会影响到最后的盈余数字），我们无法原谅的是，他们没有公开地承认做不到这一点。

从各种不同的角度来看，这种不断在提列损失准备时所犯的无心错误，往往也伴随着许多故意的过失。许多骗徒就是看准会计师没有能力评估这些数字，同时又愿意配合为这些数字背书，假装好像他们真的有这个能力，靠着这种方式来欺骗投资大众赚大钱。在往后的日子我们仍将看到这样的骗局持续上演，只要大笔一挥，盈余便可凭空生出。前述我们建议的查核报告措词，至少可以让无知的投资人提高警觉避免遭到这些掠食者的坑杀。

——1987年巴菲特致股东的信

管理阶层在员工认股选择权会计问题上所扮演的角色绝对不能马虎，最近有一群公司主管与会计师，极力反对美国财务会计准则委员会打算将原先不实的选择权予以更正，但结果却没有人公开表示支持。反对者甚至动员国会议员参与游说，将这种虚增盈余的议题提升到国家利益的层次。

此外，我认为有些管理当局在公司再造与合并的会计处理上的心态更为可疑。很多管理当局刻意操纵损益，欺骗投资人，就像迈克尔金斯利曾经批评华府的"真正的丑闻不是那些违反法律的，而是那些完全合法的行为"。

在以前，通过财务报表，可以很容易分辨一家公司的好坏，但时至19世纪60年代后期，却掀起一波被骗徒称为"大胆且富想象力的会计"的热潮（这种做法在当时受到华尔街人士的热烈欢迎，因为他们从来都不会让人失望）。不过在当时大家都知道谁是老千，至于一般受到崇敬的美国大公司基本上都洁身自好，相当爱惜自己的"羽毛"。

只是近年来，道德逐渐沦丧，虽然许多大企业还是开大门走大路，不过却有越来越多所谓高格调的经理人（就是那种你想要把女儿许配给他，或请他担任遗嘱执行人的人），渐渐认为玩弄数字以符合华尔街预期的做法没有什么大不了的。没错，有许多经理人不但觉得这类操纵数字的行为很正常，甚至是他们的工作责任之一。这些经理人一开始往往就认定他们的主要工作之一是让公司的股价越高越好（关于这点我们实在不敢苟同）。而为了撑高股价，他们可以说是无所不用其极地在公司营运上冲刺。只是当公司营运结果不若预期时，他们自然而然地会想到运用不当的会计手法——不是"制造"出想要的盈余数字，就是预埋伏笔，在未来的盈余上做手脚。

而为了让这样的行为合理化，这些经理人常常表示，如果公司股票的价格不能合理反映其价值，则公司股东的权益将会受损。同时他们也声称，运用会计骗术以得到想要的数字的做法很普遍，而一旦这种"别人都这样，为何我不行"的想法生根后，道德方面的顾虑早已消失殆尽。格雷沙姆之子把这样的行为叫做：邪恶的会计创造出伪装的善良。

——1998年巴菲特致股东的信

会计合并与不合理的会计原则

1988年，根据公认会计准则做出的一项重大变革，我们在资产负债表和收益表中完全合并了我们所有的子公司。过去，共同储贷公司以及思考特·费泽财务公司（一家主要为世界百科全书公司和柯比公司的产品提供分期付款销售贷款的财务公司）都在"单一的"基础上加以合并。这意味着，把我们在它们合并净资产中的权益在伯克希尔的合并资产负债表中作为单项资产表示，以及把我们在它们合并年利润中的权益在我们的合并收益表中作为单项收益表示。现在，这项规则要求我们，在资产负债表中合并这些公司的每一项资产与负债，并且将它们的每一项收入和开支都包括在我们的收益表中。

这项变革强调公司还需要报告分部的数据：在传统的财务报表中，需要汇总的业务部门的经济多样性越大，这些披露的用途就越小，而且能够回答前面提出的3个问题的能干的投资者也就越少。实际上，我们在伯克希尔永远准备合并数值的唯一原因，是为了达到外部的要求。另一方面，查理和我一直在研究我们的分部数据。

既然已经要求我们在公认会计准则报表中捆绑更多的数字，我们已经决定出版我们认为可以帮助你衡量企业价值和管理表现的补充信息（无论你检验什么样的会计报告，伯克希尔向债权人履行其义务的能力——我们列出的第三个问题——应当有目共睹）。在这些补充披露中，我们不必遵循公认会计准则的程序乃至法人结构，相反，我们将试图用有助于分析，但又不会使你们陷入细节的泥潭中的方式，汇总重要的企业活动。我们的目标是，以角色变换时我们希望获得的信息的形式，给你们重要的信息。

——1988年巴菲特致股东的信

保险产业的情况持续依我们先前所预期的那样发展着，综合成本率从1979年的100.6升高到1980年估计的103.5。可预期的是，未来1981到1982年这个趋势将继续持续下去，业界的承保损失将向上攀升。想要了解个中原因，我建议你读读丘博公司的年报，关于对产险业竞争态势所作精辟的分析，虽然报告不见得令人振奋，但绝对中肯。不幸的是，保险业的阵痛将持续，事情的起因在于债券价格下跌，而会计原则允许保险业以摊销成本，而非市价列示其账面价值，结果导致许多业者以摊销成本记录的长期债券投资金额，达到其所持有净值的二三倍之多，所以只要债券价格下跌超过1/3，便很有可能把公司的净值吃光，其中包括好几家知名的大公司在内。当然债券价格也会有回升，使得其净值回复，但同时却也有可能继续下跌（我们深信对股票或债券价格所作的短期预测根本是没有用的，预测本身能够让你更了解预测者，但对于了解未来却是一点帮助也没有……）。

有点吊诡的是，若持有的股票投资组合下跌，则有可能会影响到保险业的生存；但若换作是债券价格下跌，却是一点事都没有。保险业者所持的理由可能是，不管现在的市价是多少，反正只要到期日前不卖出，便能按照票面赎回，所以短期价格波动无太大影响。但真正的情况却是，业者很可能为避免认列损失，因此不敢出售债券而错失其他更好的投资机会。

更严重的是，由于保险公司资金主要是来自于保户所缴的保费，由于产险的投保期间较短，一旦保户规模缩减，资金流动不足时，将被迫出售部分债券使得损失浮上台面。更惨的是有些公司采取出售较有价值的股票，或是不管保费水准有多低，照单全收以维持现有保费收入水准。这两种做法无疑是杀鸡取卵，对于公司与产业长远的发展，皆会产生重大的伤害。相对来说，伯克希尔所属的保险事业，财务操作明显地较为稳当，债券部位相对较低（虽然资产与负债到期日仍不相称）。充足的资金与弹性的投资操作，使得我们同样面对不当定价的恶性竞争环境时，仍能生存下去。

——1980年巴菲特致股东的信

所有者收益和现金流的谬误

1986年，伯克希尔的股东应该购进的是一家盈利4020万美元的企业，还是一家盈利2860万美元的企业？这些1160万美元的新费用对我们来说是一种真正的经济成本吗？相比N公司的股票，投资者应当为O公司的股票支付更多的钱吗？而且，如果一家企业值其盈利的好几倍，那么思考特·费泽在我们购买它之前比这之后值钱得多吗？

如果我们想通这些问题，就能领悟到什么才可称为"所有者收益"。这些收益代表（a）报告收益，加上（b）折旧费用、折耗费用、摊销费用和某些其他非现金费用——如N公司的特殊非现金存货成本项目和非现金跨期分摊调整项目，减去（c）企业为维护其长期竞争地位和单位产量而用于厂房和设备的年平均资本化开支，等等。如果企业需要超额流动资金维护其长期竞争地位和单位产量，那么超额部分也必须包含在（c）中。但是，如果单位产量不变，那么采用LIFO存货法的企业通常不需要超额流动资金。

我们的所有者收益公式不能产生公认会计准则的欺骗性精确值，因为（c）必定是猜测——而且有时是一种极难做出的猜测。尽管存在这个问题，但我们认为所有者收益数值，而不是公认会计准则数值，才是与估价目的相关的项目——对正在购买股票的投资者们和正在购买整个企业的经理们来说都是如此。我们赞同凯恩斯的观察结果："我宁愿模糊地正确，而不是精确地错误。"

我们已概括出来的这种方法为O公司和N公司产生的"所有者收益"完全一致，这意味着对两家公司的估价也完全一致，就像常识告诉你们应该是这种情况那样。得到这种结果是因为（a）与（b）之和在O栏和N栏中完全相同，以及（c）在两种情况下必定完全相同。

那么，作为所有者和经理，查理和我认为哪个才是思考特·费泽所有者收益的正确值呢？在目前的情况下，我们相信（c）非常接近于"老"公司（b）的830万美元，而大大低于"新"公司（b）的1990万美元。因此，我们相信，相比N栏中的报告收益，O栏中的报告收益更能说明所有者收益。换言之，我们认为思考特·费泽的所有者收益比我们报告的公认会计准则数值大得多。

这显然是件喜事，但是这种计算通常不能提供这种令人高兴的消息。大多数经理很可能会承认，在更长的时期中他们需要在企业上投入比（b）更多的资金，这样做仅仅是为了坚守企业的单位产量和竞争地位。如果有这种必要〔也就是，如果（c）超过（b）〕，那么公认会计准则收益就会夸大所有者收益。这种夸大常常太过头，近些年，石油工业就有这种现象的突出例子。如果大部分大石油公司每年仅花费（b），那么按实数计算它们肯定亏损。

凡此种种都清楚地表明，常常在华尔街的报告中侃侃而谈的"现金流"数字非常荒谬。这些数字例行公事地包括（a）加上（b），但没有减去（c）。

大多数投资银行家的销售手册也有这种欺骗性的介绍，这些销售手册暗示正在出售的企业是一座商业金字塔——永远是第一流的，而且永远不需要更新、改善或修整。实际上，如果所有待价而沽的美国股份有限公司同时通过我们一流的投资银行家进行销售（而且，如果介绍这些公司的销售手册让人信服），那么政府对全国厂房和设备开支的预测将不得不大幅削减90%。

在说明某些房地产企业，或者其他初始费用巨大而后费用较小的企业时，"现金流"的确可以作为起到某种效用的速记法。财产仅有一座桥梁的，或是开采期特别长的油气田的公司就是个例子。但是"现金流"在制造、零售、采掘和公用事业这样的企业中毫无意义，因为对它们来说（c）总是很大。当然，在特定年度这种企业能够递延资本支出。但是在5年或10年中，它们必须投资，否则企业就会垮掉。

——1986年巴菲特致股东的信

可怕的经常项目账赤字

单一方向的虚拟交易，在经济学上总有对价。维持均衡的结果就是以本国的财富移转到国外，其形式有可能是由私人企业或政府部门所发出的借据，或者是出让股票或房地产的所有权，不管怎样，此举将造成美国人拥有自家资产的比例逐渐下滑，平均每天以18亿美元的速度流失。这数字比去年同期又增加了两成，目前外国人累积持有我国资产已达3兆美元，在10年前这项数字还微乎其微。

上兆美元对一般人来说或许是遥不可及的天文数字，更让人容易搞混的是目前的"经常账赤字"（由三个项目组成，其中最重要的项目就是贸易逆差），与我国的"预算赤字"并称为双胞胎，但两者的成因不同，造成的影响也不同。

预算赤字仅会造成本国内财富的重分配，别的国家与人民不会增加对我们资产的所有权。也就是说，就算是赤字飙上天，国内所有的产出所得，仍将归我国国民所有。

当一个国家强盛富裕时，美国人民可通过国会议员来争取如何分配国家的产出，也就是谁必须付税而谁可以得到政府的补助。如果开出的支票过于浮滥，家族成员便会激烈地争辩谁将受累，或许会以调高税赋回应，或许对开出的承诺会做些调整，也或许会发更多的公债。但一旦纷争结束，家中所有的饼不管怎么分，依旧是由所有成员来分享，绝不会有外人进来分一杯羹。

但目前积重难返的经常账赤字将改写整个游戏规则，随着时间过去，债主将一一上门，将我们的收入瓜分殆尽。其结果是世界上其他人从我们身上抽取的税捐一天比一天高，而我们就像是一个入不敷出的家庭。而且慢慢会发现，辛苦的工作所得，将被债主吸得一干二净。

若是我们让经常账赤字的情况继续恶化下去，未来10年内外国人持有我国资产的数目将暴增到11兆美元，而若以平均5%的投资报酬率来计，我们每年还须额外支付5500亿美元的劳务与货品给外国人。10年之后，我们的GDP预估不过是18兆美元（假设维持低通胀，虽然这还不是很确定），届时美国家庭，为了过去的挥霍无度，每年都要奉献出3%的全年所得给外国人，在这种状况下，真的就要变成所谓的父债子还了。

每年要支付给外国的年贡，除非是美国人从现在开始缩衣节食，同时持续地增加贸易顺差，否则定将引起国内的政局纷扰。虽然在这种情况下，美国人依旧能够维持不错的生活水平，事实上拜经济增长所赐，过得会比过去还好。但光想到每年定期要向外国朝贡，对于一个强调"所有权社会"的国家来说，可能就会引起国人一肚子气。在这里我必须夸张一点地讲，"佃农经济"，这正是共和党与民主党这些政客，准备带领我们前进的方向。

许多重量级的美国财经学者，不论是当政的或是在野的，都一再重申，目前的经常账赤字绝非常态。举例来说，美国联邦准备公开市场操作委员会于2004年6月29~30日的会议记录中便提到，幕僚群已注意到，我们绝对无法负荷长期大量的外部赤字。尽管一些重量级人物不断大声疾呼，但实际上他们还是无法提出彻底解决贸易赤字的具体方案。

在16个月以前，我在财富杂志刊登的一篇文章当中就曾警告，持续贬值的美元并不能解决问题。到目前为止，确实是如此，然而政府官员却依然希望经济能够软着陆，同时敦促本国人省着点花用，其他国家刺激（应该说是膨胀）本国经济。在我看来，这些建言都没有切中要点，除非贸易政策大幅改弦更张，或是美元大幅贬值到惊天动地的程度，否则根深蒂固的结构性失衡问题仍将持续困扰金融市场的运作。

赞成维持现状的支持者喜欢引用亚当·史密斯的话说，如果每个家庭的做法都正确无误，那么整个国家的方向就错不了；如果外国人能够生产出比我们自己还要便宜的东西，那当然是用我们自家产出较具竞争优势的东西拿来做交换。

我同意这点，但是请注意，史密斯先生的说法，指的是以物易物，而不是拿家产来做交换，尤其是当我们一年要典当6000亿美元的资产。同时我相信，他同样也不赞同家人以变卖资产的方式来弥补过度消费的缺口。很不幸的是，这正是当今最伟大的国家——美利坚合众国正在做的事。

——2004年巴菲特致股东的信

核定薪酬分配

在伯克希尔，有关薪资报酬这方面，我们试着采取与处理资金分配时一样合理的做法。举例来说，我们给付给拉尔夫·舒伊的报酬是根据他在思考特费泽，而非伯克希尔的成绩而定。这样的方式再合理不过了，因为他负责的是单一部门，而非全伯克希尔的营运，若是将他的报酬全部锁在伯克希尔的荣枯身上，对拉尔夫·舒伊来说，其报酬将会显得不公平。比如说，有可能他在思考特费泽击出全垒打，但查理跟我却在伯克希尔把事情给搞砸了，最后使得他的功劳与我们的过错相抵消；而万一要是伯克希尔别的部门大放异彩的同时，思考特费泽的表现却平平，那么拉尔夫·舒伊又有什么理由跟其他人一样分享伯克希尔的获利与奖金呢？

在设定薪资报酬标准时，我们不会吝啬提出重赏的承诺，但绝对必须是在各个经理人的职权范围内论功行赏。当我们决定对某项营运投入大笔资金时，我们会将高额的资金利息成本算在其经理人的头上；相对地，当他们将多余的资金释回给我们时，我们也会将对等的利息收入记在其经理人的功劳簿上。

这种资金有价的游戏规则，在思考特费泽决策上再也清楚不过了。如果拉尔夫可以运用额外的资金创造出高额的报酬，那么他就绝对有理由这么做，因为当公司的投资报酬超过一定的门槛后，他本身所获得的奖金也会跟着水涨船高，不过我们的奖励方式可是赏罚分明；相对地，要是额外投入的资金没有办法贡献足够的报酬，拉尔夫本身连同伯克希尔都将一同受害。另一方面，要是拉尔夫能将多余用不到的资金送回奥马哈给我们的话，他将可以因此获得丰厚的奖金报酬。

最近上市公司很流行强调管理阶层的利益与公司的股东是一致的，不过在我们的赏罚簿上，所谓的"一致"是对等的，而不是只有当公司营运顺利时才如此。许多公司的一致性就不符合我们的标准，因为表面上虽是如此，但其实骨子里玩的却是"正面我赢，反面你输"的游戏。

这种不一致的情况最明显的莫过于员工认股权了。因为认股权的认购价格并没有定期予以检视调整，这等于是漠视公司本身随着盈余的累积自动可增加的获利能力。假设一家公司给予员工10年的认股权，该公司股利发放的比例又很低，则经理人就很有可能会得到超过其本身应得的报酬。计较一点的人甚至会发现，每年支付给股东的盈余越来越少，但经理人透过认股权行使所得到的利益却越来越多。到目前为止，我还没有在一般公司股东会的投票议案里，看到有要求股东表决是否核准认股权计划方案的。

我忍不住要提到我们与思考特费泽总裁拉尔夫·舒伊所做的薪资协议。在我们正式买下思考特费泽之后，只花了5分钟就达成这项协议，这中间没有律师或人力资源顾问的"协助"，这些条件仅仅包含了几个简单的概念。与那些不得不提出复杂的条款，否则就无法附上高昂的账单的人力资源顾问有很大的不同（而且这些条款每年还须定期检视，以决定是否有修正的必要）。反观我们与拉尔夫的协议，到目前为止从未更动过，当初在1986年我们双方认为公平合理的，至今仍然是如此。同样的，我们与旗下事业其他经理人的协议也都相当简单，当然依照产业特性的不同以及部分经理人同时拥有部分所有权等情形，而有所变化。

在所有的个案中，我们强调的是公平合理。当然经理人对于高的、不合理的，或是名不符实的报酬通常都来者不拒，毕竟没有人会拒绝免费的热透彩。但是这类安排，对于公司的资源来说是一种浪费，同时也会导致经理人忘记他真正应该关心的事，此外，母公司脱序的行为等于是间接鼓励旗下子公司起而效尤。

在伯克希尔，只有查理跟我对公司整体的经营负全责，因此我们两人是唯一应该以公司整体的表现作为薪资报酬的依据。即便如此，那也不是我们两人真正想要的方式，我们花了相当长的时间塑造我们的公司与工作模式，好让我们可以与我们欣赏的人一起做我们想做的事，同时也让我们可以不会被迫去做一些无聊或是不想做的工作。当这些物质与精神的报酬流向企业总部时，我们是最大的受惠者。在这种田园诗歌般的工作环境中，我们不期望股东们还需要额外给予一些我们不太需要的多余报酬。

事实上，就算不领薪水，查理跟我还是会乐于我们现在这种舒适的工作。最起码，我们都效法里根总统的信条，辛勤的工作不太可能要一个人的命，但我在想为何要冒这个险呢。

——1994年巴菲特致股东的信

第二章　巴菲特语录

第一节　寻找价值

理解价值与价格的区别

在1964年，我们可以确信地说伯克希尔每股的账面价值是19.46美元。但是，这个数字大大夸大了公司的内在价值，因为公司的所有收入来源都捆在了盈利能力低下的纺织业务上。我们的纺织资产既没有继续经营的价值，也没有等同于其置存价值的清算价值。

但是，今天伯克希尔的处境已经逆转：我们在1996年3月31日15.18美元的账面价值，远远低于伯克希尔的内在价值，这是事实，因为我们控制的许多企业比它们的置存价值值钱得多。

尽管不能说明全部问题，但我们还是要给出伯克希尔的账面价值，因为今天它们是对伯克希尔内在价值粗略的跟踪方法，尽管低估了许多。换言之，账面价值在任何特定年度的百分比变化，很可能接近于该年的内在价值变化。

通过考察一种形式的投资——大学教育，你们可以洞察账面价值和内在价值之间的差别。把教育成本看做是它的"账面价值"。如果想得到精确的成本，就必须包括学生放弃的收益，因为他选择了上大学而不是工作。

对于这种情况，我们将忽略教育的各种重要的非经济效益，而严格集中于它的经济效益。首先，我们必须估计毕业生在他的整个一生中得到的收益，然后从这个数值中减去如果他缺少这种教育所获得的收益的估计值。我们会得到一个超额盈利数值，因此必须按一个适当的利率将其折现至毕业日。这样计算出的收益等于教育的内在经济价值。

一些毕业生会发现，他们所受教育的账面价值超出其内在价值，这意味着不管谁为这种教育掏腰包，都没有得到学费的价值。在另一些情况下，教育的内在价值远远超出其账面价值，这个结果证明资本的运用非常明智。显而易见，在任何情况下，作为内在价值的指示器，账面价值毫无意义。

比较我们的控股公司与那些我们持有少数股权的公司的报告财务收益，得出了一种有趣的会计讽刺。后者有20多亿美元市场价值，然而，它们在1987年仅为伯克希尔在报表上产生了1100万美元的税后利润。

会计规则要求我们仅将这些公司派发给我们的股利——只不过是名义上的，而不是它们的收益中属于我们的份额入账，后者在1987年总计大大超过1亿美元。另一方面，会计规则要求这三种少数股权——由我们的保险公司拥有的置存价值，必须按当前的市场价格记录在我们的资产负债表中。结果是公认会计准则的会计方法允许我们在净值中反映我们部分拥有的企业到目前为止的实际价值，但不允许我们在收入账户中反映它们的根本收益。

——1987年巴菲特致股东的信

在1995年的信中，由于伯克希尔的股票卖到了36000美元，我曾告诉你们：最近几年伯克希尔市场价值的增长已经超出了其内在价值的增长，尽管后者的增长令人十分满意；这种过度的表现绝对不可能持续下去；查理和我那时并不认为伯克希尔会被低估。

自从我发出了这些警告之后，伯克希尔的内在价值已经大大增加，而我们股票的市场价格变化很小。这当然意味着，1996年伯克希尔的股票超越了企业的表现。因此，今天的价格/价值关系，不仅与一年前的大不相同，而且在查理和我看来，也更加合适。

随着时间的流逝，伯克希尔股东获得的累计收益必定与公司的业务收益相同。如果股票暂时超出或低于企业的表现，那么一小部分股东（卖家或买家）就会在交易这些股票时获得超额利润。通常，在这场游戏中，成熟的参与者比单纯的人有优势。

尽管我们的主要目标，是使我们的股东从其伯克希尔所有权中获得的总收益最大化，但是我们还希望使一些股东以其他股东为代价获得的利润最小化。这些是如果我们在管理家族合伙制企业时会要求的目标，而且我们相信它们对公众持股公司的经理来说也有同样的意义。在合伙制企业中，公平要求合伙利益在合伙人进出的时候得到平等的估价；在公众持股公司中，当市场价格与内在价值保持同步时就出现了公平。显然，它们总是达不到这种理想状态，但是一位经理人通过他的经营策略和交流，可以为培养公平多出一把力。

当然，股东持有股票的时间越长，伯克希尔的企业收益对其金融经历的意义就越大，而且在他买卖股票时相对内在价值有什么样的溢价或折扣的重要性就越小。这是我们希望吸引有长远投资眼光的所有者的一个原因。总的来说，我认为我们已经在这个追求上获得了成功。对于由长远眼光的所有者持有的股票百分比，伯克希尔在所有大型美国股份公司中很可能名列第一。

——1996年巴菲特致股东的信

寻找内在价值

没有公式可以计算内在价值，你必须了解你打算买进股票的那家公司的情况，才能获得有关内在价值的信息。

——1996年伯克希尔股东大会

我们并不一定非要等到价格触底时才买进。但若公司的价格低于你认为这个公司应有的价值时，就必须抛掉。而且公司必须是由诚实、有能力的人来管理。如果今天你能买进一家当前价格低于其内在价值的公司的股票，而且你对公司的管理层有信心，那么，如果你能买进更多类似公司的股票的话，你会赚到钱的。

——PBS《晚间商业报导》，巴菲特，1994年12月13日

我写这份报告的目的，是为股东们估计伯克希尔的内在价值并提供相应的信息。

之所以说是估计，是因为尽管计算内在价值在投资中为重中之重，但往往并不精确，且错误常常非常严重。公司业务的前景越是不确定，内在价值的计算就越是有可能谬之千里。不过伯克希尔公司具有以下有利因素：种类众多的相对稳定的收入流，同时拥有巨大的流动性和很少的债务。这些因素使伯克希尔公司能够比其他绝大多数公司更为准确地估计内在价值。

尽管伯克希尔的财务特征有助于提高估值的准确度，但计算内在价值的工作由于有如此之多的收入流而变得更加复杂。早在1965年，我们只有一家小小的纺织厂，估值不过是小菜一碟。如今我们已经拥有68种经营特性和财务特性相差很大的业务，这些各不相关的业务，加上我们巨大的投资规模，使你根本不可能简单地分析一下我们的合并报表就能对公司内在价值作出一个合理的估计。

为了更好地解决这一难题，我们将自身的业务合理地分为四类并在以下报告中详细分析每一类业务，讨论中我们会提供每类业务及其主要企业的关键数据。当然，伯克希尔的总体价值可能会高于或低于四类业务价值之和。最终结果取决于两个因素：一是我们下属的众多部门作为一个规模更大的企业的组成部分，运作得更好还是更差？二是在母公司的管理下，资本配置进一步改善了还是进一步恶化了？简而言之，伯克希尔作为母公司为下属各企业带来了什么好处？是不是伯克希尔公司的股东们直接持股，而不是通过伯克希尔间接持股，会更加有利？这是一个至关重要的问题，各位股东必须自己寻找答案。

——2005年巴菲特致股东的信

查理与我用来衡量伯克希尔的表现，与评估其内在价值的方法有很多种，其中并没有任何一个绝对标准能用以评估伯克希尔，而且很多重要事实也是无法用大量统计数据表示出来的。举例来说，对伯克希尔而言，拥有很多未来大有可为的年轻经理人是很重要的优势，但我可没办法单纯用数字来证明这点。

然而，在这里还是可以举出两种非常重要的衡量基准，其中之一便是每单位股份所持有的投资金额（包括现金与约合现金）。在计算时，我们排除了财务部门所持有的部位，因为其大量的融资负债会抵消大部分的投资价值。

——2006年巴菲特致股东的信

对话"市场先生"

格雷厄姆是我的老师，也是我的朋友。很久以前讲过一段有关对于市场波动心态的谈话，是我认为对于投资获利最有帮助的一席话。他说，投资人可以试着将股票市场的波动当做是一位"市场先生"每天给你的报价。他就像是一家私人企业的合伙人，不管怎样，"市场先生"每天都会报个价格要买下你的股份，或是将手中股份卖给你。

即使是你们所共同拥有的合伙企业经营稳定变化不大，"市场先生"每天还是会固定提出报价。同时"市场先生"有一个毛病，那就是他的情绪很不稳定。当他高兴时，往往只看到合伙企业好的一面，所以为了避免手中的股份被你买走，他会提出一个很高的价格，甚至想要从你手中买下你拥有的股份；但有时候，当他觉得沮丧时，眼中看到的只是这家企业的一堆问题，这时他会提出一个非常低的报价要把股份卖给你，因为他很怕你会将手中的股份塞给他。

"市场先生"还有一个很可爱的特点，那就是他不在乎受到冷落。若今天他提出的报价不被接受，隔天他还是会上门重新报价，要不要交易，完全由你自主。所以在这种情况下，他的行为举止越失措，你可能得到的好处也就越多。

但就像灰姑娘参加化装舞会一样，你务必注意午夜前的钟响，否则马车将会变回南瓜。"市场先生"是来给你服务的，千万不要受他的诱惑反而被他所导引。你要利用的是他饱饱的口袋，而不是草包般的脑袋。如果他有一天突然傻傻地出现在你面前，你可以选择视而不见或好好地加以利用。但是，要是你占不到他的便宜反而被他愚蠢的想法所吸引，那你的下场可能会很凄惨。事实上，若是你没有把握能够比"市场先生"更清楚地衡量企业的价值，你最好不要跟他玩这样的游戏。就像是打牌一样，若是你没有办法在30分钟内看出谁是笨蛋，那么那个笨蛋很可能就是你！

格雷厄姆的"市场先生"理论在现今的投资世界内或许显得有些过时，尤其是在那些大谈市场效率理论、动态避险与贝塔值的专家学者眼中更是如此。他们会对那些深奥的课题感兴趣是可以理解的。因为这对于渴望投资建议的追求者来说，是相当具有吸引力的，就像是没有一位名医可以单靠"吃两粒阿司匹林"这类简单有效的建议成名致富的。

这当然是股市秘籍存在的价值，但就我个人的看法，投资成功不是靠晦涩难解的公式、计算机运算或是股票行情板上股票上下的跳动。相反地，投资人要想成功，唯有凭借着优异的商业判断，同时避免自己的想法、行为受到容易煽动人心的市场情绪所影响。以我个人的经验来说，要能够免除市场诱惑，最好的方法就是将格雷厄姆的"市场先生"理论铭记在心。

追随格雷厄姆的教诲，查理跟我着眼的是投资组合本身的经营成果，以此来判断投资是否成功，而不是他们每天或每年的股价变化。短期间市场或许会忽略一家经营成功的企业，但最后这些公司终将获得市场的肯定。就像格雷厄姆所说的："短期而言，股票市场是一个投票机，但长期来说，它却是一个称重机。"一家成功的公司是否很快地就被发现，并不是重点，重要的是只要这家公司的内在价值能够以稳定的速度成长，这才是关键。事实上越晚被发现有时好处更多，因为我们就有更多的机会以便宜的价格买进它的股份。

当然有时市场也会高估一家企业的价值，在这种情况下，我们会考虑把股份出售。另外，有时虽然公司股价合理或甚至略微低估，但若是我们发现有更被低估的投资标的，或是我们觉得比较熟悉了解的公司时，我们也会考虑出售股份。

然而，我们必须强调的是，我们不会因为被投资公司的股价上涨，或是因为我们已经持有一段时间，就把它们给处分掉。在华尔街名言中，最可笑的莫过于这句话："赚钱的人是不会破产的。"我们很愿意无限期的持有一家公司的股份，只要这家公司所运用的资金可以产生令人满意的报酬、管理阶层优秀能干且正直，同时市场对于其股价没有过度的高估。

——1987年巴菲特致股东的信

寻找被低估的价值

我们之前曾提到过去10年来，投资环境已由过去完全不看重大企业的情况转变成适当的认同，华盛顿邮报就是一个最好的例子。我们在1973年以不到当时内含价值1/4的价格买进股权，计算价格/价值比并不需要有独到的眼光，大部分的证券分析师、经纪人与媒体经营者跟我们一样，估计该公司的价值约在4亿到5亿美元之间，但当时其仅1亿的股票市值却是随处可见，只是我们具有的优势是态度，我们从格雷厄姆那里学到成功投资的关键，是在好公司股价相对于代表的实际价值被低估的时候，买进其股票。

在19世纪70年代早期，大部分的机构投资人却认为企业价值与他们考量买进卖出的价格并无太大关联，现在看来当然令人难以置信，然而当时他们受到知名的商学院所提出的新理论所惑，"股票市场具有完全的效率，因此计算企业的价值对于投资活动一点也不重要"。事后想想，我们实在是欠这些学者太多了，在不管是桥牌、西洋棋或是选股等斗智的竞赛中，当对手被告知思考是白费力气的一件事，还有什么能比这让我们更有利呢。

1973到1974年间，华盛顿邮报表现依旧良好，使得内在价值持续增加。尽管如此，我们在该公司的持股市值却由原始成本的1000多万减少25%，变成800万美元。本来我们觉得已经够便宜的东西，没想到在一年之后，具有无比潜能的市场又将它的标价向下调整到至少比其实际价值少两成的地步。

美好的结局可以预知，凯·格雷厄姆——华盛顿邮报的总裁，具有无比的智能与勇气，除了拥有极佳的管理才能将公司的内在价值进一步提升之外，更大手笔地以便宜的价格大量买回公司的股份。在此同时，投资人开始体认到公司特殊的竞争优势，使得公司股价回升到合理的价位。所以我们经历了三重享受：一是公司本身的价值提升；二是每股所代表的价值因公司实施库藏股而增加；三是随着折价幅度逐渐缩小，股价的表现超越公司价值实际增加。

除了1985年依持股比例卖回给公司的股份外，其他的持股皆未变动，年底持股的市值加上卖回股份所得的收入合计为22000万美元。

假若在当初1973年时，我们将1000万随便投资一家当时最热门的媒体事业，则到今年年底，我们持股的市值会在4000~6000万美元之间。这结果显然比一般市场的平均表现高出许多，其原因在于媒体的特殊竞争力，至于再多出来的16000万部分，是因为华盛顿邮报的总裁凯作出的决策优于其他媒体事业的经营者，虽然她惊人的事业成就并未有人大幅报道，但伯克希尔的所有股东却不能不加以珍惜。

由于我们买下资本城股份，使得我必须在1986年被迫离开华盛顿邮报的董事会，但只要法令许可，我们将无限期的持有华盛顿邮报的股份，我们期待该公司的价值持续稳定成长。我们也知道公司的管理阶层有才能且完全以股东的利益为导向，不过该公司的市值目前已增加为18亿美元，公司的价值很难再以当初市值仅1亿美元时的速度成长，也由于我们其他主要的持股股价大多已反映，所以我们的投资组合很难再像过去一样具有成长潜力。

——1985年巴菲特致股东的信

我们投资股票的选择方式与买进整家企业的模式很相近，我们想要的企业必须是：我们可以了解的行业，具有长期竞争力，由才德兼具的人士所经营，以及吸引人的价格。我们从来不试着去买进一些短期股价预期有所表现的股票，事实上，如果其企业的表现符合我们的预期，我们反而希望他们的股价不要太高，如此我们才有机会以更理想的价格买进更多的股权。

我们过去的经验显示，一家好公司部分所有权的价格，常常要比协议谈判买下整家便宜得多。因此想要拥有价廉物美的企业所有权，直接购并的方式往往不可得，还不如透过间接拥有股权的方式来达到目的，当价格合理，我们很愿意在某些特定的公司身上持有大量的股权。这样做不是为了要取得控制权，也不是为了将来再转卖出或是进行购并，而是期望企业本身能有好的表现，进而转化成企业长期的价值以及丰厚的股利收入，不论是少数股权或是多数股权皆是如此。

——1977年巴菲特致股东的信

选择合适的投资工具

去年，我们的保险公司总计买进了7亿美元的免税政府公债，到期日分别在8~12年之间。或许你会觉得这样的投入表示我们对于债券情有独钟，不幸的是事实并非如此。债券充其量只不过是个平庸的投资工具，它们不过是选择投资标的时看起来最不起眼的投资替代品，虽然现在看起来也是。我突然发现我与梅·韦斯特的喜好完全相反，她曾说："我只爱两种男人，本国人或是外国人。"现在的我对股票与债券皆不感兴趣。

在保险公司随着资金持续涌入，我们当然必须将有价证券列入投资组合，一般来说我们只有五种选择：长期股票投资，长期固定收益债券，中期固定收益债券，短期约当现金和短期套利交易。

在其中股票算是最有乐趣的。当状况好时（我是说找到经营得当，业绩蒸蒸日上但价值被低估的公司），你很有机会能够挥出大满贯的全垒打。不过很不幸的是目前我们根本找不到类似这样的标的。这不代表我们要预测未来的股市，事实上我们从来就不知道股市接下来到底是会涨还是会跌。不过我们确知的是贪婪与恐惧这两种传染病在股市投资世界里，会不断地发生上演，只是发生的时间很难准确地预期。而市场波动程度与状况一样不可捉摸，所以我们要做的事很简单。当众人都很贪心大作时，尽量试着让自己觉得害怕；反之，当众人感到害怕时，尽量让自己贪心一点。

而当我在写这段文章时，整个华尔街几乎嗅不到一丝的恐惧，反而到处充满了欢乐的气氛。没有理由不这样啊？有什么能够比在牛市中，股东因股票大涨赚取比公司本身获利更多的报酬而感到更高兴的事。只是我必须说，很不幸的是，股票的表现不可能永远超过公司本身的获利表现。反倒是股票频繁的交易成本与投资管理费用，将使得投资人所获得的报酬无可避免地远低于其所投资公司本身的获利。以美国企业来说，平均投资报酬率为12%，这表示其投资人平均所能获得的报酬将低于此数。牛市可以暂时模糊数学算术，但却无法推翻它。

第二种投资选择是长期债券。除非在特殊情况下，就像是我们在1984年年报曾提到的华盛顿功用电力系统所发行的公司债——截至年底，我们拥有该公司债券的未摊销成本为21000万美元，市价则为31000万美元，否则，债券这种投资标的实在很难引起我们的兴趣。

我们对于长期债券没有兴趣的原因，在于对未来十几年通货膨胀可能再度肆虐的潜在恐惧。长期而言，汇率的演变将取决于立法人员的态度，这会威胁到汇率的稳定，进而影响到长期债券投资人的利益。我们持续将资金运用在套利之上，然而不像其他套利客，每年从事几十个案子。我们只锁定在少数几个个案，我们限制自己只专注在几个已经公布消息的大案子，避开尚未明朗化的。虽然这样会让我们的获利空间减小，但相对的，只要运气不要太差，我们预期落空的概率也会减少许多。到年底为止，手上只有一个案子李尔西格公司，另外还有一笔14500万美元的应收款项，这是联合利华用来买下庞氏所欠我们的款项。

套利是除了政府债券以外，短期资金运用的替代品，但风险与报酬相对都比较高。到目前为止，这些套利投资的报酬确实比政府债券要好得多。不过即便如此，一次惨痛的经验将使总成绩猪羊变色。

另外，虽然有些不情愿，我们也还是将目光摆在中期的免税债券之上。买下这类债券我们将承担巨额损失的风险，若可能的话，我们在到期之前就会把它们卖掉。当然这样的风险也提供我们相对的报酬，到目前为止，实现的获利还是比短期债券要好得多。不过这种高报酬在扣除可能承担损失的风险与额外的税负，其实报酬好不了多少，更何况还有可能估计错误。不过即便我们真的发生损失，其程度还是比我们不断在短期债券上打滚来的好。

不论如何，大家必须有个体认，那就是以目前的市场状况，我们在债券或股票的预期报酬都不会太高。目前我们可以做的，顶多是认赔处分一些债券，然后重新将资金投入到未来可能好一点的股票投资上。债券会发生损失的原因在于利率高涨，当然这同样也会压缩股票的价格。

——1986年巴菲特致股东的信

价值评估既是艺术又是科学

扣除税负因素不计，我们分析评估股票与事业的公式并无二致。事实上亘古至今，这个评估所有金融资产投资的公式从来就未曾改变，远从公元前600年某位先知头一次揭示就是如此（虽然他可能也没有能力预知当时是公元前600年）。

奇迹之一就是在伊索寓言里，那历久弥新但不太完整的投资观念，也就是"两鸟在林，不如一鸟在手"。要进一步诠释这项原则，你必须再回答三个问题，你如何确定树丛里有鸟儿？它们何时会出现，同时数量有多少？无风险的资金成本是多少（这里我们假定以美国长期公债的利率为准）？如果你能回答以上三个问题，那么你将知道这个树丛最高的价值有多少，以及你可能可以拥有多少鸟儿，当然小鸟只是比喻，真正实际的标的还是金钱。

伊索的投资寓言除了可以进一步扩大解释成资金，也一样可以适用于农业、油田、债券、股票、乐透彩券以及工厂等。就算是蒸汽引擎的发明、电力设备的引用或汽车的问世，一点都不会改变这样的定律，就连网际网络也一样，只要能输入正确的数字，你就可以轻轻松松地选择出世上资金运用的最佳去处。

一般的准则，诸如股利报酬率、本益比甚至是成长率，除非他们能够提供一家企业未来现金流入流出的任何线索，否则与价值评估没有一点关联。有时成长甚至对价值有损，要是这项投资计划早期的现金流出大于之后的现金流入折现值。有些市场的分析师与基金经理人信誓旦旦地将"成长型"与"价值型"列为两种截然不同的投资典型，可以说这是无知，绝不是真知灼见。成长只是要素之一，在评估价值时，可能是正面，也有可能是负面。

可惜的是，虽然伊索寓言的公式与第三个变量——也就是资金成本相当简单易懂，但要弄清楚另外两个变量却是相当地困难。想要明确算出这两个变量，根本就不可能，求出两者可能的范围倒是可行的办法。

只不过范围过大通常会导致结论模棱两可，而且估计越保守，所得出的价格相较于价值越低，也就是树丛最终出现鸟儿的数量（我们姑且把这个现象称为——树丛无效率理论）。可以确定的是，投资人除了必须对于一家企业的经营有一定的了解外，并且要有能力独立思考以获致立论坚实的肯定结论，除此之外，投资人不须其他什么大道理或歪理论。

另一个极端，在很多时候，即使是最聪明的投资人，都没有办法提出小鸟确实会出现的证据，即使是在最宽松的假设下仍是如此。这种不确定性在检验新事业或是快速变化的产业尤其明显，在这种状况下，任何资金的投入都难脱投机的嫌疑。

如今投机主义——亦即不管资产真实的价值，只看下一个人会用多少价格买进的观念——事实上，这不但不违法，也不算不道德，甚至不能说是非美国式，但也绝非查理跟我愿意玩的游戏，既然我们两手空空参加派对，那么我们又如何期望能从派对中满载而归呢？

更夸张的是，目前市场参与者，对于一些长期而言明显不可能产生太高价值或甚至根本就没有任何价值的公司给予极高的市值评价。然而投资人依然被持续飙涨的股价所迷惑，不顾一切地将资金蜂拥投入到这类企业，这情形就好像病毒一样，在机构投资者与散户间广为散播，引发不合理的股价预期，而与其本身应有的价值明显脱钩。

——2000年巴菲特致股东的信

把自己当做企业分析家

看过这张表的人（11个主要大股东）或许会以为，这些股票是根据线型图、营业员的建议或是公司近期的获利预估来进行买卖。其实查理跟我本人根本就不理会这些，而是以企业所有权人的角度看事情，这是非常大的区别。事实上，这正是我几十年来投资行为的精髓所在，打从我19岁时，读到格雷厄姆的《聪明的投资人》之后，我便茅塞顿开。在此之前，虽然我早已投入股市，但实际上对投资根本就没有一点概念。

接下来看看我们的四大天王——美国运通、可口可乐、吉列及富国银行的表现如何。如上表所示，我们在这4家公司的投资金额合计38.3亿美元，分别在1988年到2003年间分批买进，总的来说，我们平均买进的日期是1992年7月，截至2004年年底，我们平均持股的时间是12.5年。

2004年依持股比例，伯克希尔可分配到的盈余高达12.2亿美元。这个数字可以称得上合理，虽然吉列与富国银行因为选择权成本隐含不计而高估，但同时可口可乐却也提列了一笔非经常性的损失。

我们从这四大天王所分得的盈余几乎每年都稳定的成长，累积至现在已占当初投资成本的31%，所分配的现金股利也同步成长，2004年达到4.34亿美元。总的来说，这四大天王给了我们还算满意的回报。

——2004年巴菲特致股东的信

在可流通证券中，我们寻找相似的可预测性。以可口可乐为例：与可乐产品一起出售的热情和想象力已经在罗伯特·戈伊兹亚塔的领导下急速成长，在为股东创造价值上，他已经完成了绝对惊人的工作。在唐·肯奥福和道格·艾维斯特的协助下，罗伯特重新考虑并改进了公司的方方面面。但是公司的基本面（可口可乐的竞争优势和绝佳的经济实质）多年来一直保持恒定。

最近，我正在研究可口可乐1896年的年报（可能你还以为自己读的晚了）。那时，尽管可口可乐已经是主要的软饮料，问世仅约10年，但是，它在下一个100年的蓝图却已经勾画清楚了。当时公司的总裁阿萨·坎德勒在汇报那一年14.8万美元的销售额时说："我们从未停止过我们的努力，向全世界说明可口可乐对于所有人的健康和美好感觉来说是一种商品，平价的卓越。"尽管"健康"可能已经做到，但是我喜爱今天——一个世纪之后——可口可乐仍然依靠坎德勒的基本主题。正如罗伯特现在说的那样，坎德勒接着说，"没有哪一种类似性质的商品，可以这样稳固地在公众的偏好中确立自己的地位。"顺便说一句，那一年的糖浆销售量，相比1996年的大约32亿美元，达到了116492加仑。

我忍不住再引用坎德勒的一句话："大约从今年3月1日开始……我们雇用了10名与办公室定期联系的旅行销售员，这样我们就几乎覆盖了整个合众国的领土。"这是我想要的销售力量。

像可口可乐和吉列这样的公司很可能被贴上"注定必然如此"的标签。预测者们在预测这些公司在未来的10年或20年里到底会生产多少软饮料和剃须设备上可能略有差别。我们讨论必然性，并不意味着贬低这些公司必须继续在诸如制造、销售、包装和产品领域内实现创新这样的重要工作。但是，最终没有哪位明智的观察家——甚至这些公司最强有力的竞争者，假定他们可以诚实地评估这件事——会怀疑，对于投资寿命而言，可口可乐和吉列会继续在其遍布世界的领域中占据主导地位。实际上，他们的主导地位很可能会增强。在过去的10年中，两家公司都已经极大地扩展了他们已经非常巨大的市场份额，而且所有的迹象表明在下一个10年中他们会再现这种业绩。

显然，许多在高技术领域或萌芽行业的公司，按百分点计算，会比注定必然如此的公司发展得快得多。但是，我宁愿相信可靠的结果，也不愿意企盼伟大的结果。

当然，查理和我即便在寻觅一生之后，只能够鉴别少数注定必然如此的公司。领导能力本身提供不了什么必然性：看看许多年前通用汽车、IBM和西尔斯百货所经历的震荡，所有这些公司都享受过很长一段表面上看来所向无敌的时期。尽管一些行业或者一系列的公司表现了赋予领导者实际上不能逾越的优势特征，以及倾向于建立一种几乎是自然法则的"肥胖者生存"的特征，但大多数公司却没有。

——1996年巴菲特致股东的信

在价格高昂的时候保持沉默

在1981年的年报中，我们曾预测我们所做出的4个主要不具控制权的股权投资，依持股比例可分得的未分配盈余高达3500万。而今年在其中3个持股比例未变（包括政府雇员保险公司、通用食品与华盛顿邮报），另一家R.J.雷诺兹大幅增加的情况下，可分得的未分配盈余超过4000万美金。这个数字未完全显现在账上，其已经超过了伯克希尔账面盈余数（其中包含前述4家公司所发放的1400万现金股利），这还不包括其他未计入的不具控制权的股权投资部分。我们说这些数字，只是想要强调它们的重要性，但基于税务考量，却不一定要他们完全显现出来，同时这些盈余将透过其本身股价会不定期且不规则的反映出来。这种特性却给那些价值型投资人提供了投资机会，他们可以从各式各样的美国企业中，挑选价廉物美的公司部分股权，并从一群投资行为有如惊慌失措的"旅鼠"手中捡到便宜货。在这个巨大的拍卖市场中，我们的工作就是去挑选那些能将所赚的钱再利用，并产生大于原来的经济效益的公司。尽管曾经犯了不少错误，但目前为止，还算是达成了目标。有时某些公司所保留的盈余并未增加其经济效益，但有时却高达2~3倍。到目前为止，表现好的多过表现差的，若我们能继续保持下去，不管对账面盈余有什么影响，都将可使伯克希尔的经济盈余极大化。

虽然我们对于买进部分股权的方式感到满意，但真正会令我们雀跃的却是能以合理的价格100%地买下一家优良企业。我们偶尔会缔造如此佳绩（也希望能够再次做到），但这是一件相当困难的工作，比买进部分股权要困难得多。当我们在观察1982年的几件大额购并案，我们的反应并不是忌妒，反而庆幸我们并非其中一员。因为在这些购并案中，管理当局的冲动战胜了理智，追逐的刺激过程使得追求者变得盲目。帕斯卡尔的观察非常恰当："它使我想到，所有的不幸皆归咎于大家无法安静地待在一个房间内（你们的董事长去年也曾数度离开那个房间，且差点成为那场闹剧的主角）。"回想起来，去年我们最大的成就，就是曾试图大幅购买那些我们先前已投入许多的公司的股权，但由于某些无法控制的原因却无法执行。倘若真的成功了，这宗交易必定会耗尽我们所有的时间与精力，而且不一定会获得回报。若我们将去年的报告做成图表来介绍本公司的发展，你将会发现会有两页空白的跨页插图用来描述这宗告吹的交易。

我们投资部分股权的做法，唯有当我们可以以合理的价格买到吸引人的企业才行得通，同时也需要温和的股票市场作配合，而市场就像老天爷一样，帮助那些自己帮助自己的人，但与老天爷不一样的地方是，他不会原谅那些不知道自己在做什么的人。对投资人来说，买进的价格太高将会抵消这家绩优企业未来10年的亮丽发展所带来的效应。所以当股票市场涨到一定的程度，将使我们有效地运用资金买进部分股权的能力大打折扣，或者甚至完全消失。这种情况会定期发生，就在10年前当股市到达狂热的高档时（由于高股东权益报酬股被机构投资人捧上了天），伯克希尔的保险子公司（不包括在蓝筹印花部分），仅仅持有1800万市值的股票（相较于现在的80%），仅占保险公司投资总额的15%。在1972年，当时有跟现在一样多的好公司，但他们当时的股价实在有点离谱。虽然股价高涨对公司短期的表现有所益处,但就长期而言却反而会影响企业的前景,而目前我们已再度观察到这样一些蛛丝马迹的出现。

1982年伯克希尔净值的增长(保险子公司持有的股票以市价计,扣除未实现资本利得的潜在税负)大约是20800万美金,相较于其初净值51900万,约有40%的增长。在现今经营阶层接掌公司的18年里,账面价值由原先的每股19.46美元成长到现在的每股737.43美元,约相当于22.0%年复合增长率,可以确定的是,这个比率在未来将减少。伯克希尔的经济目标是希望获得高于一般美国企业的长期报酬率,我们愿意以合理的价格购买全部或部分具有竞争力的企业,有助于我们达成上述目标。我们不具控制权的股权投资,其市值成长高于其实质经济利益的成长,举例来说,在20800万当中有7900万是来自于政府雇员保险公司市值的增长,这家公司持续表现优异,我们一再对该公司经营理念的实践与经营阶层的管理能力感到印象深刻(虽然不是名校出身,但让杰克试试看的结果,证实了我们的眼光,并成为我们企业的信念)。然而政府雇员保险公司在市值上的增长却远超过本身内含价值的增长,虽然后者一样令人印象深刻,但当投资大众逐渐认清现实状况时,我们相信市值将会反映其真正价值。每年的差异变化不会永远都对我们有利,就算我们的部分公司每年都表现很好,也不一定保证在股市的表现会一定很好,而那时伯克希尔的净值便会大幅缩减,但我们不会感到沮丧,如果这家公司一直都是那么吸引人,而我们手头上又刚好有现金,我们便会再逢低增加持股。

——1982年巴菲特致股东的信

好东西终究是好东西

1988年我们作出了两项重大的决定,大笔买进房地美公司与可口可乐公司。我们打算要持有这些股票很长的一段期间,事实上当我们发现我们持有兼具杰出企业与杰出经理人的股权时,我们最长的投资期间是永久。我们跟那些急着想要卖出表现不错的股票以实现获利却顽固地不肯出脱那些绩效差的股份的那群人完全相反。彼得·林奇生动地将这种行为解释成砍除花朵来当做野草的肥料。我们持有房地美的股份比例是法令规定的上限,这部分查理在后面会详加为各位说明,因为他们是属于共同储贷——我们一家非保险的子公司所投资,所以在我们的合并资产负债表当中,将这些持股以成本而非市价列示。

我们持续将投资集中在少数我们能够了解的公司之上,只有少部分是我们想要长期投入的。因为当我们好不容易找到这样的公司时,我们会想要达到一定的参与程度,我们同意梅·韦斯特的看法,好东西当然是多多益善。

——1988年巴菲特致股东的信

看到今年所列的投资与去年竟如此地相似,你可能会认为本公司的管理阶层实在是昏庸到无可救药的地步。不过我们还是坚持相信,离开原本就熟悉且表现优异稳定的公司,实在是非常不智之举,这类公司实在是很难找到更好的替代。

有趣的是,企业经理人在认定何者才是自己本业时,从来就不会搞不清楚情况,母公司是不会单纯因为价格因素就将自己旗下最优秀的子公司给卖掉。公司总裁一定会问,为什么要把我皇冠上的珠宝给变卖掉?不过当场景转换到其个人的投资组合时,他却又会毫不犹豫地，甚至是情急地从这家公司换到另一家公司，靠的不过是股票经纪人肤浅的几句话语，其中最烂的一句当属"你不会因为获利而破产"。你能想象要是一家公司的总裁用类似的方式建议董事会将最有潜力的子公司给卖掉吗？就我个人的观点，适用于企业经营的原则也同样适用于股票投资，投资人在持有一家公司的股票所展现的韧性，应当与一家公司的老板持有公司全部的股权一样。

先前我曾经提到，若是在1919年以40美元投资可口可乐会获得怎样的成果。1938年在可乐问世达50年且早已成为代表美国的产品之后，《财富》杂志对该公司做了一次详尽的专访，在文章的第二段作者写道：每年都会有许多重量型的投资人看好可口可乐，并对于其过去的辉煌纪录表示敬意，但也都作下自己太晚发现的结论，认为该公司已达巅峰，前方的道路充满了竞争与挑战。

没错，1938年确实充满了竞争，而1993年也是。不过值得注意的是，1938年可口可乐一年总共卖出2亿箱的饮料（若是将当时加仑装改成现在192盎司的箱子），但是到了1993年该公司一年卖出饮料高达107亿箱，对这家当时已经成为市场领导者的公司，在后来将近50年间总共又成长了50倍。对于1938年加入的投资者来说，"宴会"根本还没有结束。虽然在1919年投资40美元在可口可乐股票的投资人（含将所收到的股利再投资），到了1938年可获得3277美元。若是在1938年，重新以40美元投资可口可乐股票，时至1993年底，还是照样可以成长到25000美元。

我忍不住想要再引用1938年《财富》杂志的报导，"实在是很难再找到像可口可乐这样规模而且又能持续10年保持不变的产品内容"。如今又过了55个年头，可口可乐的产品线虽然变得更广泛，但令人印象深刻的是这种形容词还依旧适用。

——1993年巴菲特致股东的信

买入如童话故事般美好的股票

我每买进一只股票，都像要买进整家公司那样进行考虑。打个比方，如果我打算买一家沿街的商店，我会想要知道关于它的一切。我想说的是：看看沃特·迪士尼1966年上半年的股价吧。当时每股价格为53美元，并不是特别便宜；但你要想想看，以这样的价格，你能以8000万美元的价格买进整个公司，而《白雪公主》、《鲁滨孙漂流记》和一些著名的卡通人物都从其账面上冲销了，而它们的价值就值8000万美元；此外，你还能拥有迪士尼乐园以及一位合伙人——天才的沃特·迪士尼，你还有什么可犹豫的呢？

——《奥马哈是如何击败华尔街的》，《福布斯》1969年11月1日

一座城堡，四周环绕着很深的、危险的护城河，而城堡内的领导者是一位诚实、正派的人。更为重要的是，城堡能从领导者的天赋中获得力量；护城河是永恒存在的，成为对那些试图进攻城堡的人的强有力的威慑；与此同时，在城堡内部，领导者能创造财富，但这些财富并不是由他一人独享。我们可以这样粗略地理解上述描述：我们喜欢拥有统治地位的大公司，因为它们的特许权是独一无二的，拥有巨大的力量或者能长盛不衰。

——1995年伯克希尔股东大会

我们的保险事业在1977年持续大幅地成长，早在1967年我们以860万美元购并国家产险及国家海上火险公司（两者为姊妹公司）的方式进军保险业。当年他们的保费收入

大约为2200万美元，时至今日，1977年的累积年保费收入已达1.51亿美元。必须强调的是，在此期间，伯克希尔没有再发行过任何一股新股以支应成长。

相反地，这600%的成长几乎都是来自于国家产险本身的传统业务的稳定成长再加上以购并方式买下新创立的公司，以及最后透过行销新业务——主要以国家保险名下进行的再保险业务所得。

总的来说，保险事业的表现还算不错。但情况并非全然如此，过去10年来，我们也犯过一些大错，不论是在产品或是人员方面，比如说我们在以下方面就曾遇到重大的困难：（1）1969年推出的保证责任险；（2）1973年扩充佛罗里达迈阿密地区的家庭及汽车保险业务；（3）目前尚未解决的航空"前置"安排；（4）我们在加州的劳工退休金业务。我们相信这业务一旦改组完成应该还是相当有潜力。保险这行业虽然小错不断，但大致上还是可以获得不错的成果，就某些方面而言，情况与纺织业刚好完全相反，管理阶层相当优秀，但却只能获得微薄的利润。各位管理阶层所学到的一课，很不幸一再学到的就是选择顺风而非逆风产业环境的重要性。

1977年保险业核保的顺风不断地从后方吹来，保费大幅度的调整在1976年正式生效后，适时地抵消1974年及1975年惨痛的核保记录。而由于保单的签订通常以一年为期，所以定价的修正通常必须等到换新约时，因此实际上费率的上涨，一直等到1977年才充分反应在盈余之上。

过去两年我们保险事业投入的资金成本（扣除对关系企业蓝筹印花的投资）已从原先的1.346亿美元成长到2.528亿美元。保险准备的增长，主要是由于保费收入的大幅增加，加上保留的盈余，这也是我们投资部位之所以大幅增加的原因。因此，我们整体保险事业因为投资而增加的净收益也由1975年税前840万美元的利益成长到1977年的1230万美元。

除了股利与利息收入之外，我们还实现了税前690万美元的资本利得，1/4来自债券，剩下的则来自股票。至于1977年年底未实现的资本利得大约在7400万美元，对于这个数字，就像任何单一日期的数字（1974年底账上有1700万美元的未实现损失），大家不必看得太认真，因为我们持股部位比较大的投资，往往要持有很长一段时间，所以我们的投资绩效依据的是这些被投资公司在这段期间的经营表现，而不是特定时期的股票价格。就像我们认为买下一家公司，却只关心他的短期状况是件很傻的事；同样，持有公司部分所有权——也就是股票，我们认为只关心短期盈余或是盈余短暂的变动也不应该。

——1977年巴菲特致股东的信

账面价值与实质价值

在现有经营阶层过去19年的任期内，伯克希尔的账面价值由19美元增加到975美元，约以22.6%的年复合增长率增长。考量到我们现有的规模，未来可能无法支持这么高的增长率，不信的人最好选择去当业务员而非数学家。

我们之所以选择账面价值（虽然不是所有情况皆如此），是因为它是衡量实质价值增长（这是真正重要的）的一种保守但合理的替代方式。它的好处是很容易计算，且不牵涉主观衡量实质价值，但仍需强调两者事实上具有截然不同的意义。

账面价值是会计名词，是记录资本与累积盈余的财务投入；实质价值则是经济名词，是估计未来现金流入的折现值。账面价值能够告诉你已经投入的，实质价值则是预计你能从中获得的。

——1983年巴菲特致股东的信

我们公司发行新股遵循一项基本原则，那就是我们不轻易发行新股，除非我们所换得的企业实质价值与我们所付出的一样多。这样的原则看似理所当然，或许你会问哪有人会笨到以1块钱去交换5毛钱的呢？但不幸的是，有许多企业的经理人恰恰愿意如此。

他们在购并企业时所面临的第一项抉择是该使用现金还是举债，通常CEO的欲望超过现金与企业所能负担的融资额度（我个人也是如此），尤其是当自家公司的股价远低于企业的实质价值时更是如此。对股东而言，届时你将会发现公司经营阶层在乎的，到底是扩张企业版图还是维护股东权益了。

之所以需要在两者之间作选择，理由其实很简单，公司在股票市场上的价格通常低于其企业实质价值，但当股东会愿意将整家公司以协议的方式出售，必定是想要且通常会取得相当于企业实质价值的回报。

——1982年巴菲特致股东的信

本公司1989年的净值增加了151500万美元，较去年增加了44.4%。过去25年以来（也就是自从现有经营阶层接手后），每股净值从19美元成长到现在的4296美元，年复合增长率约为23.8%。

然而真正重要的还是实质价值——这个数字代表组合我们企业所有股份合理的价值。根据精准的远见，这个数字可由企业未来预计的现金流量（包含流进与流出），并以现行的利率予以折现，不管是马鞭的制造公司或是行动电话的业者都可以在同等的地位上，据以评估其经济价值。

当伯克希尔的账面价值是19.46美元之时，由于主要的资产多属于纺织事业，所以实质的价值大概比账面价值要少一点。但时至今日，我们企业的价值却早已较账面价值多得多，这代表着伯克希尔实质价值成长的速度，要比账面价值每年平均23.8%的复合成长率还要再高一些。

后照镜是一回事，雨刷又是另外一回事。我们账面价值大部分是反映我们所持有的有价证券，而这些有价证券除了少数的例外，又大多以市价在资产负债表上列示。在去年年底，这些有价证券较之过去，又呈现出比实质价值更高的价格。一方面当然是因为1989年股市的飙涨；另一方面则是这些有价证券的价值得到大家的认同，也就是说过去他们的股价曾经相当的低，但这种情况如今已不复存在。

我们仍然会保有我们主要的持股，不管相较于实质价值，他们现在的市场价格是多少。我们对于他们至死不分离的态度，加上这些股份现在的价位，意味着他们在未来可能无法再像先前那样将伯克希尔的净值大幅向上推升。换句话说，我们能有现在的表现主要受惠于两方面：我们旗下的公司所创造出的实质价值增长；以及由于市场对于这些公司的股价，相较于一般企业所做合理的修正所带来的额外红利。在未来我们有信心仍然可以享受公司所创造出来的价值，但是对于先前补涨的利益则因为大都已实现，这意味着我们将来只能靠前者来受惠。

但现在我们觉得一动不如一静，虽然这样的投资报酬看起来可能会少一点，其中的理由很简单，我们已经找到相当难得的商业合作关系，并珍惜我们彼此间所发展出来的情感。作这种决定对我们来说一点都不困难，因为我们相信这样的关系一定会让我们有一个满意的投资成果，虽然它可能不是最佳的。因此，我们觉得实在没有意义要舍弃原来我们熟悉欣赏的人，而把时间浪费在我们不认识且人格水准低下的人身上，那不等于一个有钱人竟然还为了金钱而结婚，这未免有些精神错乱。

——1989年巴菲特致股东的信

企业商誉比有形资产更"值钱"

如今，我们的内含价值早已大幅超越账面价值，主要的原因有两点：

（1）标准会计原则要求我们保险子公司所持有的股票以市价记录于账面上，但其他公司部分却以成本与市价孰低法计算。到1983年底为止，后者的市价超过账面价值有税前7000万美金或税后5000万美金之多，超过的部分属于内含价值的一部分，但不包含在计算账面价值之内。

（2）更重要的是，我们所拥有的几家企业具有庞大的经济商誉（事实上是包含在内含价值之内的），且远大于记载在账上的商誉。

商誉不管是经济上或是会计上的，是一项神秘的课题，实在需要比现在所报告还要更多的时间解释。虽然不用了解商誉及其摊销，你一样可以过得很好，但对于研究投资的学生或经理人也好，却有必要了解其间些微的不同。我现在的想法，与35年前课堂所教要重视实质的资产并规避那些主要倚靠经济商誉的公司的做法，已有明显的转变，当初的偏见虽然使我投入较少，但也犯了许多投资上的疏忽。

凯恩斯发现问题所在，困难的地方不在于要有新观念，而是如何摆脱旧有的窠臼。我的反应比较慢，一方面是由于教我的老师一直以来皆让我受益良多，但从商的经历，直接或间接地让我对拥有商誉而仅须运用少量实质资产的公司大有好感。查理跟我一致认为伯克希尔拥有比账面价值更高经济价值的商誉。

——1983年巴菲特致股东的信

我把内布拉斯加家具店、时思糖果店与水牛城报纸摆在一起谈，是因为我认为这几家企业的竞争优势、弱点与产业前景跟我一年前报告的一样，一点都没有改变。简短的叙述不代表它们占我们公司的重要性有丝毫的减损。1985年合计税前净利为7200万美元，在15年前还未买下它们之前，此数字为800万美元，从800万美元到7200万美元，看起来好像很惊人（事实上也是），但你千万不要以为本来就是这样。

首先你必须确定基期没有被低估，还要考虑所投入的资金，以及增加盈余所需再投入的资金。关于这几点，这三家公司完全经得起考验：第一，15年前它们相对于其所耗用的资本，所产生的盈余颇为可观；第二，虽然每年增加了6000多万盈余，其额外投入的资本也不过只有4000万美金而已。公司运用少数额外资金便能大幅提高获利能力的原因，在于高通胀时代品牌商誉所能发挥的魔力。这些公司的特性使我们可以将他们所赚到的盈余用在别的用途之上，然而一般的美国企业就不是这么一回事，想要大幅提高获利相对地往往也要再投入大量的资金，平均要每投入5块钱每年才能增加1块钱的获利，等于要额外投入3亿美元，才能达到我们这三家公司的获利水准。

——1985年巴菲特致股东的信

对于强制规定摊销的会计原则，通常导致与现实严重不符，从而引发相当麻烦的问题。因为大部分的会计原则虽然无法准确地反映出实际状况，但最起码差异不大。举个例子来说，折旧费用的提列，虽然无法完全地反映出实体资产价值减损的真实情况，但这种做法至少与现实发展的方向相一致。实体资产本来就必然会逐渐减损；同样的存货提列跌价损失、应收账款提列呆账费用，以及保固责任提列准备，都是反映潜在成本的合理做法。虽然这些费用成本难以准确地计算出来，但确实也有加以估计的必要。

相对地，经济商誉在许多情况下，并不会减损或消失。事实上在大部分的案例中，商誉不但不减反而会随着时间的累积而增加。在某些特质上，经济商誉反而类似土地，两者的价值都会上下波动，但何时会增加，何时又会减少却不一定。以时思糖果的例子来说，在过去的78年来，其品牌价值以不规则但飞快的速度成长，只要我们经营得当，其品牌价值增长的态势很有可能再继续维持78年。

——1999年巴菲特致股东的信

寻找产业的超级明星

我们还是持续地在寻找大型的企业，那种令人容易了解、具有持续性且让人垂涎三尺的事业，并且由有能力及才干并以股东利益为优先的经营阶层，虽然这些要求的重点并不一定保证结果就一定令人满意。当然，我们一定要以合理的价格投资，并且确保我们的被投资公司绩效表现与我们当初所评估的一致，这样的投资方法——寻找产业的超级明星，是我们唯一能够成功的机会。查理跟我的天资实在是有限，以我们目前操作的资金规模，实在是无法靠着买卖一些平凡普通的企业来赚取足够的利益。当然，我们也不认为其他人就有办法这种小蜜蜂飞到西、飞到东的方法成功。事实上，我们认为，将这些短线进出如此频繁的法人机构称为投资人，就好像是把一个每天寻找一夜情的花花公子称为浪漫情人一样。

今天假设我的投资天地仅限于比如说奥马哈地区的私人企业，那么，首先我们仔细地评估每家企业长期的竞争力；其次我会再评估经营者的特质；之后再以合理的价格买进一小部分的股权。既然我不可能雨露均沾地去买镇上所有公司的股权，那么为什么伯克希尔在面对全美一大堆上市大公司时，就要采取不同的态度？因为要找到好的事业并加上好的经理人是如此地困难；那么为什么我们要抛弃那些已经被证明过的投资对象呢（通常我喜欢把它们称为狠角色）？我们的座右铭是：如果你第一次就成功了，那就不要费力再去试别的了。

著名经济学家凯恩斯，他的投资绩效跟他的理论思想一样杰出。在1934年8月15日，他曾经写了一封信给生意伙伴斯科特，上面写道："随着时光的流逝，我越来越相信正确的投资方式，是将大部分的资金投入在自己认为了解且相信的事业之上，而不是将资金分散到自己不懂且没有特别信心的一大堆公司，每个人的知识与经验一定有其限度，就我本身而言，很难同时有两三家以上的公司可以让我感到完全的放心。"

——1991年巴菲特致股东的信

当弗兰·布朗金在帮助弗里德曼家族创造波仙珠宝店的纪录时，她的先生路易和儿子埃文与罗恩，同时也在内布拉斯加家具店创造纪录。1990年单店的营业额1.59亿美元，较前一年度增加4%。虽然没有精确的统计数字，但我们相信内布拉斯加家具店的销售量最少是全美其他同业的两倍以上。

内布拉斯加家具店成功的方程式与波仙十分相近。首先经营成本实在是够低，1990年相比于全美最大家具零售商列维茨的40%与家用电器折扣量贩店电路城的25%，内布拉斯加家具店竟只有15%；第二也由于成本低，所以内布拉斯加家具店的产品定价就可以比竞争同业低许多，事实上许多通路商也很清楚这一点，所以他们唯一的做法就是尽量远离奥马哈地区；第三便宜的价格导致销量大好，从而可以让我们备有更多在别处所看不到的种类齐全的产品。

有关内布拉斯加家具店的商品魔力可以从最近得梅因地区的消费者行为调查报告中看出端倪。内布拉斯加家具店在该地区所有的20家家具零售商当中排名第三，这信息乍听之下或许没什么了不得，但你可知道，其他19家都位于得梅因，除了内布拉斯加家具店离该地区足足有130英里远。这距离代表当地的居民虽然在附近有更多的选择，却还是情愿大老远开车走相当远，从华盛顿到费城的距离，只为了买我们的产品。事实上，内布拉斯加家具店就像波仙一样，急速地扩张其版图范围，靠的不是传统的展店模式，而是利用价格与种类散发出强烈的磁场，吸引客户远道而来。

去年在家具店发生了一件重大的历史事件，使我经历了一次自我反省。经常阅读我们年报的读者应该都知道，长久以来我对于企业主管动不动就强调的企业综效嗤之以鼻，认为这不过是经营阶层对于愚蠢购并案所作的推托之词。不过现在我学乖了，在伯克希尔，我们创造出第一个企业综效。内布拉斯加家具店在去年底决定在店内摆设时思的糖果车，结果所卖出的糖果甚至比加州的旗舰店还要多，这次的成功打破了所有零售业的定律，有B夫人家族在，所有不可能的事都变成家常便饭。

——1990年巴菲特致股东的信

管理层的品质必须可以信赖

凡是伯克希尔所收购的公司，都必须有值得他赞赏和信赖的管理人员。管理人员把自己看成企业的负责人，就不会忘了企业最主要的目标——增加股东持股的值。同时，他们也会为了进一步达到这个目标，作出理性的决定。对于企业而言，糟糕的运作加上混乱的管理，结果常常是一笔糊涂账。和一个道德品质败坏的人，无法完成一桩好交易。误导他人的主管，最后也将误导自己。一旦盲从法人机构开始发酵，理性通常会大打折扣。

——巴菲特投资语录

由于有时巨额的股票交易可能必须要溢价，有些人可能认为这样的限制可能会损及伯克希尔股东的权益。不过我们的看法正好完全相反，身为公司的所有权人，我们认定这些企业的长期经济利益将因为这些限制而更加巩固，因为如此一来专业经理人便能全心全意地为公司打拼，进而为全体股东创造最大的利益。很显然，这比让一些经理人整天为了换不同的老板而分心（当然有些经理人会把自己的利益摆在公司的利益之前，所以我们在投资时会尽量避开这类的经营阶层）。

今天企业的不稳定性是股权分散的必然结果，一家公司随时都会有大股东浮上台面，满口仁义道德实际上却包藏祸心。我们常借由锁住自身持有的股权，来宣示对公司稳定的支持，这种安定感加上好的经营阶层与企业形态，是让企业获利丰收的沃土，这就是我们会这样安排的用意所在。

当然人性面也很重要，我们不希望我们欣赏与推崇的经理人，在欢迎我们的加入后，会担心一觉醒来，因为我们持有重要股权，所有事情一夕生变。我告诉他们绝对放心，我们一定说话算话，而且也包括伯克希尔公司的承诺，万一我个人发生了什么不幸（意思是指我本人活不到一百岁就挂了）。

当然我们投资资本城的这次交易并未占到什么便宜，这反映出近年来媒体事业的蓬勃发展（当然还比不上某些购并案的疯狂），事实上也没有多少讨价还价的余地，但重点是这项投资让我们能与这杰出的人才与事业结合在一起，而且是相当庞大的规模。

至于有人可能会觉得很奇怪，为何同样一家公司，你们的董事长在五六年前以43美元的价钱卖掉，而现在却以172.5美元的高价买回。有关这个问题，容我在多花一点时间，想一个漂亮一点的答案给各位。

同一期间我们还斥资32000万美金购并了位于克里夫兰的史考特费泽，下一个段落我将会说明伯克希尔购并公司的一些标准，史考特费泽就是个典型的例子——易懂、够大、管理佳、很会赚钱。

该公司有17项事业，年营业额约7亿美金，很多都是该行的领导者，投资报酬率相当高，拥有许多知名品牌，如柯比家护系统、空气压缩机、瓦斯炉等。另外著名的世界百科全书约占该公司销售额的4成，是主要的营业项目之一，其销售量比起其他4家同业的量还多。

我和查理对世界百科全书特别感兴趣，事实上我读他们的书已有25年的历史，现在连我自己的孙子都有一套，它被所有的老师、图书馆与读者评选为最有用的百科全书，而且它的售价比起同类型的书还便宜。与这种物美价廉的产品的结合，使得我们愿意以该公司提出的价格进行投资，尽管直销业近几年来表现并不出色。

另外值得注意的是担任该公司总裁已9年的拉尔夫斯切，由于19世纪60年代的购并风潮，当他上任时，该公司共有多达31项的事业，他大刀阔斧将不合适或不赚钱的事业处置掉，他在资本分配上的功力相当杰出，我们很高兴能与他一起共事。

——1985年巴菲特致股东的信

管理层固然重要，但好的公司更重要

随着保险事业规模与盈余快速的成长，纺织业与零售业占整体事业的重要性日益下滑。然而尽管如此，联合零售商店的本罗斯纳还是不断地化腐朽为神奇。即使产业面临停滞不前的窘境，却能利用有限的资本创造出可观的盈余，且大多是现金，而非尽是增加一些应收款或存货。本现年76岁，就像是其他后进者，伊利诺国家银行82岁的吉恩阿贝格、韦斯科74岁的路易斯文森蒂一样，其功力日益深厚。

虽然我们的纺织事业仍持续不断地有现金流入，但与过去所投入的资金实在是不成正比，这并非经理人的过错，主要是产业的环境使然。在某些产业，比如说地方电视台，只要少数的有形资产就能赚取大量的盈余，而这行的资产售价也奇高，账面1块钱的东西可以喊价到10块钱，这反映出其惊人获利能力的身价。虽然价格有点吓人，但那样的产业路子可能反而比较好走。

当然我们也不是没有试过其他方法，在纺织业就曾经过数度挣扎。各位的董事长，也就是本人，在数年前曾买下位于曼彻斯特的沃贝克纺织厂，以扩大我们在纺织业的投资。虽然买进的价格相当划算，也取得一些物美价廉的机器设备与不动产，几乎可以说是半买半送的，但即使我们再怎么努力，整个决策事后证明依然是个错误。因为就算我们再努力，旧的问题好不容易才解决，新的状况又冒出来。

最后在经过多次惨痛的教训之后，我们得到的结论是，所谓有"转机"的公司，最后鲜少有成功的案例，所以与其把时间与精力花在购买廉价的烂公司上，还不如以合理的价格投资一些体质好的企业。沃贝克虽然是个错误，但所幸并未酿成灾难，部分的产业仍对位于纽贝德福德的室内装饰品生产线（这是我们最强的业务）有所助益，而我们也相信曼彻斯特在大幅缩减营运规模之后，仍将有获利的空间，只是我们原先的理论被证明不可行。

——1979年巴菲特致股东的信

我们实在看不出买下并控制一家企业，或是购买部分股权，有什么基本上的差异。每次我们都试着买进一些长期看好的公司，我们的目标是以合理的价格买到绩优的企业，而不是以便宜的价格买进平庸的公司，查理跟我发现买到货真价实的东西才是我们真正应该做的。

在进行取得控制权或是部分股权投资时，我们不但试着去找一家好公司，同时最好是能够由品格才能兼具，且为我们喜爱的管理者经营。如果是看错了人，在具有控制权的情况下，我们还有机会发挥影响力来改变。事实上这种优势有点不太实际，因为更换管理阶层，就像是结束婚姻关系一样，过程是相当地费时痛苦且要看运气。不论如何，我们三家永恒的股权投资在这点是不太可能发生的。

——1987年巴菲特致股东的信

我喜欢的公司应该是一个即使没人管理，也能赚钱的公司。这是我梦寐以求的公司。

——巴菲特《奥马哈世界前锋报》1994年1月2日

我们的结论是，只有在极少数例外情况下，声名显赫的管理层能使一家因经济基础差而闻名的公司起死回生——他们很难改变公司的现状。

——《巴菲特天堂般的工作：我不必与不喜欢的人一起工作》，《福布斯》1993年10月18日

影响长期绩效的因素

我们的终极目标是，希望能让公司每年以15%的稳定速度来增加每股的实质价值。当然，公司的账面价值虽然保守了点，但却是相当有用的替代性指针，不过这样的目标很难以平稳的态势达成。这在伯克希尔尤其困难，因为会计原则规定，我们旗下保险事业所持有，占伯克希尔相当大部分的股票投资必须以市价列示。自从1979年以来，一般

· 312 ·

公认会计原则就要求它们以市价方式，而非原先的成本与市价孰低法列在公司账上（当然要扣除未实现资本利得估计应支付的税赋），股票价格如同水车滚轮般上上下下，也使得我们每年结算的成绩变化很大，尤其是在与一般公司产业比较时更为明显。

为了解释我们净值变化的程度，以及股票市场波动对于公司账面盈余短期的影响，从今年起，我们决定在年报的首页放置每年公司净值变化以及与标准普尔500指数（含现金股利）之间的比较。

大家在评估这份资料时，至少必须要注意三个重点：

第一，我们旗下许多事业每年的获利并不受股市波动的影响，而这些企业对我们绝对或相对的影响每年也都不一样。就早期而言，由于我们在纺织事业的报酬占我们净值相当大的部分，所以要是在这方面投资不当，我们的绩效可能会远远落后于将钱摆在标准普尔500指数相关类股之上。不过到了最近，当我们逐渐利用投资组成一支由优秀经理人经营的优秀企业团队时，这些企业所带来的报酬通常远高于投资标准普尔500指数。

第二，我们投资证券所产生的收益与资本利得必须要负担相当重的税负，而标准普尔500指数却是以免税基础计算的。

第三，包含两个预测，查理和我都相当清楚，那就是未来10年内标准普尔500指数的表现将无法像过去10年那样好，而我们也相信以伯克希尔目前资本规模越来越大的趋势，将会大大影响过去我们大幅超越指数的表现。

作出第一项预测有违我们的本性，一直以来我们认为，股市预言家唯一的价值就是让算命先生看起来像那么一回事。即便是现在，查理跟我还是相信短期股市的预测是毒药，应该要把他们摆在最安全的地方，远离儿童以及那些在股市中的行为像小孩般幼稚的投资人。虽然有时股市的表现会有相当大的起伏，然而很明显股市的表现不可能永远都能超越其背后所代表的企业，这也是为何我们胆敢预测，未来10年投资人在股市所获得的报酬将很难再像过去10年那样优异的原因。我们的第二点结论，规模越来越大的资金将会拖累我们的绩效。对于这点倒是不容置疑，唯一的问题在于，我们拖着这样的重担的同时，如何还能以缓慢但是可以忍受的速度前进。

——1992年巴菲特致股东的信

我们对于长期目标的专注，并不代表我们就不注重短期结果。总的来说我们早在5~10年前就预先规划设想，而当时的举动现在才开始慢慢地回收。如果每次有信心的播种，最后的收割结果都让人失望，农夫就应该好好地检讨原因了（不然就是土地有问题，投资人必须了解，对于某些公司甚至是某些产业，根本就没有所谓的长期性策略）。

你可能会特别留心那些利用会计手法，或出售资产撑高短期盈余的经理人；你也应该要特别注意那些一再延长实现目标日程，并把长期目标一直挂在嘴上的人。（即使是爱丽丝一再听到每后明天再挤牛奶的说教，她最后还是忍不住坚持，总有一些应该要今天挤吧！）

——1992年巴菲特致股东的信

知道你寻找的是什么

挑选公司和挑选妻子有许多相似之处。你会深思熟虑地列出你希望她能拥有的一些特质，但你突然遇上某人之后陷入爱河，便和她结婚了，所有的那些特质都被抛之脑后了。

——1989年伯克希尔股东大会

我忍不住要告诉你很久以前的一个真实故事。那时我们在一个管理良好的大型银行拥有一些股票，几十年来法律都不允许认购。之后法律允许认购，我们的银行立即开始寻找可能的交易。银行经理们本来都是很有能力的银行家，这时却像没见过女孩的男孩子。

他们很快盯上了一家较小规模的银行，经营也很好，提供同样的金融服务。我们的银行以较低的价格售出，几乎接近账面价值，而且价格/收益比很低。然而，那家小银行被美国其他大型银行哄抬，其价值几乎达到账面价值的3倍。不仅如此，他们要的是股票，而不是现金。

自然，我们的同事答应了。"我们需要显示我们开始认购了，而且这只是很小的交易。"他们这么说就好像只有对股东造成很大伤害，才能成为阻止他们的理由一样。查理的反应是，"我们是否应该庆幸在草坪上撒尿的是吉娃娃，而不是圣伯纳。"

这家小银行的老板可不是傻瓜，他提出了谈判中的最后一个要求。当时他的措词可能比较含蓄，"在合并后，我将成为你的银行的大股东，这是我净资产中很大的一部分。你们必须保证，你们再也不做这么蠢的交易了。"

是的，这个合并案通过了。小银行的老板赚了钱，我们则赔了钱。大银行——现在规模更大了——经理们却活得更滋润了。

——2009年巴菲特致股东的信

让我们假设你将离开10年，在离开之前，你想进行一次投资。你了解当前的一切情况，但在你离开的这段时间，一切都有可能改变，而你却无法改变自己已经作出的投资决策。在这样的情况下，你会如何考虑呢？

我会列出一切我觉得确定的事情，例如，我知道市场将会持续增长，主导公司将成为世界范围内的主导公司，以及每股股价将有大幅度的增长。

——1994年永远的价值：沃伦·巴菲特的故事

不同于一般商业社会运作的习惯，保险公司即使在超额供给的情况下，仍能合法地调整价格以确保公司的获利。但好景不长，虽然旧有的制度仍在，但组织外的资金陆续投入市场，迫使所有的参与者，不论新旧皆被迫响应，新进者利用各种不同的行销管道毫不犹豫地使用价格作为竞争的工具，而确实他们也善用这项武器，在过程中消费者了解到保险不再是不二价的行业，而关于这点他们永远记得。

产业未来的获利性取决于现今而非过去竞争的特性。但许多经理人很难体认到这一点，不是只有将军才会战到最后一兵一卒，大部分的企业与投资分析都是后知后觉。但我们却看得很透彻，唯有一种情况才能改善保险业承保获利的状况，这和铝、铜或玉米生产业者相同，就是缩小供给与需求之间的差距。

不幸的是，不像铝、铜，保单的需求不会因市场紧俏而一下子就大幅增加，所以相对地，须从紧缩供给面来下手，而所谓的供给实际上是偏向心理面，而非实质面的。不需要关闭厂房或公司，只要业者克制一下签下保单的冲动即可。这种抑制绝不会是因为获利不佳，因为不赚钱虽然会使业者犹豫再三，但还是不愿冒着丧失市场占有率与业界地位而放弃大笔生意的风险。反而是需要自然的或金融上的大风暴，才会使业者大幅缩手，而这种情况或许明天就会发生，也或许要等上好几年。到时即使把投资收益列入考量，保险业也很难有获利的情况。当供给真正的紧缩时，大笔的业务将会捧上门给幸存的大型业者，他们有能力，也有通路能够吃下所有生意，而我们的保险子公司已准备好这一天的到来。

——1982年巴菲特致股东的信

第二节 投资与投机的区别

不熟不买，不懂不做

我之所以取得目前的成就，是因为我们关心的是寻找那些我们可以跨越的1英尺障碍，而不是去拥有什么能飞越7英尺的能力。

不同的人理解不同的行业，最重要的事情是知道你自己理解哪些行业，以及什么时候你的投资决策正好在你自己的能力圈内。

对你的能力圈来说，最重要的不是能力圈的范围大小，而是你如何能够确定能力圈的边界所在。如果你知道了能力圈的边界所在，你将比那些能力圈虽然比你大5倍却不知道边界所在的人要富有得多。

对于大多数投资者而言，重要的不是他到底知道什么，而是他们是否真正明白自己到底不知道什么。

很多事情做起来都会有利可图，但是，你必须坚持只做那些自己能力范围内的事情，我们没有任何办法击倒泰森。

投资必须是理性的，如果你不能理解它，就不要做。我只做我完全明白的事。任何情况都不会驱使我做出在能力范围以外的投资决策。一定要在自己的理解力允许的范围内投资。如果我们不能在自己有信心的范围内找到需要的，我们就不会扩大范围，我们只会等待。

我是一个非常现实的人，我知道自己能够做什么，而且我喜欢我的工作。也许成为一个职业棒球大联盟的球星非常不错，但这是不现实的。我们的工作就是专注于我们所了解的事情，这一点非常非常重要。

——巴菲特投资语录

我们不愿因为自身本就不精通的一些预估而错过买到好生意的机会。我们根本就不听或不读那些涉及宏观经济因素的预估。在通常的投资咨询会上，经济学家们会作出对宏观经济的描述，然后以此为基础展开咨询活动。在我们看来，那样做是毫无道理的。

假想格林斯潘在我一边，罗伯特·鲁宾在我另一边，即使他们都悄悄告诉我未来12

个月他们的每一步举措，我还是无动于衷的，而且这也不会对我购买公务机飞机公司或通用再保险公司，或我做的任何事情有一丝一毫的影响。

——1998年巴菲特在佛罗里达大学商学院的演讲

你只能活在现在时。你也许可以从你过去的错误中汲取教训，但最关键的还是坚持做你懂的生意。如果是一个本质上的错误，比如涉足自己能力范围之外的东西，因为其他人建议的影响等，所以在一无所知的领域做了一些交易，那倒是你应该好好学习的。你应该坚守在凭自身能力看得透的领域。

当你作出决策时，你应该看着镜子里的自己，扪心自问，"我以一股55元的价格买入100股通用汽车的股票是因为……"。你对自己所有的购买行为负责，必须时刻充满理性。如果理由不充分，你的决定只能是不买。如果仅仅是有人在鸡尾酒会上提起过，那么这个理由就远未充分。也不可能是因为一些成交量或技术指标看上去不错，或盈利等。必须确实是你想拥有那一部分生意的原因，这一直是我们尽量坚持做到的，也是格雷厄姆教给我的。

——1998年巴菲特在佛罗里达大学商学院的演讲

如果你不能马上足够了解自己所做的生意，那么即使你花上一两个月时间，情况也不见得会有多少改观。你必须对你可能了解的和不能了解的有个切身体会，你必须对你的能力范围有个准确的认知。范围的大小无关大局，重要的是那个范围内的东西。哪怕在那个范围内只有成千上万家上市公司里的30家公司，只要有那30家你就没问题。

你所要做的就是深入了解这30家公司的业务，你根本不需要去了解和学习其他的东西。早年的时候，我做了大量功课来熟悉生意上的事情。我们要走出去，采取所谓"抹黄油"的方式，去与企业的用户谈，与企业以前的雇员谈，与企业的供应商谈，去和我们能找到的每一个人谈。通过这种手段，你很快就会发现谁是业界最好的企业。

——1998年巴菲特在佛罗里达大学商学院的演讲

让财富像滚雪球般增长

在长期投资中，没有任何因素比时间更具有影响力。随着时间的延续，复利的力量将发挥巨大的作用，为投资者实现巨额的税后收益。

复利有点像从山上滚雪球，最开始时雪球很小，但是当往下滚的时间足够长，而且雪球粘得适当紧，最后雪球会很大很大。

长期持有具有竞争优势的企业的股票，将给投资者带来巨大的财富。其关键在于投资者未兑现的企业股票收益通过复利产生了巨大的长期增值。

根据不完全资料，我估算伊莎贝拉最初给哥伦布的财政资助大约为3万美元。如果不考虑发现新大陆所带来的精神上的成就感，需要指出的是，整个事件所带来的损失并不仅仅是另一个IBM。因为粗略估计，最初投资的3万美元以每年4%的复利计算，到现在（1962年）价值将达到2万亿美元。

作为必须纳税的投资人，以同样复利利率增长的连续单一投资，比连续重新循环投资能够实现远远多得多的回报。

——巴菲特投资语录

当资本报酬率平平，这种大堆头式的赚钱方式根本没什么了不起，你坐在摇椅上也能轻松达到这样的成绩。好比只要把你的钱存在银行户头里，一样可以赚到加倍的利息，没有人会对这样的成果报以掌声。但通常我们在某位资深主管的退休仪式上，歌颂他在任内将公司的盈余数字提高数倍，却一点也不会去看看，这些事实上是因为公司每年所累积盈余与复利所产生的效果。当然，如果那家公司在此期间以有限的资金赚取极高的报酬，或是只增加一点资金便创造更多的盈余，则他所得到的掌声是名副其实。但若报酬率平平或只是用更多的资金堆积出来的结果，那么就应该把掌声收回，因为只要把存在银行所赚的8%利息再继续存着，18年后你的利息收入自然加倍。

这种简单的算术问题常常被公司所忽略而损及股东的权益，因为许多公司的奖励计划随随便便就大方地犒赏公司主管。例如10年固定价格的认股权，事实上公司的盈余增加有许多只是单纯地因为盈余累积所产生的效果。有一个例子可以用来说明这期间的不合理性，假设你在银行有年利率8%定存10万美元，交由一位信托人士来保管，由他来决定你每年实际要领多少利息出来，未领出的利息则继续存在银行利滚利；再假设我们伟大的信托人将实领利息的比例定为1/4，最后让我来看看10年之后你会得到什么，10年后你的户头会有179084，此外在信托人的精心安排下，你每年所赚的利息会从8000美元增加到13515美元，实领的利息也从2000美元增加到3378美元。而最重要的是当每年你的信托人送交你的年度报告时，你会发现图表中每一项数字都是一飞冲天。

现在让我们再作进一步假设，你与信托人签订的信托合约中有一项赋予信托人10年固定价格的认股权的约定，到最后发现你的信托人会从你的口袋中大捞一笔，而且你会发现要是利息付现的比例越低，你付的就会越多。而你不要以为这跟你一点关系都没有，在现实社会中这样的情况比比皆是，这些公司主管只因公司盈余累积而非将公司资金管理得当，便大捞一票，10个月我都觉得太长，更何况是长达10年以上。

——1985年巴菲特致股东的信

纺织事业的表现远低于预估，至于伊利诺国家银行的成绩以及蓝筹印花贡献给我们的投资利益则大致如预期，另外，由菲尔利舍领导的国家产险保险业务的表现甚至比我们当初最乐观的期望还要好。

通常公司会宣称每股盈余又创下历史新高，然而由于公司的资本会随着盈余的累积扩增，所以我们并不认为这样的经营表现有什么大不了的。比如说每年股本扩充10%，或是每股盈余成长5%等，毕竟就算是静止不动的定存账户，由于复利的关系每年都可稳定地产生同样的效果。

——1977年巴菲特致股东的信

你可以这样想象一下。美国所有的上市公司被一个美国家庭所拥有，而且将永远如此。对所得分红纳税之后，这个家庭的一代接一代依靠他们拥有的公司所获得的利润，将变得更加富有。目前美国所有上市公司一年的收益约为7000亿美元，这个家庭自然还得花费掉一些钱用于生活，但这个家庭所积蓄的那部分财富将会稳定地以复利不断地累积财富。在这个大家庭里，所有的人的财富都以同样的速度持续增长，一切都十分协调。

——2005年巴菲特致股东的信

利用市场情绪，把握投资机遇

在投资市场上，情绪的力量往往比理性的力量更为强大，贪婪与恐惧往往促使股价高于或低于企业股票的内在价值。

一个投资者必须既具备良好的企业分析能力，同时又必须具备把他的思想和行为同在市场中肆虐的极易传染的情绪隔绝开来的能力，这样才有可能取得成功。在我自己与市场情绪保持隔绝的努力中，我发现将格雷厄姆的"市场先生"的故事牢记在心里非常有用。

市场是自己的仆人，而非自己的领导。事实上，聪明的投资人不但不会预测市场走势，而且还会利用这种市场的情绪化而得益。

——巴菲特投资语录

我们有必要讨论一下市场效率理论，这理论在近年来变得非常热门，尤其在19世纪70年代的学术圈被奉为圣旨，基本上它认为分析股票是没有用的，因为所有公开的信息皆已反应在其股价之上。换句话说，市场永远知道所有的事，学校教市场效率理论的教授因此做了一个推论，比喻说任何一个人射飞镖随机所选出来的股票组合可以媲美华尔街最聪明、最努力的证券分析师所选出来的投资组合。令人惊讶的是，市场效率理论不但为学术界所拥抱，更被许多投资专家与企业经理人所接受。正确地观察到市场往往是具有效率的，他们却继续下了错误的结论，市场永远都具有效率，这中间的假设差异，简直有天壤之别。

就我个人的看法，就我个人过去在格雷厄姆的纽曼公司、巴菲特合伙企业与伯克希尔公司连续63年的套利经验，说明了效率市场理论有多么地愚蠢（当然还有其他一堆证据）。当初在格雷厄姆的纽曼公司上班时，我将该公司1926年到1956年的套利成果做了一番研究，每年平均20%的投资报酬率；之后从1956年开始，我在巴菲特合伙企业与之后的伯克希尔公司，运用格雷厄姆的套利原则，虽然我并没有仔细地去算，但1956年到1988年间的投资报酬率应该也有超过20%（当然之后的投资环境比起格雷厄姆当时要好的许多，因为当时他遇到了1929~1932年的经济大萧条）。

——1988年巴菲特致股东的信

首先谈谈普通股投资，1987年股市的表现精彩连连，但最后指数却没有太大的进展，道琼斯指数整个年度只涨了2.3%。你知道这就好像是坐云霄飞车一样，"市场先生"在10月以前暴跳如雷，之后却突然收敛了下来。

市场上有所谓专业的投资人，掌管着数以亿万计的资金，就是这些人造成市场的动荡。他们不去研究企业下一步发展的方向，反而钻研其他基金经理人下一步的动向。对他们来说，股票只不过是赌博交易的筹码，就像是大富翁手里的棋子一样。

他们的做法发展到极致，便形成所谓的投资组合保险。一个在1986~1987年间广为基金经理人所接受的一种策略，这种策略只不过是像投机者停损单一样，当投资组合或是类似指数期货价格下跌时就必须处分持股。这种策略不仅如此，只要下跌到一定程度便会涌出一大堆卖单，根据一份研究报告显示：有高达600亿到900亿的股票投资，在1987年10月中面临一触即发的险境。

许多评论家在观察最近所发生的事时，归纳出一个不正确的结论，他们喜欢说由于股票市场掌握在这些投资大户手上，所以小额投资人根本一点机会也没有。这种结论实在是大大的错误，不管资金多寡，这样的市场绝对有利于任何投资者，只要他能够坚持自己的投资理念。事实上，由手握重金的基金经理人所造成的市场波动，反而使得真正的投资人有更好的机会可以去贯彻其明智的投资行动，只要他在面临股市波动时，不会因为财务或心理因素而被迫在不当的时机出脱手中持股，他就很难受到伤害。

在伯克希尔过去几年，我们在股票市场实在没有什么可以发挥的地方。在10月的那段时间，有几支股票跌到相当吸引我们的价位，不过我们没有能够在他们反弹之前买到够多的股份。在1987年年底，除了永久的持股与短期的套利之外，我们并没有新增任何主要的股票投资组合（指5000万美元以上），不过你大可以放心，一旦"市场先生"确切地会给我们机会的时候，我们一定会好好把握住的。

——1987年巴菲特致股东的信

通货膨胀是投资的最大敌人

我们的保险资金会持续地将资金投资在一些经营良好，但不具控制权且保留大部分盈余的公司之上。依照这个政策，可预期的长期的报酬率将持续地大于每年账面盈余的报酬率，而我们对此理念的坚信不疑是很容易用数字来说明的。虽然只要我们把手上的股权投资卖掉，然后转进免税的长期债券，公司每年账面盈余马上就能净增加3000万美元，但我们从来就没想过要那么去做。

很不幸，公司财务报表所记载的盈余已不再表示是股东们实际上所赚的了。假设当初你放弃享受10个汉堡以进行投资，后来公司分配的股利足够让你买2个汉堡，而最后你处分投资可换8个汉堡，你会发现事实上不管你拿到的是多少钱，你的这项投资并无所得，你可能觉得更有钱了，但不表示你能吃得更饱。高通货膨胀率等于是对资本额外课了一次税，如此一来，使得大部分的投资变得有点愚蠢。而近几年来这个基本门槛，使得整件投资报酬为正的企业投资所需的最基本报酬率，可说是日益提高。每个纳"税"人就好像是在一个向下滑的电扶梯上拼命往上跑一样，最后的结果却是愈跑愈往后退。

举例来说，假设一位投资人的年报酬率为20%（这已是一般人很难达到的成绩了），而当年度的通胀为12%，又若其不幸适用50%高所得税级距，则我们会发现该位投资人的实质报酬率可能是负的。总之，若只有外在的所得税而无隐性的通货膨胀税，则不管如何正的投资报酬，永远不会变成负的（即使所得税率高达90%），但通货膨胀却不管公司账面到底赚不赚钱，只要像最近这几年的通胀，就会使得大部分公司的实质投资报酬由正转为负，即使有些公司不必缴所得税也是一样，当然这两者是交相存在在现实社会中的。

以目前的通货膨胀率来看，相信以适用中高级距所得税率的投资人而言，将无法从投资一般美国公司获得任何实质的资本利得，即使他们把分配到的股利一再重复地投资下去也一样，因为其获利早已被隐藏的通货膨胀与直接的所得税吸收殆尽。如同去年我们所说的一样，对于这个问题我们目前无解（明年我们的回答很可能也是如此），通货膨胀对我们股权投资的报酬实在是一点帮助也没有。

编制指数是一般认为对抗通胀的一种方法，但大部分的企业资本却从未这样做。当然账面每股盈余与股利通常会渐渐增加，若公司把所赚的钱再投资下去，即使是无通胀也是一样。就像是对一个勤俭的薪水阶级，只要固定把他所赚薪水中的一半存入银行，就算是从来没有获得加薪，他每年的收入也会慢慢地增加。

理论上，企业盈余（当然不包括由额外投入的资本所产生的盈余）会稳定地随着物价指数持续增加而不必增加任何资金，包含营运资金在内，但只有极少数的公司具有此种能力，而伯克希尔并不在其中。当然本公司在盈余再投资以求增长、多元化、茁壮的企业政策，碰巧也有减轻股东外在所得税负的效果。只要你不将所持有的伯克希尔股份转做其他投资，但隐藏的通货膨胀税，却是每天你醒来就必须面对的问题。

——1980年巴菲特致股东的信

去年我们曾解释，通货膨胀是如何使我们的账面表现比经济实质要好看的多，我们对联邦准备理事会主席沃尔克先生所作的努力，使得现在所有的物价指数能温和的成长表示感谢。尽管如此，我们仍对未来的通胀趋势感到悲观，就像是童真一样，稳定的物价只能维持现状，却没有办法使其恢复原状。尽管通胀对投资来讲实在是太重要了，但我不会再折磨你们而把我们的观点复述一遍，通胀本身对大家的折磨已足够了（若谁有被虐狂倾向，可向我索取复本）。但由于通胀间断不止地使货币贬值，公司可能尽力地使你的皮夹满满，更胜于填饱你的肚子。

——1981年巴菲特致股东的信

慎重对待高科技企业

我很崇拜安迪·格鲁夫和比尔·盖茨，我也希望能通过投资于他们将这种崇拜转化为行动。但当涉及微软和英特尔股票，我们不知道10年后世界会是什么样子。我不想玩这种别人拥有优势的游戏。我可以用所有的时间思考下一年科技发展，但不会成为这个国家分析科技企业的专家，第100位、第1000位、第10000位都轮不上我。许多人都会分析科技企业，但我不行。

我们充分了解科技为整个社会所带来的便利与改变，只是没有人能预测往后10年这些科技企业会变成什么样。我常跟比尔·盖茨及安迪·格鲁夫在一起，他们也不敢保证。

显然，许多在高技术领域或新兴行业的公司，按百分比计算的成长性比注定必然如此的公司要发展得快得多。但是，我宁愿得到一个可以确定会实现的好结果，也不愿意追求一个只是有可能会实现的伟大结果。

我们应该再次说明，缺乏对科技的洞察力丝毫不会使我们感到沮丧。在许许多多的行业，查理和我并没有特别的资本分配技巧。例如，每当评估专利、制造工艺、地区前景时，我们就一筹莫展。如果说我们具备某种优势的话，那么优势应该在于我们能够认识到什么时候我们是在能力圈之内运作良好，而什么时候我们已经接近于能力圈的边界。在快速变化的产业预测一个企业的长期经济前景远远超出了我们的能力圈边界。如果其他人声称拥有高科技产业中的企业经济前景预测技巧，我们既不会嫉妒也不会模仿他们。相反，我们只是固守于我们所能理解的行业。如果我们偏离这些行业，我们一定是不小心走神了，而决不会是因为我们急躁不安而用幻想代替了理智。幸运的是，几乎可以百分之百地确定，伯克希尔公司总是会有机会在我们已经画出的能力圈内做得很好。

我可以理性地预期投资可口可乐公司的现金流量，但是谁能够准确预期10大网络公司未来25年里的现金流量呢？如果你说你不能准确预期，你就不可能知道这些网络公司的价值，那么你就是在瞎猜而不是在投资。对于网络，我们知道自己不太了解，一旦我们不能了解，我们就不会随便投资。

——巴菲特投资语录

在1989年的年报中，我曾经写过伯克希尔头25年所犯的错误，而且承诺在2015年还会再有更新的报告。但是第二阶段的头几年，让我觉得若是坚持原来的计划的话，可能让这些记录多到难以管理，因此我决定每隔一段时间会在这里丢出一点东西。所谓自首无罪，抓到双倍，希望我公开的忏悔能够免于大家继续对我的轰炸（不管是医院的死后验尸或是足球队常常用到的事后检讨，我想应该也能够适用在企业与投资人之上）。

通常我们很多重大的错误不是发生在我们已经做的部分，而是在于我们没有去做的那部分。虽然因为各位看不到这些失误，所以查理跟我可以少一点难堪，但看不到不代表我们就不必付出代价。而这些我公开承认的错误，并不是指我错过了某些革命性的新发明（就像是全录像印技术）、高科技（像是苹果计算机）或是更优秀的通路零售商（像是威名百货），我们永远不可能拥有在早期发掘这些优秀公司的能力。反而我指的是那些查理跟我可以很容易就了解，且很明显对我们有吸引力的公司，无奈在当时我们只是不断地咬着指甲犹豫不决，就是不能下定决心把他们买下来。

——1991年巴菲特致股东的信

1999年我们只做了些许的变动，如同先前我曾提到的，去年有几家我们拥有重大投资部位的被投资公司，其经营状况令人不甚满意。尽管如此，我们仍然相信这些公司拥有相当的竞争优势，可协助其继续稳定经营下去，这种可以让长期投资有不错成果的特点，是查理跟我还有点自信可以分辨得出的地方。只是有时我们也不敢百分之百保证一定没问题，这也是为什么我们从来不买高科技股票的原因，即使我们不得不承认它们所提供的产品与服务将会改变整个社会。问题是，就算是我们再想破头，也没有能力分辨出在众多的高科技公司中，到底是哪一些公司拥有长远的竞争优势。

——1999年巴菲特致股东的信

避免过度负债

当我们试图实现贸易收支平衡时，我们的财富成了施加于我们身上的诅咒。如果我们不像现在这么富裕，则商业活动会限制我们的贸易逆差。然而，由于我们富裕，我们能不断地用收益资产交换消费品。我们就像一个富有的农场主家族，每年都卖掉一部分田地，以这部分收入来维持一种无法依靠当前产出加以保障的、奢侈的生活方式，直到所有的田地都卖完。这个家族只注重享乐，而从不付出。最终，这个家族将从地主沦为佃农。

——巴菲特《如何在不损害我国经济条件下解决我国贸易混乱问题》1987年5月3日

查理跟我在进行购并时，也会尽量避开那些潜藏高额退休金负债的公司，也因此虽然伯克希尔目前拥有超过22000名的员工，但在退休金这方面的问题并不严重。不过我还是必须承认，在1982年时我曾经差点犯下大错，买下一家背有沉重退休金负债的公司，所幸后来交易因为某项我们无法控制的因素而告吹。而在1982年年报中报告这段插曲时，我曾说："如果在年报中我们要报告过去年度有何令人觉得可喜的进展，那么两大页空白的跨页插图，可能最足以代表当年度告吹的交易。"不过即便如此，我也没有预期到后来情况会如此恶化。当时另外一家买主出现买下了这家公司，结果过了没多久，公司便走上倒闭关门的命运，公司数千名的员工也发现大笔的退休金健保承诺全部化为乌有。

最近几十年来，没有一家公司的总裁会想到，有一天他必须向董事会提出这种没有上限的退休健保计划。他不需要具有专业的医学知识也知道，越来越高的预期寿命以及健保支出将会把一家公司给拖垮。但是即便如此，很多经理人还是闭着眼睛让公司通过内部自保的方式，投入这种永无止境的大坑洞，最后导致公司股东承担后果而血本无归。就健保而言，没有上限的承诺，所代表的就是没有上限的负债，这种严重的后果，甚至危及了一些美国大企业的全球竞争力。

而我相信之所以会有这种不顾后果的行为，一部分原因是由于会计原则并没有要求公司将这种潜藏的退休金负债呈现在会计账上，相反地，会计原则允许业者采取现金基础制，此举大大地低估了负债，而公司的经营阶层与签证会计师所采取的态度就是眼不见为净。讽刺的是，这些经理人还常常批评国会对于社会保险采用现金基础的思维，根本就不顾未来年度所可能产生的庞大负债。

——1992年巴菲特致股东的信

在我写这封信的同时，织机水果公司的债权人正在考虑接受我们的提案，这家公司由于负债过于沉重加上管理不当，在几年前宣布破产。而事实上，在许多年以前，我个人也曾与织机水果有过接触的经验。

1955年8月，当时我还是纽约一家投资公司——格雷厄姆—纽曼公司仅有的5位员工之一（包含3位经理加上2位秘书）。当时格雷厄姆—纽曼所掌控一家专门生产无烟煤，名叫费城碳铁的公司，该公司拥有多余的资金、可扣抵的税务亏损以及日益下滑的业务。在当时，我将个人有限资金的大部分都投资在这家公司上头，此举充分反映我对老板们（包含本·格雷厄姆、杰瑞·纽曼以及霍华·纽曼等人）投资哲学的信仰。

这样的信仰在费城碳铁决定以1500万美元从杰克·戈德法布手中买下联合内衣公司时，获得了丰厚的回报。联合公司（虽然它只是被授权生产的厂商）当时专门生产织机水果的内衣，该公司拥有500万美元的现金——其中250万美元被费城碳铁用来购并，另外每年约300万美元的税前盈余，将因费城碳铁本身亏损部位而得到免税的利益。更棒的是，在剩下的1250万美元尾款当中，有整整900万美元是开出免付利息的票据，由联合公司日后年度盈余超过100万美元时提拨半数支付（真是令人怀念的往日时光，每当想起这类的交易就让我雀跃不已）。

后来，联合公司进一步买下织机水果的商标权，同时跟着费城碳铁并入西北工业，织机水果后来累计的税前获利超过2亿美元。

约翰·荷兰是织机水果营运最辉煌时期的经营者，然而约翰却于1996年宣布退休，之后的管理当局竟大幅举债，其中部分的资金被用来购并一堆没有效益的公司，公司最后终于宣布破产。约翰后来又回来走马上任，并对营运进行大幅改造。在约翰回来之前，交货总是一团混乱、成本激增、与主要客户之间的关系日益恶化，而约翰在陆续解决这些问题之后，也开始裁减公司不当的冗员，将员工人数由40000人减为23000人。简言之，他又让织机水果回复到原来的模样，只是外在的产业环境竞争却日益激烈。

——2001年巴菲特致股东的信

优秀企业的危机是最好的投资时机

大多数人都是别人对股票感兴趣的时候才感兴趣，但没有人对股票感兴趣时，才正是你应该对股票感兴趣的时候。

越热门的股票越难赚到钱。只有在股市极度低迷，人们普遍悲观的时候，超级投资回报的投资良机才会出现。

当一些大企业暂时出现危机或股市下跌，出现有利可图的交易价格时，应该毫不犹豫买进它们的股票。

巨大的投资机会来自于优秀的企业被不寻常的环境所困，这时会导致这些企业的股票被错误地低估。……当他们需要进行手术治疗时，我们就买入。

——巴菲特投资语录

对于大市的走势，我一无所知。虽然我的偏好无足轻重，但是我希望它向下调整。市场对我的感情是无暇顾及的。这是在你学习股票时，首要了解的一点。

如果你买了100股通用汽车之后，对通用一下子充满了感情。当它降价时，你变得暴躁，怨天尤人；当它攀升时，你沾沾自喜，自以为聪明，对通用也是喜爱有加。你变得如此情绪化。但是，股票却不晓得谁买了它。股票只是一个物质存在而已，它并不在乎谁拥有了它，又花了多少钱，等等。我对市场的感情是不会有一丝回报的。我们这里靠的是一个异常冰冷的肩膀。

未来10年里，在座的每个人可能都是股票的净买家，而不是净卖家，所以每人都应该盼着更低的股价。未来10年里，你们肯定是汉堡包的大吃家，所以你盼着更便宜的汉堡包，除非你是养牛"专业户"。如果你现在还不拥有可口可乐的股票，你又希望买一些，你一定盼着可乐的股价走低。你盼着超市在周末大甩卖，而不是涨价。

纽约证交所就如同公司的超市。你知道自己要买股票，那么你盼着什么好事呢，你恨不得股价都跳水，越深越好，这样你就可以拣些便宜货了。20年以后，30年以后，当你退休开始要支取养命钱了，或者你的后代支取你的养命钱时，你也许会希望股价能高点。在格雷厄姆的《智慧的投资者》一书中的第8章，描述了对待股票市场上下波动的态度，以及第20章中讲到了安全边际效应的问题，我认为是所有描写投资的著述中最好的两篇。因为当我在19岁读到第8章时，我恍然大悟。我领悟到了上面涉及的心得。看上去它们显而易见，但我从前没有体会过。如果不是那文章里的解释，恐怕过了100年，我还在盼着股价节节高呢。

我们希望股票降价，但是我并不晓得股票市场会有如何的走势。恐怕我永远也不会。我甚至想都不去想这些事情。当股市真的走低时，我会很用心的研究我要买些什么，因为我相信到那时我可以更高效地使用手上的资金。

——1998年巴菲特在佛罗里达大学商学院的演讲

我再问各位一个问题：假设你预估未来5年内可以存一笔钱，那么你希望这期间的股票市场是涨还是跌？这时许多投资人对于这个问题的答案就可能是错的，虽然他们在未来的期间内会陆续买进股票，不过当股价涨时他们会感到高兴，股价跌时反而觉得沮丧。这种感觉不等于是当你去买汉堡吃时，看到汉堡涨价却欣喜若狂，这样的反应实在是没有什么道理。只有在短期间准备卖股票的人才应该感到高兴，准备买股票的人应该期待的是股价的下滑。

对于不准备卖股票的伯克希尔股东来说，这样的选择再明显不过了。首先就算他们将赚来的每一分钱都花掉，伯克希尔也会自动帮他们存钱，因为伯克希尔会透过将所赚得的盈余再投资其他事业与股票，所以只要我们买进这些投资标的的成本越低，他们将来间接所获得的报酬自然而然就越高。

——1997年巴菲特致股东的信

大小无所谓，关键是要懂

我们不在乎企业的大小，是巨型、大型、小型，还是微型。企业的大小无所谓。真正重要的因素是，我们对企业，对生意懂多少；是否是我们看好的人在管理它们；产品的卖价是否具有竞争力。

从我自己管理伯克希尔的经验来看，我需要将从通用再保险公司带来的750到800个亿的保费进行投资。我只能投资5桩生意，我的投资因而就只局限于那些大公司。如果我只有10万美元，我是不会在乎所投资企业的大小的，只要我懂得它们的生意就行。

在我看来，总体而言，大企业过去十年来表现非常杰出，甚至远远超过人们的预期。没人能预计到美国公司的资产收益率能接近于20%。这主要归功于特大型公司。由于较低的利息率，和高得多的资产回报率，对这些公司的评估也必然会显著的上调。如果把美国公司假想成收益率20%的债券，比起收益率13%的债券自然是好得多。这是近些年来确实发生的情况，是否会一直如此，那是另外一个问题。我个人对此表示怀疑。

除了我所管理资金多少的因素，我不会在乎企业的大小。时思糖果在我们买它时，还只是一个年收入2500万美元的生意。如果我们现在还能找到一个类似的，即使按照我们公司现在的运作规模，我也乐于买下它。（我认为）是那些令人确信的因素才真正重要。

——1998年巴菲特在佛罗里达大学商学院的演讲

早期乳品皇后的命运多舛。在19世纪70年代时，由来自明尼拿波里斯的约翰穆蒂与鲁迪卢瑟接手经营。新的经营阶层面对的是由前手遗留下来混乱的加盟合约，以及不合理的融资计划所造成岌岌可危的窘况，所幸在接下来的几年内，新经营阶层导正这种乱象，并且对外扩张新增了许多营业据点，让公司经营逐渐步入坦途。

去年夏天卢瑟先生过世，他的股份因而必须对外出售，而在这之前经由威廉布莱尔公司的总裁迪克科法特的介绍，使我得以结识约翰穆蒂与乳品皇后的总裁迈克·沙利文，且这两人让我印象相当深刻，也因此伯克希尔可以趁此机会与乳品皇后合并。我们也提出与之前购并国际飞安公司时相同的条件，提供乳品皇后股东换成现金或股票两种不同的选择，其中换成伯克希尔股份的条件略低于现金，主要是因为大家尽量选择换成现金。不过即便如此，总共也只有45%的股东决定领取现金。

在这次的交易中，查理跟我稍微发挥了一下对于产品的知识，查理他几十年来固定光顾位于明尼苏达州凯斯湖与伯米吉的乳品皇后，而我则是奥马哈地区乳品皇后的常客，我们等于是"把钱花在嘴巴上"。

——1997年巴菲特致股东的信

我们在1991年做了一件大型的购并案，那就是买下布朗鞋业，这背后有一段有趣的故事。1927年时有一位29岁的年轻商人雷赫弗南，以1万美元买下这家公司，并把它搬到马萨诸塞州，从此展开长达62年的事业（当然同时他还有其他追求的目标，90岁高龄的他现在还在加入新的高尔夫球俱乐部）。等1990年赫弗南先生宣布退休时，布朗鞋业在美国已有三座工厂，还有另外一座在加拿大，每年的税前获利约有2500万美元。

这期间赫弗南的一个女儿弗朗西斯嫁给了弗兰克·鲁尼，当时赫弗南严正地告诉他的女婿，最好断了想要参与经营布朗鞋业的念头，但这却是赫弗南先生所犯下的少数错误之一。弗兰克后来跑到另外一家鞋业梅尔维尔担任CEO，在他从1964年到1986年担任主管的期间，梅尔维尔每年的股东权益报酬高达20%，而股价更从16美元涨到960美元（经过还原后）。而在弗兰克退休多年后，赫弗南先生因为生病，才叫弗兰克回来经营布朗鞋业。

之后在1990年赫弗南先生过世，他的家人决定要把公司卖掉，所以我们的机会就来了。那时我们认识弗兰克也有好几年了，但没有好到让他认为伯克希尔是布朗鞋业合适的买主，反而他把卖公司的事交给一家投资银行来负责，可想而知投资银行绝对不会想到我们。但是就在去年春天，弗兰克跟约翰·卢米斯一起到佛罗里达打高尔夫球，约翰是我多年的好友，同时也是伯克希尔的股东，他总是随时注意有没有适合我们投资的对象。在听到布朗鞋业即将出售的消息之后，约翰告诉弗兰克说这家公司应该要投到伯克希尔的麾下，而弗兰克也从善如流马上打了通电话给我，我当下觉得我们应该可以谈得成，果然在不久之后，整个交易便确定了。

布朗（跟圣路易的布朗鞋子完全没有关系）是北美地区工作鞋与工作靴的领导品牌，同时拥有非凡的销售毛利与资产报酬。事实上鞋子产业竞争相当激烈，在全美一年10亿双的采购量中，大约有85%是从国外进口，而产业中大部分的制造工厂表现都乏善可陈，由于款式与型号繁多导致库存压力相当重，同时资金也绑在大笔的应收账款，在这样的环境下，只有像弗兰克这样优秀的经理人再加上赫弗南先生所建立这样的事业才有可能生存。

——1991年巴菲特致股东的信

只买你了解的股票和其他金融产品

当我们投资股票时，我们实际上是投资股票所代表的企业。当我们找到了喜欢的公司时，市场高低不会对我们的决策产生影响。我们一个一个地寻找公司，很少花时间考虑宏观因素。我们只考虑那些我们熟悉的企业，而且价格和管理状况要让我们满意。

凯恩斯说过，不要试图去弄清楚市场在做什么。我们需要弄清楚的是企业。由于某些原因，人们热衷于寻找价格变动中的线索，而不是价值。在这个世界上，最愚蠢的买股行为莫过于看到股价上升就按捺不住而出手。

选股的原则前面已经提到，就是你必须理性地投资。如果你不熟悉，就不要做它。我只做自己完全了解的事。以下是选股方法：第一步，在你了解的企业上画个圈，然后剔除那些价值、管理和应变能力达不到标准的企业。第二步，选定一个企业进行评估。不要随便采纳别人对企业的评估，要自己分析它。比如，你将怎样经营它？竞争对手是谁？客户是谁？走出门去并和他们交谈，分析你想投资的公司和其他公司相比，优势和弱势在哪里？如果你这样做了，你就可能比公司的管理层更了解这家企业。这一原则也适用于技术类股票。我相信比尔·盖茨也会用这些原则。他对技术的了解程度和我对可口可乐和吉列的了解程度差不多。如果有人说他能估出交易所上市的所有股票的价值，他一定高估了自己的能力。但如果你集中精力去研究某些行业，你能学会许多和估价有关的东西。最重要的不是你的能力范围有多广，而是你的能力有多强。如果你知道你的能力的界限在哪里，你就比那些能力范围比你大5倍而不清楚界限在哪里的人强多了。

——巴菲特访谈录

衍生产品很危险。它们让我们金融系统中的杠杆率和风险都增加不少；它们让投资者们难以理解和分析我们的大商业银行和投资银行；它们让房利美和房地美常年陷入巨大的虚假陈述中。房地美和房利美是如此让人困惑，以至于它们在政府中的监管机构——联邦住房企业监管办公室的100多名职员，除了监督这两家公司之外什么都不用做，即使如此还完全不得要领，彻底迷失在它们复杂的衍生产品名目中。

实际上，最近的一些事件揭示出，那些供职于主要金融机构的CEO或者前CEO们，也没有能力去管理一个拥有如此复杂和庞大的衍生产品的生意。查理和我也在这个倒霉鬼名单中。当伯克希尔在1998年收购通用再保险公司时，我们知道我们搞不定它同884个交易商达成的23218份衍生产品合约（其中很多交易商和衍生产品我们听都没听过）。因此我们决定不做这生意。尽管当我们选择退出时，我们不用承受任何压力，市场也很温和，大致完成这项任务仍用了我们5年时间，让我们蒙受了超过4亿美元的损失。离别之际，我们对这门生意的感觉正如一句乡村民谣所唱："在我了解你之前，我还更喜欢你些。"

更高的"透明度"——政治家、评论员和金融监管机构最喜欢用这个良方来避免将来出现严重问题——对衍生产品导致的问题也无能为力。我没听说有哪种报告机制能够大体不差地描述和衡量庞大复杂的衍生产品投资组合的风险。审计人员无法审计这些合约，监管机构也无法进行监管。当我读到使用这类衍生工具的公司10-K年报中"事项披露"部分时，我只知道自己最后对这些公司的投资组合状况一无所知（然后还得吃几片阿司匹林缓解头痛）。

——2008年巴菲特致股东的信

身为一位投资人，大家其实只要以合理的价格买进一些很容易了解且其盈余在未来5到10年内会大幅成长的企业的部分股权。当然一段时间下来，你会发现只有少数几家公司符合这样的标准，所以要是你真的找到这样的公司，那就一定要买进足够分量的股权。在这期间，你必须尽量避免自己受到外界诱惑而偏离这个准则，如果你不打算持有一家公司股份10年以上，那最好连10分钟你都不要拥有它，在慢慢找到这样盈余加总能持续累积的投资组合后，你就会发现其市值也会跟着稳定增加。

虽然我们很少承认，但这正是伯克希尔股东累积财富的唯一方式。我们的透视盈余在过去几年间大幅跃进，而同期间我们的股票价格也跟着大涨，要不是我们的盈余大幅增加，伯克希尔所代表的价值就不可能大幅成长。

——1996年巴菲特致股东的信

在可能的情况下进行套利

因为我的母亲今晚不在场，我可以向你承认我曾经是个套利者。我早期在格雷厄姆—纽曼公司学会套利。套利的基本形式是在一个市场上以低价买进，然后在另一个市场上以高价卖出。在一个公司宣布以高于市场价的价格购并另一家公司时，我就进行套利。我关注他们宣布了什么，它值多少，我们要付出多少，我们要参与多少时间。我们要算出这一方案被通过的可能性。考虑这些时，参与公司的名头是否响亮并不在考虑之列。

——巴菲特访谈录

对于长期管理资金，随着时间的推移，我们积累了对和证券有关的其他生意的了解。其中一个就是套利。套利，我做了45年，格拉姆做了30年。套利是必须靠近电话，我自己也必须东奔西跑地做，因为它要求我紧跟大市的脉动。现在我已经不做了，除非出现我自己看得懂，又是极大的套利机会。

我这一辈子可能做了300桩，也可能更多套利的交易。套利本身是很好的生意。长期管理资金有很多套利的头寸，它前10名的头寸可能占据了90%的资金。我对那前10名的头寸有一些了解。我虽然不了解其中所有的细节，但是我已经掌握足够多的信息。同时，交易中我们将得到可观的折扣，我们也有足够的本钱打持久战，所以我们觉得交易可以进行。我们是可能在那样的交易中赔钱的。但是，我们占据了一些有利因素，我们是在我们懂得的领域作战。

我们还有一些其他的头寸，不像长期管理资金那么大，因为像那么大规模的确实不多。那些头寸或涉及到收益曲线的关系，或跟不同时期发布的政府债券有关等。如果在证券业足够长的话，这些品种都是要接触到的。它们不是我们的核心生意，平均大概占到我们年收益的0.5%~0.75%，算是额外的一点惊喜吧。

——1998年巴菲特在佛罗里达大学商学院的演讲

或许你会发现年底我们有一大笔比阿特丽斯公司的持股，这是属于短期的套利动作，算是闲置资金暂时的去处（虽然不是百分之百安全，因为交易有时也会发生问题，导致重大的损失）。我们大多只参与已宣布的购并案，当然，若能为这些资金找到更长期可靠的去处，我们会更高兴，但现阶段却找不到任何合适的对象。

到年底为止，我们旗下保险子公司大约持有4亿美元的免税债券，其中大约有一半是华盛顿公用电力供应系统发行的债券（该公司我已于去年详尽的说明同时，也解释在事情尘埃落定之前，我们为何不愿进一步说明公司的进出动作）。就像我们投资股票时一样，到年底我们在该债券的未实现投资利益为6200万美元，1/3的原因是由于债券价格普遍上涨，其余则是投资人对于华盛顿公用电力供应系统公司一、二、三期计划有较正面的看法，我们每年从该投资所获得的免税利益大约为3000万美元。

——1985年巴菲特致股东的信

我们持续在短期套利交易上有所斩获，虽然我们从事的规模有限，每年我们限制自己只专注在几个少数已公开信息的大型交易案，我们不介入那些已被投机套利客锁定的个案。

我们从事几率套利已有好几十年的经验，到目前为止，我们的成果还算不错。虽然我们从来没有仔细算过，我相信我们在套利投资方面的税前年报酬率应该有25%左右，我确信1987年的成绩甚至比以前好得多，但必须强调的是，只要发生一两次像今年其他几个套利惨痛的经验，就可能使得整个结果猪羊变色。

今年我们新增5000万美元以上的套利案，只有斥资7600万美元投资100万股阿勒吉斯，目前的市价约为7800万美元。

我们在年底还有其他两个主要的投资组合（不在前述五个范围之内），一项是德士古公司短期债券，全都是在它破产之后才买进。要不是因为我们旗下保险公司的财务实力雄厚，我们实在不太适合去买这种已发生问题的债券。不过以这些债券在德士古公司倒闭后的低廉价格，这是目前我们可以找得到最吸引我们的投资标的。

考虑其所牵涉的诉讼案件，在最坏的情况之下，我们认为应该还是可以将投资成本回收的；若是官司可以和解收场，我们预期债券的价值将会更高。截至年底，德士古公司债券在我们账面上的成本约为1亿美元，目前的市值则约为1.2亿美元。

——1987年巴菲特致股东的信

关注非同寻常的市场环境

当一些优秀的公司被一些非同寻常的外部环境所困扰而导致其股价被错估时，巨大的投资机会来临了。

只有经过大浪的考验，你才能知道谁真的可以在毫无保护的状态下游泳。

——巴菲特投资语录

保险事业的数字，事实上并不会太复杂。当同业平均保费收入年增长率只在4%~5%徘徊，则当年承保损失一定会上升。原因不在于车祸、火灾、暴风等意外事件发生更频繁，也不是因为一般通货膨胀的关系。主要的祸首在于今天社会与司法过度膨胀，法律诉讼费用暴增。一方面是因为诉讼更频繁，一方面是由于陪审团与法官倾向扩大保险单上的保险理赔范围。若这种乱象不能加以抑止，则保险公司每年至少要有10%以上的保费收入年成长，才有办法收支打平，即使在通货膨胀相对温和的状况下也是如此。

过去3年来保费收入的大幅成长几乎可以确定，今年同业的绩效都会相当不错，事实证明也是如此。不过接下来的情况可就不太妙了，根据贝斯特的统计预估，1988年的每季的增长率将由12.9%按季逐渐下滑至11.1%、5.7%、5.6%。可以确定的是，1988年的保费增长一定会低于10%的损益平衡点，很明显的好日子已经不多了。

然而盈余数字却不会马上滑落，这个产业具有递延的现象，因为大部分的保单都是一年期，所以对于损益的影响会在往后的一年之间陆续浮现。因此打个比方，在舞会结束、酒吧关门之前，你还可以把手上的那杯喝完再走。假设往后几年没有发生什么天灾地变，我们预期1988年的同业平均综合比率将会微幅上扬，紧接下来的几年则会大幅攀升。

保险业最近受到几项不利的经济因素所困而前景黯淡，数以百计的竞争对手、进入障碍低、无法大幅差异化的产品特性，在这种类似商品型产业之中，只有营运成本低的公司，或是一些受到保护的利基产品，才有可能有长期获利成长的机会。

当产品供给短缺时，即使是商品化产业也能蓬勃发展。不过在保险业界，这种好日子早就已经过去了。资本主义最讽刺的地方就是，商品型产业大部分的经理人都痛恨商品短缺不足，但偏偏这是唯一可能让这些公司有获利的机会。当短缺出现时，经理人便会迫不及待地想要扩充产能，这无疑和将源源不断流入现金的水龙头关掉一样。这就是过去3年保险公司经理人的最佳写照，再次验证迪斯雷利的名言："我们唯一从历史得到的教训，就是我们从来无法从历史得到教训！"

——1987年巴菲特致股东的信

在投资美国航空时，我真是抓对了时点，我几乎是在航空业爆发严重的问题之前，跳进这个产业（没有人强迫我，如同在网球场上，我形容它是非受迫性失误）。美国航空问题的发生，导因在于产业本身的状况，与对皮埃蒙特购并后所产生的后遗症，这点我应该要早该预料到，因为几乎所有的航空业购并案最后的结果都是一团混乱。

在这不久之后，埃德·科洛德尼与赛思·斯科菲尔德解决了第二个难题。美国航空现在的服务受到好评，不过整个产业所面临的问题却越来越严重，自从我们开始投资之后，航空业的状况便很剧烈地恶化，尤其再加上某些业者自杀性的杀价竞争，这样的结果导致所有的航空业者都面临一项残酷的事实——在销售制式化商品的产业之中，你很难比最笨的竞争对手聪明到哪里去。

不过除非在未来几年内，航空业全面地崩溃，否则我们在美国航空的投资应该能够确保安全无虞，埃德与赛思很果断地在营运上做了一些重大的改变，来解决目前营运所面临的问题。虽然如此，我们投资现在的情况比起当初还是差了一点。

——1990年巴菲特致股东的信

核心投资策略

虽然我不拥有口香糖的公司，但是我知道10年后他们的发展会怎样。互联网是不会改变我们嚼口香糖的方式的，事实上，没什么能改变我们嚼口香糖的方式。会有很多的（口香糖）新产品不断进入试验期，一些以失败告终。这是事物发展的规律。如果你给我10个亿，让我进入口香糖的生意，打开一个缺口，我无法做到。这就是我考量一个生意的基本原则。给我10个亿，我能对竞争对手有多少打击？给我100个亿，我对全世界的可口可乐的损失会有多大？我做不到，因为，他们的生意稳如磐石。给我些钱，让我去占领其他领域，我却总能找出办法把事情做到。

所以，我要找的生意就是简单，容易理解，经济上行得通，诚实、能干的管理层。这样，我就能看清这个企业10年的大方向。如果我做不到这一点，我是不会买的。基本上来讲，我只会买那些即使纽约证交所从明天起关门5年，我也很乐于拥有的股票。如果我买个农场，即使5年内我不知道它的价格，但只要农场运转正常，我就高兴。如果我买个公寓群，只要它们能租出去，带来预计的回报，我也一样高兴。

人们买股票，根据第二天早上股票价格的涨跌，决定他们的投资是否正确，这简直是扯淡。正如格拉姆所说的，你要买的是企业的一部分生意。这是格拉姆教给我的最基本最核心的策略。你买的不是股票，你买的是一部分企业生意。企业好，你的投资就好，只要你买的价格不是太离谱。

这就是投资的精髓所在。你要买你看得懂的生意，你买了农场，是因为你懂农场的经营。就是这么简单。这都是格拉姆的理念。我六七岁就开始对股票感兴趣，在11岁的时候买了第一只股票。我沉迷于对图线、成交量等各种技术指标的研究。然后在我还是19岁的时候，幸运地拿起了格雷厄姆的书。书里说，你买的不是那整日里上下起伏的股票标记，你买的是公司的一部分生意。自从我开始这么来考虑问题后，一切都豁然开朗。就这么简单。

——1998年巴菲特在佛罗里达大学商学院的演讲

我们的投资组合持续保持集中、简单的风格，真正重要的投资概念通常可以用简单的话语来说明；我们偏爱具有持续竞争力并且由才能兼具、以股东利益为导向的经理人所经营的优良企业。只要它们确实拥有这些特质，而且我们能够以合理的价格买进，则要出错的概率可说是微乎其微（这正是我们一直不断要克服的挑战）。

投资人必须谨记，你的投资成绩并非像奥运跳水比赛的方式评分，难度高低并不重要。你正确地投资一家简单易懂而竞争力持续的公司所得到的回报，与你辛苦地分析一家变量不断、复杂难懂的公司可以说是不相上下。

对于买进股份，我们注意的只是价格而非时间。我们认为因为忧虑短期不可控制的经济或是股市变量，而放弃买进一家长期前景可合理预期的好公司是一件很愚蠢的事，为什么仅是因为短期不可知的猜测就放弃一个很明显的投资决策呢？

——1994年巴菲特致股东的信

但是如果一个生意，依赖一个超级巨星才能产生好成效，那这个生意本身不会被认为是个好生意。一家在你们地区首席脑外科医生领导下的医疗合伙公司，可能有着令人高兴的巨大且增长的收入，但是这对它的将来说明不了什么。随着外科医生的离开，合伙公司的"壁垒"也一起消失，即使你不能叫出梅奥诊所（美国最好的医院之一）CEO的名字，你也能计算出它的"壁垒"能持续多久。

我们要寻找的生意，是在稳定行业中，具有长期竞争优势的公司。如果它成长迅速，更好。即使没有成长，那样的生意也是值得的。我们只需简单地把这些生意中获得的可观收益，去购买别处类似的企业。这里没有什么规定说，钱是哪儿挣来的，你就必须花在哪儿。事实上，这样的做法通常是一个错误：真正伟大的生意，不但能从有形资产中获得巨大回报，而且在任何持续期内，不用拿出收益中的很大一部分再投资，以维持其高回报率。

——2007年巴菲特致股东的信

没有消息、小道消息和市场泡沫

让一个百万富翁破产最快的方法就是——告诉他小道消息。真相不可能出自知情人士之口，这是投机游戏的本质。听消息买股票是一种非常可怕，却非常常见的错误炒股方式。但是，在火热的牛市入市，曾经靠听消息又获得很多盈利的人可能完全没有办法接受这个忠告。尤其是长期在交易所直接交易的一些股民，几乎除了消息之外，不考虑其他方法。更为荒唐的是，即使听了消息赔钱，他们也不认为这种听消息的方法有错误，而是认为消息来源不够准确，而下一次会追求更准确的消息，而不是放弃这种错误的方法。

——巴菲特投资语录

当所有市场的参与者都沉浸在欢愉的气氛当中时，再也没有比大笔不劳而获的金钱更让人失去理性。在经历过这类经验之后，再正常的人也会像参加舞会的灰姑娘一样被冲昏了头，他们明知在舞会中多待一会（也就是继续将大笔的资金投入到投机的活动之上），南瓜马车与老鼠车夫现出原形的概率就越高，但他们还是舍不得错过这场盛大舞会的任何一分钟。所有人都打算继续待到最后一刻才离开，但问题是这场舞会中的时钟根本就没有指针！

去年我们对于这种失序的状态大加批评，这实在是太不合理了。我们赫然发现投资人的预期得到超过数倍他们可能得到的报酬，一份潘伟伯证券公司在1999年进行的调查报告显示，当投资人被问到自己预期未来10年内的年平均投资报酬有多少，答案平均是19%，这很明显的是不当的预期。对整个美国"树丛"来说，到2009年，根本就不可能藏有这么多"鸟儿"。

目前市场参与者对于一些长期而言明显不可能产生太高价值，或甚至根本就没有任何价值的公司，给予极高的市值评价，然而投资人依然被持续飙涨的股价所迷惑，不顾一切地将资金蜂拥投入到这类企业。这情形就好像病毒一样，在机构投资者与散户间广为散播，引发不合理的股价预期而与其本身应有的价值明显脱钩。

伴随着这种不切实际的景况而来的，还有一种荒唐的说法叫做"价值创造"。我们承认过去数十年来，许多新创事业确实为这个世界创造出许多价值，而且这种情况还会继续发生。但我们打死都不相信，那些终其一生不赚钱，甚至是亏钱的企业能够创造出什么价值，他们根本是摧毁价值，不管在这期间他们的市值曾经有多高都一样。

在这些案例中，真正产生的只是财富移转的效应，而且通常都是大规模的。部分可耻的不肖商人利用根本就没有半只鸟的树丛，从社会大众的口袋中骗走大笔的金钱（这其中也包含他们自己的朋友与亲人）。事实证明，泡沫市场创造出泡沫公司，这是一种赚走投资人手中的钱，而不是帮投资人赚钱的幌子。通常这些幕后推手的最终目标不是让公司赚钱，而是让公司上市挂牌，说穿了这只不过是老式连锁信骗局的现代版，而靠手续费维生的券商就成了专门送信的邮差帮凶。然而任何的泡沫都经不起针刺，当泡沫破灭，不可避免地会有一大票菜鸟学到教训：第一课，不论是什么东西，只要有人要买，华尔街那帮人都会想办法弄来卖给你；第二课，投机这玩意儿看似简单，其实暗潮汹涌。

——2000年巴菲特致股东的信

第三节　投资的前期心理准备

拒绝短线

投资股票很简单，你所需要做的，就是要以低于其内在价值的价格买入，同时确信这家企业拥有最正直和最能干的管理层。然后，你永远持有这些股票就可以了。

投资的一切秘诀在于，在适当的时机挑选好的股票之后，只要它们的情况良好就一直持有。投资明星企业不可能今天投下钱，明天就能获得利润，我们应该看远一点，3年之后，或5年、10年之后，你再回头看看当初，也许你会发现原来钱是那么轻易赚来的。如果你不愿意持有一只股票的时间长达10年，那也不要考虑持有它的时间只有10分钟。

我和查理都希望长期持有我们的股票。事实上，我们希望与我们持有的股票白头偕老。认真分析一下我们1993年与1992年持股的策略，你可能会以为我们的投资管理属于那种无可救药的昏睡风格。但是，我们认为放弃对一家既能够理解又能持续保持卓越的企业的持股常常是一件大蠢事，因为这些优秀企业非常难以替代。

树懒天生持有的懒散正代表我们的投资模式：1990年我们对于6只主要持股中的5只没有买入也没有卖出1股。唯一的例外是富国银行这家拥有超一流的管理、很高的回报率的银行企业，我们将持股比例增加到接近于10%，这是联邦储备委员会允许的最高持股比例。其中1/6是在1989年买入的，其余则是在1990年买入的。

我们长期持有的行为表明了我们的观点：股票市场是一个重新配置资源的中心，资金通过这个中心从交易活跃的投资者流向有耐心的长期投资者。

——巴菲特投资语录

大致而言，我们觉得可通过不断地沟通公司经营哲学，以吸引并维持优质的股东群，以达到自我筛选的目的。例如一场标榜为歌剧的音乐会，跟另一场以摇滚乐为号召的演唱会，铁定会吸引不同的观众群来欣赏，虽然任何人皆可自由买票进场。相同地透过不断地宣传与沟通，我们希望能够吸引到认同我们经营理念与期望的股东（同样重要的是，说服那些不认同的远离我们），我们希望那些倾向长期投资且把公司当成是自己事业一样看待的股东加入我们，大家重视的是公司的经营成果，而非短期的股价波动。

具有这项特质的投资人属于极少数，但我们却拥有不少，我相信大概有90%（甚至可能超过95%）的股东已投资伯克希尔或蓝筹股达5年以上；另外95%的股东，其持有的伯克希尔股票价值，比起其本身第二大持股超过两倍以上。在股东上千人，市值超过10亿美元的公司中，我敢保证伯克希尔的股东与经营者的想法是最能契合的，我们很难再将我们股东的素质再加以提升。

如果我们将公司的股票分割，同时采用一些注重公司股价而非企业价值的动作，我们吸引到的新进股东其素质可能要比离开的股东差得多。当伯克希尔的股价为1300元时，很少有人负担得起。对于买得起一股的人来说，将股票分割为100股对他来说并无任何影响；而那些认为有差别，且真的因为我们股票分割而买进的人，肯定会将我们现有的股东水准往下拉。人们若非基于价值而买进股票，早晚也会基于相同原因卖掉股票，他们的加入只会使公司的股价偏离价值面而做不合理的波动。所以我们尽量避免那些会招来短期投机客的举动，而采取那些会吸引长线价值型投资者的政策。就像你在布满这类型投资者的股票市场中买进伯克希尔的股票，你也可以在相同的市场中卖出，我们尽量维持这种理想的状态。

——1983年巴菲特致股东的信

假设伯克希尔只有1美金的投资，但它每年却可以有1倍的报酬；假设我们将卖掉后所得的资金，用同样的方式再重复19年，结果20年下来，依照34%的税率总共贡献给国库13000美元，而我们自己则可以拿到25250美元。看起来还不错，然而要是我们简单一点，只做一项不变的投资，但是它同样可以赚到每年1倍，则最后的金额却高达1048576美元，在扣除34%（356500美元）的所得税之后，实得约692000美元。

之所以会有如此大的差异唯一的理由就是所得税支付的时点，有趣的是政府从后面那种情况所抽的税金还比前者高，当然政府必须等到最后才能拿到这笔税金。

必须强调的是，我们并不是因为这种简单的算术就倾向采用长期投资的态度。没错，经常性的变动有可能会使我们的税后报酬高一些，事实上在几年之前，查理跟我就是这样在做的。

——1989年巴菲特致股东的信

期待市场出现步调不一

当大多数人对股票感兴趣时，人们会随大流。但我一般在没有人对股票感兴趣时，对股票产生兴趣。你不能指望通过买进热门股票获得高收益。当随波逐流的人们抛出股票时，伯克希尔买进股票。

——巴菲特投资语录

看到1988年如此丰硕的套利成果，你可能会觉得我们应该继续朝这方面加强，但事实上，我们决定采取观望的态度。

一个好的理由是因为我们决定大幅提高在长期股权方面的投资，所以目前的现金水位已经下降。常常读我们年报的人可能都知道，我们的决定不是基于短期股市的表现，反而我们注重的是个别企业的长期经济展望，我们从来没有，以后也不会对短期股市、利率或企业活动做任何的评论。

然而就算是我们现金满满，我们在1989年可能也不会从事太多的套利交易，购并市场的发展已经有点过头了，就像桃乐斯所说的："奥图，我觉得我们好像已经不是在堪萨斯市了！"

我们不太确定这种过热的现象会持续多久，包括参与热潮的政府、金主与买家的态度会如何转变，不过我们可以确定的是，当别人越没有信心参与这些活动时，我们的信心也就越高。我们不愿意参与那些反映买方与金主无可救药的乐观，通常我们认为那是无保障的，在此我们宁愿注重相信黑布施泰因的智慧——若一件事不能持久不衰，那么它终将结束。

——1988年巴菲特致股东的信

对于发行新股我们有相当严格的规定，那就是除非我们确信所收到的价值与我们付出的一致时，我们才会考虑这样做。当然同等的价值不是那么容易达到，因为我们一向自视甚高，不过那又如何，除非确定公司股东的财富也会增加，否则我们不会随便扩大规模。

大家要知道这两个目的不一定就会自然吻合。事实上在我们过去所举过的例子中，有些就是看起来有趣，但却是让价值受到减损的经验。在那次经验中，我们在一家银行有相当大的投资，而银行经理人对于扩张却有极度偏好（他们不都是如此吗）。当我们投资的银行在追求另外一家较小的银行时，对方开出的价码是以其净值与获利能力作为基础后的两倍，当时我们的经理人因为正在热头上，所以很快就答应了，这时对方又得寸进尺开出另外一项条件，他说："你必须答应我，在整个购并案完成后，我可以变成公司最大的股东，同时以后你也不能再做类似这次交易那样愚蠢的购并案。"

早年在我担任经理人时，也曾碰到几只"蟾蜍"，还好他们算是相当便宜的了，虽然我并没有那么积极，但所得到的结果与那些花高价追求"蟾蜍"的凯子经理人差不多，在亲了之后，它们还是依然"聒聒叫"。

——1992年巴菲特致股东的信

看到我们高达34.1%的超高报酬率，大家可能忍不住要高呼胜利口号，并勇往前进。不过若是考量去年股市的状况，任何一个投资人都能靠着股票的飙涨而大赚一票。面对多头的行情，大家一定要避免成为一只呱呱大叫的骄傲鸭子，以为是自己高超的泳技让他冲上了天，殊不知面对狂风巨浪；小心的鸭子反而会谨慎地看看大浪过后，其他池塘里的鸭子都到哪里去了。

那么我们这只鸭子在1997年的表现又如何呢？报表显示，虽然去年我们拼命地向前划，不过到最后我们发现，其他被动投资标准普尔500指数的鸭子的表现一点也不比我们差，所以总结我们在1997年的表现是呱呱！

——1997年巴菲特致股东的信

不要为数学绞尽脑汁

我从没发现自己要用到代数。当然你要算出企业的价值，然后把它除以它发行在外的普通股总数，这里要用到除法。如果你准备出去买一个农场、一栋住宅或一台干洗机，你有必要带帮人帮你计算吗？你做的买卖是否合算取决于那些企业的未来获利能力与你的买价相比如何？

——巴菲特访谈录

如果微积分是投资所必需的，那我只好回去派送报纸了。在这么多年的投资生涯中，我从未认为数学是必需的工具。从本质上来说，我所做的工作就是试图计算出公司的价值，为此，我不得不用发行在外的股数来相除，因此除法运算是必须要掌握的。如果你打算买一座农场或一幢公寓楼，或开一家干洗店的话，我真的认为没有必要雇用专业人士来做这些简单的代数运算。你所作的购买决策是否正确将取决于公司未来的收益能力，你要把这一因素和公司给你的报价结合起来综合考虑。

当时《巴伦周刊》上有则征稿启事，面向读者征集关于读者是如何使用他们所提供的统计资料的文章，他们将选择刊登其中的一篇，并支付5美元稿费。我写了一篇关于自己如何运用零股指标的文章，有幸得到录用，获得了5美元稿费。这5美元是我唯一通过运用统计方法赚到的钱。

——巴菲特投资语录

我所不能理解的是，这16个如此高智商的能人（已破产的长期资产管理公司的团队）怎么就会玩这样一个游戏。简直就是疯了。某种程度上，他们的决定基本上都依赖于一些事情。他们都有着所罗门兄弟公司的背景，他们说一个6或7西格玛的事件（指金融市场的波动幅度）是伤不着他们的。

他们错了，历史是不会告诉你将来某一金融事件发生的概率的。他们很大程度上依赖于数学统计，他们认为关于股票的（历史）数据揭示了股票的风险。我认为那些数据根本就不会告诉你股票的风险！我认为数据也不会揭示你破产的风险。也许他们现在也这么想了？事实上，我根本不想用他们来做例子，因为他们的经历换一种形式，很可能发生在我们中的每个人身上。我们在某些关键之处存在着盲点，因为我们懂得太多的其他地方。正像亨利古特曼所说的，破产的多是两类人：一是一窍不通者；一是学富五车者。这其实是令人悲哀的。我们是从来不借钱的，即使有保险做担保。即使是在我只有1万美元的时候，我也决不借钱。借钱能带来什么不同吗？

——1998年巴菲特在佛罗里达大学商学院的演讲

回顾1998年，我们每股的投资金额增加了9604美元，约25.2%，不过每股营业盈余却减少33.9%，主要的原因来自通用再保险公司（如先前所说，在今年以拟制的方式并入伯克希尔）。这家公司拥有相当大的投资部位，这使得我们每股的投资金额大幅增加，不过另一方面，该公司在1998年也产生承保损失，这又拖累了我们的每股营业盈余表现。事实上，要是我们没有买下通用再保险公司，我们当年的每股营业盈余可能还能维持小幅增加。

虽然某些特定的购并案与经营策略会影响到其中某一栏数字，但我们还是尽量让两栏数字能够均衡发展。不过有一点可以确定的是，我们未来的成长率将远不及过去所创造的水准，伯克希尔现在的规模实在是大到我们很难再做出任何重大的突破。若是你不这样认为，你应该去从事业务员的工作，而不是去教数学（请永远记住，世界上只有两种人，一种会算术，另一种不会算术）。

——1998年巴菲特致股东的信

情商比智商更重要

投资并非智力游戏，一个智商为160的人未必能击败智商为130的人。想要一辈子都能投资成功，并不需要天才的智商、非凡的商业眼光或内线情报。真正需要的是，有健全的知识架构供你作决策，同时要有避免让你的情绪破坏这个架构的能力。

我很理性，很多人比我智商更高，很多人也比我工作时间更长，更努力，但我做事更加理性。你必须能够控制自己，不要让情感左右你的理智。

关键是要有一种"金钱头脑"，这并非智商，并且你还得有恰当的性格。如果你不能控制你自己，你迟早会大祸临头……20世纪90年代末期对于投资人来说整个世界一片疯狂。怎么会发生这样的事呢？人们从中汲取教训了吗？我们能从历史中学到的是，人们总是不能从历史中学到什么。

——巴菲特投资语录

我个人认为，当前的证券分析和50年前没有什么不同。我根本没有再继续学习（正确投资）的基本原则，它们还是格雷厄姆当年讲投的那些内容。你需要的是一种正确的思维模式，其中大部分你可以从格雷厄姆所著的《聪明的投资人》学到，然后用心思考那些你真正下工夫就能充分了解的企业。如果你还具有合适的性格的话，你就会做得很好。

你必须将情绪纳入纪律之中，如果你遵从格雷厄姆所倡导的投资原则，尤其是第8章与第20章的宝贵建议，你的投资将不会出现拙劣的结果（这是一项远超过你想象范围的成就），你的投资将取决于你在投资业绩上倾注的努力与智力，以及在你的投资生涯中股票市场所展现的愚蠢程度。市场的表现越是愚蠢，善于捕捉机会的投资者胜率就越大。如果遵循格雷厄姆的话去做，你就能够从别人的愚蠢行为中赚钱，否则你自己也会干出蠢事，让别人赚钱。

——巴菲特《聪明的投资人》前言

价值投资的理念看起来似乎很简单，也很普通。它就像一个愚蠢的人去上学，却获得了经济学的博士学位。它还有一点像在神学院读了8年书，不断有人告诉你十诫就是你人生的全部。

在商学院演讲时，我总是说如果当他们（学生）离开学校时，每个人都拿到一张可以打20个孔的票，每一次当他们作出投资决策时，就用掉一个孔。如果你总是试图把它们留给最好的投资决策，你永远不会用完全部的20个孔。如果他们能慎重对待投资的话，他们应该能做得更好。

我们不会雇佣任何人来完成收购，我们不需要和顾问、投资银行、商业银行等讨论贵公司。您只需要和我以及伯克希尔的副主席查理芒格打交道。

——1992年伯克希尔股东大会

尽管1981年我们并没有成功的个案，但我们预计未来仍能买到100%符合我们标准的公司。此外，我们也期望能有像后面报告所述平克顿这样，投资大量无投票权的股权的例子。在身为次要的大股东的我们可获得可观的经济利益的同时，亦能帮助公司原有的经营阶层实现其长期的目标。

我们也发现，很容易从市场买到一些由有能力且正直的人经营的公司的部分股权，而事实上，我们也从未打算自己去经营这些公司，但我们的确想要从这些公司上获利。而我们也预期这些公司的未分配盈余，将会百分之百回报给伯克希尔及其股东，若最后没有，可能是出了以下几种差错：我们所指派的经营阶层有问题；公司的前景有问题；我们付的价格有问题。而事实上，我们不论在买进具控制权或不具控制权的股权时，皆曾犯了许多错误，其中以第二类误判的情况最常见，当然要翻开我们投资的历史才能找到类似的案例（可能至少要回溯至少两三个月以上吧……）。例如去年你们的董事长便看好铝业发展的前景，只是到后来陆续经过些微的调整，最后的结论却是180度的转弯。

然而基于个人与客观的原因，通常我们改正在对不具控制权的股权投资的错误，要比对具控制权的来得容易许多，这时候缺少控制权，反而成为一种优点。而就像去年我曾提到的，我们在不具控制权的股权投资，已经大到其依投资比例应分得之未分配盈余甚至超越公司整体的账面盈余，且我们预期这种情况将会持续下去。

——1981年巴菲特致股东的信

不要把简单的事情复杂化

真正的投资策略就像生活常识一样非常简单，简单得不能再简单。商学院重视复杂的程式而忽视简单的过程，但是，简单的过程却更有效。要想成功地进行投资，你不需要懂得什么有效市场、现代投资组合理论、期权定价或是新兴市场。事实上，大家最好对这些东西一无所知。

你应该选择一些连笨蛋都会经营的企业，因为总有一天这些企业会落入笨蛋手中。我喜欢简单的东西，不过看起来，人性中总是有喜欢把简单的事情复杂化的不良成分。

由于价值非常简单，所以，没有教授愿意教授它。如果你已经取得博士，而且用很多学习运用数学模型进行复杂的计算，然后你再来学习价值投资，这就好像一个牧师去神学院上学，却发现只要懂得《摩西十诫》就足够了。

我们始终在寻找那些业务清晰易懂、业绩持续优异、由能力非凡并且为股东着想的管理层来经营的大企业。这种目标企业并不能充分保证我们投资盈利：我们不仅要在合理的价格上买入，而且我们买入的企业的未来业绩还要与我们的估计相符。正是这种投资方法——寻找超级明星——给我们提供了走向真正成功的唯一机会。

我们的投资仍然是集中于很少几只股票，而且在概念上非常简单；真正伟大的投资理念常常用简单的一句话就能概括。我们喜欢一个具有持续竞争优势并且由一群既能干又全心全意为股东服务的人来管理的企业。当发现具备这些特征的企业而且我们又能以合理的价格购买时，我们几乎不可能投资失误。

——巴菲特投资语录

关于失误的有趣的一点是，在投资上，至少对我和我的合伙人而言，最大的失误不是做了什么，而是没有做什么。对于我们所知甚多的生意，当机会来到时，我们却犹豫了，而不是去做些什么。我们错过了赚取数以10亿美元计的大钱的好机会。不谈那些我们不懂的生意，只专注于那些我们懂的。我们确实错过了从微软身上赚大钱的机会，但那并没有什么特殊意义，因为我们从一开始就不懂微软的生意。

——1998年巴菲特在佛罗里达大学商学院的演讲

可口可乐与吉列近年来，也确实一点一滴地在增加他们全球市场的占有率。品牌的力量、产品的特质与配销通路的优势，使得他们拥有超强的竞争力，就像是树立起高耸的护城河来保卫其经济城堡。相对地，一般公司却要每天耗尽心思，去打没有意义的游击战，就像是彼得·林奇所说的，对于那些只会销售量贩式产品的公司来说，大家应该在其股票上加印这句警语"竞争可能有害于人类的利益"。

可口可乐与吉列的竞争力在一般产业观察家眼中实在是显而易见的，然而其股票的贝塔值却与一般平庸、完全没有竞争优势的公司相似。难道只因为这样，我们就该认为在衡量公司所面临的产业风险时,完全不须考虑他们所享有的竞争优势吗?或者就可以说,持有一家公司部分所有权——也就是股票的风险,与公司长期所面临的营运风险一点关系都没有?我们认为这些说法,包含衡量投资风险的贝塔公式在内,一点道理都没有。

学者所架构的理论根本就没有能力去分辨。销售宠物玩具或呼啦圈的玩具公司,与销售大富翁或芭比娃娃的玩具公司,所隐藏的风险有何不同?但对一般普通的投资人来说,只要他略懂得消费者行为,以及形成企业长期竞争优势或弱势的原因的话,就可以很明确地看出两者的差别。当然每个投资人都会犯错,但只要将自己集中在相对少数,容易了解的投资个案上,一个理性、知性与耐性兼具的投资人,一定能够将投资风险限定在可接受的范围之内。

当然有许多产业,连查理或是我可能都无法判断。到底我们在玩的是宠物玩具,或是芭比娃娃,甚至在花了许多年时间努力地研究这些产业之后,我们还是无法解决这个问题。有时是因为我们本身知识上的缺陷阻碍了我们对事情的了解;有时则是因为产业特性的关系,例如,对于一家随时都必须面临快速变迁技术的公司来说,我们根本就无法对其长期的竞争力作出任何的评断。人类在30年前,是否就能预知现在电视制造或计算机产业的演进,当然不能!就算是大部分钻研于这方面领域的投资人与企业经理人也没有办法,那么为什么查理跟我觉得应该要有去预测其他产业快速变迁前景的能力呢?我们宁愿挑些简单一点的,一个人坐的舒舒服服就好了,为什么还要费事去挨稻草里的针呢?

——1993年巴菲特致股东的信

模糊的正确胜过精确的错误

别人同意你的观点,并不表示你的观点就正确无误。你之所以正确,是因为你提出的事实正确以及推论正确,这样才能保证你能够正确无误。为什么聪明人总会做出损害自身利益的蠢事?我们的成功在很大程度上是因为我们能够避免犯愚蠢的错误。只要能够尽量避免犯重大的错误,投资人只需做很少几件正确的事情就足以成功了。

如果你在错误的路上,奔跑也没有用。当发现自己处在洞穴中时,你要做的第一件事就是停止挖掘。在犯下新的错误之前好好反省一下以前的那些错误倒是一个好主意。

重整旗鼓的首要步骤是停止做那些已经做错了的事。模糊的正确胜过精确的错误。现在远离麻烦,要比后来摆脱麻烦容易得多。

——巴菲特投资语录

对于在医疗保健股票上理应赚得的几十亿,我们却错过了。当克林顿政府推出医疗保健计划时,医疗保健公司获益匪浅。我们应当在那上面赚得盆满钵满的,因为我懂那里面的因果。80年代中期,我们应当在房利美上获利颇丰,因为我们也算得清个中的究竟。这些都是数以十亿计的超级错误,却不会被公认会计准则的会计法则抓个现形。

你们所看到的错误,比如几年前我买的美国航空(巴菲特在这笔交易中几乎损失了全部的投资——3.6个亿)。当我手里有很多现金的时候,我就很容易犯错误。查理让我去酒吧转转,不要总滞留在办公室里。但是我一有闲钱,又总在办公室里,我想我是够愚昧的,这种事时有发生。

总之,我买了美国航空的股票,虽然没人逼着我买。现在我有一个800的电话号码，每次我打算买航空公司的股票后，我就打这个电话。我跟他们讲我很蠢，老犯错，他们总是劝我别买，不断地和我聊，让我别挂电话，不要仓促地做任何决定。最后，我就会放弃要购买的冲动。

于是我买了美国航空的股票。看上去我们的投资要打水漂了，而且我们的投资也确实几乎全打了水漂（那笔糟糕的投资理应全军覆没的），我因为价钱非常诱人而买了那些股票，但是那绝不是个诱人的行业。我对所罗门的股票犯了同样的错误，股票本身价廉诱人没错，但那应该是杜绝涉足的行业。

你可以说那是一种犯错的模式。你中意具体交易的条件，但不感冒交易公司所处的行业。我以前犯过这样的错误，很可能将来我还会犯这样的错误。但更大的错误还是我一开始所讲的因犹豫和迟疑所致。当我只有1万美元的时候，我投资了2000美元在汽修厂，而且"肉包子打狗"，那笔机会成本高达60个亿，是个大错。当伯克希尔的股价下降时，我还能感受好些，因为那也降低了汽修厂的购买成本，以及20%的机会成本。

当你聊到从失败中汲取经验时，我笃信你最好还是从他人的失败中来学习吧，越多越好。在伯克希尔公司里，我们绝不花一点时间来缅怀过去。我和我的合伙人是40年的哥们了，从没有任何的争吵。我们在很多事情上会有不同的见解，但从没有过争吵，我们也从不回顾过去。我们总是对未来充满希冀，都认为牵绊于"如果我们那样做了……"的假设是不可理喻的，那样做不可能改变既成的事实。

你只能活在现在时。你也许可以从你过去的错误中汲取教训，但最关键的还是坚持做你懂的生意。如果是一个本质上的错误，比如涉足自己能力范围之外的东西，因为其他人建议的影响等，所以在一无所知的领域做了一些交易，那倒是你应该好好学习的。你应该坚守在凭自身能力看得透的领域。

当你作出决策时，你应该看着镜子里的自己，扪心自问："我以一股55美元的价格买入100股通用汽车的股票是因为……"你对自己所有的购买行为负责，必须时刻充满理性。如果理由不充分，你的决定只能是不买。如果仅仅是有人在鸡尾酒会上提起过，那么这个理由远未充分。也不可能是因为一些成交量或技术指标看上去不错，或盈利等。必须确实是你想拥有那一部分生意的原因，这一直是我们尽量坚持做到的，也是格雷厄姆教给我的。

——1998年巴菲特在佛罗里达大学商学院的演讲

成功的理论永不过时

就我个人的看法，投资成功不是靠晦涩难解的公式、计算机运算或是股票行情板上股票上下的跳动；相反，投资人要能成功，唯有凭借着优异的商业判断，同时避免自己的想法、行为，受到容易煽动人心的市场情绪所影响。以我个人的经验来说，要能够免除市场诱惑，最好的方法就是将葛拉汉的"市场先生"理论铭记在心。

追随格雷厄姆的教诲，查理跟我着眼的是投资组合本身的经营成果，以此来判断投资是否成功，而不是他们每天或是每年的股价变化。短期间，市场或许会忽略一家经营成功的企业，但最后这些公司终将会获得市场的肯定，就像格雷厄姆所说的："短期而言，股票市场是一个投票机，但长期来说，它却是一个称重机。"一家成功的公司是否很快地就被发现并不是重点，重要的是，只要这家公司的内在价值能够以稳定地速度成长才是关键。事实上，越晚被发现有时好处更多，因为我们就有更多的机会以便宜的价格买进它的股份。

当然有时市场也会高估一家企业的价值，在这种情况下，我们会考虑把股份出售；另外有时虽然公司股价合理或甚至略微低估，但若是我们发现有更被低估的投资标的，或是我们觉得比较熟悉了解的公司时，我们也会考虑出售股份。

——1987年巴菲特致股东的信

通过我个人最喜爱的漫画短片——李尔·阿布纳，我有机会可以体会到延迟支付所得税的好处，虽然当时我没有好好地利用那次机会。为了让他的读者觉得自己很优越，李尔·阿布纳一直快乐地维持单身，直到他为纽约一位女演员阿帕西娜塔深深地着迷。但由于她只对百万富翁有兴趣，因此一贫如洗的阿布纳可以说是一点希望都没有。在遭到拒绝之后，阿布纳跑去智慧老人摩斯那里请他指点迷津，结果这位圣贤对阿布纳说，很简单你只要能够将身上仅有的1美元复制20次，阿帕西娜塔自然就会投入到你的怀抱（1，2，4，8，……1048576）。

我记得这段漫画的最后一段是：阿布纳跑到一家旅馆，将他仅有的一块钱投入吃角子老虎中，结果竟然中了七星，一时之间奖金掉满地，没想到他老兄一丝不苟遵照摩斯老人的旨意，只捡起了其中的两块钱之后，就出发去寻找下一次复制的机会。

看到这里，我便舍弃了阿布纳，并开始研读格雷厄姆的理论。

很显然，摩斯不配当他人的精神导师，除了低估阿布纳对于他的指示过于盲从的程度，他也忘了考虑到可能的税负。假设今天阿布纳也像伯克希尔一样，必须负担高达35%的联邦所得税的话，而且他每年只能成功地复制1次的话，就算连续20年都如他所愿，他也只能累积到22370美元。当然，若是他能持之以恒地保持这样的记录的话，他则还须多等上7年半，才能累积到所需的100万美元以赢得阿帕西娜塔的芳心。

然而要是阿布纳只将资金放在单一不变的投资之上，同时连续27年半都能保持每年倍数成长的记录的话，这样到最后，他在税前可以累积高达2亿美元的获利。或是在扣除7000万美元的所得税之后，得到税后1亿3000万美元的利益，届时可能会换做是阿帕西娜塔爬着来求他了。当然等到27年后，一个坐拥1亿多美元的富翁会怎么看待年华老去的阿帕西娜塔，则又是另外一回事了。

——1993年巴菲特致股东的信

记得1979年的夏天，在当时的股票市场当中，便宜的股票唾手可得，为此我特地在富比士写了一篇文章，名为"在股票市场中，想让大家有乐观的共识是要付出相当大的代价的"。当时市场弥漫着怀疑与悲观的情绪，不过当时我力排众议，认为对于这种现象投资人应该要感到高兴，因为悲观的情绪使得许多公司的股价跌到相当吸引人的价位。不过现在看来我们似乎已经快要达到乐观的共识了，当然这不代表现在就不能买股票。近年来美国企业的获利大增，搭配现在的利率水准，企业赚取的每一块盈余比起过去来说要珍贵的许多，虽然以现在的股票价位，已经严重地脱离了格雷厄姆一再强调的安全边际，这是智慧型投资哲学的基石。

——1997年巴菲特致股东的信

相信直觉，独立思考与判断

一个人的直觉往往是非常准确的，对于股票投资来说，这一点特别重要。直觉是自己对即将购买的股票和企业的第一感觉。这种感觉是建立在对企业的充分了解之上的。但是，这种感觉是很容易受到所谓的股市行情的干扰，特别是对于那些对股票投资不熟悉的投资者，往往受到这种干扰的影响，改变原本是正确的投资决定，使得结果适得其反。

要充分相信自己的直觉。我对自己的直觉特别有信心，几乎所有的投资决定都是来自于我的直觉，这一点儿也不夸张。

你必须学会自己思考。令我惊讶的是高智商的人总是倾向于盲目地听从别人的意见，而我从未从和别人的交谈中获得好的投资想法。如果联邦储备委员会的前主席艾伦·格林斯潘私底下对我说未来两年里他的货币政策将会是怎样的，即便如此，也不会改变我所要做的事情。

——巴菲特投资语录

事实上，在伯克希尔选择购并或是投资一家公司，头一年不赚钱没有关系，只要以后每年能够有20%的股东权益报酬率。尽管如此，加州大地震使得投资人害怕新英格兰地区也会有同样的危险，导致韦尔斯法戈在1990年几个月间大跌50%以上。虽然在股价下跌前我们已买进一些股份，但股价下跌使我们可以开心地用更低的价格捡到更多的股份。

以长期投资作为终生目标的投资人，对于股市波动也应该采取同样的态度。千万不要因为股市涨就欣喜若狂，股市跌就如丧考妣。奇怪的是，他们对于食物的价格就一点都不会搞错，很清楚知道自己每天一定会买食物，当食物价格下跌时，他们会高兴得很（要烦恼的应该是卖食物的人）。同样在水牛城报纸，我们期望印刷成本能够降低，虽然这代表我们必须将账列的新闻印刷存货价值向下调整。因为我们很清楚，我们必须一直买进这些产品。

同样的原则也适用在伯克希尔的投资之上，只要我还健在（若我死后，伯克希尔的董事会愿意通过我所安排的降神接受我的指示，则期间或许更长久），我们会年复一年买下企业或是企业的一部分——也就是股票，因此企业的价格下跌对我们会更有利，反之则可能会对我们不利。

股价不振最主要的原因是悲观的情绪，有时是全面性的，有时则仅限于部分产业或是公司。我们很期望能够在这种环境下做生意，不是因为我们天生喜欢悲观，而是如此可以得到便宜的价格买进更多好的公司，乐观是理性投资人最大的敌人。

当然，以上所述并不代表不受欢迎或注意的股票（企业）就是好的投资标的，反向操作有可能与群众心理一样的愚蠢，真正重要的是独立思考，而不是投票表决。不幸的是，波特兰·罗素（20世纪英国哲学家、数学家）对于人性的观察，同样地也适用于财务投资之上，"大多数的人宁死也不愿意去思考！"

——1990年巴菲特致股东的信

当我经营合伙投资公司时，我回顾了自己所有较大规模的投资和较小规模的投资，发现较大规模投资的收益总是高于较小规模的投资，发现较大规模投资的收益总是高于较小规模投资的收益。因为在做出大规模投资决策时要接受审查、经受批评、掌握相关知识，应该是非常慎重的，而我们在做出较小规模投资决策时往往会心血来潮。正如某人所说："由于我前两天晚上在舞会上听说了这只股票，就买了几百股。"事实上，人们总是倾向于认为做出小规模的投资决策通常不需要非常好的理由。

我不能同时投资于50或75只股票，那是挪亚方舟式的投资方式——你的投资以组建一座动物园而告终。我喜欢把相当数量的钱投资于少数几只股票上。

比如我是棒球教练，走在大街上，物色身高7英尺的运动苗子。如果一些年轻人走过来对我说："我身高只有五六英尺，但您应该看看我打球再下结论。"我对他们没有兴趣。

——巴菲特投资语录

投资需要有耐心

在投资中，不会出现类似于棒球比赛中打击手未挥棒却被主审判定为好球这样的好事，即主审认为你可以站在那儿一动不动，而投手恰好会把球投到正中。但在投资中，如果通用汽车合适的买进价位是47美元，而你由于对该公司了解不足，没有在这个价位买进，便错失了投资良机，没有人会判定这是一个"好球"。你唯一获得"好球"的机会就是不断地挥棒、不断地失误。

——1995年北卡罗莱纳大学《巴菲特·巴菲特谈商业》

当机会出现时，你应该有所作为。当我有很多想法时，我的人生便处于活跃期，当然我也曾经在很长的一段时间里，想法枯竭。那时，我的人生便处于休眠期。如果下周我能想出一个点子的话，我会付诸行动。如果我没有想法，那我绝不会贸然行事。

——巴菲特投资语录

在股票投资方面，我们依旧没有什么动作。查理跟我对于伯克希尔目前主要的持股部位越来越感到满意，一方面由于被投资公司的盈余逐渐增加，同时间其股价反而下滑；不过现在我们还是无意增加持股部位，虽然这些公司的前景都相当不错。但截至目前，我们还是不认为他们的股价有受到低估的可能。

我们认为，这种看法也适用于一般的股市。尽管股市连续3年下跌，相对大大增加了投资股票的吸引力，但我们还是很难找到真正能够引起我们兴趣的投资标的，这可谓是先前网络泡沫所遗留下来的后遗症。很不幸的是，狂欢之后所带来的宿醉，截至目前为止仍然尚未完全消退。

查理跟我现在对于股票退避三舍的态度，并非天生如此。事实上，我们非常喜欢投资股票，我是说如果可以以合理的价格进行的话，在我个人61年的投资生涯中，大约有50个年头以上，都有这样的机会出现，我想以后也还会有相当多类似的机会。只不过，除非是我们发现至少可以获得税前10%报酬的概率相当高时（在扣除企业所得税后，净得6.5%到7%的报酬），否则我们宁可在旁观望，虽然必须忍受短期闲置资金不到1%的税后报酬，但成功的投资本来就必须要有耐性。

所幸的是，去年我们得以将部分资金，运用在一些不错的垃圾债券及债权投资之上。至去年底，我们在这方面的累计投资金额增加了6倍，达到83亿美元之多。

——2002年巴菲特致股东的信

虽然对于现有的投资部位感到相当满意，但是我们也对于陆续进来的资金找不到理想的去路而感到忧心。目前不管是整家公司，或是单一股票的市场价格都过高，但我并不是要预言股价将会下跌，我们从来就不对股市发表任何看法，这样说的意思只是要提醒大家，未来新投入资金的预期报酬将会大大减少。

在这种情况下，我们试着学习职棒传奇明星特德·威廉姆斯的做法，在他的《打击的科学》一书中解释道，他把打击区域划分为77个框框，每个框框就相当于一个棒球的大小，只有当球进入最理想的框框时，他才挥棒打击，因为他深深知道只有这样做，他才能维持4成的超高打击率；反之要是勉强去挥击较差的框框，将会使得他的打击率骤降到二三成以下。换句话说，只有耐心等待超甜的好球，才是通往名人堂的大道；好坏球照单全收的人，迟早会面临被降到小联盟的命运。

目前迎面朝我们而来的"投"资机会大多只在好球带边缘，如果我们选择挥棒，则得到的成绩可能会不太理想。但要是我们选择放弃不打，则没有人敢跟你保证下一球会更好，或许过去那种吸引人的超低价格已不复存在。所幸我们不必像特德·威廉姆斯一样，可能因为连续3次不挥棒而遭三振出局，只是光扛着棒子站在那里，日复一日，也不是一件令人感到愉快的事。

——1997年巴菲特致股东的信

冲动是魔鬼

如果奖金很诱人但参与费用很低，则不管赢的机会多么微乎其微，人们都会有赌博倾向。这就是为什么拉斯维加斯的赌场要大肆宣传巨额累积赌注，各州的彩票抽奖要强调高额奖金。

我们并不需要更多的人在这个国家的股票市场上用衍生金融工具进行投机，也不希望有经纪商怂恿人们这么做。我们需要的是投资者和顾问，他们关注某一公司的长期前景，进行相应投资。我们需要的是有着明智承诺的投资资本，而不是发挥杠杆作用的赌注。但是在资本市场上理智的投资行为并未得到促进，而是受到了抑制。因为在相同的竞技场上，并存着活跃的赌博行为，它们和投资行为使用类似的业内语言，甚至连提供服务的雇员都是同一批人。

——1982年巴菲特致约翰·丁格尔（众议院监督调查组委会主席）的信

谈到保险业，只要业者增加点资本（有些时候由于州政府立法保障保户免于保险公司倒闭风险，甚至可能不需要增加资本），供给量能马上提高。在绝大多数的情况下（除了发生股市大崩盘或自然界的大天灾），保险业皆处于过度竞争的环境下经营。通常来说，尽管勇于尝试多变化，业者所销售的保单多属于无差异化的一般商品（许多包含大公司的经理人在内的保户，甚至不知道自己所投保的是哪一家保险公司），所以保险业在教科书当中，一般被归类为面临供给过剩，且产品一般商品化死胡同的艰困行业。

那为什么保险业即使在面临这种情况下，数十年来仍能有所获利（在1950到1970年间产业平均的综合成本率为99%，使得公司获利除投资收益外，还外加1%的承销利益）？答案在于传统的规范与行销方式。

这个世纪以来，整个产业是依照业者所掌控的近乎法定管制价格机制在运作，虽然竞价行为确实存在，但在大型保险业间却不普遍，主要的竞争是在争取经纪人方面，且多用各种与价格无关的方式去争取。而大型业者的费率主要是通过产业公会与州政府管制当局协调（或依照公司所建议）来定，讨价还价是难免的，但那是业者与政府间，而不是业者与客户间的行为。

当争论结束，公司甲的价格可能与公司乙的完全一致，而法律也禁止业者或经纪人再杀价竞争。业者与州政府协议定的价格保障业者的获利，而当资料显示现有价格不敷成本时，政府还会与业者协调共同努力改善损失的状况，故产业大部分定价的举动皆能确保公司有利可图。最重要的是，不同于一般商业社会运作的习惯，保险公司即使在超额供给的情况下，仍能合法地调整价格以确保公司的获利。但好景不长，虽然旧有的制度仍在，但组织外的资金陆续投入市场，迫使所有的参与者，不论新旧皆被迫响应。新进者利用各种不同的行销管道，且毫不犹豫地使用价格作为竞争的工具，并且确实他们也善用这项武器。

在此过程中，消费者了解到保险不再是不二价的行业，而关于这点他们永远记得。产业未来的获利性取决于现今，而非过去竞争的特性，但许多经理人很难体认到这一点。不是只有将军才会战到最后一兵一卒，大部分的企业与投资分析都是后知后觉，但我们却看得很透彻，唯有一种情况才能改善保险业承保获利的状况。

这和铝、铜或玉米生产业者相同，就是缩小供给与需求之间的差距。不幸的是，不像铝、铜，保单的需求不会因市场紧俏而一下子就大幅增加。所以相对的，须从紧缩供给面来下手。而所谓的供给，实际上是偏向心理面而非实质面的，不须要关闭厂房或公司，只要业者克制一下签下保单的冲动即可。而这种抑制绝不会是因为获利不佳，因为不赚钱虽然会使业者犹豫再三，但却不愿冒着丧失市场占有率与业界地位而放弃大笔的生意；反而是需要自然的或金融上的大风暴，才会使业者大幅缩手。

而这种情况或许明天就会发生，也或许要等上好几年。到时即使把投资收益列入考量，保险业也很难有获利的情况。当供给真正的紧缩时，大笔的业务将会捧上门给幸存的大型业者，他们有能力也有通路能够吃下所有生意，而我们的保险子公司已准备好这一天的到来。

——1982年巴菲特致股东的信

明辨好坏

1988年我们作出两项重大的决定，大笔买进房利美与可口可乐，我们打算要持有这些股票很长的一段时间。事实上，当我们发现我们持有兼具杰出企业与杰出经理人的股权时，我们最长的投资期间是永久，我们跟那些急着想要卖出表现不错的股票以实现获利，却顽固地不肯出脱那些绩效差的股份的那群人完全相反。彼得·林奇生动地将这种行为解释成砍除花朵来当做野草的肥料。

我们持有房利美的股份比例是法令规定的上限，这部分查理在后面会详加为各位说明，因为他们是属于共同储贷——我们一家非保险的子公司所投资，所以在我们的合并资产负债表当中，这些持股将以成本而非市价列示。

我们持续将投资集中在少数我们能够了解的公司之上，只有少部分是我们想要长期投入的，因为当我们好不容易找到这样的公司时，我们会想要达到一定的参与程度。我们同意梅·韦斯特的看法，好东西当然是多多益善。

——1988年巴菲特致股东的信

回顾1988年，当时我们决定以3.5亿~4亿美元，买进3000万股（经过事后的分割调整）的房利美，我们之前曾经拥有过这家公司的股份，也对其所处的产业相当了解；另外很显然的，我们也很清楚大卫·马克斯维尔，也就是房利美的总裁，有能力处理他所面临的一堆问题，同时进一步将公司建立成为一个金融巨擘。一切可说是前景看好，为此我还特地到华盛顿拜访大卫，确认他对于我们持有该公司一大部分的股权不会感到任何的不愉快。

只不过当我们开始买进不到700万股时，该公司股价就开始上涨，失望之余，我立刻停止买进（事后回想，还好我没有在买进可口可乐时犯下相同的错误）。更有甚者，我觉得区区700万股对我们来说实在是没有太大的意义，所以之后又把持有的700万股全部卖掉。

我期盼对于我这样不具职业水准的投资行为，可以给各位一个稍微合理一点的解释，不过我实在是编不出来，我倒是可以跟各位报告因为本人的这项错误，大概使得伯克希尔在1991年少赚了14亿美元。

——1991年巴菲特致股东的信

1979年我们获得了不错的经营成果，营业利益达到期初净值的18.6%，略逊于1978年的数字，当然每股盈余成长了不少（约20%）。但我们不认为应该对每股盈余过于关注，因为虽然1979年我们可运用的资金又增加了不少，但运用的绩效却反而不如前一年度。因为即便是利率固定的定存账户，只要摆着不动，将领取的利息滚入本金，每年的盈余还是能达到稳定成长的效果。一个静止不动的时钟，只要不注意，看起来也像是运行正常的时钟。

所以我们判断一家公司经营好坏的主要依据，取决于其股东权益报酬率（排除不当的财务杠杆或会计作账），而非每股盈余的成长与否。我们认为如果管理当局及证券分析师能修正其对每股盈余的关注，则股东及一般投资大众，将会对这些公司的营运情况有更深入的了解。

——1979年巴菲特致股东的信

大部分的人不管在其他行业多么学有专精，但是遇到买珠宝首饰时，就像迷失在森林里的小孩子一样，不会判断东西的品质好坏与价格高低。对这些人来说，只要记住一条，不懂珠宝没有关系，只要认识珠宝商就好。

我敢保证大家只要放心交给弗里德曼家族，一定不会让各位失望，我们购买波仙股权的方式就是最好的证明。波仙没有会计师查核报告，也没有盘点存货、验证应收账款或是做任何方式的查核，他们只是简单地告诉我们如何如何，于是双方就草拟了一页简单的合约，并由我们开出一大笔金额的支票。

随着弗里德曼家族声誉的远播，近年来波仙珠宝的生意越做越大，客户从美国各地远道而来，其中也包含我一些从东西两岸来的朋友，他们也都很感谢我能带他们去参观波仙。

波仙的营运模式并不会因为伯克希尔的加入而有所改变，所有的家族成员仍将持续在各自的岗位上奋斗，查理跟我会站在旁边默默支持。事实上，所有的成员包括高龄88岁与87岁的老先生与老太太，仍然每天到店里工作，其他人也是从早忙到晚，家族的第四代已正准备开始学习接班。

跟你所欣赏的人一起共事实在是一件很大的乐趣，弗里德曼家族的成功就像是B夫人家族的成功一样，实至名归。两个家族都坚持对客户有益的事至上，同时对他们自己也有很大的益处，这是我们最好的事业伙伴。

——1988年巴菲特致股东的信

持有一只股票的时间期限是永远

在为我们的保险事业选择有价证券投资之时，我们主要有五种选择：长期股票投资；长期固定收益债券；中期固定收益债券；短期约当现金；短期套利交易。

对于这五种类型的交易，我们没有特别的偏好，我们只是持续不断地寻找最高的税后报酬预计的数学期望值，且仅限于我们认为了解熟悉的投资。我们无意让短期的账面盈余好看，我们的目标是让长期的净值极大化。

我们永久的持股——资本城/美国广播公司、政府雇员保险汽车保险与华盛顿邮报依旧不变，同样不变的是我们对于这些管理阶层无条件的敬仰，不管是资本城/美国广播公司的汤姆·墨菲与丹·伯克、政府雇员保险汽车保险的比尔·斯奈德与劳·辛普森，还有华盛顿邮报的凯·格雷厄姆与迪克·西蒙斯，查理和我对于他们所展现的才能与品格深感敬佩。

他们的表现，就我们最近距离的观察，与许多公司的CEO截然不同，所幸我们能与后者保持适当的距离。因为有时这些CEO实在是不适任，但却总是能够坐稳其宝座，企业管理最讽刺的就是，不适任的老板要比不适任的部属更容易保住其位置。

——1988年巴菲特致股东的信

大家要特别注意的是，我们会将三项投资列为永久的投资组合，分别是资本城/美国广播公司、政府雇员保险与华盛顿邮报。即便这些股票目前的价格看起来有些高估，我们也不打算把它们卖掉，就像即使有人出再高的价格，我们也不打算卖时思糖果或水牛城报纸一样。这种态度现今看起来有点老套过时，现在当红的基金经理人所谓的企业组合，大多是为了迎合华尔街的喜好，列出适合再造的对象（奇怪的是企业再造的定义范围却只限于抛弃被锁定的企业，但却不包含其经理人与负责人本身）。憎恨罪恶却深爱犯罪者，这种理论在财富五百大企业流传得跟救世军一样普遍。

基金经理人更是肾上腺素分泌过多，他们的行为在股票交易时间大声叫嚣让不断念经的苦行僧看起来显得安静许多。事实上，机构投资人这个名词听起来，可跟超级大虾米、女性泥巴摔跤手、收费便宜的律师，同时并列为自相矛盾的修饰名词。

尽管这种对于购并案的热衷，横扫了整个美国金融界与企业界，但我们还是坚持这种至死不分离的政策，这是查理跟我唯一能够感到自在的方式。事实证明，这种方式长期下来让我们有不错的获利，也让我们的经理人与被投资公司专注于本业之上而免于分心。

——1986年巴菲特致股东的信

除了收购新的业务之外，我们继续在进行链接购并。其中一些购并规模不可小看——我们下属的地毯企业2005年投资5亿美元，进行两起购并的业务链垂直整合，这将进一步提升其毛利率。XTRA和克莱顿·和蒙斯也进行了价值提升的购并。

与其他购并方不同，伯克希尔根本没有"退出策略"，我们买入只是为了长期持有。不过我们的确有一个进入策略，在美国及国际上寻找符合我们的6个标准，且价格合理、能够提供合理回报的目标企业。如果你有合适的企业，请给我来电。就像一个充满爱情憧憬的小女生，我会在电话旁等候梦中男孩的电话。

——2005年巴菲特致股东的信

总而言之，查理和我不太在乎我们的股东们拥有公司股份的多寡，我们衷心期盼的是不论是大、小股东，都能了解我们的营运模式，与我们拥有共同的目标与长期投资理念；同时也能够明了我们所受到的限制，尤其是股本过大本身加诸于我们的负荷。

这些基金最近纷纷以这样的号召浮上台面，通常它们都是通过经纪人以高额佣金销售，所以加入的投资人必须背负相当沉重的成本。而一些不知情的投资人，可能冲着伯克希尔过去的成绩，以及查理与我本人近年来的高知名度而受骗上当，最后的结果肯定是：投资大众注定会大失所望。

——1995年巴菲特致股东的信

不要被市场环境所左右

我不关心宏观的经济形式。在投资领域，你最希望做到的应该是搞清楚那些重要的，并且是可以搞懂的东西。对那些既不重要，又难以搞懂的东西，你忘了它们就对了。你所讲的，可能是重要的，但是难以理清。了解可口可乐、里格利（美国一家营销口香糖的公司）或柯达，他们的生意是可以理得清的。当然你的研究最后是否重要还取决于公司的评估、当前的股价等因素。但是我们从未因对宏观经济的感觉来买或者不买任何一家公司。我们根本就不读那些预估利率、企业利润的文章，因为那些预估真的是无关痛痒。

1972年，我们买了时思糖果，那之后不久政府实施了价格管制，但那又怎么样呢，（如果我们因为价格管制的原因没有买）我们就错过了以2500万买下一个现如今税前利润6000万美元的生意！

我们不愿因为自身本就不精通的一些预估而错过买到好生意的机会。我们根本就不听或不读那些涉及宏观经济因素的预估。在通常的投资咨询会上，经济学家们会作出对宏观经济的描述，然后以那为基础展开咨询活动。在我们看来，那样做是毫无道理的。

假想艾伦·格林斯潘（上一任美联储主席）在我一边，罗伯特·鲁宾（克林顿时期美财长）在我另一边，即使他们都悄悄告诉我未来12个月他们的每一步举措，我都是无动于衷的，而且这也不会对我购买公务机飞机公司或通用再保险公司，或我做的任何事情有一丝一毫的影响。

——1998年巴菲特在佛罗里达大学商学院的演讲

即便是我们的被投资公司面临产业前景不佳的环境时，这种可转换特别股的投资方式，仍能确保我们可以得到稳定的收益；同时，若被投资公司表现不错时，我们又可以获得比投资一般美国企业更好的报酬。我们相信吉列在科尔曼的领导之下，一定会有不错的表现；另外，约翰与安迪即使是面临产业不佳的前景，应该也不会让我们失望。

不管在任何情况之下，我们预期这些可转换特别股，都可以让我们收回本金加上股利无虞。然而若是我们真的只能收回这些，那么这样的结果毋宁是相当令我们失望的，因为我们必须被迫牺牲流动性，这又可能让我们在往后的10年内错失更好的投资机会。在这种情况下，我们就只能获得一般特别股所能获得的利益，而后者却是我们根本就不会想要去投资的，所以唯一对伯克希尔有益处的，是我们的被投资公司本身的普通股也能有优厚的表现。

这需要靠好的经营团队再加上可以忍受的产业环境，不过我们相信伯克希尔本身对这四家公司的资金挹注，也能够对这些公司与其股东的长远利益有所帮助。这是由于他们可以确信，现在这些公司的背后有一个稳定又关心公司的大股东在默默地支持他们，在与我们被投资公司相处时，我们通常会采取支持、客观并给予分析建议的态度。我们知道这些公司的CEO对于其所处的产业都相当的清楚，但我想他们应该也会很珍惜，我们这些与产业背景完全不相关的客观人士所给他们的经验交流。

这些可转换特别股的报酬，当然比不上那些具有经济优势却还没被市场发现的好股票，或许也比不上那些我们可以买下80%以上股权的优良企业购并案。但大家要知道，后面这两种投资机会相当的稀少，实在是可遇不可求，尤其是以我们现在的资金规模，实在是很难找得到适合的投资标的。

总而言之，查理和我认为，这类的可转换特别股投资应该可以让我们获得比一般固定收益债券更好的投资利益，同时，我们也可以在这些被投资公司扮演好具建设性的少数关键角色。

——1989年巴菲特致股东的信

虽然评估股权投资的数学计算式并不难，但是即使一个经验老到、聪明过人的分析师，在估计未来年度票息时也很容易发生错误。在伯克希尔，我们试图以两种方法来解决这个问题。首先我们试着坚守在我们自认为了解的产业之上，这表示他们本身通常相当简单且稳定。如果企业很复杂而产业环境也一直在变，我们实在是没有足够的聪明才智去预测其未来的现金流量。碰巧的是，这个缺点一点也不会让我们感到困扰，就投资而言，人们应该注意的，不是他到底知道多少，而是应该注意自己到底有多少是不知道的。投资人不需要花太多时间去做对的事，只要他能够尽量避免去犯重大的错误。

——1992年巴菲特致股东的信

稳定才叫理性

1985年出售证券的收益特别高，但事实上，这不代表今年就是丰收的一年（虽然事实上的确是）。出售证券收益就好像大学生的毕业典礼一样，4年来所学的知识在一朝正式被认可，事实上在当天你可能一点长进都没有。我们可能持有一只股票长达10年之久，而在这期间其价值与股价可能以稳定的步调增长，可是在我们真正出售的那一年，其价值可能一点也没变，或甚至减少，但所有的账面利益却全反映在出售的那一年（但是如果这只股票是由我们的保险子公司持有，其市价的变动将会按期反应在账面之上）。总而言之，账列出售损益是没有什么意义的，根本无法反应我们在当年度的实际表现。

——1985年巴菲特致股东的信

我们对于长期债券的规避依旧不变，唯有当我们对于货币的长期购买力有信心时，我们才会对这类的债券有兴趣，但这种稳定却根本没办法预期。因为不管是社会或是选出来的官员，实在是有太多的优先事项是与购买力的稳定性相冲突的。所以目前我们唯一持有的长期债券就是华盛顿功用电力供应系统，其中有些属于短期，有一些则是分几年赎回的高票息。目前资产负债表上账列成本为2.47亿美元，市价约为3.52亿美元。

我们在1983年年报中曾经解释过，购买华盛顿功用电力供应系统的理由。现在很高兴跟大家报告结果完全符合我们当初的预期，在买进的时候，债券的评等被暂时取消，估计税后的投资报酬率约为17%，最近它被标准普尔评级机构评为AA等级，目前的市价大概只有比最高等级债券的投资报酬好一点。

——1988年巴菲特致股东的信

投资是有利于增进公众福利的方式

由于投资现代生产设施所获得的实际资本的巨大增加，应该有助于带来经济福利的巨大改善。如果更多的劳动力、更大的消费者需求以及政府的重大承诺未能创造并利用整个产业所拥有的昂贵的、新的资本资产的话，则其唯一的后果便是巨大的挫折。这是俄罗斯人和洛克菲勒家族都非常理解的一种关系。对于这种关系的正确理解及运用，使联邦德国和日本取得了令人瞩目的成功。非常高的资本积累率使得这两个国家在提高生活水平的速度方面远远超过了我们，即使我们仍然拥有超级大国的地位。

——1977年巴菲特《通胀如何欺骗股权投资者》

如今，当你读到有关布恩·皮肯斯、吉米·戈德史密斯及其全体员工的书时，你会发现他们一直在谈论如何为股东创造价值。事实上，他们不是在创造价值，而只是把这些价值从社会转移到股东手上。这可能是件好事，也可能是件坏事，但不管怎么说，都不是在创造价值——它不像亨利·福特发明了汽车或像雷·克洛克发现了如何比别人卖出更多汉堡包的诀窍那样真正为社会创造价值……最近几年，一些熟知游戏规则的人接二连三地对一些公司进行收购。这意味着每一位公民必须为政府所提供的所有产品和服务多支付一些钱。

——1988年巴菲特在资本城/美国广播公司管理层会议上的演讲

伯克希尔集团因2006年的盈余，支付给美国联邦政府的所得税金额约44亿美元。而美国政府上一年度的支出为2.6兆美元，即每天的花费约70亿美元。换句话说，伯克希尔可以支应所有联邦政府半天以上的所有开支，无论是社会福利、健保以至于国防相关的成本。只要约有600个像伯克希尔这样的纳税者，所有的美国人就无需缴交任何所得税给政府。

应该要加以说明的是，我们去年向美国政府申报的所有文件，页数总共为9386。而相关业务办理、州政府、外国政府的税务申报、美国证券监管单位限期完成的许多报表，以及所有与伯克希尔营运相关的各类事项，都是由世界总部的19位同仁所一手包办。

这些人员的办公场所，占地9708平方英尺，而查理·芒格所在的洛杉矶美西世界总部，则有655平方英尺。我们去年花在总部办公的所有支出，包括员工福利以及两个办公场地费用，总数为3531978美元，显见我们在开销方面的步步为营。

企业界许多重要人物对于美国政府的开销颇有微词，指责官僚体系在支出上无法将纳税人的钱视为自己的钱一样有所节制。不过，有时这些企业高层在公司的财务上也会因为钱并不由自己口袋拿出来，而展现出不同的行为模式。

——2006年巴菲特致股东的信

我们所辖的电力公司在很多领域提供垄断性服务，与客户在多方面形成共生关系，客户依赖我们为其提供一流的服务和未来的投资。发电项目的审批和建设，以及主要电力设施的转移工程浩大，所以我们必须长远考虑。如果我们希望这些公司的管理者以客户利益为重，为客户赚取更多的回报，我们就必须为未来的需求铺路。我们必须自力更生，而非寄希望于我们的管理者各自为战。

戴夫和格雷格确保我们正为此而努力。国家研究机构一致认为我们的爱荷华州西部公用事业在行业中名列前茅。同样，根据马斯帝奥公司对43家企业的排名，我们的克恩河北方天然资产位列次席。

此外，我们不但着眼未来，而且斥巨资用于环保事业。自从我们10年前收购中美能源公司以来，从未派发过红利，而是将其用于扩大再生产领域。一个明显的例子是，我们的爱荷华州西部公用事业公司在过去3年中盈利25亿美元，但同期用于风能发电的投资是30亿美元。

中美能源控股公司以社会责任为重，注重社会信誉，并因此受益。除个别情况外，我们的投资几乎都取得了较为合理的回报，进而我们可以尽量满足企业的生产需要。我们相信，我们能够从我们的投资中受益。

——2009年巴菲特致股东的信

千万不要问理发师是否需要理发

我曾参加过几十次股东会，讨论认购案。通常，一些价格高昂的投资银行给主管们提供咨询。不可避免的，银行家会向股东会详细评估被收购公司的价值，强调其价值远远比市场价值高。在长达50年的股东生涯中，我从没听到任何投资银行（或管理层），讨论公司所得到的真实价值。当交易涉及认购方股票的发行时，他们只使用市场价值，甚至在知道认购方股票被严重低估时仍然这么做。

当股票被低估时，而主管从顾问获得理性意见的方法看起来只有一种了——雇佣第二顾问，来反对提议的认购案，若交易不成交则得到酬劳。没有这个，我们得到的建议永远都是"不要问理发师你是不是该理发了"。

——2009年巴菲特致股东的信

讽刺的是，假设当买方变成卖方时，他反而能通过谈判换取相当于企业本身内含价值的代价；但当买方仅卖出公司部分股权以购并卖方，它将无法以高于市场给它的价格出售之。最后不论如何，往前冲的买方结果是以本身低估的股票换取价值合理的资产，等于是以1块钱价值的股票换到仅值5毛钱的东西。在这种情况下，以合理的价格买下不错的公司将会变成很不划算的买卖，就像是把金或银以锡的价格换到金子一样。当然，若购并者对于规模的渴望，配合上积极的行动，自然能够找到理由解释这种摧毁公司价值的发行新股行动。亲切的投资银行家会再三保证其动作的合理性（不要问理发师你是否应该理头发），通常公司经营阶层最常采用的理由有下列几项：

（1）我们现在要买下的这家公司未来潜力无穷（假定他们要换走的原有公司股份可能也是如此，而未来的远景以企业评价的角度而言，是晦暗不明的。若以2倍的东西换取1倍的东西，即使未来两者的企业价值皆倍增，此种差异将仍然存在）。

（2）我们必须成长（有人或许会问："所谓的我们是指谁？"对现有的股东而言，事实是现有的企业价值将因发行新股而遭到稀释。假若明天伯克希尔要发行新股以购并别人，伯克希尔或许将拥有原有企业加上新购并的公司，但各位股东在那些无可取代的企业，诸如时思糖果、国家保险等公司的权益将马上减少。就像你家里原有120亩的农场，结果你和拥有60亩农地的邻居合并经营而权益各半，最后虽然你实际管理的面积增加为180亩，但你实际可分得的权益将永远减少25%。那些想要牺牲老板权益以扩张个人版图的经营阶层最好考虑到政府机关去做事）。

（3）我们的股票受到低估，而在此项交易中，我们已尽量避免动用公司股份，但我们仍须给予卖方51%的股票与49%的现金，使得他们得以免税（这种论点无异承认买方应尽量少发行新股，我们认同。但若用100%的股票会损及原有股东权益，那么51%的股票也一样，卖方的期望并不是决定买方最佳利益的考量因素，若卖方坚持被购并的条件包含换掉公司CEO，那结果不知会如何）。

——1982年巴菲特致股东的信

1972年，我们买了时思糖果（一家糖果公司）。时思糖果每年以每磅1.95美元的价格，卖出1600万磅的糖果，产生400万的税前利润。我们买它花了2500万美元。我和我的合伙人觉得时思糖果有一种尚未开发出来的定价魔力，每磅1.95美元的糖果可以很容易地以2.25美元的价钱卖出去。每磅30美分的涨价，1600万磅就是额外的480万美元呀，所以2500万美元的购买价还是划算的。

我们从未雇过咨询师。我们知道在加州每个人都有一个想法。每个加州人心中对时思糖果都有一些特殊的印象，他们绝对认这个牌子的糖。在情人节，给女孩子送时思糖果的糖，她们会高兴地亲它。如果她们把糖扔在一边，爱理不理，那我们的生意就糟糕了。只要女孩子亲吻我们的糖，那就是我们要灌输给加州人脑子里的，女孩子爱亲时思糖果的糖。如果我们能达到这个目标，我们就可以涨价了。

——1998年巴菲特在佛罗里达大学商学院的演讲

第三章　巴菲特的财富观

第一节　钱的逻辑和机制

钱能带来什么不同

　　我们是从来不借钱的，即使有保险做担保。即使是在我只有1万美元的时候，我也决不借钱。借钱能带来什么不同吗？

　　我只凭一己之力时也乐趣无穷。1万美元，100万美元和1000万美元对我都没有什么不同。当然，当我遇到类似紧急医疗事件的情况下会有些例外。基本上，在钱多钱少的情况下，我都会做同样的事情。如果你从生活方式的角度来想想你们和我的不同，我们穿的是同样的衣服，当然我的是森特勒斯特给的；我们都有机会喝上帝之泉（说这话的时候，巴菲特开了一瓶可乐），我们都去麦当劳，好一点的，奶酪皇后（一家类似于麦当劳的快餐店），我们都住在冬暖夏凉的房子里，我们都在平面大电视上看内布拉斯加州大学和得克萨斯农机大学（美国的两所大学）的橄榄球比赛。我们的生活没什么不同，你能得到不错的医疗，我也一样，唯一的不同可能是我们旅行的方式不同，我有我的私人飞机来周游世界，我很幸运。但是除了这个之外，你们再想想，我能做的你们有什么不能做呢？我热爱我的工作，但是我从来如此，无论我在谈大合同，还是只赚一千美元的时候。我希望你们也热爱自己的工作。如果你总是为了简历上好看些就不断跳槽，做你不喜欢的工作，我认为你的脑子一定是进了水。

　　我碰到过一个28岁的哈佛毕业生，他一直以来都做得不错。我问他，下一步你打算做些什么？他说，可能读个MBA吧，然后去个管理咨询的大公司，简历上看着漂亮点。我说，等一下，你才28岁，你做了这么多事情，你的简历比我看到过的最好的还要强10倍，现在你要再找一个你不喜欢的工作，你不觉得这就好像把你的性生活省下来到晚年的时候再用吗？是时候了，你就要去做的（不能老等着）。（这是一个比喻）但是我想我把立场告诉了他。你们走出去，都应该选择那些你热爱的工作，而不是让你的简历看上去风光。

　　当然，你的爱好可能会有变化。（对那些你热爱的工作）每天早上你是蹦着起床的。当我走出校园的时候，我恨不得马上就给格雷厄姆干。但是我不可能为他白干，于是他说我要的工资太高了（所以他没有要我）。但我总是不停地"骚扰"他，同时我自己也卖了3年的证券，期间从不间断地给他写信，聊我的想法，最终他要了我，我在他那儿工作了几年。那几年是非常有益的经验。我总是做我热爱的工作。抛开其他因素，如果你单纯地高兴做一项工作，那么那就是你应该做的工作。你会学到很多东西，工作起来也会觉得有无穷的乐趣。可能你将来会变。但是（做你热爱的工作），你会从工作中得到很多很多。起薪的多寡无足轻重。

不知怎么，扯得远了些。总之，如果你认为得到两个X比得到一个让你更开心，你可能就要犯错了。重要的是发现生活的真谛，做你喜欢做的。如果你认为得到10个或20个X是你一切生活的答案，那么你就会去借钱，做些短视以及不可理喻的事情。多年以后，不可避免地，你会为你的所作所为而后悔。

——1998年巴菲特在佛罗里达大学商学院的演讲

对于受限制的盈余我不再多谈，让我们将话题转到更有价值的不受限制的部分。所谓不受限制的盈余顾名思义可以加以保留，也可以予以分配。我们认为分配与否主要取决于管理当局判断何者对公司股东较为有利，当然这项原则并未广为大家所接受。基于某些理由，管理当局往往偏好将盈余予以保留以扩大个人的企业版图，同时使公司的财务更为优越。但我们仍然相信，将盈余保留只有一个理由，亦即所保留的每一块钱能发挥更多的效益，且必须要有过去的成绩作证或是对未来有精辟的分析，确定要能够产生大于一般股东自行运用所生的效益。

——1984年巴菲特致股东的信

自信与激情

我并不以我赚的钱来衡量我的人生价值。其他人可能会这么做，但我肯定不会。从某种程度讲，钱有时会让你的生活变得更有乐趣，但它无法改变人们对你的爱或你的健康状况。钱能使人摆脱窘境，但你无法用它买到真爱。成功就是能拥有你所爱的人对你的爱。

我从不缺乏自信，也从不气馁。我一直坚信我会成为有钱人，对于这一点，我从未动摇过。我无法忍受一生之中有什么东西是我想要却无法拥有的。

证券投资吸引我的地方之一，就在于能以自己的方式生活，而不必穿得像个成功人士。我不会试图越过7英尺高的横杆，我会环顾四周，寻找一根1英尺高的横杆，因为我知道这个高度是我能越过的。

正如韦恩·格雷茨基所说的那样，要冲向冰球将要到达的位置，而不是它当前所处的位置。要想迅速游完100米的话，最好是顺着大浪游，这比仅靠你自己的努力要轻松得多。

如果我们乘坐列车从纽约前往芝加哥，我们绝不会中途在奥尔托纳下车。

我总觉得研究公司失败要比研究公司成功能让我学到更多东西。商学院通常研究公司的成功，但我的合伙人查理·芒格却说他希望知道哪里是自己的死穴，这样他就不会犯下致命错误。

——1980年巴菲特语录

我要建立一家合伙公司，通过这家公司，用自己和你们的钱进行证券投资。我保证你们能获得5%的回报，扣除给你们的回报后，我将获得剩余利润的20%。我会交出令你们满意的成绩单，但我希望能有足够的自由和隐私。例如，当我离开办公室去参加高尔夫培训时，并不希望你们一直跟着我，盯着我如何练习高尔夫球。

——1990年《财富·投资者指引》《这些是新的巴菲特们吗？》

我们必须要有激情。我们所做的事情是因为我们喜欢，而不是为了致富。当然，事情做好了，可能会变富。但是，并不是因为某些诱惑而做事。我认为，激情极为重要。

——2009年巴菲特接受某媒体采访时说的话

赚钱是一种游戏

这种资金有价的游戏规则，在史考特·飞兹的决策上再也清楚不过了。如果拉尔夫可以运用额外的资金创造出高额的报酬，那么他就绝对有理由这么做，因为当公司的投资报酬超过一定的门槛后，他本身所获得的奖金也会跟着水涨船高。不过我们的奖励方式可是赏罚分明，相对地，要是额外投入的资金没有办法贡献足够的报酬，拉尔夫本身连同伯克希尔都将一体受害；另外，要是拉尔夫能将多余用不到的资金送回奥马哈给我们的话，他将可以因而获得丰厚的奖金报酬。

最近上市公司很流行强调管理阶层的利益与公司的股东是一致的，不过在我们的赏罚簿上，所谓的"一致"是对等的，而不是只有当公司营运顺利时才如此。许多公司的一致性就不符合我们的标准，因为表面上虽是如此，但其实骨子里玩的却是"正面我赢，反面你输"的游戏。

——1994年巴菲特致股东的信

股票市场上讽刺的一点，是太过于重视变动性，经纪商称之为流动性与变现性。对那些高周转率的公司大加赞扬（那些无法让你口袋满满的人，一定会让你的耳朵不得闲），但投资人必须有所认知，那就是凡事对庄家有利的一定对赌客不利，而过热的股市跟赌场没有两样。

假设一家公司的股东权益报酬率为12%，而其股票年周转率为100%，又若买卖股票须抽出1%的手续费（低价股的费率可能还更高），而公司股票以账面净值进行交易，这样算下来光是每年股权移转的交易成本便占去净值的2%，且对公司的获利一点帮助都没有（这还不包括选择权交易，后者将会使这项摩擦成本更上一层楼）。玩这种大风吹的游戏实在是有点划不来，若是政府突然宣布调高企业或个人所得税16%时，相信大家一定都会跳起来，但过度重视变动性的结果便是要付出这样的代价。

过去在每天交易量约1亿股的年代（以今日的水准算是相当低的了），对所有权人来说绝对是祸不是福，因为那代表大家要付出2倍于5000万股交易量的成本。又假设每买卖一股的交易成本为15美分，则一年累积下来约要花费75亿美元的代价，这相当于爱克森石油、通用动力、通用汽车与太古石油这四家全美最大企业的年度盈余加总。这些公司以1982年底计有750亿美元净值，约占财富杂志五百大企业净值与获利的12%。换句话说，投资人只因为手痒而将手中股票换来换去的代价，等于是耗去这些大企业辛苦一年的所得，若再加计约20亿美元投资管理费的话，更相当于全美前五大金融机构（花旗、美国银行、大通银行、汉华银行与摩根银行）获利的总和。

这昂贵的游戏只是用来决定谁能吃这块饼，但没有一点办法让饼变得更大（我知道有一种论点说这过程能使资金作更有效的配置，但我们却怀疑其可信度，相反过热的股市反而妨碍资金的合理配置，反而使饼变得更小）。亚当·史密斯说："自由市场中有一只看不见的大手，能导引经济社会使其利益极大化。"我们的看法是——赌场般的股市与神经质的投资行为仿佛是一只看不见的大脚，碍手碍脚地拖累了经济社会向前发展。

——1983年巴菲特致股东的信

我们在华盛顿公用电力供应系统的债券投资，分几个不同时点与价格买进。若我们决定要调节有关部分，可能要在变动结束后许久才会知会各位（在你看到这篇年报时，我们可能已卖到或加码相关部位）。由于股票的买卖是属于竞争激烈的零和游戏，所以，即使是因此加入一点竞争到任何一方，也会大大影响我们的获利。以我们买进华盛顿公用电力供应系统的债券可以作为最佳范例：从1983年10月到1984年6月间，我们试着买进所有第一、二、三期的债券，但到最后我们只买到所有流通在外数量的3%。如果我们在碰到一个头脑清楚的投资人，知道我们要吃货而跟着进场，结果可能是我们以更高的价格买到更少的债券（随便一个跟班可能要让我们多花500万美元）。基于这项理由，我们并不透露我们在股票市场上的进出，不论是对媒体，或是对股东，甚至对任何人，除非法令上特别要求。

——1984年巴菲特致股东的信

只做有把握的事

就像灰姑娘参加的化装舞会一样，你务必注意午夜前的钟响，否则马车将会变回南瓜。"市场先生"是来给你服务的，千万不要受他的诱惑反而被他所导引，你要利用的是他饱饱的口袋，而不是草包般的脑袋。如果他有一天突然傻傻地出现在你面前，你可以选择视而不见或好好地加以利用，但是，要是你占不到他的便宜反而被他愚蠢的想法所吸引，则你的下场可能会很凄惨。事实上，若是你没有把握能够比"市场先生"更清楚地衡量企业的价值，你最好不要跟他玩这样的游戏，就像是打牌一样，若是你没有办法在30分钟内看出谁是"肉脚"，那么那个"肉脚"很可能就是你！

格雷厄姆的"市场先生"理论在现今的投资世界内或许显得有些过时，尤其是在那些大谈市场效率理论、动态避险与贝塔值的专家学者眼中更是如此。他们会对那些深奥难懂的课题感兴趣是可以理解的，因为这对于渴望投资建议的追求者来说，是相当具有吸引力的。

——1987年巴菲特致股东的信

星辰家具的交易有个相当有趣的故事。每当涉足一个原本我们不熟悉的产业，我都会习惯性地问一问新加入的合作伙伴，"除了你们以外，还有没有像你们一样的企业？"早在1983年我们买下内布拉斯加家具店时，我就问过B夫人这个问题，当时她告诉我全美其他地方还有3家不错的家具零售商可以考虑，不过很可惜在当时没有任何一家有出售的意愿。

多年后，B夫人家族的埃文得知当初获得推荐的三家公司之一——R.C.威利家具总裁比尔·柴尔德有意与人合并，我们立刻把握良机促成交易。这项交易也在1995年的年报向各位报告过，事后我们也很满意这次的结合，比尔是再理想不过的合作伙伴，当然我也不忘问问比尔相同的问题，请他推荐其他杰出的同业，结果得到的答案与B夫人所说的一致，其中一家就是位于修士顿的星辰家具，只是随着时光的流逝没有一家有意愿出售。

而就在去年年度股东会的前一个星期四，所罗门公司的董事长丹汉告诉我，星辰家具的大股东兼总裁梅尔文·沃尔夫有意愿跟我谈谈。于是在我们的邀约下，梅尔文光临奥马哈与我们会谈，进一步确认对于伯克希尔的正面观感，而在此同时我也看了星辰家具的财务报表，一切正如我所预期。

——1997年巴菲特致股东的信

我们的购并行动发生的形态一向很类似。在别的公司，高阶主管通常亲自与投资银行家一起寻求可能的购并机会，所运用的拍卖程序相当制式化。在此过程中，银行业者准备的账册让我想到童年时代读到的"超人"漫画，只不过在华尔街版中，换成了一家本来平淡无奇的公司，进入到了银行业者特地准备的电话亭后，摇身一变成了一跃升天，盈余成长飞快的超人。而抵挡不住卖方账册所叙述的神力，购并案饥渴成痴的买方，就像是具有冷艳外表的露易丝，立刻融化在其膝下。

而在这其中最有趣的是，这些资料所显示未来几年的盈余预测都相当明确。不过要是你问问编造这些报表的银行业者，他们自己银行下个月的盈余预估，他会马上露出警戒的神色告诉你，产业与市场的状况是如何变化多端，以至于他无法妄下定论。

——1999年巴菲特致股东的信

一有机遇就抓住

伯克希尔目前积极寻求各类保险业务，包含"霹雳猫"与大型单一风险，因为我们无与伦比的财务实力，使得投保客户可以确定不论在多糟的状况下，他们都可以顺利获得理赔；我们可以最快的速度向客户完成报价；我们可以签下比其他保险公司金额更高的保单。其他竞争同业大多都有范围广阔的再保条款，并将大部分的业务分保出去，虽然这样的做法可以让他们避免重大的损失意外，但却也破坏掉他们的弹性与反应时间。

大家都知道，伯克希尔抓住投资与购并的动作向来相当地快，在保险业务方面我们的反应速度也是如此；另外还有很重要的一点，高额的保险上限吓唬不了我们，相反地更能引起我们的兴趣，我们可以接受的最高理赔上限是10亿美元，相比之下，其他同业所能容忍的最高限度仅为4亿美元。

总有一天我们会碰上大麻烦，但是查理和我本人却可以接受这种变动剧烈的结局，只要长期来说我们的报酬可以令人满意。讲的再白一点，我们比较喜欢上下变动的15%，更甚于平淡无奇的12%。而正因为大部分的经理人倾向平淡，这使得我们长期报酬极大化的目标享有绝对的竞争优势，当然我们会密切注意，避免让最坏的状况超越我们可以容忍的范围。

——1995年巴菲特致股东的信

犯下其他几个错误之后，我试着尽量只与我们所欣赏、喜爱与信任的人往来，就像是我之前曾提到的。这种原则本身不会保证你一定成功，二流的纺织工厂或是百货公司不会只因为管理人员是那种你会想把女儿嫁给他的人就会成功的，然而公司的老板或是投资人，却可以因为与那些真正具有商业头脑的人打交道而获益良多。相反地我们不会希望跟那些不具令人尊敬的特质为伍，不管他的公司有多吸引人都一样，我们永远不会靠着与坏人打交道而成功。

其实有些更严重的错误大家根本就看不到，那是一些明明我很熟悉了解的股票或公司，但却因故没有能完成投资。错失一些能力之外的大好机会当然没有罪，但是我却白白错过一些自动送上门，应该把握却没有好好把握的好买卖，对于伯克希尔的股东，当然包括我自己本身在内，这种损失是难以估计的。

——1989年巴菲特致股东的信

从星期四到星期一的股东会期间，波仙都将提供股东特惠价，所以如果你希望避开星期五晚上到星期天的拥挤人潮，你可以在其他时间上门光顾，记得表明股东的身份。星期六我们会营业到晚上6点，波仙的营业毛利要比其他主要竞争对手要低20个百分点以上，所以买得越多省得越多。这是我的老婆跟女儿告诉我的，她们两人都谨记从前一个小男孩的故事：他因为错过一班公车而走路回家，同时骄傲地表示自己因此省下了5美分，他爸爸听到之后很生气地说："要是你错过的是出租车，不就可以省下10美元钱吗？"

——2003年巴菲特致股东的信

切入点的时机是很难把握的。所以，如果我拥有的是一个绝佳的生意，我丝毫不会为某一个事件的发生，或者它对未来一年的影响等而担忧。当然，在过去的某些个时间段，政府施加了价格管制政策。企业因而不能涨价，即使最好的企业有时也会受影响，我们的时思糖果不能在12月26日涨价。但是，管制该发生的时候就会发生，它绝不会把一个杰出的企业蜕变成一个平庸的企业。政府是不可能永远实施管制政策的。

一个杰出的企业可以预计到将来可能会发生什么，但不一定会准确到何时会发生。重心需要放在"什么"上面，而不是"何时"上。如果对"什么"的判断是正确的，那么对"何时"大可不必过虑。

——1998年巴菲特在佛罗里达大学商学院的演讲

相信自己的判断

在伯克希尔，我们直觉地相信我们已经收到合理的保费，以类似1：3.5的赔率接受赌注。当然，没有人可以真正正确地算出"霹雳猫"保险真正的赔率，事实上，可能要等到几十年后，我们才能知道当初的判断是否正确。

不过我们确实知道，当损失真正降临时，铁定是件轰动的事，以后可能会发生3倍或4倍于我们在1993年所赚到的盈余那样大的意外事件。1992年安德鲁飓风发生的那次，我们总共赔了1.25亿美元，时至今日，由于我们已大幅扩大在霹雳猫保险的业务量，所以同样规模的飓风可能会造成我们6亿美元左右的理赔损失。

从1994年到目前为止，我们还算是幸运。在我写这封信时，我们因为洛杉矶大地震所造成的损失还算在正常范围之内，不过要是当时地震发生的规模不是6.8级而是7.5级的话，那么最后的结果就完全不是那么一回事了。

——1993年巴菲特致股东的信

最大的利润是商誉

持续竞争优势企业，其最明显的特征是具有巨大的企业商誉。持续竞争优势越突出的企业，有形资产在价值创造中的作用越小，企业声誉、技术等无形资产的作用越大，超额回报率越高，经济商誉也就越庞大。要赢得很好的声誉需要20年的时间，而毁掉它则只要5分钟。

我有半打亲密的朋友，一半男的，一半女的。我喜欢他们，倾慕他们，因为他们都是能够和我坦诚相见的人……我记得我曾经问过一个老妇人关于友谊是什么的问题，她的判断标准是：他们会向我隐瞒什么吗？

——巴菲特投资语录

如果我们收购的公司能够在有形资产净值基础上发生大大超过市场回报率的利润，那么逻辑上这些公司比其有形资产净值值钱得多。这种超额资本化价值就是经济商誉。

消费者特许权是经济商誉的一个主要来源。其他来源包括不受利润管制影响的政府特许权，以及在一个行业中始终保有最低成本生产者的持久地位。我越来越看重的，是那些无形的东西。

直接的和代理的业务经验，使我现在特别倾向于那些拥有巨额持久经济商誉的企业，以及那些对有形资产利用最少的企业。

——巴菲特语录

在判断是否应将盈余保留在公司，股东不应该只是单纯比较增加的资本所能增加的边际盈余，因为这种关系会被核心事业的现况所扭曲。在高通胀的时代，某些具特殊竞争力的核心事业，能够运用少量的资金创造极高的报酬率（如同去年我们曾提过的商誉）。除非是经历销售量的巨幅成长，否则，一家好的企业定义上应该是指那些可以产生大量现金的公司。

相对地，如果一家公司将本来的资金投入低报酬的事业，那么即使它将增加的资本投入较高报酬的新事业，表面上看起来是不错，但实际上却不怎么样。就好比在高尔夫球配对赛中，虽然大部分的业余选手成绩一塌糊涂，但因团体比赛只取最好的成绩，所以由于部分职业选手的精湛球技而会显得出色。

许多表面上持续缴出好绩效的公司，事实上把大部分的资金投注在不具竞争力的事业之上。只是前者掩盖住后者惨不忍睹（通常是用高价购并平庸的企业）的失败，而经营阶层也一再强调他们从前一次挫败所学到的经验，但同时马上物色下一次失败的机会。这种情况下，股东们最好把荷包看紧，只留下必要的资金以扩充高报酬的事业，剩下的部分要么就发还给股东，要么就用来买回库藏股（一种既可以增加股东权益，又可以避免公司乱搞的好方法）。

——1984年巴菲特致股东的信

让投资变得简单

做投资的好处是你不用学习日新月异的知识和技能。当然你愿意那么去做，就另当别论了。40年前你了解的口香糖的生意，现如今依旧适用，没有什么变化。

我认识一个人，他的岳父去世了，丢下一间他创建的制鞋公司。这个人托高盛来卖掉这家公司。他和我的一个朋友在佛罗里达打高尔夫，提到了这件事。我朋友让他给我打电话。他打了，结果我们用5分钟谈成了这桩生意。我认识这个人，我基本了解制鞋生意，所以我就买了。实质的方面定了后，就是价格了。我的答案只有是或者不是，很简单，谈判的时候没什么圈子可兜。只要价格合适，我就会买。不然的话，谈判之前我很快乐，谈判不成我也一样快乐。

——1998年巴菲特在佛罗里达大学商学院的演讲

有一则故事我忍不住想补充，故事发生在1985年，有一家非常大的投资银行受委托负责出售史考特·飞兹公司，然而在经过多方的推销后却仍无功而返。在得知这样的情况后，我立即写信给史考特·飞兹当时的总裁拉尔夫·斯切表达买下该公司的意愿。在这之前我从来没有与拉尔夫见过面，不过在一个礼拜之内我们便达成协议，可惜令人遗憾的是，在该公司与投资银行所签订的意向书中明确规定，一旦公司顺利找到买主便须支付250万美元给银行，即便最后的买主与该银行无关也要照付。事后我猜想，或许是该银行认为既然拿了钱，多少都应该办点事，所以他们好心地将先前准备的财务资料提供一份给我们。收到这样的礼物时，查理冷冷地响应说："我宁愿再多付250万美元也不要看这些垃圾。"

在伯克希尔，我们精心设计的购并策略很简单——就是静静地等待电话铃响。可喜的是，有时还真管用，通常是先前加入我们集团的经理人，建议其周遭的好朋友可以如法炮制。

——1999年巴菲特致股东的信

去年美中能源打消掉一项锌金属回收的重大投资案，该计划在1998年开始，并于2002年正式营运。由于地热发电产生的卤水含有大量的锌，而我们相信回收这些金属应该有利可图，近几个月来，回收运用在商业上似乎可行，但冶矿这行，就像是石油探勘一样，往往希望一再戏弄开发商，每当一个问题解决了，另一个问题马上又浮现，就这样一直拖到9月，我们终于举白旗投降。

我们的失败再度突显了一项原则的重要性，那就是别把事情搞得太复杂，尽量让事情简单化。这项原则广泛运用于我们的投资以及事业经营之上，如果某项决策只有一个变量，而这变量有9成的成功概率，那么很显然你就会有9成的胜算；但如果你必须克服10项变量才能达到目标，那么最后成功的概率将只有35%。在锌金属回收的这项合作案中，我们几乎克服了所有的问题，但一项无法解决的难题却让我们吃不完兜着走。套句矛盾的修饰语句，这是单一环结的连锁。

——2004年巴菲特致股东的信

花不掉钱很痛苦

查理跟我的第二项工作是处理资金的分配。这在伯克希尔尤其重要，其主要原因有三：一是因为我们赚的钱比别人多；二是我们通常将所赚的钱保留下来；最后，也最重要的是，因为我们旗下的企业可以不需要太多的资金便能维持竞争力与成长性。

的确，一家每年能赚23%且全数保留盈余的公司，比起每年只赚10%，且只保留半数盈余的公司，前者资金分配的任务要繁重的多。所以将来若是我们运用盈余的方式不佳，或是旗下主要被投资公司，诸如美国雇佣保险公司、美国广播公司等表现不好，则伯克希尔经营情况恶化的程度将会非常的快。假设公司净值以后每年只有5%的成长，则公司资金分配的工作虽然还是很重要，但体质改善的速度也会变慢许多。

事实上，在1986年伯克希尔资金分配的工作并不好干。我们确实是完成了一项购并案——那就是买下费区·海默兄弟公司，后面我们还会有详细的描述，这家公司极具竞争力，而且是由那种我们喜欢打交道的人在经营，不过就是小了点，大概只运用伯克希尔不到2%净值的资金。

在此同时，我们从市场直接买进股权这方面也没有太大的进展，相比几年前，我们可以利用大笔资金以合理的价格买进许多不错的股票，所以最后我们只好将资金用来偿还负债并囤积银弹。虽然这比死掉还好一点，但却没有做到繁衍下一代的任务，若是查理跟我在往后的几年持续在资金分配这方面缴白券，伯克希尔净值的成长势必将会变缓许多。

我们会持续在市场上寻找符合我们标准的企业，我想要是运气好，可能每几年就能够找到一家。但若想要对公司净值有明显助益，则其规模就必须够大，只是以目前的股票市场状况，我们实在很难为我们的保险公司找到合适的投资标的。当然，市场终究会转变，总有一天会轮到我们站上打击位置，只不过我们不清楚何时能够换我们上场。

——1986年巴菲特致股东的信

我们应该如何看待伯克希尔去年的股价超越本质的表现呢？很明显，在1993年年底伯克希尔的股价占实质价值比重较年初为高；另外，在长期利率只有6%到7%的投资环境下，同时，若是你了解查理·芒格和本人只能让伯克希尔的实质价值每年达到15%的成长的话，你就知道伯克希尔去年这样的股价表现实在是有点反常。虽然对于这样的目标我们从不妥协，但我们必须再一次强调，随着资本规模的日益扩大，想要达到这个目标的困难度也与日俱增。

不过另一方面，伴随我们的是由一些相当规模且拥有竞争优势的企业，并且由杰出的经理人所经营，对于这样的梦幻组合大家大可以放心。

倒是查理跟我在母公司利用子公司所贡献资金而作的资金分配工作，面临的不确定性就比较高，要找到像我们现在拥有一样好的企业并不容易。但是，虽然难度高，查理跟我却绝对不会放弃追寻，而很高兴在1993年我们能有相当成功的斩获。

——1993年巴菲特致股东的信

另外，我也不认为选择2003年为末期就会大幅改变我们的计算结果，虽然当年我们保险事业表现极佳，但是这部分的高获利，却被手头上大量闲置资金赚取的微薄利息所抵消掉（相信这种情况不会维持太久），有一点必须特别说明的是，以下所有显示的数字并未包含资本利得在内。

往后我们仍将维持过去惯用的资金分配方式。如果买股票比买整家公司便宜，我们就会大肆采购；如果特定的债券够吸引人，就像是2002年一样，我们就会买进满手的这类债券，而不管市场或经济状况如何。我们随时都很乐意买进符合我们标准的企业，而且规模越大越好，目前我们的资金并未被充分利用，这种情况时而有之，虽然这让人感到不太好受，但那总比干蠢事好得多（我可是从惨痛的教训学来）。

总的来说，可以确定的是伯克希尔往后的表现肯定远不及过去的绩效，但尽管如此，查理跟我还是希望我们的成绩能够高于一般平均值，这也是我们存在的意义。

——1987年巴菲特致股东的信

先画准心再射箭

长期而言，如果我们的实质价值想要以每年15%的幅度来成长的话，那么透视盈余每年也必须增加以这个幅度来成长。去年我曾经提到，到2000年为止，伯克希尔若要以15%的目标，透视盈余必须成长到18亿美元，而由于1993年我们又发行了一些新股，所以现在的门槛提高到18.5亿美元。

这是一个高难度的目标，不过也希望大家能够继续支持我们，在过去我们常常批评有些管理阶层总是先把箭射出去后再画上准心，不管这箭射得有多歪，因此关于这点我们宁愿先标出准心，然后再瞄准目标射箭。

如果我们想要命中靶心，那么我们绝对需要有能以合理价格买到好的公司与股份的市场，不过对我们来说，现在市场上的情况并不理想，当然这种情况随时都有可能会改变。在此同时，我们也会尽量避免手上闲钱太多而去做那些浪费工夫的蠢事，若方向不对，再怎么努力冲刺也是白费力气。

——1993年巴菲特致股东的信

伯克希尔过去26年来辉煌的纪录并不足以确保未来也会如此发展，当然我们也希望过去一年惨痛的记录不能代表未来的结果也会如此。我们还是依旧将目标定在每年15%的实质价值成长率，只是还有一点是过去从未向各位报告的，以我们现在的股权规模，要完成这项任务的门槛是53亿美金！

要是我们真的能够达到这样的目标，那么我们的股东一定赚翻了，因为伯克希尔的企业获利将会为那些买卖价格与公司实质价值一致的投资人创造相同的获利。举例来说，如果你以实质价值10%的溢价买进伯克希尔股份，假设后来公司实质价值每年成长了15%，而之后你同样以实质价值10%的溢价卖出所持有的股份，则你的投资年报酬率应该也会是15%（这个例子假设期间公司并未发放任何股利）。当然要是后来你以低于10%的溢价卖出股份的话，那么你最后所得到的投资报酬率可能就会低于公司同期间15%的报酬率。

我们对于这种被遗忘但却存在的盈余的态度很简单，到底认不认列数字一点都不重要，最重要的是我们可以确定这些盈余可以为我们所有，且会被充分加以运用。我们不在乎听到会计师说森林中有一棵树被砍倒了，我们在乎的是这棵树是不是属于我们的，以及之后要如何来处理它。

——1990年巴菲特致股东的信

我们评估管理层业绩的标准刊登在首页。查理和我一开始就认为，衡量我们完成和未完成的工作要有一个理性和坚定的标准。这令我们避免受到着眼业绩并以此为目标的诱惑。

将标准普尔500指数作为我们的标杆是一个容易的选择，因为我们的股东持有某一指数基金，几乎不费什么代价就能赶上它的业绩。那么，他们有什么理由为我们仅仅创造同样绩效而掏钱？

对于我们而言，难度更大的决定是如何衡量伯克希尔相比标准普尔500指数的进步。只用股价变化来衡量也有很好的理由。实际上，在一段较长时间内股价是最好的考验。不过，每一年的市场价格可能会极其不稳定，即使涵盖时间长达10年的评估，也会被衡量期的首尾时间愚蠢的高或低价极大扭曲。微软的史蒂夫·鲍尔默和通用电气的杰夫·伊默尔特对此就有体会，他们在执掌这些企业时，都遭遇股价变动到令人流鼻血的地步。

衡量我们每年进步的理想标准或许是伯克希尔股票每股内在价值的变动，奈何这一价值的计算方法难以与精确搭边，所以我们运用了一个粗略的替代标准——每股的账面价值。依靠这一标准有其自身的缺点，我们在92和93页对此进行了讨论。此外，大多数企业股票的账面价值都低估了内在价值，在伯克希尔当然也是如此。总的说来，我们业务的价值要比其账面价值高得多，而且在我们十分重要的保险业务中差额庞大。即使如此，查理和我认为，我们的账面价值（虽然被低估），是追踪内在价值变动的最得力工具。运用这种衡量标准，正如本封信开篇一段所言，自1965财年以来，伯克希尔账面价值每年的复合增长率达20.3%。

我们应该注意到，如果选用市场价格作为我们的衡量标准，伯克希尔的业绩看起来会更好，自1965财年年初以来的年复合增长率达到22%。令人惊讶的是，由于这一温和的年复合增长率差额，45年以来，市场价值的年增长率达到801516%，而账面价值的增长率为434057%（如第2页所示）。我们的市场增长率更高，这是因为在1965年，伯克希尔股票以营收不佳的纺织资产账面价值一个合适的折扣出售，而如今伯克希尔股票一般以其一流业务的账面价值溢价出售。

——2009年巴菲特致股东的信

第二节　赚钱更有乐趣

赚钱更有乐趣

赚钱非常有趣，就好像参与一个擅长的游戏，这样能保证腿脚灵活，耳聪目明。尽管这个游戏对我来说并不需要手眼的精密配合，像很多其他的工作那样，但是我想象不出更有趣的游戏了。当然，知道这些钱能帮助那些需要的人也是很不错的感觉。我经常收到人们的来信，不仅是感谢我的捐款，他们还在信里详细告诉我因为这些捐款，他们的生活如何被彻底改变。当想到可能有数百万人因为捐款而免于患上疟疾，或者站在小一点的角度，某个人的私人问题因为我的捐款而解决了，这都是非常美妙的感觉。

——巴菲特接受福克斯电视新闻网采访

值得庆幸的是，我们可以在一个很好的基础上努力打拼。10年前，也就是在1984年，伯克希尔的保险子公司持有价值17亿美元的股票投资组合，每股约有1.5万美元的投资，扣除这部分的收益与资本利得不算，伯克希尔当年的税前盈余只有区区的600万美元。没错，虽然我们在制造、零售以及服务事业方面依然有不错的利润，但是大部分的盈余都被保险事业的承保损失、营业费用以及利息支出所抵消掉。

时至今日，我们持有的股票投资组合价值超过180亿美元，每股约当有15000美元，若是我们再一次将这些股票投资所产生的收益扣除的话，我们在1994年的税前盈余是3.84亿美元，10年来，雇用的员工人数从原先的5000人增加到22000人（包含企业总部的11人在内）。

之所以能有这样的成果，要归功于旗下这群特别的经理人，是他们让那些看起来很普通平凡的事业能有不凡的结果。凯西曾经把他带领一支棒球队的工作，形容为靠着别人击出全垒打赚钱过活，这也是我在伯克希尔维生的方式。

——1994年巴菲特致股东的信

对于伯克希尔和其他美国股票投资人来说，过去这些年来大把赚钱简直是轻而易举的。一个真正称得上长期的例子是，从1899年12月31日到1999年12月31日的100年间，道琼斯指数从66点上涨到11497点（猜一猜需要多大的年增长率才能形成这一结果？在这一部分的结尾，你会看到一个吃惊的答案）。如此巨大的升幅只有一个十分简单的原因：20世纪美国企业经营得非常出色，投资人借企业繁荣的东风赚得盆满钵满。目前美国企业经营继续良好，但如今的投资人由于受到了一系列的伤害，在相当大的程度上减少了他们本来能从投资中实现的收益。

要解释这一切是怎么回事，我们得从一个最基本的事实开始：除了一些无足轻重的情况外（比如企业破产时企业的损失由债权人负担），在大多数情况下，所有者们从现在开始到"世界末日"期间所能获得的收益与他们所拥有的公司总体而言的收益相等。当然，通过聪明地买入和卖出，投资者A能够比投资者B获得更多的收益，但总体而言，A赚的正好相当于B赔的，总的收益还是那么多。当股市上涨时，所有的投资者都会感觉更有钱了，但一个股东要退出，前提必须是有新的股东加入接替他的位置。如果一个投资者高价卖出，另一个投资者必须高价买入。所有的股东作为一个整体而言，如果没有从天而降的金钱暴雨神话发生的话，根本不可能从公司那里得到比公司所创造的收益更多的财富。

——2005年巴菲特致股东的信

查理和我对我们的公用事业生意同样乐观，去年已经有了盈利记录，而且未来前景可观。戴夫·索科尔和格雷格·艾贝尔，我们的两个管理人员，已经取得了在公用事业行业从未有过的成绩。每当他们拿到新项目我都会欢呼雀跃。在这个资本密集的行业，每个项目投资都会很大。这是让伯克希尔有机会把大量资金投入并有不错回报的行业。

去年我们在资本分置上做得也不错。伯克希尔总是同时购买生意和安定，我们又想赚钱又想低风险。市场的混乱让我们在收购时顺风顺水。投资时，市场的悲观是你的朋友，乐观则是敌人。

——2008年巴菲特致股东的信

麻烦的捐赠

从1981年到2002年，伯克希尔执行了一项股东指定捐赠计划，股东们可以指定伯克希尔捐赠给其喜爱的慈善机构。这些年下来，在这项计划下，我们总共捐出1.97亿美元，教会是最常被指明的捐赠对象，当然还有其他成千上万的单位受惠。我们是唯一一家提供这类服务的公开上市公司，查理和我对于这项计划相当引以为荣。

不过我们却不得不在2003年停止这项计划，其导火线在于对堕胎问题的争议。多年来，在股东的指定下，伯克希尔同时捐赠的许多金钱给多家与堕胎议题相关的组织，支持与反对双方都有，这也使得我们时常收到反对捐赠给敌对阵营的抗议，其中有些组织甚至发动其成员抵制我们关系企业的产品，我们原本并不以为意，我们拒绝了所有限制股东依其喜好捐赠的无理要求（只要受赠者符合税法要求的规定即可）。

然而到了2003年，"娇生惯养的厨师"旗下许多独立会员开始感受到抵制效应，这样的演变代表某些信赖我们但并非我们的员工，或是在伯克希尔决策过程中无法发言的人将面临收入锐减的困境。

对于股东来说，相较于自行捐赠，股东指定捐赠在税法上享有较优惠的效益，此外这样的计划符合我们一向倡议的合伙人制度精神，这也是我们在股东手册中揭示的首要原则，但这样的优点在部分白手起家辛苦建立自己事业的死忠成员无端受害之下相形失色，确实，查理和我认为若仅为了股东自身些许税务优惠，就伤害这些正正当当、辛勤工作的善良百姓，实在称不上是什么慈善之举。

也因此伯克希尔往后将不在母公司阶段进行任何形式的捐赠，至于旗下关系公司仍将维持其各自在并入伯克希尔之前就行之有年的惯例，除非这些捐赠是先前的老板自己本身负责的个人捐赠计划，这部分必须要从他们自己的腰包掏钱。

——2003年巴菲特致股东的信

去年底伯克希尔的股价正式超越1万美元大关，有许多股东反应高股价让他们产生相当的困扰，因为他们每年必须分出部分股份，却发现伯克希尔的股份价值超过1万美元年度赠与税上限的门槛。因为超过上限代表捐赠人必须使得个人终身捐赠的上限额度，而且若是再超过的话，就必须要缴赠与税。

对于这个问题，我个人提出三种解决的方案：第一对于已婚的股东，可以与配偶共同利用2万美元的额度，只要在申报年度赠与税时，附上配偶的同意书即可。

第二不论结婚与否，股东可以考虑以较低的价格进行转让。例如假设伯克希尔的股价为1.2万美元，则股东可以考虑用2000美元的价格进行移转，则其间1万美元的差价则视同赠与（但是大家还是必须注意，若是价差超过你本身累积的免税额度时，还是要被课赠与税）。

最后，你可考虑与你要赠与的对象成立合伙关系，以伯克希尔的股份参与合伙，然后每年再将部分权益慢慢移转给合伙人，金额的大小可以由你自行决定，只要每年不超过1万美元的上限，即可免课赠与税。

不过照惯例我们还是要提出警告，在从事比这些例子更极端的交易之前，最好还是跟你的税务顾问咨询一下比较妥当。

——1992年巴菲特致股东的信

我们使得所有股东皆能指定其个别捐赠单位的新计划收到广大回响，在932206张有效股份中（即在本公司股份是由本人登记者），有95.6%回复；而在即使不包含本人股份的情况下，也有超过90%的成绩。此外有3%的股东主动写信来支持本计划，而股东参与热烈并提供的意见，我们前所未见。这种自动自发的态度说明了本计划成功与否，也可看出伯克希尔股东的天性。

很明显，他们不但希望能拥有且能自由掌控其所欲捐赠金钱的去向，教授父权式的管理学院可能会惊讶地发现，没有一位股东表示希望由伯克希尔的经营阶层来帮他们作决定，或是按照董监事捐赠比例行事（这是目前一般美国大企业普遍的作法）。除了由伯克希尔及其子公司经营阶层决定的捐献外，总计1783655美元的股东指定捐赠款共分配给675个慈善机关团体。

往后几年伯克希尔将会因这项捐款计划获得些许的税负抵减。而每年10月10日以前，我们将会通知股东每股可捐赠的金额，你有3个礼拜的时间可以作决定，为免丧失资格，股份须确实由你本人名义登记。对于去年这项计划我们唯一感到遗憾的是，有些股东虽然不是因为本身的错误，而无法参加，由于税务单位的解释令于10月初才下来，并规定股份若由代理人或经纪人名义登记者不适用，由于时间紧迫，再加上联络前述股东仍须通过其代理人，使得部分股东没能参加，在此我们强烈呼吁那些股票经纪人尽快通知其客户，以免股东的权利被剥夺。

其中有家证券经纪商代表60位股东（约占4%强股权）很明显地在接到邮件3个礼拜后，才将之转到客户的手上。讽刺的是，该公司并非所有部门皆如此懒散，转寄邮件的账单在6天内就送到伯克希尔公司。我们之所以告诉大家这件事有两个理由：若你希望参加这项股东指定捐赠计划的话，请务必将你的股份在9月底以前改登记在自己的名下；就算你不想参加，最好还是至少将一股登记在自己的名下，如此才能确保你与其他股东一样在第一时间知道有关公司的重大消息。

最后包含这项股东指定捐赠计划在内的许多很好的想法，都是由伯克希尔公司的副董事长兼蓝筹印花的董事长查利·明杰所构思。不管职称为何，查理跟我皆以执行合伙人的心态管理所有事业，而各位股东就像是我们一般的合伙人一样。

——1981年巴菲特致股东的信

股东捐赠计划

今年破纪录的有96.8%的有效股权参与1985年的股东指定捐赠计划，总计约400多万美元捐出的款项分配给1724家慈善机构。同时去年我们针对股东对于这项计划与股利政策的看法，进行全面性的公民投票，包含一个可以让你表达对这项计划的意见（例如应否继续、每一股应捐赠多少等），你可能会有兴趣知道，事实上在此之前从未有一家公司是以股东的立场来决定公司捐款的去向（为免划地自限，我们尽量将问题的措词保持弹性）。在股东会的资料中有相关的选票与结果，我们各位的响应对于本公司现行政策的执行具有重要的参考价值。

我们也建议新股东赶快阅读相关信息，若你也想参加的话，我们强烈建议你赶快把股份从经纪人那儿改登记于自己的名下。

——1985年巴菲特致股东的信

大约有97.2%的有效股权参与1987年的股东指定捐赠计划，总计约490万美元捐出的款项分配给2050家慈善机构。

最近一项研究显示约有50%的美国大公司的捐赠计划是由董事会所决定，这等于是由代表公司所有股东的一小群人，来决定公司资金捐给他们所偏爱的慈善机构，却从来不会去管股东们的意见（我很怀疑若情况刚好相反，由股东们来决定这些董事口袋里的钱要捐给谁时，他们会有什么样的反应）。当甲从乙的身上拿钱给丙时，若甲是立法者，则这个过程叫做课税；若甲是企业的主管或是经理人时，这就叫做慈善。我们仍然坚信除非是捐给那些很明显对于公司有助益的单位时，否则应该要先征询股东们，而非仅仅是经理人或是董事的意见。

我们敦促新加入的股东，仔细阅读年报上有关股东捐赠计划的详细内容。如果在未来年度内，你想要参加这类的计划，我们强烈建议你将股份登记在自己而不是受托人的名下，必须在1988年9月30日之前完成登记，才有权力参与1988年的计划。

——1988年巴菲特致股东的信

大约有97.7%的有效股权参与1991年的股东指定捐赠计划，总计约680万美元捐出的款项分配给2630家慈善机构。

伯克希尔除了透过股东指定捐赠计划对外捐赠之外，我们旗下事业的经理人每年也会透过公司对外捐赠，包含商品在内每年平均金额在150万美元左右。这些捐赠主要是赞助当地像是联合劝募等慈善团体，所得的效益应该与我们所捐出的相当。

然而不管是旗下事业或是母公司的经理人，在利用伯克希尔的资金对外捐赠给全国性组织或特别利益团体时，都是以站在股东利益立场所应该做的；相对地，若是你的员工也包含CEO在内，想要与其校友会或其他人建立个人关系的，我们认为他们最好是用自己的钱，而不是从你的口袋里掏钱。

——1991年巴菲特致股东的信

大约有97.7%的有效股权参与1997年的股东指定捐赠计划，总计约1540万美元捐出的款项分配给3830家慈善机构。

累计过去17年以来，伯克希尔总计已按照股东意愿捐赠高达1.131亿美元的款项，除此之外，伯克希尔还透过旗下的子公司进行捐赠，而这些慈善活动都是早在他们被我们购并以前就行之有年的（除了先前的老板自己本身负责的个人捐赠计划之外）。总的来说，我们旗下的关系企业在1997年总计捐出810万美元，其中包含440万美元等值的物品。

每年都有一小部分的股东由于没有将股份登记在本人的名下，或是没能在60天的期限内，将指定捐赠的表格送回给我们，而没办法参加我们的指定捐赠计划。对此，查理和我感到相当头痛，不过我们必须忍痛将这些指定捐赠剔除，因为我不可能在拒绝其他不符合规定股东的同时，还破例让这些人参与。

想要参加这项计划者，必须拥有A级普通股，并确定您的股份是登记在自己而非股票经纪人或保管银行的名下，同时必须在1998年8月31日之前完成登记，才有权利参与1998年的捐赠计划。当你收到表格后，请立即填写后寄回，以免被丢在一旁给忘记了。

——1997年巴菲特致股东的信

用财富分享爱和关怀

关于慈善捐赠，伯克希尔所采取的做法与其他企业有显著的不同，但这却是查理和我认为对股东们最公平且合理的做法。

首先，我们让旗下个别的子公司依其个别状况决定各自的捐赠，只要求先前经营该企业的老板与经理人在捐赠给私人的基金会时，必须改用私人的钱，而非公款。当他们运用公司的资金进行捐赠时，我们则相信他们这么做，可以为所经营的事业增加有形或无形的收益，总计去年，伯克希尔的子公司捐赠金额高达1920万美元。

至于在母公司方面，除非股东指定，否则我们不进行任何其他形式的捐赠。我们不会依照董事或任何其他员工的意愿进行捐赠，同时我们也不会特别独厚巴菲特家族或曼格家族相关的基金会。虽然在买下公司之前，部分公司就存在有员工指定的捐赠计划，但我们仍支持他们继续维持下去，干扰经营良好公司的运作，并不是我们的作风。

为了落实股东们的捐赠意愿，每年我们都会通知A股股东的合法登记人（A股约占伯克希尔所有资本的86.6%），他们可以指定捐赠的每股金额，至多可分给三家指定慈善机构，由股东指名慈善机构，伯克希尔则负责开支票，只要国税局认可的慈善机构都可以捐赠。去年在5700位股东的指示下，伯克希尔捐出了1670万美元给3550家慈善机构，自从这项计划推出之后，累计捐赠的金额高达1.81亿美元。

大部分的上市公司都回避对宗教团体的捐赠，但这却是我们股东们最偏爱的慈善团体。总计去年有437家教会及犹太教堂名列受捐赠名单，此外还有790间学校，至于包含查理和我本人在内的一些大股东，则指定个人的基金会作为捐赠的对象，从而通过各自的基金会做进一步的分配运用。

每个星期，我都会收到一些批评伯克希尔捐赠支持计划生育的信件，这些信件常常是由一个希望伯克希尔受到抵制的单位所策划推动，这些信件的措词往往相当诚挚有礼，但他们却忘了最重要的一件事，那就是作出此项捐赠决定的并非伯克希尔本身，而是其背后的股东，而这些股东的意见可想而知本身就有很大的分歧。举例来说，关于堕胎这个问题，股东群体中支持与反对的比例与美国一般民众的看法比例相当，我们必须遵从他们的指示，不论他们决定捐给计划生育或者是生命之光，只要这些机构符合税法的规定，这就等于是我们支付股利，然后由股东自行捐赠出去一样，只是这样的形式在税负上比较有利。

不论是在采购物品或是聘用人员，我们完全不会有宗教、性别、种族或性向的考量，那样的想法不但错误，而且无聊。我们需要人才，而在我们能干又值得信赖的经理人、员工与供货商当中，充满了各式各样的人士。

想要参加这项计划者，必须拥有A级普通股，同时确定您的股份是登记在自己而非股票经纪人或保管银行的名下，同时必须在2002年8月31日之前完成登记，才有权利参与2002年的捐赠计划。当你收到表格后，请立即填写后寄回，逾期恕不受理。

——2001年巴菲特致股东的信

如果我开始成为这一信息的候选人，我们的董事会将善意地实言相告。我所拥有的每一股股票都已经事先指定捐赠给慈善事业，我希望整个社会能够从这些生前赠予和死后遗赠中收获到最大限度的好处。如果由于我的合作伙伴们逃避责任，没有告诉我我应该离开了（我希望他们说得温和一些），那将是一场悲剧。但不必为此担心，我们拥有一群非常杰出的董事，他们总是能够做出对于股东来说最为正确之事。

谈及此事时，我的感觉好极了。

——2005年巴菲特致股东的信

我们规模扩大最直接的受惠者之一就是美国国库，今年光是伯克希尔与通用再保已经支付或即将支付的联邦所得税就有27亿美元之多，这笔钱足够供美国政府支应半天以上的开销。

也就是说，全美国只要有625个像伯克希尔及通用再保这样的纳税人的话，其他所有的美国公司或2亿7000万的美国公民都可以不必再支付任何的联邦所得税或其他任何形式的联邦税（包含社会福利或房地产税），所以伯克希尔的股东可以说是"功在国家"。

对于查理和我来说，签发后面有一长串"零"的大额支票一点都不会感到困扰，伯克希尔身为一家美国企业，以及我们身为美国公民，得以在美国这个伟大的国家繁荣发展，这是在其他国家所不可能达到的。我想要是我们生在世界上的别的角落，那么就算是我们再怎么努力地逃避税负，我们也不可能像现在这么富有（也包含生活上其他层面）；从另一个角度来说，我们感到很幸运能够支付一大笔钱给政府，而非因为我们残障或失业，要靠政府时不来救济我们。

——1998年巴菲特致股东的信

真正慷慨的富豪

在美国，如果深入统计数据，你会发现国民生产总值的2%都进入了慈善领域，而中产阶级的捐款相对他们的收入其实比富豪更加慷慨。犹他州的捐款比率在全美国是最高的，因为有摩门教，但这并不是因为摩门教徒更加有钱，而是因为他们的信仰支持捐款行为，于是他们贯彻信念。

另外在美国，对教堂捐款占所有慈善捐款中很大部分比例，在这方面我没有具体统计，但是我相信教堂获得的捐款中绝大部分来自中产阶级。在大众关注和受益的领域，例如医学研究的投入上，中产阶级的捐款所占比重最大。总体而言美国人是非常慷慨的，如果按照收入衡量，在全球富豪榜前400名的人恰恰是最不慷慨的。

——巴菲特接受福克斯电视新闻网采访

去年，我已将大部分持有的伯克希尔股权，移转给5个慈善基金会。此一安排，是我生前规划的一部分，最终我会将名下所有持股全数投入于公益。有关我所做的承诺及所持的理由，都刊登在我们的网站。大家应该注意的是，此一决定及实行时机，都并非出于税负的考虑。2006年我必须缴交给联邦或州政府的所得税，与我去年夏天的首次捐献前，维持完全相同的水平，对2007年的所得税来说，也没有任何不同。

据我遗嘱中的主张，我在过世时仍持有的伯克希尔股份将以为期10年的时间加以变卖，以投入公益使用。由于处理上并不算复杂，因此最多再花3年就能完成所有程序。将这13年的时间，加上我预期自己还能再活约12年（当然，我的目标不只如此），就意味着我所有伯克希尔持股的卖出所得，将在未来25年间，完全移作社会公益用途。

决定此一时程，是由于我希望将这些钱交给我所知悉有能力、活力及动机的人，能够在限期内加以运用。由于这些管理上的特质，常随着机构（尤其在缺乏市场的竞争下）的老化而衰减。目前，这五个基金会都是由不可多得的人才来主事，因此在我离开人世时，何不让他们以明快的方式，善加运用我所遗留的财产？

对偏重在基金会永续经营方面的人来说，强调未来一定会有更重大的社会问题，需要慈善组织的密切关注。我同意此一看法，但我认为将来一定会出现更多的超级富豪及家族，其财富规模将超过美国现有的水平，能够在慈善组织的号召下，提供所需捐助的基金。届时，这些资助者，就可根据当时的实际需要，提供机构在运作上所需的动能，将焦点放在那时才发生的重大社会问题，以寻求最佳解决之道。如此一来，这些机构的理念及有效性，就可在市场上接受验证。有些基金会理应获得源源不绝的挹注；但许多社会目标已完成者，剩余的基金该如何处置，反而形成更大的问题。即使活着的人在决策上不尽理想，但在资金的分配上，也还是应该比几十年前死者的好意安排，更符合实际的需要。当然，遗嘱随时都能够改写，但若要我的想法出现重大的改变，恐怕是不大可能的。

——2006年巴菲特致股东的信

我非常敬佩比尔和梅琳达·盖茨基金会所取得的成就，同时也希望能够实质性地增强其实力。通过这封信，我承诺：在我有生之年，将以比尔和梅琳达·盖茨基金会为受益人，每年捐赠伯克希尔B股，这个承诺是不可撤销的，第一年的捐赠将使比尔和梅琳达·盖茨基金会的年度受赠金额增加15亿美元。我预计，以后我每年的捐赠数虽不固定，但最终都会实质性地增加。

我是这样安排的：我将指定1000万股B股专门用于比尔和梅琳达·盖茨基金会的慈善捐赠（目前我只有A股，但不久就会把部分A股转换为B股）。每年7月或你们选定的时间，这些已指定股票中的5%将直接捐给比尔和梅琳达·盖茨基金会，或者是捐给一个以比尔和梅琳达·盖茨基金会为受益人而持有这些股票的慈善代理机构。具体来说，我将在2006年捐出50万股，2007年捐出47.5万股（2006年捐赠后剩下的950万股的5%），其后每年捐出余下股份的5%。

这个终身承诺有三个条件：首先，你们两位中至少有一位必须在世，并参与比尔和梅琳达·盖茨基金会的决策和管理；其次，比尔和梅琳达·盖茨基金会（或其代理机构）必须继续符合法定条件，以使我的捐赠用于慈善并免于捐赠税或其他税项；最后，我每年的捐赠必须完全加入比尔和梅琳达·盖茨基金会的捐赠支出中，这个支出至少是比尔和梅琳达·盖茨基金会净资产的5%。刚开始启动的两年，我预计这一条（第三条）不适用，但从2009年开始，比尔和梅琳达·盖茨基金会每年的捐赠必须不少于我的捐赠加上比尔和梅琳达·盖茨基金会净资产的5%。不过，如果某年超过了这个数字，超出部分可以移到以后年度以抵消当年捐赠的不足。同样，某一年的捐赠不足也可以在随后的年度内补足。

为了改善千百万个不像我们三个人这样幸运的人们的生活，你们两人在基金会的工作中付出了非凡的智慧、精力和热情，你们已经不分种族、肤色、性别、宗教和地域做到了这一点。我很高兴能为你们从事的慈善事业贡献资源。

——巴菲特2006年致盖茨夫妇的信

巨额财富留给谁

我强烈地感觉，伯克希尔企业与经理人的命运不应该依赖在我个人的健康之上。当然若是因此可以加分会更好，为此我已做好万全的计划，不管是我个人或是我内人的遗嘱都不打算将这些财产留给家族；相反地，重点会放在如何保持伯克希尔的特质，并将所有的财富回归给社会。

所以万一要是明天我突然死了，大家可以确定三件事：（1）我在伯克希尔的股份，一股都不会卖；（2）继承我的所有权人与经理人一定会遵循我的投资哲学；（3）伯克希尔的盈余会因为出售我个人的专用飞机——无可辩解号，每年可增加100万美元（不要管我希望让它陪葬的遗愿）。

——1991年巴菲特致股东的信

如果更换CEO的需要不是由于我的去世，而是由于我的衰退，尤其是与这种衰退随之而来的是我虚妄地认为，我正处于个人管理才华的一个新的高峰时，董事会是否将会准备好作出变化。在伯克希尔下属企业中，我和查理一次又一次遇到这种情况。人老化的速度差别非常大，但或早或晚他们的智力和精力都会衰减，有些经理人在进入80岁高龄之后仍然生龙活虎……查理本人就是一个82岁的神奇经理人。但其他经理人刚刚年满60岁就明显地出现衰退，当他们的能力衰退之时，他们自我评估的能力也往往相应衰减，有些还需要经常在其耳边鸣笛警告。

当这种情况出现在我的身上之时，我们的董事会将不得不出面接替我的工作。从财务的观点来看，董事会成员很少有此动机做出如此举动。据我所知，没有其他任何一家美国公司董事会中的董事与股东们的财务利益如此完全紧密地结合在一起，少数董事甚至关系更为紧密。可是在私人关系层面上，对于大多数人来说，要告诉别人，尤其是一个朋友，他（她）已经能力不济，实在是件特别难以启齿的事。

如果我开始成为这一信息的候选人，我们的董事会将善意地实言相告。我所拥有的每一股股票都已经事先指定捐赠给慈善事业，我希望整个社会能够从这些生前赠予和死后遗赠中收获到最大限度的好处。如果由于我的合作伙伴们逃避责任，没有告诉我我应该离开了（我希望他们说得温和一些），那将是一场悲剧。但不必为此担心，我们拥有一群非常杰出的董事，他们总是能够做出对于股东来说最为正确之事。

谈及此事时，我的感觉好极了。

——2005年巴菲特致股东的信

崇尚节俭

当我读到一些文章说一些公司开展了削减成本计划时，我便知道这些公司并不真正理解什么是成本。因为在这一方面，一时的激情是不会奏效的。真正优秀的经理不会在早晨一觉醒来后说"今天我打算削减成本"就像他不会一觉醒来后决定进行呼吸一样。

——1988年财富杂志《巴菲特的内心故事》

随着经济实力的增长，我们雇用员工的人数也同步增加。我们现在拥有47566位员工，其中包含1998年购并通用再保后并进来的7074人，以及内部增聘的2500人，而为了服务新增加的9500个人手，我们的总部人员也从原来的12人扩编为12.8人（0.8指的不是查理或是我本人，而是我们新请的一位会计人员，一个礼拜工作4天）。尽管这是组织泛滥的警讯，但是，我们去年税后总部开支却只有区区的350万美元，大概占我们管理总资产的一个基本点（万分之一）还不到。

——1998年巴菲特致股东的信

商品化的企业另一项生存之道就是压低成本。在众多车险业者当中，美国雇用保险无疑荣获桂冠，至于全国保险消费者组织则是另外一种路遥知马力类型，但追求低成本的企业必须努力不懈，彻头彻尾的维持优势，而美国雇用保险正是如此。

100年前，当汽车首次问世，财产意外险业便是个垄断的行业。几家最主要的公司，大多位于东北部，订立了公订的价位，且是完全不二价，没有人会杀价竞争，保险业者所竞逐的是强势的中介商，此举造成高佣金与高费率。

1922年州农保险由伊利诺伊州梅尔纳的农夫乔治·米彻尔所创立，目标锁定在打破业界掮客所树立的高价保护伞。州农雇用专属中介人员，这套系统让州农取得保单的成本远低于一般保险同业，其独立业务代表接二连三成功地搞倒其他业者。拜其低成本结构所赐，州农最终拮取25%的个人业务大饼，含车险及住宅险在内，远远超越昔日强大的竞争对手；而创立于1931年的好事达保险也仿效设立类似的行销通路，并一举跃居第二，仅次于州农。资本主义再度发挥神奇的效用，而这种低成本的营运确已势不可挡。

——2004年巴菲特致股东的信

就像我们在美国航空的投资，在我们签发支票的墨水还没干之前，产业情况就已经开始恶化。如同先前所提到的，没有人强迫我，是我自己心甘情愿跳下水的，没错，我的确预期到这个产业竞争会变得相当激烈，但我没想到这个产业的领导者竟会从事长期自杀性的行为。过去两年以来，航空业者的行为，就好像觉得自己是公务人员抢着办退休好领退休金一样，为求尽快达到目的而不择手段。

在一片混乱之中，美国航空的总裁赛思·斯科菲尔德在重新调整该公司体质之上，花了不少的工夫，尤其是去年秋天他勇于承担一次罢工事件。若是处置不当，再拖延下去很可能让公司面临倒闭的命运；而若是屈服于工会抗争的压力，则其下场一样悲惨。该公司所面对沉重的薪资成本，与工会要求比起其他竞争同业来说，又更繁杂许多。而事实很明显，任何成本过高的业者到最后终将面临淘汰的命运，还好罢工事件在发生几天后圆满地落幕。

对那些为竞争所苦的行业，如美国航空来说，比起一般产业更需要好的管理技巧。不过很不幸的是，这种技巧所带来的好处，只不过是让公司得以继续存活下去，并不能让公司如何地飞黄腾达。

——1992年巴菲特致股东的信

价值来自于比较

我们以营业利益除以股东权益（股权投资以原始成本计）来评估企业单一年度的绩效，至于长期评量的标准，则须加计所有已实现或未实现的资本利得或损失。而一直以来，后者历年来的平均数都比前者还要好，最主要的原因是，前段所提那些无控制权的公司盈余持续累积，反映在其市值增加之上。

当然市值的变化起起伏伏且无法预测，更无法真正量化到底数字是多少，有时一个高价买进的错误，甚至可能把公司往后十几年盈余累积的效果都给抵消掉。但是只要市场恢复理性，市价终究会反映公司累积盈余的能力，甚至超过买进后累积的盈余，这等于是在蛋糕上多得到一点糖霜呢。

在现有经营阶层接掌伯克希尔的16年来，公司每股的账面净值（其中保险事业的股权投资以市价计）已由原先的19.46美元成长至400.8美元，相当于年复合成长率20.5%（事实上你"本身"做得也不错，过去10年来人体内所含矿物质成分的价值以年复合成长率22%增加）。值得庆幸的是，虽然我们也犯了不少错，但还是能达到这样的记录，尽管管理上时常遭到三振，但优异的企业体质仍然可以维持相当不错的平均打击率。

我们旗下的保险事业，将会持续地把资金投资在一些虽不具控制权但经营良好且保留大部分盈余的公司之上。按照这个策略，可预期的长期的投资报酬率将持续大于每年账面盈余的报酬率，而我们对此理念的坚信不疑是很容易用数字来说明的。虽然只要我们愿意，把手上的股权投资出清，然后转进免税的长期债券，公司每年账面盈余马上就能净增加3000万美元，但我们从来就没想过要那么去做。

——1980年巴菲特致股东的信

过去几年我一再提醒各位，政府雇员保险公司的股价涨幅明显超越其本业的表现，虽然后者一样杰出，政府雇员保险公司在我们公司的账面价值成长幅度大于该公司本身内含价值的成长幅度；而我同时也警告各位，这种情形不会年复一年地一再发生，总有一天其股价的表现将逊于本业，而这句话在1984年应验了。去年政府雇员保险公司在伯克希尔的账面值没什么变动，不过其公司的内涵价值却大幅增加，而由于政府雇员保险公司代表着伯克希尔27%的净值，当其市场价值迟滞不前，直接便影响到伯克希尔净值成长的表现。但我们对这样的结果并不会觉得有什么不好，我们宁愿要政府雇员保险公司的企业价值增加X倍而股价下跌，也不要公司内含价值减半而股价高涨。以政府雇员保险公司这个例子，乃至于我们所有的投资，我们看中的是公司本质的表现，而非其股价的表现，如果我们对公司的看法正确，市场终将还它一个公道。

——1984年巴菲特致股东的信

并不是公司的股利要随着每季盈余或投资机会的些微差异，便要跟着变来变去。上市公司的股东一般偏好公司有一贯稳定的股利政策，因此股利的发放应该要能够反映公司长期的盈余预期，因为公司的前景通常不会常常变化，股利政策也应该如此。但长期而言，公司经营阶层应该要确保留下的每一块钱盈余发挥效用，若一旦发现盈余保留下来是错的，那么同样也代表现有经营阶层留下来是错的。

现在让我们回过头来检视伯克希尔本身的股利政策，过去记录显示伯克希尔的保留盈余可赚得较市场更高的报酬率，亦即每保留一块钱盈余可创造大于一块钱的价值。在这种情况下，任何发放股利的动作可能都不利于所有伯克希尔的大小股东。

——1984年巴菲特致股东的信

我们真正在乎的是实质价值而非账面价值，而庆幸的是，从1964年到2003年期间，伯克希尔已经从一家原本摇摇欲坠的北方纺织公司，蜕变成一个涉足各个产业的大型集团。其实质价值大幅超越账面价值，39年来实质价值的成长率甚至远超过账面价值22.2%的成长率。

并非完美，但计算账面价值仍不失为衡量实质价值长期成长率的有效工具，只是单一年度净值的表现与标准普尔500指数的比较，其意义已不若以往。主要原因在于我们股票投资部位包含可转换特别股在内，占我们净值的比重已经大幅下降，从19世纪80年代早期的114%，到2000年至2003年的50%，也因此股市波动对于我们净值影响的程度已经大不如前。

——2003年巴菲特致股东的信

子宫彩票与最幸运的人

我认为我自己是罕见的幸运。让我在这里花上1~2分钟讲个例子，也许值得我们好好想想。让我们做这样一个假设：在你出生的24小时以前，一个先知来到你的身边。他说："小家伙，你看上去很不错，我这里有个难题，我要设计一个你将要生活的世界。如果是我设计的话，太难了，不如你自己来设计吧。所以，在24小时以内，你要设计出所有那些社交规范、经济规范，还有管理规范等。你会生活在那样一个世界里，你的孩子们会生活在那样一个世界里，孩子们的孩子们会生活在那样一个世界里。"你问先知："是由我来设计一切吗？"先知回答说："是。"你反问："那这里肯定有什么陷阱。"先知说，"是的，是有一个陷阱。你不知道自己是黑是白，是富是穷，是男是女，体弱多病还是身体强健，聪明还是愚笨……你能做的就是从装着65亿个球的大篮子里选一个代表你的小球。"

我管这游戏叫子宫里的彩票。这也许是决定你命运的事件，因为这将决定你出生在美国还是阿富汗，有着130的智商还是70，总之这将决定太多太多的东西。如何设计这个你即将降生到的世界呢？

我认为这是一个思考社会问题的好方法。当你对即将得到的那个球毫不知情时，你会把系统设计得能够提供大量的物品和服务，你会希望人们心态平衡，生活富足，同时系统能源源不绝地产出（物品和服务），这样你的子子孙孙能活得更好。而且对那些不幸选错了球，没有接对线路的人们，这个系统也不会亏待他们。

在这个系统里，我绝对是接对了路，找到了自己的位置。我降生后，人们让我来分配资金。这活本身也并不出彩。假设我们都被扔在了一个荒岛上，谁都走不出来，那么在那个岛上，最有价值的人一定是稻谷收获最多的人。如果我说，我能分配资金，估计不会招什么人待见。

我是在合适的时间来到了合适的地方。盖茨说如果我出生在几百万年前，权当了那些野兽的鱼肉耳。我跑不快，又不会爬树，我什么事也干不了。他说，出生在当代是你的幸运。我确实是幸运的。

时不时地，你可以自问一下，这里有个装着65亿小球的篮子，世界上的每个人都在这里：有人随机取出另外100个小球来，你可以再选一个球，但是你必须把你现有的球放回去，你会放回去吗？100个取出的小球里，大约5个是美国人吧，95个不是。如果你想留在这个国家，你能选的就只有5个球。一半是男生，一半是女生，一半是高智商，一半是低智商。你愿意把你现在的小球放回去吗?

你们中的大多数不会为了那100个球而把你自己的球放回去。所以,你们是世界上最幸运的1%,至少现在是这样。这正是我的感受。一路走来,我是如此幸运。在我出生的时候,出生在美国的比率只有50:1。我幸运有好的父母,在很多事情上我都得到幸运女神的眷顾……幸运地出生在一个对我报酬如此丰厚的市场经济里,对那些和我一样是好公民的人们,那些领着童子军的人们,周日教书的人们,养育幸福的家庭。它们可能在报酬上未必如我,但也并不需要像我一样呀。

我真的非常幸运,所以,我盼着我还能继续幸运下去。如果我幸运的话,那个小球游戏给我带来的只有珍惜,做一些我一生都喜欢做的事情,并和那些我欣赏的人交朋友。我只同那些我欣赏的人做生意。如果同一个令我反胃的人合作能让我赚1个亿,那么我宁愿不做。这就如同为了金钱而结成的婚姻一般,无论在何种条件下,都很荒唐,更何况我已经富有了。我是不会为了金钱而成婚的。

——1998年巴菲特在佛罗里达大学商学院的演讲

基本面信徒

我们认为我们的成功方程式——那就是以合理的价格买进具有产业竞争优势,且同时由诚实且有才干的人来经营的做法,在往后同样能够获致令人满意的结果,我们预估应该可以继续保持这种好成绩。

然而皮夹子太厚,却是投资成果的大敌。目前伯克希尔的净值已高达119亿美元,还记得当初查理跟我开始经营这家公司时,公司的净值只有2.2万美元。虽然还是一样有许多好的公司,但却很难再找到规模够大的对象(就像是查理常常说的,如果一件事情不值得去做,那么就算是你把它做得再好也没有用),现在我们只考虑买进至少1亿美元以上的投资,在这样的高门槛下,伯克希尔的投资世界,一下子缩小了许多。

尽管如此,我们还是会坚持让我们成功的方法,绝对不会放宽原有的标准,泰德·威廉姆斯在我妻子的故事中写道:我个人的看法是,如果你想成为一个优秀的打击者的话,首先你得先相中一颗好球来打,这是教科书里的第一课,如果强迫自己在不中意的好球带挥棒,我绝对无法成为打击率3成44的强打者,而可能变成2成5的普通球员。查理跟我都很同意这样的看法,所以我们宁愿静静地等待球滑进我们喜欢的好球带。

我们将实质价值定义为一家企业在其生涯中所能产生现金流量的折现值,任何人在计算实质价值时都必须特别注意,未来现金流量的修正与利率的变动都会影响到最后计算出来的结果。虽然模糊难辨,但实质价值却是最重要的,也是唯一能够作为评估投资标与企业的合理方法。

对于坊间一般投资人与商业人士相当迷信的政治与经济的预测,我们仍将保持视而不见的态度。30年来,没有人能够正确地预测到越战会持续扩大、工资与价格管制、两次的石油危机、总统的辞职下台以及苏联的解体、道琼斯指数在一天之内大跌508点,或者是国库券殖利率在2.8%与17.4%之间巨幅波动。

不过令人惊讶的是,这些曾经轰动一时的重大事件却从未让本杰明·格雷厄姆的投资哲学造成丝毫的损伤,也从没有让以合理的价格买进优良的企业看起来有任何的不妥。想象一下，若是我们因为这些莫名的恐惧而延迟或改变我们运用资金的态度，将会使我们付出多少的代价。事实上，我们通常都是利用某些历史事件发生，悲观气氛达到顶点时，找到最好的进场机会。恐惧虽然是盲从者的敌人，但却是基本面信徒的好朋友。

在往后的30年间，一定还会有一连串令人震惊的事件发生，我们不会妄想要去预测它或是从中获利，如果我们还能够像过去那样找到优良的企业，那么长期而言，外在的意外对我们的影响实属有限。

——1994年巴菲特致股东的信

当产业的基本面崩坏时，有才能的管理阶层仅能试着减缓其衰退速率。最后，逐渐崩坏的基本面会战胜管理人的智能（就像一个有智慧的朋友曾经告诉我："要当一个好的事业家，那就要确定从事的是好事业"）。报业的基本面绝对是每况愈下，如此的情势使得伯克希尔水牛城日报的获利下降，而且还会持续下去。

我跟芒格还年轻时，在美国经营报业可以很轻易获得可观的利润。就像某位不太聪明的发行人名言："我的财富，来自于美国社会的两大支柱：独占及重用亲信。"在某家报社垄断的城市中，报纸即使内容差强人意，甚至是管理上无能，都还是能创造获利。

产业的迟缓可能仅有一个理由可以解释。在20世纪大部分时间中，报纸是美国大众主要的信息来源。不管主题为体育、财经或政治，报纸都有至高的地位。另外很重要的是，报纸广告提供最简单的招聘机会，以及了解镇上超市商品价格的管道。

绝大部分的家庭感知到报纸对日常生活的重要。但是可理解的，大多数的人每天并不需要第二份报纸。广告客户喜欢找发行量最多的报社，并且也希望找到读者会喜欢广告、及新版面的报纸。如此的循环，导出一项报业的丛林生存法则："抢得先机者才能生存。"

如此一来，当两家或更多报纸共存于主要大城市（一个世纪以前，这个现象相当普遍），通常抢在前头的报社将会成为最后的赢家。而当竞争期结束时，报社在广告及报纸的定价上能有更大的自由。一般而言，广告客户及读者的成长率每年增加，而获利也源源不绝。对报社业者来说，这曾是获利的天堂。

——2006年巴菲特致股东的信

无可辩解

去年公司新添购了一架飞机，没错，一架对很少到远处旅行的我们来说，算是相当昂贵且豪华的飞机。这架飞机不仅价值不菲，还要花许多钱在保养之上，一架1500万美元的新飞机，每年光是账上的资金成本与折旧提列就要300万美金；比起先前那架85万美元二手飞机，每年只会产生20万美元的费用，确实有极大的差别。

虽然充分了解其中的差异，不幸的是，你们的主席我本人，还是对于企业专用飞机发表了许多不当的言论。因此在购买之前，我不得已暂时变身成为伽利略，突然间得到一项反启示，原来旅行可以比过去容易得多了，只是也变得比过去更贵了。到底伯克希尔会不会因为这架飞机而受益，目前尚无定论，但我个人一定会将部分企业的成功因素归诸于它（不管别人如何地怀疑），我很害怕富兰克林打电话告诉我说："没错！人类身为一种有理性的动物实在是太方便了，只要他想要做的，随时可以找一个理由来解释它。"

——1986年巴菲特致股东的信

去年夏天我们把三年前以85万美元买的公司专机给卖掉，另外又以670万美元买了一架二手飞机，大家只要想到先前我提过的细胞复制的数字游戏就会觉得很惊讶。如果我们公司的净值持续以相同速度增长，而更换飞机的成本同样也以每年100%的速度上升，大家会发现，伯克希尔庞大的净值很快就会被这架飞机给吃光光。

查理对于我将飞机比喻成细菌的做法不太高兴，他认为这样岂不污辱了细菌，他个人最理想的旅行方式是坐有空调冷气的巴士，这还是当车票有打折时才有的奢侈做法。对于这架专机，我个人一贯的态度是圣奥古斯丁当初想要脱离世俗的富裕生活出家去做教士一样，在理智与荣耀的中间天人交战，他乞求上天，救救我吧，让我成为一个圣洁的人，不过不是现在！

替这架飞机命名可不是一件简单的事，一开始我建议取名叫做查理芒格号，查理反击说应该叫神经有问题号，最后双方妥协决定称它为"无可辩解号"。

——1989年巴菲特致股东的信

洋溢着快乐

《华盛顿邮报》的发行人凯萨琳·葛兰姆女士在去年决定正式退休。1973年我们斥资1000万美元买进她公司的股份，时至今日我们每年从该公司取得700万美元的股利，而持有股票的市值已超过4亿美元。当初在决定买进该公司的股份时，我们便看好该公司的前景，但另外一点同样重要的是，查理跟我都认为凯萨琳将会证明自己是位杰出的经理人，同时能够诚实地对待所有的股东，后面那一点尤其重要，因为该公司股份分成两种，而这种架构常常遭到许多经理人滥用。

而我们做这项投资的正确判断可由许多事件获得证明，凯萨琳杰出的表现使得她获得财富杂志编辑群选为商业名人堂，而对于身为股东的我们来说，查理跟我早就把她列入伯克希尔的名人堂之中。

另外一位在去年退休的人是可口可乐的唐·基奥，虽然如同他本人所说他的退休只维持了14个小时，唐是我认识最优秀的人之一，他不但拥有绝佳的商业天分，同时更重要的是使得每个幸运能够与他共事的人发挥其潜能。可口可乐希望其产品能够伴随每个人一生最快乐的时光，而唐这个人却带给周围的人无限的欢乐，每当想起唐时，没有不让人会心一笑的。

——1993年巴菲特致股东的信

去年我曾明确地表示，水牛城日报1988年的税前盈余一定会下滑。事实证明要不是有斯坦·利普西，结果可能会如我所预测，与其他同规模的报纸同样地沉沦，很高兴斯坦让我看起来很愚蠢。

虽然我们去年调涨的价格较同业水准略低，同时印刷和工资成本调整的幅度与同业一致，但斯坦还是硬生生让毛利率又扩大一些。在新闻业没有其他人可以像他这样有更好的经营绩效，且同时还能够让读者得到如此丰富的新闻。我们相信我们自己的新闻比率，绝对是同样规模或甚至更大报纸中最高的，1988年49.5%，不管获利状况如何，我们一定会努力将这个比率维持在50%上下。

查理跟我在年轻的时候就很热爱新闻事业，而买下水牛城报纸的12年来，让我们渡过了许多快乐时光，我们很幸运能够找到像默里这样杰出的总编辑，让我们一入主水牛城报纸后，便深深引以为傲。

——1988年巴菲特致股东的信

就长期而言，查理跟我还是一样，把伯克希尔每股实质价值成长的速度锁定在稍微超过标准普尔500指数的目标上。虽然只是每年几个百分点的差异，但只要能够持之以恒，久而久之也能产生不少的差距。当然每年为了达到这个目标，我们都必须固定再为伯克希尔增添几家好公司，并让原先就已经拥有这些好公司的价值保持成长，同时还要避免流通在外的股数继续大幅膨胀。个人觉得要做到后两点没有太大问题，但第一点则真的要碰运气。

在这里要特别感谢两组团队让我去年的工作一如往年般的轻松愉快。首先，我们旗下事业的经理人依然继续坚守岗位表现杰出，完全不让我操心（当然这本来就不是我的专长），使我可以将大部分的心思摆在如何运用资金之上。

——2000年巴菲特致股东的信

周六下午，我们将再次为从北美以外来的股东，举办一个招待会。每年我们的股东大会吸引来自全球的许多人，查理和我想对这些来自远方的客人，表示一下我们个人的问候。去年，我们很高兴与来自许多国家的400位股东会面。任何非美国和加拿大的股东，将收到特别的入场券，上面有参加这个招待会的说明。

84岁的查理和77岁的我，拥有的幸运超过了我们的梦想。我们都出生在美国；都有非常了不起的父母，让我们能获得良好的教育；都有美满的家庭和健康的身体；都有一些"商业"基因，让我们取得了某种其他人未经历过的巨大成功，这些人对我们社会福利的贡献，并不逊于我们，甚至比我们更多。而且，我们都热衷于做着我们热爱的工作，并有无数杰出的和令人愉快的同事协助。对于我们，每天都是那样令人兴奋，所以不要惊讶看到我们跳着踢踏舞去上班。不过对我们，没有比在伯克希尔每年的股东大会上，与我们的持股合伙人欢聚一堂更让人兴奋的了。

——2007年巴菲特致股东的信

投资成就本就是骄人成就

当然只要我们投资的子公司以及股票具有远景，我们绝对能够因此受益；同时也要感谢旗下这群有着卓越能力与专注力的经营管理团队。大家要知道，这些经理人本身大多都已经很有钱了，根本就不需要靠伯克希尔这份薪水过活，他们不为名，也不为利，纯粹是冲着那份成就感。

——1997年巴菲特致股东的信

我只能说我自己不会这么做。我可以告诉周围的人如何赚钱，如何经营公司，却不能指使他们如何花钱，那是他们自己的事。很多人说我现在走上错误的道路，但是我如果按照他们的想法去做，早在我只有200万美元的时候，我就已经把所有钱都花光了，世界也不可能从我这里得到更多的钱。在如何花钱、如何支配财富方面，我从来不听取别人的意见，这也正是我不会在这个话题上对别人说三道四的原因。

在这方面父亲对我的影响很大。很多人批评我说应该在更早的时候就捐款，但是我自己知道应该做什么，要如何做，因此不会受到困扰。对于伯克希尔公司所取得的业绩我从来都不谦虚，但是对于我的名字是否出现在捐款名册上或者某个纪念碑上，我认为毫无意义。这并不是谦虚或者仁慈的表现，而是从心里我根本就不在乎。经过多年的研究和投资取得骄人财富是一项成就，但是利用这些财富在建筑物上刻上名字或者让别人感激你、赞美你则谈不上是成就，对我来说这些东西毫无意义。

——1993年巴菲特接受福克斯电视新闻网采访

在过去的年报中，我已不止一次地提醒大家，多数公司的账面价值与其实际的内在价值其实存在有极大的差异（后者才是对股东真正要紧的）。不过以我们公司本身的状况而言，过去10多年来账面价值在某种程度（从保守的角度），却颇能代表本公司实际的价值。意思是说，伯克希尔企业的价值略微超越其账面价值，两者之间的比例一直维持着稳定的差距。

而现在跟各位报告的好消息是，在1986年本公司企业价值增加的幅度应该是超过账面价值增加的幅度，我说"应该是"是因为企业价值的判断较为弹性。以我们本身的例子来说，两个同样完全了解本公司的人所衡量出的价值，可能会差到10%以上。

本公司去年企业价值成长的原因，主要归功于旗下主要企业经理人杰出的表现，包括巴金斯，迈克·哥德伯格，赫尔德曼斯，查克·哈金斯，斯坦·利普西与拉尔夫·斯切等人。这些企业，除了保险业外，这几年来在没有耗费额外资金的前提之下，还能稳定的提高公司的获利，这种成就塑造出我们所谓典型的经济价值或商誉。这虽然无法在公司的资产负债表上反映出来，但必须向各位报告，在1986年这种情况极为显著。

——1986年巴菲特致股东的信

2005年12月我们达成协议，收购应用承保81%的股权。这是一家向小型企业提供薪水支付服务和员工补偿保险业务的公司，其大部分客户在加利福尼亚州。

1998年，这家只有12名员工的小公司，购并了一家基地位于奥马哈的有24名员工、经营类似业务的公司。应用承保杰出业务的创始人西德·费伦茨和史蒂夫·孟席斯经过分析得出结论：奥马哈作为经营基地拥有很多优势——我想说这真是远见卓识——如今这家公司的479名员工中有400人在此安家落户。

不到一年之前，应用承保与国家赔偿再保险部门的杰出经理人阿吉特·杰恩达成了一项大额再保险合同。阿吉特·杰恩对西德·费伦茨和史蒂夫·孟席斯留下很深的印象，而他们俩对伯克希尔的经营之道也赞叹不已，我们双方决定合作。我们很高兴地看到，西德·费伦茨和史蒂夫·孟席斯在收购后继续保持19%的股份。12年前他们刚起家时只有很小一笔资本，现在获得如此的成就，想一想有伯克希尔强大的资本支撑，之后他们还会取得多么巨大的成就，我简直乐不可支。

——2005年巴菲特致股东的信

第四章 工作与生活：巴菲特如是说

第一节 "股神"最看重的个人素质

热爱阅读并独立思考

尽可能多地阅读。拿我来说，我在10岁的时候就把我在奥马哈公立图书馆里能找到的投资方面的书都读完了，很多书我读了两遍。你要把各种思想装进你的脑子里，随着时间的推移，分辨出哪些是合理的。一旦你做到这样了，你就该下水（尝试了）……越早开始阅读越好。我在19岁的时候读了一本书，形成了我基本的投资思维方式。我现在76岁了，做的事情就是基于我19岁时从那本书得来的同样的思维方式。阅读，然后小规模地亲身实践。

思考是我生活的重心，我是一个相当喜欢思考的人。尽管我知道有些事情并无答案，但我认为，思考可以为这个世界带来一些真知灼见，这就是它的魅力。

我阅读了许多资料。我在图书馆待到最晚时间才离开。……我从贝斯特斯（一家保险评级服务机构）开始阅读了许多保险公司的资料，还阅读了一些相关的书籍和公司年度报告。我一有机会就与保险业专家以及保险公司经理们进行沟通。

我阅读我所关注的公司年报，同时我也阅读它的竞争对手的年报，这些是我最主要的阅读材料。我看待上市公司信息披露（大部分是不公开的）的态度，与我看待冰山一样（大部分隐藏在水面以下）。你可以选择一些尽管你对其财务状况并非十分了解但你对其产品非常熟悉的公司，然后找到这家公司的大量年报，以及最近5到10年间所有关于这家公司的文章，深入钻研，让你自己沉浸于其中。当你读完这些材料之后，问问自己：我还有什么地方是不知道却必须知道的东西？

——巴菲特语录

长期来说，市场将出现非比寻常甚至诡异至极的举动。只要犯了大错，过去无论多长期不断的成功纪录，都会被一笔抹杀。所以，伯克希尔需要生来就能辨认及规避重大风险的人，甚至是有生以来从未见识过的风险。而现行许多金融机构所普遍采用的规范，运用在投资策略上，都有一些特定及重大的危机潜伏其中。

情绪的控制也十分重要。独立思考、心智稳定以及对人性及组织行为的敏锐洞察力，这些都是想在长期投资上成功的要件。我看过很多聪明绝顶的人，但都缺乏这些特质。

——2006年巴菲特致股东的信

作为世界迄今为止最为成功的投资大师，巴菲特不仅继承了恩师格雷厄姆先生的价值投资思想，而且又将费舍的投资理念融会贯通，使其在投资领域所向披靡。在大师的投资哲学中，其将阅读习惯与独立思考的思维方式放在了至高的地位。纵观大师迄今为止的投资历程，每笔投资案例无不渗透着其大量阅读与独立思考的作风，这也成为其取得举世瞩目成就的一项重要特质。

与之形成鲜明对比的是，现在市场上的盲目跟风，在股市追涨杀跌，在楼市跟风哄抬，到处都充斥着浮躁、贪婪的心理。大多缺乏对信息的耐心解读与独立思考，结果总是会为这样的盲目草率而懊恼不已，这也许就是成大事者与市井小民的最大差别吧！

投资市场上，信息至关重要。然而各利益机构总是会散布出各种消息，甚至是谣言，以迷惑投资者，如果你忽视这些信息，那无异于你在豪赌，当然，轻信这些信息，那也就注定你会成为这场游戏的输家。如何正确解读这些信息，运用自己独立思考的能力，探究其背后的本质，这才能为你的成功争取更大的胜算概率。这就要求你必须能够认真细致阅读海量市场信息，并拥有自己独立思考的一套逻辑。

巴菲特一再强调，投资者如果真的想要进行投资，就应该要学会耐心等待，以静制动。每天在股市中抢买抢卖绝非聪明的方法。要想投资成功，就必须对企业具有良好的判断力，进行独立思考，不要使自己受到"市场先生"的影响。

在投资上，我们应以充分的理性来对待，在生活上又何尝不是如此。不要轻易对某事物下定论，通过对比，甚至相关的信息进行大量搜集、阅读，然后运用自己的逻辑来评判，这就是大师的投资与生活哲学。

胆大心细是成功的法宝

胆大心细是做成所有事情的法宝，投资当然也一样。我们不要想着去预测或者控制投资的结果。其实，人的贪欲、恐惧与愚蠢是能够预测的，但其后果却不堪设想，更加难以预测。

——巴菲特语录

虽然查理跟我本人终其一生追求永恒的持股，但能够真正让我们找到的却是凤毛麟角，光是取得市场领导地位并不足以保证其成功。看看过去几年来通用汽车、IBM与西尔斯这些公司，都曾是领导一方的产业霸主，在所属的产业都被赋予其无可取代的优势地位，"大者恒存"的自然定律似乎牢不可破，但实际结果却不然。因此在找到真正的真命天子之前，旁边可能还有好几打假冒者，这些公司虽然曾经红极一时，但却完全经不起竞争的考验。换个角度来看，既然能够被称为永恒的持股，查理跟我早就有心理准备，其数量绝对不可能超过50家或甚至是不到20家，所以就我们的投资组合来说，除了几家真正够格的公司之外，还有另外几家则是属于极有可能的潜在候选人。

当然有时你也很有可能以过高的价格买下一家好的公司，这种风险并不是没有。而以我个人的看法，像现在的时机买任何股票就都有可能必须承担这样的风险，当然也包含永恒的持股在内。在过热的股市进场买股票的投资人必须要先做好心理准备，那就是对于付出高价买进的优良企业来说，必须要有更长的一段时间，才有办法让他们的价值得以彰显。

——1996年巴菲特致股东的信

当然，不把现金好好地摆着，而拿去投资零息债券不是没有风险的，这种基于总体经济分析的投资绝对不敢保证100%能够成功。不过查理跟我绝对会运用我们最佳的判断能力，大家可不是请我们来闲着没事干，当我们认为胜算颇大时，我们就会大胆地去做一些异于往常的举动，当然万一不小心失手，还请大家多多包涵。就如同克林顿总统一样，我们绝对与各位感同身受，因为曼格家族有90%的资产属于伯克希尔，而巴菲特家族更高达99%。

——1997年巴菲特致股东的信

2009年底，我们已拥有全国第三大商业抵押贷款服务商博卡迪亚公司50%的股份。除了拥有2350亿美元的投资管理资产外，博卡迪亚是在最初出现住房抵押贷款时的重要操作者，在全国拥有25间办公场所。尽管在接下来的几年里商业房地产将面临巨大的挑战，但长远地看，博卡迪亚将拥有可观的发展机会。

我们在博卡迪亚的合作伙伴是乔·斯坦伯格和伊恩·卡明运营的柳卡迪亚。几年前，当伯克希尔收购陷入困境的菲诺沃时，我们就曾有过愉快的合作经历。当时，乔和伊恩所做的努力远远超出了其分内工作，所以当他们与我联系共同购买博卡迪亚时我感到很高兴。

我们也将第一次的冒险经历命名为博卡迪亚，所以让我们将这次称为博卡迪亚的儿子，未来的某天，我将会在写给股东的信中谈论博卡迪亚的孙子。

——2009年巴菲特致股东的信

对于投资者来说，一旦你认准了一件事就要大胆去做，不要总是在那里想着如何去进行预测或控制投资结果。巴菲特在哥伦比亚大学读书时，由于对老师格雷厄姆的崇拜，亲自拜访了格雷厄姆当时担任董事的政府雇员保险公司，并与值班经理进行了5个小时的交谈，以了解该公司的有关情况和业务操作过程。后来返回家乡后，在其父亲的经纪公司担任股票经纪人时，热情地向客户力荐政府雇员保险公司的股票，但由于人们对该公司股票不太了解，也就没多少人愿意持有这只股票，甚至很多顾客还向其父亲抱怨巴菲特向他们推荐烂股。为了消除大家的疑虑，巴菲特动用了自己当时资金的2/3（1万美元）购买了这只股票。通过购买和拥有这些保险公司的股票，巴菲特进一步了解到了保险公司是如何运作与赚钱的。这种由点到面的深入了解，反过来又大大增强了他继续购买政府雇员保险公司的信心。

到了后来，无论政府雇员保险公司的财务状况多么糟糕，巴菲特一直认准这是一只好股票，所以只管买进，从不卖出。就这样，巴菲特不但在这只股票的普通股上继续追加投资410万美元，而且还在该股的可转换优先股上投资1940万美元，合计在政府雇员保险公司这只股票上投入资金4700万美元，股数720万股，持有该公司33%的股份，这只股票从而成为巴菲特持股量最大的股票。到1980年，巴菲特在政府雇员保险公司股票上的投资市值就已达到亿美元增值。

只要自己认准了就不轻易服输，这就是巴菲特的性格。这种胆大心细的特点在其投资生涯中也起到了巨大的作用。同样在股市上，看准了就要大胆行动。股市上最忌讳的是缩手缩脚，犹豫不决只会贻误良机。巴菲特认为，胆大心细的人才能成为最终的赢家，同时他还指出，胆大心细并不是对风险的忽视，而是在对风险深刻了解的基础上，权衡利弊，认真分析，从而作出正确的投资决策。

凡事都要亲自调查分析

一个百万富翁破产的最好的方法之一，就是听小道消息并据此买卖股票。

对于未来一年的股市走势、利率以及经济动态，我们不作任何预测。我们过去不会、现在不会、将来也不会预测。我们深信对股票或债券价格所作的短期预测根本是没有用的，预测本身只能够让你更了解预测者，但对于了解未来却毫无帮助。

在你了解的企业上画一个圈，然后剔除掉那些缺乏内在价值、好的管理和没有经过困难考验的不合格企业。如果你不得不进行太多的调查研究，那就肯定有什么地方出错了。

很多年前，我经常四处奔走，对这家公司的竞争对手、雇员等相关方面进行访谈。……我一直不停地打听询问有关情况。这是一个调查的过程，就像一个新闻记者采访那样。最后你想写出一个故事。一些公司的故事容易写出来，但一些公司的故事很难写出来，我们在投资中寻找的是那些故事容易写出来的公司。

——巴菲特语录

我特意检视了一下去年发布的一些年报，看看目前共同基金依照法令设置的独立董事是如何行使其职权的。独立董事设置的法源是根据1940年就定的投资公司法，这也意味我们可以有一段很长的时间来检视法令制定后的成果。身为董事，不论是共同基金或是其他行业有两项最重要的任务，分别是找到或留住才干品行兼备的经理人，以及给予其适当合理的报酬，因此我们乃针对基金董事有关这两项任务的表现记录进行检讨。

我们调查的结果并不乐观。年复一年，成千上万的共同基金不论其绩效有多惨，不断地续聘现任的基金管理公司。依照惯例，董事们毫不用心地核准远超过合理程度的管理费用，之后当管理公司被卖掉，通常会以高于实体净值的价格出售，董事们突然又"幡然悔改"，立刻与新的经理人签约，并全盘接受其所提出的收费结构。实际上，董事们考虑的是谁愿意出最高价买下原有管理公司，就可以在未来管理投资人的钱。

——2003年巴菲特致股东的信

在投资与经营决策的过程中，巴菲特总是能够作出正确的分析判断，这与他善于亲自调查、凡事亲力亲为的投资习惯是分不开的。巴菲特一直有收集年报的习惯。在他的办公室里没有报价机，但档案间很多抽屉里装满了年报，所以，在巴菲特的脑海里，存有许多人想象不到的关于美国大企业的信息，并且他还用最新的年报一直更新着这些信息。假如年报中没有他想要了解的情况，他会去挖掘信息。例如1965年的时候，他打算购买斯图德贝克公司的股票，为了了解这家企业的有关信息，便亲自进行了详细的调查研究，获得了可靠的第一手资料。

在堪萨斯城铁路调车场数油罐车的数量就花了巴菲特大半个月的时间，但这不是说他打算购买铁路股票，而是因为历史悠久的斯图德贝克公司——这家企业生产STP（一种十分成功的汽油添加剂）。当然，该企业不会把有关的详情概述给他，但巴菲特通过数油罐车，已经了解了它的基本成分来自美国联碳公司，也搞清楚了生产一罐STP要用掉多少这种成分。当油罐装运量大幅上升的时候，他立即购买了该企业的股票。后来，这家企业的股票从18美元涨到了30美元，巴菲特也因此而获得了高额的利润。

作为专业投资者，每天都有人向他推荐各种各样的股票，他收到的材料更是应有尽有，可是他基本上对此置之不理，婉言拒绝这些材料。通过亲自调查，巴菲特能够了解到一些只有该企业内部才清楚的信息，这也是巴菲特每次能够充满信心地投资于自己选中的公司的原因。

巴菲特这种凡事亲力亲为的态度，使得他能够获得别人难以知晓的信息，也能够清晰正确地解释那些他能看见的东西，这是每个投资者都应该学习的。不相信任何股评，不受外来信息的干扰，只相信自己的调查研究，这就是巴菲特创造出别人无法望其项背成就的成功秘诀之一。

养成反思失败的习惯

1993年底，我将1000万股资本城股份以每股63美元卖出，不幸的是，到了1994年底，该公司股价变成85.25美元（如果你心痛到不愿去算的话，我可以直接告诉各位我们损失了2.225亿美元的差价）。而当我们在1986以每股17.25美元买进该公司股份时，就曾经向各位报告，在更早之前，也就是在1978年到1980年间，我就曾经以每股4.3美元卖掉该公司股份，并强调对于个人这样的行为感到心痛。没想到现在我却又明知故犯，看起来我似乎应该要找个监护人来好好监管一下。

更不幸的是，资本城一案只能得到银牌，金牌的得主要算我在5年前就犯下的一个错误，但直到1994年才爆发出来，那就是我们在美国航空3.58亿美元的特别股投资。去年9月，该公司宣布停止发放特别股股息，早在1990年，我就很准确地形容这项交易属于非受迫性的失误，意思是说，没有人强迫我投资，同时也没有人误导我，完全要归咎于我个人草率的分析。这项挫败导因是我们过于自大的心态，不论如何，这是一项重大的错误。

在作这项投资之前，我竟然没有把注意力摆在一直为航空深深所苦、居高不下的成本问题之上。在早年，高成本还不致构成重大的威胁，因为当时航空业受到法令的管制，航空业者可以将成本反映在票价之上转嫁给消费者。

在法令松绑的初期，产业界并未立即反应此状况，主要是由于低成本的业者规模尚小，所以大部分高成本的主要业者仍然勉力维持现行的票价结构。不过随着时间慢慢地发酵，在长久以来隐而未见的问题逐渐浮现的同时，旧有业者完全无竞争力的高成本结构却早已积重难返。

随着低成本营运业者座位容量的大幅扩增，超低的票价迫使那些高成本的老牌航空公司也不得不跟进，然而额外资金的挹注（也包含我们在美国航空的那笔投资），延迟这些老牌航空公司发现这项问题的时机。到最后，基本的经济法则终究还是战胜了一切。在一个没有管制的商品制式化产业，一家公司不是降低成本增加竞争力，就是被迫倒闭关门，这道理对于身为公司负责人的我，可说是再也清楚不过了，但是我竟然疏忽了。

——1994年巴菲特致股东的信

我以前特别不敢在公众场合讲话，不敢表达自己，我一直觉得这是个问题。高中毕业后，我曾经去"卡耐基"的Public Speaking训练班，我都已经写好了一个100美元的check（缴费），但到门口时又害怕，没有去成。后来我回家左思右想，觉得如果我不能克服的话，这将成为我人生中的一大障碍。后来，我就又去把这个班报了。

我想，人不要怕犯错。我人生中犯过的错，没有任何一个失败或错误，最后没有成为一个实际上好的东西的。比如，当时我不敢在公众场合讲话，反倒让我自己能对这个事特别重视，我就真的去报班，并刻意训练自己。现在，这反倒成了我的一个长项。

要是我没有在这个方面训练好的话，我想，我都不敢去向我的妻子求婚，让她嫁给我。所以，所有所谓坏的或失败的事背后其实都有一些好的东西在里面。你一定要相信，"信仰"是很重要的，你要相信某个东西，到时候，这些坏的事情或暂时失败的事最后都会自己化解，变成一件好事。

有时候，人生真的是"塞翁失马，焉知非福"。我年轻时曾与我们州最漂亮的女孩约会，但最后没有成功。我听说她后来离过三次婚，如果我们当时真的在一起，我都无法想象未来会怎么样。所以其实，你能犯的最大的错误，你人生中的最重要决定是，跟什么人结婚。只有在选择未来伴侣这件事上，如果你真的选错了，将让你损失很多。而且这个损失，不仅仅是金钱上的。

——2010年巴菲特与美国100位高校MBA的对话

"人非圣贤，孰能无过。"一直被誉为"股神"的巴菲特，在其光鲜的投资业绩背后，其实也隐藏着许多的失误与挫败。和其他投资者相比，巴菲特经历的失败与磨难或许更为沉痛，因此他面对的压力也更大。比如1965年购买的伯克希尔—哈撒韦纺织公司，迫于竞争压力，20年后被关闭了；1964年巴菲特以1300万美元购入当时陷入丑闻的美国运通5%的股权，后来急于出手以2000万美元抛售，但如果他能坚持到今天，其价值会高达20多亿美元；1989年巴菲特以3.58亿美元投资美国航空公司优先股，结果由于航空业低迷，导致公司业绩出现大幅下滑；一向很看好零售业前景，但巴菲特却没有对沃尔玛的投资进行加码，这一错误的行为令其股东们的损失平均每年高达80亿美元等。

与常人不同的是，每次失败后，巴菲特都会主动担起责任（即使有时主要责任不在他身上），积极主动地反思，而不是选择推卸责任而为自己开脱。这次失败的程度达到多少？为什么我会失败？如何才能防止以后再发生类似的错误？……巴菲特总是在失败后如此地反思。遇到挫折时，他不仅不会灰心，反而是越战越勇。这种理性、冷静、坚韧的乐观心态，也成为大师人生中一个耀眼的标志！

足够的耐心必不可少

大多时候我们无法测定一只股票的真正价值，然而只要我们发现某只股票的真正价值，并且感觉这便是你正在寻找的股票时，你所要做的就是毫不犹豫地购入。你没有必要天天都盯着计算机屏幕猜测股价下一步的变化方向，你要相信，假如你对某家企业的看法是对的，并且你恰好在一个适当的价位购进了它的股票，你只要耐心地等待就行了。

我们今后仍然坚持使我们发展到如今庞大规模的成功策略，并且毫不放松我们的投资选择标准。泰德·威廉姆斯在他的传记《我的生活故事》中解释了原因："我的观点是，要成为一名优秀的击球手，你必须等到一个好球才去击打。"这是该书中的第一原则。"如果我总是打那些在我的幸运区以外的球的话，那么，我根本不可能成为一个击球率是0.344的击球手，我只可能是一个击球率是0.250的击球手。"查理和我赞同这种观点，而且将尽量等待那些正好落入我们的"幸运区"的投资机会。

我很少能同时发现两家或三家以上可让我有信心的企业，要耐心等待，因为只有等到退潮时，你才会知道谁一直在光着身子游泳。

投资股票致富的秘诀只有一条，买了股票以后锁在箱子里等待，耐心地等待。

——巴菲特语录

我们花了很多年的时间做同一件事情，此外，今后我们还要花上数年时间继续做这同一件事情。如果我们不是急性子，我们不会对此感到不高兴的。如果我们没有取得任何进展，我们才会不高兴。

——巴菲特在2008年伯克希尔股东大会上的演讲

我们的股权投资使得资本城能够取得35亿美元的资金，用来购并美国广播公司。虽然对资本城来说，或许美国广播公司的效益无法在短暂几年内就立竿见影，但我们很有耐心，一点也不心急，毕竟就算是才华与努力俱备，还是需要时间来发酵，就算你让9个女人同时怀孕，也不可能让小孩一个月就生出来。

为了展现我们的信心，我们特别与管理阶层签订了一项协议：在一定的期间内，我们的投票权将交给担任CEO的汤姆墨菲（或是接任的丹伯克）来处理。事实上，这项提案是由我与查理主动提出，同时我们还自我限制了一些卖出股份的条件，这个动作主要是为了确保我们出售的股份，不会落到未经现有管理阶层同意的人士身上，有点类似几年前我们与吉列剃须刀与华盛顿邮报签订的协议。

——1985年巴菲特致股东的信

巴菲特常说，一旦他认为某只股票好就会去买，即便随后交易所关门10年也没关系，并指出，他买进某只股票便是想永远持有它，而绝非由于感觉它要上涨。可见，巴菲特在投资上取得巨大成功的原因之一就是他的耐心。在股市的不断波动中，很多人总是缺乏耐心，快速买进卖出，可巴菲特却一条道走到底，大多数股票一买就是十几年不动。他的方法简单到极致，他的成功却无人能及。巴菲特始终坚守，在股价低于实际价值时买入，并坚决持有直到价值被发现。

用最合适的价格买到最好的企业，这是巴菲特一直宣扬的投资真谛，但这需要极大的耐心去等待。在这方面，巴菲特是个最好的例子，他可以为等待一个好的买入时机而花上几年甚至几十年的时间。例如，在大规模投资迪士尼公司之前，巴菲特花了整整30年的时间去关注这家公司；1951年第一次买入政府雇员保险公司股票，巴菲特花费了其全部资产的65%（约1万美元），并盈利50%后退出，但在1976年又以每股3.18美元的价格买入130万股，另外在随后的5年里，巴菲特先后再投入了4570万美元，于1990年其已拥有该公司48%的股份，总价值达到了15亿美元。

巴菲特总是说，对于一只好的股票，他会选择永远持有。这在巴菲特的投资案例中可见一斑，其每笔投资的期限几乎都已超过了10年，对大部分投资者来说，连持股5到10年都似乎极其困难。因为在这么长的时间里，利率、国内生产总值、消费者物价指数以及经济景气指数等经济指标都可能会经历剧烈波动；在微观上，企业的管理层也可能会发生巨大的变动，这些都会反应到股价上，引起股价波动。而对大部分投资者来说，股价的波动会极大地刺激到他们的神经，从而也就很难忍受继续持有的"痛"。

要想获得超出市场水平的回报，对于投资者，尤其是集中策略投资者来说，耐心是必要的素质。像巴菲特一样，规避短期行情的影响，在坚信自己选择正确性的前提下，耐心持有，总会有"守得云开见月明"的那天。

志存高远

我们长远的经济目标是将每年平均每股内含价值的成长率极大化，我们不以伯克希尔规模来作为衡量公司的重要性或表现。由于资本大幅提高，我们确定每股价值的年增长率一定会下滑，但至少不能低于一般美国大企业平均数。

——1983年巴菲特致股东的信

大部分公司背后的股东往往只着重短期的利益，相比之下，伯克希尔背后有几十年来一直相当稳定的股东群，拥有其他上市公司少见的长期投资眼光。事实上，这些股东打算一直持有伯克希尔至死方休，因此旗下的经理人可以用一辈子的时间来经营公司，而不用为了下一季的获利情况来烦恼。当然这绝不代表我们就不关心公司经营的现况，事实上，这点也相当地重要，只是我们不希望只因为一味追求短期的获利，而被迫牺牲掉公司长远发展的竞争优势。

——1998年巴菲特致股东的信

我们计算透视盈余的方式会迫使投资人思考企业真正的长期远景，而不是短期的股价表现，从而借此改善其投资绩效。当然无可否认就长期而言，投资决策的绩效还是要建立在股价表现之上，但价格将取决于未来的获利能力。投资就像是打棒球一样，想要得分大家必须将注意力集中到场上，而不是紧盯着计分板。

——1991年巴菲特致股东的信

1942年夏天，12岁的巴菲特住在爷爷家里，他经常会到爸爸的合伙人福尔克先生家里吃午饭。在福尔克太太准备午饭时，巴菲特就会从书房里找一本投资方面的书来看。

有一次，当巴菲特正津津有味地吃着福尔克太太做的鸡汤面时，他突然郑重其事地说："我要在30岁之前成为百万富翁，如果成不了，我就从奥马哈最高的楼上跳下去。"福尔克太太一听吓坏了，赶紧说："你这个小孩子，千万不要再这么胡说了。"巴菲特看着福尔克太太呵呵笑出声来。人小志大，巴菲特从小就给自己设定了一个远大的目标。在投资经营方面，巴菲特同样非常注重公司的长远发展，甚至都安排到了去世后的计划。

2006年巴菲特捐赠300亿美元慈善基金的计划让全世界为之震惊，股东们获悉：巴菲特认为他终将去世，因此提早安排一切。几年前，巴菲特宣布他的儿子霍华德将成为伯克希尔的主席，几位现任经理人将接管公司的运营。人们普遍认为管理政府雇员保险公司投资事务逾25年的刘易斯·辛普森将管理伯克希尔的大部分投资。

在管理政府雇员保险公司期间，即使在一些宏观经济增长缓慢的年份，辛普森仍能使公司每年的增长幅度超过标准普尔500指数增长幅度的7%左右。有关当巴菲特无法处理投资事务时，辛普森将接管公司投资事务的传言，在2006年不攻自破。因为，巴菲特在当年的年报中写道，他打算启用更年轻的人来接替他的工作。因为虽然辛普森的能力很强，但他毕竟只比巴菲特年轻6岁，巴菲特希望能有一个更为长远的接班计划。

像巴菲特这样的非常之人，必有非常之志，且必做非常之事，方立非常之功业。而巴菲特的这些故事也印证了：志当存高远。所谓志向有多大，动力就有多大，财富才有多大。

定位准确

正如韦恩·格雷茨基（加拿大著名冰球运动员）所说的那样，要冲向冰球将要到达的位置，而不是它当前所处的位置。要想迅速游完100米的话，最好顺着大浪游，这比仅靠你自己的努力要轻松得多。

——巴菲特语录

想要让一家好公司的表现发挥到极致，必须依赖优秀的管理人员与明确的目标方向。值得庆幸的是，我们已经有像托尼这样优秀的专业经理人以及绝对不会动摇的目标，而为了确保政府雇员保险公司所有的组织成员都能像托尼一样专注一致，我们需要一套能够搭配的薪资酬劳计划，所以在整个购并案完成之后，我们立刻落实执行。

——1996年巴菲特致股东的信

数十年里，通用再保险公司都被认为是再保险业里的"蒂芙妮"（世界上最著名的奢侈品公司之一，以生产昂贵的银器著称），以它的承保技巧和原则受到大家的推崇。不幸的是，这种声誉其实已并不符实。当我1998年作出决定要购并通用再保险公司时，完全忽略了这一瑕疵，那就是通用再保险公司在1998年的运营方式已经与它在1968年或1978年不一样了。

现在，多亏了通用再保险公司的CEO乔·布兰登，以及他的搭档塔德·蒙特罗斯，恢复了公司以往的光彩。乔和塔德执掌公司已经6年，套用J.P.摩根的话，他们是用一流的方式来做一流的生意。他们恢复了对承保、储备以及客户的挑选上的原则。

公司在国内和国外的遗留问题，耗费巨大且旷日持久，让他们的工作更加困难。尽管有那样的牵制，乔和塔德通过技巧重新定位公司业务，已经带来极好的承保结果。

——2007年巴菲特致股东的信

政府雇员保险公司自1976年几乎破产的边缘东山再起，从经营阶层杰克·伯恩上任的第一天起优异的表现，正是它能获得重生的最大因素。

当然即使身陷于财务与经营危机当中，政府雇员保险公司仍享有其最重要的产业竞争优势也是关键。

身处于广大市场中（汽车保险），不同于大部分行销组织僵化的同业，一直以来政府雇员保险公司将自己定位为低营运成本的公司，所以能够在为客户创造价值的同时，也为自己赚进大把钞票。几十年来都是如此，而即使它在70年代中期发生危机，也从未减损其在此方面的经济竞争优势。

——1980年巴菲特致股东的信

谈到企业购并，对于可能的买主来说，只专注于现在的获利情况却不管潜在的卖方拥有不同的前景、不一样的非营业资产或不同的资本结构，是一件很愚蠢的事。在伯克希尔，我们不知拒绝了多少那种虽然会让短期盈余美观，但却可能损及每股实质价值的合并案或投资机会。总之我们的方式乃效法韦恩·格雷茨基的建议，要紧盯"小精灵"的去向而不是它现在的位置。结果长期下来，比起运用一般的投资标准方法，我们的股东因此多赚了好几十亿美元。

——1994年巴菲特致股东的信

巴菲特说过，要将每笔投资都看成是一桩生意，并指出要以所有者的角度来经营企业。这是其对投资与管理企业的一种态度，其实也是一种定位。巴菲特在每年给股东的信中，都会一再强调股东的长远利益与企业的长期发展状况，并将业绩与一些指标（如标准普尔500）来进行比较衡量，准确地进行投资与企业经营的定位。

定位并不是一个静态的概念，这也是巴菲特一直强调的，关注于投资或企业运营的目前，甚至短期业绩，是一种很愚蠢的行为，所谓真正意义上的定位，是根据目前的状况，来判断未来的发展方向。当然，这并非不切实际地盲目定位，而是基于在对目前形势准确分析的基础之上进行的。

对于人生，也是如此。不能清晰地认识到自己的优势与缺点，也就无法谈起准确的人生定位，若没有给自己的人生一个定位，何来奋斗的动力与标准，那样也就只能留下庸碌一生的哀叹了！

可贵的专注精神

我总觉得研究公司失败要比研究公司成功能让我学到更多的东西。商学院通常研究公司的成功，但我的合伙人查理·芒格却说他希望知道哪里是自己的死穴，这样他就不会犯下致命错误。

——巴菲特语录

尽管对于购并案的热衷横扫整个美国金融界与企业界，但我们还是坚持这种至死不分离的政策，这是查理跟我唯一能够感到自在的方式。事实证明，这种方式长期下来让我们有不错的获利，也让我们的经理人与被投资公司专注于本业之上而免于分心。

去年我们投资了2300多万在NHP50%股权，这是一家房屋租赁发展与整合商，不过若所有主管股票认股权都行使的话，我们的权益大概会降到45%左右。

——1986年巴菲特致股东的信

伯克希尔的套利活动与其他套利客有些不同，首先相对于一般套利客一年从事好几十个案子，每年我们只参与少数通常是大型的交易案。有这么多锅子同时在煮，他们必须花很多时间在监控交易的进度与相关股票的股价变动上，这并不是查理跟我想要过的生活方式（为了致富，整天盯着计算机屏幕到底有何意义）。

也因为我们只专注在少数几个案子，所以一个特别好或是特别差的案子，可能会大大地影响到我们一整年的套利成绩。所幸到目前为止，伯克希尔还没有遇到什么惨痛的经验，一旦发生我一定会一五一十地向各位报告。

——1988年巴菲特致股东的信

52岁的托尼在政府雇员保险公司任职已有34年了，兼具智能、精力、品格与专注力，他是我心目中经营政府雇员保险部门的不二人选，如果我们够幸运的话，托尼应该还能再为我们经营政府雇员保险公司34年以上。

另一方面，劳在管理投资上也同样出色。从1980年到1995年的期间，政府雇员保险公司的投资在劳的管理之下，年度平均投资报酬率高达22.8%，同期间标准普尔只有15.7%。劳在政府雇员保险公司所采取谨慎保守、专注集中的投资方式与伯克希尔一致，有他在，对伯克希尔来说绝对有相当大的帮助，而他的存在同时也使得伯克希尔可以确保，查理跟我本人万一要是有任何突发状况时，能够有一位杰出的专业人士可以立即接手我们的工作。

——1995年巴菲特致股东
的信

时思杰出的表现好像变得很自然，但查克·哈金斯（时思CEO）的管理却绝对不是侥幸，每天他都全心全意专注于生产与销售各个环节，将品质与服务的观念传达给公司上上下下几千位员工。每年销售超过2700万磅的糖果，在一家拥有225家店面，再加上一个邮购与电话中心，要让每个客户都能够满心欢喜地离去，实在不是一件简单的事，不过这差事到了查克的手上，总是让人感觉轻松自在。

——1989年巴菲特致股东的信

在巴菲特出席的一个晚宴上，主持人问巴菲特，你认为使你获得成功的最重要因素是什么？巴菲特回答说："专注。"而当晚有另一个人也给出了同样的答案，那就是比尔·盖茨。伟大的人总是具有某些相同的特质，专注就是其中之一。

著名作家爱丽丝·施罗德（《滚雪球》作者）在接受记者采访时，是这样评价巴菲特的："在我的印象里，巴菲特是个非常专注的人，不管做什么事情，他会排除干扰把自己全身心地投入在这件事情之上，无论是做生意还是和别人交谈，他都非常专注。我在华尔街工作过很久，从来没有看到任何一个人像他这么专注。当他买美国运通股票的时候，当他在投资于一个房地产股票的时候，当他在买韩国股票的时候，都很难描述他的专注程度。因为他早上来上班，然后晚上睡觉之前都在想这些东西。我认为像他这么专注的人，如果把这些精力用于唯一的任务再不成功是不可能的。他有一次跟我说，'强度'是卓越的代价。你的专注不是为了获得财富、名声，如果你是碰运气，如果偶尔一次碰对那是有用的。但这是没有用的，你要变富，要成为行业里面的第一名，你要通过专注才可以完成。"

人的精力是有限的，即使像巴菲特这样的大师也不例外，大师也承认说，自己不可能对每个行业或领域都精通，甚至只能精通于很小的一部分行业，但如果能在那些自己熟悉的领域里吃透，这就能导致你的成功。

善于享受与乐于分享

我享受我做的事情，我每天都跳着踢踏舞去工作。我和我喜欢的人一起工作，做我喜欢的事情。我唯一希望尽可能避免的事情是解雇员工。我把我的时间用来思考未来，而不是过去。未来是激动人心的。正如伯特兰德·罗素说的，"成功是得到自己想要的，快乐是想要自己得到的。"我出生的那天赢得了子宫彩票（指精子发育为受精卵的过程），你们所有人都一样。我们都很成功，聪明，受过教育。专注于那些你没有的东西是一个可怕的错误。在我们人人拥有的天赋之下，如果你仍然不快乐，那是你自己的错误。

我认识一个80多岁的妇人，她是一个波兰犹太人，曾经和全家一起被赶进集中营，其中有人死在了里面。她说："我慢慢地开始交朋友，因为我看着人们，脑海中有一个问题：他们会把我藏起来吗？"如果你到了我这个岁数（此时巴菲特已经年满77岁），或者年轻一点，而有一大群人愿意把你藏起来，那么你完全可以为自己过去的生活感到骄傲。我认识一些出现在《财富》400富豪排行榜上的人，他们的子女不会把他们藏起来的。他们的子女会说："他在阁楼上面！他在阁楼上面！"其中有些人占据着董事会席位，或者获得名誉学位，借此褒扬自己；但这不会改变事实——在他们死了之后，没有人会有一丁点在乎他们。世界上最强大的力量是无条件的爱。把它私藏起来是人生的巨大错误。你给别人的爱越多，你获得的回报就越多。从个人角度来讲，重要的是谁对你有价值，你就一定要对他们有价值。

——巴菲特与埃默里大学商学院学生的对话

公司的运作能否一如往常，至关重要，尤其是家族企业，没有人愿意坐视其他珠宝连锁商乘虚而入，或是因为提出综效及降低成本等馊主意让公司营运走下坡（虽然大家可以预知这一点效果都不会有，但还是一定会被要求试试看），然而我却明确告知仍由Ed及Jon负全责，他们也知道我说话算话，毕竟本人还有自知之明，要我负责经营一家珠宝专卖店，铁定会是一场灾难，虽然我的家人买珠宝买到可以获颁黑带的荣衔。令人敬佩的是，Bridges家族将出售事业的所得，与协助公司成功的数百位员工一起分享，我们很荣幸可以与这样的家族及公司建立关系。同年7月，我们买下西式靴子的领导厂商Justin企业，旗下品牌包含Justin、TonyLama、Nocona及Chippewa，同时他们也是得州以及邻近五州砖块的主要制造商。

——2000年巴菲特致股东的信

享受生活，分享经验与快乐，巴菲特一直在做这样的事情。巴菲特说自己很喜欢与年轻人交流，向他们分享自己的人生经历，他的确也是这么干的，经常参与各高校的交流活动，也正是因为如此，才让大家认识到，智慧大师还有他享受生活的一面。巴菲特经常在各种场合表示非常享受现有的生活，并打算一直工作到去世。他之所以有如此的精力和热情，我想这与他享受生活、乐于分享的积极人生态度有很大关系。

诚实可信

波仙的客户群若只有大奥马哈都会区600万人口的话，生意可能没有办法做得那么大。长久以来我们在奥马哈地区的占有率一直就很高，不过这部分的成长潜力实在是有限，所幸每年来自非中西部地区的生意都大幅成长，很多都是客户自己慕名而来单独上门，但还有一大部分是通过相当有趣的邮购方式购买我们的产品。

这些客户大多指定要一定品质与价位的珠宝，例如1万到2万美元的绿宝石，之后我们会送上5到10个符合他们要求的样品供他们做挑选。去年我们总共寄出超过1500种组合，每种组合的价值从1000美元到几十万美元不等。

这些产品被分送到全美各地，有些人是波仙素未谋面的（当然他们必须要经过别人郑重的推荐），虽然这个数量在1990年达到高峰，但事实上艾克在几十年以前就开始这样的创举。厌世者在得知我们所实施的荣誉制度可能会崩溃，截至目前，我们还没有因为客户的不诚实而遭受损失。

——1990年巴菲特致股东的信

有一位芝加哥报纸的记者长期追踪伯克希尔，其报导就相当翔实严谨。至于这一次，这则"独家新闻"则是纽约报社记者所捅的娄子。我想29日当天应该是他相当忙碌的一天，因为下午他又在CNBC重复相同的报导，过了不久，一窝蜂效应产生，其他的新闻媒体开始跟进争相报导相关新闻，其根据来源就完全只靠这则报导，结果竟造成康塞科的股价在当天爆量大涨，成为当天纽约交易所前十大成交量的公司之一。

在整篇报道当中，我没有看到或听到"谣传"这个字眼，很显然的，一向对于以使用语言相当谨慎而自豪的记者与编辑，实在是很难将这个字眼引用在自己的报导当中，然而到底该用什么样的方式来形容呢？我想应该也不是"消息来源指出"或是"据报道"等。

若把这个专栏取名为"今日谣传"，这实在是很难让新闻媒体将之与自我形象画上等号。这些新闻从业人员可能会觉得，刊登这类明显的错误就好像是罗马观察报（该报专门追踪教宗与教廷的讯息）开辟了一个小道消息专栏一样。这些媒体机构确实经常广泛报导各种未经证实的谣言，不管他们用了多少借口作推托，最起码，读者应该看到诚实的用语——以保护投资人本身的财产。这就好像香烟盒上都会印有请吸烟者注意身体健康的警语。美国宪法第一修正案允许媒体自由刊登或发表任何信息，但新闻学的第一项原则却要求媒体在判断此真义时必须要小心谨慎。

——2000年巴菲特致股东的信

巴菲特认为投资企业就是投资管理团队，因此他很注重管理团队的品质，除了尊重股东、专注公司业务之外，还有重要的一点就是诚实。下面就是一则巴菲特与9岁小股东的关于诚实的有趣故事：

该小股东名叫尼古拉斯·肯纳，在1990年年会上，巴菲特受到了这位年仅9岁，且拥有伯克希尔11股股票的小股东的质疑，小家伙问巴菲特，为什么他当时以6600美元买进的股票现在跌到了这么低的价位。巴菲特在随后发表的一年一度致股东的信中提到了这个问题。在第二年的年会上，小家伙又出现了，并发现年报错误地把他的年龄写成了11岁，因此又问道："我如何才能知道后面（财务报表中）的数字是正确的呢？"巴菲特随即承诺将以书面形式给予回复。

现在是信用社会，诚信是这个社会的根基，因此可以说，不诚实的人，终将会被淘汰，诚实的人才会被社会所接纳。在投资与生活中也同样，欺骗别人的同时，也是在欺骗自己，最终总会让自己付出惨痛的代价；而诚实可信，不但会为你带来更多的社会资源，也节省了许多交易成本。

为兴趣而工作

我是一个现实主义者，总是清楚自己想要做什么。但有时我也会胡思乱想：也许成为一名职业棒球联赛的主力运动员也很不错。这时，就是现实主义要发挥作用的时候了。

从我的工作来看，我无疑是世界上最幸运的家伙。因为没有人能让我做我不相信的事情或者是我认为愚蠢的事情。

我并不喜欢钱，我享受的是赚钱的过程和审视财富增长带来的乐趣。我不会用我现在的工作去交换包括仕途在内的任何工作。

——巴菲特语录

我用一幅空白的画布和许多颜料开始描绘我心中的蓝图。如今伯克希尔已经有了更多钱，规模变得更大。但我却认为10年或20年前，当它规模还比较小时，我拥有更多乐趣。

尽管我已经学会承受结果，但我仍享受过程甚于结果。

我每天踩着舞步去工作，我享受工作的过程。每天早晨去办公室时，感觉就像去西斯廷教堂写生一样心情愉悦。

——巴菲特语录

我猜泰德·威廉姆斯作为职业棒球联赛中薪水最高的球员，如果打击率只有0.22，他会觉得很沮丧。如果他是职业棒球联赛中薪水最低的球员，打击率却高达0.4，那么他会很满意自己的成绩。这也是我自己对于工作的感受。金钱只是当我把自己的工作做好时获得的副产品。

——巴菲特语录

1951年的华尔街并不是一个工作的热门之选。当时道琼斯指数只有200点，从1945到1949年，股市一直低迷，最高大约达到190点，最低大约为160点。1949年以后，道琼斯指数开始上升，1950年成为道琼斯指数从未低于200点的第一年，1929年，道琼斯指数曾达到381点，但也跌破过200点。人们对于战后的股市持观望态度，认为我们正陷入萧条。所以在当时，华尔街并不是一个能赚很多钱的地方……它和现在截然不同。

——巴菲特谈哥伦比亚大学刚毕业时

年轻时的巴菲特是个数学天才，但是，他对金融的痴迷程度仍让他虔诚、节俭的父亲感到非常吃惊。他父亲对为了积累财富而积累财富，没有任何的兴趣。他希望他的儿子有朝一日能成为一名神职人员，但是，他却发现他的儿子对万能的金钱力量非常着迷，像是被其咒语所镇住了似的。年轻的巴菲特不会有真正的宗教信仰。对他来讲，重要的是合理性、事实、数字和金钱。

巴菲特8岁的时候，便开始阅读有关股票市场方面的书籍，他曾说过，他在六七岁时就对股票产生了兴趣。"我心中一直有这样一种遗憾，那就是我没有早一点开始从事股票。"

随着年龄的增长，他对股票市场的痴迷有增无减，他开始绘制股票市场价格的升降的图表。"我对和数字、和金钱相关的任何事情都非常感兴趣。"后来巴菲特把股票市场价格的升降图表和大多数偏离对公司作出基本分析的东西都叫做"小鸡走路的痕迹"。

在10岁的时候，巴菲特开始在他父亲的经纪人业务办公室里做些像张贴有价证券的价格，及填写有关股票及债券的文件等工作。

到了11岁时，巴菲特开始小规模地购买股票：他以每股38美元的价格，购买了3股受欢迎的城市服务股票，当时，这就是他的资本净值。小巴菲特还说服他的姐姐多丽丝和他一起投资。

在接受《福布斯》杂志采访时，巴菲特曾说，"从我11岁时就对股票非常感兴趣，那时，我在哈里斯·尤浦汉姆公司打工，负责在木板上做标记，我父亲是那里的股票经纪人。我负责全面工作，从股市行情提示到制图资料，所有的一切。当做完这一切后，我就拿起格雷厄姆的《证券分析》来读，阅读这本书就好像是在茫茫黑夜看到了来自远处的灯光。"

巴菲特对于投资领域的兴趣是常人难以想象的，也正是这股热情，让他在年少时期就打下了深厚的投资功底，以至于对后来的投资事业乐此不疲。可见，成功需要全力以赴，全力以赴需要你对它有极大的热情与兴趣，这过程中一定会遇到挫折。如果你现在做的事业不是你的兴趣，你不喜爱它，是很难坚持到底的。

第二节　巴菲特推崇的生活方式

想吃什么就吃什么

关于食物和饮食，我的偏好很早就无法挽回地形成了——那是一次为了庆祝我5岁生日而举行的、成功的野餐会的结果。当时，我们大吃热狗、汉堡包、软饮料、爆米花和冰淇淋。

酵母圣代冰淇淋（巴菲特的得意之作：把许多好时巧克力浆倒在香草冰淇淋上，然后把麦芽奶粉撒在上面，就大功告成了）的配方会产生过多的卡路里。但假设你每天基础新陈代谢要消耗2800卡路里，通过简单算术计算，可知每年你能——事实上是你必须——消耗超过100万卡路里。根据我的实际情况——假设我还能活25年——这意味着为了避免因为饥饿而过早去世，我必须吃进2500万卡路里。那为什么我不能享受这种美食呢？

——巴菲特语录

巴菲特在生活上就是这样一个随意的人，汉堡、牛排、可乐、冰淇淋，这些普通人的食物都是大师的最爱。也正是这种随性，让其显得更真实，更加平易近人，也因此结交了许多知己挚友，其中比尔·盖茨就是巴菲特挚友之一。

盖茨在写给1996年1月2日这一期的《哈佛商业评论》的一篇文章中，这样描述他和巴菲特之间的友谊：

"最近，我们俩携带家眷一起在中国旅行。我认为他的玩笑话说得太有意思了。他的饮食习惯——吃汉堡、喝可乐——也非常棒。一句话，我很崇拜他……"

任何一个人只要和巴菲特在一起，就能看出来他是多么热爱自己的工作。这体现在许多不同的方面。当他解释属于他本行之内的事情时，他从不说，"嗨，我对此很精通，我会给你留下深刻印象的。"更多的时候他会说，"这个问题很有趣，但事实上也很简单。我稍稍解释一下你就会明白，这样，你就会意识到我是多么笨，以至于用了这么长时间才搞清楚。"

"我们俩都相当的率直，我们之间不存在任何的对抗。我们的商业利益没有太多交叠的地方，尽管他印刷了《世界图书百科全书》和我的《微软电子百科全书》抗衡。巴菲特远离技术公司是因为他喜欢投资，在这一领域，他能提前10年预测出谁是赢家——这在技术方面几乎是不可能达到的一个功绩……"

巴菲特曾经说过他和盖茨在中国的旅行途中，不会吃一口中国的饭菜。盖茨的随从人员问巴菲特旅途之中想吃什么。巴菲特写道："汉堡和炸薯条。其他的什么都不吃。"他还在"其他的什么都不吃"这句话下面画线以示强调。

另外，两届桥牌世界冠军沙伦·奥斯伯格也是巴菲特好友之一。据她回忆，与大师初识时，便感受到了对方的与众不同之处：

巴菲特邀请奥斯伯格在哥拉特斯牛排店共进晚餐（现在这里已经成了巴菲特最喜欢的餐馆）。"这里的牛排是世界上最好吃的！"走进哥拉特斯牛排店后，巴菲特说道。不知道对方究竟想说什么，奥斯伯格很小心地应对着："今天晚上您吃什么，我就吃什么。"几分钟后，奥斯伯格的牛排到了——一块巨大的五分熟牛排，看上去足足有棒球手套那么大！由于不想因为牛排冒犯了这位"股神"，奥斯伯格还是硬着头皮吃了下去。

晚饭结束后，巴菲特带奥斯伯格到奥马哈当地的一家桥牌俱乐部消遣，10点钟左右，俩人从俱乐部里走了出来，巴菲特终于到了展示自己的机会了——内布加斯拉家具城、巴菲特的家、还有巴菲特小时候住过的地方、波珊珠宝店，奥斯伯格感觉到每个地方都充满了巴菲特的特色。最后，汽车停在了巴菲特事先为奥斯伯格预定的酒店。

第二天早上，当奥斯伯格退房时，酒店前台小姐告诉她"有人过来找您，并给您留下了一个包裹"。奥斯伯格打开一看，是巴菲特撰写的伯克希尔—哈撒韦的年度报告，巴菲特是在早晨4点半亲自给奥斯伯格送过来的，不过和平时伯克希尔公司股东们看到的不一样，巴菲特已经把报告装订成册，看上去非常正式。就这样，奥斯伯格也成了巴菲特朋友圈里的一员。

巴菲特就是这样一个在生活中随意，但在对待朋友和工作上却极为细致的人，也难怪被评为"全美除父亲之外最受人尊重的男性"。

以自己想要的方式生活

证券投资吸引我的地方之一就在于能以自己的方式生活，而不必穿得像个成功人士。我无法忍受一生之中有什么东西是我想要却无法拥有的。

我们的投资方式只是与我们的个性及我们想要的生活方式相适应。为了这个原因，我们宁愿与我们非常喜欢与敬重的人联手获得回报X，也不愿意通过那些令人乏味或讨厌的人改变这些关系而实现110%的X。

——巴菲特语录

巴菲特的投资策略可映射出他的生活方式和人生哲学。他的投资理念，就是紧抓住投资"核心"不变，如政府雇员保险公司、吉列、可口可乐、华盛顿邮报公司等，而且是"永远不变"。

与他的投资风格相对应，他没有囤积房屋、收集汽车和艺术品的嗜好，他厌恶那些把钱花在高级轿车、私人餐厅和豪华地产这类奢侈品上的公司。他是个善于遵循习惯的人——住同一栋房屋，在同一间办公室办公，在同一个城市生活，喝同一牌子的可乐——他不喜欢变化。

巴菲特是个相当谦虚的人，大多数的时间过着简朴低调的生活，他形容自己的原则是简单老式且为数不多。虽然贵为全球第三富翁，但长久以来都在美国中西部——他出生、成长的小镇奥马哈，过着再平凡不过的日子，包括自己开车、加油、在杂货店前停下来买报纸、理12美元一次的头发等。

早年蓄着小平头的巴菲特，在他位于家乡奥马哈，价值3万多美元的家里，以楼上的卧室和阳台，经营合伙投资企业。他在1958年买下一栋荷兰殖民风格的三层楼房，从此就再也没有搬出这里，他家附近的房子，现在价值约25万美元，不过和伯克希尔的盈余相较，这样的获利率实在是低得可怜。

也许你不相信，巴菲特住的地方算是奥马哈的破落区，当初为了取得优惠税率，以吸引地产开发公司来此投资开发。

早年，巴菲特会在信封的背面记录错综复杂的金额事项，他在一个房间内进行他的事业，一向过着朴实无华的生活，坚持将营业成本压到最低，手上的现金要多，债务最好很少或根本没有。举例来说，他一直到将近30岁快要变成百万富翁之际时才挥霍一下，花了295美元为合伙企业买了一部IBM打字机，而且是标准型，而非比较贵的经理型。

巴菲特如今已有80岁高龄，却仍住在奥马哈镇上那栋1958年买下的房子，虽然经过整修、增建了房间及一座手球场，但迄今不设大门，距离他的办公室只有5分钟车程。闲暇时，他经常身着运动裤衫，但很少公开露面。

与大多数美国人一样，巴菲特长期以来就爱吃汉堡、薯条及樱桃口味的可乐，有空时则打打桥牌、会会家人及好友。偶尔也会飞往全球及前往全美各地出席商务会议。替他理发多年的师傅表示，他真的很平凡，理发时很少交谈，偶尔会讨论一下运动比赛，他非常喜欢棒球。在奥马哈镇，许多人碰到他都不会去打扰他，因为他们不想成为使这位亿万富翁困扰的人。

2006年，据《福布斯》杂志估计，投资大师巴菲特在全球富豪排行榜上名列第二。巴菲特并没像大多数富豪那样过着奢侈的生活，反而选择一种恬静的生活方式，并把大部分的重心摆在经营伯克希尔公司，而且主要靠阅读报告、书籍及商业性刊物来作投资决定。

　　相比于生活上的简朴，巴菲特在工作中的投入要多很多，他非常热爱自己的工作。"一年中的每一天我都在做自己喜欢做的事，我与自己喜欢的人一起工作。我用不着与自己讨厌的人打交道。我欣欣然扑向工作，到了公司我会觉得工作就好像是让自己仰面躺下，用手中的笔绘制天花板一般轻松。工作让我乐趣无穷。"巴菲特说。

　　奢华的人生本就无需绚丽的生活方式来点缀，这种简朴的生活方式反而更加凸显出大师低调的行事风格。这也正是巴菲特喜欢的生活方式，与投资风格相映衬，以最简单的方式来做出最大的成就。

要有业余爱好

　　一开始我对计算机心存恐惧，总觉得它好像会咬我一口似的。但万事开头难，一旦开始了就发现其实也很简单。

　　如今借助于网络，和一些过去经常一起打牌的牌友组成牌局变得更容易。唯一的区别在于，我们如今都相隔千里。有一个星期天，我一连打了6个小时。在过去面对面的牌局中，我从来没有打得这么过瘾。

　　不玩桥牌，对年轻人来说是犹如犯了一个严重的错误。打桥牌时，我总是心无旁骛。我总是说如果能在监狱里找到三个会打桥牌的狱友，我并不介意坐牢。

——巴菲特语录

　　尽管事实上他一直刻意回避技术和技术投资，但一旦他使用过计算机，便欲罢不能。现在，很多时候巴菲特使用在线服务（玩桥牌）的频率比我要高。

——比尔·盖茨在媒体面前评价巴菲特的话

　　巴菲特说过，投资就是一种游戏，正是这种"游戏"心态，成就了这位史无前例的投资大师。工作之余，朋友、家庭、业余爱好则丰富了他工作之外的生活。在日常生活中，巴菲特的业余爱好十分广泛，壁球、网球、高尔夫、桥牌和棒球，样样都玩。而且巴菲特对于业余爱好的热情似乎一点也不亚于对工作。

　　尽管在背部受伤之后不再打壁球，但仍偶尔会去打打高尔夫活动一下。另外，每年巴菲特都会组织一次巴菲特社团的成员聚会（成员都是他的老友）。在1996年的年会上，人们注意到巴菲特苗条了许多，对此，他解释说这都归功于自己开始在跑步机上锻炼身体。大家还注意到，他不再喝原味可乐或樱桃口味可乐，而改为喝减肥可乐。

　　巴菲特一直都是棒球迷，并且买下了奥马哈皇家队25%的股权，每年都会举行一场棒球庆祝比赛，另外，他甚至还将棒球理论运用到投资上："投资就像是打棒球一样，想要得分大家必须将注意力集中到场上，而不是紧盯着计分板。""套句棒球常用的术语，我们的表现主要是看长打率而不是打击率。""只有耐心等待超甜的好球，才是通往名人堂的大道，好坏球照单全收的人，迟早会面临被降到小联盟的命运。""因为目前我们的球员名单已布满了打击率三成八的高手，所以我们总是希望尽量用现金来进行购并。"可见，巴菲特是一个十足的棒球迷。

　　闲暇时，巴菲特最大的爱好，可能要算打桥牌了，这是一项在巴菲特的生命里已经存在50年时间的运动！当巴菲特在纽约处理所罗门公司丑闻时，迷上了国际桥牌，相对于巴菲特之前打的桥牌，国际桥牌更具挑战性。并主动结识两届桥牌世界冠军沙伦·奥斯伯格小姐，拜师于她的门下。

为了能和奥斯伯格打上几局桥牌，巴菲特甚至调整了自己的行程时间，每次都安排在奥斯伯格到纽约公干的时候赶往纽约与她见面。经常是在凯瑟琳的家里，巴菲特、奥斯伯格、卡罗尔·卢米斯、乔治·吉莱斯皮几个牌友凑在一起。"我们都挺喜欢对方，"巴菲特评价奥斯伯格说道，"尽管她从没有说过，可我能看出她被我们这么烂的桥牌技术给吓到了。"

奥斯伯格是一个很亲和的人，如果巴菲特在打牌的时候出现错误，她会不留痕迹地予以纠正，她知道如果触犯了巴菲特的威严，也就意味着与他的友情很难再继续下去。所以通常是在几手后，奥斯伯格会很客气地问巴菲特为什么刚才会那样出牌，"现在，我们先学学桥牌吧。"，奥斯伯格总会这样说，然后她会教他一种更合理的出牌方法。

不久之后，巴菲特和奥斯伯格就成了要好的朋友。也正是奥斯伯格让巴菲特改变了对电脑的看法。她认为巴菲特需要添置一台电脑，就这件事，两个人争论了几个月的时间。最终巴菲特妥协了，"你来奥马哈吧，把电脑装好，然后你就待在房间里。"

就这样，桥牌和奥斯伯格完成了甚至连比尔·盖茨都不可能完成的事情，巴菲特终于走进了电脑与互联网时代。

在奥斯伯格的指导下，巴菲特感觉到自己的桥牌技巧有了很大的进步，并与奥斯伯格一起打进了世界桥牌锦标赛的男女混合双打项目决赛。不过最终巴菲特由于精力原因，退出了比赛，这在当时也引起了不小的轰动。

巴菲特就是这样一个可爱的人，无论是工作还是业余爱好，他都充满激情，并给予无限的专注。

可乐与汉堡

我觉得汉堡、薯条和可乐是世界上最好吃的东西，我一辈子最喜欢吃的就是这些。我去过中国香港，前几年受邀去参加一次会议，被安排到香港一个非常豪华的酒店住，那里的食物琳琅满目，但是我一口也吃不下。我最想吃的就是汉堡，我身边安排了安保人员，不能随便进出酒店。于是，我只好晚上大家都回房睡觉的时候，偷偷地从酒店后门溜出去，直奔麦当劳，买了一堆汉堡和薯条回来，坐在房间里慢慢享受。

——2009年巴菲特与常青藤社团"聪明女孩俱乐部"学生的对话

他点了一杯樱桃可乐作为开胃酒，又点了一些牛排，几个厚厚的多汁汉堡，根本没有考虑当时谈之色变的胆固醇恐惧症。最近的一个晚上，在格拉特牛排餐厅，这个在奥马哈市他最喜欢的饭店，在往T型牛排上厚厚地撒了一层盐后，巴菲特说："你知道我们的寿命长短取决于父母这件事？我认真观察过我母亲的锻炼和饮食情况。她在跑步机上已经走了4万英里。"说完他吃吃地笑了起来，把手伸向土豆煎饼和意大利式细面条。

——琳达·格兰特描述巴菲特的饮食习惯

1993年1月的一个晚上，巴菲特参加了在奥马哈吉福德儿童剧院为明星们颁发埃美金像奖的典礼仪式，现在，儿童影剧院已改为罗丝·布拉姆金表演艺术中心。那天晚上，除巴菲特外，每个人吃的都是希腊式自助餐，他吃的却是放有干酪的肉饼，炸土豆条还有一杯可乐。

巴菲特经常喝可乐，偶尔还会吃一块时思糖果公司生产的糖。在喝可口可乐前，他喝百事可乐。他妻子曾经说："每一个认识巴菲特的人都知道，他的血管里流淌的不是血，而是可乐；他甚至在吃早餐时也喝可乐。"多年来，他的腹部稍稍有点隆起，但是，比他年轻15岁的人都有可能这样。他承认说他的饮食和运动习惯不是很好。

巴菲特曾经每天都要喝四五瓶百事可乐。在50岁生日的时候，巴菲特还收到一个外形像六罐装百事可乐的生日蛋糕。但在1987年，一个朋友介绍他尝试可口可乐公司生产的樱桃口味可乐，巴菲特喝过后非常喜欢，由此爱上了可口可乐。即使这样，巴菲特总的看起来还是很健康，并且精力充沛。

抛去其投资事业上的巨大成就与身上无与伦比的财富，在陌生人眼中，现已80岁的巴菲特似乎毫无特别之处，衣着朴素，少言寡语，喜欢吃汉堡，喝着樱桃口味的可乐，看上去甚至像一位经营"奶品皇后"店的乡下阿叔。

然而正是这样一个生活作风低调的人，却创造了让人叹为观止的巨额财富。可乐、汉堡，这种对于美国人来说是生活中最普通的东西，却深得巴菲特的宠爱。其实统计下巴菲特的投资案例，可发现，他所投的大多都是生活中最普通且紧密联系的制造或服务企业，像可口可乐、吉列、政府雇员保险、美国运通等。越是简单普通的，往往也是最重要的，同时也是越容易被大家所忽视的。

理解友谊的真谛

他和不熟悉的人在一起时，会感到不舒服，甚至有点羞怯。他不喜欢各种各样的聚会……在只有一个房间的公寓里，只要有《华尔街日报》、一台电视机、一瓶百事可乐，他就会感到很幸福。

——巴菲特女儿苏珊谈父亲

我有6位密友，3位是男性朋友、3位是女性朋友。我喜欢他们、欣赏他们，我对他们是不设防的。

我记得我曾问过从奥斯维辛集中营生还的一位妇女什么是友谊，她说她对于友谊的检验标准是："他们会帮助我藏身吗？"

——巴菲特语录

一次，我在奥马哈俱乐部吃中饭，那是一家位于市中心的俱乐部，我注意到那里几乎没有犹太人。他们告诉我"犹太人有他们自己的俱乐部"。现在，奥马哈有不少犹太家庭，他们已经在奥马哈居住了100年，始终兢兢业业地为社会作出贡献，他们为奥马哈的付出不亚于我们任何人。但如今他们仍然无法加入这个俱乐部，而约翰·琼斯——一个联合太平洋公司的新晋中层管理人员，刚到奥马哈就能加入这个俱乐部。这完全不公平。因此我花了4个月的时间申请加入了犹太人俱乐部。这种歧视似乎是一种倒退，让我有些困惑，因此我认为自己必须做一些力所能及的事情来改变这一切。当我重新回到奥马哈俱乐部后，我告诉他们犹太人俱乐部如今不再全都是犹太人了。我还帮助两三位犹太人俱乐部成员申请加入了奥马哈俱乐部。如今我们消除了原来的隔阂。

——巴菲特回忆一次为朋友打抱不平的经历

巴菲特虽然在生人面前有些羞怯，但在朋友面前却十分健谈，他的朋友圈子也非常之广，而最广为大家熟知的，应该算是比尔·盖茨和查理·芒格了。

在与盖茨的第一次交流中，巴菲特还是和平常一样，没有过渡语言直奔正题，他问盖茨有关IBM公司未来走势的问题，他还向盖茨询问是否IBM已经成了微软公司不可小视的竞争对手，以及信息产业公司更迭如此之快的原因为何？盖茨一一做出了回答。他告诉巴菲特去买两只科技类股票：英特尔公司和微软。轮到盖茨提问了，他向对方提出了有关报业经济的问题，巴菲特直言不讳地表示报业经济正在一步一步走向毁灭的深渊，这和其他媒体的蓬勃发展有着直接的关系。只是几分钟的时间，两个人就完全进入了深入交流的状态。

随后整个交流时间长达5个小时，双方愈加惺惺相惜，非常投缘，似乎有着谈不完的共同话题，从此就结下了深厚的友谊。

87岁的查理·芒格是巴菲特最好的朋友兼最好的生意伙伴。和巴菲特一样，芒格在奥马哈长大，十几岁时，便在巴菲特爷爷欧内斯特的杂货店工作。芒格大约比巴菲特年长7岁，据其回忆道："巴菲特家的商店给了我最初的商业启蒙。我每天必须工作很长时间，而且必须努力工作，以确保不出错。这使得包括我在内的很多年轻伙计（后来还有欧内斯特的孙子巴菲特）想寻找一份较为轻松的职业，并为发现这份工作不尽如人意之处而高兴。"

与比尔·盖茨之间友谊有着众多的不同，芒格没有本科学位，却被哈佛商学院录取，而巴菲特却被拒之门外；芒格是共和党人，而巴菲特却是民主党人，相同的是两人都是伟大的慈善家；另外，芒格不是格雷厄姆投资哲学的忠实拥趸，而格雷厄姆却是巴菲特的恩师和偶像。但是巴菲特却这样说道："芒格对我产生了巨大的影响。"芒格也这样解释着他们之间的默契："置身于复杂工作中的任何人都需要志同道合的同伴，和某人一起理顺自己的思路是非常有帮助的。"

"芒格和我在电话里只需三言两语就能处理长达4页备忘录上记录的事情。""芒格是理智的，非常理智。在处理公司业务的方式上，他从不表现得过于自负，但事实上他非常内行。最重要的是，尽管偶然会出现意见不统一的情况，但我们从不争执。""芒格拥有世界上反应最敏捷的头脑，他能做到一目十行。他甚至能在你讲完整句话之前，理解你想要表达的意思。""他的头脑是一部超级推理机器，而且由于他表达能力很强，你能清楚地了解他的大脑是如何工作的。"一提起芒格，巴菲特对其总是赞不绝口。

"巴菲特受人尊重的原因之一就是：他总是表里如一。"芒格显然也非常欣赏巴菲特的为人，"即使有一次我带他去明尼苏达州钓鱼，不小心把船弄翻了，我们不得不游回岸边，但他并没有责备我。"

通过巴菲特与这两位挚友间的故事，我们不难发现，其实友谊的真谛就在于真诚。

不服老

退休计划在我去世5年或10年后再说吧。我们觉得自己都是玛士撒拉（《圣经·创世纪》中的人物，用于比喻非常高寿的人）。如果你还有出生于1927年的老朋友，那么就祈祷他们长寿吧。

——巴菲特语录

优秀的经理人是如此稀缺，我不舍得让他们离开，因为他们的经验随着他们年龄与日俱增。

我们发现很难教会新员工一些传统的技能，但我们不会面临太多类似问题。因为我们有非常优秀的经理，他们年复一年出色地工作，即便他们已经很富有，仍非常热爱工作，因为我们给了他们名垂青史的机会。

——巴菲特语录

虽然联合商店的业务因为面临地区以及零售趋势的困境而停滞不前，但本在商品贩售、不动产以及成本控制的能力依旧让公司创造出优异的获利成绩，使得资金运用的报酬率达到20%股东权益税后报酬率之谱。

本人今年75岁，但与伊利诺国家银行81岁的吉恩·阿贝格以及韦斯科73岁的路易·文森蒂一样，每天依旧为所领导的企业灌注无比的热情与活力。外界不知情的人还以为我们对于这群杰出的经理人有年龄上的特殊偏好，虽然极不寻常，但这样的关系实在是让我们受益良多，无论是在财务上或精神上都是如此，与这群"乐在其中"并以像老板一样心态每天认真经营公司的专业经理人在一起工作，实在是一种享受。

——2005年巴菲特致股东的信

50年以前B夫人以500美元创业，到如今NFM已是全美远近驰名的家具量贩店，但是B夫人还是一样从早到晚，一个礼拜工作7天，掌管采购、销售与管理。我很确定她现在正蓄势待发，准备在未来的5到10年内，全力冲刺再创高峰，因此我已说服董事会取消100岁强迫退休的年龄上限（也该是时候了，随着时光的流逝，越来我越相信这个规定是该修改了）。

——1987年巴菲特致股东的信